日本の国際認識

【地域研究 250 年　認識・論争・成果年譜】

Japanese International recognition
Regional study 250 years
Recognition · Controversy · Result Chronology

日本大学名誉教授

浦野 起央

三和書籍

はしがき

　対外認識と国民形成は国民国家の基本である。近代日本は海外知識の摂取による国際認識の確立をもって国際秩序の理解とそれへの参加が可能となり、日本は国民形成と対外関係の樹立へと突入し、そして国民国家の政策が追求され維持されてきた。この視点において、日本はどのように海外知識を摂取していったか、そこにおいて開国と対外関係のかかわりがどのように始まり、国際法がどのように受容されてきたか、そこにおける日本の認識と理解はどういうものであったか、また漢字文化圏にあった日本はどういう形で欧米文明を導入し理解し近代普遍的文明化世界の一員となったか、そこにおける国民主義はどのような理解と主張にあり、そこで近代国民国家の姿を辿ったかが論じられる。加えて、かかる近代日本は対外列強に抗して自尊と自存を自覚し確立していったか、その日本の対外原則は、日本の主権線を維持し、その安危のための利益線を保護することの発想にあった。これが本書『日本の国際認識』の主題であり、その分析と総括観点を具体的に論じたが、第1部の主題「近代日本の海外知識の摂取と国際認識の確立」である。

　以後における対外知識の摂取、国際認識の確立、及び対外政策の形成と展開は、地域研究と国際関係の射程領域にある。第2部「地域研究250年」、第3部の関連の年表それを論じている。そこでの主題は以下の通りであった。当初における黒龍会の活動、満州支配の権益論争、大陸政策論争、中国理解論争、アジア的生産様式論争、共同体論争、華僑の抗日問題、近代の超克と大東亜共同体の追求、そして第二次大戦後には、近代化論争、昭和史論争、朝鮮・韓国資本主義論争、3・1思想の発掘、チュチェ思想論争、植民地主義イデオロギーへの決別論争、ベトナム戦争論争、新中国の理解論争と中華システムの確認、そして改革開放論争と中国特色社会主義大国の眞理基準論争とその追求、歴史認識論争、歴史教科書論争、南京事件論争、従軍慰安婦論争、歴史解釈論争、国際日本学の提起、北方領土論争、チベット脱走論争、両岸

iii

関係と統一論争、朝鮮統一論争、尖閣諸島論争、竹島論争、南海諸島論争、アラブ・イスラエル対立とパレスチナ論争、ユダヤ・イスラエル国批判、イスラム国の挑戦、南部アフリカ論争、非核地帯の追求、などである。

その展開を第3部「認識・論争・成果年譜」で跡づけた。国際認識と理解、その対外実践は、その250余年にわたる論争とその成果を通じ確認され、それは研究史であり論争史であり政策史である。

なお、これら主題に関し以下の通り発表しており、本書の基礎となった。

「日本における地域研究の濫觴——観点と文献」(1)(2)(3)、政経研究、第43巻第3号、第4号、第44巻第1号、2006年12月–2007年5月。

「IPRと地域研究」政経研究、第44巻第3号、2008年2月。

「地域研究250年」(1)(2)(3)、政経研究、第44巻第4号、第45巻第1号、第2号、2008年3月–9月。

「近代日本の海外知識と国際認識の確立」(1)(2)、政経研究、第45巻第3号、第4号、2008年12月。

「日本の対外認識と地域研究の体系化」(1)(2)(3)、政経研究、第46巻第3号、第4号、第47巻第1号、2009年12月–2010年6月。

現在、地域研究はこれまでの研究方向からの大きな転換点にある。その指標は地域単位論争を経て都市及び水利ネットワークなど、自然との調和あるいは生活空間の設定にある。そしてグローバル化における戦略地域空間の新しい次元が提起されている。

第3部の対外認識年表を、源光圀修の『大日本史』あるいは林子平の『海国兵談』に始まる250余年の「認識・論争・成果」、すなわち文献の年譜として収めたのは、国際参加、国際理解を通じて多くの論争を生み、時代の局面を通じ論と成果を生み出してきたからである。この過程を研究史において相互連関をもって理解する必要があり、あえて付した。第2部での地域空間への着目とともに、第3部で時系列に総合的に理解して頂ければ幸いである。

なお、同時代史としての浦野起央主要著作目録を収め、それは地域研究・国際関係研究者としての取り組みの局面の一端を示しており、それは地域研

究と、国際関係の関連年表に関連づけられ、その研究関心と著述の内容は、以下の通りであった。1960年代の研究当初は戦前におけるこれまでの研究遺産の消化とともに、ナショナリズムが主題であった。それは東南アジアの独立体制、中東における独立の複雑な様相、そしてアフリカ・ナショナリズムへの解明にあった。1970年代は、一方では独立維持をめぐる内戦及び大国の干渉、ベトナム戦争、中東戦争、パレスチナ民族解放戦争などがあり、他方では相互依存、新生国家の変動、資源をめぐる秩序の挑戦、地域主義の提起が争点となった。1980年代に入ると、多極化、エスニックの次元化、そしてトランスナショナル化現象が展望され、リビア、エチオピア、マダガスカル、イランの革命が着目され、朝鮮の統一が期待された。1990年代は、小国の抬頭と太平洋及びアラブにおける協力が提起され、新たな地域として尖閣諸島、竹島、南海諸島での紛争が噴出し、事態は新たな局面に入った。そこで、21世紀は、こうした諸局面の整理と分析が課題となった。著者が国連投票行動を通じて第三世界諸国の活動と位置を解明したのも、そのための分析手段としてであった。2000年代を通じテロを含む紛争態様の分析整理とその座標解析を私は着手し、その第三世界の事態は地政学的要因を軸に分析されることになった。当時、アジアでは、ユーラシア・ドクトリンが提唱された。そして、人間の安全保障を含む、安全保障の多次元分析が急務となった。一方、歴史認識紛争が北東アジア3国間に浮上したが、それはトランスナショナル市民社会への移行にあったからである。辺境問題にあったチベット問題への私の関心も、それを現象的に扱うだけでは許されなかった。2010年代は、そうした問題の根源的問題の包括的分析が課題となっており、私の国境問題への現代的関心もここに問われるところとなる。それはトランスナショナル下のグローバル環境における国家領土の存在の確認にある。

　本書の挑戦的な研究についての集成の刊行に快く応え進めて頂いた三和書籍の高橋考さんに対し深謝する。

2018年3月

浦野起央

目 次

はしがき

第1部　近代日本の海外知識の摂取と国際認識の確立 — 1

第1章　福澤諭吉と山縣有朋の対外認識及び所見 — 3

第2章　西川如見『華夷通商考』の世界認識 — 11

第3章　林子平『三国通覧図説』と桂川甫周『北槎聞略』の北方認識 — 31

第4章　吉田松陰の世界認識 — 41

第5章　支那思想の検討と日本的理解の確立 — 51

第6章　対外接触と万国公法の導入 — 59

第7章　世界知識の摂取——魏源『海國圖志』、禕理哲『地球説略』、及び箕作省吾『坤輿圖識』 — 85

第8章　欧米文明の導入と文明化 — 105

第9章　藤田茂吉『文明東漸史』と陸羯南の国民主義 — 117

第10章　文明と安寧の国際秩序への参加 — 127

第2部　地域研究250年 — 135

第1章　文明の接触と地域の確認 — 137

1-1国際関係の拡大と接触 — 137

1-2地域研究の時期区分 — 140

第2章　探検と外国知識の吸収 — 143

2-1対外知識の蒐集 — 143

2-2北方・南洋と西アジア・インド、及びシベリア紀行 —— 145

2-3中国大陸への関心 —— 149

第3章　対外進出と地域研究 —— 155

3-1植民学の転換と国策の遂行 —— 155

3-2植民地経営と地域研究 —— 160

3-3中国、朝鮮、南洋研究 —— 164

3-4インド、西アジア、アフリカ研究 —— 167

第4章　対外政策の遂行と地域研究の使命 —— 175

4-1日本の中国進出と地域研究の役割 —— 175

4-2支那社会への着目 —— 176

4-3大陸政策論争 —— 178

4-4アジア的生産様式論争 —— 180

4-5共同体論争と農民革命論 —— 185

4-6抗戦支那の分析 —— 188

4-7内蒙古研究 —— 190

4-8南洋進出と華僑 —— 192

4-9インド研究 —— 197

4-10京都学派と大東亜研究 —— 201

4-11現地調査 —— 205

4-12講座の刊行 —— 210

第5章　世界の中の国家と地域研究 —— 223

5-1国際認識の新しい座標 —— 223

5-2地域研究の再出発と太平洋問題調査会 —— 224

5-3昭和史論争と近代化論争 —— 228

5-4韓国独立運動の確認 —— 232

5-5先行研究と新生国家の解剖 —— 233

5-6毛沢東研究と中国分析 —— 234

5-7朝鮮資本主義論争と韓国資本主義論争 —— 236

5-8 チュチェ思想と金日成体制研究 —— 239

5-9 東南アジアの相互認識と地域研究、及びアジア経済研究所と京大
　　東南アジア研究センターの活動 —— 241

5-10 地域研究の拡大と深化、植民地主義からの脱出 —— 246

5-11 中東研究への視野拡大 —— 247

5-12 アフリカ諸国の独立とアフリカ研究 —— 250

第6章　地域研究の自立 —— 257

6-1 地域研究の独立性 —— 257

6-2 植民地主義イデオロギーとの訣別 —— 257

6-3 新中国の地域研究と東アジアの国際関係 —— 263

6-4 アジア・エートスの確認とアジア圏の再把握 —— 270

6-5 中華システム／大一統システム —— 271

6-6 インド世界研究の視点 —— 273

6-7 オセアニア地域及び太平洋世界の登場 —— 275

第7章　地域研究と綜合社会科学 —— 279

7-1 歴史教科書論争と誤報朝日新聞事件の教訓 —— 279

7-2 歴史認識論争——日中韓の歴史認識をめぐって —— 279

7-3 歴史解釈論争——インドのサバルタン史、中国の新中国期民間
　　歴史学、日本の北方史、北朝鮮の金日成解放闘争 —— 282

7-4 綜合社会科学としての地域研究の原点追求 —— 286

7-5 価値体系の確認 —— 290

7-6 地域性の確認 —— 293

7-7 新京都学派と国際日本文化研究センター —— 296

7-8 国際日本学 —— 299

7-9 地域研究の成果としての講座の刊行 —— 300

第8章　戦略地域空間と地域研究 —— 311

8-1 地域研究の前提3条件 —— 311

8-2 戦略地域空間 —— 312

（1）東アジア・ユーラシア世界 —— 312

シベリア／日本海圏 —— 313

北方領土、竹島、尖閣諸島 —— 316

ユーラシアと改革開放中国 —— 319

チベット —— 321

両岸関係 —— 321

東アジア共同体 —— 324

北朝鮮による朝鮮統一 —— 326

華南・インドシナ地域 —— 328

（2）東南アジア広域世界 —— 330

ＡＳＥＡＮ経済圏 —— 330

南シナ海域 —— 331

太平洋盆地 —— 333

（3）アジア太平洋世界 —— 335

アジア太平洋圏 —— 336

（4）南アジア世界 —— 340

インド経済圏 —— 340

インド洋・東アフリカ圏 —— 341

（5）中東世界 —— 341

ガルフ圏 —— 343

イスラム世界 —— 343

イスラムの独自性——イスラム圏 —— 345

アルカイダ活動圏 —— 348

パレスチナ問題 —— 348

（6）アフリカ世界 —— 351

アフリカ開発 —— 352

南部アフリカ圏 —— 353

（7）非核地滞 —— 354

第9章 地域研究の展望 —— 361

9-1 地域研究の次元 —— 361

9-2 地域単位論争 —— 364

9-3 歴史都市と地域研究としての都市 —— 367

9-4 地域としての水利ネットワーク —— 370

9-5 地域空間設定の5要件 —— 372

第3部　認識・論争・成果年譜 — 379

浦野起央主要業績 — 457
索引 — 464

図・表リスト

図1　「日本方角之圖」　14

図2　「亞細亞大洲圖」　15

図3　「地球萬國一覧之圖」　16

図4　利瑪竇「坤輿萬國全圖」　17

図5　「萬國總圖」　19

図6　南懐仁「坤輿全圖」　20

図7　「輿地圖」　21

図8　「地球萬國全圖」　21

図9　「地球楕圓圖」　22

図10　「坤輿全圖」　23

図11　「華夷一覽圖」　24

図12　「萬國一覽圖」　25

図13　「新製輿地全圖」　90

図14　『航海金針』の気象圖　98

表1　開国をめぐる諸大名の意見、1853年ペルー来航時　39

表2　中央アジア探検の記録　151

表3　地域研究の領域と分析次元　362

---

x

第 **1** 部

近代日本の海外知識の摂取と国際認識の確立

第1章　福澤諭吉と山縣有朋の対外認識及び所見

第2章　西川如見『華夷通商考』の世界認識

第3章　林子平『三国通覧圖説』と桂川甫周『北槎聞略』
　　　　の北方認識

第4章　吉田松陰の世界認識

第5章　支那思想の検討と日本的理解の確立

第6章　対外接触と万国公法の導入

第7章　世界知識の摂取——魏源『海國圖志』、褘理哲『地球説略』、
　　　　及び箕作省吾『坤輿圖識』

第8章　欧米文明の導入と文明化

第9章　藤田茂吉『文明東漸史』と陸羯南の国民主義

第10章　文明と安寧の国際秩序への参加

第1章　福澤諭吉と山縣有朋の対外認識及び所見

　近代日本の思想的方向性を提起した福澤諭吉は、1885（明治18）年以降、ロシアの軍事力強化が日本にとって脅威となるとの認識のなか、西欧化／近代化＝文明開化のもとでの西欧列国の仲間入りによる国際秩序への参画を、その視点に設定した。いいかえれば、文明化により国力の強化を図り、もってロシアの南下に対抗して、清国とともに、日本の主導権で、アジア秩序を維持しようとしたのであった。

　1885年3月16日、福澤は「脱亞論」で、こう論じた。

　　輔車唇歯とは、隣國相助くるの楡なれども、今の支那朝鮮は、我日本のために一毫の援助と為らざるのみならず、西洋文明人の眼を以てすれば、3國の地利相接するが為に、時に或は之を同一視し、支韓と評するの價を以て、我日本に命ずるの意味なきに非ず。……

　　左れば、今日の謀を為すに、我國は隣國の開明を待て共に亞細亞を興すの猶予ある可らず、寧ろ其伍を脱して西洋の文明國と進退を共にし、其支那朝鮮に接するの法も隣國なるが故にとて特別の會釈に及ばず、正に西洋人が之に接するの風に従て處分す可きのみ。悪友を親しむ者は共に悪名を免かる可らず。我れは心に於て亞細亞東方の悪友を謝絶するものなり」（福沢「脱亜論」、慶應義塾編『福沢諭吉全集』第10巻、岩波書店、1960年、238-240頁）

　この一文は、よく指摘されているように、アジア連帯論からアジア侵略論へ

の転換と解されるものではない。ロシアの南下と西欧列国の衝撃のもとで、弱国である清国・朝鮮の事情を認識しつつ、日本は、西欧列国とともにその対抗策を打ち立てるべしとした危機認識そのものの表明であった。その認識と対処に対する一種の挫折感がその底流にあったことが指摘できる。

この福澤のアジア認識は、以下の2つの論説に明らかである。

一つは、1885（明治18）年8月31日「時事新報」論説「支那は果たして其大版圖を保つに能はざるか」で、福澤は、清國は現在、運命変動の機にあり、「漸く文明を共とするに近づく歎り思惟する所」とみた。（『福沢諭吉全集』第10巻、1960年、岩波書店、238-240頁）

もう一つは、1887（明治20）年1月6日の「時事新報」論説「朝鮮は日本の藩屏なり」で、「今日本島を守るに當りて、最近の防御線を定べきの地は必ず朝鮮地方たるべきや疑を容れず。若し朝鮮地方にして一旦敵の拠る所ならんか、日本の不利益實に容易ならず」と説いた。（『福沢諭吉全集』第11巻、1960年、岩波書店、175-178頁）

ここで指摘される点は、2つの意味があった。第一は、文明国への参加（文明開化）のもとでの日本の近代国家建設という方針であり、第二は、朝鮮半島における防御線の設定ということであった。後者の視点は、山県有朋首相が「外交政略論」（1890（明治23）年3月、大山梓編『山縣有朋意見書』原書房、1966年）のなかで明白に指摘した主権線と利益線の認識原型を形成しており、ロシアの南下のもとで日本はいかにしても朝鮮半島を勢力下に押さえ、西欧列国との間でアジア秩序を形成するべきだとした判断が働いていた。

いうまでもなく、福澤諭吉は、既に『文明論之概略』（1874（明治7）年、『福沢諭吉全集』第4巻、岩波書店、1959年、43-212頁）で、「半開」である日本の文明化の指針を提出し、もって西洋諸国と競合できる国力の樹立を主張していた。他方、福澤は、近代化のために行動を起こした韓国の政治家、金玉均ら朝鮮報国の士（愛国主義者）に対する支援を惜しまなかった。そして、この福澤の認識は、「（清国では）政治は修まらず、綱紀は乱れ、朝廷は爵位や官職を売買し、収賄は公然と行われ、政府は人民を搾し、土地を奪い、その

暴虐なこと虎狼よりも甚だし」と書いた孫文の認識（1895（明治28）年2月の興中會宣言、『革命文獻』第3輯、台北、中國國民黨中央委員會黨史史料編纂委員会、1984年、286-287頁）と同じであった、と指摘できる。

　この福澤の文明論は西欧文明に対する使徒と解されるが、ヨーロッパ経験をもった福澤には、松沢弘陽が指摘するところの、福澤の文明化の受容にはナショナル・アイデンティティの危機をもたらすことになりかねないとの敏感性があった（松沢『近代日本の形成と西洋経験』岩波書店、1993年、第5章）。西欧文明に対する同化を求める森有禮らの洋学派知識人に対して、福澤は、陸羯南あるいは三宅雪嶺ら国民論派知識人に近かったと考えられる。いいかえれば、彼は、西欧文明論からの自立性を確保せんと、日本の独自の文明国家・世界を構想していた、と解される。但し、こうした方向性は、福澤の文明論にあって完全に開花していたとはいえない。そこに、福澤の認識が誤解ないし批判を招くところとなってしまった。

　この東アジアにおける現実的な課題は、山縣有朋の「外交政略論」において、その認識と方策が国家の安寧の文脈で、こう語られた。

　　有朋窃ヵニ惟フニ國ニシテ自衞ノ計ナキトキハ國其國ニ非ルナリ苟モ國勢傾危ニシテ外其侮ヲ禦クコト能ハス而シテ臣民獨リ各個ノ幸福ヲ保ツコトヲ得ルハ史乗乗ノ曾テ例見セサル所ナリ

　　國ノ獨立ヲ維持振張スルハ吾人ノ共同目的ニシテ此ノ一定ノ方嚮ハ獨リ政府ノ離ルヘカラサルノ針路タルヘキノミナラス將來政事上ノ分合ハ何等ノ變化ヲ現出スルコトアルニ拘ハラス凡帝國臣民タル者ハ同心協力シテ其進線ヲ湊合シ永遠ノ間ニ此共同目的ヲ達スルコトヲ誤ラサルヘキナリ今ヤ國家獨立自衞ノ長計ヲ未タ雨フラサルニ綢繆シ平安無事ノ日ニ於テ一朝不虞ノ圖ヲ爲シ廟議ヲ盡シテ以テ前途ノ方向ヲ一定スルノ必要ナルヲ信ス

　　國家獨立自衞ノ道2ツアリ一ニ曰ク主權線ヲ守禦シ他人ノ侵害ヲ容レス二ニ曰ク利益線ヲ防護シ自己ノ形勝ヲ失ハス何ヲカ主權線ト謂フ疆土是ナリ何ヲカ利益線ト謂フ隣國接觸ノ勢我力主權線ノ安危ト緊シク相關係スルノ區域是ナリ凡國トシテ主

權線ヲ有タサルハナク又均シク其利益線ヲ有タサルハナシ而シテ外交及兵備ノ要訣ハ專ラ此ノ2線ノ基礎ニ存立スル者ナリ方今列國ノ際ニ立テ國家ノ獨立ヲ維持セントセハ獨リ主權線ヲ守禦スルヲ以テ足レリトセス必ヤ進テ利益線ヲ防護シ常ニ形勝ノ位置ニ立タサル可ラス利益線ヲ防護スルノ道如何各國ノ爲ス所苟モ我ニ不利ナル者アルトキハ我レ責任ヲ帶ヒテ之ヲ排除シ已ムヲ得サルトキハ強力ヲ用キテ我カ意志ヲ達スルニ在リ蓋利益線ヲ防護スルコト能ハサルノ國ハ其主權線ヲ退守セントスルモ亦他國ノ援助ニ倚リ纔カニ侵害ヲ免ルヽ者ニシテ仍完全ナル獨立ノ邦國タルコトヲ望ム可ラサルナリ今夫レ我邦ノ現況ハ屹然自ラ守ルニ足リ何レノ邦國モ敢テ我カ疆土ヲ窺覦スルノ念ナカルヘキハ何人モ疑ヲ容レサル所ナリト雖モ進テ利益線ヲ防護シテ以テ自衞ノ計ヲ固クスルニ至テハ不幸ニモ全ク前ニ異ナル者トシテ觀サルコトヲ得ス

　我邦利益線ノ焦點ハ實ニ朝鮮ニ在リ西伯利鐵道ハ已ニ中央亞細亞ニ進ミ其數年ヲ出スシテ竣功スルニ及テハ露都ヲ發シ十數日ニシテ馬ニ黑龍江ニ飮フヘシ吾人ハ西伯利鐵道完成ノ日ハ即チ朝鮮ニ多事ナルノ時ナルコトヲ忘ル可ラス又朝鮮多事ナルノ時ハ即チ東洋ニ一大變動ヲ生スルノ機ナルコトヲ忘ル可ラス而シテ朝鮮ノ獨立ハ之ヲ維持スルニ何等ノ保障アルカ此レ豈我カ利益線ニ向テ最モ急劇ナル刺衝ヲ感スル者ニ非スヤ　（山縣総理大臣「外交政略論」、大山梓編『山縣有朋意見書』原書房、1966年）

　山縣有朋は、松下村塾を通じて高杉晋作らの知遇を受けた尊皇攘夷の志士であった。[*1]彼は、陸軍建設の功労者として、大陸軍の建設により日清戦争・日露戦争の勝利に大きく寄与し、明治14年の政変に際して国会が開設されるを前に明治15年1月軍人勅諭による軍隊の制度化を進め、さらに参謀本部の設置とそれに伴う統帥権の確立など、日本軍制の確立に与った。[*2]岡義武が「明治日本の象徴」と指摘したように（岡『山県有朋——明治日本の象徴』岩波新書、岩波書店、1958年）、彼は、近代日本の足跡に欠かすことができない足跡を刻んだ。

　山縣は、1889（明治22）年12月現役陸軍中将のまま、内閣総理兼内務大臣

に任命され、開会劈頭の衆議院における施政方針演説で、国の疆域である主権線を維持し、その安危のためには利益線を保護しなければならない、と主張した。その指摘は日本の国際的地域の確認にあったが、その認識は1888（明治21）年1月の軍事意見書において、次の通り起草されていた（この建議は、当時、提出されず、1890年3月「外交政略論」とともに回覧に付された）。

　我國ノ政略ハ朝鮮ヲシテ支那ノ關係ヲ離レ自主獨立ノ一邦國トナシ以テ歐洲ノ一強國事ニ乗シテ之ヲ略有スルノ憂ナカラシムルニ有リ是レ其國ノ位置ハ以テ東洋ノ形勢ヲ制スルニ足リ殊ニ強國ノ之ヲ略有スルハ我國ノ為メニ直接不利ナル所アレバナリ

さらに、こう述べた。

　東洋ノ波亂ヲ起スモノハ豈ニ獨リ英露ノミナランヤ是ニ於テ東洋ノ事情益々紛紜錯綜常道ヲ以テ整理スヘカラサルモノアリ我兵備十分ナルニ非サレナ何ノ能ク百難ヲ排シテ波瀾ノ中ニ安立スルコトヲ得ンヤ　（監軍山縣陸軍中将「軍事意見書」、前掲『山縣有朋意見書』原書房、1966年）

　山縣は、1890（明治23年）の意見書「外交政略論」で、日本の利益線の焦点は朝鮮にあると位置づけ、シベリア鐵道の建設をも展望して、「各國ノ為ス所苟モ我ニ不利ナル者アリタルトキハ我レ責任ヲ帯ビテ之ヲ排除シ、已ムヲ得ザルトキハ強力ヲ用キテ我ガ意志ヲ達スルニ在リ」と、明治21年軍事意見書で提起されたロシアの西シベリア鉄道竣工に始まるアジア太平洋問題につき結論づけた。[*3]山縣は、自ら第一軍司令官として日清戦争に参戦した。彼は、その議に従う決意をもって山海関の占領を求めたが、それは成功せず、第一軍司令官を辞した。帰国後、首相に就任した山縣は、1891（明治24）年2月16日衆議院での「帝國の國是に就ての演説」（山縣陸軍大将「朝鮮政策上奏」、前掲『山縣有朋意見書』原書房、1966年、223-225頁）を行った。そして、戦後処理では、将

第1部　近代日本の海外知識の摂取と国際認識の確立

軍らの慰撫に努め、民心の安定に当たった。

　一方、彼は、第一軍司令官として、1895（明治27）年11月7日朝鮮処分の方法につき、2策の意見書を提出した。それは、（1）釜山から義州までの鉄道建設、（2）平壤以北、義州までの枢要の地への邦人の移植を提言しており、彼の帰国後に成立の山縣内閣は、それを実現した（山縣総理大臣「帝國ノ國是ニ就テノ演説」『山縣有朋意見書』原書房、1966年）。戦争の終結直前、1895（明治28）年4月15日山縣は、利益線の開張を主張したが、その意図は、次の通りであった。

　　東洋ノ盟主トナラント欲セハ、必スヤ利益線ノ開張ヲ計ラサル可カラサリナリ然リ而シテ現在ノ兵備ハ以テ今後ノ主權線ヲ維持スルニ足ラス何ソ又其ノ利益線ヲ開張シテ以テ東洋ニ覇タルニ足ル可ケンヤ　（山縣陸軍大臣「軍備擴充意見書（上奏）（『山縣有朋意見書』原書房、1966年）

　そして、山縣は、1901（明治34）年4月23日日露問題が浮上した局面において、大連から伊藤博文首相に「東洋同盟論」の書簡を送付し、元老として日本の方向を主導した。それは、利益線戦略の適用といえるものであった。それは以下の通りである。

　　熟々惟フニ北清ノ變化一旦熄ムト難列國ト清國トノ間ニ於ケル講和條約ハ未タ締結スルニ至ラス列強ノ連合ハ未タ必スシモ其固キヲ保スヘカラス露清密約ハ我國及列強ノ忠告ニ因テ止ミタリト雖露ノ滿洲ヲ窺フヤ既ニ久シ東洋鐵道ノ敷設ヤ旅順大連ノ經營等皆永久ノ占領ニ基カサルハナシ今後機ニ依リ變ニ應シテ益々其勢力區域ヲ擴張シ遂ニ東3州ヲ掠奪スルニ非スンハ巳マサルヘシ而シテ清國ハ紀綱既ニ滅シ國本巳ニ壞レ僅ニ餘喘ヲ存スルニ過キス縱令ヒ列強其勢力ノ均衡ヲ維持センカ爲ニ暫ク之力保全ヲ計ラントスルモ外ハ露國ノ逼ル所トナリ内ハ亂民續テ起ルアリ到底長ク其殘骸ヲ保ツ能ハス清國ノ瓜分ハ是レ命敷ノ然ラシムルモノニシテ人力ノ終ニ制スル能ハサル所ナリ
　　清國ノ瓜分終ニ免ルゝ能ハスト雖數千年ノ歷史ヲ有シ18省8億ノ民衆ヲ有スル老

8

大國ハ一朝ニシテ亡滅スルモノニ非ス彼ノ列強ノ支那保全ヲ唱フルハ唯其均衡ヲ維
持セントスルノミナラス且ツ急ニ之ヲ取ルハ利少クシテ害多キヲ知レハナリ支那ノ
命運果シテ此ノ如シトセハ我亦豫メ之ニ處スルノ方策ヲ定メ進テハ東亞ノ平和ヲ維
持シ退テハ我疆域ヲ全クスヘキ計圖ナランハアルヘカラス頃ロ駐英獨國大使ノ代理
某窃ニ林〔權助〕公使ニ語ル所ノ三國同盟ハ察スルニ獨英ノ間に於テハ議稍々熟ス
ルモノアラン……

　我國ト露國トノ關係ハ未タ甚シキ破裂ニ至ラスト雖早晩一大衝突ヲ見ルハ勢ノ免
レサル所ナリ彼ニシテ其強ヲ恃ミ進テ我權利線ヲ侵スニ至ラハ我亦意ヲ決シテ之ニ
當ルノ覺悟ナカルヘカラス然リ而シテ此ノ衝突ヲ避ケ戦争ヲ未然ニ防クノ策ハ唯タ
他ノ與國ノ勢援に藉テ彼ノ南下ヲ抑制スルニ在リ今回同盟ノ計畫アルハ恰モ我ニ好
機ヲ與フルモノナリ宜ク速ニ英ノ意ヲ探リ進テ獨ニ議シ盟約ノ成立ヲ圖ルヘシ

　唯約歎中朝鮮ニ於テ我ニ自由ノ行動ヲ與フト云フハ其如何ノ程度に在ルヲ知ラス
ト雖我ニ在テ日露協商ノ存スル間ハ此ノ以外ニ出ルヲ得ス若シ其意朝鮮ハ盟約以外
ト見散シ他日露國トノ間に如何ノ協商ヲ爲スモ日本ノ自由行動ニ任スト云フニ在ラ
ハ是尤モ幸ナリ盟約ヲ結フニ方キ此意ヲ以テ協商スルヲ可トス又同盟中ノ一國他
國ト相戦フニ方リ第三國ニシテ敵ヲ援クル時ハ餘ノ2同盟ハ之ニ干渉スヘシト云フハ
如何ノ程度ニ於テ干渉スルノ意力明カナラス此レ亦豫メ明確ニスルヲ要ス此同盟ニ
シテ果シテ成ラハ東亞ノ平和ヲ維持シ我通商ヲ擴張シ工業ヲ振作シ經濟ノ挽回ヲ圖
ルヲ得ヘク且ツ他日機ニ乗シテ福建浙江等ノ地ニ勢力區域ヲ設定スルモ亦甚タ難キ
ニ非サルヘシ今日ノ計唯速ニ此同盟ヲ成スニ在リ好機一タヒ去ラハ悔ルモ亦及ハサ
ルナリ　（山縣侯爵「東洋同盟論」、『山縣有朋意見書』原書房、1966年）

　以上の指摘は、日本の対外認識の確立とそこでの国際政策の遂行に対する認
識と判断を物語る。以下は、かかる状況にいたる国際認識をめぐり経過を辿り
つつ、それぞれの局面の推移と論点を明らかにする。

〈注〉

*1 西村文則『元老山縣』忠誠堂、1922年。
  徳富猪一郎『公爵山縣有朋傳』山縣有朋公記念事業會、1933年。
*2 藤村道生『山県有朋』吉川弘文館、1961年。
*3 浦野起央『ユーラシアの大戦略——3つの大陸横断鉄道とユーラシア・ドクトリン』時潮社、2008年。

第2章　西川如見『華夷通商考』の世界認識

　江戸幕府は、1633（寛永10）年に鎖国令を布告した。国民の海外渡航は禁止され、外国船の入航制限は徹底して管理された。海外にいた数千人の日本人は見捨てられる状況となったが、それというのも、耶蘇会宣教師の布教活動が農民の間に思想的動揺を与えるという事態が生じていたからである。もっとも、平戸と長崎の2つは貿易港として認められ、オランダと清国2カ国の商船のみの入港が認められ、ここを通じて、対外情報を日本は入手できた。

　この時期に国際知識を提供したのは、次の書物であった。

　池田好運『元和航海記』（発行所不詳）、1618（元和4）年／海表叢書第3巻、平樂寺書店、1944年／成山堂書店、1985年——池田は、日本に滞在したポルトガル人貿易商マヌエル・ゴンザロから行師の道を伝授され、長崎から呂宋や暹羅への航海指南を学び、記述した。

　頴川藤左衛門・西吉兵衛『諸國土産書』西吉兵衛、1669（寛文9）年——支那各地の物産や日本からの距離を述べ、オランダ商人の往来事情を取り上げた。西川如見『華夷通商考』や新井白石の『外國事略（外國土産）』の種本にもなった。

　『異國産物記』（著者不詳・発行所不詳）、（1698（元禄11）年／中尾豊位写、1712（正徳2）年、あるいは1687（貞享4）年写の記事がある）——清国15省の建置、方向、道程、時運、人物、北極度数、その他を記しており、朝鮮、琉球、大宛、東京、公趾などの土地、風俗、道程、事物などを記述している。巻末に、「右外國外夷五十五國、於長崎以聞傳處記之者也」とある。鎖国以前における国際知識の集成と考えられる。

『異國風土記』2冊（著者不詳・発行所不詳）、1688（貞亨5）年——「自長崎異國路規」、「中華十五省之説」、「外國外夷横文字ノ國々」の項からなる。

西川如見『華夷通商考』2巻2冊、古川三郎兵衛／梅村彌右兵門、1695（元禄8）年、『増補華夷通商考』5巻5冊、古川三郎兵衛／梅村彌右兵門、1708（寛永5）年。

新井白石『ヨハンバッティスタ物語』新居白石、1709（寛永6）年——イタリアの耶蘇師ヨハン・バッティスタ・シドッチに対する訊問の記録である白石の『西洋紀聞』の草稿とされる。

土師小右衛門『異國通路考』（発行所不詳）、1711（正徳元）年——内容は『諸國土産書』と殆ど同じである。

天竺徳兵衛『唐士實天竺渡海物語』1713（正徳3）年／『天竺渡海物語』少年必讀日本文庫第11編、博文館、1892（明治25）年——1707年の徳兵衛の暹羅紀行記である。

新井白石『西洋紀聞』1715（正徳5）年／白石社／竹中邦香、1882（明治15）年／今泉定介編『新井白石全集』吉川半七、第5巻、1906年／国書刊行会、1977年——3巻のうち中巻が世界地理書である。

この時期の国際知識は、西川如見の『華夷通商考』に代表されており、普及をみた。如見は、長崎に生活していて、幕府の下問にも応じた。同書は、上・下巻からなり、上巻は「中華十五省之説」で、15省は2京（南京直隷、北京直隷）と13省（山東、山西、河南、陝西、湖廣、江西、浙江、福建、廣東、廣西、貴州、四川、雲南）を指している。下巻は「外國」として朝鮮、琉球、大宛、東京、公趾、「外夷」として占城、柬埔塞、太泥（台湾）、六甲、暹羅、母羅伽、莫臥爾、咬嚠吧、呱哇、番旦、阿蘭陀の横文字の国を取り上げている。さらに、オランダ人の商売国として31カ国は外夷として、カタカナで国名を記している。他に付録として、サントメ、インデヤ、ラ宇、チヤ宇、ゴワ、パタン、マロク、カフリの8カ国を記している。

同書の朝鮮の記述は、次の通りである。

高麗也。本名高句麗なり。

國8道あり。古馬韓辰韓辨と分れて號せしも此國なり。又新羅百濟高麗に分れたる
も此國なり。

海上長崎自り144里。對島より48里。所により甚近き由。釜山裏に日本館あり。
都府迄10日路これ有り。都府より北京國迄陸路有て往来絶ずと云。此の境は兀良哈
に近く、東は女直に繼きたり（兀良哈は東韃靼の麕類也）

四季寒國也。気候日本の關東に同じ。

北極地を出ること36度より41度。

此國儒道を尊ぶ事中華に勝れり。儒の古法は中華に絶たる者此國に遺れる事有と
ぞ。（西川如見『日本水土考・水土解辨・増補華夷通商考』岩波文庫、岩波書店、1944年、
114-115頁）

如見には、求林齋『日本水土考』（河内屋源七郎／菱屋久八、1700（元禄13）年）／
西川如見『日本水土考1巻』柳枝軒茨城多左衛門、1720（亨保5）年）があり、所収の「日
本方角之圖」と並ぶ「亞細亞大洲圖」は、その記述は適格といえる。そこで
は、こう述べている。

日本國の要害は萬國に勝れる者なり。蓋し小國の大國に連れる者は必ず大國の為
に屈せられ、或は終に大國の為に屈せられ、或は終に大國の為に併せらるゝことあ
り。日本の地は大國に近士と雖も、灘海を隔てて而して相遠きが如し。故に大國に
屈せらるゝの患なし。況んや其の併せらるゝをや。辰旦の大國の北狄の強大に苦し
めらるゝ者は、其の地相連れる故なり。況んや小國をや。然らば則ち日本の風水要
害の好きこと萬國最上なり。浦安國と號する者は、要害堅固の義なり。（『日本水土
考・水土解辨・増補華夷通商考』岩波文庫、岩波書店、1944年、25-26頁）

以上の通り、如見は、第一級の世界知識を利用し、江戸時代を通じ大きく活
用された西川如見／西川求林斎輯『華夷通商考』5巻（今井七郎兵衛／古川三郎兵衛、
梅林弥右衛門／今井七郎衛、増補版1709（寛永6）年／大空社、2015年）を編纂し、その第

3巻に「地球萬國一覧之圖」を収め、それは、利瑪竇（マテリオ・リッチ）の世界図「坤輿萬國全圖」が活用されていた。とりわけ、本書は、元禄・宝永の外に対して極めて厳しい状況下に、世界知識の第一級の内容を形成している。因みに、馬場信武の『初學天文指南鈔』5巻（鳴井茂兵衛／前川嘉七／須原屋茂兵衛、1706（宝永3）年／『近世歴史資料集成』第3期第11巻、日本科學技術古典籍資料、科學書院、2001年）の、以下の記述も、如見の『華夷通商考』の抄録である。

「北京、北極星地ヲ出ル事40度太強・北京ハ戰國ノ燕ノ都ナリ。元明ノ都モ此所ニシテ今ノ清朝ノ天子モ此所ニ居ス。王城ヲ順天府ト云。道程日本ヨリ凡ソ500里。方角ハ日本ノ戌亥ナリ。四季寒國ニシテ雪降事多シ。

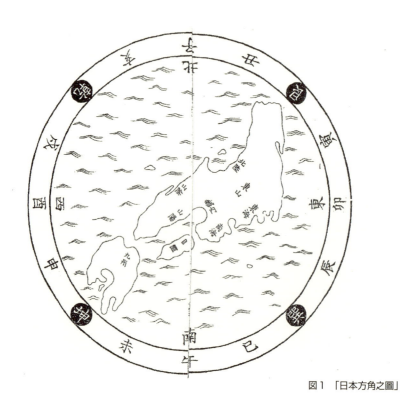

図1　「日本方角之圖」

リッチは、中国耶蘇会（イエズス会）活動の開祖ともいえるイタリア人で、1582（萬暦10）年澳門に来航して、翌83年に廣東の肇慶に伝道基地を設立し、内陸部にその活動を拡げた。このリッチの布教資金は、澳門での日本貿易から得られたポルトガルの利益が充てられた。彼は、中国に印刷工芸品・科学器械（プリズム・地球儀・天体儀・時計）・学術（地理学・幾何学・天文学）を提供した。[*1] なかでも利瑪竇の世界図は当時の世界認識にとり画期的な影響を及ぼした（鮎澤信太郎『日本文化史上における利瑪竇の世界地圖』日本大學新聞社、1941年／『日本文化史上に於ける利瑪竇の世界地圖』龍文書局、1943年、リッチの地図は附録1-54頁に所載されている）。

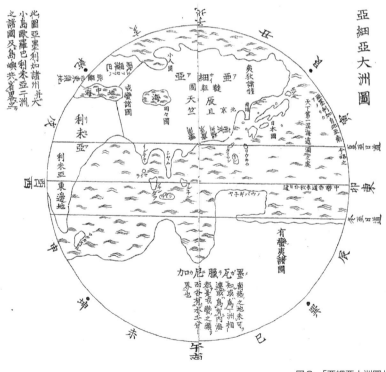

図2　「亞細亞大洲圖」

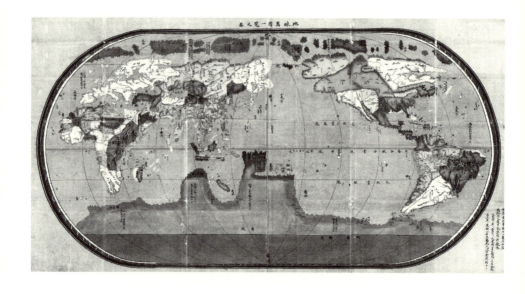

図3 「地球萬國一覧之圖」、西川如見『増補華夷通商考』 梅村弥右衛門他、宝永（1708）年
（注）世界図の形がわかるように2枚の画像を合成した。

　1709（宝永6）年、6代将軍家宣に近待して幕政を補佐して起草した新井白石の『西洋紀聞』3巻1冊（白石社、1827（明治15）年／竹中邦彦、1882（明治15）年、『新井白石全集』第4巻、1907年、国書刊行会、1977年／岩波文庫、岩波書店、1936年／東洋文庫、平凡社、1968年／日本思想大系第35巻、岩波書店、1975年／『新井白石』日本教育思想体系第10巻、下巻、日本図書センター、1979年／大岡勝義・飯盛弘訳、教育社新書、教育社、1980年）の中巻は世界地理を論じており、『菜覧異言』(1713（正徳3）年／上・下、大槻文彦校、白石社、1881年／『新井白石全集』第4巻、1907年／国書刊行会、1977年／『新井白石』日本教育思想体系第10巻、下巻、日本図書センター、1979年）の基になっている。同書は、1715（正徳5）年に作成されたが、その性質上、公開されず、1807（文化4）年になって流布し、鎖国世界の日本にあって体系的かつ精緻に世界的視野の拡大に大きく寄与し、1827（明治15）年に刊行され（箕作秋坪・大月文彦校、白石社）、大きく普及した（鮎澤信太郎『新井白石の世界地理研究』京成社出版部、

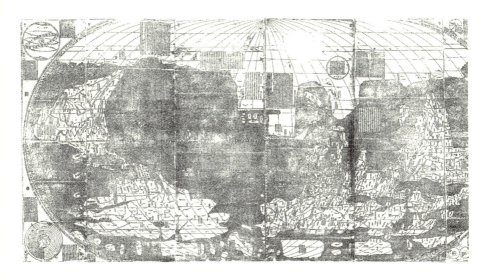

図4　利瑪竇「坤輿萬國全圖」

1943年に収められる)。その世界地理大系は、次の通りである。

地球總節
エウロパ諸國　イタアリヤ　シシーリヤ　ポルトガル　イスパニア　カステイリヤ　ガアリヤ　ゼルマニヤ　ブランデブルコ　ホタラーニヤ　ボローニヤ　サクソーニヤ　モスコービヤ　スウエイヤ　ラ・ランデヤ　アンゲルア　スコツチヤ　イベリニヤ　グルウンランデヤ　エウロパ總論
アフリカ諸國　トルカ　カアプトボネスバイ　マタカスカ　アフリカ總論
アジア諸國　ハルシヤ　モゴル　ベンガラ　インデヤ　セイラン　スイヤム　占城　マロカ　スマアタラ　ジャガタラ　ボルネヲ　マカサアル　メンダナラ　ロクソン　ノーワラ・ランデヤ　アジア總説
ノラルトアメリカ諸國　ノーワ・イスパニヤ　ノーワ・フランスヤ　ノーワ・カラナ、タ・ノーワンタルシア　北アメリカ總説

ソイデ・アメリカ諸國　バラシリヤ・セントヘンセント　南アメリカ總説

　注目されるのは、利瑪竇の世界図に従い、白石が海洋国家日本の存在を確認していることである。「與安積澹泊書」にある新井白石筑後守の安積覺兵衛あて11月朔日書簡に、以下の一文がある（鮎澤信太郎『東洋地理思想史研究』日本大學第三普通部、1940年、78頁以降）。

　一阿蘭陀等の國々は唐山などゝ只一片の地にて海を隔候國にては無之候たとへば

如シ此様の事にて候。天竺よりすぐに参候カピタンにも逢候て物語承り候き。近年康熙天子親征のカルタンと申すも北高海の束南の國と聞え候。天竺とも唐山とも韃靼とも只一片の地にて、山河を以て界限し候由に候。元の時に使通じ候も大かた北高海の邊迄にても可有之候。ハルコと書付候邊まで、常時は韃靼の種類と申す事に候。阿蘭陀より20年許り以前北京へ陸路を使を遣し候に往還3年かゝり多くの難所を越過候故に其後は中絶と申候き。

　いいかえれば、白石は、その地位にあって最大限に世界における日本の状況を認識しており、その記述の功績は極めて大きい。但し、『西洋紀聞』には、日本が長らく往来し見聞してきた朝鮮・中国に関する言及は少ない。「按ずるに、其人の言に、チヤナといふは、即支那也。タルターリヤといふは、即韃靼也。ヤンパンニヤといふは、即日本也。此等地方の事、其の經歴せし所に係らざれば、其説のしるすべき事もなし。萬石坤興圖に據るに、韃靼の東方、海に至るまでの地を圖して、狗國・室韋・野作の國、其地にありと見えた」とあるに過ぎない。

第2章　西川如見『華夷通商考』の世界認識

　日本で最初に作成された世界地図は林次左衛門の「萬國總圖」とされ、「萬國人物圖」と一対で作成されている屏風絵の作成から1645（正保2）年作成、あるいは1671（寛文11）年刊行と推定されている。その地図は利瑪竇の世界図を見本としていたことは確かである。1659年中国で伝道に従事し欽点監（天文台長）を勤めた耶蘇会士フェルビースト、Frerdinand Verbiest、南懐仁の世界図「坤輿全圖」1674（康熙13）年（丁韙良『西學考略』長沙、岳麓書社、2016年の付録に収められている）も、その地理的知識の日本への影響は無視できない。以後における日本の以下いずれの地図も、すべて利瑪竇ら耶蘇会士の世界図に従っている（海野一隆・織田武雄・室賀信夫編『日本古地図大成＝Monumenta Cartographica Japonica』講談社、1972年に集成されている）。

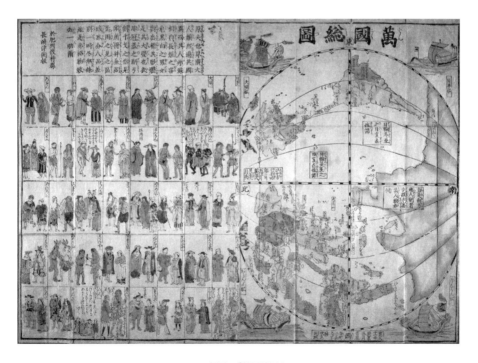

図5　「萬國總圖」

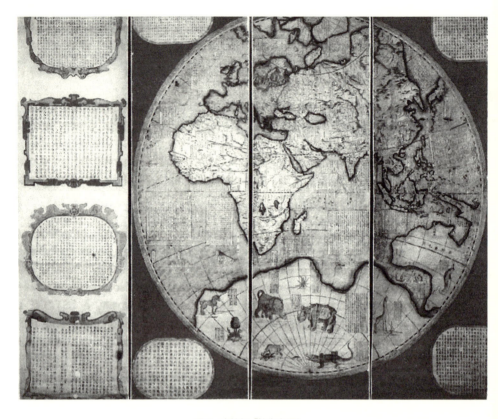

図6　南懐仁「坤輿全圖」

　原目貞清「輿地圖」1720（亨保5）年。緯度、経度を明記している。
　長久保赤水「地球萬國全圖」1785（天明5）年。長久保赤水、玉崎美成補『地球萬國山海輿地全圖説』（高谷、1850（嘉永3）年／『廣益益文安年代記大成』出雲寺慶次郎／森屋治兵衛、1852（嘉永5）年）に収められている。
　司馬江漢「地球楕圓圖」1792（寛永4）年。地球の楕円で表現した。
　稲垣子戩「坤輿全圖」1802（亨和2）年。小東洋の記述がある。
　山村昌永「華夷一覽圖」1806（文化3）年。アジアを描き、日本海が示されている。
　古屋野意春「萬國一覽圖」1809（文化6）年。世界全体を示した。

第2章 西川如見『華夷通商考』の世界認識

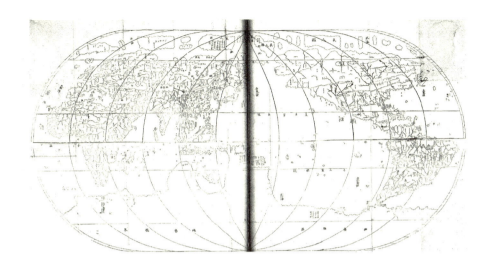

図7 「輿地圖」

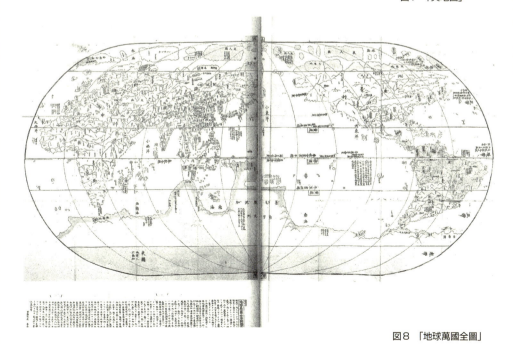

図8 「地球萬國全圖」

21

第1部　近代日本の海外知識の摂取と国際認識の確立

図9　「地球楕圓圖」

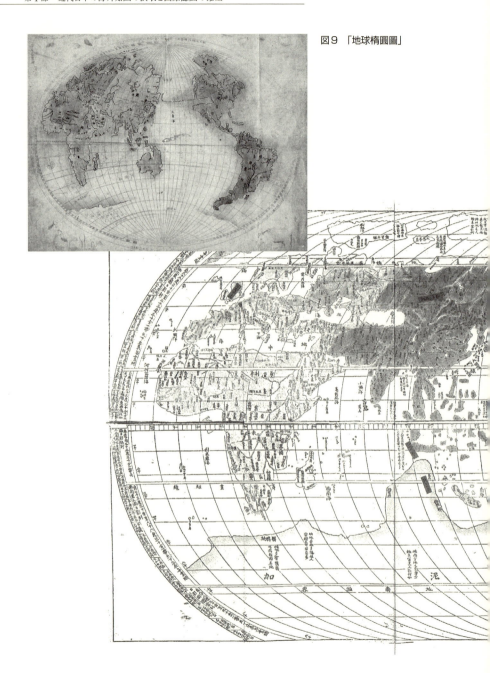

第２章　西川如見『華夷通商考』の世界認識

図10　「坤輿全圖」

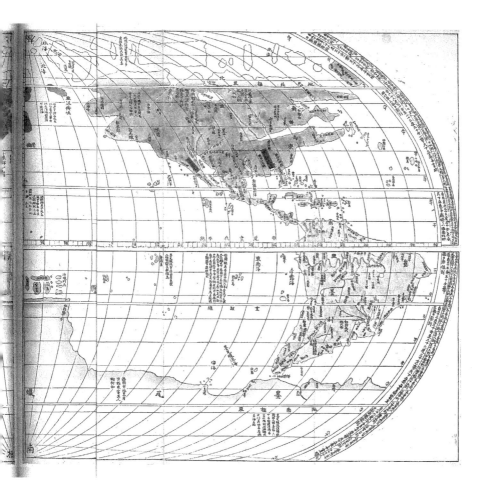

山村昌永は通称才能助で知られ、江戸後期の地理学者で、1802（享和2）年に新井白石の『采覽異言』を訂正し補足した総合世界地理書『訂正増訳采覽異言』(8巻、1856（安政3）年杉田勤（伯元）校正、大槻茂質（玄沢）参閲、(発行社不詳)／上・下、青史社、1979年）があり、それは1804（文化元）年幕府に献上された。ほかに、明代の耶蘇会地理書Giulio Aleni、艾儒略撰『職方外記』5巻（上海、上海書局、1903（光緒29）年／大野田惣八、江戸後期／台北、台聯國風出版社、1967年／丁韙良『西學考略』長沙、岳麓書社、2016年の付録）を検証した『明儒翻譯萬國圖説考證』などがあり、のち山村才輔『西洋雑記』4巻（播磨屋勝五郎、1848（嘉永元）年）が刊行されている（鮎沢信太郎『山村才助』吉川弘文館、1959年がある）。

利瑪竇の世界図は、明末・清初に耶蘇会士が中国に往来し、その耶蘇教を普及する手段として泰西の諸科学を紹介し、かかる布教手段の模範として作成されており、耶蘇会を通じて日本に渡った（李瑪竇「天主實義」、『天学初函』第1巻、台北、臺灣學生書局、1965年／マテロ・リッチ、柴田篤訳『天主実義』東洋文庫、平凡社、2004年）。その説明が、世界知識の基礎となった。この世界図には、哲学・宗

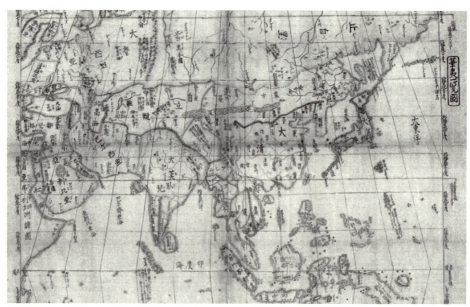

図11　「華夷一覽圖」

教・天文・暦法・自然地理・人文地理・民俗伝説などの全体的知識が雑然と集成されており、さらに、世界各地の産物（金銀、宝石類、香料、獣類、穀物、漁類、鳥虫類、酒類、漆器、布鐵）の記述があり、それは当時、ヨーロッパ貿易船の関心の順序に従い述べられている。当然に、耶蘇布教の手段として作成されていた以上、西洋ではなく中国が中央に置かれ、天の広大に比し地球の微少なる、広大な宇宙を主宰する天主を思わせるべく作成されていた努力の一端が伺える。「四行論略」がそれである。それは、中国の木火土金水の天地人の道理五行である五行哲学と地水風火の四元を万物の根元とすることに発するように組み立てられている。関係文献は、以下の通りである。[*1]

利瑪竇『坤輿萬國圖説』南京、呉左海、1600（萬暦28）年。

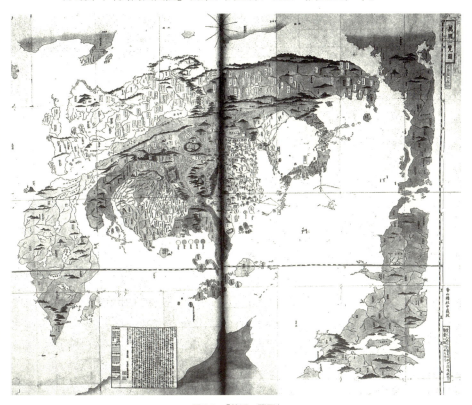

図12 「萬國一覽圖」

P. M. Elite, *Fonti Ricciane: Documenti originali concernent Matteo Ricci e la storia dellleprime relazioni tra l' Europa e la Cina（1879-1615）*, 3 Vols., Roma: Libreria dello Stato, 1942-49.

鮎澤信太郎『日本文化史上における利瑪竇の世界地圖』日本大新聞社、1941年／『日本文化史上に於ける利瑪竇の世界地圖』龍文書局、1943年——附録に地図が収められている。

利瑪竇、李之藻演『同文算指前編』台北、臺灣商務印書館、1966年。利瑪竇撰『測量法義』台北、藝文印書館、1967年。利瑪竇撰『測量法義』台北、藝文印書館、1967年。利瑪竇、李之藻訳『圜容較義』台北、藝文印書館、1968年。利瑪竇撰『經天該』台北、藝文印書館、1968年。利瑪竇、除光啓訳『幾何原本』中華書局、1985年。

マッテーオ・リッチ、アルヴァーロ・セメード、川名公平・矢沢利彦訳『中国キリスト教布教史』2冊、大航海時代叢書、岩波書店、1982－83年／利瑪竇、金尼閣、何高済・李申訳『利瑪竇中国札記』2冊、北京、中華書局、1983年／芸媒訳、上海、宗教文化出版社、2006年／文錚訳『耶蘇会与天主教進入中国史』北京、商務印書館、2014年。

Michele Ruggieri, *Atlante della Cina*, Roma: Instituto Poligrafico e Zecca dello Stato/ Liberia dello Stato, 1993.

平川裕弘『マッテオ・リッチ伝』東洋文庫、平凡社、2007年。

利瑪竇『坤輿萬國圖説』（南京、呉左海、1600（萬歴28）年）が、1602（慶長7）年に日本に持ち込まれ（複製、臨川書店、1996-97年）、以下は、そこに記入された説明記述の一部である（鮎澤信太郎「利瑪竇の「四行論略」に就いて」、『東洋地理思想史研究』日本大學第三普通部、1940年）。

四行論略

四行論略日天主創作萬物干曩宇先渾沌造四行然後因其情勢布之干本處火情輕則躋干九重天之下而止土情重則凝而安天勉之當嘗中水情比土而輕則浮土之上而息氣情不輕不重則乘水土而負火焉所謂土爲四行之濁渣澄火爲四行之浄精也火在共本處近天則随

而環動每偕作一週此係元火故極浄甚炎而無光焉無光者何無薪炭等體以傳其光故爾若一遇外物衝照則著而發光矣比如窰既久燒而方除薪炭雖内弗現火光而熱氣甚盛可速點燕物矣夷天下萬象之初皆以四行結形又日夫氣處所又有上下中3域上之邇火則常太熱下之因邇水土而水土恒爲太陽所射以光輝有所發煖則氣並煖中之上下遐離熱者則常太塞冷以生霜雪之類也其三般氣處尤廣窄弗等若南北2極之下因違遠太陽者陰氣甚則上下熱煖處窄而中塞冷處廣若赤道之下因近太陽者陰氣微則反焉故熱煖虛廣而寒冷虞窄如上圖

元史

元史云日出爲晝日入爲夜晝夜一周共爲百刻以12辰分之每辰則8刻3分刻之一無問南北所在皆同晝長則夜短夜短則晝長此自然之理也春秋二分日當赤道出入晝夜正等各50刻自春分以及夏至日入赤道内去極浸近夜短而晝長自秋分以及冬至日出赤道外去極浸遠晝短而夜長以地中揆撲之長不過60刻短不過40刻地中以南夏至去日出入之所爲遠其長有不及60刻者冬至去日出入之所爲近其短有不止40刻者地中以北夏至去日出入之所爲近其長有不止60刻者冬至去日出入之所爲遠其短有不及40刻者此所云地中蓋指中國之中而言然論晝夜長短各處不同則其法固有據矣緣自古測景無如元人之遠者故能發古人所未發耳録此參考

赤道南地半球之圖

右圈乃周天黄赤2二道錯行中氣之界限也凡箕太腸出入皆準此其法以中横線爲地平直線爲天頂中小圈爲弛躰外大圈為周天以周天分360度假如右圖在京師地方北極出地平線上40度則赤道離天頂南亦40度矣……

亞細亞州

葛剌比亞　乳香産子此地其樹甚小他處則無又産一薬名也爾刺塗尸不敗

如徳亞　天主降生於是地古人謂之聖土

死海　此海無所産名為死海然水性常浮入溺其中不況

巴爾斎亞　地産各色玉石金剛石鵶青石

北高海　此水甚浩蕩不通大海故疑為湖然其水齒咸則姑謂之海

沙爾馬齊　兩沙爾馬齊極寒人衣獸皮不露面只露口眼食馬血風俗朴實犯竊物即殺之

東夜國　此地之北極者半年有日光牛年無日光故以魚油點燈代日寒極甚人難到此所以

地之人物未審何如

夜人國　此處寒虛極甚海水成氷國人以車馬庭之鑿開氷穴多取大魚因其地不生五穀即以魚肉充饑以魚油點燈以魚骨造房屋舟車

流鬼　人穴居皮股不知騎

北海　此處古謂兩邊之地相連今已審有此大海隔開此海可通北海

鬼國　其人夜遊晝隱身剥鹿皮爲衣耳目鼻與人同而口在頂上噉鹿及蛇

哥児墨　此國死者不埋但以鐵鍵掛其彎其尸于樹林

牛蹄突厥　人身牛足水日瓠蘿河夏秋氷厚２尺春冬氷澈底常燒器消氷乃得飲

宛在達　此國俗父母已老子自殺之而食共肉以此爲恤雙親之苦勞而葬之子己腹不忍棄之于山

意貌山　山極高登此看星覺大

韃靼　韃靼地方甚廣自東海至西海皆是種類不一大槩習非以盜爲業無城郭無定居駕房屋于車上以便移居

大茶苔島　此處湖永甚急天雖極冷而水不及凝凍

鳥洛侯　上下濕多霧無而□人尚勇不爲奸竊

新曾白蝋　此北海湖水極急不時不及凍氷

撒馬兒牢　古丘茲國元嘗分建諸王干此亦力把力

干閱ノ東　西番元嘗郡縣其地今設２都司三宣慰阿４萬戸府17戸所

地豆干　地嚴寒水出大魚又多黑白黃貂鼠其人最勇

襪結子　其仓首披皮爲衣不鞍而騎善射過人輒殺而生食其肉其圖三面皆室韋

室韋　地多積雪人騎木而行以防坑陷捕貂爲業衣魚皮

大流沙　于闐東磧石又東爲流沙人行無跡故往返皆迷聚骸以識道無水草多熱風

大明國　大明聲名物之盛自15度至42度皆其餘四海朝貢之國甚多此總圖略嶽瀆省道大餘詳統志省殫述

朝鮮　朝鮮乃箕子封國漢唐皆中國郡邑今爲朝貢屬國之首古有三韓穢貊渤海悉直駕洛扶餘新羅百濟耽羅等國今皆併入

日本　日本乃海内一大島長３千２百里寛不過六百里今有66州各有國主俗尚強力雖有總王而權常在強臣其民多習武少習文土産銀鐵好漆其王生子年30以王讓之其國大低不

重寶石只重金銀及古窰器

鷹帝亞　鷹帝亜總名也中國所呼小西洋以應多江爲名一牛在安義江内一半在安義江外天下之寶石寶貨自是地出細布金銀椒料木香乳香藥材育朱等無所不有故四時有西東海商在此交易人生黑色弱順共南方少穿衣無紙以樹葉罵書用鐵錐當嘗筆共國王及其各處言語不一以椰子爲酒五穀惟米爲多諸國之王皆不世及以姉妹之子爲嗣其親子給録自贍而已

臥亞　此處有革馬良獸不飲不食身無定色遇色借映爲光但不能變紅白色

舊港　舊港扼諸蕃之會商舶合湊富饒其民沿海架筏爲屋而居覆以椰葉移則起棒而行其土沃倍干地壤有尼白樹酒比椰酒更佳傍國如占城大泥等皆有之

大泥　大泥出極大之島名爲尼墓有翅不能飛共足如馬行最速馬不能及羽可爲盍纓縢亦厚大可爲杯孛露國尤多

滿刺加　滿利加地常有飛龍繞樹龍身不過45尺人常射之

蘇門荅刺　此島古名大波巴那周圍共4千里有7王君之土産金子象牙香品甚多

波爾匿何　即浡泥國地竺熱多風雨木柵爲城其甲鑄銅爲筒穿之予身有藥樹煎膏塗身兵匁不傷無筆札以刀利刻多葉行之俗好事佛,

馬路古弼方　此地無五谷只出沙姑米樹其皮生粉以爲米

新入匿　此地名爲新入匿因其勢貌利未亞入匿相同歐邏巴人近方至此故未憲或爲一片相蓮,地方或爲1島

大爪哇島　爪哇元兵曾到檎其王其地通商船極多甚富饒金銀珠寶琿琹瑪瑙犀角象牙木香等俱有

爪哇　此處海島甚多船甚難行其地出檀香丁香金銀香安息香蘇木胡椒片腦

忽魯謨斯　忽魯謨斯地舵草木其牛羊駝馬皆食海乾魚山蓮五色皆鹽也取之鹼磁爲器皿之類食物就用而不必加鹽産珍珠寶石龍涎

匿度寐　其人甚長而衣短只有猪無別畜人輕捷一跳3丈又能浮水履水浸腰與陸走不異

巴羅襪斯　巴羅襪斯即古儋耳人以耳長爲媚、

此海生好珍珠海濱人沫水之為業

珊瑚樹島　珊瑚樹生水底色綠質軟生白子以鐵網取之出水即堅而紅色

奴兒干　奴兒干都司皆女直地元為胡里改今設1百14衛20所其分地未詳

以上の地図にある記述が、以後における世界知識の原型となったことはいう
までもない。

〈注〉

＊1　裴化行、王昌社訳『利瑪竇司鐸和當代中國社會』上海、東方學藝出版社、1943年。
　　　小野忠重編『マテオ・リッチ（利瑪竇）と支那科學』双林社、1944年。
　　　鮎沢信太郎「マテオ・リッチの世界図に関する史的研究——近世日本における世界地
　　　理知識の主流」横浜市立大學紀要、第18号、1953年。
　　　羅光『利瑪竇傳』台北、光啓出版社、1960年。
　　　孫尚楊『明末天主教與儒學的交流和衝突』台北、文津出版社、1992年。
　　　林金水『利瑪竇与中国』北京、中国社会科学出版社、1996年。
　　　　史景迁（Jonathan d. Spence）、陳恒・梅義征訳『利瑪竇的記憶之宮』上海、上
　　　海遠東出版社、2005年。

第3章 林子平『三国通覧圖説』と桂川甫周『北槎聞略』の北方認識

　林子平は、『三國通覧圖説』（須原屋市兵衛、1786（天明6）年/San kokftsou ran to sets, ou, Aperçu général des trios royaumes=三國通覧圖説, Paris: Oriental Traslation Fund of Britain and Ireland,1832/六無齋全書、果通貫、1882年/江戸文學研究會編「江戸の面影」向陵社出版部、1915年/裳書房、1923年/『増補六無齋全書』第1巻、裳書房、1923年/住田正一編『日本海防史料叢書』海防史料刊行會、第2巻、1932年/『林子平全集』第2巻、生活社、1943年/2冊、東北大学附属図書館/宝文堂出版販売、1977年/『北方未公開古文書集成』第3巻、叢文社、1978年/『新編林子平全集』第2巻、第一書房、1979年/『蝦夷・千島古文書集成——北方未公開子文書集成』第3巻、教育出版センター/冬至書房新社、1985年）の叙述に続き、1777（天明6）年に「諸外國よる海寇の來ル事有ン時、防御すべき術を詳悉せり」し『海國兵談』（16巻、1777（安永6）年起稿、1786（天明6）年脱稿、1787—91（天明7-寛政3）年刊行/『精校海國兵談』10巻、大和屋喜兵衛、1856（安瀬政3）年/六無齋全書第1編、林通貫、1882年/圖南社編輯部、1916年/『海國兵談・全』圖南社、1917年/裳書房、1924年/『増補六無齋全書』第3巻、裳書房、1923年/『林子平全集』第1巻、生活社、1932年/岩波文庫、岩波書店、1939年/2冊、宝文堂出版販売、1977年/『新編林子平全集』第1巻、第一書房、1979年——安政3年版の「海国兵談話」である/Diskurs über die Wehrhaftigkeit einer Seenation, München: Iudiciurm, 2003）を著し、その自序に「小子ハ直情徑行の獨夫なるゆへ、敢て忌諱を不顧して有の儘に言フハ不敬也、不言は亦不忠也、此故に獨夫、罪を不憚して以て書ス」と印し、北辺の急を論じ、遂に処罰された。本書は、海国日本の防衛策を最初に論じた画期的な著作であった。その認識は、以下の通りであった。

竊に、按するに日本開闢より3千年来、此大銃の備を海岸に不設して、今に至て猶安全なり、其の上、外冦の爲に嚴クたしなめられし事も、今日に至る迄、曾て有ラざる事なるに、今新タに此海國の備を事々敷、言出ス事、且ハ思慮の過たるにも似、且ハ新説を好にも似、亦ハ准言を發するにも似たり、然ト云とも、天地間人間世の事にハ必變革ある事定たる理也、必萬々世も一定の今日ト思ことなかれ、其上、5世界の國々、早く開闢したるハ、今年迄六千餘年、遅キも3千年に足ざるハなし、然ルに各國、皆英雄豪傑あり、各3千餘年の智を積て、天文、地理海路等を度量して掌上に見ルが如し、然ル故に相互に他の遠國を侵掠すべき工夫、5世界の英雄豪傑等、互に是を旨とする事、當世一統の入惰トなれり、就中、歐羅巴の諸國、妙法を奉するの國人、殊に此惰多シ、然レども遠國を取ルにハ妄りに干戈を動さす、只利害を説話して、其國人を懷ヶて、然して後に押領ス、今日本ハ歐羅巴ト路遠シ、其上、彼が説話ハ古來より取用ざる人惰也、其干戈ハ路遠キ故、施ス事を得ざれば、我に於て歐羅巴ハ患ルに不足也、然ルに竊に聞ル事あり、近年、唐山、韃靼の人等、歐羅巴人と交親ト云リ、愈親バ唐山、韃靼の英雄蒙傑等妙法を受べし、妙法を受得バ侵掠の心起ルべし、彼等侵掠の心を起して、日本え來ル程ならば、海路ハ近シ、兵馬ハ多シ、此時に當て、備無ンバ如何ともする事なかるべし、熟思ヘバ、後世必唐山、韃靼の地より、日本を侵掠する企を爲ス者起ルべし、怠ル事なかれく（2字不明）、是開闢より三千年の後、今日に至て小子始て發言する所なり、竊憶へば、此説話小子が度に過たり、若クハ鹽竈大神の神託にもある歟。（林『海國兵談』第1巻、／學藏會編『林子平全集』生活社、第1巻、1943年）

林子平の世界情勢に対する認識は、『三國通覧圖説』（1786（天明6）年）の題初に明らかである。

大哉地理ノ肝要ナルコト、ケダシ廊廟ニ居テ國事ニ與ル者地理ヲ知ラザルモノハ治亂ニ臨テ失有、兵士ヲ提テ征伐ヲ事トスル者地理ヲ知ラザルモノハ安危ノ場ニ失有、践渉スル者地理ヲ知ラザルトキハ遅速ノ際ニ失有、人々ヨク思惟スベシ。是ヲ知コト難キニアラズ、ソモソモ世ニ地理ヲ言者少ナカラズ、然レトモ或ハ萬國ノ圖

第3章　林子平『三国通覧圖説』と桂川甫周『北槎聞略』の北方認識

ニ走リ亦ハ本邦ノ地ニ限レリ。小子ヒソカニ憶ウ、皆過及バザルカト。コノ故ニ今新タニ本邦ヲ中ニシテ朝鮮、琉球、蝦夷及ビ小笠原島即伊豆ノ無人島ナリ等ノ圖ヲ明スコト小子微意有。ソレヲ3國ハ壤ハ本邦ニ接シテ實ニ隣境ノ國ナリ。ケダシ本邦ノ人、貴賤ナク文武ナシ、知ベキモノハ此3國地理ナリ。コレヲ諳ルトキハ治亂ニツイテ不迷不疑、萬機施シ易シテ時有テ力ヲ陳ベク時有テ知テ樂ムベシ。且政ニ從テ3國ニ入ル人有トモコノ圖ヲ懐ニスルトキハ、3國ノ分内了然トシテ目捷ニ在ガ如ク泰然トシテ彼コニ至ルベシ。コレ小子コノ圖ヲ作テ世人ニ示ス所ナリ。スコシク武術ニ補アルニ似タリ。(林『三國通覧圖説』、學藏會版『林子平全集』第2巻、生活社、1943年)

　この林子平の記述は、現実に切なる要求から調査分析されたという意義があった。[*1]林子平は1792(寛政4)年5月16日、『海國兵談』が絶版に付され、処刑され、現に同年9月ロシア使節が渡来した。当時の対外関係がいかに困難の前にあって、批判的理解は急を要していた。それは、局面は各国の事情認識から海防の戦略認識へと移っていたからである。その結末は、次の通りであった。「其方儀縦令利欲に不致共、一己の名聞に拘り、取留も無之風聞又は推察を以て、異國より日本を襲候事可有之趣、奇恠異説等取交せ著述致、且右之内には御要害之儀も認入、其外地理相違の繪圖相添書寫、又は板行に致候、室町ニ町団權八店市兵衛方へ送遣候始末不憚公儀仕方不届之至に付、兄嘉善へ引渡、村在所蟄居申付候、並に板行物版木共に君上可申。」

　幕末日本が直面していた国際的立場から、「奇恠異説」として著者林子平は処罰された。天保10年獄中で、高野長英は、こう述懐した。

　近頃は西洋學さへ好みて、地理書を研究しければ(按ずるに是が成人の嫌忌を受る所にして此災厄の起源する所と見ゆ)。(高野長英全集刊行會編『高野長英全集』高野長英全集刊行會、1931年、第4巻)

　その日本にとり最大の直面する脅威は、ロシアの進出であった。そこで、蘭

33

方医の桂川甫周（國端）は1792（寛政4）年9月、ロシア使節アダム・ラク
スマンが来航し、その際、ロシア漂民、大黒屋光太夫が送還されるや、彼の
見聞を基礎にしてロシア事情の調査が命じられ、彼らの陳述をもとに、1794
（寛政6）年8月に桂川の『北槎聞略』（三秀舎／吉川弘文館、1937年／吉川弘文館、増
訂版1965年／岩波文庫、岩波書店、1990年／宮永孝訳、海外渡航記叢書第1巻、雄松堂出版、
1988年／杉本つとむ編、早稲田大学出版部、1993年／*Naufrage & tribulations d'un japonais:*
dans la Russie de Catherine II（1782-1792）, Paris: Chandeigne, 2004）が作成された。
同書は、18世紀末のロシアに関する一種の百科事典的な学術書で、鎖国時期
における外国知識の代表的文献とされる。夷俗、風土、文字、租税、学校、武
器、物産に詳しく、政治・対外関係では魯西亜世系の記述のみである。本書
は、機密資料として一般には流布しなかった。但し、光太夫らの漂流や帰国に
ついては、多くの写本、『魯西亞國漂民記』（発行所不詳、1854（嘉永7）年）、『神
昌丸漂民記』3巻／『漂民音覧』（発行所不詳、1836（天保7）年）、『魯斎亞國睡夢談』
（日本語原本不詳、ヴエ・エム・コンスタンチノフ露訳、モスクワ、東洋図書出版所、1961年）
などが流布した。これに先立ち、根室にロシア船出現の報告を受けて、桂川
は、オランダ資料に基づき桂川甫周訳『魯西亞志』2冊（『海表異聞』発行所不詳、
1854（嘉永7）年）と『魯西亞略記』（少年必讀日本文庫、博文館、1892年／『北槎聞略』
岩波文庫、岩波書店、1990年）を作成した。[2]『魯西亞略記』の説明は、次の通り
である。

　　魯西亞の本國は歐羅巴洲の部分に係る。然れども今に至りて併せて有するの地は
亞細洲におよぶもの多し。

　　本國は歐羅巴の東北界にありて地も亦廣大なり。南46度に起こり、北は70度にわ
たる。東41度より西77度にいたる。南北のわたり凡皇朝の里720余里といふ。

　　魯西亞帝國を往古はカサールとす（國言、王を云也）。1721年［亨保5年］ペート
ルといひし國王とすぐれたる賢徳の人なりし故、尊稱してゴロート（尊大の義なり）
といふ。此人初てケーズルの號を稱せしなり（ケーズルは皇帝をいふなり）。

　　本國もと韃靼、都爾格、雪際亞と數度大戰ありしを以てはなはだ軍法に熟練し、

今に至りて其の軍卒等驍勇なる故近隣の諸國多くこれに伏従せり。

當今女王は先帝崩じて後に大統を嗣、魯西亞皇帝の尊號を稱せられしなり。

當今女王は本國に大功を立、或は國事を勤め、又軍法に練達せられし故に立れるのもあらず。元来貴族なりし故に位じ繼れしなり。……

魯西亞國地気極めて凝寒なり。就中その北陲氷海に際するの地もっとも甚し。……

本國の人物は中等の大さにて性極めて勇悍なり。下等の賤人は強暴残忍傲詐にして信少し。常に君酷烈なる焼酎を好む。もし人を悪む事あれば即ち毒殺す。されども中人以上は恭敬和順にして禮節ある事他の諸国とおなじ。

魯西亞の教法は邏馬と一般なり。但奉崇する處の佛像、塑貌を用ひずして画像をもちう。

魯西亞分界及ひ大略

○　サントペートルスブルグ

○　レーヘル

○　リガ

○　コロートノホゴロド

○　アンハルゲル

○　モスコウ

○　スモーレンスコ

○　キヲウ

○　ボイロゴロド

○　ウッロネス

○　ジノホゴロド

凡11部

此内都城2所を略載す。此2所は其國中にて最繁盛の地なり。

ペートルスブルグ　其地廣富にして城郭の制構極て巌整に、人民屋室もつとも宏麗なり。ペートル帝始て此地に都をさだめにより、當今カタリナに至るまで此地を以て王城とす。

モスコウ　此邦第一の大都會なり。周圍24里（本邦の里數）。されども、城郭屋室の制構はペートルスブルグに及ばず。……

魯西亞國壤地廣大にして方今世界第一の大國なり。しかれども其人民の數却て日本に及ばざるべし。其故は幅員廣衍なるのみにて廣漠不毛の磽地多く、數百里の間絶て人烟なき所多ければなり。（『魯西亜略記』は、『北槎聞略』岩波文庫、岩波書店、1990年に所収）

水戸烈公（斉昭）は水戸光圀以来の北方開拓論を堅持しており、そのために幕府当局に対し1641（寛永12）年以来の大船禁止令の解除を求めた。そのための度重なる申請も容れられず、1838（天保9）年に「成戊封事」を将軍に上書した。その抄記は、以下の通りである。

　一、神國は四面皆海に候へば、海船の製作心を用ゆべき事御座候。しかし相雁……の大船も有之・外國迄渡行者者も有之候へ共、邪宗門御制禁に付、大船も音制禁に相成候、よし大船御座候へば、自ら外國へ渡り邪宗へ引入られ候患御座候故、御制禁被遊候事と相見え候へ共、當時の船にて、あら海を乗候はつまづき候、馬にて險阻の山を乗候よりも危き事に御座候、海上にて年々難船有之候、日本國中にては、莫大の事に可有御座候。大船を御冤被遊堅固に致製作候へば、破船と申義も無之、阿蘭陀人等は数萬里の海上を乗來り、年々期月をたがへず長崎へ入港いたし候、然る處日本人は海國に生れながら、十里二十里の海上さへ日数を定め乗候事は、出來不申のみならす、少しく日より風波惡敷候へば破船いたし、其時々船中の米毅諸品空しく海中のもくづと相成、甚しきに至候ては漂流又は溺死人出來候義あまり無術且はあはれむべき事に御座候、右の通り手薄き船に候間夷鋏の船を見候へば所詮、敵しがたきものとおそれ居候故、海上にて出逢候へば異船へ近よりあやまり候かにげ延外無之、さて又夷狄、陸近く乗來、亂妨等いたし候迚も、此方にて船を出し追かけ候事不相成候故、いよいよ異人共に侮られ申候、されば堅固の大船作り候義を御免被遊候へば、海防の爲にも宜くいかばかりか人命も、たすかり、有用の荷物、海中へしづめ候患も相止り、廣大の御仁政に可有御座候、尤も國々により大船の員

数を御定め又は決して異國へ渡り不申様、御制禁の義は如何様にも御仕法可有之奉
存候（寺島柾史『北進日本史　我等の北方』霞ヶ關書房、1942年、32-33頁）

　既に、本多利明は、1791（寛政3）年の『赤夷動静』（『北方未公開古文書集成』
第3巻、叢文社、1978年／『蝦夷・千島古文書集成——北方未公開子文書集成』第3巻、教育出
版センター／冬至書房新社、1985年）で、北辺地域の地理事情を述べ、ロシア人来
進の理由を説き、これに対し日本人がこの地蝦夷を開発することが急務である
と主張していた。さらに、本多は、1798（寛政10）年の『西域物語』（東京日々
新聞社、1888（明治21）年／新村出監修『海表叢書』第2巻、更生閣、1927年／成山堂書店、
1985年／『日本思想大系』第44巻、岩波書店、1970年／*Journey beyond Samarkand,* Tokyo:
Kodansha International, 1971／『日本の名著』第25巻、中央公論社、1972年）で、わが国
策として蝦夷・樺太・カムチャッカなど北方進展策を、特に国防上から主張し
た。[3]さらに、近藤守重は『邊要分界圖考』8巻（近藤守重、刊行年不詳／1717（亨
保2）年書写／近藤守重、1804（文化元）年）で、極北にいたる北方の地理が集成され
た。

　1793（寛政5）年11月仙台の石巻から糧米を積んで江戸へ向かった舟子津
太夫らが難船し、翌94年6月極北のオンテリーツケに漂着し、1795年6月オー
ック港に着岸し、1802（亨和2）年ロシア使節に便船して帰国した。大槻玄澤
がその事情を調査して、1807（文化4）年に『環海異聞』15巻（和田珍藏、1844
（天保15）年／三島才二編『南蠻紀文選』洛東書院、1925年／三島才二編『南蠻稀聞帳』潮文閣、
1929年／北門叢書第4冊、北光書房、1944年／国書刊行会、1972年／叢文社、1976年／石井研
堂編『江戸漂流記総集——石井研堂これくしょん』第6巻、日本評論社、1992年／杉本つとむ・
他『環海異聞——本文と研究』八坂書房、1986年）をまとめた。内容はロシアでの見
聞に始まり、北辺事情の集成となった。以後、高橋景保『北夷考證』（発行所不
詳、1809（文化6）年／『北方史資料集成』北海道出版企画センター、1991年）など、体系
的なロシア及び北辺の理解が進んだ。[4]
　海防論は、工藤平助『赤蝦夷風説考』（発行所・刊行年不詳／北門叢書、北光書房、
1943年／北門叢書、国書刊行会、1977年／『日本の名著』第25巻、中央公論社、1972年／『北

方未公開古文書集成』第3巻、叢文社、1978年／井上隆明訳、教育社新書、教育社、1979年／『蝦夷・千島古文書集成——北方未公開子文書集成』第3巻、教育出版センター／冬至書房新社、1985年）とともに、林子平『海國兵談』で登場し、それに続いて、以下の著作が叙述されている。

赤松源則陽『海防辯』1806（文化5）年。

平山子龍『海防問答』1816（文化13）年。

山鹿素水『海備全策』1848（嘉永元）年。

藤森弘庵『海防備論』1853（嘉永6）年——異本『海防秘論』が流布し、水戸烈公が本書を絶賛した。

（著者不詳）『海邊防御私考』1850年代（嘉永年代）——本書は江戸湾と能登海岸の具体的防衛を論じており、海軍文庫に原本がある。

海防論は、工藤平助『赤蝦夷風説考』とともに林子平『海國兵談』が登場し、その『海國兵談』こそ海国日本の最初の防衛策を提起しており、林子平は、「江戸の日本橋より唐・阿蘭蛇迄境なしの水路也」という有名な警句を発した。1792（寛政4）年9月、ロシア使節ラクスマンの根室への到来で、幕府は海防掛を設け、11月8日諸藩に対し領内の防備と共に隣領への応援容量の事前確立を命じた。翌93（寛政5）年3月17日再び令を下し、防備は永久の備であると指示した。1804（文化元）年9月ロシア使節レザノフの長崎来航で、1807（文化2）年10月鉄砲方井上左太夫は、下田・浦賀・安房・上総の海岸を検分し、対応策をとるところとなった。蝦夷地は1821（文政4）年12月に松前藩が警備するところとなった。1805（文化5）年8月英軍艦フェートン事件が起こり、江戸防備への認識が高まった。

そして1824（文政8）年7月天文方高橋作左衛門の意見書で、異国舟払令が下付され、1837（天保8）年6月米商船モリソン号が江戸湾に来航し、砲撃を加えたことで、文政焼払令は撤回され、下田奉行とともに羽田奉行がその防備に当たることになった。*5 そして、1884（弘化4）年7月日本の開国を勧めるオランダ国王書簡が長崎に届けられたことで、人海戦術による防備を固め、1849（嘉永9）年3月米軍艦プレブル号の長崎来航、続く4月英軍艦マリーナ

号の下田来航では、海防の強化がとられたが、打払令復活に衆議は反対であった。そして、局面は1853（嘉永6）年6月ペルリー米東インド艦隊司令長官の浦賀来航となった。この間、海防はいっそう固められたものの、諸大名の間には、開国論が登場してきた。嘉永6年時の開国意見は表の通りであった。それからは、外様大名は多くが交易を拒否し、譜代は半数が交易を許容している。それというのは、譜代が現実的な対外認識をもっていたからであり、これに対し認識が十分でない大名は避戦に走ったと考えられる。幕府の有司としては、やむなく交易するか、穏便に平和的に拒絶するというのが体制維持の方策であった。主戦論を展開したのは、大阪在番大番頭だけであった。

表1　開国をめぐる諸大名の意見、1853年ペルー来航時

規模別の意見

	主戦論（攘夷論）	平和的拒絶論	開国許容論	開国論	意見なし	計
10万石以上	12	11	7	3	1	34
5～10万石	1	1	4	0	2	10
5万石以下	5	10	5	0	2	22
計	18	24	16	3	5	66

譜代・外様別の意見

	主戦論（攘夷論）	平和的拒絶論	開国許容論	開国論	意見なし	計
譜代	5	5	9	2	2	23
外様	13	19	7	1	3	43
計	18	24	16	3	5	66

（出所）原剛『幕末海防史の研究——全国的にみた日本の海防態勢』名著出版、1988年、23頁。

　1842年アヘン戦争の結果は、同時代の日本に大きな衝撃であった。以来、中国では、『海國圖志』（60巻24冊、揚州、古微堂、1849（道元29）年/100巻24冊、1852（咸豊2）年/8巻6冊（魏源重林、則徐卓、中屋傳右衛門校正、出雲寺文次郎/勝村治右衛門/秋田屋太右衛門/河内屋喜兵衛/河内屋茂兵衛/須原屋茂兵衛/山城屋佐兵衛/岡田屋嘉七/和泉屋吉兵衛、1854（嘉永7）年——1999年の鄭州、中州古籍出版社版は『海国図志——師夷之長技以制夷』とある）が出版され、アヘン戦争の叛乱を許したことに清国の敗因と認め、欧米文明の長所を認めて対処し、この影響は日本にも波及した。ア

ヘン戦争までは、日本は中国を文化の源流であり、世界の兄弟国であるとしていた。しかし、渡辺華山や水戸斉昭らの識者は、英国・ロシアはまず日本を支配下におき、日本を拠点に清国を攻撃するとみていた。

水戸斉昭は、1853（嘉永6）年に10カ条の意見書「海防愚存」を提出し、「和戦之2字御決着、廟朝一定、始終御動無の儀、第一の急務と存候事」と述べ、幕閣は、開戦の決定を下した上で、国内の士気を高め、武備の充実を図ると主張した（東京大学文学部史料編纂所編『幕末外國關係文書』東京大学、1910年／東京大学出版会、1984年、第1巻、505-522頁）。しかし、内部では主戦論に反対で、11月1日幕府は開国延期策を対米方針とした（『幕末外國關係文書』1911年／1984年、第3巻、218-221頁）。

かくて、成立の維新政府は、攘夷と開国の混迷を脱出したものの、外国事情の欠如とともにその事態に対処できる武備もなく態勢も欠いていた。[6]山縣有朋が取り組んだ課題はそこにあった。

〈注〉

＊1　鮎澤信太郎『鎖國時代の世界地理学』日大堂書店、1943年／愛日書院、1928年／原書房、1980年。
＊2　『魯西亞志』は、日本で最も古いロシア地理書とされる。鮎澤信太郎『地理學史の研究』愛日書院、1948年／『地理学史の研究』原書房、1980年、227頁。
＊3　大友喜作『對露國防の濫觴──赤蝦夷風説考』ナウカ社、1935年。
＊4　松浦茂「高橋景保『北夷考証』の成立と北方地理学の進展」アジア史学論集、第5号、2012年。
＊5　相原良一『天保8年米船モリソン号渡来の研究』野人社、1954年。
　　　野村正雄「箕作阮甫が船舶雑誌で知ったモリソン号渡来の真相」一滴──洋学研究誌、第13号、2005年。
＊6　坂ノ上信夫『幕末の海防思想』東洋堂、1943年。
　　　原剛『幕末海防史の研究──全国的にみた日本の海防態勢』名著出版、1988年。

第4章　吉田松陰の世界認識

　林子平以後、少しずつ世界知識が理解され深まっていった。その若干の文献を記せば、次の通りである。[1]

　司馬江漢『輿地略説』1792（寛政4）年──彼の「輿地全圖」の付録として書かれた。

　司馬江漢『輿地全圖略説』1792（寛政4）年──彼の「地球圖」の説明書として書かれた。

　山邑昌永『外紀西語考』1796（寛政8）年──明末、耶蘇会士艾儒略の著した世界地理書『職方外紀』を伝写したものである。

　本多利明『西域物語』上・中・下、1798（寛政10）年──上巻で、オランダ、英国、ロシアの国情国策を述べ、中巻で北進策を提言し、さらに下巻では、日本の封建的思想を世界各国と比較しつつ批判し、国富増殖策を展開した。

　沼尻墨僊『地球萬國圖説』1800（寛政12）年──彼は地球儀を作成したことで知られ、その方位の説明が詳しい。

　山片蟠桃『夢之代』1802（亨和2）年──西洋式の実証的な知識を導入しており、中国式の世界地理や仏教的理解あるいは神道的理解を批判した。新井白石の『采覧異言』における洋学的伝統を継承した。

　山村昌永『訂正増譯采覧異言』1803（亨和3）年──新井白石の世界地理知識の総決算書である。

　近藤守重『外蕃通書』27冊（作成年不詳）──近藤は、1804年に『邊要分界圖考』7巻を著したが、続いて作成され、その構成は、以下の通りである。内容は、慶長年間以来の外蕃図書を編集したものとなっている。外辺国防資料として集成された。

第1冊～第5冊「朝鮮國書」、第6冊・第7冊「阿蘭陀國書」、第8冊～第10冊「明國書」、第11冊～第14冊「安南國書」、第15冊～第17冊「暹羅國書」、第18冊・第19冊「柬埔塞國書」、第20冊「占城國書」、「太泥國書」、「田彈國書」、第21冊～第23冊「呂宋國書」、第24冊・第25冊「阿媽國書」、第26冊「新伊西把爾亞國書」、第27冊「アンゲリア國書」。

山村昌永『華夷一覧圖説』1806（文化3）年——彼のアジア及び南洋方面にわたる『華夷一覧圖』の説明書である。

高橋景保『北夷考證』1809（文化6）年——間宮林蔵の世界的名著『東韃紀行』3巻（1809年）が生み出される過程で作成された樺太の文献で、日本の北辺書の金字塔をなしている。

山田慥斎『北裔備考草稿』3巻、1809（文化6）年——彼には、『滿洲國全圖』、『北邊合考』、『北邊分界圖説』、『蝦夷方略』など多数の著作があり、日露交渉において指南書となった。

古屋野重春『萬國一覧圖説』2巻、1810（文化7）年——『萬國一覧圖』の説明書で、「五天竺風土記」をも収めている。

鱸奉卿『萬國旗章圖譜』1852（嘉永5）年——後序に「海防の要は虚の情状を審にして、之に備えるに在る。それ、虚の情状を審にせんと欲すれば必ず彼の記載を讀み、その風土、習俗の状と興亡沿革の由と、攻守戦陣の法とを熟知して後守禦の策を得ることができる」と記されており、そのことが記述の狙いであった。

林煌『通航一覧』322巻・付録23巻、1853（嘉永6）年——日本に来往した外国の海政事項を集成したもので、約200年間の編年体の記録である。付録に、長崎・松前・蝦夷・下田岬・浦賀・房総要塞の海防と造艦・鋳砲などをとりあげる。そこには、貿易立国の精神が流れていた。

新發田収藏『各國所領萬國地名捷覧』1853（嘉永6）年——初の地名辞書である。

『環海航路繪巻』2巻、1860（万延元）年——同年の江戸幕府の第1回海外派遣使節として米国へ渡った新見豊前守正興一行の1人が作成した。

以上にみられるように、日本の海外知識は大きく拡大されていった。一方、

その世界知識の理解を深める必要とそれに従う方策はあくなき追求をされていた渡辺崋山は、1841（天保12）年10月に自刃となり、それから11年後の1850（嘉永3）年10月に高野長英が自殺した。そして、それから3年、1854（安政元）年1月ペルリーが神奈川沖に再来航した。まさしく幕末日本は、内憂外患、騒然たる感があった。

　こうしたなか、吉田松陰は、地理を見つめることこそ世界を知ることであると解し、「地を離れて人なく、人を離れて、事なし、故に人事を論ぜんと欲せば、先づ地理を觀よ」と述べた（「幽囚録」、山口縣教育會編『吉田松陰全集』第1巻、岩波書店、1940年）。[2]そこで、松陰は、押し寄せる欧米夷狄を直接見極めんと、1854（安政元）年3月下田に赴き、瓜中萬二と称して金子（市木公太）と2人で、米艦艇に乗り込んだ。提出した文書は、次の通りである。[3]

　日本江戸ノ2書生、謹ンデコノ書ヲ局級特校モシクハ事務支配官閣下二呈シ候。生等ハ卑賤小禄ノ者ニシテ大官高位ノ人々ノ前ニ出ヅルヲ恥ヅルモノニ候。生等ハ、武器モ、ソノ用法モ、戦略及ビ訓練ノ原則モ知ラズ、空シク歳月ヲ過シテ、全ク無知蒙昧ナルモノニ候。生等少シク欧米ノ習慣知識ヲ聞知致シ、五大洲ヲ周遊セント欲スル志ヲ起シ候ヘドモ、ワガ國ノ航海ノ禁止ハ如何トモスル能ハズ。……

　カクノ如キモノ多年、今幸二貴國軍艦ノ來テワガ海上二碇舶スルニ會シ、カツ貴國將校ノ他ニ對スル親切同情ノ深キヲ知リ、コヽニ宿昔ノ志望マタ勃々トシテ、抑フベカラザルニ至リ申シ候。コヽニ於テ生等ハ一計ヲ劃シテ、コレガ實行ヲ決心致シ候。即チ秘密二貴國軍艦ニ搭乗シ、海ヲ航シテ、五大洲ヲ旅行スルコトニ候。コレワガ國法ヲ犯スモノニ候ヘドモ、敢テ決行致サント存ジ候。何卒コノ懇願ヲ一笑二附シ去ルナク、生等ヲシテ志望ヲ實行スルヲ得セシメ下サレタク切二願ヒ奉リ候。モシ我等ノ力二テ、勤ムベキ事アラバ何事タリトモ御命令ニ從ヒ、相勤メ申スベク候。

　この文書は、ペルリーの『スポルディング氏日本遠征記』（1855年）にもあって、その引用の後に、この文書について、以下の説明がある。[4]

右ノ一文ハ、海外ノ大世界ヲ見ント熱望シタル、不幸ナル志士ガ、余ノ懐ニ投ジタル書簡ノ翻譯ナリ。今ワガ前ニアル、ソノ原文ノ文字ノ清雅明勁ナル、ソノ文意ヲ解スル能ハザルモノニモ、聰明高尚ナル人物ノ筆ニナレルモノナルヲ知ラシム。

　松陰は、この下田の挙に敗北し、自首して縛についた。幕府は9月、その罪を断じて藩による幽閉を決定した。10月萩に入った松陰は、ここにおいて日本が取るべき方策を熟慮した「幽囚録」を作成した。その見解は、次の通りである。

　皇和の邦たる、大海の中に位して、萬國之れに拱く。凡そ地の勢、其の近きものは害を爲すこと切にして、遠きもの之れに次ぐ。是れ古今の通論なり。古は船艦未だ便ならざれば、海を恃みて瞼と爲せしも、後世船艦日〻に巧みに航海日〻に廣く、古の恃みて以て瞼と爲せし所のもの反つて賊衝となれり。火輪の舶作らるるに及んで、其制盆〻巧みに其盆〻廣く、海外萬里も直ちに比隣となる。是に於てか海を隔つるもの患を爲すこと急にして、陸を接するもの之れに反す。神州の西を漢土と爲し、（更に）海中の諸島及び亞弗利加の喜望峰と爲す。漢土は土地廣大、人民衆多にして、共の海を隔てて近きものなり。近ごろ聞く、英夷の冠あり、明裔の變ありと。若し洋賊をして其の土に蟠踞せしめば、患害勝げて言ふべからざるものあらん、而して吾れ未だ其の蹄着を詳かにせす、察せざるべからざるなり。且つ其れ廣東の互市と諸島・喜望峰とは皆萬國の要會たり、以て四方の新聞を得べし。神州の東を米利堅と爲し、東北を加摸察加よ爲し陳都加と爲す。神州の以て深患大害と爲す所のものは話聖東なり、魯西亞なり。而して魯西亞の國都は海外萬里極西北の地に在り、其の神州を謀るに於て勢甚だ便ならす。然れども其の東邊は我れと一水を隔つるのみ。且つ近ごろ火輪舶に乗じ、來りて界を議し締交を求む。安んぞ之れを蓮しと謂ふを得んや。其の無事今日に至りしは、其の地近しと雖も荒寒不毛、兵寡く艦少なきを以てのみ。近ごろ聞く、加摸察加、陳都加、稍々艦を備へ兵を置き、隠然大鎭となると。若し其れをして兵足り艦具はらしめば、其の禍固より踵を旋らさざらん。

而して吾れ未だ其の要傾を得ず、察せざるべからざるなり。話聖東は則ち彌利堅洲中に在りて最も張り、漸に比隣を蠶食しこれを曾盟に列す。而して其の地は其の洲の東邊に在り、我れと相隔たること魯西亞より遠し、今や其の曾盟に列して其の西邊に在るもの往々にしてあり、葛利火爾尼亞の如き正に我れと相對し、海を隔てて近きものなり。數年來亦火輪舶に乗じ鷹々來りて吾れに逼り、吾れ卒に地を假し貢を容るるに至る。然れども其の邦を造すこと古からざれば、吾れ未だ其の詳を得ず。且つ其の洲の廣大なる、南北極の間に亘れば、安んぞ話聖東の如きもの更に其の間に出づることなきを知らんや。若し其れをして互に來迭に侵し、我が土地を貧り我が貨財を利せしめば、則ち其の禍將に魯西亞に加るものあらんとす。察せざるべからざるなり。濠斯多辣利の地は神州の南に在り、其の地海を隔てて甚しくは遠からず、其の天度正に中帶に在り。宜なり、草木暢茂し人民繁殷し、人の爭ひ取る所となるも。而して英夷開墾して據るも僅かに其の十の一なり。吾れ常に怪しむ、苟も吾れ先づ之を得ば、當に大りあるべしと。朝鮮と滿洲とは相連りて神州の西北に在り、亦皆海を隔てて近きものなり。而して朝鮮の如きは古時我れに臣屬せしも、今は則ち寝や倨る、最も其の風教を詳かにして之を復さざるべからざるなり。

　凡そ萬國の我れを環繞するもの、其の勢正に此一の如し。而して我れ芒然手を拱きて其の中に立ち、之れを能く察することなし、亦危ふからすや。夫れ歐羅巴の洲たる、吾れを去ること甚だ遠く、古時我れと相通ぜざりしも、船艦便を得るに及んでは、葡萄牙・西班雅・英吉利・拂郎察の如き、乃ち能く我れを柔頤し、我れ亦以て患と爲す。近時火輪の舶、國として之れなきはなく、遠きこと歐羅巴の如きも猶ほ比隣の如し。況や前に稱し所の數車を屋。然り雖も是れ特に傳聞の得たる所、文書の記する所然りと爲すのみ。其の果して然るや否や、遂に未だ知るべからざるなり。安んぞ俊才を得て海外に遣はし、親しく其の形勢の沿革、船路の通塞を察するに如かんや。（「幽囚録」、『吉田松陰全集』第1巻、岩波書店、1940年）

　以上の国際認識は、松陰の尊皇を絶対とし、それは祖国と民衆を救う心とした最後の帰結であった。それこそ、思想家というよりも志士として松陰が語った「講孟餘話」の精神であり、そこでの実践理論の表明といえる。その松陰

45

は、1858（安政5）年4月中旬の、河上徹太郎が「それまでの彼にない激しい政治的論文」と見做した「對策一道」という上書を執筆した。[*5] それは、次の通りで、攘夷開国論の展開に帰結した。戦い＝封関＝鎖国に対するに和＝航海通市＝開国の主張への転換は何と見事ではないか。

　　謹みて對ふ。弘化の初め蘭使至りて變を上る。ここに於てか天下紛々として兵を言ふ。時に和を主とする者少なく、戦を主とする者衆し。其の後十年、墨・魯・暗・拂駿々として來り問ふ。而して墨夷の患最も深し。ここに於てか兵を言ふ者益〻なり、而して向の戦を主とする者多くは變じて和を主とす。和を主とする者多くして、戦を主とする者寡し。夫れ戦を主とする者は鎖國の説なり、和を主とする者は航海通市の策なり。國家の大計を以てこれを言はんに、雄略を振ひ四夷を馭せんと欲せば、航海通市に非ざれば何を以て為さんや。若し乃ち封關鎖國、坐して以て敵を待たば、勢屈し力縮みて、亡びずんば何をか待たん。且つ神后の韓を平げ、貢額を定め、官府を置きたまふや、時に乃ち航海あり通市あり。徳川氏征夷に任ず、時に固より航海して通市せり。その後天下已に平かに、苟偸無事なり、寛永13年乃ち盡く之れを禁絶す。然らば則ち航海通市は固より雄略の資にして祖宗の違法なり、鎖國は固より苟偸の計にして末世の弊政なり。然ちと雖も、之れを言ふこと難きものあり。今の航海通市を言ふ者は能く雄略を資くるに非ず。苟も戦を免かれんのみ。其の志固より鎖國者の戦を以て憚と為さざるに如かず。ゆえに世の和を言ふ者は心實に戦を畏れ、内に自ら恧づるあり。（「對策一道」、『吉田松陰全集』第5巻、岩波書店、1939年）

　その松陰の見解は、外国の圧力に従う幕府の屈辱的開国を責めるところにあって、彼の「狂夫の言」（安政5年正月6日）にも、同じ見解がある。以下、その一部を抜粋して引用する。

　　天下の大患は、其の大患たる所以を知らざるに在り。苟も大患たる所以を知らば、寧んぞ之が計を為さざるを得んや。當今天下の亡びんこと已に決す。其の患復た此

れより大なるものあらんや。……

　況や夷人變詐百出して、通商利を争ふ。利を争へば亂を長ずること、自然の勢なり。利を争ひ亂を長ずるの事にして、これを官府に轄さざれば、其の弊其れ極りあらんや。夫れ天下の患、誠にここに至らば、其の計を為すこと、よろしく何如すべけん。……

　國家の政は皆大臣に總べらす。大臣勤勵にして賢材ならば、百弊皆除かる。何ぞ各曹相軋變。然れども略ぼ今時の弊を陳べんに、學官曰く、「人材は宜しく文歩の人を用ふべし」と。……故に吾れの説に曰く、「日に群臣諸官を召し、與に國事を議するに如くはなし」。……

　嗚呼、今日の計、大略此くの如し。然れども今日の患は、人未だ其の患たるそ知らざれば、則ち吾が計を以て暴と為し狂すも亦宣なり。人以て暴と為し狂を為せども、而も吾れ猶ほ言はざるべからざるものは、是れを舍けば國家の亡立ちどころに至ること疑ひなければなり。然りと雖も、今日の計と今日の患とは豈に是くの如くにして止まんや。苟も是れすら且つ知らず行はざれば、天下復た為すべきものなからん。噫。（「狂夫の言」、『吉田松陰全集』第5巻、岩波書店、1939年）

　1844年2月15日（天保14年12月27日）、オランダ国王は、日本帝（征夷大将軍）に対し開国につき勧告した。そこには、次のように言及されていた。

　謹で古今の時勢を通考するに、天下の民は速に相親む者にして、其勢ひは人力のよく防ぐ所にあらず。蒸氣船（蒸氣船は、水車と蒸氣筒を設け、石炭を焼きて蒸氣筒中の水を沸騰し、其蒸氣によりて水車を旋轉せしめ、風向に拘わらず自由に進退する船なり。文化4丁卯の年に創造するといふ）を創製せしよりこのかた、各國相距ること遠きも猶近きに異ならず。かくの如く互に好みを通ずるの時に當り、獨り國を鎖して萬國と相親まざるは人の好みする所にあらず。貴國歴代の法に異國人と交を結ぶ事を巌禁し給ひしは歐羅巴洲にて遍く知る所なり。老子曰、賢者位に在れば特によく治平を保護す。故に古法を堅く遵守して反て亂を醸さんせば、其禁を弛むるは賢者の常經のみ。これ殿下に丁寧に忠告する所なり。今貴國の幸福なる地をし

第1部　近代日本の海外知識の摂取と国際認識の確立

て兵亂の為に荒廃せざらしめんと欲せば、異國人を厳禁する法を弛め給ふべし。こ
れ素より誠意に出る所にして、我國の利を謀るに非ず。夫れ平和は懇に好みを通ず
るに在り。懇に好みに通ずるは交易に在り。冀くは睿智を以て熟計し給はん事を。

(「オランダ国王の開国勧告」、田中彰編『開国』日本近代思想大系第1巻、岩波書店、1991
年)

　その日本の状況は文明に対する未開であったか、開国が文明化であるかの理
解については、両者の間に截然たる区別と転換があるという理解は、成立しな
い。1862年の薩英戦争にみるように、戦争は野蛮であるとのヨーロッパの文
明に従う理解があったが、日本の理解にはそうした適切性が十分通用していた
状況にあったわけではない。[6]
　松陰は、1859(安政6)年10月江戸で処刑された。

〈注〉
＊1　開国百年記念文化事業会編『鎖国時代日本人の海外知識――世界地理・西洋史に
　　関する文献解題』東洋文庫、1953年／原書房、1978年。
＊2　鮎澤信太郎「吉田松陰の世界地理研究」、『鎖國時代の世界地理学』日大堂書店、
　　1943年／愛日書院、1928年／原書房、1980年。
＊3　引用は、河上徹太郎『吉田松陰――武と儒による人間像』文藝春秋、1968年、
　　119頁による。提出文書の全文は、ペルリ、土屋喬雄・玉城肇訳『ペルリ提督日本
　　遠征記』弘文荘、1936年、下巻、第22章700頁／1955年、岩波文庫、岩波書店、
　　第4巻、58-60頁にある。同訳書には、「日本江戸の2學者」とある。そして、こ
　　の書は、「高位の士官達及び事務を取り扱ふ人びと」、英文では、the officers and
　　those who manage affairsとなっており、その「閲覧に供す」とある。その経過
　　は、同書701-706頁に詳しく、翌日通訳榮之助が来艦して「昨日發狂した日本人2
　　人がアメリカ艦隊中の一般に赴いた」と述べ、「何か不埒なことをやらなかったか
　　どうか」について確認したが、司令官副官は「悪いことが行われなかった」、「そう
　　云う事實を聞き及んだこともない」と断言し、「日本人は無事に海岸に到着したか
　　どうか」の訊ねに「到着した」と云ふ大いに満足すべき答がなされた」とされてい
　　る。さらに、アメリカ側は、彼らが投獄されたかどうかに大変に気を配り、「日本
　　人は疑もなく研究好きの人民で、彼等の道徳的並びに知識的能力を増大する機會を
　　喜んで迎へるのが常である」としている。アメリカ軍人は、その後、投獄されてい
　　る2人の救出に拘わったが、その檻の中の日本人が次の一文を書いて渡したことが
　　記されていて、それは記すべき価値がある、と特に言及している。
　　　英雄一度その目的を失へば、その行為は、悪漢、盗賊の行為と考へらる。吾

48

等は衆人の目前に於て捕へられ、縛められて、永く拘禁せられてゐる。……吾
等如何にしてこの中より脱出し得べきか？　泣くかんか、黒人の如く、笑はん
か。悪漢の如し、あゝ我等は唯沈黙し得るのみ。

　　　ISAGI KOODA
　　　KWANSUCHI MANJI

＊4　引用は、河上徹太郎『吉田松陰——武と儒による人間像』文藝春秋、1968年、
120頁による。
　　スポルディング『日本遠征記』にも同文書が引用されているが、そこでは、一
部省略されている。W・スポルディング、島田孝右訳『スポルディング　日本遠征
記』雄松堂出版、2002年、156-159頁。

＊5　河上徹太郎『吉田松陰——武と儒による人間像』文藝春秋、1968年、123頁。

＊6　井上勝生「日本開国期の「文明」と「未開」」、朝尾直弘教授退官記念会編『日本
国家の史的特質　近世・近代』思文閣出版、1995年。

第5章　支那思想の検討と日本的理解の確立

　いうまでもなく、中国において政治の理想とされたものは王道である。王道政治は天命を享受せる聖哲が王者として君臨する徳治である。その「聖哲と王の一致」こそ、その王道の本質である。そこに、王道的文化の徳化という中華帝国思想の骨格にあり、徳化の範囲を拡大し、世界の教化をもって中国帝王を家長とする世界一家を展望するところの中華思想の発展が位置づけられる。[*1]

　こうした家産国家の現実に対して、日本は、中華文明世界を理解していた。幕藩体制はまさしくかかる中国的政治原理を論拠として構想されていた。この体制構想に一撃を与えたのは、1864（慶應4）年5月徳川監察津田真伊知郎が提出した嘆願書である。津田は、徳川家康の「天下」政権獲得は、「天下は天下の天下にして1人の天下にあらず」との天下為公の中華の原理によって展開されているところを問題とした。その徳川体制の根拠を可能にしたのは、林羅山であったと『徳川實紀』186巻（27冊、舊徳川将軍家編、生田目經德、1896-99（明治26-32）年/10冊、『國史歷史大系』第38巻−第47巻、國史大系刊行會/吉川弘文館、1929-35年/日用書房、1964-66年）は明らかにしている。徳川幕府の権力喪失はその「覇者の實權を失へるを證明する」ものであった（渋澤榮一『徳川慶喜公傳』第2巻、龍門社、1918年、253頁/東洋文庫、平凡社、1967年）。

　松平定信は、1781（天明元）年8月の『國本論』（1788（天保8）年、服範英写/小寺鈇次郎編『春の心──樂翁公院著作集』樂翁公一百年記念大祭協賛會、1928年）で、君の職分はひとえに安民に存すると力説し、民本主義の源流を構想していた。その大意は、以下の通りである。

　　夫れ山の高きも、地より起りて却て地に着くの形なり。下は上の本たり。君臣の

51

關係も全くこの理に外ならす。民を厚くすれば君は危亡の祠なし。孔子は子富みて父貧しき者あらすと宣ひ、有若は百姓足らば君誰と共にか足らざらんと言へり。君なくば民何をか仰ぎ、何をか戴かん。民なくば君何によりてその邦を守り、その位を保たんや。君民一瞳なることは、股肱の離るべからざるが如し。人君たる者はこの旨を艦して忘るべからず。民心の向背は治亂の繋る所なれば、民を治むるには、機微の未だ現れざるうちに、早く之を禦して謀を運らすを要す。民はもと天の民なり、然るに天自ら之を治むること能ざる故に、天子をして之を治めしめ、天子亦自ら之を治むること能はざる故に、諸侯を立て、之を治めしむ。されば諸侯の封内を治むるは天子の命にして、即ち天の命する所なり、その器その徳、誠に天職に堪ふる人たらざるべからず。然るに私智を用ひて天の民を虐げ、天の職を室しくせば、天は乃ちその人を腰して、更に徳器ある人に與ふべし。古來始めて天職を受くる人は、必す徳器の備はれる人なり。その子孫に至りては、たとひ昏愚なりとも、能く祖先の法を守ることを得れば、天は之を廢することなし。是れ全く祖先の餘澤にして、繼體守文の君といふべきなり。夫れ諸侯たる者、その國は私の國にあらずして、皆天の國たり、その財は私の財にあらずして、皆天の財たり。その民は私の民にあらずして、皆天の民たるが故に、決してこの國この財、この民をおろそかにすべからす。況や自ら徳器を備ふることなく、祖先の餘澤を以て一國を保ち萬民に圭たるものは、愈々慎みて、その國と民とを治むることを務めざるべからず、是れ一つは祖先の恩に報する所以なり。云々。(澁澤榮一『樂翁公傳』岩波書店、1937年、27-28頁)

　しかし、その定信の寛政改革は幕府主義にあり、1792（寛政4）年における日露通商の要求では長崎への退去を求め、1804（文化元）年の再来航では、その要求を拒否した。そこでは鎖国主義の転換があったものの、それは林子平処罰問題とは無関係ではなかった。定信は、1788（天明8）年3月将軍斉公に輔佐となり、10月「御心得之箇條」15条の政務心得を提出した。そこでの注目点は、皇室との関係を論じた次の2条である。

　　古人も天下は天下の天下、1人の天下にあらずと申候、あまして60餘州は、禁廷

より御預り遊ばされ候御事に御候へば、假初にも御自身のもと思召すまじき御事に
御座候、将軍と成らせられ天下を御治め遊ばされ候は、御職分に御座候。
「禁廷への御勤、御先祖様への御考心に當らせらるべく候。(澁澤榮一『樂翁公傳』岩波
書店、1937年、116頁)

　林羅山の門人、山鹿素行は、『治平要録』(山鹿素行全集刊行會編『山鹿語類』第1、
國書刊行會、1921年) にみるように、皇統を萬世一系の人倫国家に見出し、「神治
章」に日本的原理を求めた。この文脈で、天下は有徳の聖王の統治にある中華
的政治原理は、要するに、革命簒奪と理論と解され、「天下は天下の天下にし
て1人の天下にあらず」との民本主義をもって家産国家支配の口実が理解され
るところとなった。吉田松陰は、1855(安政2)年12月15日生家に幽居を許
される時点で、こう断定していた。

　　天下は1人の天下にあらずとは是れ支那人の語、支那は則ち然り、神州に在りて
　は、断々として然らざる者あり、謹みて按ずるに、我が大八洲は　皇祖の肇めたま
　ふ所にして、萬世子孫に傳へて天壌と窮りなき者、他人の覬覦すべきに非ざるなり、
　其の一人の天下たるや明けし……。(原文は漢文、小野壽人訳による、小野『明治維新前
　後に於ける政治思想の展開』至文堂、1944年、175-176頁)

　1867(慶應3)年10月14日将軍慶喜は大政奉還の上奏文を提出し、翌15日
勅許となった。慶喜は24日将軍職も辞退された。12月9日以下の大号令で、
王政復古となった。「爾今、搢紳武辨堂上地下の別なく同心協力し天下と休戚
を同じくして共に皇國を保護すべく、将来の政治は公儀を盡すべきものとす
る。」当然に開国主義も同意されており、幕府主義は放棄された。1867(慶應
3)年8月泉岳寺における英国公使と幕府有司との協議は、その方向を確認し
ていた。

　一、日本を治るは政府ならん

答、如何にも政府の職掌なり

一、政府は第一露宇宙歟

　　答、第一は大君其次は老中

一、天下は如何

　　答、天子は政事に不豫なり

一、或人曰　天子は政事に豫かると云

　　答、位は尊れど政事には不豫

一、其事は今言れる通政事に不豫ならん、或人云天子は第一政事に豫かると云、其
賓如何

　　答、政事は大君委任なれば決て政事に豫と云事は無き事なり

一、固　天子は1人にて第一高位者ならん、皇帝は天子の事ならん

　　答、支那皇帝日本に云天子なり

一、西洋に云第一の者

　　答、日本にては如神尊む

一、帝を神と言ば甚だ気に不入、神の字は人に使ひて甚をかしく聞ゆるなり

　　答、ミニストの言の如く帝を譬ては如何にも不穏、全く國人の尊宗する事に譬る
而已、其譬は誤まれり

一、國第一有位なる者は政事に可豫なりと思、何程か政事に豫かれり

　　答、政事に豫る事なし、唯官位は全く天子よりす

一、其事を日本人より聞ける事あり、帝より委任の政事なれば返す事は不成歟

　　答、判事は不相成、固威力人望有者に任するか故に返三とすれば必混亂を生す

（淀稲葉家文書、小野壽人『明治維新前後に於ける政治思想の展開』至文堂、1944年、267-
269頁）

　その一方、1867（慶應3）年2月6日フランス公使ロッシュは大阪城で、老
中板倉伊賀守と面会し、幕府に対する軍事・経済支援を申し出た。特に、ロッ
シュは、以下6項目の國律辨明書の世界に対する発表につき進言した。

第5章　支那思想の検討と日本的理解の確立

第一　日本は千8百年之間兵亂治らざるを以て、御門の權と取り、之を人選の将軍の手に委ね、其後に至り、将軍家世々相嗣て此權を受けることに至れり。

第二　御門は6百年巳來事を執りし事なし。

第三　御門并公家は、何れも大君の恵みによりて生活をなすなり。

第四　大名は其領地丈を支配し、其知を他人にえ得ざらしむるの權ありといへども、将軍又は大君の號令に伏従せざるを得ず。

第五　御門は大納言之官爵を與ふといへども、是少しも權あるにあらず、只大君一人にて之を封し、國を領する初稿の拝禮を受くるなり。

第六　御門をして全權を弄せしむることは、是新に國政を亂し、國内に戦争を招かんとするの處置なり。（小野壽人『明治維新前後に於ける政治思想の展開』至文堂、1944年、270-271頁）

　以上の文書は、幕府主義の理論化と支援にあったが、事態はそれを許容しなかった。慶喜が徳川宗家を相続して将軍職を辞退した時点で、岩倉具視は、1867（慶應3）年10月「身命にかけて懇祈志願」した建白書「王政復古議」を上奏した。それは、以下の通りであった。

　方今海外萬國大小ト無ク國力を擧げて富強ノ術ニ致し人智日々相開ケテ萬里ニ雄飛シ宇内ノ形勢に一變ス是時ニ當リ皇國ノ政體制度御革新萬世に亘リ萬國に臨ミ天地ニ愧ツ可からさるの大條理ヲ以テ不抜ノ御國是ヲ確立シ衆心一致皇威ヲ内外ニ宣揚シ中興ノ御鵬業ヲ施行セラル、（中央）は至大要の急務ト奉候……」（「王政復古議」、日本史籍協會編『岩倉具視關係文書』日本史籍協會、1927年/東京大学出版會、1968年、第1巻）

　この一文は、幕府は大義名分の臣道をもって大政を奉行する責任を尽くすべきという尊皇の立場を幕府が是認した論拠となった。そこでは、1867（慶應3）年6月15日船中8策の新政府綱領が確定し、26日薩土盟約が成立して、大政奉還は既定の事実となった。そして、西周とともに舶来の知識人津田眞一郎（眞

55

道）は9月、「日本國總制度論」を献白し、それこそ公論政治の制度を方向づけていた。その内容は以下の通りである。

第一　日本全國政令の大權は、總政府の特權なるべき事

第二　日本國總政府は、武蔵國江戸たるべき事

第三　總政府の大頭領は、兼而日本全國軍務の長官たるべき事

第四　總政府の政務佐の如くなるべき事

　第一　國内事務

　第二　外國事務

　第三　海軍

　第四　司法

　第五　寺法

　第六　財用

第五　右諸政權は各局の總裁引受可執行事

第六　日本全國政令の参與は、大頭領之所選任なるべき事

第七　日本全國政令の監視は、制法上下兩院に可有之事

第八　制法の大權は、制法上下兩院と總政府の分掌する所なるべき事

但極重大之事件は禁裡の勅許を要すべき事

第九　制法上院は、萬石以上たるべき事

第十　同下院は、日本全國民の總代にして、國民十萬人に付壹人づつ推擧すべき事

第十一　列國之境界を變革するは、律法の領分たるべき事

第十二　列國國内の政令は、其國王之全權に可任事

但總國の制度根本律法に違間敷事

第十三　列國は左の如くなるべき事

　第一　禁裡領山城國

　第二　關東領

　第三　加州以下列國　（尾佐竹猛『日本憲政史の研究』一元社、1943年、183頁以降／

尾佐竹『憲政史』尾佐竹猛著作集第5巻、ゆまに書房、2006年）

　以上の構想は、西周の憲法草案とともに、「通國の交益」に合致して「全國の交益」に優先して「國の國たる譯如何」を自覚するところとなし、もって公論政治を実現することになった。[*2]

　この明治維新期における立憲政治の過渡期にあって、中華思想の中国では、国家危機に対処して中体西用論の導入による洋務運動が展開していた。[*3]当然に、日本では、立憲思想が移入され加藤弘之の国家思想にみるように（加藤弘藏（誠之）『立憲政體略』谷山樓／上州屋惣七／紀伊國屋源兵衛、1868（慶應4）年。加藤弘之『眞政大意』上・下、谷山樓／山城屋佐兵衛／勝村治右衛門、1870（明治3）年。加藤弘之『國體新論・全』稻田佐兵衛、1874（明治7）年／『國體新論』谷山樓、1875（明治8）年）、日本主義の貫徹における西洋思想の移植という風土にあった。[*4]そこでは、いまや中華思想は霧散しつつあり、議会主義の風土に突入しつつあった。

　中国でも、国際法が導入されつつあった。[*5]それは、文明の外国が中国に在留する文明国国民の特別な保護を領事裁判制度の導入によって認めさせるという西洋諸国の要求があったからであり、それは当時、1876年の論文でロラン・ジャクマンが指摘していたように（G. Rolin-Jacquemyns, "Le droit international et la phase de la question d'Orient," *Revue de Droit International et de Legislation Comparée,* Tome VIII, 1876）、オスマン・トルコの経験を中国に適用しようとしたものであった。その背景にはヨーロッパの均衡及びその優位のパタンを東洋世界においても適用するというものであった。以後、東洋は、ヨーロッパ公法の世界に組み込まれるところとなった。[*6]事実、ヨーロッパ諸国は、オランダ及び米国の日本との交際を含め、ヨーロッパ諸国の通商上の進出における利害の調整を実際的関心としていたが、そのためのヨーロッパ公法の東洋への適用は、「文明」の問題として処理された。[*7]

〈注〉

＊1　那波利貞『中華思想』岩波講座東洋思想、岩波書店、1936年。

清水盛光『支那社會の研究——社會學的研究』岩波書店、1939年。
　　原富男『中華思想の根帯と儒学の優位』大日本雄辨會講談社、1947年。
　　安能孜『八股と馬虎——中華思想の精髓』講談社文庫、講談社、1995年。
＊2　森林太郎編『西周傳』西紳太郎、1898年／森林太郎、木下杢太郎、他編『鷗外全集』第1巻、1971年／森鷗外『鷗外歴史文學集』第1巻、岩波書店、1999年。／大久保利謙編『西周全集』4巻、宗高書房、1960-81年、特に第2巻。
＊3　小野川秀美『清末政治思想研究』東洋史研究会、1960年／増補版、みすず書房、1969年。
　　藤谷博『近代中国政治思想論』晃洋書房、1989年。
　　大谷敏夫『清代政治思想史研究』汲古書院、1991年。
　　荘光茂樹『中国近代政治の運動と思想——洋務・変法・革命運動』時潮社、1998年。
＊4　尾佐竹猛『維新前後に於ける立憲思想』文化生活研究會、1925年／邦文堂、1929年／中文館、1934年／實業之日本社、1948年、14-31頁／『尾佐竹猛著作集』第3巻、ゆまに書房、2006年。
　　坂野潤治『近代日本の国家構想——1871-1936』岩波書店、1996年。
＊5　佐藤慎一「「文明」と「万国公法」——近代中国における国際法受容の一側面」、祖川武夫編『国際政治思想と対外意識』創文社、1977年。
＊6　廣瀬和子「国際社会の変動と国際法の一般化——19世紀後半における東洋諸国の国際社会への加入過程の法社会学的分析」、寺澤一・他編『国際法学の再構築』下巻、東京大学出版会、1978年。
　　藤田久一「東洋諸国への国際法の適用——19世紀国際法の性格」、関西大学法学部編『法と政治の理論と現実——関西大学法学部百周年記念論文集』上巻、有斐閣、1987年。
＊7　G. Schwarzenberger, "The Standard of Civilization in International Law," *Current Legal Problem*, Vol. 8, 1955.
　　筒井若水「現代国際法における文明の地位」國際法外交雑誌、第66巻第5号、1968年。
　　芹田健太郎「普遍的国際社会の成立——「文明」優位の清算」、浦野起央・他編『現代国際社会の法と政治——深津栄一先生還暦記念』北樹出版、1985年。

第6章 対外接触と万国公法の導入

　日本の対外的無知は島国感覚において対外への恐怖にあった。鎖国以前における日本の海外発展は凄まじいものがあったが、それは必ずしも国際観念の発達を満たすに足るものではなかった。他国の存立を知るも、それは敵国以外の概念認識でしかなかった。日本としては、外人、つまり唐人の語に中国人と欧米人とを包含していた。

　日本は、海外列国から開国と文明化を求められていた。幕府は、その文明に対する拒否の感覚はなかったが、開国への対処には苦慮した。外国との交際に対する懸念は強く、未だ決断を欠く状況にあった。

　その局面で、日本は米利堅合衆国と1854年3月（嘉永7年3月）和親條約を締結した。同様に、10月14日（8月23日）大不列顛國と約定を締結した。さらに、1854年10月21日（露暦1855年1月26日、安政元年12月21日）日本と魯西亞との境界を定めた日本魯西亞通好條約が成立した。但し、日本外交当局の国際知識は十分ではなかった。1857（安政4）年12月、米初代領事タウンゼント・ハリスが國書奉呈のために江戸に到着した際に、幕府接伴委員は、ハリスに国際法に関して質問をしていた。ハリスは、萬國普通の法（国際法）につき、2時間とも6時間ともされる大演説を振るい、「大法は差置、國之法を以縛候義無之を第一與致し候」と答え、治外法権、通商條約の必要につき説明した。

　そこでの幕府の条約交渉での日本の真意には、マシュー・ペルリ米提督の言に従って条約を結んでいれば、日本は安泰であるといった判断が働いた、と解される。1857年12月12日（安政4年10月26日）老中堀田備中守役邸宅における質問に対するハリスの発言の要点は、次の通りである。[*1]

59

1、アメリカは、日本に対して、一点の邪心もない。

1、アメリカは、他の国と違い、東洋に領地を有していないし、将来も有することは望まない。

1、50年来、機械の発明によって、世界は極めて狭くなった。そのために、諸国間の交易は盛んになり、各国とも大いに富を増した。

1、英国は、阿片の件で、戦争をした。このことは、憂慮に耐えない。

1、支那争乱の原因の1つは阿片である。

1、日本には、数百年来、戦争はない。

1、戦争の結末は必ず条約の締結となる。戦争をした上での条約は望まない。

1、もし日本が右の趣旨で、米国と条約を結んでおれば、将来、外国もこれを必ず手本となし、決して不当な要求はしないであろう。

1、今日、世界は一統睦ましく交わり、生活を便利にし、国利をますのが風儀となった。

　時に、幕府は1862（文久2）年オランダに軍艦を注文し、同時に、榎本釜次郎（武揚）、津田眞一郎（眞道）、西周助（西周）ら和蘭留学生9名が派遣された。西と津田はライデン大学に入り、法理学・国際法・国法・経済学・統計学を学び、1866（慶應2）年帰国し、幕府にあって西は萬国公法を、津田は国法を論じ、遂行した。

　一方、中国では、1864（同治3）年、既に多くの漢訳書を北京で刊行していたアメリカ人丁韙良 William Alexander Parsons Martin が Henry Wheaton, *Elements of International Law*, Philadelphia: Cary, Lea & Blenchard, 1836/ Boston: Little Brown, 1863/ Oxford: Clarendon Press, 1936/ New York: Oceana, 1964/ *Eléments du droit international*, Leipzig: F. A. Brochans, 1852を訳して、恵頓『萬國公法』4巻12章、6冊（北京、崇實館／同文館、1864（同治3）年／上海、世紀出版／上海書店出版部、2002年）を刊行した。[*2] 序文に「是書所録條例、名為萬國通行者、非一國所得私也、又以其與各國律例相似亦故名為萬

国律例……」とあるが、ここに万国公法が受け入れられて一般化した。[*3] そして、同書6冊は、1865（慶應元）年、開成所で再刊された。本書は、明治維新当初において開国方針を決するに当たり重要な参考書となり、日本人に「権利」の用語を提供することになった。『続徳川實紀』5冊（經濟雑誌社、1905-07年／國史大系編修會編『國史大系』第48巻 − 第52巻、吉川弘文館、1966-67年）の慶應2年3月の條に、「萬國公法6冊を用意し、御用掛伊豆守が御覽した」とある。

　かくして、日本では、国際法を受容する方向にあり、当時、以下の万国公法が刊行され理解が深められた。[*4]

　恵頓、丁韙良訳『官版萬國公法』4巻、開成所復刻、萬屋兵四郎／『萬國公法』4巻6冊、京都崇實館／和泉屋孝之助／敦賀屋九兵衛／須原屋茂兵衛、1865（慶應元）年――日本版の原本は、丁韙良譯『萬國公法』4巻2冊、京都（北京）、崇實館、1864年／上海、世紀出版集団・上海書店出版社、2002年で、同書の原本は、Henry Wheaton, *Elements of International Law, with a sketch of the history of the science*, London: B. Fellowes／ Philadelphia: Carey, Les & Blanchard, 1836である。[*5]

　その總目は、以下の通りである。

　第1巻釋公法之義明其本源題其大旨、第1章釋義明源、第2章論邦國自治自主之權、
　第2巻論諸国自然之權、第1章論其自護自主之權、第2章論制定律法之權、第3章論諸國平行之權、
　第3巻論諸国平時往來之權、第1章論通使、第2章論商議立約の權、第4巻論交戰條規、第1章論戰始、第2章論敵國交戰之權、第3章論戰時局外之權、第4章論和約章程。

　恵頓、鄭石十郎・呉碩三郎訳『萬國公法』4冊、（刊行所・年不詳）――丁韙良『萬國公法』の日本語訳である。

　恵頓、西周助訳『官版萬國公法』4冊、官版書籍製本所／京都書肆竹苞樓、1868（慶應4）年――丁韙良『萬國公法』の日本語訳である。

61

畢洒林、西周助訳『和蘭畢洒林氏萬國公法』4巻、竹苞樓／瑞巖堂／畢洒林氏説、西周助訳述『萬國公法』4巻、敦賀屋為七、1868（慶應4）年——Simon Visseringのライデン大学講義をまとめたもの。内容は、以下の通りである。

第1巻公法の總論、第2巻・第3巻平時泰西公法の條項、第4巻諸國聘問往來の條項併に方式。

恵頓、瓜生三寅訳『交通起源一名萬國公法全書』竹苞樓、1868（明治元）年——前掲のホイートン原書の第11章の日本語訳である。

恵頓、堤殼士志訳『萬國公法釋義』4冊、御用御書物製本所／京都書林、1868（明治元）年——丁韙良『萬國公法』第2巻第2章までの日本語訳である。

恵頓、重野安釋訳『和訳萬國公法』3冊、鹿児島藩、1870（明治3）年——丁韙良『萬國公法』第1巻第2章までの日本語訳である。

呉氏、箕作麟祥訳『國際法一名萬國公法』上編5巻・下編2巻、二書堂／5冊、弘文堂、1873（明治6）年——原書はTheodore Dwight Woolsey, *Introduction to the Study of International Law, designed as an aid in teaching, and historical studies,* Boston／Cambridge: James Muntoe, 1860／New York: Charles Scribner,1864／London: Sampson Low, Marston, Scarle & Rivington, 1879／Littleon: F. B. Rothman, 1981／5 microfiches, Zug: Inter Dicumentation Co., 1984／Holmes Beach: Gaunt, 1998で、上巻は「國ノ要權及ヒ平和ノ時ノ權利義務」と題して5章、下巻は「戰時ノ國際法例」と題して2章を収める。内容は、以下の通りである。

上編國ノ要權及ヒ平和ノ時ノ權利義務、第1章國ノ不覊ノ權及ヒ他國の内事、第2章各國土地ヲ有スルノ權及ヒ掌物の權。第3章各國交通ノ權、第4章各國交通ノ法則及ヒ通使ノ事、第5章各國結約の權、
下編戰時ノ國際法例、第1章各國自護ノ權及ヒ交戰奪穫ノ事並ニ和議條約ノ事、第

2章交戦國ト局外中立國トノ交際。

　恵頓、大築拙藏訳『恵頓萬國公法・全』坂上半七、1875（明治8）年／『恵
頓萬國公法・完』司法省、1892（明治15）年――Henry Wheaton, *Elements
of International Law,* Philadelphia: Cary, Lea & Blenchard, 1836/ Oxford:
Clarendon Press, 1936/ New York: Oceana, 1964の日本語訳である。
　大築拙藏『恵頓氏萬國公法（始戦論)』2冊、明法寮、1875（明治8）年――
征台事件の必要から、前掲のWheaton, *Elements of International Law*の第4
部第1章が訳された。
　呉氏、丁韙良訳『公法便覧』（発行所不詳）、1876（光緒3）年――原書は、
前掲のWoolsey, *Introduction to the Study of International Law,* 1860で、日
本では、呉君爾璽（ウルジー）、マーチン訳、妻木頼知訓点『公法便覧』丸屋
喜七、1878（明治11）年として刊行された。
　蕃地事務局訳『堅土氏萬國公法』坂上半七、1876（明治9）年――著
者　はJames Kentで、John Thomas Abdy ed., *Knet's Commentary on
International Law,* Cambridge: Deighton, Bell, G. Bell, 1866/ Buffalo: W. S.
Hein, 2001と解され、征台事件の処理のために訳された。目次は、以下の通り
である。

　第1回萬國公法ノ淵源傳來、第2回獨立國ノ權利義務及ヒ他國の内事ニ干渉並ニ獨
立許認ノ事、第3回使臣及ヒ領事ノ職權限ノ事、附録外國使節職務志願人ノ就業規則、
第4回交戦ノ宣告其他交戦開端ノ處置ヲ論ズ、第5回捕拿サルベキ所有權ノ種類ヲ論
ズ、第6回交戦國互ニ相處スル權利ノ事、第7回外國人傭使ノ事、第8回局外國ノ權
利及ヒ本分ノ事、第9回局外國通商上ノ限制ノ事、第10回休戦往來手形并ニ和睦條
約ノ事、第11回公法ノ干犯ヲ論ズ
　追加
海軍戦利ヲ規定スル律法

第1部　近代日本の海外知識の摂取と国際認識の確立

高谷龍州注解『萬國公法蠡管』上・中・下編8冊、済美黌、1876（明治9）年——恵頓、丁韙良訳『萬國公法』の注解である。目次は、次の通りである。

　　上編第1巻釋義公法之義明其本源題其の大上目、第1章釋義明源、第2章論邦國自治自主之權

　　中編第2巻論諸国自然之權、第1章論其自護自主之權、第2章論制定律法之權、第3章論諸國平行之權、第4章論各國掌之權、第3巻論諸國平時往來之權、第1章論通使、第2章論商議立約之權、第4巻論交戰條規、第1章論戰始、第2章論敵國交戰之權、第3章論瀬時局外之權、第4章論和約掌程

馬屋原彰『萬國公法略全』廣文堂、1876（明治9）年。

海弗得、荒川邦藏・木下周一訳『海氏萬國公法』3冊、司法省、1877（明治10）年／山田五郎／律書館、1884（明治17）年——August Wiltheim Heffter, *Le droit international de l' Europe*（刊行年不詳）（ドイツ語版は1844年）の日本語訳である。

顯利波禮克、秋山省吾訳『波氏萬國法』3巻、有麟堂／穴山篤太郎、1876（明治9）年——Henry Halleck, *Elements of International Law and Laws of War*, Philadelphia: J. B. Lippincott, 1866/ Boston: Elibron Classics, 2003の日本語訳で、前編は19章、後編は16章となっている。ハレックは戦時国際法の大家である。

荒川邦藏・木下周一訳『海氏萬國公法』司法省、1877（明治10）年——A. W. Heffter, *Das europaishe Volkerrecht der Gegenwärt auf den bisheringne Grundlagen*, Berlin: E. H. Schroeder, 1844、1866が原本とされる。

田吟香訓点『公法會通』5冊、樂善堂、1881（明治14）年——Johann Kasper Bluntschli, *Das moderne Völkerrecht als Rechtsbuchn*のW.A.P. Martinによるフランス語からの訳本、倫丁韙良訳『公法會通』（発行所不詳）、1879（光緒6）年の中国語版の復刻である。

藤田隆二郎訳編『萬國公法』岡島寶分館、1891（明治14）年——判例を付

64

したのが特色である。

　ブルンチュリー、山脇玄・飯山正秀訳『萬國公法戦争條規』近藤幸生、1882（明治15）年──Johan Casper von Bluntschli, *Das moderne Kriegerrecht der Civilisirten als Rechtsbuch,* Nördlingen: C. H. Beck, 1872の第1編の日本語訳である。

　秋山雅之介『國際公法　戰時』有斐閣、1902（明治35）年。

　これら国際法の導入を通じて国際認識とその主体性を確立するところとなったが、ここに、国際法についての理解を、『和蘭畢洒林氏萬國公法』第1巻公法の總論第1章萬國公法の大旨と第2章性法に本き公法を立るを論す、の部分の引用から、明らかにする。

第1章　萬國公法の大旨

　第1節　萬國公法は法學の一部にして、萬國互に相封し乗ることを得るの橿と務めさることを得さるの義とを論する者なり。

　第2節　公法にて國と稱する語は、各自ら特立して他に服屢することなく禮を以て相交る建尊自主の國を指す。

　第3節　然れとも人民自ら特立國を建んと欲し他に服従せす言行を以て其意を示したる者は、他國未だ直に特立建國となして是を予認せすと雖も、公法の條規亦是に準す。

　第4節　海賊其他如此き類、羣を成し黨を結ひ自己の勢力に依お凌暴戦事をなすは、公法條規の外たり。

　第5節　萬國公法は國法全體の一部にして國法分して2つとなす。即ち其一は内部の國法にして專ら國法といひ、其一は外部の國法にして他國に封する國法なり。

　第6節　公法の學は其本つく所3つあり。

第一には、性理の公法、即ち畢術に本つく者。

第二には、確定の公法、即ち記録に本つく者。

第三には、慣行の公法、即ち泰西通法。

　第7節　性理即ち學術に本きたる公法とは、此學科の内にて如何にして萬國の交際

性法に合すへき哉を論する學派を指すなり。

第8節　確定即ち記録に本きたる公法とは、性法の條規に合すると合せさるとを論せす、必す確定したる典章條約に本きて諸國交際の權を論する學派を指すなり。

第9節　泰西通法即ち慣行の公法とは、文明の諸國就中歐羅巴洲内互に禮義を以て相交る各國の交際權義を論する畢派を指すなり。

第10節　此泰西公法は、夫の性法の本源より發し或は明許し或は黙許したる定約に依て立ち而て是に本つき常行となりたる風習に由て成れる者にして、夫の文明なる諸國の際にて漸を追ひ交際の條規となれり。

第11節　是を以て確定の公法は方今泰西公法に於て唯其一部たる耳。然れとも性理の公法は其基本にして泰西公法は源を斯こに取らさるを得さる也。

第12節　性理公法の條規は荷蘭人ヒユト・ゴーデ・ゴロード始めて是を論明し、平戰條規といふ有名の書を著し1625年是を刊行せり。泰西公法は日耳曼の碩學セオル・タ・フリードリフ・ホン・マルテンス始めて是を纂輯し、新定泰西公法約義といふ書となし1788年妖糊始めで是を刊行せり。

第13節　所謂萬國公法の科外に又萬國私權通法といふ學あり。是を講するは近時に創れり。

第14節　萬國私權通法は諸國の人民私に相交通するの權を論する者にして、殊に交易の事に開かり各國の國法又條約にて規定したる者の如し。

第2章　性法に本き公法を立るを論す

第1節　性法にて論する所は、權に2つあり、1つを自有の權といひ、1つを假有の權といふ。

第2節　一國他の諸國へ對し自然に此自有の權を有するは、唯其國見に存するに由る。〇其各國へ對し假有の權を有するは、或は時變に遭遇し或は事業に服行して是を得、譬へは戰争盟約に依て是を得るが如し。

第3節　此自有の權、公法にては尚詳かにして次の3つに分つ。

第一には、自國を保護するの權

第二には、特立自主の權

第三には、物を取て用に供するの權

第4節　自國を保護するの權は次の４つを包ぬ。

第一には、自國の地疆を守り損害を受さるの權

第二には、自國の人民の管轄を守るの權

第三には、自國の政府を守るの權

第四には、自國疆内の人民身命の安穩貨産の安堵を守るの權

第5節　自國の疆地を守り損害を受けさるの權は已むを得さるに出つ、蓋し土弛經界なけれは併せて國無れはなり。若し土地經界全く亡ふる時は其國も亦從ふて亡ふへし。唯土地の一部を失ひたる時は其國全く亡ひたりと云ふへからす。然とも是に依て存立する事以前に異ならすと謂ふへからす。

第6節　月國の人民の管轄を守るの權とは各國他國より其意に非して其人民の一部を他方に移し他の管轄に屬せしむる時は、是を拒くの權を有するを謂ふ。

第7節　國の人民自己の意に從ひ管轄を離るゝ者に於て、其可否と難易とは國法の科に屬し公法の知る所に非す。

第8節　自國の政府を守るの權とは各國他國に責め自國建尊の政府を貴重せしむるを謂ふ。

第9節　一國他國へ對し其意に悖り強て新なろ制度を建て令るとを得さると、併に其國舊來の制度を顛覆更革することを得さると、亦此權内に在り。

第10節　身命の安穩と貨産の安堵とを守る權は國家を建るの大本なり。○是を以て他國此事に就て一つも沮擁となすと能はすして、各國皆此主意を達するか爲に必要なる方略を施し必要なる諸具を用ゆるの權を有し、他に其の當否を問ひ辯解をなすの義ある事なし。

第11節　特立自主の權は性法にて制行の權と名くる者と同し。

第12節　國家其主意を達する爲に爲すへき事業數多あり。○此事業は法度を議立すると政令を施行するとの２つに在て、是に關る諸事を行ひ苟も他國の權を沮撓すること無れは各國十分の權を行ふとを得。

第13節　自主の權と同し道理に本つき、物を取て用に供する權、性法上に説く者亦國に歸すへし。○其國家を保全する爲に叉夫の人民を榮養して以て富盛安寧ならしむる主意を達する爲に、物件の用屢已とを縛さるに出つ。

第14節　凡て自有の權は其國他より予認せらるると否ざるとに1つも係はるとなし。○各國皆苟も其國あれは便ち此權を有し是を行ふとを得。

　第15節　假有の權の公法に於るも1に性法に於るか如く亦分ちて2つとなす。

第一には、物件上の權、所有の權の類是也、

第二には、人身の際、或は屈辱に依て是を得或は約束に依て是を得、共に此内に含めり。

　第16節　凡て公法の中、假有の權に於て是を得是を行ひ是を失ふの法に就ては、性法上と異なるとなし。

　第17節　然るに此假有の權、性法上の道理に本くと雖も、一種別に漸を追ひ其詳備を對したるは、泰西慣行の公法殊に是か爲に大なる稗盆をなしたり。

　第18節　假有の權、大半は其國他より予認せらるると否さるとに係はり、且つ其定約盟約に依て得たる權は特に是に本つくなり。（畢洒林、西周助訳『和蘭畢洒林氏萬國公法』4巻、竹苞樓/瑞巖堂/平安書館、1868年/『明治文化全集』第8巻法律篇、日本評論社、1929年）

　そして、国際法に関する内容の理解の一端を、西周訳『官版萬國公法』から引用する。抜萃は、第2章邦國の自治自主の權を論ず、の最初の部分である。

　第1節　人は群を成し國を立てて、邦國の交際するに事あり、此れ公法の論ずるところなり。

　第2節　何者をか國と為す

得哩云ふ、謂ふところの国とは、惟れ人衆く相合し、力を協せて相護り、以て同じく立つ者なり、と。

今の公師も、亦た其の説に従ふ。然れども猶ほ未だ盡きざるに屬して、必ず之を限制する者、其の端に4あり。

1、当に民間の大會にして、國權に憑りて立つ者を除くべし。其の何の故にして立つを論ずるなきなり。即ち英國の如き、昔、客商の大会するあり、君命を奉じて立ち、國會の申命を得て、東印度等の處に通商を為す。此の商会は、前は自主の権を行ひ、

東方に在りて或いは戦ひ或いは和し、君に問ふを待たずと雖も、尚ほ称して1国と為すを得ず。況や後には毎事必ず君令を奉ずるをや。蓋し此の商会の権を行ふは、全く本国の権に憑り、惟だ印度諸国の君民に交際するのみなれば、則ち商会は本国に代りて行ふ。其の他国にあるところの事に於ては、則ち本国之が經理を為せばなり。

1、盗賊は邦國の法外に置くところの老と為す。相依り同じく護りて立つを得ると難も、亦た称して一国と為すを得ず。

1、蠻夷は流徒して定所なく、往来して定規なきも、亦た國と為さず。蓋し國と為すの正義は、他なし、庶人の行事は、常に君上に服し、居住に必ず定所あり、且つ地土の疆界ありて、其の自主に帰す。此の3者、一を欠くも、即ち國と為さず。

1、時ありて同種の民、相護りて存するを得るも、猶ほ國と為すを成さざるなり。蓋し数種の人民、一君に同じく服する者之れあり、即ち墺地利、普魯士、土耳其の3國の如き、是れなり。

一種の人民、數君に分れて服する者も亦た之れあり、即ち波蘭の民、分れて墺、普、俄の3國に服するが如き、是れなり。

第3節　君身の私權

君の私權も、時ありて公法の審斷に歸す。即ち國君、私に自ら置買して、基業を繼續する等の權、或いは他國の君民と關渉することある老の如きは、則ち公法中に一派ありて、専ら此等の權利を論ずるなり。

第4節　民人の私權

民人と民間の會とは、公私を論ずるなく、時ありて亦た同じく公法の審斷に歸す。蓋し權利ありて、他國の君民と關渉することあればなり。公法に即ち一派ありて、専ら人民の私權、并びに各國の律法に、合せざるところある老を論ず。然れども公法の主腦は、即ち諸國の互ひに交はり直ちに通ずることなり。

君、國に通用す。

若し君權に限りなければ、則ち君身と國體とは別なし。法國の路易十四の謂ふところの國とは我なり、と。此れ公法の君、國に通用する所以なり。然れども此の2字の通用するは、法度に拘らず。蓋し其の國の、君之に主たるに係ると、民之に主たるに係るとを論ずるなく、其の君權の限りあると限りなき老とを論ずるなく、皆君

69

を借りて以て國に代へるなり。

第5節　主權内外を分つ

國を治むるの上權、之を主權と謂ふ。此の上權は、或いは内に行はれ、或いは外に行はる。内に行はるれば、則ち各國の法度に依り、或いは民に寓し、或いは君に歸す。此れを論ずる者、嘗て之を名づけて内公法と為す。但し之を稱して国法と為すには如かざるなり。主權の外に行はるる者は、即ち本國、自主して、命を他國に聴かざるなり。各國の平戰、交際は、皆此の權に憑る。此れを論ずる者、嘗て之を名づけて外公法と為す。俗に公法と稱するは、即ち此れなり。主權未だ失はざれば國未だ亡びず

若し新たに立つの國にして、諸國の相認むるを蒙り〈謂ふところの認むとは、「其の自立自主の國為るをこと」と認めて、之と往来するなり〉、大宗に迎へ入るると否とは、悉く諸國の情願に由り、或いは其の内に在るの國法を視、或いは其の国の君上を視て定めて可なり。旧國に至りては、則ち其の内に在るの國法の何如なるかを論ずるなく、權を執る者の何人なるかに拘らず、即ち民間に紛争あるも、公法は其の国を視るに猶ほ存すとす。必ず内乱既に甚しく、或いは外敵征。服して、其の主權の全く滅するを致すを待ちて、始めて其の國を視て亡ぶと為す。

第6節　内に在るの主權

1国の主權を有し得るとは、或いは衆民相合して國を立て、或いは他國より分裂して自立する者に由り、其の主權は即ち内外に行はるべし。其の主權の内に行はるる老は、他國の之を認むるを須たず。蓋し新たに立つの國は、他國未だ認めずと雖も、亦た能く其の内事を自主して其の國を有すれば、即ち其の權を有するなり。即ち美國の合邦の如きは、1776年の間に於て、詰を出して云ふ、以後は必ず自主自立して、再び英國に服せず、と。此れより其の主權の内に行はるる者全し。故に1808年の間に於て、上法院、断じて曰く、美國の相合するの各邦は、詰を出してより而後は、其の邦内の律法に就いては、随即に各々自主の全權を具ふ、英王の譲るに由りて之を得たるにあらざるなり、と。英國も亦た1782年の間に於て、美國と和約を立つ、惟だ其の主權を自ら行ふを認め、並びに此の權を以て之に授くるにはあらざるなり。故に詰を出して後は、各邦の律法を制するは、即ち是れ自主の者の律法にして、邦

内の民、当に遵行すべからざるなきなり。各邦の早くよりあるの律法も、亦た当に遵行すべからずと言ふにはあらざるなり。

外に在るの主權

自主の權、外に行はるる者に至りては、則ち必ず他國の之を認むるを須ちて、始めて能く完全なり。但し新たに立つの國、權を己の疆内に行ふは、則ち必ずしも他國之を認めず。若し諸國の大宗に入らんと欲すれば、則ち各國相認めて、權の行ふべきあり、分の当に為すべきあり。他國若し之を認めざれば、則ち此等の權利は、同じく享くること能はざるなり。各國の相認むると否とは、均しく自主に由り、且つ自ら其の干係に当たればなり。諸國の間に、若し未だ之を認めざる者あらば、則ち新たに立つの國、其の權を外に行ふは、只だ認むるところの国にのみ向ひて之を行ひて可なり。

第7節　内變に因りて亡びず。

國の國為る所以の者は、其の同一本なるが為なり。而して國の他國と異なるある者は、即ち其の本に異なるあればなり。1國の人、亡じて逝く者あるに、惟だ其の民尚ほ存すれば、而ち其の國異なることなし。若し大變して以て之を滅することなければ、則ち其の國は歴代に永く存す。若し内變に係りて、徒國法と制度とを易ふるのみなれば、則ち其の國は仍1にして2なく、其の曾て享くるの權利に於ては失ふところなく、其の當に守るべきの分に於ても、亦た減ずるところなし。國の初めて立つ者は、必ず民の君上に服するに由る。然れども其の内變に因りて、暫く服せざることあるも、其の國は亡ぶに至るを致さざるなり。但し其の他國と有するところの交際の分は、或いは暫く變ずることあるのみ。他国は或いは傍觀し、或いは相助く。

争ふ者は皆戦ふ權を得。

其の内變未だ成らず、民間尚ほ國勢を争へば、則ち他國は或いは傍觀して其の事に与らず、仍ほ國主を以て、其の旧君を視る。或いは其の叛民を視て、儼然たる一國にして、交戦の權利を享くべしと為す。或いは2者の間に、其の理の直なる者を擇びて、之を助くるも也た可なり。若し傍觀して与らざれば、則ち外國は必ず其の公法の分を成して、其れをして身を局外に置き、中を守りて偏らざらしめ、戦ふ者に在りても、彼此以て冤と為すを得ず。若し其の理の直なる者を擇びて之を助くれば、

即ち此れの友にして彼の敵と為すなり。諸國の公法は、戰ふ者の理の曲直を審らかにせず、之を助くるの國、敵を攻むれば、即ち交戰の權利を享くべし。若し他國、身を局外に置けば、必ず当に中を守りて偏らずして、戰ふ者は相攻め、彼此倶に一切の交戰の權利を用ふるを聴し憑すべし。港を封じ、禁物、敵貨を捕掌する等の類の如し。但し叛民或いは屬國の本國を攻むるに、其れの此の權利を用ふるを得ると否とは、必ず其の本國と外國との、早くより立つるの盟約の如何なるかを視て定む。

（恵頓、西周助訳『官版萬國公法』4冊、官版書籍製本所／京都書肆竹苞樓、1868年／『開国』日本近代思想大系第1巻、岩波書店、1991年）

　1868（慶應4）年1月15日開国の布告は、瓜生三寅訳『交通起源　一名萬國公法全書』（発行所不詳）、1868（慶應4）年の序文に「今彼以道而來、則我接之以道、固無害於為、君子國」と言及されているように、その道を、いいかえれば、万国公法を以て外国と交際することを、明治政府は、以下の通り定めた。

　　外國之儀ハ　先帝多年之宸憂ニ被爲在候處、幕府從來之失錯ニヨリ因循今日ニ至リ候折柄、世態大ニ一變シ、大勢誠ニ不被爲得已、此度　朝儀之上斷然和親條約被爲取結候。就テハ上下一致疑惑ヲ不生、大ニ兵備ヲ充實シ、國威ヲ海外萬國ニ光耀セシメ、租宗　先帝之、神靈ニ對答可被遊　叡慮ニ候間、天下列藩士民ニ至ル迄、此旨ヲ奉戴、心力ヲ蓋シ勉勵可有之候事。
　　但是迄於幕府取結候條約之中、弊害有之候件々、利害得失公儀之上　御改革可被爲在候。猶外國交際之儀は、宇内之公法ヲ以取扱可有之候間、此段相心得可申候事。

（「太政官日誌第三」、石井良助編『太政官日誌』第1巻、東京堂出版、1980年）

　その開国方針は、開国和親を執るとした次の2つの建白書がその決定における参加手続きとして「太政官日誌」第三、慶應4年戊辰2月の條に収められている。第一は、越前宰相ら6名の連署で、2月7日付で、次の通りである。

臣等謹而按るに、古之能天下の大事を定むる者、先天下の大勢を観て緩急機に従ひ處置宜を得候故、唯功徳の一時に光被するのみならず萬世不朽の業是に於て相立候。

今や皇上始て　大統を継せ給ひ　御政權復一に帰しし、凡百の宿弊を更始一新し天下萬姓目を拭ひ治を望むの秋なり。即在

朝の百官自ら奮發し、内は

皇上の　御徳化を輔け奉り、外は

皇威を萬國に張り臣子之分を盡きん事を欲す就中今日の急務は

皇國と外國との交際を講明せずして不叶儀に奉存候近頃

朝廷始て外國事務の官職を設られ其人材を御撰纂遊きれ專ち御力を盡され候の天下の人をして方向する處を知らしめ給はんとの御趣意にて

皇威を萬國に赫輝せしめ候は此時に可有之と不堪感銘奉存候乍併古語にも人心不同は面の如しと申候而在上在下の人未だ各々區々の議を執て疑惑なき事能はず又或は漢土人の如く自ら尊大にして外國人を禽獸の如く蔑硯終には彼に打負却て驅使せられ候様に成行き候覆轍を践むに至るべき哉と甚憂慮仕候。依而熟考仕候處今日之先務は上下協同一和し、宇内之形勢を辯じ、

皇國一大革して開業すべき所以方確定を原記第一と奉存候是迠

皇國は一方に孤立し世界の事情に不達只愉安を以て志とし荏再衰微を致し彼が爲に制せらるべき次第に立至候と、各國に航行し衆善を包取氣運日々に開け政治文明兵食充満天下に縱横致し候と、比較いたし候得ば、盛衰之原由も判然相分も可申哉に奉存候元來鷹懲の重典も無くて不叶儀には候得共控御之術其方を得候へば遠人も懐き服し候道理にて尤無罪之人を鷹懲致し候譯には無之候

中古

朝廷にも玄蕃の官を置せたまひ、鴻臚館を建きせられ、遠人を御緩服被成候事も相見へ居、其後天正慶長の間には蛮夷共屢西國に渡來交易致し候若し其來港不致節は大將軍よ。書簡を以て促され猶遅緩に及候時には此方より大軍を發し攻撃に可及などと申遣し候儀も有之候處島原の一亂以來始て幕府より鎖國の令有之候。乍併漢土和蘭に於ては猶交易差許候得ば一切に外國人は攘ひ斥け候と申譯には更に無之處

近年攘夷之論盛に相起り諸侯之内偶攘斥致し候も有之候得共素より一藩の力を以て
不可爲は論ずるに足らず且先年幕府より十年を期して成功を奏し可申坏と申上候は、
陽に其名を假り陰に其私を行ひ候詐術にて
　先帝日夜　御苦慮被爲遊候御儀とは同年之論には無之と奉存候然れば今日
　皇國之衰蓮を挽回し
　皇威を海外に耀し候儀萬々一刀爾斷之
　朝裁を以て井蛙管見之僻論を去り、先ツ在　廷樞要之御方々より御豁眼に被爲成、
上下同心して交際之道無二念開せられ彼長を取う我が短を補ひ萬世之大基礎相据ら
れ候様奉専禱候
　仰願くは
　皇上之　御英斷能く天下之大勢を御觀察被爲遊是迄犬羊戎秋と相唱候愚論を去り
漢土と齊しく視せられ候
　朝典を一定せられ萬國普通之公法を以参
　朝をも被命候様御賛成被爲在其旨海内に布告して永く億兆之人民をして方向を知
らしめたまひ度儀を偏に奉懇願候。誠恐誠惶頓首
　2月7日
　越前宰相
　土佐前少将
　長門少将
　薩摩少将
　安藝新少将
　細川右京太夫
　　　頓首　　（「太政官日誌第三」、石井良助編『太政官日誌』第1巻、東京堂出版、
1980年）

　第二の建白書は長門少将単独のもので、日付はないが、前者に続いて収めら
れている。全文は、以下の通りである。

　臣廣封謹而奉言上候。先般越前宰相一周建言之儀、癸丑已降天下之勢屢變遷、遂

二今日之御時體ト相成候而者、目下之御處置右建言之處着落仕候外無御座奉ト存連

書奉言上候抑既往ヲ推究仕候處幕府一旦其術ヲ失候而ヨリ御國是慶變換開鎖之論一

定不仕天下是ガ爲ニ肝腦塗地候者不可枚擧悲歎之至ニ奉存候然處臣廣封父子追々陳

述仕候通癸丑巳來偏ニ

　　皇威御更張國是御一定ヲ奉企望只管

　　叡慮ニ奉レ基、名義條理相立候樣ニト不顧徴力藩屛之任一途心懸罷在候内戊午下

田條約被差許候ニ付而者即チ開國ニ御一定ト奉存一藩方向相立居候處壬戌ニ至リ父

子上京親ク奉伺候得者

　　和宮御束下1條ヲ奉始

　　叡旨專ヲ鎖國ニ被爲在候御事奉拜承殊ニ癸亥ニ至大樹家上洛奉勅攘斥之布告相成

候ニ付彌以艱難、危急者臣子之分ニ付

　　天恩之萬一ヲ奉報度ト決心仕人民ヲ鼓舞激勵シ身ヲ以テ自先シ候處臣廣封父子之

微誠貫徹不仕遂ニ孤立之姿ト相成闕下ニ拜趨不得仕次第ニ至候得共元來臣廣封父子

進退趨舍一己私見ニ由候儀毫厘モ無之、偏ニ　叡慮遵奉之心得ニ御座候處幕府布令

前後齟齬ヨリシテ御國是從而變換シ、臣廣封父子禍難ニ陷溺仕候樣相成、此餘者社

稷ト共ニ灰滅仕候外無之ト覺語罷在候處　乾綱新張今日之

　　御盛時ニ遭遇シ再生之　鴻恩ヲ奉蒙、感泣之至ニ奉存候。然處4境閉塞以來、國外

之情態甚迂潤ニ打過候得共、外國交際之儀其他種々被爲盡

　　廷議候御樣子略傳承仕リ今般上京親シク先年來之御行懸等精細相窺候得者既ニ開

港

　　勅許海外各國江御布告被爲有既ニ御國是御確定開國之御規模被爲立候御儀續而

　　王政御一新萬機　御親裁之秋ト相成候付而者内外之形勢前日之比ニ無之則チ國家

之御安危

　　皇威之御隆替辱クモ　御聖德ニ關係仕今後之御擧措最重大之儀ト奉存候ニ付外國

御交際者宇内公義之係ル所内國一家之紛擾ヲ以宇内公義ヲ害候樣ニ而者萬國ニ對シ

可愧儀ニ御座候間乍恐紳武之　御聖業ヲ

　　御體認被爲遊、專ラ天下之耳目ヲ一新シ人心之方嚮ヲ相定メ確乎不拔之　聖斷ヲ

以テ天下ニ

第1部　近代日本の海外知識の摂取と国際認識の確立

　　臨御被爲遊外者宇内萬國ニ并立シテ不被爲愧内者　列聖之紳靈ニ被爲對

　　御遺憾無之様不堪懇願之至誠恐誠惶頓首謹言

　　　2月

　　長門少将　（「太政官日誌第三」、石井良助編『太政官日誌』第1巻、東京堂出版、1980年）

　そして、外国公使との接見では、「萬國普通之公法ニシテ今更朝廷是を變革
セラレ候時ハ……皇國固有之御國體ト、萬國之公法トシ御斟酌御採用ニ相成候
ハ」と記録され、ここに萬國公法の語が公式化され、その外交手続きが一般化
した。4月23日300万両の国際調達布告にも、「国際として萬國普通之公法を
以、可及返辨決」と言及された。そこでは、東洋における天道の思想をもっ
て萬國公法の理解が可能であった。なお、東京帝国大学の前身、1873（明治
6）年設立の開成所、東京開成学校の学課目として「列國國際法」が登場し、
1881（明治14）年に東京帝国大学の講座として「國際法」となった。

　対外認識、及び国際観念の発達と共に、外交の実際は条約関係の締結へと発
展し、もって幕府は勅許を待たずして条約の締結を進めることになった。それ
は、国際的地位の確立へ向けての第一歩であった。その事情は、福澤諭吉の
『條約11國記』（福沢家、1867（慶應3）年／醍醐家、1868（明治元）年／『福澤諭吉全集』
第2巻、岩波書店、1959年）に詳しい。同書には、最初に「條約11國記の和解」の
一文がある。以下の通りである。

　條約とは約束といふことにて此國と永代睦しく附合其國の産物をも互に賣買すべ
しとの趣を固く取極たるものなり其取極の箇條を證文に認めて兩國双方の間に取替
せしものを條約書といふ安政5午年より今茲に慶應3卯年まで西洋の國々より日本
に來て條約を結び條約書を取替せしもの11國ありて其他の人々日本の交易場に假居
する者も多し然るに我國にて下々の人は外國の様子を知らず外國人と見れば一口に
唐人唐人といふ者多けれども既に條約をも取結びし國のことなれば、唯其國の人を
見る斗にて其人は何といふ國よう來て其本國の模様は如何なる哉といふことを知ら
ざるはあまり不都合なるゆへこの小冊子には其國々の大小強弱人情風俗政事の立方

76

第6章　対外接触と万国公法の導入

をも極々あらましに記して條約11國記と表題を附たるなり。（福沢『條約11國記』、
『福澤全集』第2巻、時事新報社、1898（明治31）年/『福沢諭吉全集』第2巻、岩波書店、
1959年）

　そこでは、日本の遣米使節など遣外使節の派遣が国際理解と対外認識の確立
に大きく寄与していたことが指摘できる。[5]
　まず、遣米使節の成果は、次の通りである。
　村垣淡路守『黄海日記』3冊──『遣米遣日記』東陽堂、1898（明治31）年
/『萬延元年第一遣米使節日記』日米協會、1915（大正7）年として刊行され
た。
　外國奉行所記録『亞行記』、『歸航日誌』、『亞行御用留』──日米修好通商百
年記念行事運営会編『萬延元年遣米使節史料集成』7巻、風間書房、1960年に
収められた。
　玉蟲誼『航米日録』7巻──國書刊行會編、文明源流叢書3巻、國書刊行會、
1914年として刊行された。
　その他、多くの航海日誌が書かれており、公刊された。その数は40点以上
に及ぶ。
　遣欧使節は、以下がある。
　福澤諭吉『西航記』──その内容は『福翁自傳』慶應通信、1951年に収め
られた。
　杉徳華『環海詩誌』──杉徳華、1904（明治37）年で刊行された。
　淵邊徳藏『歐行日記』──『遣外使節日記纂輯』第三、日本史籍協會、
1928年に収められた。
　益頭駿次郎『歐行日記』──『遣外使節日記纂輯』第三、日本史籍協會、
1928年に収められた。
　『尾蠅歐行漫録』──松平石見守随員市川渡の記述で、『遣外使節日記纂輯』
第二、日本史籍協會、1928年に収められた。
　さらに、幕府は1855（文久2）年に榎本釜次郎（武揚）、西周助、津田眞一

77

郎（眞道）ら留学生9名をオランダに派遣し、それによって日本にもたらされた海外知識は大きかった。薩摩藩などの藩からも留学生が派遣された。引き続いて英国、ロシア、フランス、米国にも留学生が派遣され、開国とともにその数は激増し、1872（明治5）年に米国へ留学した者は500名を越えた。また、1865（慶應元）年に外国奉行柴田日向守が特命理事官として英国・フランスに派遣され、政府の外国との接触は大きく広がった。

こうして、国際関係が拡大し、国際法が移入されるなか、大日本文明協会から、次の2冊が刊行されて、日本国民はその国際理解を深めるところとなった。

デライル・バーンス、竹内泰訳『世界政治へまで』大日本文明協會事務所、1922（大正11）年──原書はCecil Delisle Burns, *International Politics,* London: Methuen, 1920で、国際法の発展による世界の一体化を展望した。筆者には*Lectures on the League of Nations,* Bristol: I. W. Arrowsmith, 1919がある。

トーマス・ジョセフ・ローレンス、今村源三郎訳『國際社會史論』大日本文明協會事務所、1922（大正11）年──原本は、Thomas Joseph Lawrence, *The Society of Nations: Its Past, Present, and Possible Future,* New York: Oxford U. P., 1919である。なお、ローレンスには、他に以下の文献がある。

ローレンス、陸奥廣吉訳『國際公法摘要』丸善、1895（明治28）年／ロウレンス、窪田熊藏訳『國際公法大意』窪田熊藏／有斐閣、1897（明治20）年──原書はThomas Joseph Lawrence, *A Handbook of Public International law,* Cambridge: Deighton Bell, 1885である。

ローレンス、小山精一郎訳『國際法原論』平時・戦時2冊、清水書店／平時、巖松堂書店、1914（大正3）年──原本は Thomas Joseph Lawrence, *Principles of International Law,* Littleton, Colo.: F. B. Rothrman, 1895, 1987である。

ローレンス、古谷久綱訳『日露戦役國際公法論』民友社、1905（明治38）年──原書は Thomas Joseph Lawrence, *Principles of International Law,* London: Macmillan, 1895の戦時の部である。

第6章　対外接触と万国公法の導入

　ローレンスの立場は国際社会の進化は社会の一体化に向かうとしている。
『國際社會史論』の目次は、次の通りである。

　　第1章國際社会の起源、第2章國際社会の発達、第3章世界戦勃發當時の國際法、
　　第4章國際法の部分的破壊、第5章國際法改造の要件、第6章國際社会の改造と國際
　　聯盟

　さらに、次の国際法文献も刊行された。
　有賀長雄編『萬國戰時公法――陸戰條規』陸軍大學校、1894（明治27）年。
有賀編『赤十字條譯編』日本赤十字社、1894（明治27）年。有賀訳『海上捕
獲國際條規――1882年萬國公法協會成庵』有賀長雄、1894（明治27）年。エ
フ・ペレルス（白烈留斯）、エル・アラン仏訳、伊藤乙次郎訳、有賀閲『國際
海事公法』海軍大學校、1899（明治32）年。有賀『戰時國際公法』早稲田大
學出版部、1903（明治36）年。有賀『文明戰争法規』金港堂書籍、1904（明
治38）年。
　一方、日本海軍は、水路誌の集成に着手し、その刊行は、日本の国防及び生
存空間の確認・確保を展望していた。
　武富履貞編『北海道水路誌』水路部、1873（明治6）年。
　柳樽悦編『南島水路誌』2冊、海軍水路寮、1873（明治6）年――巻1は與
那國島・沖ノ神島・八重山諸島・黒島・上雛島・下雛島・波照間島・小濱島・
加山島・鳩間島・石垣港・宮良港・宮古諸島、巻2は琉球諸島・慶良間諸島・
伊平屋諸島を取り上げ、慶良間諸島には久場島・慶良間海峡・赤海峡を収めて
いる。柳編『臺灣水路誌』海軍水路寮、1873（明治21）年。
　海軍水路部編『寰瀛水路誌』3巻、海軍水路部、1888（明治21）年――シナ
海を対象としている。
　海軍省水路部編『支那海水路誌』第1巻・第1巻追補（芝罘）・第2巻・第
4巻3冊・第6巻4冊・第7巻2冊、水路部、1890-1907（明治23-40）年。同
編『朝鮮水路誌』水路部、1894（明治27）年。水路部編『支那海水路誌』第5

79

巻・第6巻上・下・第6巻上追補・第7巻上・下（菲律賓諸島及セレベス海附近）、水路部、1904-10（明治37-43）年。同編『揚子江水路誌』第1巻・第2巻、水路部、1916-17（大正5-6）年。同編『支那海西側水路誌』第1巻・第2巻、水路部、1918-19（大正7-8）年。同編『露領沿海州水路誌』水路部、1920（大正8）年。同編『揚子江水路誌』第3巻、水路部、1927（昭和2）年。同編『揚子江水路誌』第2巻追補、水路部、1933（昭和8）年。

　他方、参謀本部も、以下の地誌調査に着手した。

　参謀本部編『朝鮮地誌略』7巻、陸軍参謀本部、（刊行年不詳）／朝鮮圖書覆刻會、1977年／龍渓書舎、1981年／ソウル、景仁文化社、1990年。同管西局編『支那地誌』6巻、参謀本部／宇津木書店、1887-93（明治20-26）年／国書刊行会、1976年。同編『滿洲地誌』支那地誌第15巻上、参謀本部、1889（明治22）年／博聞社、1894（明治24年）年／上海、商務印書館、1904（光緒30）年／国書刊行会、1976年／『満洲地誌全』龍渓書舎、2003年。同編『西伯利地誌』上・下、参謀本部、1892（明治25）年／国書刊行会、1976年。同編『蒙古地誌』支那地誌第15巻下、参謀本部、1893（明治26）年／東光研究所、1968年。同編『臺灣誌』上・下、参謀本部、1895（明治28）年。

　こうして文明社会の国際社会の進化が展望されるなか、先駆的な国際関係及び外交史の開拓者、信夫淳平は、国際政治の進化という文脈で「国際政治論叢」（日本評論社）を刊行し、国際政治の体系的な学問的研究に取り組んだ。

　第1巻『國際政治の進化及現勢』1925（大正14）年。第2巻『國際政治の綱紀及連鎖』1925（大正14）年。第3巻『國際紛争と國際聯盟』1926（大正15）。第4巻『外政監督と外國機關』1926（大正15）年。

　信夫淳平の他の著作としては、以下のものがある。

　信夫淳平『東歐の夢』外交時報社出版部、1920（大正9）年。信夫『巴爾幹外交史論』大鐙閣、1921（大正10）年。信夫『大正外交十五年史』國際聯盟協會、1927（昭和2）年。信夫『不戰條約論』國際聯盟協會、1928（昭和3）年。信夫『二大外交の眞相──明治秘話』萬里閣書房、1928（昭和3）年。信夫『近世外交史』現代政治學全集第13巻、日本評論社、1930（昭和

5）年。信夫『上海戰と國際法』信夫淳平、1932（昭和7）年。信夫『滿蒙特殊權益論』日本評論社、1932（昭和7）年。信夫『戰時國際法講義』4巻、丸善、1941（昭和16）年、第1巻『戰時國際法の進化、戰及び似戰行為』、第2巻『陸戰、空戰』、第3巻『海戰』、第4巻『中立、戰の停止及び終了、括言及び拾遺。

その一方、1897（明治30）年3月國際法學會が設立され、国際法・外交史研究が軌道に乗った。この国際法研究は、日本の対外行動ないし対外観と符合して、それに対応した問題関心から國際法學會は研究を拡大して、大東亞國際叢書（有斐閣）を刊行した。

　第1巻安井郁『歐洲廣域國際法の基礎理念』1942（昭和17）年。第2巻松下正壽『米洲廣域國際法の基礎理念』1942（昭和17）年。第3巻英修道『日本の在華治外法權』1943（昭和18）年。第4巻大平善梧『支那の航行權問題』1943（昭和18）年。第5巻植田捷雄『大東亞共榮權と支那』1943（昭和18）年。

日本の研究者の間では、既に日本の満州・蒙古への進出・関与とともに、その行動を論証づける研究が進み、多くの成果が刊行されていた。そこでは、朝鮮併合の状況下に、先例としてエジプト英保護領統治への関心も大きかった。

原敬『埃及混合裁判』金港堂、1889（明治22）年。

有賀長雄閲、岡田好成・内村邦藏訳『萬國形成總覽』弘道書院、1885（明治18）年。有賀『支那西洋開化之差別』大黒屋、1887（明治20）年。有賀『日清戰役國際法論・全――附・佛國學士會院講評』陸軍大學校／『日清戰役國際法論』哲學書院、1896（明治29）年。有賀『有賀博士陣中著述滿洲委任統治論』早稻田大學出版部、1905（明治39）年。有賀『保護國論』早稻田大學出版部、1906（明治40）年。有賀編『日露陸戰國際法論』東京偕行社、1911（明治44）年。有賀『支那正觀』雄文堂出版部、1913（大正2）年／外交時報社出版部、1918（大正7）年。

加藤房藏『保護國經營之模範埃及』京城、京華日報社、1905（明治38）年。

ジョン・ボーエン、原田敬吾訳『埃及惨状――内地干渉』博文堂、1890（明

治23) 年。

井上雅二編『埃及に於ける英國——韓國經營史料』清水書店、1906 (明治40) 年。

吉村源太郎『埃及問題』拓植局、1921 (大正10) 年。

外務省臨時調査部編『埃及ニ於ケル「キャピチュレーション」制度並同國ニ於ケル本邦人地位一班』外務省臨時調査部、1925 (大正14) 年。

矢野仁一『滿洲における我が特殊權益』弘文堂書房、1928 (昭和3) 年。

淺野利三郎『日露之特殊權益と國際鐵道戰——滿蒙之歷史地理的研究』寶文館、1929 (昭和4) 年。淺野『滿洲國外蒙古併合論——其の歷史地理的研究』寶文館、1939 (昭和14) 年。

豐川善曄『京城遷都論』興亞堂書店、1933 (昭和8) 年。

蠟山政道『日滿關係の研究』斯文書院、1933 (昭和8) 年。 蠟山『世界の變局と日本の世界政策』巖松堂、1938 (昭和13) 年。

松田利彦監修・解説『韓国「併合」期警察史料——松井茂博士記念文庫旧藏』第8巻、ゆまに書房、2005年——「埃及内政改革」、大石善喜「埃及植民警察」(明治42年)、大石善喜「埃及村落自治制度」、「埃及カイロ諮問制度1908年報告」を収める。

日露戦争に従軍していた有賀長雄は、旅順要塞司令部で『有賀博士陣中著述滿洲委任統治論』を執筆し、来るべき戦争目的を設定して戦争の終結に備え、満州をめぐる戦後秩序を展望した (等松春夫「満州国際管理論の系譜——リットン報告書の背後にあるもの」國際法外交雑誌、第99巻第6号、2001年)。さらに、有賀は、その論理をさらに進めて、朝鮮統治の問題を論じた『保護國論』(早稲田大学出版部、1906 (明治39) 年) を刊行した。同書に対して立作太郎が批判して保護国論争となった。[*6]

立作太郎「有賀博士の保護國論」外交時報、第107号、1906年10月。有賀長雄「保護國論を著したる理由」國際法外交雑誌、第5巻第2号、1906年。立「國家ノ獨立ト保護關係」國家學會雑誌、第20巻第11号、1906年。立「保護國の類別論」國際法外交雑誌、第5巻第4号、1906年。有賀「保護國の類別論」

外交時報、第110号、1907年1月。立「保護國論に関して有賀博士に答ふ」國際法外交雑誌、第5巻第6号、1907年。

有賀の議論は、清国との「協同辯理」を認めつつも、日本が実質的な統治を確保することにあった。彼の『保護國論』は、当時のフランス国際法学に従うところの文明化の使命がその根幹にあった。

それから5年後、今度は、立作太郎は、天皇機関説の憲法学者美濃部達吉との間で、新たな主権論争となった。

立作太郎「國際法上ニ於ケル國家ノ主權」法學協會雑誌、第26巻第3号、1908年。立「被併合國ノ「コンセッション」ニ對スル國家併合ノ効果」法學協會雑誌、第29巻第4号、1911年。立「國家ノ併合と被併合國ノ負債」國際法外交雑誌、第9巻第2号、1910年。美濃部達吉「領土權ノ法律上ノ性質ヲ論ス」1〜10、法學協會雑誌、第29巻第2号、第3号、第4号、1911年。立「國家併合ノ場合ニ於ケル領土權ト主權トノ關係ヲ論シ兼テ美濃部博士ノ駁論ニ答フ」法學協會雑誌、第29巻第5号、1911年。美濃部「再ヒ領土權ノ性質ヲ論シテ立博士ニ答フ」法學協會雑誌、第29巻第6号、1911年。立「國内法ト國際法 附主權ト領土權（美濃部博士ニ答フ）」法學協會雑誌、第29巻第7号、第8号、1911年。美濃部「國内法ト國際法トノ關係ニ就テ（立博士ニ答フ）」法學協會雑誌、第29巻第8号、第9号、1911年。美濃部「主權及領土權ノ觀念ニ就テ（立博士ニ答フ）」法學協會雑誌、第29巻第10号、第11号、1911年。

この論争は、韓国併合によって膨張の新段階に入った帝国の現実から惹起されたもので、美濃部が1911年11月法学協會雑誌に「領土權ノ法律上ノ性質ヲ論ズ」を発表して論争が始まった。美濃部の主張の要点は、領土の変更は土地管轄の移転であり、統治権の移転はその付随効果であるとした。これに対し、立は、国際法の権利・義務は同時に国内法の効力を有するとし、国際法の効力は領土権の効果として生じるものではないと反論し、帝国の統治は国内法の問題であるが、国際法上の権利としての領土権は統治権によって規制されることはないとした。この立の論理は国際法の優位論の確立であったが、国家の膨張を潜在させる帝国構想が国際社会へ投影された意味もあった。それは、山田三

良によって日本帝国の統治権の内地延長主義の適用として現実化した。

山田三良「新領地ニ關スル法律關係ヲ論ス」國家學會雑誌、第9巻第102号、1895年。山田「新領地臣民ノ地位」國家學會雑誌、第10巻第113号、1896年など。

なお、マーティン『萬国公法』は、日本への導入から程なくして大韓帝国にも持ち込まれた。[7]

〈注〉

*1　吉野作造「我國近代史に於ける政治意識の發生」、小野塚教授在職廿五年記念『政治學研究』第2巻、岩波書店、1927年、41-46頁。
　　そのハリスの記録のうち、特に関係のところは、次の通りである。
　　私の使命は、あらゆる點で友好的なものであること。私は一切の威嚇を用いないこと。大統領は單に、日本を脅やかしている危險を日本に知らせて、それらの危險を回避することができるようにするとともに、日本を繁榮な、強力な、幸福な國にするところの方法を指示するものであることを説いて、私の言葉を終わった。（ハリス、坂田精一訳『日本滞在記』下巻、岩波文庫、岩波書店、1954年、88頁）
*2　尾佐竹猛『近世日本の國際觀念の發達』共立社、1932年。
　　松井芳郎「近代日本と国際法」上・下、科学と思想、第13号、第14号、1974年。
　　佐藤慎一「「文明」と「万国公法」──近代中国における国際法受容の一側面」、祖川武夫『国際政治思想と対外意識』創文社、1977年。
*3　中国では、丁韙良譯『萬國公法』が再刊され、楊焯『丁譯《万国公法》研究＝study of translation on elements of international law by W. A. P. Martin』北京、法律出版社、2015年の刊行をみた。
*4　大平善梧「國際法学の繼受」拓大論集、第7巻第1号、1936年。大平「国際法学の移入と性法論」一橋論叢、第2巻第4号、1938年。
　　住吉良人「西欧国際法学の日本への移入とその展開」法律論叢、第42巻第4・5・6号、1969年。住吉「明治初期における国際法の導入」國際法外交雑誌、第71巻第5・6号、1973年。
　　一又正雄「明治及び大正初期における日本国際法学の形成と発展──前史と黎明期」國際法外交雑誌、第71巻第5・6号、1973年。
*5　尾佐竹猛『國際法より觀たる幕末外交物語』文化生活研究會、1926年。尾佐竹『夷狄の國へ──幕末遣外外交使節物語』萬里閣書房、1929年／『幕末遣外外交使節物語──夷狄の國へ』講談社学術文庫、講談社、1989年。尾佐竹、前掲『近世日本の國際觀念の發達』。
*6　一又正雄『國際法の國内的効力に關する論争について』嚴松堂書店、1937年。
　　小林啓治『国際秩序の形成と近代日本』吉川弘文館、2002年。
　　頴原善徳「国際法と国内法の関係をめぐる美濃部・立論争──韓国併合と領土権・主権論争」ヒストリア、第181号、2002年。
*7　賢燮『近代韓国の外交と国際法受容』明石書店、2001年。

第7章　世界知識の摂取——魏源『海國圖志』、褘理哲『地球説略』、及び箕作省吾『坤輿圖識』

　鎖国の時代にもかかわらず、世界知識の摂取が進み、多くの世界に関する文献が刊行された。[*1]

　まず、魏源撰『海國圖志』50巻（1842（道光22）年/60巻、1843（道光23）年/楊州、古微堂、1849（道光）年/100巻、楊州、古微堂、1852（咸豊2）年/124冊、邵陽、魏氏急當務齋、1868（同治7）年/140冊、邵陽、急當務齋、1880（光緒6）年/14冊、文賢閣、1898（光緒24）年/3巻、長沙、岳麓書社、1998年）は中国を代表する世界地理書で、日本に伝来し、熱心に読まれた。当時の欧米諸国に対する日本の認識も、本書に負っていた。林則除が訳したBridgman裨治文・Elijah Coleman高理文『四洲志』50巻（新嘉坡、堅夏書院、1838（道光18）年/邵陽、魏氏古微堂、1844（道光24）年/7巻、台北、成文出版社、1967年/北京、華夏出版社、2002年）を、魏源が増補して50巻が成立し、さらに60巻、100巻と増補され、同書は、明以後の西洋地誌を中心に、アヘン戦争の危機に直面して近代的軍備、そして殖産興業の必要までが論じられ、さらに、英国とロシア・米国・フランスとの間の矛盾、米国の大統領制も言及された。[*2]日本には、この60巻のものが持ち込まれ、1855（安政2）年に南洋梯謙が總目録譯解を作成している。西洋事情研究者が漢奸あるいは通蕃として弾圧され圧迫されていた当時としては、本書は、優れて開明的な愛国経世の書であった。1850（嘉永3）年のこの60巻は天保禁書事件で3部処分され、1853（嘉永6）年にも同じことが起こった。さらに、翌54年に15部が持ち込まれ、御用の部数を除き、8部が一般に流布し、これが吉田松陰らの手に渡り、彼ら志士の間で広く読まれた。

　『海國圖志』には、以下の翻訳本がある。

中山傳右衛門訓点『海國圖志墨利加洲部』8巻6冊、須原屋伊八/出雲寺文治郎/和泉屋吉兵衛/和泉屋茂兵衛/勝村治右衛門、1854（嘉永7）年──60巻の巻39の墨利加洲總説、彌利堅國總記、他を収める。

鹽谷甲藏・箕作阮甫訓点『翻梓海國志』2巻2冊、須原屋伊八、1854（嘉永7）年──60巻の巻1、100巻の巻1・2議守上・下を収める。上巻は籌海篇上1・2の議守上・下、下巻は籌海篇下の議戰・議款となっている。鹽谷・箕作訓点『翻梓海國志普魯社國』1巻1冊、青藜閣/須原屋伊八、1854（安政元）年──60巻の巻38、100巻の巻57/58普魯社國を収める。鹽谷・箕作訓点『海國圖志俄羅斯國』2巻2冊、青藜閣、1855（安政2）年──60巻の巻36・37、100巻の54・55・56俄羅斯國を収める。鹽谷・箕作訓点『海國圖志英吉利國』3巻3冊、須原屋伊八、1856（安政3）年──60巻の巻33・34・35、100巻の50・51・52・53英吉利國を収める。

服部静遠『海國圖志訓譯』上・下、私製、1855（安政2）年──上巻は60巻の巻56・57砲台・火薬、下巻は巻58攻船水雷圖説の日本語訳である。洋夷に直面し、幕府内部で急ぎ翻訳したと思われ、市販されなかった。

頼子春『海國圖志──印度國部　附夷情備菜』2巻付録1冊、河内屋茂兵衛、菱屋友七、岡田屋嘉七、丁子屋平兵衛、1856（安政3）年──60巻の巻17・18、100巻の19・21・22・23英吉利國を収める。

廣瀬達『亞米利加總記』1巻、雲竹小居、1854（嘉永7）年──100巻の巻59前半を収める。廣瀬『續亞米利加總記』2巻2冊、雲竹小居、1854（嘉永7）年──100巻の巻59後半を収める。廣瀬『亞米利加總記後編』3巻2冊、雲竹小居、1854（嘉永7）年──100巻の巻62・63を収める。

正木篤『墨利加洲沿革總説補輯和解』1冊、雲竹小居、1854（嘉永7）年──60巻の巻39、100巻の巻59を収める。正木『美里哥國總記和解』上・中・下、正木仙八/雲竹小居、1854（嘉永7）年──亞米利加總記を収める。正木『英吉利總記和解』雲竹小居、1854（嘉永7）年──60巻の巻33、100巻の巻50を収める。正木『美里哥國總記和解』雲竹小居、1854（嘉永7）年──60巻の巻39、100巻の巻59を収める。正木『廈門月報和解』1巻1冊、雲竹小居、1854（嘉永7）年──『英吉利總記和解』・『美里哥國總記和解』の続編として作成され、60巻の巻51、100巻の巻81・

82夷情備菜を収める。原本は1839（道光19）年~40（道光20）年に林則除が新聞
「廈門月報」に訳したものである。

　皇國隠士『新國圖志通解』東洋館、1854（嘉永7）年──亞墨利加の部の日本語
訳である。同『西洋新墨誌』東洋館、1854（嘉永7）年──正木篤『墨利加洲沿革
總説補輯和解』の日本語訳である。

　小野元済『英吉利廣述』2巻2冊、遊薦社、1854（嘉永7）年──60巻の巻34・
35、100巻の巻53の日本語訳である。

　大槻禎『海國圖志夷情備采』舊陰書屋、1854（嘉永7）年──正木篤『廈門月報
和解』の日本語訳である。大槻『海國圖志佛蘭西總記』1巻1冊、舊陰書屋、1855
（安政2）年──60巻の巻27佛蘭西國の日本語訳である。

　南洋悌謙『海國圖志籌海篇譯解』3巻3冊、再思堂、1855（安政2）年──60巻の
巻1議守・議戰・議疑の日本語訳である。

　頼醇校『海國圖志印度國部』3冊、河内屋茂兵衛/林芳兵衛/吉野屋甚助/若山屋茂
助/勝村伊兵衛/須原屋茂兵衛/須原屋伊八/山城屋佐兵衛、1857（安政4）年──漢
文のままである。

　鶴嶺道人訓点『海國圖志國地總論』1冊、池上南谷學室、1869（明治2）年──60
巻の巻46、100巻の巻74國地總論を収める。

　陳逢衡、荒木謇訓点『暎咭唎紀略』1巻1冊、津藩、1853（嘉永6）年──陳逢衡
の原本は『海國圖志』の英国條で、『暎咭唎紀略』は1841（道光21）年刊である。

　無悶子『英吉利新志』（発行所不詳）、1853（嘉永6）年──著者は山崎謙
士で、陳逢衡『暎咭唎紀略』の日本語訳である。山崎謙士には『魯西亞史
略』があるが、内容は不明である。

　そして、新しい国際社会の理解をみせたのがRichard Quarterman Way、
褘裡哲箕『地球説略』（寧波、華花聖經書房、1856（咸豊6）年の赤澤常道訳『地球説略
和解』4冊、甘泉堂、1874（明治7）年）である。ウェイは、中国で伝道したアメリ
カの長老派宣教医師で、1844年にバタビアに入り、のち寧波で活動したが、
1855年に病気で帰米した。彼は、1848（道光28）年の蒋友仁訳『地球圖説』
（嘉慶阮元輯刊/台北、藝文印書館、1967年/北京、中華書局、1985年）に続いて、寧波で

第1部　近代日本の海外知識の摂取と国際認識の確立

『地球説略』（寧波、華波華花書房／華花聖經書房、1856（咸豊6）年）を刊行した。この本は箕作訓点で、『地球説略』3巻（老皀館／萬屋兵四郎、1860（萬延元）年、1864（元治元）年、1871（明治4）年）として刊行され、その日本語訳が前記『地球説略和解』である。同書には、また、福田敬業訳『地球説略譯解』4冊、卷1亞細亞大洲圖説・卷2歐羅巴大洲圖説・卷3非利加大洲圖説・卷4亞美理駕大洲圖説（江藤喜兵衛、1875（明治8）年）がある。

　赤澤は、同書の凡例で、「此書ヲ譯述スルハ専ヲ童蒙児女輩ノ漢字を解得スル能ハザル者ニ供スルヲ旨トシ譯語ノ鄙俚疎妄ニ厭ハス毎字ニ音訓を點シテ其采覧ニ便ニス」とある。目次は、以下の通りである。

　　卷之1　地球圓體ノ説　地球輪轉ノ説　地球ノ圖説　大洲ノ圖説　大洋ノ圖説

　　亞細亞大洲ノ圖説大中國　蒙古　滿洲　朝鮮國（大高麗）　西藏國　安南國（大越南）　暹羅國　緬甸國（大阿瓦）　天竺國（印度）　皮路直垣國（博路芝）

　　卷之2　亞加業坦（阿富汗）　亞拉比亞國（大亞拉伽）　比耳西亞國（波斯）　土耳其國　大布加利亞國　西比利亞國　日本國　亞細亞洲東南羣島

　　歐羅巴大洲ノ圖説　峨羅斯國　土耳其邦西境　希臘國

　　卷之3　以大利國（大以他里）　佛蘭西國　大呂宋國（西班牙）　葡萄呀國　瑞士國（瑞西）　亞利曼列國（耳曼）　阿士氏拉國（奧地利亞）　普魯士國（波駱西亞）　荷蘭國　比利士國（伯利諸恆）　蘇以天國（瑞典）　梛耳回國　埩尼國（大連馬）

　　卷之4　大英國（英吉利）

　　亞非利加大洲ノ圖説　埃及國（麥西）　特力波里國　土尼斯國　亞利及斯國　摩拉哥國　努度亞國　亞皮西尼亞國　桑給巴爾國　馬生別給國　霍丁得國　大英屬國　下竒亞國　上竒國　西尼降皮亞國　蘇但國　亞非利加大洲羣島

　　卷之5　澳大利亞洲ノ圖説

　　亞美理駕大洲ノ圖説

　　北亞美理駕大洲ノ圖説

　　峨羅斯屬國　合衆國（花荋）墨西哥國　跨的馬拉國　西印度羣島

　　南西美駕大洲ノ圖説　可侖比亞國　器亞拿國　比路國　玻利非亞國　智利國　拉

88

巴拉他國　伯達加尼亞國　鳥拉怪國　巴拉怪國　巴西國

「大中國ノ圖説」の説明抜萃は、次の通りである。

　當今ノ皇上ハ滿洲ノ人民ニ係ツニ 2 百餘年ノ前ニ明皇崇禎ハ自ヲ萬壽山ニ縊ル順治
皇兵ヲ帶テ京ニ入リ以テ中國ヲ定ム國號ヲ改メテ清朝ト曰キ都ヲ建ル舊クニ依ル直
隷省順天府ニアリ地ヲ北京ト名ヅク京城内ノ民約ヲ 130 萬ノ數アリ
　教ハ儒教を重シト為シ釋道ノ二教ハ之ニ次グ……
　國内ニ書院頗ブル多シ其印刷ノ書冊ハ統ベテ梓桐ノ 2 枚ヲ以テ字様ヲ呆刻ス外刻ノ
鉛字ヲ散用シテ以撮印スルニ便ナルニ若ズ今ハ西國ノ士人アリ國内ニアリテ書院ヲ
設立シ本處ノ児女ヲ招キ集メテ院ニ入ラシメ教ユルニ西洋國ノ諸人傳フル所ノ種々
ノ事理ヲ以テス

　箕作省吾は、高野長英と同時代、日本人による最初の世界地誌である『新製
輿地全圖』（夢霞襪、1844（弘仁元）年、1847（弘化4）年）とともに、『坤輿圖識』5
巻3冊（岡田屋嘉七、1845-47（弘化2-4）年／大空社、2015年）及び『坤輿圖識補』4巻
4冊（美作　夢霞襪、1846（弘化3）年／岡田屋嘉七、1847（弘化4）年／大空社、2015年）を
刊行した。この著作には、『坤輿圖識』では23冊、『坤輿圖識補』では8種の
文献をそれぞれ参照したとあり、当時としては最大の情報に従っていた。省吾
は、この無理な執筆が原因で、1846年12月26歳でこの世を去った。[3]省吾の
一子、箕作麟祥は、父省吾の死後、祖父阮甫に継いで洋学を修め、外国部業翻
訳御用頭取となり、ボアソナードと共に法典の作成に参加した。[4]
　『新製輿地全圖』は、1835（天保6）年にフランス人が作成した地図を参考
にして両球略図に経度・緯度線を描き、その序文には、「天保15年甲辰南至
日」とある。東半球は日本を中心としてユーラシア、アフリカ、オースト
ラリアの大陸を対象とし、西半球には南・北アメリカ大陸、グリーンランドが書
かれている。織田武雄は『地図の歴史』（講談社、1973年）で、この地図と『坤
輿圖識』を高く評価している。[5]半谷二郎編『箕作省吾』（旺史社、1991年）は、

「新製輿地全圖」、「坤輿圖識」、「坤輿圖識補」を収める。

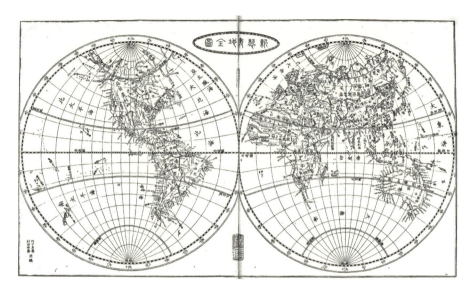

図13 「新製輿地全圖」

「新製輿地全圖」の序文は、以下の通りである。

　　易曰。仰則觀象於天。俯乃觀法於地。今余細視箕作玉海新製輿地全圖。而渡始間觀堪輿自然之法象焉。至南首北尾。脊背籠然。如玄武曆乃脚。以入於水者。為亞細亞洲。其東旗西潤。延引至首。如朱鳥張左翼。以振於野考。為歐羅巴洲。至東西極。而其張下扱。腰尾太高。如白庸之挺身以書尓心考。為亞払利加洲。至自東極。而偃寒崖起。蜿蜒南北。如蒼龍之俛首以於尓海者。為亞墨利加洲。而域中大地堂實。最夫新和気諸島之極於大海中者。而猶投擺在上。而星々羅列焉。誠造化之神工。宇宙之極觀也。難然。余徒誇託至論実荒秒之觀而已哉。而大閒所或於輿圖也。凡在輿全域中。圖顧方趾之民。就不存地而戴可考。而或被努文勞。投水函熱。有不常食考突或衣羽毛穴居。聾霊充饑。閒而粒食者矣。獨我租屹立干東海之表。天度中正。地霊人傑。而穀粟之饒。魚獸之富。洶稱天下楽國焉。然而終成術瀞温飽干輿。而不知所以扱之。宇揭不偲於天地乎。然到所以報之者如何。古云。通天地人。詔之儒。有志

第7章　世界知識の摂取―魏源『海國圖志』、褘理哲『地球説略』、及び箕作省吾『坤輿圖識』

之士。果能潜心聖賀之書。以立人道矣。然後考之天文。以極至奥妙。泰之地理。以
気宇廣大。方始廟成焉。亡玉海之博聖學。以及干無。其意善在於到也。余高満不序
而成至義焉。或日。輿地圖之設。特在家外國之事情風俗。以備不慮之用。是乃當涯
考之事。非吾人所顕及也已。

　　皇天保15年甲辰南玉日仙台大槻崇撰草書

　『坤輿圖識』には、日本の記述が最初にある。卷2はヨーロッパ、卷3はア
フリカ、卷4上は南アメリカ、下は北アメリカ、卷5は北アフリカとなってい
る。『坤輿圖識』の「亞細亞誌」の記述を引用する。

　　此洲、北ハ氷海ニ至リ、東ハ東海、南ハ應帝海ニ斗出シ、西ハ歐遷巴洲、及ビ亞
弗利加洲ニ堺ヲ接ス、其域ヲ分テ、北中南ノ3大部トス、天度酷熱ヨリ、隆寒ノ地ニ
亙リ、5穀蕃庶シ、百貨皆具リ、人類肇ナ生ゼシヨリ、聖賢逓興ル地ニシテ其文物禮
楽ノ盛ナルコト、天下是ヨリ京ナルハナシ、中ニ就テ本邦、漢土ヲ2帝國ト稱ス、其
下王ト稱スル者尟カラズ、闊州廣袤、里方76万3千余、

　　民口5億、或日6億5千萬、

　　皇国＝属國＝野作、八丈、琉球、奥蝦夷、薩吟連、

　　漢土、坤輿中ノ鉅邦ナリ、分テニ府18省トス、其帝都ヲ北京ト云、天下無二ノ大
府タリ、人口3万、名誉ノ蘭頓＝英吉利＝都府ノ名＝ノ如キモ、此ニ較スレバ、猶4
ト6ノ如シ、其管轄スル數國ヲ合スレバ、廣袤歐羅巴全洲ニ勝レリ、古昔歴山王隆盛
ナルモ、猶及ブベカラズ、惟魯西亞所領ニ、一等ヲ譲ルノミ、然レドモ人民百貨ノ
夥シキコトハ郤テ其比倫ニ非ズ、闊州民人、1億4540万、海陸軍卒、380万、産物、
金、銀、五穀、繭、糸、大黄、茶、麝香、沙糖、木綿等、

　　大韃而粗、此名蓋シ殆ド中北亞細亞ノ總稱ナリ、近世分レテ大部トナル、其部内
又數國ニ分ル、各々主アリ、其人強健ニシテ黒色、潤眼小目、髪髭荒轟、好テ田獵
ヲ事トシ、人能ク馬上ニ長槍ヲ使フ、気候總テ寒、其國主ヲ尊稱シテ、大汗ト云フ、
其一部、漢土ニ服屬スル者ヲ、支那韃靼ト云、中又5種ニ分ル、其別左ノ如シ、

　　朝鮮、8道、大縣33、小縣128ニ分ツ、人民頗ル蕃庶、五穀其食ニ給ス、國王ア

91

リ、支那ニ臣服ス、土人柔和ニシテ、能ク漢字ヲ解ス、其都ヲ京ト云、部中鴨緑江アリ、支那及ビ満洲ト壤ヲ劃ス、闊州廣裘、里方6千、民口5百萬余、土産、金、鐵、米、麦、人参、

満洲、東ハ黒龍江ニ劃シ、北ハ雅克薩城ニ至リ、魯西亞所領ト境壤ヲ接ス、域中3大府アリ、第一ヲ遼東ト云フ、清ノ世祖及ヒ太宗ノ廟アリ、造築美麗、府中4大廳ヲ開キ、訴訟ヲ聴ク、土人能ク繭紙ヲ製ス、強靱久シキニ堪フ、第二ヲ吉林ト云フ、清ノ大總宮ノ鎮アリ、人煙寡少、第三ヲ弟杜支加爾ト云フ、土人饒勇戰ヲ好ム、部中北邊ニ尼布楚城アリ、近世清人魯西亞ト和議シ、此地ニ界碑ヲ建テ、其封境ヲ定ム、又清祖誕降ノ處アリ、寧古塔ト名ク、地頗ル富庶、長白山其近キニアリ、闊州廣表、里方3万6千2百50、民口百70萬、

、蒙古、……

「シケイクス」、此國本此称謂有ニ非ス、我寛政中、莫臥児帝滅亡セシノチ、新ニ國ヲ建ツ、其分界、満刺甸及ビ英國所領ニ隣接シ、昔時ノ「ラホル」「アガラ」＝莫臥兒帝都祉＝及ビテルヒノ一部ヲ併有シテ、一大州トナス、内又數國アリ、各々酋長アリテ割拠ス、然レドモ毎期ニ、各國ノ政官會議シテ、征伐軍旅ノコトヲ論定ス、中ニ又1人ヲ推テ、其歳ノ盟主タラシム……

「デスカァテン」、此称、馬恰黙教ヲ奉ズル人民ノ總稱ト云、此國主厚ク馬吟黙教ヲ奉ズ、其臣民皆然リ、故ニ西人遂ニ混ジテ國名トナス、其彊界、東ハ「アガラ」府畔ニ劃リ、西ハ「シケイクス」諸領ニ至ル、此地40年前ハ、兵威頗ル強盛、近20年来、満刺甸、及ビ「シケイクス」ニ甚シク侵触セラレ、今ハ廣裘里方2千余、民口、四万ニ至ル、或ハ日、満刺甸、「シケイクス」ノ2牧、聯合シテ、英人ヲ伐ツコトヲ為サス、却テ同種族ヲ亡シ、併セテ己レガ兵勢ヲ殺グ、至愚ノ至リニ非ズヤ、……

後印度、其彊界、東ハ支那ニ至リ、北ハ圖伯特、西ハ安日河ヲ以テ前印度ト域ヲ接スル數十國ヲ總べ云ナリ、其人物風俗、粗々前印度諸州ニ似テ、較々善良ト云フ、其気候産物モ、亦甚タ殊ナルコトナシ、但繭糸、龍腦丁子、及ビ伽羅ヲ産スルコト、前印度ノ比倫ニ非ズ、闊州廣裘、里方3万8千餘、人口3400萬、或日、3450萬アリト云フ、

亞斉、蕪門答刺北邊ニ亦亞斉ト稱スル國アリ、此ト同ジカラズ、邦彊、西ハ前印

度ト、刺鳩牙河ヲ以テ界シ、東ハ毘爾満所領ニ至ル、自立ノ王アリ、兵威頗ル旺盛ナリ、150年前、莫臥兒帝大兵ヲ發シテ此地ヲ伐ツ、然レドモ遂に其都城ヲ陥ること能ハズ、帝慎ニ堪ヘズ、……

毘爾満、一名「ブリマヌセレーキ」ト云、其疆界南は暹羅及ビ満刺加に至リ、東ハ「カナム」所領ニ劃ル、此國ノ名ヲ、「アロモハラア」ト云フ、我天明4年以来、阿瓦、琵牛、亞刺敢、「カツセイ」、「マルタハン」及暹羅ノ一部を併呑シテ、遂ニ覇ヲ此地ニ稱ス、其勢威猛烈、遠近ノ侯伯、是ヲ畏縮セザルハナシ、……

暹羅、8分ニ分ツ、其首府、亦暹羅ト云、マナム河中ノ大洲ニ在リ、商戸52萬戸、民口60萬7200、部内3人ノ小王アリ、皆國王ノ令を聴ク、此國一種ノ風習アリテ、國王其臣下ニ、食糧ヲ給セズ、故ニ戦争に臨テ、其命ヲ奉セザル者多シ、府内寺観、280アリ、造工皆妙ヲ盡セリ、國王ノ宮殿、規制最宏大、皆覆フニ金瓦ヲ用ユ、其風俗、粗々支那ニ似タリ、軍ヲ出ストキハ、騎6萬、卒17萬、象7千隻ヲ率フト云ウ、……

『坤輿圖識補』は、巻1輿地總説（水原、河川、大海、砂漠、島嶼、熱國など）、巻2亞細亞誌補と米利幹誌補、巻3歐遷巴誌補、巻4本編中所収人物略傳となっている。亞細亞誌補は、『坤輿圖識』を補足して人民の生活などの事情をとりあげている。一部を抜萃して引用する。

漢土

此大州ノ北部ニ長城アリ、其連亘スルコト、獨逸里方ニテ400里、=750余里＝其高25尺、其壁ノ厚モ、亦25尺ニ下ラズ、此ヲ以テ往古ヨリ、北夷ノ疆ヲ限ル、其壁ノ重厚ト、城ノ連亘トヲ論ズルトキハ、誰人力之ニ愕然セザランヤ、其蜿蜒スルノ間、或ハ直立5千2百尺ノ高嶺ニ跨リ、或ハ無底ノ深谷ヲ越シテ造築ス、其城上處々2樓櫓アリ、又三角形ニ斗出シタル牙壁アリ、警卒ニ之ニ居住ス、其一所ヲ鎮護スル人員、80人ヨリ1百45人ニ至ル、斯ノ如キ場所、4百里ノ間ニ在ルコト、百ヲ以テ數フベシ、此造築ノ宏大ナルハ、実ニ5世界奇觀ノ12ニ居ルベシ、但近世ハ處々、破損シタル所少ナカラズ、惜ラクハ再造ノ力無ク、遂ニハ零落シテ、礎瓦ヲ存スル

ノミトナルベシ、

　気候ハ大州ナルヲ以テ、彼此太夕同シカラズ、大約北方ハ酷寒、山上ハ宿雪アリ、遠望スレバ、玻鑠或ハ硝石ノ如シ、是ヲ以テ寒熱人畜ニ可ナルハ、僅カニ23月ニ過キズ、其中部諸州ノ如キハ、気候常ニ適宜ニシテ、土地太夕豊饒ナリ、其南部ハ温暖ニシテ、冬トイヘドモ、氷雪ヲ見ルコト甚稀ナリ、夏月ノ如キハ、熱度印度地方ニ殊ナラズ、其土地膏沃ニシテ、5穀ヲ産スルコト、極メテ饒多ナリ、邦人皆米ヲ常食トス、惟北方ニハ大小麥ヲ以テ米ニ代フル所アリ、

　邦人奉信スル宗旨、多クハ佛教ナリ、其神トシ貴フ像ヲ見ルニ、首尾相適ハズ、或ハ頭ハ美人ニシテ、下體ハ蟒蛇、或ハ首ハ常人ニ似テ、其腹肚鼓張シ、宛モ水腫病ノ如ク、或ハ其頭太夕長大ニシテ、下体ハ常人ノ如キモアリ、其甚シキニ至リテ、神像ニ龍猊ヲ合體トス、其他異像、枚挙スヘカラズ、邦人斯ノ如キ、殘廢ノ醜體ヲ、寺院ノ中央ニ列置シテ、敬信スルコト、印度人ニ殊ナルコトナシ、

　邦俗皇帝ハ無二至尊ノ君トシ、或ハ之ヲ太陽ノ血統ト稱シテ、尊敬スルコト、全州皆然リ、其政道ノ如キハ、一定ノ法規ナク、皇帝ト権臣トノ、意匠に依リテ、或ハ軽科ヲ死に處シ、重科ヲ放逐シ、或ハ許シテ問ハザル者アリ、然レドモ近世ノ康熙帝ハ、此州往古ヨリノ法度、及ビ孔夫子ノ遺戒ヲ擧ゲ、己レノ意ヲ用テ折衷シ、政道ヲ為セシト云、

　此州ニテハ五穀、殊ニ米ヲ其生命トナスヲ以テ、田圃ノ制度甚夕巌密ナリ、故ニ是ヲ區分スルコトモ、亦甚ダ精微ナリ、大約農民ハ、其實ノ10分1ヲ官家ニ上納スト云フ、若シ之ヲ納レザル者アレバ、村吏其農民ヲ放逐ス、若シ其歳、時令不順ニシテ、禾苗ニ蝗虫ヲ生ジ、枝葉ヲ侵蝕シ、其地方之レガ為メニ、飢餓ニ及ブ様ノ事アレバ、法度アリテ、是マデ年々貯ヘ置タル、穀庫ヲ開テ、其飢死ヲ救ヒ、来秋、米實ノ升ルヲ待タシム、然レドモ懸令村吏、常ニ私慾多クシテ窃ニ其穀庫ヲ開テ、己レノ産トナシ、其金ニテ高官ヲ得ル者多シ、斯ノ如キ習俗ユヘ、秋穀實ラザルトキハ、農民大ニ擾亂ヲ起シ、他縣ニ至テ、人家ヲ掠略スル者多シ、邦人之ヲ流賊ト云、……

　皇帝ノ位ハ、一定法則アリ、必血統ノ男子ヲ選テ、其後ヲ受シム、但其太子ト定ル者ハ、生年ノ前後ニ、拠ノミニアラズ、又闔州兵馬生殺ノ權ハ、皆皇帝ノ掌握中

第7章　世界知識の摂取―魏源『海國圖志』、禕理哲『地球説略』、及び箕作省吾『坤輿圖識』

ニアリ、決シテ是ヲ其臣下ニ委任セス、帝常ニ自ラ誇稱シテ曰、朕ハ皇天ノ子ナリ、

　此州ノ政事モ、一種ノ亞西亞風ニシテ、一定ノ規度アルコトナシ、然レドモ間々其祖先、堯舜ノ遺法ニ則トリ、又孔夫子ノ謨訓ニ本ヅキ、一種適宜ノ政度ヲナスコトモアリ、皇帝ノ行状ハ、皇天ニ則トリテ、幾微モ偏筒ノコトナシト云ヘリ、然レドモ其行幸ノトキ、路傍ニ在テ、之ニ敬跪匍伏セザル者ハ、皆擒テ死刑ニ處シ、少モ仮借愛憐スルコトナシ、是レ亞細亞人ノ殺伐ナル通弊ナリ、

　皇帝、常ニ闔州ノ禮楽刑伐ヲ、己レガ随意ニ行ヒ、其大臣宰相トイヘドモ、其意慮ニ適ハザルトキハ、直ニ獄ニ下シ、或ハ死ニ処スルコト、歩卒蒼生ニ、殊ナルコトナシ、然レドモ時トシテハ、其大臣十人余ヲ選テ、闔州ノ政令、及ビ外國へ、通信等ノコトヲ、掌握セシムルコトアリ、

　箕作阮甫は、蘭学を学び、医学書の訳書も多く、博学で、学問の著述に専心した。また、1853（嘉永6）年7月プーチャンの長崎来航による議、及び1854（安政元）年日米和親条約の締結に参加した。[6]その四男元八は歴史学者として知られる。[7]阮甫には、以下の著作がある。

　箕作阮甫『泰西大事策』7巻、（発行所不詳）、1848（嘉永元）年。箕作『八紘通誌』6巻、初編、秋田屋太右衛門、1851（嘉永4）年/2編6巻、秋田屋太右衛門、1856（安政3）年。その引用文献を12冊あげており、その資料の収集と点検の作業は注目され、日本における世界史理解に新次元を画した。箕作阮甫『八紘通誌』6巻・『八紘通誌の世界圖』秋田屋太右衛門/須原屋伊八、1851-56（嘉永4-安政3）年。箕作『廣輿志』（発行所不詳）、1852（嘉永5）年。箕作『極西史影』（発行所不詳）、1855（安政2）年。箕作『大西春秋』（発行所不詳）、1855（安政2）年。箕作『古今史略』（発行所不詳）、1855（安政2）年。箕作『極西古史紀年』（発行所不詳）、1855（安政2）年。箕作『大西史影』（発行所不詳）、1856（安政3）年。箕作『西史外傳』6巻、（発行所不詳）、1861（文久元）年。箕作『玉石志林』4巻、老皀館、1861（文久元）年/『明治文化全集』第7巻、日本評論新社、1955年、その内容は、世界地誌・発明発見・旅行記・伝記・史伝・工芸などにわたり、資料は1822～55年のものを使用している。ブリジマン、箕作『聯邦志略』2巻、堅川第三橘、1861（文

久2）年／『大美聯邦志略』2巻、萬屋兵四郎、1864（元治元）年は世界圖を付する。

他に、『西征紀行――幕末の日露外交』（「露西亞應攝掛附津山藩士箕作阮甫慶孺西征紀行」、東京帝國大學文科史料編纂所編『幕末外國關係文書』附録第1巻、東京帝國大學文科史料編纂所、1913年／木村岩治編、津山洋学資料館友の会、1991年）、『和蘭文典』（前編1842（天保13）年、後編1848（嘉永元）年、近世蘭語学資料第4期和蘭文法書集成第7巻・第8巻、ゆまに書房、2000年／須原屋伊八、1857（安政4）年）、『蠻語箋』2巻（須原屋伊八／山城屋佐兵衛／播磨屋勝五郎、1848（嘉永元）年）、改正増補版1857（安政4）年）がある。

これら著述の一部は、吉田松陰も参照していた。

さらに、当時の世界知識については、以上の他に次のような文献が刊行されていた。無是公子『洋外通覧』天・地・人3巻、（発行所不詳）、1848（弘化5）年――山村昌永『西洋雑記』と同じ構成である。その例言に、以下の記述がある。

― 洋外ノ事諸書ニ散見シテ其沿革ノ大勢ヲ知ルに由無シ。今逐年ニ編集シ、覧了然タラシム。觀ル者古今變遷ノ跡ニ就テ其旺衰興亡ノ故ヲ求メハ亦經世ノ一助タラザランヤ。

― 余誤聞寡格國世次ノ詳ナルヲ知ル事能ハズ。故ニ其治亂興亡ノ最モ著シキ者ト、攻奪離合ノ殊ニ彰タレタル者トヲ擧ゲ、旁ヲ英雄功名ノ跡ヲ菜リ、世次ノ知ルベキ者ニ係ケ、某ノ事某ノ時に係ルーヲ詳ニシ、以テ時變ヲ察スルニ便アラシム。

― 宇内帝國各紀年アリ、獨歐羅巴ヲ取テ各國ヲ紀スベカララズ、然レドモ歐羅巴ノ外船來書籍蓼々其詳ナル得テ知ルベカラザル、故ニ暫ク歐羅巴ノ紀元を掲ゲテ考索に便スルノミ、諸國皆此紀元を用ユルト云ニハ非ズ。覧者ル勿レ

箕作省吾の先輩で、文化期の地理学者の双璧をなす山村昌永には、『西洋雑記』4巻（1848（弘化5）年／江戸書林、1848（嘉永元）年／三都書林、1866（慶應2）年）があり、西洋史の記述では先駆をなしてはいるものの、公刊されたのは1848年以後である。彼の記述は、佐藤百祐（信淵）『西洋列國史略』上・下（1808（文化5）年／藤原邦貞、1809（文化6）年）の所説をそのまま引いており、西洋史の

96

部分は最初の8章のみである。その章題を、以下に記する。

　　世界開闢の説

　　洪水幷聖人諸厄の説

　　罷鼻爾の高臺の説

　　西洋古今四大君傳統の説

　　罷鼻落爾亞幷百兒亞の二大君傳統の説

　　厄勒亞國大君の説

　　羅馬國大君の説

　　西洋中興革命の説幷諸國年號の説

　安積良齋『洋外紀略』上・中・下、安積信、1848（弘化5）年／安藤智重訳、明徳出版社、2017年──漢文で記述され、上巻は俄羅斯、都兒格など11カ国の記事で、対外策略を中心に言及している。中巻はコロンブス（閣龍）、ワシントン（話聖東）、ハンキスヘルアン（反金數別兒儉）の傳と互市、妖教、そして下巻は防海の説明となっていて、清国のアヘン戦争の顚末にも触れている。

　豊田亮『靖海全書──合衆國考』（水戸、発行所不詳）、1853（嘉永6）年──山村才助『増譯菜覧異言』、箕作阮甫）『坤輿圖識』、龜井道載『策問十策』からの抜萃で編集されている。

　幡泥散人／石舟散人『西史略』5冊、（長崎、発行所不詳）、1854（嘉永7）年──古今の沿革を取り上げたBoschaの訳本で、箕作阮甫『極西史影』と同じものの日本語訳である。

　大槻西磐（禎瑞卿）『遠西紀略』4巻2冊、蕉陰書屋／岡村庄助／山城屋佐兵衛、1855（安政2）年──卷1は帝國紀（バビロン、ギリシャ、ローマ）、卷2は王國紀（フランス、ポルトガル、スペイン、オランダ、イギリス）、卷3は各國帝王傳、卷4は各國名將傳となっている。この頃から、西洋通史の書物が刊行されるようになった。

瑪高温『航海金針』3巻1冊、岡田屋嘉七、1857（安政4）年——著者はアメリカ人、原本は、愛華堂、1853（咸豊3）年刊で薩摩府が刊行した。内容は航海を中心とした自然地理書である。巻1は推原・論氣・論風・論颶・觀兆・審方・趨避の7条、巻2は颶風圖説・颶風分子角圖説・戒詞・記事の4条、巻3は地球總論・海上測船所在法・量水程法・量天氣法・西洋羅盤圖説・雑説の6条からなり、幕末唯一の東亞気象圏を明示している。*8

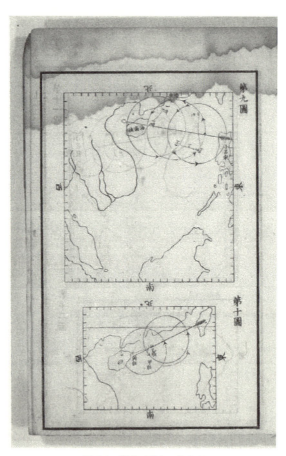

図14　『航海金針』の気象圖

慕維廉、鹽谷岩陰訓点『地理全志』上・下10冊、岩瀬肥後守、1858（安政5）年／爽快樓／稲田佐兵衛／太田金右衛門／牧野吉兵衛／佐久間嘉七／北畠茂兵衛／小林新兵衛／勝村治右衛門／柳原喜兵衛／石田和助、1859（安政）年——著者William Muirhead慕維廉は、ロンドン宣教会の宣教師で、1847年以来、上海で活動し、原書は上海、上海墨海書館、1853 - 54（咸豊3-4）年に上5冊・下10冊で刊行された。上巻の巻1は地理總志・亞西亞洲全志、巻2は歐羅巴全志、巻3は阿非利加洲全志、巻4は亞墨利加洲全志、巻5は大洋群島全志で、下巻は人類總論や地文学・地史論などである。鹽谷岩陰は、序で、『海國圖志』は雑であると指摘していて、その意欲ある適格性は評価できる。*9

『輿地紀略』尾張伊藤圭介花繞書屋／名古屋永樂堂東四郎／菱屋藤兵衛／江戸岡田屋嘉七、1858（安政5）年——ライデンのモルティール父子の*Geographisch Zakboekje voor Nederlandsche Jeugd of Korte Beschrijving des Geheelen Aardrijks,* 1829の複製とあり、伊藤圭介が復刻し、原文複製での最初の刊行とされる。内容は各国事情である。幕末に青地林宗訳『地學示蒙』田原藩士渡邊登藏、（刊行年不詳）として刊行された。

手塚律藏譯述『泰西史略　初編』3巻、又新堂、1858（安政5）年——ドイツのK. H. Politz, *Kleine Weltgeschiche,* 1808のオランダ語ネーホフIsaak Anne Nijhoffによる訳、*Kort Overzigt der Algemeene Geschiecheenisi,* Amheni Anne Nijhoff, 1823の日本語訳で、「各国古今の政治、制度、教化、人物より衣服飲食器械に至る迄の大要を掲げ以て少年輩に示す」とある。

プ・ア・デ・ヨング、岡本約寛卿訳『萬國政表』4巻1冊、霤芳閣、1860（萬延元）年——本文にオランダ人Andrew White Young『スターチスチセ・ターフル・ファン・アルレ・ランデン・デル・アアルデ』1845～54年の訳と記されており、第1巻は総括編で、第2巻は世界各国名・里方・政綱・君主・人口、第3巻は世界各国の公費・逋債・紙幣官券・常備兵・軍艦・商船、第4巻は世界各国の入貨・土産・貨幣の表となっている。本書は、開国期日本にとって世界統計の基礎となった。ヨングには、何禮之訳『政治略源』敦賀屋九兵衛、1873（明治6）年及び西成一訳『民生學階梯』島村利助、北畠茂兵衛、

1877（明治10）年がある。

井上春洋・森萩園・三守柳圃訓点『瀛環志略』10巻5冊、鐫・紅杏山房、1861（文久元）年——清除繼畬「西洋製世界圖」を参考にして作成され、巻1は地球総論と支那・亞細亞東洋2國（日本・琉球）・亞細亞南洋濱海各国、巻2は亞細亞南洋各島・亞細亞南洋大洋各島、巻3は亞細亞5印度・亞細亞印度以西回部4國・亞細亞西域各回部、巻4・5・6・7は歐羅巴、巻8は阿非利加各國、巻9・10は亞墨利加となっている。

慕維廉『英國史』8冊、長門温知社、1861（文久元）年——William Muirhed慕維廉『大英國志』8巻、上海、上海墨海書館、1856（咸豊6）年を訳したもので、当時、同書は、英国史の定本とされていた。

手塚律藏『格爾屯氏萬國圖誌』2巻1冊、駿臺樓、1862（文久2）年——第1巻は帝國日本誌、第2巻は帝國支那誌で、Richard Swainson, *Calton Atlas of the World, Illustrating Physical and Political Geography,* New York: G. W. & C. B. Colton, 2 Vols., 1856が原本である。

福澤諭吉『西洋事情』3巻・10冊、福澤家／岡田屋嘉七、1866（慶應2）年／4冊、村上勘兵衛、増補版1868（慶應4）年／4冊、慶應義塾出版局、1873（明治6）年／『福澤諭吉著作集』第1巻、慶應義塾大学出版会、2002年——福澤のヨーロッパ旅行1年の見聞筆記で、小引に「抑ゝ各國の政治風俗を觀るには其歴史を讀むに若くものなし」とある。史記、政治、海陸軍、貨銭出納の項目についての外国文献の抄訳である。福澤諭吉の初期の文献として評価が高く、優に15万部以上を売り上げ、偽版も出て十数万部が出回った。また、福澤は、『西洋旅案内（せいようたびあんない）』3巻、福澤家／尚古堂、1867（慶應3）年／慶應義塾出版局、1873（明治6）年／『西洋旅案内——慶應3年』世界経済問題研究叢書第3輯、近畿大学世界経済研究所、1976年を刊行した。のち福澤は、『文明論之概略』6冊、福澤家、1875（明治8）年／岩波文庫、岩波書店、1931年／龍渓書舎、2007年を執筆した。

福澤諭吉『大洲記』福澤家、1866（慶應2）年——世界各国の名勝・地方名・都市名などを、原語とともに列記している

内村耿之介『萬國風俗誌』3冊、（発行所不詳）、1866（慶應2）年——上巻はアジア、中巻はヨーロッパ、下巻はアフリカ、北アメリカ、南アメリカ、オーストラリアを扱った世界人文誌で、太平洋は「大東洋」となっている。以下のオーストラリアの記述が、注目される。

　澳太利洲ハ東南ニアリテ、東西ノ長サ大約1250里ニシテ、南北ハ大約1030里ナリ。洲内ノ気候一ナラス。北部ハ夏時燥熱ニシテ、東南ハ温和ナリ。南濱ニ至リテハ、時ゝ炎風起リテ、紅沙飛揚ス。宗教ハ耶蘇教ヲ崇スルモノアリ。天主教ヲ奉スルモノアリ。人民ハ大約亞非利加人ノ如ク、面黒クシテ唇辱ク、鼻低クシテ常ニ披髪裸體セリ。唯ゝ頭上ト腰間ニ粢スルノ布ヲ以テス。又周身ニ油ヲ塗ル性質最モ愚蠢ニシテ、禮儀文字ハ惘乎トシテ來タ知ラス。殊ニ婦女ヲ虐使スルコト畜類ノ如クニシテ、若シ過失アレハ之ヲ殺スニ至ル。其事業ハ或ハ牛羊ヲ牧スルモノアリ。其羊毛ハ極メテ細軟ニシテ呢絨ニ織ルベシ。或ハ金礦ヲ掘取ルモノアリ。其他獸類ヲ猟シ魚ヲ捕ルモノアリ。但シ魚ヲ捕ルノ船ハ木頭1技2樹皮數張ヲ縛シ、船形ヲ成シテ之ヲ用ヰルナリ。食物ハ草根・山果・野獸・海魚ノ外別ニ異味ナシ。酒ヲ飲ムトキハ必ス醉テ泥中ニ臥ス。居處ハ甚タ矮低ニシテ且陋ナリ。又樹皮ヲ巻キテ篷形ヲ作シ、此中ニ棲息スルモノアリ。此洲ハ4部ニ分ケテ、北部ヲ北澳太利ト曰ヒ、西部ヲ西澳太利ト曰ヒ、南部ヲ南澳太利ト曰ヒ、東南ヲ新南維里斯ト云フ。

加藤弘藏『西洋各國盛衰強弱一覧表』老皀館/谷山樓、1867（慶應3）年——ドイツ人普羅克『ヂーマフトステルング・エウロベイセン・スターテン』1862年の抄訳と記されており、幅員・民口・陸軍・海軍・財用・貿易・商船・鐵道・教門の諸項の数字と解説が付されている。「西洋各國盛衰強弱一覧圖」も同年に刊行された。

福澤諭吉『條約11國記』福澤家、1867（慶應3）年/『福澤全集』第2巻、時事新報社、1898（明治31）年——各国事情を取り上げた。

福澤諭吉『西洋事情外編』3巻3冊、福澤家/尚古堂、1867（慶應3）年——題言で、福澤は、「各國の史記政治等一端の科條を知らしむる」にあるとあり、

イギリス人チャンブルの経済論など、西洋の哲学・社会・経済思想を平易に紹介している。

西村茂樹『萬國史略』書肆山城屋勘介、1867（慶應3）年——西洋史を論じている。

ベーリー『大英國史』萬國新聞紙、1867（慶應3）年——1867年以降、横濱の英領事パックウォース・ペリー編集の日本語新聞「萬國新聞紙」に掲載された。内容は外国新聞からの記事である。

福澤先生『西洋各國事情』3冊、大阪書林／（浪華）二書房、1868（慶應4）年——『西洋事情』の偽版として刊行され、内容は『坤輿圖識』、『坤輿圖識補』、及び『八紘通誌』」の内容を取捨選択羅列しており、『萬國輿地圖説』と同じとされる。

堅國・固兒涅爾、宇田川榕精訳『萬國地學和解』（発行所不詳）、1868（慶應4）年——各国事情の説明で、第10課帝国日本には、以下の記述がある。

　　日本ハ支那ノ東ニ位セル3島四國九州中道ニテ成ル。此國ノ内部ハ、地惡シク、五穀不熟。然レドモ、人民ノ勉刀ニ由テ、豐饒殊ニ多シ。此地寒熱共ニ甚シ。日本人ハ、蒙古種トカ支那人ト相似タリ。鐵・銅・鋼・及ビ髪漆品件ニ於テ、其名甚ダ揚ル。所産ノ物は、米・茶・煙草・陶器、諸金屬等。○江戸（首府）ハ将軍ノ居處ニシテ、人口稠密、萬國中第三ノ大首都タリ。京・大坂は稍々小ナリ。蝦夷、琉球皆之ニ屬ス。

黒田行次郎『増補和解西洋事情附録』1巻1冊、村上勘兵衛、1868（慶應4）年——福澤『西洋事情』と内容が殆ど同じである。黒田には、ロビンソン・クルーソーの日本語訳『漂流記事』がある。本冊子には、「地道」の記述があって注目される。同項の全文は、以下の通りである。

　　本篇蒸氣車ノ條ニ説ク如ク鐵道ハ都テ水平ナラサルヲ得ズ。故ニ山ヲ鑿シテ洞道ヲ通シ谷ヲ埋ヒテ長堤ヲ築キ水ヲ絶テ石橋ヲ架スル等奇工甚ダ多シ。就中1石岳ノ4

層ニコレヲ架シテ其頂高塔ノ如キアリ。皆此轍道ノ常ナリ。英國マンセステル地名ヨリリフルボール港ニ達スルニ其地形宜キニ適セス。其府高處ニアリテ路險ナルヲ以府下ノ地ヲ穿テ3地遭ヲ遷シコレヲ港ノ3所ニ導ク其長サ6300尺17町許ナリ。其間ナオ12丈ノ高卑アルヲ以其水平ニ達スルノ際更ニ蒸氣機關ヲ施シテ、コレヲ助ケ曳カザルヲ得ズ。

又尋常ノ道路ニモ佼ニ從テコレヲ鑿ッ事アリ。龍動テームス河ノ地道ノ如キ是ナリ。此河現ニ鐵橋2ツ石橋4ツヲ架シテ以往來ニ便ニス。

其濱橋ト名クルモノハ天下ノ壯觀ト謂ツベシ。橋趾悉ク大理石ヲ以コレヲ營築シ長サ124丈、廣サ42尺アリ。鑒金414萬圓・造工6年ニシテ成ル其下流新龍動橋ヨリ以束ハ大舶ノ往來ヲ遮ルヲ以、橋ヲ架スル事能ハス。多年通路ン苦シミシニ佛人イサムベルト・ブルユ子ル人名千古ノ奇エヲ臆想シ出シ1825年文政8年ヨリ起營シ18年間ノ千辛萬苦ヲ凌ギ得テ一大地道ヲ穿開セリ。

其道タル左右2條相ヒ聯ツテ右ハ往、左ハ來、以車行ノ撃轂ヲ避ク。其兩傍ハ更ニ小徑ヲ餘シテ以徒行ノ地トス。爾側上下皆石以テ鏨砌シ、コレヲ照スニ瓦斯ヲ以テス氣燈ナリ本篇ニ出ツ其明亮ナル事白日ノ如シ爾道共ニ其弩隆ノ高サニ丈關サ1丈4尺長サ130丈ナリ。其上ナル河底ト下ナル弩頂トノ間厚サ1丈5尺河身ノ中央ニテ測ルナリ。

小石亘勢『世界人種一覧』巨東館、1873（明治6）年――コル子ル、1870年及びミッチェル、1871年の地理書が原本と記されており、世界人種は5種に分類されて説明された。

慕維廉、阿部弘國述『和譯 地理全志』上4巻、雁金屋清吉、1874（明治7）年――前掲『地理全志』上巻の日本語訳である。

高橋琢也訳『萬國政表一覧』9巻・2冊、陸軍文庫、1875（明治8）年――世界政治便覧として活用された。

また、世界地図類は300点近くが刊行された。

幕末の激動から維新への転換の中にあって多くの著作の刊行により、世界知識の理解が大きく拡がり、それは日本の国際意識の確立を導くところとなっ

た。

〈注〉

＊1　鮎澤信太郎『鎖國時代の世界地理学』日大堂書店、1943年／愛日書院、1928年／原書房、1980年。
　　　開國百年記念文化事業會編『鎖国時代日本人の海外知識――世界地理・西洋史に関する文献解題』東洋文庫／乾元社、1953年／原書房、1978年／クレス出版、2006年。
＊2　北山康夫「海国図志とその時代」大阪学芸大学紀要、1954年第3号。
　　　馮友蘭「魏源底思想」、『中国近代思想史論文集』上海、上海人民出版社、1958年。
　　　高虹『放眼世界――魏源与《海国図志》』沈陽、寧海出版社、1997年。
＊3　山口興典「箕作省吾と坤輿圖識の世界」、岩手史学会編『東北の歴史と文化』熊谷印刷出版部、1967年。山口「箕作省吾の「坤輿図識」における教育観について」研究紀要、岩手県南史談会、第13号、1983年。山口『箕作省吾――世界地図の作製に命をかける』農山漁村文化協會、1988年。
　　　辻田右左男「箕作省吾と「坤輿図識」――著者をめぐる一、二の問題」奈良大学紀要、第2号、1972年。
＊4　大槻文彦・呉文聰『箕作麟祥傳』丸善、1907年。
＊5　織田武雄『地図の歴史』日本編、講談社現代新書、講談社、1974年。
＊6　呉秀三『箕作阮甫』大日本図書、1914年／思文閣、1971年。
　　　蘭学資料研究会編『箕作阮甫の研究』思文閣出版、1978年。
　　　玉木存『開国――箕作阮甫と川路聖謨』創林社、1983年。
　　　木村岩治『洋学者箕作阮甫とその一族』岡山文庫、日本文教出版、1994年。
　　　松尾弘「箕作阮甫略伝」彦根論叢、第331号、2001年。
　　　阿川修三「『海国図志』と日本――塩谷世弘、箕作阮甫の訓点本について」言語と文化、第23号、2010年。
＊7　井手文子・柴田三千雄編『箕作元八・滞欧「籏梅日記」』東京大学出版会、1984年。
＊8　八耳俊文「『航海金針』の成立と流布」一滴、第14号、2006年。
＊9　吉田寅編『19世紀中国・日本における海外事情摂取の諸資料――『聯邦志略』『地理全志』『大英国志』の資料的考察』立正大学東洋史研究資料6、立正大学東洋史研究室、1995年。

第8章　欧米文明の導入と文明化

　開国及び維新とともに、文明国家日本の建設を目指して西洋事情、文明国の政治制度・法制の研究・紹介が大きく進み、多くの研究文献が刊行された。[*1] それまでの学術研究は、主に砲術と外科医術に限定されていた。[*2] その先駆は解釈的啓蒙論と蝋山政道が指摘した加藤弘之の活動に始まり、福澤諭吉は、文明論の立場で政治の実践論に参加した。[*3] スペンサーの文献が多く紹介されたが、それはスペンサーが『第一原理』などで論じたところの、自然は一定の方式で変化して理想の状態に達するとした社会進化論（社会ダーウィニズム）が加藤弘之らにより評価されたからであった。この見地で、スペンサーの政治論も注目された。また、ミルの『代議政體』論は、立憲主義の1つの原典とされた。そして、1887（明治20）年2月國家學会が設立され、研究が軌道に乗った。

　以下、各国事情を除いて、その提起された文明化の主張をめぐる討論の一部を掲出する。

　加藤弘藏（誠之）『立憲政體略』谷山樓／上州屋惣七／紀伊國屋源兵衛、1868（慶應4）年。加藤弘之『眞政大意』上・下、谷山樓／山城屋佐兵衛／勝村治右衛門、1870（明治3）年。加藤『國體新論・全』稲田佐兵衛、1874（明治7）年／『國體新論』谷山樓、1875（明治8）年——天賦人権説に基づく国家哲学を大系化した。加藤『人權新説』谷山樓、1882（明治15）年——社会進化説をとって、天賦人権説に反対した。

　彌爾、中村敬宇（敬太郎）訳『自由之理』5冊、木平謙一郎、1871（明治4）年／同人社、1872（明治5）年／中村正直・山中市弊衛訳、木平謙、1877（明治10）年——原書はJohn Stuart Mill, *On Liberty*, London: John W. Parker,

1859である。彌爾、永峰秀樹訳『代議政體』4冊、稲田政吉、1875（明治8）年／前橋孝義訳『代議政體』開新堂書店、1890（明治23）年——原書はJohn Stuart Mill, *Consideration on Representative Government,* London: Parker, 1861である。約翰・土低瓦的・彌爾、西周譯『利學』1877（明治10）年／澁谷啓藏訳『利用論』澁谷啓藏、1880（明治13）年——原書はJohn Stuart Mill, *Utilitarianism,* London: Parker, Son & Bourn, West Strand, 1863である。

廣津弘信『自主の權』奎章閣、1873（明治6）年。

トクヴヰル、小幡篤次郎訳『上木自由論』小幡篤次郎、1873（明治6）年——Alexis Charles Henri Maurice Tocqueville, *De la démocratie en Amérique,* 2 tomes, Parker : C. Gosselin, 1835-40の第11章を訳した。トクヴィル、肥塚龍重訳『自由原論』薔薇權藏、1881（明治14）年——英国リーブ（利部）の重訳とある。

黒田行元『權利民法大意』只七堂、1874（明治7）年——外国文献から民法、国法、權義、政權、民權、政教などの語義を明らかにした。

宇喜田小十郎『民權夜話』博聞社、1874（明治7）年——自由、権利、義務などの理解を深めた。

竹中邦香『民權大意』京都書林大谷津建堂／大谷仁兵衛、1874（明治7）年。

櫻井忠徳『民撰議院集説』（発行所不詳）、1874（明治7）年。

高田義甫『自由論』温故堂、1874（明治7）年——天賦人權と西国立志論から自由を論じた。

西周『百一新論』上・下、山本覺馬、1874（明治7）年／大久保利謙編『西周全集』第1巻、日本評論社、1945年。

福澤諭吉『會議辯』福澤家、1874（明治7）年／慶應義塾、1975（明治8）年／『福澤全集』第2巻、時事新報社、1898（明治31）年。

孟徳斯鳩、何禮之訳『萬法精理』上・下18冊20巻、何禮之、1875（明治8）年——Charles Louis de Secondat Montesquieu, *De l'espit des lois, ou, Du rapport que les loix doivent avoir avec la constitution de chaque gouvernement, les moeurs, le climat, la religion, le commerce, & c.,à quoi l'auteur a ajoutè des recherches nouvelles fur les loix romaines touchant les succeffions, fur les loix françoifes, & fur les loix féodales* Paris: Chez Barrillot & Fils, 1748の英訳からの翻訳である。

カル・ビーデルマン、加藤弘之訳『各國立憲政體起立史』5巻、谷山樓、1875（明治8）年。

中金正衡編『政體心得草』目耕書肆、1875（明治8）年。

山田俊藏『民選議院論綱』山城屋政吉、1875（明治8）年——明治7年の国會開設建白の江藤新平・加藤弘之・他の賛否両論を収録した。

ギュイザウ、翻訳局（室田充美）訳『西洋開化史』上、印書局、1875（明治8）年／ギゾー、ハンリー訳、永峰秀樹再訳『歐羅巴文明史』奎章閣、1877（明治10）年——原書はFrancois Pierre Guillaume Guizot, *Histoire de la civilization en Europe,* Paris: Oerrin, 1828である。ギゾー、椙山重義抄訳『政談』第1冊、前川善兵衛、1878（明治11）年。エフ・ギゾー、佐藤覺四郎重訳『英國革命史』聞天社、1885（明治18）年——原書は、Francois Pierre Guillaume Guizot, *Histoire de la révolution d'Aagletere,* Paris: Oerrin, 1826である。

リーベル、加藤弘之訳『自由自治』谷山樓、1876（明治9）年——原書のミツテル・マイエル独訳の重訳である／李秡（リーバー）、林薫訳『自治論——一名人民の自由』上・下、島村利助、1880（明治13）年——原書はFrancis Lieber, *Civil Liberty and Selfgovernment,* Philadelphia: J. B. Lippincott／London: J. Chapman, 1851 / New York: D. Appleton, 1865, 1873である。

天野御民『國制沿革略史』上・下1・下2、風萍堂、1877（明治10）年。

斯邊鎖、尾崎行雄訳『權理提綱』丸善善七、1877（明治10）年／袍巴士・斯邊鎖、松島剛訳『社會平權論』6冊、報告堂／報告社、1881（明治14）年／自由閣、1887（明治20）年——原書はHerbert Spencer, *Social Statics, or, The conditions essential to human happiness specifled, and the first of them developed,* London: J. Chapman, 1851である。

斯邊鎖、鈴木義宗訳『斯邊撤氏代議政體論』丸善商社書店／鈴木義宗、1878（明治11）年／斯邊鎖（スペンサー）、宮城政熙（政明）訳『代議政體論覆義』小笠原書房／加藤正七、1883（明治16）年／『代議政體論』旭昇堂、1892（明治25）年／平松熊太郎訳『代議政體得失論』冨山房、1888（明治21）年／斯邊鎖（ハーバート・スペンサー）、島田豊訳『代議政體論』大倉書店、1890（明治23）年——原書は Herbert Spencer, *Political Institution: being Part V of the Principles of Sociology,* London: William & Norgate ／ New York: D. Appleton, 1882 である。

斯邊撤（スペンサー）、鈴木義宗訳『斯邊撤氏干渉論』耕文舎／東京印刷會社、1880（明治13）年／越川文之助訳『干渉論』文廣堂、1893（明治27）年——原書は Herbert Spencer, 'Over Legislation,' 1853, *Essays: Scientific, Political, & Speculative,* London: Williams & Norgate, 1968 である。

斯邊撤（ハーバート・スペンサー）、井上勤訳『女權眞論』思誠堂／通信講習學會、1881（明治14）年／加藤正室、増訂版1883（明治26）年／斯邊鎖（セウペンサー）、山口松五郎訳『道徳之原理』（発行所不詳）、1884（明治17）年／スペンセル、田中登作訳『斯氏倫理原論』通信講習學會、1892（明治25）年——原書は Herbert Spencer, *Principle of Ethics,* London: Williams & Norgate, Vol. 1, 1879 である。波斯邊鎖、山口松五郎訳『社會組織論・全』松永保太郎、1882（明治15）年／波・斯邊鎖、山口松五郎訳『社會組織論』加藤正七、1883（明治16）年／斯邊鎖、乗竹孝太郎訳『社會學之原理』8冊、經濟雑誌社、1885（明治18）年——原書は Herbert Spencer, *Principles of Sociology,* New York: D. Appleton, Vol. 1, 1876 である。

スペンサー、濱野定四郎・渡邊治訳『政法哲学』前篇・後篇、石川半次郎、1884-85（明治17-18）年。斯邊瑣（スペンサー）、杉本清壽・西村玄道抄訳『萬物進化要論』民徳翰／斯文社、1884（明治17）年。波・斯邊鎖、山口松五郎訳『哲學原理』上1・上2、山口松五郎、1884（明治17）年——原書は Herbert Spencer, *First Principles of a New System of Philosophy,* New York: D. Appleton, 1864 である。斯邊鎖、高橋達郎訳『宗教進化論』松田周

平、1886（明治19）年。スペンサー、小田貴雄訳『斯註斯氏教育論講義』上、眞理書房、1885（明治18）年／斯邊鎖、有賀長雄訳『斯註斯氏教育論』牧野善兵衞、1886（明治19）年／尺振八訳『斯氏教育論』松田周平、1888（明治18）年——原書はHerbert Spencer, *Education : intellectual, moral and physical,* London: William & Norgate, 1861である。スペンサー、長井久滿次訳『個人対國家論』博文館、1894（明治27）年。スペンサー、藤井宇平訳『總合哲学原理』經濟雜誌社、1898（明治31）年／スペンサア、澤田謙訳『第一原理』上・下、而立社、1923（大正12）年——原書はHerbert Spencer, *First Principles,* London: William & Norgate, 1862である。スペンサー、武藤山治訳『スペンサー政治論』白鳳社出版、1925（大正15）年／水野和一訳、寶文館、1927（昭和2）年。

ルーソー、服部徳訳『民約論』有村壯一、1877（明治10）年／中江兆民訳『民約譯解』佛學塾出版局、1881（明治14）年／原田潜訳『民約論覆義』春陽堂、1883（明治16）年——原書はJean Jacques Rousseau, *Du contrat social, or, Principes du droit politique,* Amsterdam: Chez Marc-Michel Rey, 1762/ Amsterdam: M. M. Rey, 1763/Genève : Marc-Michel Boasquet, 1763/ Paris : Garnier Frènes, 1772である。

羅頓、大井鎌吉訳『会議指南』瑞穂屋卯三郎、1878（明治11）年——原書はFrederic Rowton, *The Debater: a New Theory of the Art of Speaking being a Series of Complete Debates, Outlines of Debates, and Questions for Discussion with References to the Best Sources of Information on Each Particular Topic,* London: Longmans Green, 1850である。

ポール・セール、ジ・ブスケ訳『撲兒酒兒氏分權論』元老院、1878（明治11）年——原書はPaul Cère, *Les populations dangereuses et led miseres socials,* Paris: E. Dentu, Éditeur, 1872/ Paris: Microédition Hachette, 1971である。

ベンサム、島田三郎重訳『立法論綱』4巻、中外堂、1878（明治11）年。

ベンサム、藤田四郎訳『政治眞論——一名主權辯妄』自由出版、1882（明

治15）年／日本立法資料全集別巻841、信山社出版、2014年。賓雑吾（ゼル
ミー・ベンサム）、佐藤覺四郎訳『憲法論綱』佐藤覺四郎、1882（明治15）年
――*Jeremy Bentham, Constitution Code : for the Use of all Nations and
all Governments professing Liberal Opinions,* London : Robert Howard,
1830 または Jeremy Bentham, *Introduction to the Principles of Morals and
Legislation,* London: Clarend Press, 1896 の紹介と思われる。

鈴木貞次郎『經世偉藻明治奏議』高山堂、1879（明治12）年。

福本巴（日南）『普通民權論』福岡磊落堂、1879（明治12）年。

植木枝盛『民權自由論』博多、集文堂、1879（明治12）年／『植木枝盛選集』
岩波文庫、岩波書店、1914年／『植木枝盛集』第1巻、岩波書店、1990年。

丹羽純一郎『通俗日本民權精理』坂上半七、1879（明治12）年。

四屋純三郎『本朝政體』四屋純三郎、1880（明治13）年。

外山正一『民權辯惑』丸善書店、1880（明治13）年。

井上勤『民權國家破裂論』三友書樓、1880（明治13）年――民衆は弱いが、
圧迫によっては反抗的になると、フランス革命を例証して政府の圧制に抵抗し
たと論じた。

山岸文藏編『國憲論編』甘泉堂、1880（明治13）年。

林包明『政治論綱』林包明／共興社、1881（明治14）年。林『社會哲學』林
包明、1882（明治15）年――スペンサーの学説による政治論である。林『學
理汎論』林包明、1886（明治19）年――科学・哲学・法制・経済・文学・社
会などの学理を解説した。

中山克己纂訳『萬國政典』岡島眞七、1882（明治15）年。

鳩山和夫『會議法・完』小笠原書房、1882（明治15）年。

矢野文雄『人權新説駁論』畑野林之助、1882（明治15）年。

有賀長雄『宗教進化論』牧野書房、1883（明治16）年。有賀『社會學』3
巻、東洋館、1984（明治17）年――第1巻は『社会進化論』、第2巻は「宗教
進化論」、第3巻は『族制進化論』である。有賀長雄『社會進化論』牧野書房、
1987（明治20）年。有賀『日本現在國家哲學』牧野書房、1988（明治21）年。

有賀編『大臣責任論——國法學之一部・完』明法堂、1890（明治23）年。

有賀『國法學』上・下、東京専門學校出版部、1901（明治34）年。

華爾多伯保士（オルター・バセホット）、江口三省訳『改進政理論』第1編、大高坂秀之、1882（明治15）年／パチエオット、竹越與三郎・岡本彦八郎訳『英國憲法之眞相』第1巻、岡本英三郎、1887（明治20）年——原書はWalter Bagehot, *The English Constitution,* London: Kegan Paul, 1878である。

スチーベン、小林營智訳『自由平等論』自由出版會社、1882（明治15）年。

渡邊修次郎『日本國事寶鑑』松井忠兵衛、1882（明治15）年。

長束宗太郎編『民權家必讀主權論纂』長束宗太郎、1882（明治15）年。

馬場辰猪『天賦人權論』朝野新聞社、1883（明治16）年——『人權新説』に対する駁論である。

植木枝盛『天賦人權辯・全』栗田信太郎、1883（明治16）年／『植木枝盛集』第1巻、岩波書店、1990年——『人權新説』に対する駁論である。

ア・ロリュー、丸毛直利訳『王權論』5冊、元老院／忠愛社、1883（明治16）年——原本は不明である。

佛波士、文部省訳『主權論』文部省編輯局、1883（明治16）年——原本は、Thomas Hobbes of Maimesbuy, *Leviathan, or, the Matter, Forme, & Power of a Common-Wealth, Ecclesiasticall and Civill,* London: Andrew Crooke, 1651である 。

ルドルフ・グライスト、小松済治訳『建國説』獨逸學協會、1883（明治16）年 —— 内 容 はvon Rudlf Gneist, *Der Rechtsstaat und die Verwaltungsgerichte in Deutsland,* Berlin: Julius Springer, 1879と同じである。

ベルモレー、林庸介訳『社會論』自由出版書房、1883（明治16）年——原本は不明である。

高田早苗『英國政典』晩青堂、1885（明治18）年。高田早苗『英國外交政略』博聞社、1886（明治19）年。高田『國會法・全』歐米閣、1887（明治20）年。

ジョセフ・ド・メストル、陸實訳『主權原論』上・下、博聞本社、1885 （明治18）年——原書はJoseph Marie de Maistre, *Œuvres inédites du cmte Joseph de Maistre, mélanges,* Paris: Vaton frénes, 1870の邦訳である 。

惹迷斯、加來、和久正辰訳『加氏初等教育論』上・中・下、牧野書房、1885-86（明治18-19）年——原書はJames Currie, *The Principles and Practice of Early and Infrant School-Education,* London: W. Stewart, 1857/Edinbrugh: T. Laurie,1857である。

ヘンリ・ダイニング・マクラウド（麻氏）、田口卯吉訳『經濟哲學』上・中、元老院、1885-87（明治18-20）年——原書はMacleod Henry Dunning, *The Element of Political Economy,* London: Longman, Brown, Green, Longmans, and Roberts, 1858である。

古屋宗作訳編『憲法彙纂』古屋宗作、1887（明治20）年——本書の原本は不明である。

マーチン、尾崎庸夫訳『各國憲法通史』泰山書房、1887（明治20）年。

松永道一『地方自治論』有隣堂、1887（明治20）年。

戸田十畝『明治建白沿革史』顔玉堂、1887（明治20）年。

大井憲太郎『自由略論』上・下、鍾美堂、1888（明治21）年、訂正版1889 （明治22）年／明治文学全集第12巻、筑摩書房、1973年——大井は明治20年、大阪若松町監獄で本書を執筆した。

高槻純之助『主權論』博文館、1890（明治23）年。

井上角五郎『議会解散意見』忠愛社、1892（明治25）年。

ウィリアム・グラハム、森山信親訳『新舊社會主義』前編・後編、博文館、1893（明治26）年——原書はWilliam Graham, *Socialism: New and Old,* London: K. Paul, Trench, Trubner, 1889である。

宮崎三之助編『帝國議會始末』東生書館、1893（明治26）年——表紙に河野廣中が「四民可讀」と記した。

ウッドロオ・ウィルソン、高田早苗訳『國家學汎論』東京專門學校、1894 （明治27）年／『政治汎論』東京專門學校、1895（明治28）年——原書は

Woodrow Wilson, *The State: Elements of Historical and Practical Politics: a sketch of institutional history and administration,* Boston: D. C. Heath, 1902である。

　ジオン・ダブリュ・バルジェス、高田早苗・市島謙吉訳『政治學及比較憲法論』上編・政治學、東京専門学校、1896（明治29）年高田・吉田巳之助訳『政治學及比較憲法論』上・下、東京專門學校出版部、1901（明治34）年／早稲田大學出版部、1902年／日本立法資料全集別巻648、信山社出版、2010年。原書はJohn William Burgess, *Political Science and Comparative Constitutional Law,* Boston: Ginn, 1890/ 2 Vols., Memphis: General Books, 2009である。

　ビー・シー・スコットオ、高田早苗訳『英國國會史』東京専門學校出版部、1897（明治30）年──原書はB. C. Skottowe, *A Short History of Parliament,* London: Swan Sonnenschein, 1892である。

　エー・ヴィー・ダイシー、高田早苗訳『憲法論』東京専門学校、1895（明治28）年／高田・梅若誠太郎訳『英國憲法論・全』東京專門學校出版部、1899（明治32）年／日本立法資料全集別巻396、信山社出版、2006年──原書はAlbert Venn Dicey, *Introduction to the Study of the Law of the Constitution*, London: Macmillan, 1885である。

　ジャスチン・マッカアシー、高田早苗・吉田巳之助・石井勇訳『英国今代史──一名女皇の御宇』上巻、東京專門學校出版部、1900（明治33）年──原書はJustin McCarthy, *A History of Our Times: from the accession of Queen Victoria to the general election of 1880,* Leipzig: B. Tauchnitz, 1879である。

　宮島誠一郎『國憲編纂起源』宮島誠一郎／元眞社、1906（明治38）年。

　植原悦次郎『通俗立憲代議政體論』博文館、1912（明治45）年。

　日本人民の間では、明治の民権運動とともに、その立憲政治への理解が深まり議会主義の発達をみ、国民世論が醸成されるところとなった。そこでは、日本の文明観・国際政治観も確立し、国民主権の確立とともに国民主義の創出が確認されるところとなった。

その主権の理解は、高槻純之助『主権論』（博文館、1890（明治23）年）で体系化された。

目次は以下の通りである。

　第1章主権ノ定義及其解説
　第2章沿革上主権ノ本源
　第3章主権ノ内國及外國ニ對スル作用、第1章主権ノ分掌、第1節總論、第2節憲法法律命令ノ關係ヲ論ズ、第3節代議院ヲ論ズ、第4節行政權ヲ論ズ、第2章各政體主権ノ分配ニ付キ歴史的状況、第1節政體ノ區別、第2節政體歴史的の發達

以下、第1章　主権ノ定義及其解説につき引用して説明する。

　主権ノ定義　主権トハ國家ト稱スル權利ノ主体即チ法人ノ有スル命令脅迫ノ權力ヲ云フ
　國家ノ定義　國家トハ何ゾヤ國家トハ劃定ノ境土ヲ占有スル獨立ナル政治上ノ團体ヲ云フ
　主権及主権者　主権ハ國家ノ最高權ナリ而シテ已上陳述シタル國家ノ目的ヲ達センガ為ニハ之ヲ掌握スル者ナカルベカジズ而シテ此國家權ノ代表者ヲ目シテ主権者ト云フ……獨立政治社會ノ全人民ト權利服従ノ關係ヲ有スルモノナリト云ヘリ猶ホ……一个人若クバ一團体ナラザルベカラズ即チ一个人若クバ數人相聯合シテ一个ノ法人ヲ作ルモノタラザルベカラズ若シ數人相聯合スル「ナク粉々擾々互ニ其雄雌ヲ争フガ如キアラバ之ヲ目シテ主権者トナス「を得ズ而シテ主権者ハ又其政治社會ノ最優者ナラズベカラズ故ニ内ハ其國内ニ向テ外ハ萬邦ニ對シテ最高權ノ所有者タラザルベカラズ即チ他ニ隷屬スルノ跡アルベカラズ而シテ其國民トノ關係ハ權利ト服従ノ關係ニシテ權利者ハ命令ニ依リテ之ヲ脅迫實行セシムル「ヲ得故に臣民ハ其命令ニ服従スルノ義務ヲ有スルモノナリ而シテ此關係タル一時若クハ不定ノ者ニテハ不可ナリ永遠恒久ノ者タルヲ要スト云フニアリ　（高槻純之介『主権論』博文館、1890年）

〈注〉

＊1　小野塚教授在職廿五年記念『政治學研究』第2巻、附録に「明治初期政治學關係
　　　文獻年表略」が始めて取り上げられた。但し、完全ではない。
＊2　大槻如電「西洋學術傳來史」、大隈重信撰『開國五十年史』上巻、開國五十年史
　　　發行所、1907年／原書房、1970年。
＊3　蠟山政道『日本における近代政治學の發達』實業之日本社、1949年、18頁以降。

第9章　藤田茂吉『文明東漸史』と陸羯南の国民主義

　この文明化と国家建設の世界への突入において、ここでは、藤田茂吉の文明論と陸羯南の国民主義の思潮をとりあげる。

　藤田茂吉は、1892（寛永5）年生まれで、慶應義塾に入り、福澤諭吉に認められて「郵便報知新聞」主幹となり、自由民権主義の論説を主張した。1884（明治17）年に『文明東漸史』（聞天樓）を著し、一躍盛名を馳せた。[*1] 同書は、天文年間以降、天保末年に至る300年の外国交際を総括し、泰西文明の東漸の起因と成果に言及した。それは、新井白石『菜覧異音』以来の文献を参照し、鎖国の時代にあっても文明の東漸における進歩をみたことを周知させるもので、国民の自負心を満たし、福澤諭吉『文明論之概略』の精神を体現していた。のち、彼は立憲改進党の創立に参加し、その活躍が期待されたが、1892（明治25）年41歳で没した。

　同書は内篇と外篇に分かち、まず内篇の目次は、次の通りであった。

　　第1章外國交際ノ起源、宗教ノ交際、第2章西教ノ盛衰沿革、第3章西教ノ悪果、鎖國ノ原因、第4章鎖國後ノ宗教交際、第5章外交ハ貿易二歸シ、貿易ハ蘭人二歸ス、第6章英人ノ關係、葡人の遺績、第7章蘭學及醫術二漸進、第8章諸般ノ藝術二關セル實學ノ勢力、第9章蘭學ヨリ發生セル新智識、政治二波及セル新思想、第10章漢學ト蘭學ノ軋轢、第11章新説新業ヲ起シ、實害虚構二成ル、第12章文明ノ新説ノ法網に罹ル、第13章家中二捜索セル文書ノ罪案、第14章夢中二問答セル記事ノ罪案、第15章苛法濫刑、第16章志士ノ自盡、第17章文明ノ醫術必用ノ下二發生ス、第18章護國ノ新策、第19章天保末年ノ内情外勢

第1部　近代日本の海外知識の摂取と国際認識の確立

　本書には、異本があり、それは第4章鎖國後ノ宗教政策を省略している。さらに、堅附兒『日本紀事』と新井白石の記述の整合性を確認して、内外の文献をもって鎖国下の外国交際とその実情を明らかにし、辺理の輸入によるわが国の文明器物の一変を指摘している。そして、ロシア国への漂流による交際の新次元を取り上げる。正しく開国と文明開化に向けての現代史の源流をきちんと整理したとの評価に、本書はある。そこでは、渡邊華山らを初めとした志士の自盡に触れ、華山・長英らのいう「蠻社」は「泰西文明ヲ播布スル」をもって「日本文明ノ起源」となすとしている。そして、1840（天保11）年英国の支那侵掠における外情への認知から「久シク日本人ノ思想中ニ空位ヲ留メタル「我國」ノ2字は漸ク喚起セラレテ其思想ニ入リ發シテ憂國ノ情トナレリ……其船艦ノ日本海ニ出シテ日本人ノ目ニ遮リシハ則チ我國人ヲシテ憂國ノ念を生シ大ニ國勢ヲ振興スルノ氣力ヲ發セシメタルモノナリ又其清國ヲ畧シタルノ的例ハ我國人ヲシテ外夷（當時ノ稱呼ニ依ル）ノ實力如何ヲ推知セシメタルモノナリ而メ我國人ガ外ニ對シテ内ヲ護ルノ計ヲ求ムルニ至レリシハ則隣國ニ鑑ミテ自省シタルニ因ルナリ」と第18章護國ノ新策において論じ、続けて「外學術ノ生産地ナル異邦ヲ禦ギテ之ヲ移入セル自國ヲ護ルニ在ルノミ」（藤田『文明東漸史』聞天樓、1884（明治17）年、217丁）と論じ、その方策をつまびらかにした。

　外篇は、次の内容となっている。

　渡邊登傳、華山先生畧傳補、慎機論、西洋事情荅書、鴃舌小記——渡邊華山獄中書札、高野長英傳、鳥の鳴音（一名和壽禮加多美）。

　「夢物語」（吾碩写、1856（安政3）年／山本文雄訳編『高野長英・夢物語——現代文』日新書院、1944年／『華山・長英論集』岩波文庫、岩波書店、1998年）は、高野長英が著述した未公開の国際関係の分析である。それは、各国の対外政策の綿密な検証とともに、日本の外交政策を提言している（香夢樓主人『高野長英論迷物語・全』金櫻堂／鶴聲社、1886（明治19）年）。「鳥の鳴音」も同様の高野長英の「蠻社遭厄小記」（『日本の名著』第25巻、中央公論社、1972年）である。そこでは、「數千年前一細徑

118

ヲ開キ一葉舟ヲ造ルノ勞力ハ今日滊船ヲ作リ鐵道ヲ築クノ勞力ニ比シ其幾千倍ナルヲ知ル可ラス天保ノ初年洋文一爾ヲ讀ムノ勞力ハ今日數十卷ヲ讀ムノ勞力ニ比シ尚ホ之ニ過クル者アルナリ」と記されている。

　それは文明開化と技術の進歩に対する率直なる理解と信念をみせている。

　ここでの東方文化の世界文化への貢献という日本の「崇高な使命」の1つは、中国との文化的提携による東洋文化の向上に与ることで西欧列強に対抗して行くことになるとしており、日本国民の理念と発揚による国民外交——この用語は信夫淳平が1927（昭和2）年に使用した（信夫淳平「國民外交の本質」國際知識、第6巻第6号、1926年）——としての対支文化事業が「東洋文化事業」として遂行された。*2それを担った坪上貞二は、その理念にいてこう述べた。

　　併し此東方固有の文化の発揚の結果、是は恐らく当然の結果と致しまして日支の眞の了解は其處に起こり眞の提携が始まるといふことは是は予期し得られることでありますけれども、それは我々が初めから目的として居る所ではないのであります。東方文化を研究発揚して以て世界文化に寄與貢献せんとする東方民族としての崇高なる使命を有しているのでありまして、初めから日支親善のための文化事業といふ風には斷じて考えていないのであります。（坪上貞二「現代支那の教育と東方文化事業」支那、第21巻第3号、1928年、6頁）

　その国民主義、いいかえれば、日本人の自覚を明確に宣言したのは、いうまでもなく明治新聞界の巨峰、陸羯南（羯南は号、實は名）であった。羯南は、太政官文書局にいたが、伊藤博文内閣の欧化主義、特にその条約改正に反対する運動が国民的規模で高まるなか、そこを辞して1888（明治21）年4月主筆兼社長として新聞「東京電報」を発刊し、翌年これを「日本」と改題し、藩閥政府の妥協策に徹底的に抵抗し、国権主義を貫き、「日本の國本を培ほうとした」日本主義を信念をもって貫いた（吉田義次『國士　陸羯南』昭和刊行會、1944年、85頁）。陸羯南は漢字塾、東奥義塾で漢学を学び、フランス法教育の司法省法学校本科に入るも原敬らと一緒に退学となる、青森新聞社に入社するも、

1883（明治16）太政官官吏となり、ド・メイストル『主権原論』2巻、（博聞本社、1885年）を翻訳し刊行した。彼は、1888年退官した。彼は1906（明治39）年病のために執筆を止めた。

　羯南の日本主義が最大集約的に表明されているのは、1890（明治23）年7月20日から1カ月にわたり「日本」紙上に展開した「近時政論考」である。この論文は、「國民新聞」の創刊に参画し論陣を振った竹越與三郎の『新日本史』（上・中、民友社、1891-92（明治24-25）年）、あるいは「國民新聞」記者であった山路愛山「現代日本教會史論」（獨立評論、1906（明治39）年2月-6月／『基督教評論』警醒社書店、同年7月／『北村透谷・山路愛山集』現代日本文學第6巻、筑摩書房、1969年／『日本の名著』第40巻、中央公論社、1971年）とともに、維新から明治20年代までの政治思想の潮流を検討し、自らの立場を「国民論派」としてその立場を明確にしている。すなわち、

　　國民的精神、此の言葉を絶叫するや、世人は視て以て夫の鎖国的精神又は夫の攘夷的精神の再來なりと為せり、偏見にして固陋なる者は旧精神の再興として之を迎へ、淺識にして軽薄なる者は古精神の復活として嘲りて之を排したり。（陸實『近時政論考　全』日本新聞社、1891年／『陸羯南全集』第1巻、みすず書房、1968年／『近時政論考』岩波文庫、岩波書店、1972年／近代日本思想体系第4巻、筑摩書房、1987年）

　この国民論派の主張は、ヨーロッパにおける近代的ナショナリズムの発展にあって、それは封建制を打破して国民的統一を感性する過程における進歩的イデオロギーたる所以を明らかにするもので、もって後進民族の近代化運動は外にあっては外国勢力に対する国民的独立、そして内にあっては国民的自由の確立であらねばならないとした。[3]すなわち

　　「國民的政治（ナショナル・ポリチック）とは外に対して國民の獨立を意味し、而して内に於ては國民の統一を意味す。國民の統一とは凡そ本來に於て國民全體に屬すべき者は必ず之を國民的にするの謂なり。昔時に在りては未だ國民の統一なるも

のあらず。……「天下は天下の天下なり」と云へる確言をば之を實地に適用し、國民全體をして國民的任務を分掌せしめんことは國民論派の内治に於ける第一の要旨なりとす。此の理由によりて國民論派は立憲君主政體の善政體なることを確認す。……代議政體は最も進歩せる政體なり。文明諸國に於て建つる所の文明政體なり。十九世紀の大勢に適應する自由政體なり。故に日本も此大勢に應じて東洋的政體を變革すべしと。國民論派も亦た其の然るを知る。……

國民論派の内治に係る旨義は大概斯の如し。今は其の外政に係る大要を吟味せん。國民論派は第一に世界中各國民の對等權利を認識するものなり。個人に貧富賢愚の差あることは實際上免れ難し。然れども其の實際上の差等あるにも拘らず、個人自身よりしては自から侮りて卑屈の地に立つべからざるなり。該論派は此の自負の感情を以て一國民にも存すべき者と為す。各國民皆な其の兵力富力に差等あるは事實なり。日本國民の諸國民に比し貧弱たることを免れず。然れども一國民として世界に立つの間は此の無形上の差等に驚きて自ら侮ることを得ず。此の點に於て國民論派は内治干渉の嫌あるものに對して屢々痛く反對を為したり。國民論派の主持する所の國民的特立なるものは、必ず國民的自負心を要用と為す。……

國民論派は實に歐化風潮に反對して起きたり。……去れば國民論派は一時の反動的論派にあらず。彼れ固より自由の理を確認す。……曩に國民論派の始めて世に現はれたるは『日本人』に於てし、次に之を發揚するの與りたるものは我が『日本』是れなり。……」(陸實『近時政論考　全』日本新聞社、1891年/『陸羯南全集』第1巻、みすず書房、1968年/『近時政論考』岩波文庫、岩波書店、1972年/近代日本思想体系第4巻、筑摩書房、1987年)

　羯南は、対外問題が国民政治、内政に作用する政治的機能を十分に認識していた。いいかえれば、対外論は、戦略的に日本の国際的地位に依拠するが、それ「國利民福」と表現される「國民」のための外政にあった。それは、通商国家論として、次いで利権獲得による国家主義の拡張として表出するが、その基本認識は「公益」の概念、「國民公共の幸福を保治増進し」(「國民の勢力、功利家と愛國家」、「東京電報」1888(明治21)年10月21日)、『陸羯南全集』(第1巻、564頁)、

121

「國民全體の力を持って内部の富強進歩を計り、以て世界の文明に力を致さん」
（陸實『近時政論考　全』日本新聞社、1891年／『陸羯南全集』第1巻、みすず書房、1968年／
『近時政論考』岩波文庫、岩波書店、1972年／近代日本思想体系第4巻、筑摩書房、1987）こ
とにあった。

　羯南は、条約改正に反対した。立憲政治の実現と世論の反映のなかでの条約
改正の反対は、いうまでもなく外国による内政干渉の排除にあったが、そこで
の国民主義とその進歩は、徳富蘇峰にみるように条約改正に賛同するところで
あった。しかし、羯南が懸念したのは、蘇峰とは反対で、内地雑居に対して警
戒していたからである。羯南は、陸實『国際論・全』（日本新聞社、増補版1894（明
治27）年）で社会ダービニズム、優勝劣敗の世界観を批判し、国際関係は「蠶
食」（個人が偶然にも他の民種を浸食するの謂い）ではなく「狼呑」（國家の
意志を以て他の邦土を併呑するの謂い）と区別されるべきで、「自然的優劣論」
は排されるべきであるとして、西欧列国に対する批判を明確にした。その文脈
で、羯南は、自己文化への回帰・固守をもって国民主義の貫徹に終始した。そ
の意味において、羯南は、条約改正による他国への侵略を正統化するところの
組込みを拒否した。もっとも、羯南は、国際行動における規範を求める「公
道」に主張が弱まり、「公益」の追求へと重点が移ることになるとの展望にあ
る、と解していた。そこでは、ドイツ・ロシアの清国領土の一部占領に際して
の利益交錯下における平和の条件の追求にみるように、戦略的国際政策への認
識は十分確かだった。[4]

　これに関連して、羯南は、以下の主張を展開した。

　　正當なる條約改正を希望するものなり。故にその結果として内地雑居を許すは敢
　　て反対するところに非ず。……内地雑居の問題は其非未だ遽かに推論のみにて決すべ
　　からず。……

　　條約生成事業は廟堂の任にして、帝國臣民一般の容喙すべ所に非ずとするも、尚
　　ほ其利害の及ぶ所、喜憂の感ずる所を擧げて當局者の注意を促すは、是れ臣民の權
　　利たらん。……（「内地雑居及び實業家」日本、第116号、1889（明治22）年6月25日）

（『陸羯南全集』第2巻、みすず書房、1969年）

　國人は殆んど唯一の門たる建白にも微衷を盡くすの機會を得ず。……一國の荒廢を擧げて數人の大臣其人に依託といふも不可なる所なし。蓋し斯の如く制限されたる場合に於て、獨り國務に容喙し得るの地に立つ者は、即ち上下の輿論を代表し一国の命運に最後の判決を與ふることなれば、其任の重き、其責の大なる實に言ふべからざるものあり。……

　故に其一國の重務に關し忠謀さるゝに於て、亦往々利害の見に陷り、大體を誤ることなしといふべからず。而して此時に當りては、樞密顧問諸公の外誰か又た之を矯正するものあらんや。」（「條約改正と樞密院」日本、第117号、1889（明治22）年6月27日）

　引續いて、羯南は、19回にわたり「内政干渉論」を展開した。（『陸羯南全集』第2巻、みすず書房、1969年）

　第一　緒論　「一國の主權は其内治に於て不羈獨立なり。不羈獨立は主權其物の本質なり。」（日本、第153号、1889（明治22）年8月22日）

　第二　主權及び其の範圍と作用　「夫れ獨立國の主權たるや其の範圍に於て不當の制限を受くること。例へば東洋に行はるゝ居留地制の如きは、獨立の體面に於て多少の醜辱なるに相違あらず。」（日本、第155号、1889（明治22）年8月24日）

　第三　内治干渉の原因及場合（日本、第156号、1889（明治22）年8月25日）

　第四　内治干渉の種類　内治干渉は博愛主義に基くものなり。故に獨立主權にして博愛主義に障害を及ぼすときは、其の制裁として他邦よる内治干渉を受け、其の國民體面を破毀せらるゝことあらん。」（日本、第157号、1889（明治22）年8月27日）

　第五　外國勢力と間接干渉　「内治干渉なるものは多くは之を自己の附庸にせんと欲すに歸するものなるや多元を用ひずして明白なるべし。」（日本、第158号、1889（明治22）年8月22日）

　第六　内治干渉の結果（1）「夫れ外國學者を雇聘して政府の顧問と為すは

123

日本内治上の要用に基くものなり。決して外國政府の歓心を迎ふるにはあらず。」（日本、第159号、1889（明治22）年8月29日）

第十二　結論　「日本は東洋諸国の師表たるべき任務あり。故に内治干渉を受けて獨立主權の作用を拘束せらるゝは、外政の目的に反するものなり。條約改正は日本の品位始て定まるの時なり。故に現條約に比して區々の利害を較し内治干渉を受けて以て自ら卑ふするは、一国の榮辱を忘却するものなり。日本は正に内治上の信用を固くするに在り。」（日本、第165号、1889（明治22）年9月5日）

福澤諭吉はこの条約改正に関与しなかったが、「非内地雑居論に就て」（1893年9月23日時事新報／『福澤諭吉全集』第14巻、岩波書店、1961年）のなかで、その立場を「守旧因循」の拝外論として厳しく批判した。諭吉は、排外勢力に対して断固対決する「開國進取」の立場にあった。福澤はこう述べる。

　　政府果たして開國主義を守りて共に終始せんとするの勇気あるか、我輩は其政略を助くるに躊躇せざるものなり。然りと雖も政府が開國主義に對するの義務は單に一層重大にして一日も等閑に付し去る可らざるものは條約改正の事業、即ち是れなり。思ふに目下排外論の流行するは守舊思想の復活こそ重なる原因なりと云へども、政府が内部の事情の為めに改正の談判に毎度失態を演じ譯もナム延引して今日に至りたるにより、反對者をして其隙に乗じて攻撃の口實を得せしめたるの意味もなきに非ず。……我輩は政府の開國主義を嘉すると同時に、條約の一事は飽までも其實効を促して寸時の猶豫も許さゞるものなり。（福澤「開國進取の主義」1894年1月7日時事新報／『福澤諭吉全集』第14巻、岩波書店、1961年）

〈注〉
＊1　『十大先覺記者傳』大阪毎日新聞社／東京日日新聞社、1926年。
＊2　芝崎厚士『近代日本と国際文化交流——国際文化振興会の創設と展開』有信堂高文社、1999年。
　　阿部洋『「対支文化事業」の研究——戦前期日中教育文化交流の展開と挫折』汲古書院、2004年。

＊3　吉田義次『國士陸羯南』昭和刊行會、1944年。

　丸山真男「陸羯南と国民主義」中央公論、1947年2月号／明治資料研究連絡会編『民権論からナショナリズムへ』お茶の水書房、1957年。

　宮本盛太郎『近代日本政治思想の座標——思想家・政治家たちの対外観』有斐閣、1987年。

　小山文雄『陸羯南——「国民」の創出』みすず書房、1990年。

　丸谷嘉徳『陸羯南研究』勁草出版サービスセンター、1990年。

　小松茂夫「陸羯南——『国民』国家における『新聞記者』の使命」、小松・田中浩編『日本の国家思想』青木書店、1980年。

　本田逸夫『国民・自由・憲政——陸羯南の政治思想』木鐸社、1994年。

　宮村治雄「自由主義如何——陸羯南の場合」、『開国経験の思想史——兆民と時代精神』東京大学出版会、1996年。

　野口伐名『陸羯南——日本・国民・愛国心・教育・宗教・博愛』弘前学院／北方新社、2007年。

　有山輝雄『陸羯南（くがかつなん）』吉川弘文館、2007年。

　松田宏一郎『陸羯南——自由に公論を代表す』ミネルヴァ書房、2008年。

　稲葉茂夫『私の落穂拾い——昭和の庶民、そして陸羯南・安藤昌益』北方新社、2011年。

　松田修一『陸羯南（くがかつなん）——道理と真情の新聞人』東奥日報社、2015年。

　鈴木啓孝『原敬と陸羯南——明治青年の思想形成と日本ナショナリズム』東北大学出版会、2015年。

　姜輝『陸羯南滴中国観研究』天津、南開大学出版社、2015年。

　藤寿々夢『羯南夢現』一心社、2007年。

＊4　朴羊信『陸羯南——政治意識と対外論』岩波書店、2008年、45頁以降。

第10章　文明と安寧の国際秩序への参加

　内政と外交の交錯における対外認識・対外態度の流れが、文明の追求、そしてそこでの安寧維持の座標において、国際秩序形成の媒介論理として近代日本において見事に貫かれてきた。その文明がその論理において見事に到達段階として成功したことにより、それは近代日本国家の確立といえるものであった。そこでの国家秩序は、安寧の維持・確保において、いま1つ、近代日本の発展と確立であった。本来、唇歯輔車の関係にある文明と安寧の両概念の装置は、その追求と実施において、近代日本の空間は、国民国家形成の場であると同時に、国家の発展・拡張を手段とする近代帝国主義の国際秩序形成をみせる局面ともなった。その帝国主義の形成が「国家」ではなく「社会」秩序であるとされたのは、札幌農学校（現北海道大学）にあってそこに育まれた日本植民学の伝統[1]が台湾統治に生かされていたからである。[2]ために、台湾統治では、本国と植民地の間の「共存共栄」関係が論じられ、実践されてきた。[3]但し、実際、文明の国際主義こそ近代国家の到達点であるとしてきた日本の取組みは、その文明のヤヌス的性格において利益線の維持とその拡張を政策概念とすることで、「脱亜論」の宿命と批判を浴びてしまう局面をみせた。[4]

　その文明国家の課題である前者の文明化の政治論の文脈での考察には、多元主義的国家論の思潮が大きく寄与していた。一方、国家の発展拡大の課題である後者の争点の安寧は、北海道開拓の伝統を築いてきた新渡戸稲造らの国際主義において目撃されるところがあって、[5]そこには、いわゆる東西文明調和論の展開があった。新渡戸の同窓、国際主義者内村鑑三の『地人論』（警醒社、1897（明治30）年/1948年/『内村鑑三全集』第4巻、岩波書店、1933年/岩波文庫、岩波書店、1942年/日本の名著第38巻、中央公論社、1972年——本書『地理學考』（警醒社書店、1894年

の改題である）は、個人－国民－世界が重層的に重なり合い、「地球そのものが「一個有機的獨立人」なり」と論じており、新渡戸は、社会進化論・政治有機体論の文脈で「個人は自己の欲する方向に移住せんとし、移民会社は適当の地方を探求して其事業の經營に努め、國家は各領土の擴張を計りて自國民族の發展に汲々たり」に始まって、「植民最終の目的即地球の人化と人類の最高發展とを実現する」（新渡戸稲造「植民の終極目的」法学協會雑誌、第31巻第12号、1913（大正2）年／『新渡戸稲造全集』第4巻、教文館、1969年、354-372頁）と論じた。[5] さらに、その思想を継承した矢内原忠雄は、国際協同体としての広域秩序を展望したが（矢内原忠雄『植民及植民政策』有斐閣、1926年、599-601頁／『矢内原忠雄全集』第1巻植民政策研究第一、岩波書店、1963年、478-479頁）、それは、加藤弘之の、世界政治は高次の統合状態に至る「宇内統一國」であるとする所論に発しており、社会有機体論の伝統にあった（加藤『人權新説』谷山樓、1882（明治15）年／日本の名著『西周・加藤弘之』中央公論社、1972年／近代日本社会学史叢書、龍渓書舎、2007年。加藤弘之「人性の自然と吾邦の前途」、上田勝美・他編『加藤弘之文書』第3巻、同朋舎出版、1990年）。[6]1893（明治26）年、日本における国際関係論を最初に論じた陸羯南は、他国の侵略の「狼呑」と他国民の統合を解体する「蚕食」とを区別したが、それはノヴィコフの『国際政治』に従っており、社会進化論の伝統にあった。[7]そこでは、日本の対外意識を、非西欧国家にもかかわらず西欧国家の自己表現としての日本の対外意識、及び日本の国際使命感の発揚へと転回せしめていくところとなった。[8]その結果、それは、アジアでのその展開における大アジア主義の提唱へと繋がっていくことになった。そしてそれは東洋文明の再興と西欧文明の没落にあるとの文脈にあった（橘樸「国家内容としての農民自治」満洲評論、第3巻第3号、1934年、『橘樸著作集』第2巻大陸政策批判、勁草書房、1966年）。この論文で、橘は「農民自治運動はアジア全域に廣する」と結論づけた（橘「東洋社会の創造――日華事變に世界史的意義を與へよ」大陸、1941年3月／『職務奉公論』日本評論社、1942年／『橘樸著作集』第3巻日本・アジアへの道、勁草書房、1966年。橘「東洋樞軸論」日本評論、1943年7月号／『橘樸著作集』第2巻日本・アジアへの道。平野義太郎・清野謙次『太平洋の民族＝政治學』日本評論社、1942年。平野『北支の村落社會――慣行調査報告』東亞研究所、1944年。平

野『大アジア主義の歴史的基礎』河出書房、1945年）。 [9]

　いいかえれば、先進文明国家日本のアジアにおける国際的存在は、西洋諸国に対する東洋文明の独自性を迫り（福澤桃介『西洋文明の没落──東洋文明の勃興』ダイヤモンド社、1932年。桑原隲藏『東洋文明史論叢』弘文堂書房、1934年。宮崎市定『東洋に於ける素朴主義の民族と文明主義の社會』冨山房、1940年／東洋文庫、平凡社、1989年。日本工業倶樂部編『東洋農業文明の新装とアメリカ農業の頽廢──本倶樂部調査』日本工業倶樂部、1942年）。そのアジア主義は、アジア諸国の共鳴を受けるところになったが、そこには、支那の統一が東亜の統一である前提であるをもって日本は支那の近代化を助成すべきであることが課題とされており（三木清「日支を結ぶ思想」知性、1938年11月号／『三木清全集』第14巻、岩波書店、1967年／『東亜協同体の哲学──世界史的立場と近代東アジア・三木清批評選集』書肆心水、2007年）、それは東亜協同体がその文脈にあった。また、欧州広域概念あるいは英国の普遍主義に対する西欧世界の没落と世界史の多元的構成をもって京都学派を中心に「近代の超克」が提起され（田畑茂二郎「國際法秩序の多元的構成」（1）（2）（3）、法学論叢、第47巻第3号、第48巻第2号、第6号、1941-42年。田畑「東亞共榮圏國際法への道」外交評論、第23巻第12号、1943年。高山岩男『世界史の哲学』岩波書店、1942年。安井郁『歐洲國際法の基礎概念』有斐閣、1942年。高坂正顯・西谷啓治・高山岩男・鈴木成高『世界史的立場と日本』中央公論社、1943年。田中直吉「東亞の國際政治的構造」／蠟山政道「國際外交史上に於ける「東亞新秩序」」、國際關係研究會編『東亞に關する條約と外交』大東書館、1942年）、文明概念による日本の拡張主義──文明化の文脈にあっても、基本は帝国主義にあった──の実践を正当づける議論ともなっていた。 [10] そして、『現代日本文明史』（東洋經濟新報社、1940-41（昭和15-16）年）が刊行され、それは、以下の通り、日本の国際的存在の確認と日本文明社会発展の総括といえるものであった。

　第1巻渡邊幾治郎『一般史』、第2巻蠟山政道『政治史』、第3巻清澤洌『外交史』、第5巻中川善之助『法律史』、第6巻土方正美『財政史』、第8巻土屋喬雄『産業史』、第9巻小野武夫『農村史』、第10巻細川嘉六『植民史』、第11巻加田哲二『社會史』、第13巻石原純『科學史』、第14巻三枝博音『技術史』、第16巻比屋根安定・姉崎正

治閲補『宗教史』、第18巻柳田國男・大藤時彦『世相史』。

　こうしてアジア文明の広域秩序を構想する帝国秩序と国際秩序の新たな接合・調整の問題が論じられるところとなった。[11]対外意識の確立はこの文脈における国際秩序形成において、社会の拡大による帝国秩序の追求をみせたところであり、それは、文明社会の問題であり、国家秩序＝安寧成立の問題として問題のヤヌス的側面もみせたもので、その議論の展開は「新秩序」といわれたにせよ、帝国広域国家構想の社会的位相に発するところの局面にあった。
　その新秩序文献は、以下の通りである。

　　渡邊幾治郎『東亞新秩序建設の基調』日本文化中央連盟、1938年。
　　東亞研究所編『東亞新秩序建設に伴ふ支那再建の指導精神』東亞研究所、1939年。
　　吉田直志「東亞新秩序建設原理」新京、新京日日新聞、1939（慶徳6）年4月15日～19日。
　　東一朗『東亞新秩序の建設と滿洲國經營論』大連、滿洲評論社、1939年。
　　國策研究會編『東亞新秩序と國民組織の問題』國策研究會、1939年。同編『大東亞問題調査會研究報告』第1・2・5・6・7・8巻、日本評論社、1943-45年。
　　田中直吉『世界政局と東亞新秩序』立命館出版部、1939年。
　　日本國際協會太平洋問題調査部編『東亞新秩序と日本外交政策』日本國際協會太平洋問題調査部、1939年。
　　昭和研究會編『東亞新秩序建設の理論と方策』生活社、1940年。
　　前原光雄『世界新秩序建設のために』慶應出版社、1940年。
　　淺野利三郎『興亞聖戦の目標──東亞新秩序と新國際體系』現代社、1940年。
　　木原通雄『日本政治の新秩序』東晃社、1940年。
　　里見岸雄『八紘一宇──東亞新秩序と日本國體』錦正社、1940年。
　　宮崎龍介『世界新秩序の創造と我が新體制』大有社、1940年。
　　文部省教育調査部編『大東亞新秩序建設の意義』文部省教育調査部、1941年/内外教育研究會増補版、目黒書店、1942年。

福富一郎『創造の論理──世界新秩序構造論』同文書院、1941年。

白木喬一・吉田三郎『東亞新秩序の理念』目黒書店、1941年。

楓井金之助『大東亞の聖戦──米英撃滅世界新秩序建設へ』國民新聞社、1941年。

北支思想對策評議會『東亞新秩序の基本理念』北京、北支思想對策評議會、1941年。

田尻愛義『大東亞新秩序建設の原理──共榮圏の道義的秩序及法秩序の基礎理念探究』日本青年外交協會、1942年。

グラーフ・フィン・デュクハイム、橋本文夫訳『世界新秩序の精神──日獨友好關係の形而上学的基礎』理想社、1943年。

淺香末起「廣域國土計書と南方圏原始産業」經濟學雑誌、第13巻第5号別冊、1943年。

通信調査會『東亞新秩序の史的發展』通信調査會、1943年。

小牧實繁『世界新秩序建設と地政學』旺文社、1944年。

小島清『世界新秩序と日本經濟の将来』/増井武『大東亞經濟建設論』有斐閣、1944年。

日本法理研究會編『新秩序建設と日本法理』日本法理研究會、1944年。

赤松要『經濟新秩序の形成原理』理想社、1944年、改訂版1945年。

矢部貞治『新秩序の研究』弘文堂、1945年。

〈注〉

＊1　日本植民学の基礎を形成したのは札幌農學校（現北海道大学）の伝統にあった。蝦名賢造「札幌農学校"学派"の形成と高岡熊雄博士の地位」、高岡熊雄・蝦名賢造編『イタリア領リビア開発政策史論』北海学園大学、1995年。

＊2　金子文夫「日本における植民地研究の成立事情」、小島麗逸編『日本帝国主義と東アジア』アジア経済研究所、1979年。
　　浅田喬二『日本植民地研究史論』未来社、1990年。

＊3　泉哲『植民地統治論』有斐閣、1921年。泉『最近國際法批判』日本評論社、1927年。
　　東郷實『植民政策と民族心理』岩波書店、1925年。

＊4　坂野潤治「「東洋盟主論」と「脱亜入欧論」──明治中期アジア進出論の二類型」、佐藤誠三郎、ロジャー・ディングマン編『近代日本の対外認識』東京大学出版会、

1974年。
　今水清一「福沢諭吉の『脱亜論』──近代日本における「脱亜」の形成について」
アジア経済、第16巻第8号、1975年。
　今永清二『福沢諭吉の思想形成』勁草書房、1979年。
　安宇植「『脱亜論』をめぐって」、日本アジア・アフリカ作家会議編『近代を考
える』毎日新聞社、1979年。
　松村憲一「福沢諭吉の『アジア観』とその展開」、木村時夫編『日本の近代化と
アジア』早稲田大学社会科学研究所、1983年。
　初瀬龍平「『脱亜論』再考」、平野健一郎編『近代日本とアジア──文化の交流
と摩擦』東京大学出版会、1984年。
　『脱亜入欧の光と影』名著刊行会、1989年。
　丸山真男、区建英訳『福澤諭吉与日本近代化』上海、学林出版社、1992年。
　陸培春『「脱米入亜」のすすめ』芙蓉書房出版、1996年。
　古屋哲夫編『近代日本のアジア認識』緑蔭書房、1996年。
　姜尚中『オリエンタリズムの彼方へ──近代文化批判』岩波書店、1996年／岩
波現代文庫、岩波書店、2004年。
　杵淵信雄『福沢諭吉と朝鮮──時事新報社説を中心に』彩流社、1997年。
　スシーラ・ナルシムハン「福沢諭吉の中国観の変遷」、河原宏・河原宏教授古稀
記念論文集刊行会編『日本思想の地平と水脈──河原宏教授古稀記念論文集』ぺり
かん社、1988年。
　D・P・ブガーエフ、亀井博訳『近代日本の先駆的啓蒙家たち』平和文化、1996
年。
　青木保・佐伯啓思編『「アジア的価値」とは何か』ティビーエス・ブリタニカ、
1998年。
　安川寿之輔『福沢諭吉のアジア認識──日本近代史像をとらえ返す』高文研、
2000年。
　梅津順一『「文明日本」と「市民的主体」──福沢諭吉・徳富蘇峰・内村鑑三』
聖学院大学出版会、2001年。
　舘野晳編『韓国・朝鮮と向かいあった6人の日本人──西郷隆盛、福沢諭吉から
現代まで』明石書店、2002年。
　平山洋「何が「脱亜論」を有名にしたのか?」、静岡県立大学国際関係学部編『グ
ローバルとローカル』静岡県立大学国際関係学部、2002年。
　飯田鼎『福沢諭吉と自由民権運動──自由民権運動と脱亜論』飯田鼎著作集第5
巻、御茶の水書房、2003年。
　松本逸世『「脱亜」の群像-大日本帝国漂流』人間と歴史社、2004年。
　金鳳珍『東アジア「開明」知識人の思惟空間──鄭観応・福澤諭吉・兪吉濬の
比較研究』九州大学出版会、2004年。
　石坂浩一・他『東アジア・交差するナショナリズム』社会評論社、2005年。
　李彩華・鈴木正『アジアと日本平和思想としてのアジア主義』農村漁業文化協
会、2007年。
　高蘭『アジア主義における脱亜論──明治外交思想の虚像と実像』明徳出版社、
2007年。
＊5　太田雄三『〈太平洋の橋〉としての新渡戸稲造』みすず書房、1986年。
　北岡伸一「新渡戸稲造における帝国主義と国際主義」、『岩波講座・近代日本と植

民地主義』第4巻、岩波書店、1993年。

　西田毅「新渡戸稲造の植民政策論」、西田勝退任・退職記念論文集編集委員会編『文学・社会へ地球へ』三一書房、1969年。

＊6　田畑忍『加藤弘之の國家思想』河出書房、1939年。田畑『加藤弘之』吉川弘文館、1959年。

　大久保利謙「加藤弘之」、向坂逸郎編『近代日本の思想家』和光社、1954年。

＊7　本田逸夫「明治中期の『国際政治学』――陸羯南の『国際論』とNovicow J., La politique internationaleをめぐって」法学、第59巻第6号、1996年。

＊8　松本三之介「国民使命感の歴史的変遷」、及び野村浩一「国民的使命感の諸類型とその特質」、『近代日本思想史講座』第8巻、筑摩書房、1961年。

＊9　秋定嘉和「社会科学者の戦時下のアジア論――平野義太郎を中心に」、古屋哲夫編『近代日本のアジア認識』緑蔭書房、1996年)

＊10　高山岩男『京都哲学の回想』一燈園燈影舎、1995年。高山『超近代の哲学』燈影舎、2002年。

　花澤秀文『高山岩男――京都学派哲学の基礎的研究』人文書院、1999年。

　藤田正勝編『京都学派の哲学』昭和堂、2001年。

　竹田篤司『物語「京都学派」』中公新書、中央公論社、2001年／『物語「京都学派」――知識人たちの友情と葛藤』中公文庫、中央公論新社、2012年。

　大橋良介『京都学派の思想――種々の像と思想のポテンシャル』人文書院、2004年。

　檜垣立哉『日本哲学言論序説――拡散する京都学派』人文書院、2015年。

＊11　酒井哲哉「戦間期における帝国再編と国際主義」国際問題、2005年9月号。酒井編『岩波講座・「帝国」日本の学知』第1巻「帝国」編成の系譜、岩波書店、2006年。酒井『近代日本の国際秩序論』岩波書店、2007年。

第2部

地域研究 250 年

第1章　文明の接触と地域の確認

第2章　探検と外国知識の吸収

第3章　対外進出と地域研究

第4章　対外政策の遂行と地域研究の使命

第5章　世界の中の国家と地域研究

第6章　地域研究の自立

第7章　地域研究と綜合社会科学

第8章　戦略地域空間と地域研究

第9章　地域研究の展望

第1章　文明の接触と地域の確認

1-1国際関係の拡大と接触

　ヨーロッパ諸国のアジア・アフリカ地域への発展を最初に確認したのは
サー・ジョン・ロバート・シーリーで、彼は「歴史は過去の政治であり、政
治は現在の歴史である」との信念と関心にあった。そして彼は政治史や植民
政策史を論じ、1883年に『英国の拡大』（古田保訳『英國發展史論』第一書房、1942
年）を書き、知らぬまに生まれたその大英帝国の世界を確認した。この楽観的
見解にもかかわらず、現実は、日本のように、すべてがヨーロッパの拡大に対
して非ヨーロッパの開国、そしてヨーロッパ国際法世界への参入に終わったわ
けでない。中国は自国の中華文明に対する華と夷を区別して対応した。インド
では、未知の危険に対して、敵を自家薬籠に収めんとするに対抗して、屈服を
余儀なくされた。これは、文明の接触図式に従うところで、前者の事例は日本
の開国、そして文明開化の図式であり、アーノルド・トインビーのいうヘロデ
主義である。これに対して、後者の事例は、外国の圧力に対処した復古主義で
あり、狂信者ゼロットの戦法で、インドのセポイの反乱にみるように、民族的
抵抗と屈服、ないしはスーダンのマフディ運動の徹底抗戦とその結果としての
自滅の運命を辿った。これはゼロット主義といい、中国のパタンもこれに当た
る。朝鮮の開国も、本質的には小中華のゼロッテ主義の対応である（トインビー、
深瀬基寛訳『試練に立つ文明』社会思想研究会出版部、1952年）。[*1]ヨーロッパ世界の地
球的拡大においては、こうして一方ではその国際社会への参加がみられるもの
の、その伝統的社会は復古的対応をもって多くがヨーロッパの植民地化に屈し
た。しかし、それも、自らのエネルギー発露をもって植民地ナショナリズムの

137

貫徹に成功し、ヨーロッパ世界の覇権戦争をめぐる第二次世界大戦の結果、民族の自決と独立を達成した。その文明の接触の在り方は、国際関係の拡大におけるナショナリズムの多様性を説明づけている。[2]

この国際社会の地球的拡大を近代化の過程であると解したのは、マリオン・リビーである。[3]彼は、それを、中国社会を事例に検証しつつ、国際政治社会学の考察をもって『近代化と社会構造——国際社会の設定』(Marion Joseph Levy, Jr., *Modernization and the Structure of Societies: a Setting for International Affairs*, Princeton: Princeton U. P., 1966) を確立した。そして、ヨーロッパのグローバル的発展が中心－周辺構造を内包しつつ、近代化の方向性、その循環サイクルのモデル化、技術の移転とシステムの新しい安定の検証に取り組んだのは、世界システム論である。[4]

地域研究という研究分野は、こうした国際社会の拡大の背景と認識の下に、第二次世界大戦期以後、世界の大国米国の国際認識と国際的関与を通じて大きく成長した。そこでは、特定地域における社会・歴史・政治・経済・文化などの具体的かつ専門的な情報の集約が要請され、それは判断－評価－政策決定という政策科学の文脈で処理され、操作され、追求され、より実際的かつ効果的な結果的答案として国際社会への取組みに大きく寄与するところとなった。

こうして、地域研究が横軸であるとすれば、それは国際政治・経済・社会関係の縦軸と交差して、一定の空間次元を形成し、独自の研究分野が確立されることになる。ここで国際関係というのは、国際政治学が「力をめぐる政治」(パワー・ポリティクス) としての政策科学に対して、地理・人口・歴史・価値・社会・経済・資源・戦略・イデオロギーなどの諸要素を包括的に取り組んだ連関分析手法を意味しており、それは地域研究として地域の次元設定において枢要的な分析的役割を果たしてきた。一方、国際政治の分析と決定においても、地域研究は、国際関係の分析が内容的に補強的使命を大きく担った。

元来、地域研究は、地理学の一分野として発達した側面があった。1930年代に国際関係の研究が促進されたことで、地理学を超えた形での地域研究の取組みが要請され、国際関係との相互補完にある国際社会の深まりと拡がりに立

脚して、地域研究の成果は長足の進歩を遂げた。アメリカで、共産主義ロシアの登場でロシア研究が始まったのを先駆としており、日本との交渉と戦争を通じて日本研究が着手された。さらに、第二次世界大戦後、新中国の樹立にいたる米国の政策的混乱と失策を通じて中国研究が本格化した。元来、日本における地域研究は、中国大陸への日本の関与、そして南洋への政策的関心の拡大を経て大きく促進されており、その過程では、人類学又は比較歴史学、あるいはまた国際経済学又は国際社会学の研究発達が大きな促進要因ともなった。戦後では、アジア・アフリカ諸国の抬頭によるアジア・アフリカ世界における近代化論や比較政治学という分野において、既成のヨーロッパ分析モデルの適用を非ヨーロッパ地域に拡大して検討を生み出すところとなり、それは非ヨーロッパ・モデルの開発要求と取り組みと連動していた。その過程で、地域の枠組みとその独自の空間次元の確認がなされ、国際政治における国家理性の確認と並んで、地域研究における地域個性の検出とその実証、さらに地域秩序論の展開をみせるまでに至った。それは、国際社会における相互依存性の大きなうねりや高まりとともに、普遍的な国際機構の発達及びそこでの地域の役割行使と期待がみられ、その結果として、地域主義の存在が検証されてきた。その地域主義には、そうした帰結というよりも、相互の地域個性の認識、追求、そして確認が先行しており、その過程で地域機構の創出となったというのが現実であろう。アジア太平洋共同体APCの追求は、多くの関係者による理念の追求と実態の検証を通じての先取りの結果であり、それに立脚した政策決定をみたもので、地域機構の発達はそうした性状の形成にあった。

かかる地域研究の成熟と国際社会における地域性の相互確認には、地域の現在性がある一方、そこには全世界認識あるいは世界戦略の関連とそれによる制約があった。世界システムに対する従属システムという地域の現実といえるものがそれであった。とはいえ、その地域も、トランスナショナル化において地域の相互行動と主体的作用が発現できるところまでに至っている。そればかりか、その地域が世界の政策決定における主たる構成要因となっているのが、現実態である。その地域の――あるいは、地域を越えた――主体は、地域の国家

139

ないし集合体であり、住民とその生活であり、それらはまた、国家連合であり、同時に世界市民の存在でもある。その地域エネルギーの発露は、元来、アジア・アフリカの植民地における民族解放戦争を通じて発揮されてきたところで、「第三世界」という用語がフランス革命における第三身分のエネルギーの発揮の結果に対する認識から生まれたように、第三世界それ自体もその主体的イデオロギーの発揚であった。[5]

1-2地域研究の時期区分

ここで、地域研究の歴史と研究視点を論じるにあたり、ほぼ1851年から追跡している（別添の地域研究関連年表を参照せよ）。というのは、こうした地域に対する取り組みは、その頃、対外関心とその知識の吸収、理解、その主体化、そして対外的関与と政策決定という見地で始まっていたからである。地域研究が学問分野として確立したのは1930年代以降であっても、あるいは定着したのは第二次世界大戦後におけるアジア・アフリカ世界の抬頭以後であっても、それは、常に政策科学としての時代の要請という急務のなかで相互の挑戦に対応して展開されてきたものであり、対外接触の時代からその研究の関心と追求が地道に積み重ねられてきたといわれなければならない。そこで、その大きな流れを、以下、5つに区分して論じる。

第一期1851年〜1900年　探検ないし外国事情の理解が主題であった。

第二期1901年〜1930年　ユーラシア大陸への関心とともに、シベリア鉄道問題が提起され、植民地研究と植民地経営が主題となった。この経過の中で、満鉄が運用され、中国への関心とその研究が着実に進捗した。

第三期1931年〜1945年　局面が日本の中国侵攻の日中戦争から大東亜戦争へと拡大する過程で、地域研究の領域も拡大してきており、そこでは、国益とか国家戦略としての争点も明確化された。

第四期1946年〜1979年　アジア・アフリカ世界の抬頭により局面が主体的転換をみせるなか、中国、東南アジア、インド亜大陸、中東、アフリカなどの地域的接触とその拡がりにおいて第三世界の地域研究が軌道に乗った。もっと

も、そこでは、東西対立の冷戦という国際環境において、自立の追求と研究の取り組みが社会科学のイデオロギー体制論争に左右される混乱の直中にあった。同時に、それは、低開発の状態ではなく発展途上の自覚、そして新植民地主義の指摘、[1]非同盟運動の遂行などにみるように、主体性が明確に打ち出された。[2]

　第五期1980年〜現在　グローバル世界とか世界システムといった一元的な包括的理解が深まるなか、改めて地域性を確認して総合社会科学としての地域研究をめぐる方法論論争が登場した。それは、その地域の検証を通じて、地域性が再確認され、その独自性を解明するところとなっている。

〈注〉

1-1 国際関係の拡大と接触

＊1　有賀長雄『支那西洋開化之差別』大黒屋、1887年。津田左右吉『シナ思想と日本』岩波新書、岩波書店、1938年。木村毅『文明開化』至文堂、1954年。レイモンド・ドーソン編、田中正美・他訳『ヨーロッパの中国文明観』大修館書店、1971年。佐藤慎一『近代中国知識人と文明』東京大学出版会、1996年。原田環『朝鮮の開国と近代化』渓水社、1997年。溝口雄三『中国の衝撃』東京大学出版会、2004年。

＊2　浦野起央『民族独立論──アジア・アフリカにおける独立の経過と意味』群出版、1982年。

＊3　Marion Joseph Levy, Jr. & Kuo-heng Shin, *The Rise of the Modern Chinese Business Class: Two Introductory Essays*, New York: International Secretariat, Institute of Pacific Relations, 1949. Levy, Jr., *The Family Revolution in Modern China*, Cambridge: Harvard U. P., 1949/ New York: Octagon Books, 1963. Levy, Jr., *The Structure of Society*, Princeton: Princeton U. P., 1952 Levy, Jr., *The Structure of Society*, Princeton: Princeton U. P., 1952.マリオン・リーヴィ、Jr.、伊南村公望、ロナルド・モース訳『リーヴィの9つの法則』日本ライフ・ブックス、1972年。Levy, Jr., *Modernization: Latecome and Survivors*, New York: Basic Books, 1972. Levy, Jr., *Maternal Influence: The Search for Social Universals*, New Brunswick: Transaction Publishers, 1992. Levy, Jr., *Aspects of Social Structure in Modernized and Nonmodernized Society*, New Brunswick: Transaction Publishers, 1996. Levy, Jr., *The Organizational Contexts of Societies*, New Brunswick: Transaction Publishers, 1996.

＊4　マヌエル・モーリス・ウォーラーステイン、川北稔訳『近代システム』2冊、岩波書店、1981-92年。猪口孝『国際政治経済の構造──戦争と通商にみる覇権盛衰の軌跡』有斐閣、1982年。田中明彦『世界システム』東京大学出版会、1990年。ジョージ・A・モデルスキー、浦野起央・他訳『世界システムの動態──世界政治の長期サイクル』晃洋書房、1992年。

＊5　浦野起央『挑戦する第三世界』有信堂、1974年。浦野『第三世界の政治学』有

信堂、1977年、全訂版1980年。

1-2地域研究の時期区分

＊1　岡倉古志郎・蠟山芳郎編『新植民地主義』岩波書店、1964年。クワメ・エンク
　　ルマ、家正治・松井芳郎訳『新植民地主義』理論社、1971年。ジャック・ウォ
　　ディス、アジア・アフリカ研究所訳『新植民地主義』新日本新書、新日本出版社、
　　1970年。マーク・セルデン、武藤一羊・森谷文昭監訳『アジアを犯す——新植民
　　地主義の生態』河出書房新社、1975年。
　　　西川長夫『「新」植民地主義論——グローバル化時代の植民地主義を問う』平凡
　　社、2006年は、多文化主義世界におけるナショナル・アイデンティティの再定義
　　における混乱と犠牲を新植民地主義の用語に求めた。
＊2　浦野起央『第三世界の連合政治』浦野起央著作集第2巻、南窓社、1989年。

第2章　探検と外国知識の吸収

2-1 対外知識の蒐集

　アジア・アフリカ世界においてそれぞれの地域が外部との独自の接点を持ったのは、19世紀後半以降であった。そこでは、探検、未知の世界への旅行とその知識が貴重とされ、その情報の消化、現実には外国事情の理解が主題であった。そして、20世紀に入ると、シベリア鉄道が開通し、日本では、朝鮮半島の安全保障に対する国益認識から、中国東北地方の戦略的関心をもって地域研究は新しい自らの満洲調査による知識の開拓に入り、かつ植民地開拓に従う植民学の文脈での地域研究が本格化した。

　まず、1888年1月13日ワシントンに、33人の地理学者、探検家、陸軍将校、弁護士、気象学者、地図制作者、そして博物学者、銀行家、教育者、生物学者、さらに技師、測地学者、地形学者、発明家が集った。そこで、「地理学の知識の向上と普及を目指す協会」が設立された。その会合の招請状に名前を列したのは、米陸軍信号総司令官グリー、米国沿岸・土地測量部のミッチェル、米国地質調査所のギャネットらであった。[*1] こうして発足した組織の成員は、時代とともに北極と南極の征服、輝かしい大遠征、そして海底調査、さらに宇宙の征服へと進む。その情報の伝統は、「ナショナル・ジオグラフィック」誌を通じて現在に続く。

　日本では、そういった組織はなかったが、柳樽悦の海軍水路寮が、1871年に『臺灣水路誌』をまとめ、これが1874年台湾での日本人漂流民虐殺事件に役立ち、日本は台湾征伐を進めた。柳樽悦は、さらに1873年に『南島水路誌』2冊を編纂し、同書は先島・琉球列島について記述し、日本の領土画定に与っ

第2部　地域研究250年

た。続いて、日本海軍水路部は、1894年に『南支那海』、『朝鮮水路誌』を刊行した。

　その対外知識については、1853年に集成の大学頭林煌編集の『通航一覧』（『通航一覧』8巻、1835年／國書刊行會編、國書刊行會、1912-13年／泰山社、1940年／清文堂、1967年／鳳文書館、1991年）がある。彼は幕命によって琉球・朝鮮・中国などの海政事項を綴集し、国号の起原、統治者の世系、我国との交通など、永禄より文政までを編年体形式で傍証引照により記述し、「對外政要の起伏沿革を叙列し、終わりに海防事項を附修して、時局を講究ものゝ捷覧に便した」（序文）となっている。同書は、本編350巻、附録23巻で、琉球1〜24巻、朝鮮25〜137巻、異國通商部138〜169巻、異國渡来部170〜322巻から成立し、異国のところでは安南・南蠻・唐國・柬埔寨・暹羅などについて記述している。琉球国の記述は、こう始まっている。

　　「按するに、國名の字、中山世鑑に流虬しと書し、隋の説き羽騎尉朱寛をして、其國に至らしめ、萬濤の間にをいて、地形を見るに、虬し龍の水中に浮へる如きをもて、始て流虬しといふと記し、隋書には流求と書す、宋書これに従ふ、新唐書には流鬼、元史には琉球に作る、本邦の書には、龍宮、留求、琉球などの文字も記せり、中山傳信録に、今の文字に改めしは、明の洪武中よりの事とせり、然れとも宇治大納言か今昔物語に、仁壽3来宋の商人良暉が、琉球に漂流の事を載せて、既に琉球と記したれば、洪武地形南北長く、東西狭くして周廻74里、王府に國の西南にありて、首里といふ、海港2所、東北にあるを運天といひ、西南に在るを名はといふ、また間切といへるあり、其數36、即ち今歸仁、浦添、大里なり、此他海島36ありて、皆此國に屬すと記せり、……」（國書刊行會編『通航一覧』第一、5頁）

　唐國の記述は、往来の寧浪府の記述に終わっている。その主題は往来と海防にあった。

　これには、『通航一覧續輯』（1853年、152巻、續輯36巻、箭内健次編、5巻、清文堂、

1973年）があり、刊行時期は1853年とされる。

2-2北方・南洋と西アジア・インド、及びシベリア紀行

ロシア人は毛皮を求めて東漸し、それがロシア人のシベリアへの関心を高めた。ピョートル1世は1724年にアジア大陸とアメリカ大陸との関係につき調査を命じた。こうして、ロシア人による北方海域の探検が進んだ。これに対処して、日本の江戸幕府も、鎖国体制下に19世紀初期、サハリン（樺太、唐太、柯太）及びクリル（千島）諸島の探検を実施した（1800年伊能忠敬の蝦夷地測量）。[*1] その過程で、日本は、北門の防衛を固めることになった。その結果、1855年日露通好条約、そして領土の画定交渉により1875年樺太千島交換条約が締結された。[*2]

1864年岡本監輔（文平）は、サハリン（樺太）が日本の北門であると認識し、樺太に在住して、現地調査を行い、1865年に全島を周航した。そして彼は、1871年に『北門急務』上・下（北門社）を刊行した。さらに、萩原裕（西疇）の『顕承述略』（1876年版9巻4冊、萩原裕編、北畠茂兵衛／山中市兵衛／稲田佐兵衛／太田金右衛門／萩原裕／書肆明法堂、1876年）は、勘定三韓述略1巻、列朝藩服述略2-6巻、隣壌通商述略7巻、通漢述略8-9巻からなり、『顕承述略』續、1896年版11巻3冊11巻は、通漢述略1-3巻、殄戮蒙古述略4巻、蔣府私通述略5巻、懲朝鮮述略5-7巻、教匪述略8-9巻、餘勇述略10巻、紀年通表11巻となっている。これは、いわゆる日本対外関係交通史で、基本文献の参照に依拠して、嘉永6年までを記述している。

1880年7月外務理事官吉田正春は、西アジアの大国ペルシアのテヘランに赴き、そこからバクダッド、イスタンブールを訪れた（吉田『回疆——波斯之旅』博文館、」894年／『回疆探検ペルシャの旅』中公文庫、中央公論社、1991年）。古川宣誉も、同80年にペルシアを旅行した（古川『波斯紀行』参謀本部、1891年）。1882年2月には、山岡光太郎はメッカ巡礼を果たし、以後、彼は初のハジ・オマル山岡と称した。彼は、さらに1909年に再巡礼した（山岡『回々教の精神的力』新光社、1921年）。[*3]

145

1883年3月から10月にかけ南洋で日本人船員の虐殺事件が起きたことで、鈴木経勲が調査命令を受けてマーシャル諸島ラエ島へ赴いた。さらに、鈴木は1887年に硫黄島・ミッドウェード諸島を探検し、1888〜89年には東太平洋・南太平洋のハワイ、サモア、フィジーを調査し、多くの情報を提供した。[4]鈴木は、さらに、1892年にミクロネシアを調査し、『南洋探検實記』を刊行した（鈴木『南洋探検實記』1892年／南方情勢社、1942年／日本講演協會、1943年／平凡社1980年／太平洋学会、1983年／ゆまに書房、1985年／東洋文庫、平凡社、2006年。鈴木・井上彦三郎『南嶋巡航記』經濟雑誌社、1893年／拓務省、1933年／南洋興發株式會社、1936年／大和書院、1942年／太平洋学会、1983年／ゆまに書房、1988年。鈴木『南洋風物誌』大日本教育新聞社／日本講演協會、1944年／ゆまに書房、1994年）。

日本のシベリア大陸調査の大壮挙は、ドイツ駐在武官福島安正が1892年2月ベルリンを出発して単騎シベリア横断を決行して、1893年6月ウラジオストックに到着したことである（福島安正『伯林より東京へ單騎遠征』小西書店、1918年／ゆまに書店、1988年。福島『國民性の發揮』東亞堂、1920年。太田阿山編『福島將軍遺跡』東亞堂、1920年／東亞協會、1941年／大空社、1997年。福島次郎（安正）、南滿洲鐵道株式會社総務室弘報課編『亞細亞横斷記』滿洲日日新聞社東京支社出版部、1942年。太田編『中央亞細亞より亞拉比亞へ——福島蒋軍遺蹟續・傳記・福島安正』東亞協會、1943年／大空社、1997年）。彼は、のち関東州長官を歴任した。[5]

1891年ロシア皇帝によりシベリア鉄道建設の詔勅が下され、1902年1月にシベリア鉄道が開通した。これに対する日本での関心は高く、シベリア鉄道が中国東北部を経由し、1901年には旅順まで達したことで、日本にとり大陸に対する防衛戦略の確立が急務となった。[6]

こうしたなか、世界事情を紹介した米国文献、1856年刊行のリチャード・クォーターマン・ウェー、中国語訳の褘理哲箕『地球説略』（褘理哲箕『地球説略』寧波、華花聖經書房、1856年）の日本語注釈が日本に持ち込まれ、1860年に日本で刊行された（作阮甫訓點『地球説畧』3卷、上・亞細亞大洲、中・歐羅巴大洲、下・亞非理加出太洲之部、東都、老皂舘［萬屋兵四郎］、1860年。褘理哲、赤澤常道訳『地球説略和解』4卷、甘泉堂、1874年。リチャード・クオーターマン・ウェー、福田敬業訳『地球説略譯

解』4巻、巻1亞細亞大洲圖説、巻2歐羅巴大洲圖説、巻3非利加大洲圖説、巻4亞美理賀大洲
圖説、江藤喜兵衛、1975年／寶集堂、1875年）。続いて、藤田茂吉（鳴鶴）『文明東漸史』
（聞天樓／報知社）が1884年9月に刊行され、同書は「天文以降天保ノ末年ニ至ル
迄凡ソ3百年間外國国際ヨリ生シタル事變ヲ記述シ泰西文明ノ東漸セル起因成
果ヲ明カニシ讀者ヲシテ封建鎖國ノ世ニ當リ泰西文明ノ進歩セル實勢を知ラシ
ム」（凡例）とあった。内容記述は、「徳川氏治ヲ施クコト2百餘年、覇業ノ根
深クシテ封建ノ基堅シ」に始まり、第1章外國交際ノ起源、宗教ノ交際、第2
章西教ノ盛衰沿革、第3章西教ノ悪果、鎖国ノ原因、第4章外交ハ貿易に歸シ、
貿易ハ蘭人ニ歸ス」とあり、第9章蘭學ト漢學ノ軋轢、第10章新説新業ヲ起
シ實害虚構ニ成ル、第11章文明ノ新説野蠻ノ法綱ニ罹ス、そして第16章文明
ノ技術必用ノ下に發生ス、第17章護國ノ新策、第18章天保末年ノ内情外勢と
なっている（序文同一の異本があり、それは、第4章鎖國後ノ宗教交際の一章が加えられて
いる。但し、同書の奥付は欠けている）。

　さらに、以下の文献が刊行されており、そこでは、日本軍も先駆的な研究・
調査を進めていた。そしてその関心は、埃及、そしてイスラムにも拡がってい
た。

　福沢諭吉『西洋事情』6冊、岡田屋嘉七／尚古堂、1866-67年／慶應義塾出
版局、1873年。

　東條保『朝鮮志略』島田儀三郎、1875年。

　シャーレル・ダレー、榎本武揚訳『朝鮮事情』東洋社、1876年／集成館、
1882年／金容権訳『朝鮮事情』平凡社、1979年。

　高橋吾良『印度史』高橋吾良／十字屋、1881年。

　東海散士（柴四郎）『佳人之奇遇』16巻、柴四郎、1885-91年——エジプ
ト志士の独立運動を主題とした。

　引他利章編『亞富汗斯坦地志』陸軍文庫、1885年。

　志賀重昂『南洋時事』丸善商社、1887年／クレス出版、2007年。

　珂那通世『支那通史』4巻、中央堂、1888年／大日本圖書、1888-90年／4
巻、東文學社、1899年／和田清訳、上・中・下、岩波文庫、岩波書店、

1938年、1949年新版。

森貞次郎『山田長政暹羅遺跡』春陽堂、1889年。

東海散士編『埃及近世史』柴四朗、1889年／八尾書店、1894年。

北村紫山『印度史　附朝鮮・安南・緬旬・暹羅　各國史』博文館、1889年。

海軍水路部『支那航海志』8巻、海軍水路部、1890年。海軍水路部『海軍水路志』11巻、海軍水路部、1892-1900年。

釋宗演『錫輪島志　全』弘教書院、1890年／『釋宗演全集』第10巻、平凡社、1930年。

稲垣満二郎『西比利亞鐵道論・完』哲學書院、1891年。

三島一雄『濠洲及印度』毎日新聞社、1891年。

參謀本部編『支那地志』15巻、參謀本部、1892年。同編『西利伯地誌』上・下、參謀本部、1892年。

菊池謙讓『朝鮮王國』京城、民友社、1896年／ソウル、景仁文化社、1995年。

圖南協會編『暹羅王國』經濟雑誌社、1897年。

遅塚麗水『太平洋』金櫻堂、1897年――彼は、1915年に中国旅行記『山東遍路』（春陽堂）を刊行し、1928年に『南洋に遊びて』（大阪屋號書店）を刊行した。

二宮峰男『馬來半島事情』內外出版協會、1898年。

幣原坦『南島沿革史論・全』冨山房、1899年。

坂本健一『麻謌末』博文館、1899年――最初のマホメット伝である。

日本の研究活動は、1887年に国家學會が設立され、「國家學會雑誌」が刊行された。1889年に史學會が成立し、「史學雑誌」が刊行された。さらに1897年に國際法學會が創立され、1902年に「國際法外交雑誌」が刊行された。

清国では、黄遵憲が1877年に初代公使、參贊として訪日し、日本人との交遊を重ね、帰国後、任官を断り、1887年に『日本國志』40巻首1首を完成し、1890年に刊行された（黄遵憲編『日本國志』13巻、北京、羊城富文斎、1890年／40巻首1

巻、上海、上海圖書集成局、1898年/2冊、台北、文海出版社、1981年/2冊、天津、天津人民出版社、2005年/3冊、長沙、岳麓書社、2016年)。構成は、以下の通りである。國統志2巻、隣交志5巻、天文志1巻、地理志3巻、職官志2巻、食貨志6巻、兵志6巻、刑法志5巻、學術志2巻、禮俗志4巻、物産志2巻、工藝志1巻。本書は、中国における秀抜の日本研究文献とされる。[7]

1875年にインド国民運動指導者ダダバイ・ナオロジーの『インドの貧困』が刊行され、続いて1901年に『インドにおける貧困と非英国支配』も刊行された。[8]

当時のアフリカは、日本にとって「暗黒の大陸」にあった。実際、アフリカ大陸は、探検の世紀にあった（ヘンリー・モートン・スタンレー、矢部新作訳『スタンレー探検實記──闇黒阿弗利加』2冊、博文館、1896年。姉歯準平『リヴィングストン言行録』内外出版会、1908年)。1882年クローマーは英エジプト総督に就任し、1907年まで在任し、彼は、1910年に『古代及び現代の帝国主義』（クローマー、東半球協會訳『古今外領統治策批判』興文社、1943年）を刊行し、帝国主義に厳しい批判を加えた。一方、ルガードが1895年に北ナイジェリア初代高等弁務官に着任し、そこでのいわゆる二重統治は1922年に著作として集成、刊行され、英国植民統治の基本方針として確認された。[9]一方、日本にとってアフリカ大陸は、いわば話題の世界にあった。[10]

そして以下の研究が出され、現実的関心も深まるところとなった。

戸水寛人『亞非利加、前進』有斐閣書房、1898年。

福本日南『新建國』博文館、1900年。

吉田栄右訳述『杜國大統領クルーゲル』春陽堂、1900年。

徳富健次郎『ゴルドン将軍傳』智醒社書店、1901年。

ウィリアム・ジョージ・スミス『南阿戰争』基督教書類會社、1906年。

2-3 中国大陸への関心

かつて中華の世界にあって未知の中央アジアには、20世紀に入るとともに、多くの探検が試みられた。その過程で、ロシアはその中央アジアの支配を固め

第 2 部　地域研究 250 年

て行き、こうして、西トルキスタンはロシア世界に入り、東トルキスタンは辛うじて中国がその新疆支配を維持した。

　そこでの中央アジア探検は、ロシアが国家事業として遂行し、他国もこれに追随した。[1]1902 年に井上雅二の中央アジア旅行があり（井上雅二『中央亞細亞旅行記』民友社、1903 年／ゆまに書房、1998 年）、[2]また大谷探検隊の敦煌莫高窟調査、大谷隊橘瑞超らの中央アジアでの活動は大きな成果があった（上原芳太郎編、大谷家藏版『新西域記』上・下、有光社、1937 年／上・下、井草出版、1984 年。別冊、山田信夫『解題　附載　大谷探検隊中央アジア関係文献目録』井草出版、1984 年。橘瑞超『新疆探検記』民友社、1912 年。橘『中亞探検』博文館、1912 年／中公文庫、中央公論社、1989 年）。[3]大谷隊の探検はアジア人として西欧世界がとってきた掠奪調査ではなく、当事国にその調査結果を遺すというもので、文化の収奪はなかった。その成果は、国際的に地道な地域調査として高く評価された。そして、鳥居龍蔵は、1895 年の滿洲調査など、未だ交通が発達していない東部アジアの全域、山野・砂漠・密林を跋扈して調査し、それは先人未踏の調査といえるものであった（鳥居『千島アイヌ』吉川弘文館、1903 年。鳥居『南滿洲調査報告』秀英社、1910 年。鳥居『蒙古旅行』博文館、1911 年。鳥居『蒙古及滿洲』冨山房、1915 年。鳥居『滿蒙の探査』萬里書房、1928 年。鳥居『滿蒙其他の思ひ出』岡倉書房、1928 年。鳥居・鳥居君子・鳥居幸子『西比利亞から滿蒙へ』大阪屋號書店、1929 年。鳥居・鳥居きみ子『滿蒙を再び探る』六文館、1932 年。鳥居『中国の少数民族地帯を歩く』朝日新聞社、1980 年。『鳥居龍蔵全集』12 巻・別巻、朝日新聞社、1975-77 年）。

150

表2　中央アジア探検の記録

時期	ロシア	英国	ドイツ	フランス	日本	スウェーデン	中国/米国/他
1850年代	1856-1857年 セミョーノフ						
1860年代							
1870年代	1870-1873年 プルジェワルスキーI 1876年 ポターニンI 1876-1877年 プルジェワルスキーII 1879-1880年 ポターニンII 1879-1880年 プルジェワルスキーIII						
1880年代	1883-1885年 プルジェワルスキーIV 1884-1886年 ポターニンIII	1887年 ヤングハズバンド 1887年 ベルI 1889年 ベルII					1888-1889年 ロックヒルI
1890年代	1891年 ロボロフスキーI 1893-1894年 オブルチェーフ 1893-1895年 ロボロフスキーII 1898年 クレメンツ 1899-1901年 コズロフI				1896年 福島安正I 1899年 福島安正II 1899-1902年 河口慧海I	1890-1891年 ヘディンI 1893-1897年 ヘディンII 1899-1902年 ヘディンIII	1891-1892年 ロックヒルII

1900年代	1907-1909年 コズロフⅡ 1909-1910年 オルデンブルグⅠ	1900-1901年 スタインⅠ 1906-1908年 スタインⅡ	1902-1903年 グリュンベーデルⅠ 1904-1905年 ル・コックⅠ 1905-1907年	1906-1908年 ペリオ	1902年 井上雅二 1902-1904年 大谷光瑞Ⅰ 1907年 日野強	1906-1908年 ヘディンⅣ	
1910年代	1914-1915年 オルデンブルグⅡ	1913-1916年 スタインⅢ	グリュンベーデルⅡ 1906-1907年 ル・コックⅡ 1913-1914年 ル・コックⅢ		1908-1909年 大谷光瑞Ⅱ 1910-1914年 大谷光瑞Ⅲ 1913-1915年 河口慧海Ⅱ		
1920年代	1923-1926年 コズロフⅢ 1928年 パミール探検隊Ⅰ					1927-1928年 ヘディンⅤ	1921年 アメリカ探検隊 1923年 アンダーソン 1926-1927年 ラティモア
1930年代	1930年 パミール探検隊Ⅱ 1931年 パミール探検隊Ⅲ	1935年 タイクマン		1931-1932年 シトロエン探検隊		1933-1935年 ヘディンⅥ	1930-1933年 西北科学考査団*

（備考）＊スウェーデン、ドイツ、中国、オランダの研究者による共同調査団。

　また、河口慧海は1900年にチベットに入り、その「西藏探檢記」は新聞に連載され、大きな関心を集めた（河口慧海『西藏旅行記』上・下、博文館、1904年／山喜房佛書林、1941年／大修館書店、1978年／ゆまに書房、1988年／うしお書房、1998年／『チベット旅行記』5巻、講談社学術文庫、講談社、1978年）。寺本婉雄は1905年にチベットに入国し、次いで青木文教、多田等観が西本願寺から派遣されて本格的なチベット仏教研究が着手された。[4]

〈注〉

2-1 対外知識の蒐集

＊1　Ｃ・Ｄ・Ｂ・ブライアン『人類の挑戦——冒険と探検の100年』教育社、1988年、23頁以降。

2-2 北方・南洋と西アジア・インド、及びシベリア紀行

＊1　伊能忠敬、鈴木純子・渡邊一郎編『伊能図集成——「大図」「小図」』柏書房、1999年。大谷亮吉編『伊能忠敬』岩波書店、1917年。伊藤弥太郎『伊能忠敬』新潮社、1945年。清水信夫『伊能忠敬——日本地圖の創始者』ポプラ社、1952年。渡辺一郎編『伊能忠敬の全国測量』伊能忠敬研究会、2009年／『伊能忠敬測量隊』小学館、2003年。西本鶏介『伊能忠敬——正確な日本地図をつくった測量家』ミネルヴァ書房、2012年。童門冬二『伊能忠敬——日本を測量した男』河出文庫、河出書房、2014年。

＊2　渡瀬修吉『日ソ国境交渉史』回天発行所、1972年。大熊良一『北方領土問題の歴史的背景——樺太千島交換条約に関する一史稿』北方領土問題対策協会、1964年。大熊『幕末北方關係史考』北方領土問題対策協會、1972年／近藤出版社、増補版1990年。北構保男編『千島・シベリア探検史』名著出版、1982年。

＊3　小林不二男『日本イスラム史——戦前、戦中歴史の流れの中に活動した』日本イスラム友好連盟、1988年、43-44,52頁。

＊4　竹下源之介『太平洋探檢家鈴木經勳』大日本海洋圖書出版社、1943年／大空社、1997年。高山純『南洋の大探検家　鈴木経勲——その虚像と実像』三一書房、1995年。

＊5　田村維則『福島安正君小傳及紀行梗概』田村維則、1894年。島貫重郎『福島安正と単騎シベリヤ横断』2冊、原書房、1979年。坂井藤雄『シベリヤ横断・福島安正大将伝』葦書房、1992年。豊田襄『福島安正——情報将校の先駆、ユーラシア大陸単騎横断』講談社、1993年／大空社、1997年。篠原昌人『陸軍大将福島安正と情報戦略』芙蓉書房出版、2002年。

＊6　稲垣満次郎『西比利亞鐵道論・完』哲學書院、1891年。松浦充美『己成西伯利亞鐵道』民友社、1897年。佐藤宏『兩洋交通論——名對西伯利亞鐵道策』外交時報社、1899年。田邊朔郎『西伯利亞鐵道・全』金港堂書籍、1902年。鐵道院『西伯利鐵道良好案内』鐵道院、1919年。浅井勇『シベリア鉄道——軍事と経済の大動脈』教育社、1988年。浦野起央『ユーラシアの大戦略——3つの大陸横断鉄道とユーラシア・ドクトリン』時潮社、2008年。

＊7　中国史学会・中国社会科学院近代史研究所編『黄遵憲研究新論——紀念黄遵憲逝世一百年国際学術討論会論文集』北京、社会科学文献出版社、2007年。

＊8　Dadabhai Naorogji, *Poverty and Un-British Rule in India,* London: Swan Sonneschein, 1901/ Dehli: Publication Division, Ministry of Information and Broacasting, Government of India, 1962.
　　ナオロジーは、以下をみよ。Debendra Kumar Das ed., *Dadabhai Naoroji, 1825-1917: Life Sketch and Contribution to Indian Economy.*,London: Swan Sounenschein, 1901/ New Delhi: Deep & Deep Publications, 2004.

＊9　Sir F. D. Lugard, *The Dual Mandate in British Tropical Africa*, Edinburg/

153

London: William Blackwood, 1922/ London: Frank Cass, 1965.
＊10　村上眞助『印度太子　亞非利加奇譚』東京書肆、1887年。

2-3中国大陸への関心

＊1深田久弥『中央アジア探検史』白水社、1971年。『西域探検紀行全集』全5巻、白水社、1966-81年があり、前掲書はその別巻である。

＊2　氷見七郎『興亞一路井上雅二──傳記・井上雅二』刀江書院、1942年/大空社、1997年。

＊3　長沢和俊編『シルクロード探検』西域探検紀行全集第9巻、白水社、1966年/白水社、1978年。堀賢雄『西域旅行日記──大谷探検隊』中国辺境歴史の旅第8巻、白水社、1987年。柴田幹夫『大谷光瑞とアジア──知られざるアジア主義者の軌跡』勉誠出版、2010年。白須浄眞『大谷探検隊とその時代』勉誠出版、2002年。白須編『大谷光瑞と国際政治社会──チベット、探検隊、辛亥革命』勉誠出版、2011年。白須『大谷探検隊研究の新たな地平──アジア広域調査活動と外務省外交記録』勉誠出版、2012年。『大谷探検隊をめぐる新研究』龍谷大学アジア仏教文化研究センター、2012年。

＊4　青木文教『秘密之國西藏遊記』内外出版株式會社、1920年/『西藏』芙蓉書房、1969年/『秘密の国西藏遊記』中公文庫、中央公論社、1990年/『秘密国チベット』芙蓉書房出版、1995年/『秘密の国・西藏遊記』慧文社、2016年。青木『西藏の新研究』有光社、1940年/慧文社、2015年。青木『西藏問題──青木文教外交調書』慧文社、2009年。

寺本婉雄『蔵蒙旅日記』芙蓉書房、1974年。

多田等観『チベット』岩波新書、岩波書店、1982年。多田、牧野文子編『チベット滞在記』白水社、1984年/講談社学術文庫、講談社、2009年。多田、多田明子・山口瑞鳳編『多田等観──チベット大蔵経にかけた生涯』春秋社、2005年。高本康子『チベット学問題として生きた日本人──多田等観の生涯』芙蓉書房出版、2012年。

第3章 対外進出と地域研究

3-1 植民学の転換と国策の遂行

　日本の対外地域への関心は、国家膨張の帝国主義の拡大にあった。日本の中国大陸への進出・関与とともに、その方策は戦略的関心の遂行へと転換し、日本の満州支配を手がかりに中国の地域研究が大規模に実施された。それは、植民地経営と結び付いていた。

　日本の植民地研究は、1895年の台湾統治とともに着手され、日露戦争の段階で植民地経営への関心がみられ、1906年南満州鉄道株式会社の設立で、その研究も本格化した。それは、英国のインド及びエジプト経営を模範としていた。こうして、属領統治の本格的研究が着手された。その主要文献は以下の通りで、そこでは、実践的な地域研究への転換をもたらすところとなる。

　　パウル・S・ラインシュ、臺灣舊慣研究會訳『殖民地統治策』台北、臺灣舊慣習研究會、1906年。

　　臨時臺灣舊慣調査會編『殖民地組織大全』台北、臨時臺灣舊慣調査會、1909年。

　　竹越與三郎『比較殖民制度』讀賣新聞社、1906年。

　　中内光則『植民地統治論』寶文館、1907年。

　　永井柳太郎『植民原論』巖松堂書店、1916年。

　　稲田周之助『植民政策』有斐閣、1918年。

　　アルチュール・ヂロル、若林榮次郎訳『殖民及殖民法制原論』台北、臨時臺灣旧慣調査會、1918年——世界の植民法制の体系化である。

　　山本美越乃『植民政策研究』弘文堂書房、1920年。

155

東郷實『植民政策と民族心理』岩波書店、1925年。

矢内原忠雄『植民及び植民政策』有斐閣、1926年。

拓務省管理局編『朝鮮・臺灣・樺太・関東州ノ地方制度概要』拓務省、1930年。

初の日本外交史、野村浩一『最近東亞外交史』（有斐閣書房、1906年）は、日清戦争とその結果、東亜におけるロシア勢力の増進と日本の対韓政策の失敗、ドイツの膠州湾占領とその影響としての日本の対韓勢力の回復、北清事変とその終局、ロシアの満州経営と日露戦争へ至る日露交渉をとりあげており、ロシアの東漸問題がその主題であった。そこでは、日本は、日露交渉での大韓帝国の独立と領土保全、そしてロシアの満州経営への干渉に直面してロシアとの戦争を余儀なくされることになる、と結んでいた。

ここでいま1つ指摘しておくべきは、1904年2月の「中央公論」に、島田三郎が「國民の素養」を寄稿して、黄禍論は「三國干渉の時の手傳となった」ばかりでなく、それは英国・米国にも存在し、ロシアもそうであって、「日本國民が大体の道理からして彼等を醒覺せしめなければならない」と指摘した。一方、カイザーは、こう述べたといわれる。「ロシアの敗北は、イエス・キリストより仏陀が優れていることを意味しない。それは、ロシアのキリスト教徒が悲しむべき状況にあったからで、日本人は天罰を与えることになった」とある。黄禍論の認識にあった者は、すべてのアジアが日本の指揮下に団結して西欧に対する十字軍を起こすべきと考え、それ以外には道はない、とカイザーが解していたことは、事実であった。[1]こうした文脈のなか日本の国際認識が始まったが、そこでは、日露戦争における白色人種帝国主義に対する黄色人種の勝利において、日本のアジア盟主としての自覚も誕生した。そして、その日本の使命感が日本への期待とアジアの理解を得た地域研究を促した。

そうした研究には、東洋学の先駆といわれる先学の業績があった。[2]白鳥庫吉は、朝鮮、満州、蒙古、中央アジアの東洋諸民族の歴史研究に着手した（白鳥『東洋史上に於ける満鮮の位置』新更會刊行部、1932年。白鳥、王古魯訳『塞外史地論文訳叢』2冊、長沙、商務印書館、1934-40年。白鳥監修『東洋文化史體系』24巻、誠文堂新光

社、1938-39年。白鳥監修『世界文化史體系』24巻、誠文堂新光社、1938-39年。白鳥『西域史研究』上・下、白鳥博士東洋史論集1・2、岩波書店、1941-44年。『白鳥庫吉全集』10巻、岩波書店、1969-71年。白鳥『朝鮮史研究』岩波書店、1986年。白鳥『塞外民族史研究』2冊、岩波書店、1986年）。彼は、1908年に南満州鉄道総裁後藤新平を説いて満鉄東京支社に満鮮歴史地理調査部を設け、これを主宰した（白鳥・箭内亙・稲葉岩吉・松井等『滿洲歴史地理』2巻、滿鐵調査部／丸善、1913年）。1910年彼は満州現地調査を実施し、渤海国の旧都を確認し、西域史と支那思想史を開拓し、1921年『元朝秘史』の音語蒙文訳に着手した（白鳥『音訳蒙文元朝秘史』東洋文庫、1943年）。1923年東洋文庫の創設で、彼は研究部長に就任した。

　1881年創設の玄洋社は、1882年朝鮮をめぐる情勢の緊迫化で、国権主義に走り、日清戦争の糸口にかかわり、ロシアと対決した（玄洋社々史編纂會『玄洋社社史』玄洋社、1917年／明治文献、1966年／葦書房、1992年）。玄洋社社長平岡浩太郎の甥、内田良平は、日清戦争後における三国干渉に憤激し、ロシアとの一戦を見越して2年余にわたり、シベリアを調査し、帰国して黒龍江から名をとって黒龍会を、1901年に結成した。[3] 内田は、ロシアとの開戦論を唱え、日露戦争では黒龍会員が現地で軍事行動を支援した。さらに、内田は、伊藤博文韓国統監顧問として朝鮮施策に寄与し、一進会を組織して併合計画を実現に導いた（高村謹一『朝鮮統治問題』黒龍會、1920年。黒龍會編、葛生能久『日韓合邦秘史』上・下、黒龍會出版部、1930年／上・下、原書房、1966年。葛生能久『日韓合邦の眞精神——一進會の合邦運動、李完用體驗の國際侮辱』黒龍會本部、1945年）。さらに、内田は、孫文の辛亥革命を支持して北一輝らを派遣したが（北一輝『支那革命外史』大鐙閣、1921年／平凡社、1931年／内海文宏堂書店、増補版1937年／『北一輝著作集』第2巻、みすず書房、1959年）、革命後は、対華21カ条要求の国民運動へと転換し、満蒙・アジアの独立運動を支援した。その行動は地域認識において大きく注目されるところがあった（内田良平『露亡國論』黒龍會本部、1901年／『ロシア亡国論』大東塾出版部、1977年。内田『支那觀』黒龍會本部、1913年／『支那觀・國難來』若林半、1937年。内田『秘　對支策斷案』黒龍會、1913年。内田『全満蒙鐵道統一意見書』黒龍會出版部、1930年。『内田良平関係文書』11巻・付録、芙蓉書房出版、1994年）。

第2部　地域研究250年

　宮崎滔天は、孫文の革命活動に絶対的支援者として献身した（宮崎（白浪庵）
滔天『三十三年の夢』國光書院、1902年／福永書店、1926年／文藝春秋社、1943年／國光書院、
1943年／東洋文庫、平凡社、1967年／葦書房、1984年／日本図書センター、1998年／新学社、
2005年。『宮崎滔天全集』5巻、平凡社、1971-76年）。*4

　1898年に民間団体として東亜同文会が発足した。そこには、大隈重信の改
進党と板垣退助の自由党とが合併した憲政党大隈内閣の発足があり、これまで
の藩閥政治を脱して中国への積極的な友好関与という対外経綸を目標とした東
亜会（犬養毅）と近衛篤麿の同文会との合同という要望と熱意がその背景に
あった。十分に対応できない大隈内閣は瓦解し、近衛内閣がこの方針を受け継
いで成立し、東亜同文会の「支那の保全」の方針が確認された。もっとも、同
会の立場は、「清朝を援助して列国の分割を防止する」者と、「支那の革命を
促進して自疆の實を揚げしむべし」の者との間の意見の分立があり、その結
果、「支那の保全」に落着した経緯があった。さらに、その活動の1つとして、
1901年上海に東亜同文書院が外務省事業部の所轄下に開設され、善隣友好の
士を育てた（大学史編纂委員会編『東亞同文書院大學史』滬友会、1982年。東亜文化研究所
編『東亜同文会史』霞山会、1988年。霞山会編『東亜同文会論考』霞山会、1998年。霞山会編
『東亜同文会史・昭和編』霞山会、2003年）。そして、東亜同文会は、地域研究として
の中国研究に先駆となった。*5その代表的な成果は、次のものがあった。

　東亞同文會編『支那經濟全書』12輯、東亞同文會編纂局、1906-08年／
台北、南天書房、1989年。各巻の構成は以下の通りである。

　①農政・土地の權利移轉・労働者・資本・物價・人民生活程度・財政、
②商売・特許商・買辨・會館ト公所・組合行規及家憲、③新關・舊關舊
關及雑税・水運・倉庫業・山西票號、④商政・商品陳列場・商用書式・簿
記法、5支那鐵道、⑥郵便－電信・度量衡・貨幣・支那銀行・支那ニ於ケ
ル外國銀行、⑦海上保險・商幫ノ勢力及風俗・牙行・報關行・渝行及通關
行・招牌・廣告及商標・對清貿易、⑧農業・米・荳・荳餅・砂糖・棉花・
脂肪油・脂肪及蝋、⑨牧畜・海産物、⑩木材・木炭・礦山、⑪鉱業及製紙
業－燐寸・精米業・製粉及製麺・紡績業及綿糸・棉織物、⑫製糸業－絹織

158

物・陶磁器・出版業及文房具・雑貨。

東亞同文會『滿洲通志』大日本圖書、1906年。

マルチン・ルードルフ、東亞同文會訳『日露ノ将来』東亞同文會、1906年。

アレクセイ・マトヴェヴィチ・ポズトネエフ、東亞同文會編纂局訳『蒙古及蒙古人』東亞同文會編纂局、1908年。

東亞同文會調査編纂部『支那年鑑』東亞同文會調査編纂部、1912年、1920年まで4冊、『新篇支那年鑑』1927年、『最新支那年鑑』1935年、同業務部篇『新支那現勢要覧』1938年、1940年、『新支那年鑑』1942年、『中国年鑑』11巻、日本図書センター、2004-06年再刊。東亞同文會調査部編『新滿洲國要覧』斯文書院、1932年。

東亞同文會調査部編纂部『支那重要法令集』東亞同文會、1915年。

東亞同文會調査部編『中國省別全志』18巻、東亞同文會、1917-20年／台北、南天書局、1988年。広東省から直隷省まで各省すべてを取り上げた。但し、新疆、西藏、内蒙古は扱われていない。東亞同文會支那省別全誌刊行会編『新修支那省別誌』9冊、東亞同文會支那省別全誌刊行會、1941-46年が刊行されたが、第10巻以降は未刊。

東亞同文會編『支那關係特種條約匯纂』丸善、1917年／2冊、東京大學出版會、1978-79年。同調査編纂部『中華民國國民政府主要法令並條約集』東亞同文會、1929年。

日本の満州支配とともに、その植民地支配を正統化する議論が登場した。

有賀長雄『日清戰役國際法論』陸軍大學校、1896年。有賀『滿洲委任統治論』早稲田大學出版部、1905年。有賀『日露陸戰國際法論』東京偕行社、1911年。

淺野利三郎『南滿洲ニ於ケル帝國ノ權利』清水書店、1913年。淺野『日露之特殊利益と國際鐵道戰──滿蒙之歷史地理的研究』寶文館、1929年。淺野『ソ聯邦の亞細亞中心政策　前編』現代社、1939年。淺野『滿洲国外蒙古併合論』寶文館、1939年。淺野『日獨ソ大陸ブロック論──その地政学的考察』東海堂、1941年。

矢野仁一『滿蒙に於ける日本の特殊權益』弘文堂書房、1928年／大連、滿洲研究會、1931年。

北川鹿藏『滿蒙獨立論の史的根據』日本ツラン協會、1932年／ソウル、景仁文化社、1997年。

蜷川新『滿洲に於ける帝國の權利』清水書店、1937年。蜷川『南洋に於ける帝國の權利』清水書店、1937年。蜷川『國際聯盟と我南洋の委任統治地』自衛社、1932年。

満鉄総裁、外相を経験した松岡洋右も、日満共同体を強く主張した（松岡洋右『動く滿蒙』先進社、1931年。松岡『滿鐵を語る』第一出版社、1939年。松岡『東亞全局の動揺——我が国是と日支露の関係・滿蒙の現状』先進社、1931年。松岡『興亞の大業』教学局、1940年／第一公論社、1941年。松岡『大陸の青年に與ふる書——松岡前總裁記念出版』大連、滿鐵社員會、1941年）。[*6]豊川善曄は、極東の生命線である日満共同体の地政学的方策として、京城への遷都論を展開した（『京城遷都論』京城、興亞堂書店、1934年）。

3-2植民地経営と地域研究

台湾では、土地調査事業が着手され（臨時臺灣舊慣調査會『臺灣舊慣調査事業報告』台北、臨時臺灣舊慣調査會、1917年）、民事調査が行われた。[*1]日本併合後の朝鮮慣習調査（朝鮮總督府『朝鮮部落調査豫備報告』、『朝鮮部落調査報告』、『朝鮮部落調査特別報告』京城、朝鮮總督府、1923年／ソウル、民俗苑、1992年／龍渓書舎、2001年）、さらに日露戦争後に満州旧慣調査（『滿洲舊慣調査報告書』7巻、大連、滿鐵調査課、1913-15年／17巻、新京、大同印書館、1914年／13分冊、御茶の水書房、1985年）が実施された。

1905年日本は、中国本土の旅順・大連におけるいっさいの権利を入手したことで、鉄道帝国主義の定番として満州での鉄道経営に着手し、中国市場獲得の道を歩んだ。初代総裁に就任した後藤新平は、台湾民政長官として旧慣調査を行った経験から、満鉄の設立とともに調査部を発足させ、それは1908年に調査課と改称され、東京支社に東亜経済調査局を設置し、満蒙、中国、シベリア、ロシア、ヨーロッパの経済・政治情勢の調査と資料収集を行った（満州事

変で経済調査会と改称され、1936年に産業部となった）。1939年松岡洋右総裁の当時に、満鉄調査部は、大連図書館、満州資源館、在外事務所、中央試験所、地質研究所、産業試験所などの自然科学系機関までを擁する一大調査機関となり、のち調査部上海事務所が設けられた。その膨大な調査には、華北農村の慣行調査（南滿洲鐵道株式會社調査部支那抗戰力調査委員會『支那抗戰力調査報告』10冊、南滿洲鐵道株式會社調査部、1940年／1冊、三一書房、1970年）といった学術的価値が高い成果をあげた。その中心的役割を担ったのは伊藤武雄で、彼の『現代支那社會研究』（同人社書店、1927年）は現状分析の体系的研究の先駆として注目された。本書の構成は、以下の通りである。

　　第1章支那の人口統計、第2章支那に於ける産業組織と資本主義の發展、第3章支那の労働者團体研究、第4章國民黨並に中國共産黨研究、第5章1925年支那解放運動の背景、第6章支那の紡績職工罷業論、第7章支那に於ける北方精神と南方精神。

1929年に南満州鉄道庶務部調査課の名で刊行された鈴江言一『中國無産階級運動史』（南滿洲鐵道庶務部調査課『中國無産階級運動史』南滿洲鐵道庶務部調査課、1929年／鈴江言一『中国解放闘争史』石崎書店、1953年）に次ぐ、1930年刊行の鈴江言一『支那革命の階級対立』2冊（大鳳閣、1930年／東洋文庫、平凡社、1975年）は、カウツキーのフランス革命における階級対立図式の中国階級構成への分析的適用として注目された。[*2]満鉄調査部上海事務所にいた中西功の中国共産党研究の業績は戦後に公刊された（中西功『中國革命と中國共産黨』人民社、1946年。中西『中國共産黨史　ソビェート革命時代(1)』北斗書院、1946年／『中國共産黨史』白都社、1949年。中西『中国革命と毛沢東思想――中国革命史の再検討』青木書店、1969年）。

　　日本共産党員で朝日新聞社上海特派員だった尾崎秀實は、『現代支那批判』（中央公論社、1936年／中国新書、勁草書房、1964年／『尾崎秀実著作集』第2巻、勁草書房、1977年）、『嵐に立つ支那――転換期支那の外交・政治・經濟』（亞里書店、1937年／『尾崎秀実著作集』第1巻、勁草書房、1977年）、『國際關係から見た支那』（第二國民會出版部、1937年／『尾崎秀実著作集』第1巻、勁草書房、1977年）、『現代支那論』（岩波新書、岩波書店、1939年／『尾崎秀実著作集』第2巻、勁草書房、1977年）、『支那社會經濟

論』（生活社、1940年／尾崎秀実選集』第1巻、世界評論社、1949年／『尾崎秀実著作集』第2巻、勁草書房、1977年）など、数多くの中国研究の成果をあげた。さらに、尾崎は内閣嘱託、満鉄調査部嘱託となり、昭和研究会の有力者となり、また近衛内閣のブレーンの1人として活動し、そしていち早く東亜協同体論を提唱し、それは大東亜共栄圏構想の先駆となった（尾崎「東亜新秩序論の現在及将来」東亜問題、1939年4月号／『尾崎秀実著作集』第2巻、勁草書房、1977年）、尾崎「「東亜協同体」の理念とその成立の客観的基礎」中央公論、1939年10月号／『尾崎秀実著作集』第2巻、勁草書房、1977年）。しかし、激化する日本軍国主義の侵略戦争に反対し、ゾルゲと協力して情報活動に従事し、1941年に逮捕され、1944年に処刑された。[3]

　この日本の中国関与と進出の過程で、中国をめぐる明確な分析と主張が提起され、市村瓚次郎、矢野仁一、長野朗、橘樸ら、中堅の地域研究者が誕生した。市村瓚次郎は、『支那論集』（冨山房、1916年）、晩年に『東洋史統』4巻（冨山房、1939-50年）を残した。矢野仁一は、中国の対外関係の先学で、その学風は机上の研究に満足しなかった（矢野『近代蒙古史研究』弘文堂書房、1917年。矢野『近代支那史』弘文堂書房、1926年。矢野『現代支那研究』弘文堂書房、1926年。矢野『近代支那の政治及文化』イデア書院、1926年。矢野『支那近代外國關係研究』弘文堂書房、1928年。矢野『近世支那外交史』弘文堂書房、1930年。矢野『滿洲國歷史』目黒書店、1933年。矢野『現代支那概論——動かざる支那』目黒書店、1936年。矢野『日清役後支那外史』東方文化学院京都研究所、1937年。矢野『アヘン戦争と香港——支那外交史とイギリス、其1』弘文堂書房、1939年／中公文庫、中央公論社、1990年。矢野『アロー戦争と圓明園——支那外交史とイギリス、その2』弘文堂書房、1939年／中公文庫、中央公論社、1990年。矢野『滿洲近代史』弘文堂書房、1941年。矢野『清末史研究』大和書院、1944年。矢野『大東亞史の構想』目黒書店、1944年）。橘樸は、北海タイムス記者から大連に移り、1913年北京に移住し、「日華公論」、「京津日日新聞」、「滿洲評論」、その他の主筆を努め、満州国建国以後は王道国家論を唱え、満州建国のイデオローグとなった。彼は、1946年奉天で逝去した（橘『道教』北京、支那風俗研究會、1925年。橘編『滿洲と日本』改造社、1931年。橘『支那社會研究』日本評論社、1936年。橘『支那思想研究』日本評論社、1936年。橘『支那社会研究』日本評論社、1936年。橘・細川嘉六・平野義太郎・尾崎秀實「東洋社會構

162

成と日支の将來［検討會］」中央公論、1940年7月夏季特大号。橘『中華民國三十年史』岩波新書、岩波書店、1943年。橘『支那建設論』上海、大陸新報社、1944年。橘『中國革命史論』日本評論社、1950年）。[*4]

そのアジア主義は多様である（松浦正孝編『アジア主義は何を語るのか──認識、権力、価値』ミネルヴァ書房、2011年）。

他に、以下の研究があった。

稲葉岩吉『滿洲發達史』大阪屋號書店、1915年／日本評論社、1921年、増訂版1935年／1945年。稲葉『滿洲國史通論』日本評論社、1940年。

吉野作造『支那革命小史』萬朶書房、1917年／『吉野作造全集』第7巻、岩波書店、1995年。

長野朗「支那に何を學ぶ可き乎」、『我等世界に何を學ぶ可き乎』上、越山堂、1925年。長野『支那は何處へ行く?』支那問題研究所、1927年。長野『現代支那全集』5巻、坂上書院、1937-38年。

清水泰次『支那の家族と村落の特質』文明協會、1927年。

台湾の日本統治とともに、台湾研究が着手された。

伊能嘉矩『世界に於ける臺灣の位置』林書房、1889年。伊能『臺灣志』文學社、1902年。伊能編『臺灣巡撫トシテノ劉銘傳』台北、新高堂、1905年。伊能編『領臺十年史』台北、新高堂、1905年。伊能『臺灣文化志』上・中・下、刀江書院、1928年／伊能『台湾文化誌』刀江書院、1965年。伊能、張炎憲主編、守口雄稔編『伊能嘉矩の台湾踏査日記』台北、台湾風物雑誌社、1992年。伊能『伊能嘉矩蕃語調査ノート』台北、南天書局、1998年。矢内原忠雄『帝國主義下の臺灣』岩波書店、1929年／『矢内原忠雄全集』第2巻、岩波書店、1966年。

さらに、1929年以降、一連の支那問題辞典が刊行された。[*5]

1931年にパール・バックの『良き土地』が刊行され、その日本語版『大地』は1938年に出版され（新居格訳『大地』第一部、第一書房、1938年／第1〜3部、共和出版社、1951年／三笠書房、1952年／4冊、新潮社、1953年／4冊、新潮文庫、新潮社、1996年／大久保康雄訳、4冊、角川書店、1957年／朱牟田夏雄訳、3冊、講談社、1972年／小野寺健訳、

163

4冊、岩波文庫、岩波書店、1997年）、本書は、中国大陸を知る好書となった。[6]

3-3中国、朝鮮、南洋研究

1925年5月東方文化事業総委員会が成立し、日中共同事業が発足した。この委員会は、中国側が「対支」という文字を嫌ったことで、これに「東方文化」と提案したのが京都大学の狩野直喜であった。この人文科学研究所の北京設置は山東出兵などの事件で行き詰まったが、「我國内ニ於イテ支那文化研究機関」として、東方文化学院東京研究所・京都研究所が発足した。[1]この京都研究所の主任（所長）となったのが苅野で、1930年11月新施設、現在の京都大学人文科学研究所が設立された。狩野が意図したのは東京帝国大学文科大学に対する京都の支那学、つまり支那哲学、東洋史学、支那文学の設置で、ここに支那を総合的に把握する京都学派の東洋学が始まった。狩野は、敦煌学を草創し、『支那學文藪』（弘文堂、1927年／みすず書房、増訂版1973年）。『中国哲学史』（岩波書店、1963年）、『清野の制度と文学』（みすず書房、1984年）などをまとめた。[2]

狩野とともに、京都に着任したのは、論説記者の内藤虎次郎（湖南）と、「東洋史」教科書（『中等東洋史』大日本圖書、1898年、『初等東洋史』大日本圖書、1899年、『東洋史教科書』東京開成館、改訂版1904年、『東洋史讀本』泰東同文局、1904年、『東洋史教授資料』開成館、1914年）を書き中国を旅行してきた桑原隲藏であった。

「大阪朝日新聞」論説記者内藤虎次郎は、1905年7月当時、外務省の嘱託として渡満し、奉天で史蹟や文献調査を行い「満文老檔」を発見し、さらにその崇謨閣で「満州実録」なども目撃し、翌06年1月帰国し、彼は同年6月「早稲田文学」に「奉天宮殿にて見たる圖書」を発表した。「滿文老檔」とは内藤によって命名されたもので、1912年に日本に将来され、その内容は1912年に「藝文」に「清國開國期の史料」と題して発表され、以来、満学の着実な研究が始まった（今西春秋訳『滿和對譯滿洲實録』新京、日滿文化協會、1938年／『滿洲實録——滿和蒙和対訳』刀水書房、1992年。藤岡勝二訳、小倉進平・他編『滿文老檔』3冊、岩波書店、1939年。神田信夫・松村潤・岡田英弘訳注『舊滿洲檔——天聰9年』2冊、東洋文庫、1972-75年。中國第一歴史档案館・中國社會科學院歴史研究所訳注『満文老檔』上・下、北京、

中華書局、1990年）。*³ そして内藤湖南は、京都大学教授に就任し、1912年に
『清朝衰亡論』（京都帝國大學以文會/弘道館）を刊行したが、それは「清朝の過去
及現在」という標題で講演したもので、清朝末期の仲裁講和論、南北分立論の
議論が交差するなかで、他国の内政に干渉すべきでなく、北京朝廷が蒙塵する
とは考えないが、革命主義、革命思想の成功は疑いない、と断じた。1938年
これまでの『支那論』（文會堂書店、1914年）、『新支那論』を1冊にした『支那論』
が刊行され（内藤虎次郎『新支那論』博文堂、1924年/内藤湖南『支那論』創元社、1936
年）、爆発的な売れ行きをみせた。中国史研究において彼の注目された成果は、
彼が古代や近世という時代区分の観点を導入した点であった（内藤『清朝史通論』
弘文堂書房、1944年/東洋文庫、平凡社、1993年）。そして内藤の本領が発揮されたの
は中国学術史の『支那史學史』（弘文堂、1949年/清水弘文堂書房、1967年/『内藤湖南
全集』第11巻、筑摩書房、1974年/東洋文庫、平凡社、1992年）であった。*⁴

　桑原隲藏は東西交流史に新生面を切り開いており（「張騫の遠征」、史學研究會編
『史學研究續』冨山房、1916年。桑原『宋末の提擧市船西域人鎌壽庚の事績』上海、東亞研究
會、1923年。桑原『唐宋時代に於けるアラブ人の支那通商の概説、殊に宋末の提擧市船際域人
鎌壽庚の事績』岩波書店、1948年）、さらに『東西交通史論叢』（弘文堂書房、1933年）、
『東洋文明史論叢』（弘文堂書房、1934年）、『支那法制史論叢』（弘文堂書房、1935年）
がある（『桑原隲藏全集』5巻/別冊、岩波書店、1968年）。

　さらに、京都大学の服部宇之吉は、1926年に『支那の國民性と思想』（京文
社）などの著作を上梓し、中国への理解を深めた（服部『清國通考』2篇、三省堂、
1905年/1・2篇、大安、1966年。服部『支那研究』明治出版社、1916年、増訂版1926年。服
部『孔子及孔教』明治出版社、1917年/京文社、1926年。服部『支那國民性及國民思想』海
軍大學、1918年/京文社、1926年。服部『儒教と現代思想』大鐙閣、1919年/鄭子雅訳『儒教
與現代思潮』上海、商務印書館、1934/1966年/台北、臺灣商務印書館、1970年。服部・服部
繁子『北京籠城日』服部宇之吉、1926年/柴五郎、大山梓編『北京籠城』東洋文庫、平凡社、
1965年。服部『禮の思想』東洋思想第10巻、岩波書店、1934年。服部『儒教要典』博文館、
1937年。服部『孔子教大義』冨山房、1939年）。彼の『中国の孝道』（三島海雲、1935年/
講談社学術文庫、講談社、1977年）は中国家族について大ブームとなった。

165

田村市郎編『東亞社會經濟研究』（教育圖書、1942年）が刊行され、そこには澤村幸夫「道教の善と社會事業」、張源祥「支那現代經濟思想」、小泉貞三「前資本主義的支那經濟に於ける交通様式」、小寺武四郎「清大に於ける在支外國銀行」などを収める。

また、朝鮮併合の過程で、朝鮮研究も結実をみせた。朝鮮の統治とともに、1923年9月から翌24年12月まで京城の朝鮮史学会から『朝鮮史講座』15分冊が刊行され、その内容は次のようであった。

　　一般史講義　　朝鮮上世史。朝鮮中世史。朝鮮近世史。朝鮮最近世史——韓国の併合まで扱った。朝鮮歴史地理——満州の地勢、境界もとりあげた。

　　分類史講義　　朝鮮民族史。日鮮關係史。滿鮮關係史。朝鮮美術史。中央並地方制度沿革史。朝鮮財政史。朝鮮法制史。朝鮮教育制度史。朝鮮學藝史。朝鮮軍制史　附員警制度史。朝鮮佛教史。朝鮮社會制度史。朝鮮地方財政史。朝鮮語學史。

　　特別講義　　朝鮮舊社會事情。朝鮮金石文。槿域思潮。國文方言俗字吏吐俗證字俗音借訓字。朝鮮史關係圖書解題。高麗板大藏經に就いて。朝鮮及滿洲の國號系統に就いて。

そして、以下が刊行された。

恒屋盛副『朝鮮開化史』東亞同文會／博文館、1901年。

青柳南冥『李朝五百年史・全』京城、朝鮮研究會、1912年／大阪屋號書店、1922年。青柳『朝鮮獨立騒擾史論』京城、朝鮮研究會、1921年。青柳『朝鮮統治論』京城、朝鮮研究會、1923年。

その統治を通じて、日本民族と朝鮮民族の同祖論が主張された（喜田貞吉「日鮮兩族同源」民族と歴史、1921年7月。金澤庄三郎『日鮮同祖論』刀江書院、1929年／汎洋社、1943年——本書は朝鮮留学の成果としての学位論文「日韓兩國語同系論」である）。

さらに、南洋地域の研究も進んだ。

保坂彦太郎『南洋通覧』警醒社書店、1916年。

安藤喜一郎『南洋風土記』拓殖公論社、1919年／クレス出版、2002年。

竹越與三郎『南國記』二酉社、1920年／クレス出版、2002年。

松岡静雄『南溟の秘密』春陽堂、1916年／養徳社、1946年。松岡『ミクロネシア民族誌』岡書院、1927年／クレス出版、2001年。松岡『太平洋民族誌』岡書院、1935年／岩波書店、1941年／クレス出版、2001年——彼には、マーシャル語、ミクロネシア語の研究がある。[5]

3-4インド、西アジア、アフリカ研究

インド・西アジア地域への関心も深まった。そこでのエジプトの分析は、日本の朝鮮統治における教訓と先例としての関心にあった。インドへの関心も同様で、英国統治の教訓はインド民族主義運動に連関していた。[1]

堀田璋左右編『印度史』弘文館、1904年。

長瀬鳳輔『土耳其及び土耳其人』弘文館、1915年。

加藤房茂『保護國經營之模範埃及』京華日報社、1905年。

小林哲之助『カラタ塔より』大鐙閣、1917年／『土耳其の現勢と近東問題』冨山房、1918年。

拓殖局編『インド統治改革關係』拓殖局、1920年。拓殖局『インドノ國民運動』拓殖局、1921年。拓殖大臣官房文書課『インド政治經濟の概観』拓殖大臣官房文書課、1933年。

朝鮮總督府『印度統治に對する批判』京城、朝鮮總督府、1924年。秘扱い。

朝鮮總督府『英領印度の民族運動』正・續、京城、朝鮮總督府、1930年、秘扱い。朝鮮總督府官房總務部調査課『1919年の埃及大暴動』京城、朝鮮總督府官房總務部、1923年。朝鮮總督府編『英領印度統治の現状と英国の民族統治政策の批判』京城、朝鮮總督府、1936年、秘扱い。

徳政金吾『埃及王統譜』カムト社、1922年。

衣斐訇吉『印度の不安（インジアン・アレンスト）の眞相』報知新聞社出版部、1921年。

ハンス・コーン、阿部十郎訳『アジア民族運動』同人社、1929年／コオン、立花士郎訳『アジア民族運動史』大東出版社、1940年。

外務省歐米局第二課『印度統治法改正問題』外務省歐米局第二課、1930

年／東亞研究所、1942年。調査部『英國ト自治領、印度、植民地トノ法律的關係』外務省調査部、1935年。

蘆田均『君府海峽制度史論』巖松堂、1930年。

内藤智秀『日土交流史』泉書院、1931年。内藤『西アジア民族誌』今日の問題社、1943年。

加藤長雄『印度ノ立法機構（未定稿）』東亞研究所、1939年。加藤『印度民族運動史』東亞研究所、1942年／龍渓書舍、2002年。

菅原憲「猶太人問題とビスマーク」臺北帝國大學文政學部史學科研究年報、第5輯、1938年。菅原『獨逸に於ける猶太人問題の研究』日本評論社、1941年。菅原『猶太建國運動史』弘文堂、1942年。

インドの回教徒問題は、中国の回回工作への政策的関心とともに、広くアジア民族の戦略課題であった。そこでは、中国、ソ連邦における回教徒政策が着目されていたからである。

太宰松三郎『支那回教の研究』大連、南滿洲鐵道株式會社、1924年。

大川周明『現代印度思想運動』世界思潮、岩波書店、1929年。大川『回教概論』慶應書房、1942年／岩崎書店、1954年／大川周明全集第7巻、大川周明全集刊行会、1961年／中公文庫、中央公論社、1992年／ちくま学芸文庫、筑摩書房、2008年。

今岡十一郎『ソ聯邦に於ける回教民族』皐月會、1937年。

イスラム文化協會『坩堝に滾るインド回教徒』イスラム文化協會、1938年。

大日本回教協會『東半球に於ける防共鐵壁構成と回教徒』大日本回教協會、1939年。同『我が南洋貿易と回教徒』大日本回教協會、1939年、秘扱い。同『世界回教徒對策の必要性に就て』大日本回教協会、1939年。同『苦惱するソ聯回教民族』大日本回教協會、1939年。同『回教圈早わかり』大日本回教協會、1939年。同『日本茶の世界的進出と回教徒』大日本回教協會尾、1939年。同『回教の名称考及教義信念の概要』大日本回教協會、1939年。同『緊迫化する西南亞細亞』大日本回教協會、1941年。同『イン

ド回教民族の動向』大日本回教協會1944年。

　金吉堂、外務省調査部訳『支那回教史』生活社、1940年。

　原正男『日本精神と回教』誠美書閣、1941年。

　M・ハルトマン、土方定一訳『支那の回教』興亞院政務部、1941年。

　冨士辰馬訳『帝政露國内及ソ聯邦の對回教徒政策（翻訳)』東亞研究所、1941年。冨士訳『ソ聯邦内囘教徒事情参考資料（翻訳)』東亞研究所、1941年。

　小林不二男『内蒙回教斷片』張家口、蒙疆新聞社、1941年。

　鎌生禮一『印度囘教徒の共通語ウツドゥ語とその文學思想──その印度社會文化上に於ける地位』東西研究所、1941年。

　アンドレ・セルイエール、落合久生訳『イスラムと囘教徒の心理』北京、新民會中央總會弘報室、1941年。

　C・マシアート、綜合インド研究室訳『印度の宗教對立』綜合インド研究室、1942年。

　傳統崎、井東憲訳『支那回教史』岡倉書房、1942年／『中國回教史』原書房、1975年。

　小川亮作『支那、南洋及印度の囘教徒』外務省歐亞局第三課、1942年。小川『印度の囘教徒』地人書館、1943年。

　櫻井匡『大東亞回教發展史』三省堂、1943年。

アフリカ地域の現地調査も始まった（白川威海『實地踏査東アフリカの旅』博文館、1928年。大山卯次郎『阿弗利加土產──奇談』博文館出版部／赤爐閣書房、1930年。大山『エチオピヤ探訪報告』駿南社、1934年)。それは、外務官僚によるアフリカ地域研究によるところが大きく、南アフリカのボーア戦争には日本軍人も観戦した。[*2]その主題は、アフリカ分割、アフリカの動向とととともに、パン・アフリカへの着目があった。南アフリカの開拓者セシル・ローズへの関心は大きかった。[*3]

　フキリブ・ヨルダン、井上雅二訳『セシル・ローヅ私生涯』實業之日本社、1913年。

　H・ハミルトン・ファイフ、犬塚岸一訳『現今の動向』大日本文明協會、

169

第2部　地域研究250年

1914年。

　外務省通商局『南阿聯邦概觀』外務省通商局、1927年。

　大熊眞『アフリカ分割史』岩波新書、岩波書店、1929年。大熊『アフリ
カとその問題』日本評論社、1943年。

　陸軍省主計課別班『南阿聯邦政治經濟概觀』陸軍省主計課別班、1942年。

　上原蕃『白亞主義・南阿聯邦』大日本雄辨會講談社、1942年。

　ハイリ（ヘイリ卿）、外務省調査局訳『阿弗利加概觀』上・下、外務省調
査局、1943年。

　ヘルムート・キルヒナー、富樫長英訳『英國の南阿侵略』日獨文化出版
局、1943年。

　矢口孝次郎『イギリス帝國主義史論』甲文堂書店、1943年。

　吉田賢吉『南阿聯邦史』冨山房、1944年。

　W・E・バーガート・ヂュボア、井上英二訳『黒人論』博文館、1944年。

〈注〉

3-1 植民学の転換と国策の遂行

＊1　ジャン・ピェール・レーマン「ヨーロッパ人のアジア観——日露戦争と黄禍論」、
　　祖川武夫編『国際政治思想と対外意識』創文社、1977年。
＊2　吉川幸次郎編『東洋学の創始者たち』講談社、1976年。礪波護・藤井譲治編『京
　　大東洋学の百年』京都大学学術出版会、2002年。
＊3　黒龍會『東亞先覺志士記傳』上・中・下、黒龍會出版部、1933-36年／上・中・
　　下、原書房、1966年。黒龍會『黒龍會三十年事歴』黒龍會、1931年。黒龍倶楽部
　　編『内田良平伝』原書房、1967年。滝沢誠『評伝内田良平』大和書房、1976年。
　　初瀬龍平『伝統的右翼内田良平の研究』九州大学出版会、1980年。姜義華「日本
　　右翼の侵華策謀と孫中山の対日観の変遷——孫中山と内田良平との関係を論ず」、
　　安彦彦太郎編『近代日本と中国——日中関係史論集』汲古書院、1989年。内田良
　　平研究会『国士内田良平——その思想と行動』展転社、2003年。
＊4　渡辺京二『評伝宮崎滔天』大和書房、1976年／書肆心水、2006年。武田清子「ア
　　ジア主義における孫文と滔天」、『正統と異端の"あいだ"——日本思想史研究試
　　論』東京大学出版会、1976年。久保田文次「辛亥革命と帝国主義——孫文・宮崎
　　滔天の反帝国主義思想について」、『講座中国近現代史』第3巻、東京大学出版会、
　　1978年。初瀬龍平「宮崎滔天とアジア主義」北九州大学法政論集、第7巻第2号、
　　1979年。植村希美雄『宮崎兄弟伝』日本篇・完結篇、國光書房、1984年。
＊5　東亞同文會編『對支回顧録』對支功勞者傳記編纂會、1936年／原書房、1968年。
　　東亞同文會編『續對支回顧録』大日本教化圖書、1941年／原書房、1973年。安中

170

健二郎「東亞同文書院」、上田健二郎編『東亞の風雲と人物』近代小説社、1943年。栗田尚弥『上海東亜同文書院——日中を架けんとした男たち』新人物往来社、1993年。西所正道『「上海東亜同文書院」風雲録——日中共存を追い続けた5000人のエリートたち』角川書店、2001年。翟新『東亜同文会と中国——近代日本に於ける対外理念とその実践』慶應義塾大学出版会、2001年。藤田佳久『東亜同文書院が記録した近代中国の地域像』ナカニシヤ出版、2011年。馬場毅編『近代日中関係史のアジア主義——東亜同文会・東亜同文書院を中心に』あるむ、2017年。東亜同文書院の各年次生による現地調査報告は、その伝統を受け継いだ愛知大学創立60周年記念事業として、以下が刊行された。東亞同文書院編『東亜同文書院大旅行記』33冊、愛知大學／雄松堂出版、2006年。中国でも資料の叢刊となった。馮天瑜、他編『東亞同文書院中国調査資料選譯』3冊、北京、社会科学文献出版社、2012年。馮主編『東亞同文書院中国調査手稿叢刊』北京、國家圖書館出版社、2016年。

＊6　松岡洋右伝記刊行會『松岡洋右』講談社、1974年。豊田穣『松岡洋右——悲劇の外交官』新潮社、1979年／新潮文庫、新潮社、1983年。

3-2 植民地経営と地域研究

＊1　臺灣總督府民政部『日台大辭典』台北、臺灣總督府民政部、1907年。臺灣總督府民政部殖産局編『臺灣油田調査報告』台北、臺灣總督府民政部殖産局、1910年。臺灣總督府民政部蕃務本署『理蕃志稿第1』台北／臺灣總督府民政部、1911年。台灣總督府民政部員警本署『蕃俗一班』台北、臺灣總督府民政部蕃務本署、1916年。臺灣總督府警務局編『理蕃志稿』5巻、台北、臺灣總督府、1918-38年／青史社、1989年。臺灣總督府警務局理蕃課編『理蕃綱要』台北、臺灣總督府警務局、1939年。

＊2　鈴江言一『孫文傳』岩波書店、1950年。衛藤瀋吉・許淑真『鈴江言一——中国革命にかけた一日本人』東京大学出版会、1984年。

＊3　今井清一・藤井昇三編『尾崎秀実の中国研究』アジア経済研究所、1983年。宮西義雄編『満鉄調査部と尾崎秀美』亜紀書房、1983年。

＊4　橘樸、山田辰雄・家近亮子・浜口裕子編『橘樸翻刻と研究——「京津日日新聞」』慶應義塾大学出版会、2005年。『橘樸——略伝と著作目録』所内資料、アジア経済研究所、1972年。田中武夫『橘樸と佐藤大四郎』龍渓書舎、1975年。田中「『滿洲評論』研究の基本視点として」アジア経済資料月報、1976年10月号。山本秀夫『橘樸』中公新書、中央公論社、1977年。山本『蘇る橘樸』竜渓書舎、1981年。山本編『橘樸と中国』勁草書房、1990年。

＊5　河瀬龍雄『支那及支那問題辞典』厚生閣書店、1925年。支那問題研究所編『支那問題辞典』支那問題研究所、1929年。長野朗編『支那辭典』建設社、1940年。支那問題辞典編輯部編『支那問題辞典』中央公論社、1942年／日本図書センター、2003年。

＊6　鶴見和子『パール・バック』岩波新書、岩波書店、1984年。ピーター・コン、丸田浩、他訳『パール・バック伝——この大地から差別をなくするために』上・下、舞字社、2001年。

3-3 中国、朝鮮、南洋研究

＊1　外務省『對支文化事業ノ概要』外務省、1927年／佐藤尚子・他編『中国近現代教

第2部 地域研究250年

育文献資料集2日中両国間の教育文化交流』日本図書センター、2005年。外務省
文化事業部『文化事業部事業概要』外務省、1934年／佐藤尚子・他編『中国近現
代教育文献資料集2日中両国間の教育文化交流』日本図書センター、2005年。阿
部洋『「対支文化事業」の研究――戦前期日中教育文化交流占領期の展開と挫折』
汲古書院、2004年。山根幸夫『東方文化事業の歴史――昭和前期における日中文
化交流』汲古書院、2005年。

＊2　狩野直喜『支那學文藪』弘文堂、1927年／みすず書房、補訂版1973年。狩野『中
國哲學史』岩波書店、1953年。狩野『清朝の制度と文学』みすず書房、1984年。
青江二郎『狩野亨吉の生涯』明治書院、1974年／中公文庫、中央公論社、1987年。

＊3　神田信夫『滿學五十年』刀水書房、1992年。

＊4　内藤虎次郎編『滿蒙叢書』17巻、滿蒙叢書刊行會、1919-21年。内藤湖南『東洋
的近世』教育タイムス、1950年／中公文庫、中央公論新社、1987年。『内藤湖南全
集』14巻、筑摩書房、1969年。安藤徳器『西園寺公と湖南先生』言海書房、1936
年。高橋克三編『湖南博士と伍一大人』石川伍一大人・内藤湖南博士生誕記念祭
実行委員会、1965年。青江舜二郎『竜の星座――内藤湖南のアジア的生涯』朝日
新聞社、1966年／中公文庫、中央公論社、1980年。内藤湖南研究会編『内藤湖南
の世界――アジア再生の思想』河合文化教育研究所／河合出版、2001年／马彪、他
訳『内藤湖南的世界――亞洲再生的思想』西安、三泰出版社、2005年。錢婉釣
『内藤湖南』北京、中華書局、2004年。山田智・黒川みどり編『内藤湖南とアジア
認識――日本近代思想史からみる』勉誠出版、2013年。高木智見『内藤湖南――
近代人文学の原点』筑摩書房、2016年。

＊5　松岡静雄『マーシャル語の研究』郷土研究社、1929年。松岡『ミクロネシア語
の綜合研究――國語に及ぼした南方語の影響』池田仲一、1935年。

3-4インド、西アジア、アフリカ研究

＊1　マハトラ・ガンヂー、高田雄種訳『眞理探求社の手記』・ガンヂー全集、春秋社、
1928年。ガンヂー『自叙傳・眞理探求者の手記』ガンヂー全集、春秋社、1930年。
ガンヂー、日立九馬訳『ガンヂー死闘の叫び――不協力篇』和光社、1939年。ガ
ンヂー、日立九馬訳『印度獨立運動篇』光融館書店、1940年。ガンヂー、木暮義
雄訳『ガンヂー自叙傳』羽田書店、1942年／金井為一郎訳『ガンヂー自叙傳』2
冊、鄰友社、1943年。ガンヂー、福永渙訳『ガンヂーは叫ぶ』アルス、1943年。
鹿子木員信・饒平奈智太郎『ガンヂーと眞理の把持』改造社、1923年。饒平奈編
『ガンヂ審判の日』改造社、1922年。高田雄種『聖雄『ガンヂー』大阪屋號書店、
1922年。ロマン・ロラン、市谷信義訳『マハトマ・ガンヂ』叢文閣、1927年／『聖
雄ガンヂイ』東和出版社、1942年。レネ・フュレップミラー、福永渙訳『レーニ
ンとガンヂー』アルス、1930年。東洋協會調査部編『マハトマ・ガンヂの思想徒
運動』東洋協會調査部、1933年。高岡大輔『素っ裸のガンヂー』我観社、1934年。
福永渙『ガンヂーとタゴール』四條書房、1935年。鍋山實『印度の巨象――ガン
ヂーとネール』新興亞社、1942年。野口米次郎『聖雄ガンジー』潮文閣、1943年。

＊2　藤田みどり『アフリカ「発見」――日本におけるアフリカ像の変遷』岩波書店、
2005年。

＊3　森晋太郎編訳『セシルローズ帝王流豪富譚』大学部、1902年。横山雄偉編『セ
シル・ローズ言行録』内外出版会、1910年。（ヒリップ／フキリプ、・ジョルダン）
井上雅ニ『セシル、ローズ私生涯』實業之日本社、1913年。H・ハミルトン・ファ

172

イフ、大塚岸一訳『現今の南阿』大日本文明協会、1914年。濱田成雄『セシル・ローヅ──南阿開拓の偉人』萬里閣書房、1930年。鈴木正四『セシル・ローヅと南アフリカ』博文館、1941年／『セシル・ローズ──帝国主義者・植民地主義者の典型』誠文堂新光社、1960年／『セシル・ローズと南アフリカ』誠文堂新光社、1980年。文藝社編輯部編『セシルローズ』文藝社、1930年。

第4章　対外政策の遂行と地域研究の使命

4-1 日本の中国進出と地域研究の役割

　1931年に満州事変が勃発した。日本の中国への関与拡大とともに、中国の地域研究は、蒙古研究、西域研究、そして華僑研究へと、その領域を拡大していった。その背景には京都学派の風土があった。その過程で、明治維新史の評価をめぐり資本主義論争となった一方、中国研究では、中国革命をめぐりアジア的生産様式論争が展開された。

　1911年に西田幾太郎は『善の研究』（岩波書店、1911年、1948年再刊／岩波文庫、岩波書店、1984年／『西田幾太郎全集』第5巻、岩波書店、1950年／西田幾太郎全集第1巻、岩波書店、1965年、新版2003年。西田「種の生成発展の問題」、『哲学論文集第二』岩波書店、1936年。西田「場所的論理と宗教的世界観」、『哲学論文集第七』岩波書店、1946年）を公刊し、これが思想界に注目されるところとなり、1927年に「場所」の論理に到達し、自己思想の東洋的性格が自覚され、その哲学大系西田哲学から京都学派が誕生した。[*1]その弟子、高山岩男は文化類型学を提唱し（高山『文化類型學の概念』信濃教育會、1933年。高山『文化類型學の概念・續』信濃教育會、1934年。高山『哲學的人間學』岩波書店、1938年。高山『文化類型學』教養文庫、弘文堂、1939年／訂正版1949年／『文化類型学・呼応の原理』京都哲学撰書第15巻、燈影舎、2001年。高山『文化類型學研究』弘文堂、1941年）、「世界史の哲学」を提唱した（高山『世界史の哲学』岩波書店、1942年／こぶし書房、2001年。高山『日本の課題と世界史』弘文堂、1943年。高山『超近代の哲学』京都哲学撰書第20巻、燈影舎、2002年──本書は、1937年から1976年までの文化類型学、世界史の哲学、呼応的同一の哲学を体系的に編集している）。今西錦司は、その思考の社会分化発展・機能論への適用とともに、現地調査で検証して独自の進化論を展開した（今西

175

錦司『生物の世界』弘文堂、1941年。今西『私の自然観』筑摩書房、1966年／講談社学術文庫、講談社、1978年。今西『進化とは何か』講談社学術文庫、講談社、1976年。今西『ダーウィン論——土着思想からのレジスタンス』中公新書、中央公論社、1977年。今西『自然と進化』筑摩書房、1978年。今西・吉本隆明『ダーウィンを超えて』朝日出版社、1978年／中公文庫、中央公論社、1995年。今西『主体性の進化論』中公新書、中央公論社、1980年)。その成果は、戦後、梅棹文明理論として新たに構築された (梅棹忠夫『文明の生態史観』中央公論社、1967年／中公文庫、中央公論社、1998年。梅棹『狩猟と遊牧の世界——自然社会の進化』講談社学術文庫、講談社、1976年。梅棹『文明の生態史観はいま』中央公論新社、2001年)。

　そして、大東亜戦争への拡大とともに、京都学派を中心に日本地政学の展開がみられる一方、[*2]欧米学界の新しい方向性が潜在的に吸収され、新しい研究の方法的手法が固められていた。その方向での2つの成果——ウェーバー (von Max Weber, *Gesammelte Aufsatze zur Regionsoziologie*, Tübingen: J. C. B. Mohr, 1920. Weber, *Die protestatische Ethik und der Geist des Kapitalismus*, Tübingen: J. C. B. Nore, 1934. 梶山力訳『プロテスタンティズムの倫理と資本主義の精神』有斐閣、1938年) とシュムペーター (Von Joseph Shumpeter, *Capitalism, Socialism and Democracy*, New York: Harper & Brothers, 1942/ London: D. Allen & Unwin, 1943. 中山一郎・東畑精一郎訳『資本主義・社會主義・民主主義』上・中・下、東洋經濟新報社、1951-52年) ——は、1940年代後半以降において日本学界の大勢を占めた。

　また、1930年代を通じ地域研究としてのIPR (太平洋問題調査会) の活動が続き、1937年創刊の「アメラシア」の同年8月号に冀朝鼎「中国危機の論理」が掲載された。太平洋会議を通じての満州問題の解決への取組みが求められた。にもかかわらず、中国問題への前向きの理解に日本側は応じなかった。[*3]

4-2 支那社会への着目

　中国研究は、1930年代以降、着実な成果を重ねていった。その課題は支那社会とその解体かをめぐって論じられた。

　　田中忠夫『革命支那農村の實證的研究』衆人社、1930年——支那社会の土豪劣神を解明した。田中『支那農業経濟の諸問題』學藝社、1935年——

半封建性・半植民地性を指摘した。田中『支那經濟の崩壊過程と方法論』學藝社、1936年。田中忠夫『現代支那の基本的認識』學藝社、1936年は、支那政治と氏族制の残滓が主題であった。田中『支那農業經濟史研究』學藝社、1936年は、支那の水利経済と民族統一の視点への駁論であった。

根岸佶『支那ギルドの研究』斯文書院、1932年——ギルド分析は地縁的関係の結成において社会のキイを形成した。

猪俣津南雄『極東に於ける帝國主義』改造社、1932年——革命支那の階級分析である。

任曙・他、田中忠夫訳 『支那經濟論』中央公論社、1932年。

ルドビヒ・マヂャール、安藤英夫・田中忠夫訳『支那問題概論』文化集團社、1934年／叢文閣、1935年——支那における灌漑制度の重要性を指摘した。マジャール、安藤英夫訳『支那經濟概論』1・2、泰山房、1939年。

藤枝丈夫『現代支那の根本問題』泰山房、1936年——封建的勢力軍閥を分析した。

橘樸『支那社會研究』日本評論社、1936年——支那社会の階級問題を主題とした。橘『支那思想研究』日本評論社、1936年は「孫文の革命研究」などを収めた。橘『支那建設論』上海、大陸新報社、1944年。橘『中国革命史論』日本評論社、1950年は、「労働政権樹立への新方略」など、1926年〜29年に執筆のものを収録した。[*1]

原勝『解体期支那の政治と經濟』泰山房、1937年。

木村増太郎『支那經濟恐慌論』改造社、1937年。

薛暮橋、米澤秀夫訳『支那農村經濟概論』叢文閣、1937年。

ジョン・ロッシング・バック、三輪孝・加藤健訳『支那農業——支那における土地利用』上・下、生活社、1938年。

中國農村經濟研究會編、堀江邑一訳『現代支那の土地問題』生活社、1938年——農村の崩壊が課題とされた。

方顯廷編、梨本佑平訳『支那經濟研究』改造社、1939年。

錢亦石、及川朝雄訳『近代支那經濟史』慶應書房、1939年。

冀朝鼎、佐渡愛三訳『支那基本經濟と灌漑』白揚社、1939年。

薫修甲、岡本武彦訳『支那地方自治問題』生活社、1939年。

尾崎五郎『支那の工業機構』白揚社、1939年——支那の宗法制度に着目した。

ホセア・バロウ・モース、増井經夫訳『支那ギルド論』生活社、1939年。

聶國青、勝谷在登訳『中國土地問題の史的發展』慶應書房、1939年。

鄧雲特、川崎正雄訳『支那救荒史』生活社、1939年。

費孝通、市木亮訳『支那の農民生活』教材社、1939年／仙波泰雄・塩谷安夫訳『支那の農民生活——揚子江流域に於ける田園生活の實態調査』生活社、1939年。

グロヴァ・クラーク、廣島定吉訳『支那經濟戰』生活社、1939年。クラーク、荒畑勝三訳『支那の解体と再統一』生活社、1940年。

北支那開發株式會社業務部調査課訳編『支那の水利問題』上・下、生活社、1939年。

何幹之、中西功・小泉謙訳『支那の經濟機構』岩波新書、岩波書店、1940年。

ウオルフガング・ウイルマンス、北支那開發株式會社調査課訳『支那の農業』北支那開發株式會社業務部調査課、1940年。

神谷正男編訳『現代支那思想の諸問題』生活社、1940年——蔡尚志「代支那思想の概観」、郭湛波「50年以来の中國旧思想の整理と批評」——反儒教思想・疑古思想・諸子思想の復活など、湛「中国50年以来の西洋思想の紹介」－唯物弁証法の導入など、郭「50年以来の思想的論戦」——東西文化論争など、郭「50年以来の中国思想方法」——形式論理学・実践論理学の発展・数理倫理学とヘーゲルの方法などを論じた。

郭湛波、神谷正男訳『現代支那思想史』生活社、1940年。

4-3 大陸政策論争

1932年1月関東軍は、満州建国を直前にして中央の政治学者蝋山政道らを満

州に招請した。橘樸も現地で王道の実践としての満州建国構想を表明していた。満鉄調査課の松木俠が満蒙自由国設立案大綱を作成し、これを蝋山政道が批判した。その蝋山の立場は、満州に樹立されるべき組織は寡頭的かつ独裁的でいずれかの民族が他民族を指導する政治組織であることをもって日本の正義にあってはかかる新政治組織の樹立者となるべきでないとした。これに対して、橘は満州の中国人が掲げた保境安民の欲求は生かされなければならず、松木の「満蒙自由國」論はその立場にあるとした。そこでは、日本民族を主体にした新国家の樹立は拒否されていた。そして、蝋山の寡頭的・独裁的支配の植民地化を、橘は拒否した。それは本国政府の官僚と現地に生活する在野の知識人との立場の相違にあって、その橘は現地農本主義の立場を貫いた。橘は、アジア的生産様式論を拒否し、共同社会論を展開した。[1]蝋山は、当時のマルクス主義の帝国主義論とは異なり、米国の資本がこの地域の相互依存を高めるとの展望にあり、その文脈で東亜協同体を論じた。彼は、多元的国家論は過誤であるとしており、協同体有機的国家論の文脈で満州国を弁護した。そして、彼は、戦後、政治社会の再整理を行うとともに、近代化論を展望し、国際主義的立憲主義を打ち出した。[2]

論争の経過は、以下の通りであった。

橘樸「王道の実践としての自治」満洲評論、1931年12月5日号。橘「満洲新國家建國大綱私案」満洲評論、1932年1月2日号。橘「獨裁か民主か」満洲評論、1932年2月27日号。橘「帝制と王道思想」満洲評論、1934年2月24日号。橘「特産恐慌対策としての農村協同組合」満洲評論、1934年6月11日号。橘「国家の成長過程と建国の理想」満洲評論、1935年1月1日・26日号。橘「北支那郷村自治建設に関する私案」満洲評論、1936年9月12日号。

蝋山政道「満洲時局に関する觀察」新天地、1932年2月号。蝋山『日満關係の研究』斯文書院、1933年。

稲葉岩吉「満洲国史通論」日本評論社、1940年。

新經濟社滿洲建國側面史刊行會編『新經濟社滿洲建國側面史』新經濟社、

1942年。

満洲国史編纂刊行会『満洲國史』2冊、滿蒙同胞援護会、1970年／謙光社、1973年／東北沦陥十四年史吉林編写組訳、長春、ND、1990年。

4-4アジア的生産様式論争

中国研究をめぐるその議論は、中国の共同体と革命の理解という視点で、1930年代にソ連史学界の影響を受け、アジア的生産様式論争が展開された。それは、1925年〜27年の中国革命の高揚をめぐって提起され、1927年11月中国共産党中央委員会決議で、中国における列強の植民地主義の浸透はアジア的生産様式の経済財的基礎を破壊したとしたルドウィヒ・マジャールの『中国農村経済』（プロレタリア科学研究所中國問題研究會訳『中國農村經濟研究』希望閣、1931年／井上照丸訳『支那農業經濟論』學藝社、1935年／早川二郎訳『支那の農業經濟』白揚社、1936年）が評価され、アジア的生産様式はここに中国革命の戦術・戦略をめぐる実践的課題として提起された。この見解は、羽仁五郎らが支持した。同決議は、以下の通りであった。

> 歴史的事情の一定の結び付きによって、中国においては、マルクスとエンゲルスが、そしてその後には、レーニンが「アジア的生産様式」として支持したところの経済機構が形成されるに至った。王侯領や身分的土地所有が中国歴史の初期（紀元前3世紀頃）に破棄されて永く無政府状態が続いた後、最も激烈な階級闘争を経て、遂にいわゆるアジア生産的生産様式なるものが形成されるに至った。このアジア的生産様式は、農業と農民の家内工業（紡績と機織）との結合にとって著しい内部的強固さを保持した、今日、この機構の遺制の存在によって新しい生産様式への推移、土地の生産力の発展、農業のより高度の技術的段階への推移が阻止されている。

この中国遺制を現代の中国に認めることで、したがい、中国では、封建的遺制は認められないとしたことにより、この反封建闘争の曖昧さを1928年8月

の中国共産党第6回大会は否定した。すなわち、採択した決議は、こう述べた。

　中国全体の、特に、中国農村の今日における社会的・経済的構造をアジア的生産様式から資本主義への移行の過渡的構造として特徴づける試みは、誤謬と見做されねばならない。というのは、アジア的生産様式の本質的特徴は、第一に、私的土地所有の欠如、第二に、公共的大規模施設（特に、合理的な潅漑施設）、即ち、小生産者組織及び共同経営に対する中央集権的支配権力による支配の物質的基礎を形成づけるところの施設を国家が指導すること、そして、最後、第三に、農業と工業との家内的結合を基礎とする共同経営制度の強固な存在があること——これらすべては、そして特に、第一の点は、中国の現実と矛盾しているからである。

　こうして、東洋的植民地・半植民地における革命の基本的任務たる反封建闘争の意義が否定された。そこで、帝国主義が中国で直面したのはいかなる社会であったか、その生産様式はこの社会にいかなる影響を与えることになったかの論争が展開されるところとなった。かくて、マルクスがインドについて指摘したところの、その制度は存在しており、英国のインド占領においてかかる生産様式を分解し、克服できたという点をどう解釈すべきかの論点が浮上した。

　E・ヴァルガの「支那革命の諸根本問題」、ミフの「アジア的生産方法について」、中国共産党の「支那における農業問題と農民問題」などの論文が相次いで発表され（産業労働調査所編訳『支那に於ける最近の農民運動と農業問題』叢文閣、1929年）。一方、1931年2月レーニングラードでマルクス主義東洋者協会とレーニングラード東洋研究所主催の大論争で、マジャールの見解は、中国革命に関するトロッキー的戦略と連関しているとして退けられ、そしてその批判は、マジャールの中国社会はアジア的生産様式より資本主義に転入せんとしている過渡期にあるとされ、ゴーデスの封建制のアジア的形態とする見解が大勢を制した（ゴーデス「アジア的生産様式に關する討論の總決算」歴史科学、1931年9月号／ソヴエート・マルクス主義東洋學者協會編『「アジア的生産様式」に就いて』白揚社、1933年）。このゴーデス見解は、早川二郎（「日本歴史とアジア的生産様式」歴史科学、1933年3月号）や相川春喜（「アジア的生産様式の理論の反動性」社會、1933年4月号）により支持され、

それは、アジア的生産様式の解消にあった。しかし、古代奴隷制社会と封建制社会の双方にみられるアジア的変種とした見解（セルゲイ・イバノヴィチ・コヴァレフ、西村雄二訳『古代社會論』白揚社、1935年）もあって、伊豆公夫は、アジア的生産様式は「原始共産制から封建制への過渡」にあり、古代奴隷制に対する双方の環だと解しており（伊豆「アジア的生産様式と我等の課題」歴史公論、創刊号、1931年11月）、その理解は一定しなかった。もっとも、「アジア的生産様式のみが問うようなオアシス的・砂漠地帯の諸条件のもと人間社会のその後の全発展の基礎となり得る文化の偉大なる集積をもたらした」（『資本論』第3巻）とするアジア的生産様式の擁護論は残った。但し、日本での1933年の日本資本主義発達史講座をめぐって講座派と労農派がそれにからむことはなかった。日本では、古代史の研究分野での論争となったからである。その論争の帰結は、奴隷制に先立つ独自の生産様式としてのアジア的生産様式が否定され、それは奴隷制のアジア的形態とされた。*[1]1934年、ゴーデスの見解に通ずる自己のアジア的封建制説を清算して、アジア的生産様式を社会的清算過程における最初の敵対的形態として把握する見解が提起され（相川春喜「アジア的觀念形態への傾向」(1)、思想、1933年12月号。相川「範疇としてのアジア的生産様式」歴史科學、1934年4月号）、こうしてコヴァレフの見解に影響され、過渡的段階としてアジア的生産様式が把握された（早川二郎「東洋古代に於ける生産様式の問題」歴史科學、1934年12月号。早川「東洋的奴隷社會缺如は如何に説明すべきか」唯物論研究、1935年4月号。早川「東洋奴隷社會の具體的形態」唯物論研究、1935年7月号。早川『歴史科學の方法論』白揚社、1935年。早川「日本奴隷社會の具體的形態」經濟評論、1936年1月号。早川『古代社會史』三笠書房、1936年。早川『支那社會構成』白揚社、1939年）。ヴェー・ライハルト（永住道雄訳『前資本主義社會經濟史論』叢文閣、1936年）も過渡的段階説であった。平野義太郎は、ウィットフォーゲル『支那の經濟と社會』の紹介を通じてアジア的生産様式論を支持した。これに対して、森谷克巳（『アジア的生産様式論』育生社、1937年）は、アジア的生産様式は、始源的共有から私有へ移行する過渡期のいわゆる農業共同体を意味するとしており、それは階級社会の成立にとって直接的基底をなすと解した。*[2]渡部義通『日本古代社會』（三笠書房、1936年）も同じ見解である。

羽仁五郎は、「東洋に於ける資本主義の形成」（史學雑誌、第43巻第2・3・6・8号、1932年／『東洋に於ける資本主義の形成』三一書房、1948年）で、「アジア的」形態は、「一方では、まず世界史的發展段階に於ける階級對立社會の最初の段階に關して特に指揮されねばならなかったのであり、他方では、それは若干の國に於ける古代の奴隷制度的生産關係或は中世乃至近世の農奴制的生産關係の發展の停滞的な性質に關して特に指摘されなければならなかった」と述べた。佐久達雄は、東洋的理念の分析がその原点であるとしていた（佐久『東洋古代社會史』白揚社、1934年、第2章東洋的イデオロギー）。

　ここに中国研究者が受け入れたところの中国社会の停滞論への照明は、カール・ウィットフォーゲルの国家的治水＝潅漑事業、そして国家事業の存在のもとでの高い生産力の形成、そしてそれを手段とした専制主義的国家機構と支配の解明にあった。これこそ、ウィットフォーゲルが『支那の經濟と社會』で解明した点であった。彼の業績は、以下の通りである。

　カール・ウィットフォーゲル、平野義太郎監訳『解體過程にある支那の經濟と社會――アジア的な一大農業社會に対する科学的分析の企圖、特にその生産諸力・生産＝流通過程』上・下、中央公論社、1934年／原書房、1977年。ウィットフォーゲル、（英訳からの翻訳）井上照丸訳『東洋的専制――全体主義権力の比較研究』アジア経済研究所、1961年／アジア研究所訳『東洋的専制主義――全体主義権力の比較研究』論争社、1961年。ウィットフォーゲル、東亞經濟調査局訳編『支那經濟發展の基礎と段階』東亞經濟調査局／時潮社、1935年。ウィットフォーゲル、横川次郎訳『支那經濟史研究』叢文閣、1938年。ウィットフォーゲル、森谷克己・平野義太郎訳『東洋的社會の理論』日本評論社、1939年／原書房、1941年。ウィットフォーゲル、湯浅赳男訳『オリエンタル・デスポティズム――専制官僚国家の生成と崩壊』新評論、1991年。ウィットフォーゲル、二木猛訳『支那は眼覺め行く』白楊社、1928年。筒井英一訳『孫逸仙と支那革命』永田書店、1929年。新島繁訳『市民社會史』上・下、叢文閣、1935年。横川次郎訳編『支那經濟史研究』叢文閣、1935年。東亞經濟調査局訳『支那經濟發展の基礎

と段階』東亞經濟局、1935年。平野義太郎・宇佐美誠次郎訳『支那社會の科學的研究』岩波新書、岩波書店、1939年。KDK麴町研究所訳『中国共産主義小史』KDK麴町研究所、1956年。

中国では、郭沫若が1929年の『中國古代社會研究』（上海、現代書局、1929年／上海、上海聯合書店、1930年／上海、新文藝出版社、1951年／北京、人民出版社、1954年／藤枝丈夫訳『支那古代社會史』内外社、1931年／成光館書店、1933年／東學社、1935年）でアジア的生産様式を原始社会と規定して批判された（彼は、1936年に「社會發展段階の新認識」で、その旧見解を放棄し、アジア的生産様式は奴隷制に先行する敵対的社会であると改めて論じた）。プレハノフ信奉者李季（「中國社會史論戰之貢献和批判」社會史論戰、第2輯、1932年）は、マジャール派の見解をとった。胡秋原（「アジア的生産様式和専制主義」社會史論戰、第3輯、1933年）は、アジア的生産様式は専制主義と主張した。以上のゴーデスの見解に対し、呂振羽は、『殷周時代の中國社會』（『殷周時代的中國社會』上海、不二書店、1936年／北京、新華書店、1962年／後藤富男訳『原始社會史考』改造社、1937年）で、アジア的生産様式は種族国家の奴隷制である、と論じた。*3このいわゆる変種論は、ウィットフォーゲルの『東洋的社會の理論』と共通する視点にあり、ウィットフォーゲルは、『オリエンタル・デスポティズム』の第9章アジア的生産様式理論の勃興と没落で、この論争を総括した。そこには、アジア的中国の現代的な姿があった。その背景には、1930年代に中国社会経済史研究の先達、国民党左派で『中國封建社會史』（『支那社会の史的分析』經濟資料、東亞經濟調査局、第15巻第10・11号、1929年／田中忠夫訳「支那封建社會史」東洋、1930年1月〜7月号／野原四郎訳『支那封建社會史』四海書房、1931年）の著者陶希聖とウィットフォーゲルとの交際もあった。*4

この水利の視点は、時代的要請でアジア的生産様式への挑戦となった（福本勝清『アジア的生産様式論争史』社会評論社、2015年）、福本『マルクス主義と水の理論——アジア的生産様式論の新しき視座』社会評論社、2016年）。

このアジア的生産様式論争は、マルクスが1857年8月〜58年3月に執筆した草稿「資本制生産に先行する諸形態」が1947年9月「歴史学研究」に訳載され、新たな議論を復活させた。そこでは、以下の文献が刊行された。

服部之總・他『アジア的生産様式論』白揚社、1949年／福村出版、1975年——その内容は、服部之總「社會構成としてのアジア的生産様式」、尾崎庄太郎「アジア的生産様式論争」、伊豆公夫「アジア的専制主義」、秦玄龍「ヨーロッパと東洋社會」、岡本三郎「古代東方史學の諸問題」からなる。

　大塚久雄『共同体の基礎理論』岩波書店、1955年／大塚久雄著作集第7巻、岩波書店、1969年／岩波現代文庫、岩波書店、2000年。

　李亜農『中國的封建領主制和地主制』上海、上海人民出版社、1961年。

　塩沢君夫『古代専制国家の構造』御茶の水書房、1958年、増補版1962年——彼は、普遍的段階説でアジア的生産様式を展開した。塩沢『アジア的生産様式論』御茶の水書房、1970年。

　田昌五「馬克思恩格斯亜洲古代社會問題」歴史論叢、北京、第1輯、1964年。

　早川二郎『日本歴史とアジア的生産様式論』早川二郎著作集第1巻、未来社、1978年。

　小林弘二編『旧中国農村考』アジア経済研究所、1986年。

　石井知章『K・A・ウィットファオーゲルの東洋的社会』社会評論社、2008年。

4-5 共同体論争と農民革命論

　さらに、「資本制生産に先行する諸形態」（カール・マルクス、飯田貫一訳「資本制生産に先行する諸形態」歴史学研究、1947年9月号／『資本制生産に先行する諸形態』岩波書店、1948年／岡崎次郎訳『資本制的生産に先行する諸形態』青木文庫、青木書店、1959年／木前利秋訳「資本制生産に先行する諸形態」、『マルクスコレクション』3、筑摩書房、2005年）をめぐってエリック・J・ホブズボームが新たに資料を発掘して議論を提起した（ホブズボーム、市川泰次郎訳『共同体の経済構造——マルクス「資本制生産に先行する諸形態」の研究序説』未来社、1969年）。そして、マックス・ウェーバー分析の導入もあって、この論争は近代化との関連において共同体論争へと移った。

　本田喜代治編訳『アジア的生産様式の諸問題』岩波書店、1966年。

185

第2部　地域研究250年

　福富正実編訳『アジア的生産様式論争の復活——世界史の基本法則の再検討』未來社、1969年。

　川島武宜・住谷一彦編『共同体の比較史的研究』アジア経済研究所、1973年。

　中村尚司『共同体の経済構造』新評論、1975年。

　市川泰次郎編訳『社会構成の歴史理論』未來社、1977年——バシル・デヴィッドソン、内山敏訳『ブラック・マザー』理論社、1963年のなかで提起されたアフリカの奴隷制、ジョセフ・ニーダム「古代中国における科学と社会」の中国封建制などの論考が収められている。

　一方、アジア共同体をヨーロッパ的近代の業績に求める研究の伝統からの解放が追求された。[*1]同じ文脈で、インド研究者小谷汪之（『マルクスとアジア——アジア的生産様式論争批判』青木書店、1979年）はアジアにおける農民層分解の視点で、新しい視点を提供した。中国では、近代化・革命論争のなかで封建の位置づけが再検討され、今堀誠二らは、中国封建社会における社会集団の再評価を求めた。そこでは、費孝通の中国農村社会の分析は多くの研究者に決定的影響を与えた。また、溝口雄三は、洋務−変法−革命の流れにある中国の近代化にある封建社会の再評価に注目した（溝口「中国における「封建」と「近代」」文明研究、第7号、1989年。溝口『方法としての中国』東京大学出版会、1989年）。

　費孝通、市木亮訳『支那の農民生活』教材社、1939年/仙波泰雄・塩谷安夫訳『支那の農民生活——揚子江流域に於ける田園生活の實態調査』生活社、1939年/Fei, *Peascent Life in China: a Field Study of Country Life in the Vangtze Valley*, London: Routledge & Kegan Paul, 1980. Hsiao-tung Fei & Chih-Chang, *Earthbound China: a Study of Rural Economy in Yunnan*, London: Routledge & Kegan Paul, 1945.費『内地的農村』上海、生活書店、1946年。費、藤澤正也訳『土地に縛られた中国農村』農村金融合研究會、1948年/『土地に縛られた中國』日本太平洋問題調査會、1949年。費『郷土中國』上海、觀察社、1948年/Fei Isiao Tung (Fei Xiaotong), *Chinese Village Close-up*, Beijing: New World Press, 1983/『郷土中國』

香港、三聯書店、1991年／鶴間和幸、他訳『郷土中國』学習院大学東洋文化研究所、2001年。費『生育制度』天津、天津人民出版社、1981年／横山廣子訳『生育制度——中国の家族と社会』東京大学出版会、1985年／『生育制度』北京、商務印書舘、1999年／『生育制度』北京、群言出版社、2016年／『郷土中国、生育制度』北京、北京大学出版社、1998年／『郷土中国生育制度郷土重建』北京、商務印書舘、2011年／『郷土中國、郷土重建』北京、商務印書舘、2011年／『郷土中國、郷土重建』北京、群言出版社、2016年。費『従事社会学五十年』天津、天津人民出版社、1983年。費、小島晋治・他訳『中国農村細密画——ある村の記録1936-82』研文出版、1985年。費『江村経済——中國農民的生活』香港、中華書局、1987年。費『民族研究文集』北京、民族出版社、1988年。Fei Hslao-tung, *Rural Development in China: Prospect and Retrospect,* Chicago: Univ. of Chicago Press, 1989. 費主編『中華民族多元一体格局』北京、中央民族大学出版社、1989年、修訂版1999年／西澤治彦、他訳『中華民族の多元一体構造』風響社、2008年。費『人的研究在中国』天津、天津人民出版社、1993年。費『費孝通全集』20巻、呼和浩徳、内蒙古人民出版社、2010年。費『行行重行行——中国城郷及区域発展調査』上・下、北京、群言出版社、2014年。Xiaotong Fei, *Globalization and Cultural Self-Awareness,* Heidelberg: Springer, 2015. 徐平等『費孝通評傳』北京、民族出版社、2009年。

　今堀誠二『北平市民の自治攻勢』文求堂、1947年。今堀『中國の社會構造——アンシャンレジームにおける「共同體」』有斐閣、1953年。今堀『中国封建社会の機構——帰綏（呼和浩特）における社会集団の実態調査』日本学術振興会、1955年／勁草書房、1991年／汲古書院、2002年。今堀『東洋社会経済史序説』柳原書店、1963年。今堀『中国の民衆と権力』勁草書房、1973年。今堀『マラヤの華僑社会』アジア経済研究所、1973年。今堀『中国封建社会の構造——その歴史と革命前夜の現実』日本学術振興会、1978年。今堀『中国へのアプローチ——その歴史的展開』勁草書房、1983年。今堀『中国の本質をみつめる』勁草書房、1985年。今堀『中國法権社会の

構成』勁草書房、1991年。

最近の研究では、共同体自治の新しい評価が求められている。

　旗田魏『中国村落と共同体理論』岩波書店、1973年。

　陳其南、林文孝訳『伝統中国の国家形態と民間社会』アジアから考える4
社会と国家、東京大学出版会、1994年。

　王頴『眞集體主義——郷村社會的再組織』北京、經濟管理出版社、1996
年。

　麻国慶『家与中国社会結構』北京、文物出版社、1999年。

　宇野重昭・鹿錫俊編『中国における共同体の再編と内発的自治の試み』国
際書院、2005年。

中国については、以下の独自の先行的研究があった。

　清水盛光『支那社會の研究——社會的考察』岩波書店、1939年。

　村松祐次『中國經濟の社會態制』東洋經濟新報社、1949年、新版1975年。

この時点で、農民革命に研究の原点をおくことで、研究を再出発させた。[2]
それは、中国における階級分析と湖南省農民運動に対する毛沢東の視察報告と
革命路線の検証に始まっており、この農民運動の解明の分析は戦後大きく成長
した。[3]

4-6 抗戦支那の分析

いま1つの課題は、抗戦支那の分析がなされるなか（植村鷹千代編訳『抗日論——
如何にして抗日戦は準備されたか』橘書店、1937年）、1938年9月設立された東亜研
究所で以下の調査がなされ、なかでも1943-44年の農村慣行調査は注目された。

　林維英、飯田藤次・淺尾孝訳『日支通貨戦』東亞研究所、1939年。

　東亞研究所『抗日民族統一戦線の史的考察（中間報告）』東亞研究所、
1941年/龍渓書舎、1999年。東亞研究所『三民主義民族理論に関する研究』
東亞研究所、1941年/龍渓書舎、1999年。

　凱豊、東亞研究所訳『抗日民族統一戦線（翻訳)』東亞研究所、1941年/
龍渓書舎、1999年。

酒井忠夫『支那知識階級と民族主義思想』東亞研究所、1941年／龍渓書舎、1999年。

　ヴィクトル・A・ヤコントフ、竹内孫一郎訳『中國ソヴェート（翻訳）』東亞研究所、1941年／龍渓書舎、1999年。

　洛甫・他、東亞研究所訳『中國共産黨17年史』東亞研究所、1941年。極秘扱い。

　飯田藤次『米英蘭等諸国対日支資産業凍結概観』東亞研究所、1942年。秘扱い。飯田『重慶インフレーションの研究』日本評論社、1943年。

　東亞研究所編『支那農村慣行調査報告書』東亞研究所、1943-44年／中国農村慣行調査刊行会編『中国農村慣行調査』6冊、岩波書店、1952-58年、再刊1981年。

外務省情報部も着実な資料分析を行った。

　外務省情報部編『支那共産黨史』外務省情報部、1932年。情報部『中國共産黨1920-31年史』外務省情報部、1932年／波多野幹一『資料集成中國共産黨史』第1巻、時事通信社、1961年。情報部『中國共産黨1932年史』外務省情報部、1933年／波多野『資料集成中國共産黨史』第2巻、時事通信社、1961年。情報部『中國共産黨1933年史』外務省情報部、1934年／波多野『資料集成中國共産黨史』第3巻、時事通信社、1961年。情報部『中國共産黨1934年史』外務省情報部、1935年／波多野『資料集成中國共産黨史』第4巻、時事通信社、1961年。情報部『中國共産黨1935年史』外務省情報部、1936年／波多野『資料集成中國共産黨史』第5巻、時事通信社、1961年。情報部『中國共産黨1936年史』外務省情報部、1937年／波多野『資料集成中國共産黨史』第6巻、時事通信社、1961年。情報部『中國共産黨1937年史』外務省情報部、1938年／波多野『資料集成中國共産黨史』第7巻、時事通信社、1961年、秘扱い。

　草野文男『歐洲戰争と抗日支那』外務省情報部第三課、1940年、秘扱い。草野『支那抗日陣営に於ける反共勢力』外務省情報部第三課、1940年。
1938年12月正式に発足した興亜院は首相の下に中国占領地行政推進のため

の機構で、支那派遣軍が大きな役割を果たし、その研究分野は経済・農業・畜産業・工業・商業・交通・金融・企業・財政・政治・法制・歴史地理・社会・文化・気象に及んだ。その政治分野の対象は、蒙古自治政府、重慶国民政府、軍事、治安、第三国諜報機関にわたった。[1]

　　原口健三『コミンテルン竝に中國共産黨の三民主義批判に関する資料』興亞院政務部、1939年。原口『中國共産黨の政策転換に関する資料』興亞院政務部、1939年、秘扱い。

　　漢口軍特務部『最近ニ於ケル中國共産黨ノ實體』漢口、漢口軍特務部、1938年、秘扱い。

　　（満洲国）司法部刑事司『中国共産党史』新京、司法部刑事司、1940年、極秘扱い。

　　（関東軍）治安部参謀司第二課治安問題研究班『中國共産黨の活動とその對策』新京、治安部参謀司第二課治安問題研究班、1942年。

4-7 内蒙古研究

　そして、1922-23年に『滿蒙全書』（南滿洲鐵道株式會社社長室調査課編、7巻、大連、滿蒙文化協會社／呼和浩徳、25冊、内蒙古大學出版社、2015年）が刊行され、日本の関心は内蒙古支配の拡大とともに、蒙古・新疆研究及び西アジア研究へと拡大していった。その拠点となったのは、1934年1月蒙古民族支援のために設立された善隣協会で、その下に1939年6月蒙古研究所が成立し、さらに1944年4月西北研究所が設立され、「内陸アジア」が刊行された。[1]善隣協会は、その活動を西アジアにまで拡大して回教圏攷究所（1943年に回教圏研究所と改称）を創設し、『回教圏史要』、『概観回教圏』が刊行された。[2]そして、湯本昇の『中央アジア横斷建設論──世界平和への大道』（東亞交通社、1939年）も刊行された。湯本のそれはシベリア鉄道に対抗する反共鉄道の建設提案で、世界で注目された。そこには、矢野仁一、箭内亙の蒙古先行研究があったが（箭内亙・岩井大慧編『蒙古史研究』刀江書院、1930年。箭内『蒙古史研究』刀江書院、1937年、1966年／陳棲・陳清泉訳、上海、商務印書館、1932年）、蒙古・新疆研究としては、次の文献が刊行され

190

た。

　善隣協會『蒙古は何故救わねばならぬか』善隣協會、1934年。同編『新
生を歩む内蒙古——内蒙古自治は斯うして確立した』善隣協會、1934年。
同調査部編『蒙古の現勢』日本公論社、1935年。同調査部編『赤化線上の
蒙古と新疆——支那邊境の諸問題』日本公論社、1935年。同調査部編『蒙
古大觀、昭和13年版』改造社、1938年。同編『新アジアの雄相』目黒書店、
1942年——序文で、大東亜共栄圏の反共鉄道構想は、大蒙古草原を横断し
てバグダッドでアジア横断鉄道と接続し、亜濠地中海を制圧するにあると指
摘された。

　謝彬、外務省調査部訳『新疆事情』外務省調査部、1934年/韓国書籍セン
ター、1975年。

　ネダーチン、中平亮訳『現代新疆』大連、南滿洲鐵道、1935年。

　後藤富男『蒙古政治史』高山書院、1938年。後藤『内陸アジア遊牧社会
の研究』吉川弘文館、1968年。

　オウェン・ラティモア、後藤富男訳『農業支那と遊牧民族』生活社、1940
年——「ステップと歴史」、「内蒙古民族の史的展望」、「蒙古民族の遊牧性」、
「萬里長城の起源」、「内陸アジアの隊商路」などを収め、1935年の「蒙古民
族の遊牧性」で、列強の蒙古政策の定住化は成功しないが、彼ら自由な蒙古
人は自ら新蒙古を建設でき、ソ連・日本・中国のいずれがその支援者となる
かと論じた。

　『蒙疆年鑑』張家口、蒙疆新聞社、1941年——1944年まで4冊を刊行した。

　サー・エリック・タイクマン、内藤岩雄訳『新疆旅行記』外務省文化事業
部、1939年/神近市子訳『トルキスタンへの旅』岩波新書、岩波書店、1942
年。

　後藤十三雄『蒙古の遊牧社会』生活社、1942年。

　西田保『左宗棠と新疆問題』博文館、1942年。

　グリタフ・クリスト、関内台・斎藤大助訳『ソ領トルキスタン潜入記』大
和書房、1942年。

191

第 2 部　地域研究 250 年

　ヘニング・ハズルンド・クリステンセン、松本敏子訳『外蒙の赤色地帯』
育生社弘道閣、1942 年。

　呉藹宸、楊井克己訳『新疆紀遊』興亞書房、1943 年。

　中亞問題研究會編『回教徒問題ヲ中心トシタル新疆省ノ勢力拮抗状況』中
亞研究會、1943 年。

　ルネ・グルセ、後藤十三雄訳『アジア遊牧民族史』山一書房、1944 年／
上・下、原書房、1979 年。

さらに、西域研究では、京都学派の羽田亨を先学として、次の文献が刊行さ
れた。

　羽田亨『西域文明史概論』弘文堂書房、1931 年／鄭元芳子訳、上海、商務
印書鑑、1934 年／弘文堂書房、1948 年／東洋文庫、平凡社、1992 年／耿世民
訳、烏奥木斉、新疆人民出版社、1981 年／北京、中華書局、2005 年。羽田
『西域文化史』座右寶刊行會、1948 年。羽田『羽田博士史学論文集』上・下、
東洋史研究会、1957-58 年／上・下、同朋社出版部、1975 年。

　デニスン＝ロス、ヘンリ・スクライン、三橋富治男訳『トゥルケスタン』
生活社、1940 年／『トルキスタン──アジアの心臓部』原書房、1976 年。

　Ｐ・Ｓ・ナザロフ、齋藤大助訳『新疆省から印度へ』大和書店、1943 年。

　チベットは内陸国境として、大きな戦略的関心にあった。そのために、チ
ベット潜入工作による調査研究がなされた。[3]

4-8 南洋進出と華僑

　南洋協会が 1915 年に設立され、日本の南洋進出とともにその研究も着実に
進んだ。その研究は 1932 年シャム革命への関心に始まって、日本タイ協会が
設立された。大東亜戦争の遂行と共栄圏建設に突入し、多くの文献が刊行され
た。毎日新聞社東亞調査会編纂の『南方報告』（毎日新聞社、1943 年）は、タイ、
仏領インドシナ、マライ、スマトラ、ジャワ、ビルマの建設紹介と共に、当
時、研究文献を体系的に収めたものとして、今日でも価値が高い。以下の文献
は、その視点は現在も評価できる。

192

山朝田武『暹羅』外交時報社、1921年。

比律賓協會『比律賓獨立問題』比律賓協會、1935年。比律賓協會『比律賓資料集』比律賓協會、1936年。

南洋協會編『大南洋圈』中央公論社、1936年。

蒲原廣二『ダバオ邦人開拓史』ダバオ、日比新聞社、1938年。

太平洋協會編『佛領印度支那——政治・經濟』河出書房、1940年。

デ・クラーク、 報知新聞南方調査會訳『蘭印侵略史』報知新聞南方調査會、1940年。

淺香末起『南洋經濟研究』千倉書房、1941年。

W・A・R・ウッド、郡司喜一訳『タイ國史』冨山房、1941年。

日本タイ協會編『タイ國革命政變の經過』日本タイ協會、1941年。

タイ室東京事務局訳編『最近タイ國政治情勢』タイ室東京事務局、1941年——臨戰体制下のタイ情勢、タイ・ビルマルートを取り上げた。

小林宗三郎『蘭領印度の民族運動（中間報告）——シャリカート・イスラムを中心として』東亞研究所、1940年。

大岩誠『安南民族運動史概説』ぐろりあ・そさえて、1941年。

T・E・エンニス、大岩誠訳『印度支那——フランスの政策とその發展』生活社、1941年。

海外礦業協會編『蘭領印度の礦産資源』海外礦業協會、1941年。

永丘智太郎『比律賓に於ける政策の変遷』日本拓殖協會、1941年。

宮原武雄『新たなタイ』圖書研究社、1942年。

中井省三『大東亞貿易新論——共榮圈貿易の原理・構造・運營』共榮書房、1942年。

A・J・エイクマン、F・W・スターベル、村上直次郎・原徹郎訳『蘭領印度史』東亞研究所、1942年／龍渓書舎、2000年。

明石二郎・關嘉彦『泰國農村經濟論』中央公論社、1942年。

R・エマソン、深沢正策訳『南方諸國の統治』河北書房、1942年。

朝倉純孝『蘭印に正義を叫ぶマックス・ハーフェラール』タイムス社、

1942年。

　ビュ・ヂューラン、野本静一訳『比律賓獨立と東亞問題』ダイヤモンド社、1942年。

　H・H・ミラー、法貴三郎訳『フィリピン農業史』生活社、1942年。

　山田文雄『東印度の經濟』日本評論社、1942年／『東印度經濟論』千倉書房、1943年。

　白阪義直『南洋政治地理史考』田中誠光堂、1943年。

　フランク・A・ウェッテナム、阿部真琴訳『英領マライ史——英國の經略過程』北海出版社、1943年。

　サー・リチャード・エインステッド、太平洋協會訳『マライ史』太平洋協會出版部、1943年。

　大内兵衛『フィリッピン・マライ貨幣史』栗田書店、1943年。

　大東亞省南方事務局政務課『佛領印度支那總攬』大東亞省南方事務局政務課、1944年。

　ピエール・グルー、内藤莞爾訳『佛印の村落と農民』上、滿鐵調査局／生活社、1945年。

日本の南洋進出とともに、華僑対策が課題となった。そこでの華僑と現地社会との関係、中間的経済支配の役割に関するジョン・S・ファーニバルの分析（南太平洋研究會訳『蘭印の經濟政治社會史』實業之日本社、1942年／清水曄吉訳『蘭印經濟政治社會史』ダイヤモンド社、1942年）が注目され、さらに、J・H・ブーケによるインドネシア社会経済構造の解明（ブスケ、太平洋協會調査部訳『蘭領印度に於ける回教政策と植民政策』中央公論社、1941年。ブーケ、奥田琢等・高橋安親・山岸祐一訳『ジャワ村落論』太平洋協會編、中央公論社、1943年）が注目された。ブーケの視点は第二次世界大戦後、再評価された。[*1]1943年に大東亜省南方事務局政務課は『華僑實態調査報告書』（大東亜省南方事務局政務課）がまとめられ、以下の研究が出され、また東南アジアにおける華僑の排日問題と本国送金問題なども分析された。[*2]国民政府も華僑対策に努めた。[*3]その華僑問題は最大の関心事で、その文献は、以下のものがある。

日蘭通交調査會『南洋華僑（支那移住民）と我蘭領東印度貿易』日蘭通交調査會、1925年。

神田正雄『南洋に於ける支那人』大連、滿鐵庶務部調査課、1926年／龍渓書舍、2002年。

外務省通商局第二課『華僑ノ現勢』外務省通商局第二課、1935年／龍渓書舍、1935年。

新川傳助『南洋華僑の研究』興中公司東京支社、1937年／龍渓書舍、2002年。

タイムス社『南洋華僑と支那事變』タイムス社、1938年。

企画院編『華僑の研究』松山房、1939年。

臺灣銀行『バタビヤ華僑調査』バタビヤ、臺灣銀行、1939年。

半谷高雄『支那殖民史』生活社、1939年。

福田省三『華僑經濟論』巖松堂書店／大同書院、1939年。

丘澤平、山崎清三訳『現代華僑問題』生活社、1939年／龍渓書舍、2002年。

興亞院政務部『南洋華僑社會變遷ノ要因』興亞院、1939年。

南洋協會編『南洋の華僑』南洋協會、1940年。東洋協會調査部『現下の華僑概觀』東洋協會、1940年。

東亞研究所『泰國農民と華僑──暹羅農村經濟調査を中心として』東亞研究所、1940年。同編『印度支那に於ける中國人の法律上の地位』東亞研究所、1944年。

成田節男『華僑史』螢雪書院、1941年。

渡邊武史『南方共榮圏と華僑』二松堂、1941年／紙硯舍、1942年。

黄澤、東京商工會議所訳『世界の華僑』南北社、1943年。

井出季和太『南洋と華僑』三省堂、1941年。井出『南方華僑』中央公論社、1943年。

吉田義三『大陸經營と華僑』亞細亞大陸協會調査部、1941年。

內閣情報局『南洋華僑概觀』內閣情報局、1942年／龍渓書舍、2002年。

W・J・ケーター、成田節男・吉村泰明訳『華僑の經濟的地位——東印度』日本公論社、1942年。

臺灣拓殖株式會舍調查課『南洋華僑と其の對策』台北、臺灣拓殖株式會社調查課、1942年／龍渓書舍、2002年。

横濱高等商業學校太平洋貿易研究所『華僑研究』横濱高等商業學校太平洋貿易研究所、1942年——牟田哲二・井出季和太・福田省三が執筆した。

劉継宣・束世澂、種村保三郎訳『中華民族南洋開拓史』台北、東都書籍株式會社臺北支店、1943年。

K・P・ランドン、太平洋問題調査會訳『タイ國の華僑』同盟通信社、1944年。

ジョーンズ・ルヴァスール、成田節男訳『佛印華僑の統治政策』東洋書館、1944年。

H・F・マックネヤ、近藤修吾訳『華僑　その地位と保護に關する研究』大雅堂、1945年／大空社、2014年。

日本の関心拡大とともに、南洋群島及び太平洋問題の研究も進んだ。

矢内原忠雄『南洋群島の研究』岩波書店、1935年／『矢内原忠雄全集』第3巻、岩波書店、1963年。

太平洋協會編『太平洋洋問題の再検討』朝日新聞社、1941年。

國際關係研究會編『米国の太平洋政策』東洋經濟新報社、1942年。

H・L・ハリス、横浜高商太平洋貿易研究所訳『濠洲の政治經濟構造』冨山房、1942年。

世界經濟調查會編『英國の濠洲に對する經濟依存度』世界經濟調查會、1942年。

クラレンス・エドワード・カウレー、永野一郎訳『濠洲羊毛の研究』生活社、1942年。

臺灣拓殖株式會社調查課『濠洲礦物資源』台北、臺灣拓殖株式會社調查課、1942年。

臺灣總督府外事部編『濠洲』台北、臺灣總督府外事部、1943年。

市川泰治郎『濠洲經濟史研究』象山閣、1944年。

4-9 インド研究

英領インドへの関心は、その統治と民族運動にあった。1937年の自治実施とそれに伴う自決運動の展開過程が研究の重点にあって、衣斐鈃吉『印度の不安（インジアン・アンレスト）の眞相』（報知新聞社、1924年）に始まり、その関心は一貫してナショナリズム運動に向けられ、ガンジーの著作も翻訳され、インド国民軍チャンドラ・ボースの自伝が刊行された。[1] そこでは、植民統治に与る朝鮮總督府と外務省がこの動向に関して本格的研究に着手した。

日本銀行調査課編『世界戰爭開始以來、最近ニ至る迄ノ印度省證券賣出ノ状況　附印度幣制改革ニ關スル論議』日本銀行調査課、1919年。

拓殖局編『印度統治改革問題』拓殖局、1920年。同編『印度ノ國民運動』拓殖局、1921年。拓務大臣官房文書課『印度政治經濟の概観』拓務大臣官房文書課、1933年。拓務省拓南課編『ビルマ事情概要』拓務省拓南課、1942年。

朝鮮總督府『印度統治に對する批判』京城、朝鮮總督府、1924年、秘扱い。同編『英領印度の民族運動』正・續、京城、朝鮮總督府、1930年、秘扱い。同編『英領印度統治の現状と英國の異民族統治政策の批判』京城、朝鮮總督府、1936年、秘扱い。

臺灣總督府調査課編『印度の幣制改革問題　附印度の綿花及カラチ事情』台北、臺灣總督府調査課、1926年。外事課編『ビルマ事情概要』台北、臺灣總督府外事課、1943年。E・A・ホルン、臺灣総督府調査課訳『英領インド元寇統治組織』台北、臺灣總督府調査課、1922年。

外務省歐米局第二課『印度統治法改正問題』外務省歐米局第二課、1930年／東亞研究所編『印度統治法改正問題』東亞研究所、1941年。通商局編『英國ノ對印度輸出振興策ト印度ニ於ケル日本品消長』外務省通商局、1930年。調査部『英國ト自治領、インド、植民地トノ法律的關係』外務省調査局、1935年。歐亞局第二課『最近ノ印度政情』外務省歐亞局第二課、1941

年。南洋局『緬甸事情』外務省南洋局、1941年。歐亞局第二課『印度統治法改正問題』外務省歐亞局第二課、1935年／東亞研究所編『印度統治法改正問題』東亞研究所、1942年。歐亞局第二課『「ワルダ」及「ボンベイ」決議ヲ繞ル印度情勢』外務省歐亞局第二課、1942年。調査部第三課『印度ニ於ケル各種勢力ト其動向』外務省調査部第三課、1942年、秘扱い。調査部『緬甸の統治機構』2冊、外務省調査部、1942年。調査部『ビルマの統治機構』上・下、外務省調査部、1942年。政務局第五課『印度國勢調査概要・1941年』外務省政務局第五課、1944年。守屋善輝『印度の現行統治機構』外務省調査局第一課、1944年。

そして、インド独立論も刊行された。ビルマにおける外国人経済支配の分析、前記ファーニバルの『ビルマ経済』（東亞研究所訳『緬甸の經濟』東亞研究所、1942年／龍渓書舎、2002年）も刊行された。

中谷武世『インドと其の國民運動』平凡社、1933年。

矢内原忠雄『帝國主義下の印度』大同書院、1937年／『矢内原忠雄全集』第3巻、岩波書店、1963年。

東亞研究所『歐洲大戰と印度の動向』東亞研究所、1940年。

深尾重正『印度侵略序幕』アジア問題研究所／世界創造社、1940年。

伊東敬『現代印度論——英・印・ビルマ関係の再検討』大和書店／オリオン社、1940年。

亀尾松治『印度・ビルマの展望』ジャパン・クロニクル社出版部、1940年。

滿洲中央銀行調査課訳編『印度の今日と明日』新京、滿洲中央銀行調査課、1940年。

高岡大輔『印度の全貌』岡倉書房、1941年。

アマル・ラヒリ、矢吹勝二訳『ドバマ——ビルマ人のビルマ』興風館、1941年。

百々巳之助『印度は愬へる』愛亞書房、1941年。

筈見一郎『印度の獨立』霞ヶ関書房、1942年。

O・H・ムーサ、滿鐵東亞經濟調査局訳『ビルマ佛教徒と慣習法』滿鐵東亞經濟調査局、1941年。

戸野原史朗『印度統治機構の史的概観』滿鐵東亞經濟調査局、1942年。

加藤長雄『印度ノ立法機構（未定稿)』東亞研究所、1939年。加藤『印度民族運動史』東亞研究所、1942年／龍渓書舎、2002年。

島田巽『最近の印度――英印關係の推移』朝日新聞社、1942年。

野口健三郎編『コミンテルン及びソ聯邦の印度革命に關する資料』興亞院政務部、1940年、秘扱い。

綜合インド研究室編『印度の抗戰力』東晃社、1942年。同編『印度の民族運動』綜合インド研究室、1943年。同編『印度の資源と工業』綜合インド研究室、1943年。同編『印度統計書』國際日本協会、1943年。エミール・セナール、綜合インド研究室訳『印度のカースト――事實と體系』綜合インド研究室、1943年。M・ムケルジー、綜合インド研究室訳『印度農業經濟論』綜合インド研究室、1943年。M・ヴィスヴエバラヤ、綜合インド研究室訳『印度の經濟構造』綜合インド研究室、1943年。同編『印度工業化論』伊藤書店、1944年。同編『印度の流通經濟』伊藤書店、1944年。

福井慶三『印度の經濟と獨立運動』朝日新聞社、1942年。福井『獨立運動をめぐる現代印度の諸情勢』研文書院／フタバ書院成光館／みたみ出版、

金子健二『印度』湯川弘文社、1942年。

蘆田英祥『大戰下の印度――在印3年の記録』汎洋社、1942年。

ラシュブルック・ウィリヤムズ、K・S・シェルヴァンカー、世界經濟調査會訳『インドの政治と經濟』世界經濟調査会、1942年。

ワルデマー・ボンセルス、中岡宏夫訳『美しき印度』大日本出版、1942年。

網本行利『印度の全貌』修文館、1942年。

K・S・シェルヴァンカ、江口芳樹訳『白日の印度』育生社弘道閣、1942年。

松本悟朗『印度と濠洲』聖紀書房、1942年。

笘見一郎『印度の獨立』霞ケ關書房、1942年。

波多野鳥峰『印度獨立戰爭』錦正社、1942年。

島田巽『最近の印度——英印關係の推移』朝日新聞社、1942年。

福井慶三『印度の經濟と獨立運動』朝日新聞社、1942年。

滿鐵東亞經濟局編『印度概観』滿鐵東亞經濟局、1943年。

G・E・ハーヴェィ、五十嵐智則訳『ビルマ史』北海出版社、1943年/経典出版、1945年/東亞研究所訳、東亞研究所、1944年/原書房、1976年。

蒲池清『ビルマの經濟資源』東亞政經社、1943年。

ウィルアム・バートン、國土計畫研究所訳『印度藩王國』中川書店、1943年。

W・W・ハンター、茂垣長作訳『ハンター印度史』室戸書房、1943年/彰考書院、1944年。

タラクナート・ダス、石田十三訳『印度獨立論』博文館、1944年。

福井慶三『獨立運動をめぐる現代印度の諸情勢』研文書院/フタバ書院成光館/みたみ出版、1943年。

貿易奨勵會『印度の英國に対する重要性』貿易奨励會、1943年。

岩井大慧・小林元・他『桎梏の印度』目黒書店、1943年。

木村日紀『印度史の解剖と獨立問題』日本放送出版協會、1943年。

貿易奨勵會『印度の英國に對する重要性』貿易奨勵會、1943年。

脇山康之助『印度の政治問題』日本評論社、1943年。

岩永博『インド民族史』今日の問題社、1944年。

金川義人『印度史の分析』國民社、1944年。

日本の仏教研究者によるインド研究もあった。[2]

1940年代を通じて、インド洋問題も関心の射程に入った。そして、インド洋は太平洋戦争の作戦地域となった。

パウル・モランド、眞木昌夫訳『印度ルート』南北社、1942年。

淺井得一『印度洋』朝日新聞社、1942年。

伊東敬『印度洋問題』大和書店、1942年。

ベルリン海洋研究所編、田間耕一訳『海洋國防地理——太平洋・印度洋・大西洋・地中海・北海・バルト海の國防地理』山雅房、1943年。

柴田賢一『印度洋』興亞日本社、1943年。

4-10 京都学派と大東亜研究

1941年に京都大学の哲学者を中心とする座談会が開催され、この記録は「中央公論」に3回にわけて掲載され（高坂正顕・西谷啓治・高山岩男・鈴木成高「世界史的立場と日本」中央公論、1942年1月号／『世界史的立場と日本』中央公論社、1943年。高坂・西谷・高山・鈴木「東亞共榮圏の倫理性と歴史性」中央公論、1942年4月号。高坂・西谷・高山・鈴木「総力戦の哲學」中央公論、1943年1月号）、京都学派の「世界史の哲学」を後世に残した。[*1]同じ時期に、「文学界」においても文学者の座談会「文化綜合会議シンポジウム——近代の超克」が開催され（文学界、1941年9月号・10月号）、京都学派の西谷啓治と鈴木成高もこれに参加した。そこでの問題提起は「近代の超克」にあった。前者の座談会の出席者は、西田哲学の後継者で、高坂正顕、西谷啓治、高山岩男、及び歴史学者の鈴木成高で、「世界史的立場と日本」と題され、第2回の「東亞共栄圏の倫理性と歴史性」、第3回の「総力戦の哲学」に明らかなように、ヨーロッパのアジア支配に対抗する日本のアジア進出を正統づけることなく位置づけることにあった。その議論の論拠となったのが、「近代の超克」であった。但し、陸軍報道部は、これを極めて「不快」であるとした。だが、海軍報道部がその見解を支持し、この対立で京都学派は封じられるところを免れた。[*2]

その論拠は、文学界の場合と同様に、西欧近代は資本主義が領土膨張と帝国主義を生み、デモクラシーは「個人」の観念であっても、ホセ・オルテガが正しく鋭く指摘していたところの「人間の内面性」を欠いたとの理解にあった（ホセ・オルテガ・イ・ガゼー、池島重信訳『現代の課題』刀江書院、1937年／法政大学出版局、1968年）。そこで、日本の立場として近代の超克が語られ、それは西田哲学の「種の論理」をもって展開された。高山岩男は、1933年8月信濃教育会で「文化類型学の概念」と題する連続講義を行い（12月講義録刊行）、翌34年8月再び

「續文化類型学の概念」について講義を重ね（11月講義録刊行）、そして「近代の超克」を「世界史」と「日本」という形で提起した。西欧近代の産物である「世界史」を、東洋的な非歴史観に置き換えるべく、日本が「絶対的無」においてその歴史を終焉させる世界観を説いた。これが京都学派の世界史的立場であった。[3] この点を、廣松渉は、『〈近代の超克〉論──昭和思想史への断想』（朝日出版社、1980年）で、「近代における"人間疎外"を問題にし、この"疎外"的歴史状況の超克を説こうとした」と解した。[4] その展開を、高山は、『世界史の哲学』（岩波書店、1942年／『高山岩男著作集』第4巻、玉川大学出版部、2008年）において、「歴史は常に時間と空間（地理性）との綜合の構造」をもつから、「人間的歴史事実を単に理性的本質から捉へようとする理想主義」が退けられ、風土地理的環境の客観的存在が求められ、そこでは歴史の地理性が問題とされ、「自然と人間との呼応的合致」、「環境と主体との呼応的合致」が提起された（高山岩男『場所的論理と呼応の原理』弘文堂、1951年／創文社、改訂版1976年／『文化類型学・呼応の原理』京都哲学撰書第15巻、一燈園燈影舎、2001年／『高山岩男著作集』第6巻、玉川大学出版部、2009年）。『世界史の哲学』の執筆の回想は、高山岩男『京都哲学の回想』（一燈園燈影舎、1995年）に詳しい。かくして、日露戦争は「欧米列強による支那分割の危険を未然に防遏したもの」と解され、「共榮圏とか広域圏とか稱される特殊的世界が、いはゆる帝國とは意義と構造の違つたものとして要求せられ」、「この世界は地理的・歴史的・経済的な連帯性や人種的・民族的な親近性を基礎として、その上に緊密な政治的統一性をもつことが要求されてゐる」ことになるとされた。

　この世界史の立場を、大東亜共栄圏の枠組みにおける内側から位置づけたのが、京都学派の三木清であった。三木清は、「現代日本における世界史の意義」改造、1938年6月号で、「世界史の哲学」を論じた（三木清、内田弘編『三木清エッセンス』こぶし書房、2000年。三木『東亜協同体の哲学──世界史的立場と近代東アジア──三木清批評選集』書肆心水、2007年）。その哲学的基礎は、三木清『構想力の論理』（第1～第3、岩波書店、1939-48年）にあった。三木の協同主義世界論は、戦時下の日本軍国主義の暴圧と教条的マルクス主義の断罪の間での抵抗の論理と

いえるものであった。彼は、近衛内閣のシンクタンクとなった昭和研究会[*5]の文書「新日本の思想原理」（1939年1月）、「新日本の思想原理　續篇——協同主義の哲學的基礎」（1939年9月）で、東亜協同体論そのものの展開にはなくとも、その哲学的基礎を鋭利に提起した（昭和研究会事務局『新日本の思想原理』昭和研究会、1939年／『新日本の思想原理——協同主義の哲学的基礎・協同主義の經濟倫理』生活社、1941年。三木清「新日本の思想原理」、「新日本の思想原理　續篇——協同主義の哲學的基礎」、『三木清全集』第17巻、岩波書店、1985年／三木『三木清　東亜協同体論集』こぶし書房、2007年）。その協同主義は、主観・客観を超えたところにあったが、その形相はいまだ十分ではなかった。高山も、協同主義を、戦後説いた（高山岩男『協同社会の精神』協同組合懇話会、1955年）が、それも生かされなかった。

　その世界史の哲学は、その原型として孫文の大アジア主義の文脈にあり、日支連繋を射程においていたが、それは政策的に生かされなかった。近代の超克は、復古と維新、国粋と文明開化、そして東洋と西洋という基本軸における対抗関係の文脈にあったが、支那分割の防遏における日本の行動における二重性が了解できなかったという矛盾は、この世界史の哲学でも露呈された。日本浪漫派の首領保田與重郎の「文明開化の論理の終焉について」（コギト、第80号、1939年1月／『保田與重郎全集』第7巻、講談社、1986年）も、マルクス主義文芸運動を糾弾できても、満州の「五族協和」の世界観の表現を見出しできずに終わった。[*6]かくて、京都学派は、媒介の論理ではなく『哲学的人間学』（高山岩男、玉川大学出版部、1971年／『高山岩男著作集』第2巻、玉川大学出版部、2007年）の地平にあったことで、西田哲学の原理と時務の論理の媒介が国家次元の勘案において蹉跌した、と廣松渉は解しており（廣松渉『〈近代の超克〉論——昭和思想史への断想』朝日新聞社、1980年、246-247頁）、それは、元来、京都学派はアジア主義の構築の使命にあったとみるのは妥当であろう。京都学派の時務の論理は、三木清の病死で終わったことは残念というほかはない（酒井直樹・磯前順一『「近代の超克」と京都学派——近代性・帝国・普遍性』国際日本文化研究センター／以文社、2010年）。

　満鉄東亜経済調査局調査課長を経て、精神面で日本主義を貫き、1920年8月猶存社を結成して国家主義運動に走った大川周明は、「革命日本ノ建設」、「民

族解放運動」を打ち出し、1925年に行地社を創設し、「國民的理想ノ確立」、「有色民族ノ解放」、「世界ノ道義的統一」を掲げ、アジア主義を推進した。彼は、『復興亞細亞の諸問題』（大鐙閣、1922年／明治書房、1929年）、「アジア人及アジアの道」、東亞經濟懇談會編『復興アジア論叢』（1944年、中山優「復興アジアと支那民族」を収める）、東亞經濟懇談會編『大東亞民族誌』（1944年、大川は概説、清野謙次は生態、平野義太郎は文化、大久保幸次は回教、福田省三は華僑を担当）などの著作を通じて、そのイデオローグの役割は大きかった。[7]

　　大川周明『革命歐羅巴と復興亞細亞』猶存社、1922年／『亞細亞、歐羅巴、日本』大東文化協會、1925年。大川『米英東亞侵略史』第一書房、1942年。大川『亞細亞建設者』第一書房、1941年。大川『大東亞秩序建設』第一書房、1943年。大川・他『復興アジア論叢』國際日本協會、1944年。東亞經濟懇談會編『大東亞民族志』鱒書房、1944年。『大川周明全集』7巻、大川周明全集刊行會／岩崎學術出版社、1961-74年。太川『敗戦後──太川周明敗戦後文集』書肆心水、2010年。太川『復興亜細亜の諸問題・新亜細亜小論』中公文庫、中央公論新社、2016年。

そこでは、現地でのアジア解放論が強く提起された。[8]

　また、中国の停滞性に対する研究の打破は、大アジア主義の見地でアジア地政学に求められるところとなった。アジア地政学は、カール・ハウスフォーファーを通じて日本に導入された（ハウスホーファー、江澤讓爾訳『太平洋の地政學──地理及歴史の交互関係についての研究』軍令部、1940年。日本青年外交協会研究部（服田彰造）訳『太平洋地政學──地理歴史交互関係の研究』日本青年外交協會、1941年。太平洋協會編、佐藤壯一郎訳『太平洋地政學』岩波書店、1942年）。そして「日本地政学はその故何處までも正しい、皇国有用の學」とした京都大学地理学教室の小牧實繁が日本地政学宣言を発しこう述べた。日本地政学は、「世界新秩序に積極的に参与する時代創造の計画を提示する、創造せらるべき歴史に指針を與ふる」もので、その視点は、「歴史は運動を與へられた地理である」とし、「それは「地的空間の力」にあるとした。次のように、東亜地政学が構築された（米倉二郎『東亞地政學序説』生活社、1941年。平野義太郎・清野謙次『太平洋の民族＝政治學』日本評論社、

1942年。平野『民族政治學の理論』日本評論社、1943年。平野『大アジア主義の歴史的基礎』河出書房、1945年。森谷克巳『東洋的生活圏』育生社弘道閣、1942年）。

東方文化学院の伝統を継承して（1941年11月興亜院に移管、1942年11月大東亜省に移管）、京都帝国大学人文科学研究所とともに、1939年8月東京帝国大学東洋文化研究所が国策による東洋研究の遂行のために開設された。そこでは、以下の代表的な成果をみた。

仁井田陞『唐令舎遺』東方文化学院東京研究所、1933年／東京大学出版会、1964年。仁井田『唐宋法律文書の研究』東方文化学院東京研究所、1937年／大安、1967年／東京大学出版会、1983年。仁井田『支那身分法史』東方文化學院、1942年／座右寶刊行會、1943年／『中國身分法史』東京大學出版會、1983年。仁井田『中国の社会とギルド』岩波書店、1951年。仁井田『中国の法思想史——東洋的自然法の問題』法律学体系、日本評論社、1951年。仁井田編『近代中国の社会と経済』刀江書院、1951年。仁井田『中国の農村家族』東京大学出版会、1952年。仁井田『中國法制史』岩波書店、1952年、増訂版1963年。仁井田『中国社会の法と倫理』弘文堂、1954年／清水弘文堂、1968年。仁井田編『中國』毎日新聞社、1954年。仁井田『中國法制史研究』4冊、東京大學東洋文化研究所／東京大學出版会、1959-64年。にいた『中国の法と社会と歴史——遺稿集』岩波書店、1967年。仁井田『東洋とは何か』東京大学出版会、1968年。仁井田『中国の伝統と革命——仁井田陞集』2冊、平凡社、1974年。仁井田、池田温編『唐令拾遺補——附唐日兩令對照一覧』東京大學出版会、1997年。

植田捷雄『支那租界論』巌松堂書店、1935年。植田『上海租界概論』東亞研究會、1938年。植田『支那に於ける租界の研究』巌松堂書店、1941年。植田『支那に於ける租界還付・治外法権撤廃』龍文書局、1944年。ジャン・エスカラ、植田捷雄訳『支那租界制度論』日光書院、1941年。

4-11 現地調査

現地調査における最大の成果は、京都帝国大学の今西錦司による未踏の調

査であった。その最初の調査は、1934年12月下旬から翌年1月中旬にわたり、氷雪に挑んだ白頭山登頂であった。これは京都帝大旅行部の行事であったが、周密な科学的探検で、第二松花江源流の発見という壮挙となった。[1]1938年8月京都帝大内蒙古学術調査隊が張家口から熱河、ダブス・ノールから百霊廟に至る5000キロの蒙古草原調査を、木原均隊長のもとに実施し、今西も参加した。[2]同年12月京都探検地理学会が発足し、同学会は1941年7月、今西を隊長とする学術調査隊をミクロネシアのポナペへ派遣した。彼らは地理・生物調査を実施し、太平洋戦争直前の最後の船で、9月帰国した。[3]1942年2月日本軍のボルネオ占領を機に学術調査が予定されたが、実施されず、5〜7月世界で唯一残されていて地図を欠く北部大興安嶺探検が決行された。この探検は4月に満州治安機関から許可がでたが、そのソ連に接する同地域は満州軍・関東軍・現地特務機関にとり機密保持の関係から、立ち入りは禁止されていた事情があった。調査隊の目的は、ガン河上陸の地理的空白地帯への突入であった。調査隊は、新京からハイラル経由でドラガチェンカへ、黒河から漠河へ向かい、そこから大興安嶺を横断し、1943年1月京都に戻った。この地は、寒冷気候の北部農業限界線で、学術的に大きく注目された。[4]

　これら調査に成功したことで、1943年10月東條英機日本首相から今西に「西北支部に潜入し、支那辺境民族の友となり、皇軍進出まで永住せよ」との命令が下った。蒙古連合自治政府の樹立に伴い、今西は、翌44年4月張家口に新設された蒙古善隣協会西北研究所の所長に迎えられ、5月着任した。日本の工作機関、善隣協会の前身が、東京の善隣協会内蒙古支部として、早くから現地に深く浸透していた。今西は早速、1944年9月〜1945年2月の厳冬期に、蒙古調査を実施した。[5]これまでの調査成果は、この第3次調査を前にしてようやく上梓され、『草原行』として脱稿され、1947年に昆虫学者岩田久二雄の努力により福井県武生で刊行された（今西錦司『草原行』府中書院、1947年／『草原行・遊牧論そのほか』今西錦司全集第2巻、講談社、1974年、増補版1993年）。第3次調査の報告『遊牧論そのほか』（秋田屋、1948年／『草原行・遊牧論そのほか』今西錦司全集第2巻、講談社、1974年、増補版1993年／『遊牧論そのほか』平凡社、1995年）をまとめ、

今西は1945年8月の終戦を張家口で迎え、のち北京で10カ月過ごし、翌46年6月帰国した。

カゲロウ研究で研究者の道を進んだ今西は、戦局が不透明となるなか、蒙古草原で放牧される家畜の群れを生態学の立場で調査し、そこで進化論の分化発展とされる適者生存というダーウィン理論に対して、独自の1つの個体の生長過程を捉え、生物的自然の構成要素である種社会の変化を確認した。それは「棲み分け」今西進化論といえるもので、その理論化には、京都学派の西田幾太郎・田辺元の種の論理があった。それは、『進化とは何か』（講談社学術文庫、講談社、1976年）、『ダーウィン論——土着思想からのレジスタンス』（中公新書、中央公論社、1977年、増補版「ダーウィン論——主体性の進化論」今西錦司全集第12巻、講談社、1993年）、『主体性の進化論』（中公新書、中央公論社、1980年）で、主流の西欧派理論に対決して現地調査の綿密な検証を通じて大きく理論的成長をみた。その社会生物学の体系化には、当時、京都大学人文科学研究所の哲学者上山春平が、その理論の構築に参加した。[6]そこにおいて、今西の体系的構想は哲学的科学観の深みから生み出されたことが注目されなければならない。その基礎で、今西は、1983年9月「自然学の提唱」（季刊人類学、第14巻第3号）を発表し、1984年10月に『自然学の提唱』（講談社）を刊行し、1987年に『自然学の展開』（講談社、1987年）を出版した。[7]のち今西はヒマラヤに登頂したが、[8]彼は、登山家あるいは探検家に終わることなく、1955年5〜9月京都大学カラコルム・ヒンズークシ学術探検隊（隊長木原均）のカラコルム支隊長としてギルギット−フンザ渓谷−フンザ−ナギール−ヒスパー・パス−バルト氷河の踏査に成功した。これは戦後初めての海外調査で、世界が注目した。[9]

他方、1956年10月設立の日本モンキーセンターでニホンザルの餌付けに成功した伊谷純一郎らは、1958年2月ケニア、タンガニーカ、ウガンダ、コンゴ（ベルギー領）、カメルーンなど、アフリカ各地でのゴリラの生態調査に入った。この調査隊の活動は、1959年4〜9月の第2次調査、1960年7月の第3次調査と続き、日本のアフリカ現地調査の先鞭を画した。[10]

そして1961年10月〜62年4月今西は、京都大学アフリカ類人猿学術調査隊

長として、初の海外学術調査を実施した。続いて1963年6〜10月彼は第2次
隊長としてアフリカに赴いた（今西錦司『人類の祖先を探る——京大アフリカ調査隊の
記録』講談社現代新書、講談社、1965年。今西・梅棹忠夫編『アフリカ社会の研究——京都
大学アフリカ学術調査隊報告』西村書店、1968年／上・下、西村書店、1971-72年）。京都大
学学術調査隊は1964年9〜11月に続いて、1966年以降も続き1972年まで続
行された。今西の成果は地域研究に画期的な成果をもたらした。[11]また、白
頭山探検で第二松花江源流の発見という壮挙を実現していた当時、京都大学
理学部学生梅棹忠夫は、その蒙古及びアフリカ調査に参加し、そのアフリカ
部族調査から、独自の文明論を展開するところとなった（梅棹「文明の生態史観
序説」中央公論、1967年2月号。梅棹『文明の生態史観』中央公論社、1967年／中公文庫、中
央公論社、1998年／王庫今訳『文明的生態史観——梅棹忠夫文集』上海、上海書店、1988年／
『梅棹忠夫著作集』第5巻、中央公論社、1990/translated by Beth Cary, *An Ecological View
of History: Japanese Civilization in the World Context*, Melbourne: Trans Pacific Press,
2003）。[12]

　1959年7〜12月に京都大学イラン・アフガニスタン・パキスタン学術調査
が実施され、それは考古美術班、地理班、歴史言語班、人類班で編成され、考
古美術班により東西文化交流の視点が確認され、地理班は古代アレキサンダー
遠征ルート、マルコ・ポーロの隊商ルートを確認し、それはイスラム遺跡でな
くセジューク朝に遺跡があると歴史言語班は確認した。一方、人類班はイスラ
ムの科学技術を確認した。その調査は1965年1月まで、3国の農村定着調査が
実施され、村落の農業形態（カナート・家畜飼養・水車経済など）調査で成果
をみた（京都大学イラン・アフガニスタン・パキスタン学術調査隊編『文明の十字路——イラ
ン、アフガニスタン、パキスタン調査の記録』平凡社、1962年。織田武雄・末尾至行・應地利
亮『西南アジアの農業と農村——京都大学イラン・アフガニスタン・パキスタン学術調査報告』
図書印刷同朋舎、1967年）。

　これに先立ち、1938年7〜9月、京城帝国大学大陸文化研究会が内蒙古調査
を行い、五台山にも登頂した。[13]そしてさらに、東京大学のゴビ砂漠学術探
検隊は、1941年7月張家口を出発し、東ゴビ砂漠に向かった。同隊は、多倫−

ハナハダスム－ボルトンスム－アツンガタサ－チョルカゲンスム－セルデンス
ム－バツゴロ－オルンノールスム－ニグロスゴロ－タヒトカポラカ－クレツハ
ンノール－グウエ－東スニット－西スニット－徳化を経て、20日間の踏査旅
行を終え張家口に戻った。徳化は漢民族最北の街、国民政府のモンゴル支配の
拠点であった。主として、蒙古草原と蒙古高原の調査がその課題であって、社
会生活の観察が主題であった。[14]

　善隣協会は、大規模な回教徒調査を実施した（善隣協會調査部編『蒙疆回教徒實
態調査資料』4冊、善隣協會調査部、1943年）。さらに、興亜院と日本大使館は華北農
村教育調査を実施した（興亞院華北連絡部文化局・在北京大日本大使館文化課編『華北農
村教育調査報告』北京、興亜院華北連絡部文化局、1940年）。また、東亜研究所は支那
農村慣行調査報告を実施した（東亞研究所編『支那農村慣行調査報告書』東亞研究所、
1943-44年／中国農村慣行調査刊行会編『中国農村慣行調査』6冊、岩波書店、1952-58年、再刊
1981年）。

　こうした日本の内陸中国調査と情報活動は、その内容が外交文書『新疆政況
及事情關係雜纂』9巻の集成としてアジア歴史資料センターから公表され明ら
かになった。

　こうした内蒙古回教徒への関心から、回教徒の研究が進捗した。陸軍大学教
授小林元も参加して、1932年に日本イスラム文化研究所が設立され、外務省
は1938年に「回教対策樹立に関する件」をもって、大日本回教協会の活動を
強化し、初代会長に林銑十郎大将、理事長に外務省条約局長松島肇が就任し、
第二代会長は四天王延孝中将、その後任は小笠原長生海軍中将であった。それ
は、以下の成果をみた。

　大日本回教協會『東半球における防共鐵壁と回教徒』大日本回教協會、
1939年。同『世界回教徒對策の必要性に就て』大日本回教協會、1939年。
同『苦惱するソ聯回教徒』大日本回教協會、1939年。同『緊迫化せる西南
亞細亞』大日本回教協會、1941年。同『インド回教徒の動向』大日本回教
協會、1944年。

4-12講座の刊行

1940年代を通じて、地域研究講座の刊行が始まった。それは、日本の研究層が当時いかに充実してきたかを物語っている。その成果は、学界を総動員した『アジア問題講座』12巻の刊行、及び満鉄東亜経済調査局の南洋叢書5巻と新亞細亞叢書5巻に代表され、前者の『アジア問題講座』は、現下の中国研究が主題であった。それは、東亜協同体論、支那民族運動、辛亥革命論、中国国民党、中国共産党、大陸経営論、満州国の建設、支那農業経営論、満蒙史論、南海史論、アジア的国家形態とアジア的社会構成、イスラム文化論、現代支那思潮などの論文が収められた。

満鐵東亞經濟調査局篇『南洋叢書』5巻、満鐵東亞經濟調査局、1937年／慶應書房、1942年──蘭領東印度篇・佛領印度支那篇・英領マレー篇・シャム篇・比律賓篇で、最高水準の研究集成であった。

東亞同文書院支那研究部『現代支那講座』6巻、上海、東亞同文書院支那研究部、1939年──第1講地理・歴史、第2講政治・法政・外交、第3講財政・金融、第4講・第5講企業・貿易、第6講社会・文化である。

『アジア問題講座』12巻、創元社、1939-40年。その構成内容は、以下の通りである。

『アジア問題講座1政治・軍事篇（1）』1939年──蝋山政道「東亞協同体の理論構造」、近代支那の民族統一運動－野原四郎「支那民族運動の黎明期」、大西斎「辛亥革命論」、長野朗「土豪劣神と軍閥の本質」、国民党の研究－波多野乾一「中國國民黨成立史」、喜入虎太郎「國民黨の北伐」、吉岡文六「蒋介石支配の本質」、田中香苗「現代支那の諸黨派」など、支那と列強－長岡克暁「國民革命以前の列強対支政策」、尾崎秀美「國民革命以後の支那と列強」、細川嘉六「支那の民族統一と排日・排英」、批評と解説、中山龍次「外人顧問論」、特殊研究－西村熊雄「支那と国際聯盟」など。

『アジア問題講座2政治・軍事篇（2）』1939年──尾崎秀美「東亜における新平和体制への道──東亜における新秩序」、支那の民族統一戦線の展開

―波多野乾一「中國共産黨史」、中村常三「國共合作と人民戦線」など、支那事變－波多野乾一「抗日運動史」、井上謙吉「國民軍の編成と抗戦限度」など、支那の大衆運動－木下半治「支那に於ける大衆運動の現状及び将来」、大陸經營論－佐佐弘雄「興亞院論」、田中香苗「大陸系經營論――東亜新秩序運動の基本について」、平貞藏「北支經營の侵攻」、三好武二「蒙疆の獨自性とその經營」、浅野晃「対支文化工作論」など、批評と解説、吉岡文六「知日派と歐米派」、森山喬「浪人論」など。

『アジア問題講座3政治・軍事篇（3）』1939年――平貞藏「対支那政策の諸問題」、アジアと英国―「大川周明「英吉利東洋經略史」、伊山泰「印度獨立運動」など、アジアとロシア―後藤富男「内蒙古と外蒙古」、日森虎雄「赤色ルート論」、三島康夫「極東赤軍論」など、アジアに於ける列強の角逐―英修道「支那門戸開放問題」、大久保幸次「回教徒問題」など、批評と解説―室伏高信「日本南進論」、特殊研究―橘樸「滿洲帝國協和會と民族政策」、鈴木武雄「大陸ルート論」など。

『アジア問題講座4經濟・産業篇（1）』1939年――笠信太郎「アジアに於ける日本の經濟的地位」、アジア經濟地理―西山榮「アジア經濟地理」、ブロック經濟―猪谷善一「東亞に於けるブロック經濟の發展」、川合彰武「円ブロック論」、遠藤三郎「日満支農業ブロック論」、対支經濟開発―亀宮谷清松「北支經濟資源とその開發計画」、金原賢之助「中國聯合軍備銀行論」、安武誠一「蒙疆經濟開發計画」など、滿洲國の經濟建設―竹内文彬「滿洲國經濟建設5カ年計画」、江夏夏雄「満鐵論」など、批評と解説―長野朗「匪賊論・苦力論」、特殊研究-杉野忠夫「滿洲移民の現状と将来」など。

『アジア問題講座5經濟・産業篇（2）』1940年――伊藤武雄「事變下の支那經濟」、支那に於ける資本主義の發達―尾崎秀美「支那資本主義發達略史」など、列国の支那權益―原田運治「列国の在支權益と支那事變」ほか、国民黨の經濟政策―石濱知行「國民党の經濟建設方策」など、批評と解説―水野成夫「華僑論」、河野道彦「支那の治水問題」など、特殊研究―東裏庄治「東亞農業の特質」。

211

『アジア問題講座6経濟・産業篇 (3)』1939年——木村増太郎「日本産業とアジア市場」、支那資源論－高木陸郎「鉄・石炭・特殊鑛」など、支那の農業—森谷克己「アジア的生産様式論」、中西功「支那の土地問題」、天野元之助「支那農業経營論」、支那の金融・財政—小林幾次郎「支那の財政・税制・關税」、田中政春「中國金融論」など、支那の貿易・為替—笠信太郎「支那貿易論」など、現代アジアの経濟と産業—嘉治眞三「印度に於ける産業」、増田豊彦「南洋の資源と開發」など、批評と解説—太田宇之助「合作社運動」、特殊研究—根岸佶「中支幣制の研究」。

『アジア問題講座7民族・歴史篇 (1)』1939年——総論－白鳥庫吉「アジア史論」、和田清「支那史論」など、支那歴代史論—有高巌「大帝國論」、稲葉君山「大清帝國論」など、各國史論－和田清「滿蒙史論」、小林元「回教圏史論」、内藤智秀「西南アジア史論」、山本達郎「南海史論」など、批評と解説—秋山謙藏「日支貿易史論」など。

『アジア問題講座8民族・歴史篇 (2)』1939年——アジア民族の研究—白鳥庫吉「アジア民族史論」、小山榮三「アジアに於ける民族分布」、橋本増吉「漢民族」、中島敏「西藏民族」、山本達郎「印度支那民族」、植田常吉「朝鮮民族」、三上次男「滿洲民族」、江上波夫「蒙古民族」、大久保幸次「土耳古民族」、馬淵東一「南洋民族」、横尾安夫「日本民族」、アジア言語の研究－金澤庄三郎「アジア言語論」など。

『アジア問題講座9社會・習俗篇 (1)』1939年——社会－森谷克己「アジア的國家形態とアジア的社會構成」、牧野巽「支那の家族」、後藤富男「蒙古の旗と盟」など、習俗—秋葉隆「北アジアの原始宗教」、平山周「青幇・紅幇」など、特殊研究—飯島正「西洋に於ける東洋人」など。

『アジア問題講座10思想・文化篇 (1)』1939年——三木清「東洋文化と西洋文化」、アジア思潮—石田幹之助「東西文化の交渉」、秋山謙藏「日本文化と支那文化」、藤田元春「支那文化とその風土」、内藤智秀「イスラム文化論」、支那思潮—鳥山喜一「黄河と揚子江文化」など、東洋藝術—植村鷹千代「東洋繪画の傳統」など、批評と解説－福原麟太郎「アジアの英語圏」、

村上知行「支那人の生活と心理」、特殊研究―八幡一郎「東洋の古文化」、関口泰「日支間の教育提携」など。

『アジア問題講座11思想・文化篇（1）』1939年――谷川徹三「日本に於ける東洋と西洋」、現代思潮総論－浅野晃「現代アジア思潮」など、現代思潮各論－神谷正雄「現代支那思潮」、木村日紀「現代印度思潮」など、東西の支那研究―秋山謙藏「日本に於ける支那研究」、鈴木俊「支那における日本研究」、石田幹之助「歐米に於ける支那研究」、批評と解説―内山完造「魯迅と日本」など、特殊研究―舟山信一「東亞新秩序の哲學的考察」。

『アジア問題講座12アジア人名辞典・綜合アジア年表』1940年――人名は中華民国、満洲国、印度フィリピン、タイを対象とした。

支那地理歴史大系刊行會編『支那地理歴史大系』10冊、白揚社、1940-42年――『支那周邊史』、『支那宗教史』、『支那政治史』など。

飯本信之・佐藤弘編『南洋地理体系』8巻、ダイヤモンド社、1942年。

満鐵東亞經濟調査局「新亞細亞」編輯部編、新亞細亞叢書、5巻、大和書店、1942-43年――『大東亞の資源と經濟』、『南方亞細亞の民族と社會』、『南方民族運動』、『南方亞細亞の文化』、『西亞細亞の歴史と文化』が刊行され、その対象は西アジアに拡がった。

小林碧・益田直彦『南方圏の資源』4巻、日光書院、1942-43年――マレー篇、タイ篇、佛印篇、ビルマ篇からなる。

『南方經濟資源總攬』11巻、東亞政經社、1943-44年――南方、佛印、タイ、マライ、ビルマ、東インド、フィリピン、ジャワ・スマトラ、ボルネオ、ニューギニア、ニューカレドニア、オーストラリア、ニュージーランドを対象地域とした。

三省堂南方文化講座刊行係編『南方文化講座』3巻、三省堂、1943-44年――『歴史篇』、『民族及び民族運動篇』、『日本南方発展史』が刊行された。さらに、満鐵調査部の東亞研究叢書刊行會編の研究成果をみた。

第1巻　小林珍雄『布教と文化』甲鳥書林、1943年。第2巻　太平洋問題調査會編、杉本俊朗訳『中國農村問題』岩波書店、1940年。第3巻　方顯

廷、平野義太郎編『方顯廷支那の民族産業』岩波書店、1940年。第4巻
ソープ、伊藤隆吉・他訳『支那土壌地理學——分類・分布文化的意義』岩
波書店、1940年。第5巻　シロコゴロフ、川久保悌郎・田中克己訳『北方ツ
ングースの社會構成』岩波書店、1941年。第7巻　フォスター・ベイン、矢
部茂開・加藤健訳『東亞の礦産と礦業——東洋文明に及ぼせる礦物資源の
影響』生活社、1940年。第8巻　ウィルヘルム・ワグナー、高山洋吉訳『中
國農書』上・下、生活社、1940年。第9巻　呉知、發智善次郎・他訳『郷
村綿布工業の一研究』岩波書店、1942年。第10巻　エスカラ、谷口知平訳
『支那法』有斐閣、1943年。第11巻　ベイリー・ウイリス、エリオット・ブ
ラックウェルダー、サージェント、坂元峻雄編訳『支那地史の研究』上、岩
波書店、1944年。第14巻支那1　フェルディナンド・パウル・ウィルヘル
ム・フリーヘル・フォン・リヒトホーフェン、能登志雄訳『支那と中央アジ
ア』岩波書店、1942年。第18巻支那5　フェルディナンド・パウル・ウィ
ルヘルム・フリーヘル・フォン・リヒトホーフェン、能登志雄訳『西南支
那』岩波書店、1942年。第19巻　ピエール・グルー、内藤莞爾訳『佛印の
村落と農民』上、生活社、1945年。第20巻　Ｄ・Ｈ・プカナン、東亞研究叢
書刊行會訳『印度の近代工業』河出書房、1943年。第21巻　グラネ、津田
逸夫訳『支那人の宗教』河出書房、1943年。

　日本におけるアジア研究はこうして長足の進歩を遂げ、そのアジア理解の
使命感も大きな成果をみた。

〈注〉

4-1 日本の中国進出と地域研究の役割

＊1　高山岩男『西田哲學』岩波書店、1935年／秀文館、改訂版1948年／角川文庫、角
　　川書店、1970年／『高山岩男著作集』第1巻、玉川大學出版部、2007年。高山『續
　　西田哲學』岩波書店、1940年／『高山岩男著作集』第1巻、玉川大學出版部、2007
　　年。高山・島谷俊三『西田寸心先生片影』黎明書房、1949年。高山『西田哲学と
　　は何か』一灯園灯影舎、1986年。高山『京都哲学の回想——旧師旧友の追憶とわ
　　が思索の軌跡』一灯園灯影舎、1995年。高坂正顕『西田幾太郎先生の生涯と思想』
　　弘文堂書房、1947年年／国際日本研究所、1971年。高坂『西田幾太郎先生の追憶』

國立書院、1948年／一灯園灯影舎、1996年。高坂『西田哲學と田邊哲學』黎明書房、1949年。高坂『西田幾太郎と和辻哲郎』新潮社、1964年。下村寅太郎『西田幾太郎』東海大学出版会、1965年／岩波書店、1971年／『西田哲学と日本の思想』下村寅太郎著作集第12巻、みすず書房、1990年。西谷啓治『西田幾太郎——その人と思想』筑摩書房、1985年。家永三郎『田辺元の思想史研究——戦争と哲学者』法政大学出版局、1974年。花澤秀文『高山岩男——京都学派哲学の基礎的研究』人文書院、1999年。藤田正勝編『京都学派の哲学』昭和堂、2001年。竹田篤司『物語「京都學派」』中公新書、中央公論社、2001年。大橋良介『京都学派の思想——種々の像と思想のポテンシャル』人文書院、2004年。戸坂潤『日本的哲学という魔——戸坂潤京都学派批判論集』書肆心水、2007年。劉正『京都學派——中外史学流派』北京、中華書局、2009年。檜垣立哉『日本哲学言論序説——拡散する京都学派』人文書院、2015年。

＊2　小牧實繁『日本地政学宣言』弘文堂書房、1941年／白揚社1943年／秋田屋、1944年。小牧『日本地政學』大日本雄辨會講談社、1942年。小牧『地政學より見たる大東亞ラジオ新書、日本放送出版協會、1942年。米倉二郎『東亞地學序説』生活社、1941年。松川二郎『大東亞地政學』霞ケ關書房、1942年。川西正鑑『東亞地政學の構想』實業之日本社、1942年。日本地政學協會編『地政學論集』帝國書院、1943年。佐藤弘「大東亞地政論」、『國防地政論』巖松堂書店、1944年。小林茂、他『日本地政学の組織と活動——綜合地理研究会と皇戦会』大阪大学文学研究科人文地理学教室、2010年。

　　　白坂義直は、日本の発展を地政学的に位置づけた。『大南洋史』田中誠光堂、1942年。『南洋政治地理史考』田中誠光堂、1943年／大空社、2004年。

＊3　浦野起央「IPRと地域研究」政経研究、第44巻第3号、2008年。早稲田大学アジア太平洋研究センター太平洋問題調査会（IRP）研究部会『太平洋問題調査会（IRP）とその群像』早稲田大学アジア太平洋研究センター、2016年。

4-2 支那社会への着目

＊1　これまで著作に未収の研究・論評は、『橘樸著作集1中国研究』、『橘樸著作集2大陸政策批判』、『橘樸著作集3アジア・日本の道』勁草書房、1966年に収録され刊行された。いずれにも、『中国研究』では、「中国民族運動としての五四運動の思想的背景」など、『大陸政策批判』には、「王道史概説」、「満洲国論」、「パンアジア論」など、注目すべき論文が収められている。『アジア・日本の道』は、「東洋社会の創造」、「東洋枢軸論（ガンジーの限界における日本の役割）」、「三民主義批判」、「中国共産党批判」、「南京政権と孫文思想の理論基礎」などが収録された。

4-3 大陸政策論争

＊1　田中武夫『橘樸と佐藤大四郎』龍渓書舎、1975年。田中「『滿洲評論』——研究の基本視点として」アジア経済資料月報、1976年10月号。

＊2　小林啓治「戦間期の国際秩序認識と東亞協同体」日本史研究、1995年1月号。酒井哲哉「「東亞協同体論」から「近代化論」へ——蝋山政道における地域・開発・ナショナリズム論の位相」、日本政治学会編『日本外交におけるアジア主義』年報政治学1998、岩波書店、1999年。

第2部　地域研究250年

4-4アジア的生産様式論争

＊1　秋澤修二『支那社會構成』白揚社、1939年も、アジア的変種の見解をとっている。赤松啓介『東洋古代民族史』白揚社、1939年もこの見解にある。

＊2　森谷克巳『アジア的生産様式論』育生社、1937年の内容は、以下の通りである。蒙昧・未開時代における人類社會の文化諸段階、東洋社會に關するヘーゲルとマルクス、社會系統推積の一時代としての「アジア生産様式」と東洋諸領域。謂ゆるアジア的生産様式」再論、東洋諸社會の経済的構造の諸問題、支那社會の始原代、支那における東洋の特殊性、附録1支那社會経済誌の諸問題、支那における最初の階級分化と早期國家の成立、支那の中古における均田制の成立、附録2朝鮮社會と自然環境、始原代と解體期とにおける舊來の朝鮮社會、朝鮮原始社會の轉形期における「東夷」諸種族の状態、舊來の朝鮮の社會経済構造。

＊3　何干之『中國社會性質社會史問題論戰』上海、生活書店、1937年。何『中國社會性質問題論戰』上海、生活書店、1939年／『中國社會性質社會史問題論戰』龍渓書舍、1974年。。

＊4　G・L・ウルメン、亀井兎夢訳『評伝ウィットフォーゲル』新評論、1995年は、ウィットフォーゲルの中国的基礎の理解についての体系化、『中国の経済と社会』と戦後における中国プロジェクトの取組み、アメリカのオリエントとそのアジア的共和国の解明、『オリエンタル・デスポティズム』における研究者としての使命、及び認識観を鋭利に描き出している。日本のウィットフォーゲル信奉者湯浅赳男は『「東洋的専制主義」論の今日性――還ってきたウィットフォーゲル』新評論、2007年で、『オリエンタル・デスポティズム』こそ、現代中国社会を解明するものであると強調している。

4-5共同体論争と農民革命論

＊1　モーリス・ヒンダス、向井俊郎訳『露國の農民生活と革命』海外事情研究會／巌松堂書店、1924年。朝鮮革命運動史編纂委員会編『朝鮮に於ける革命的勞働者及農民の諸任務について』朝鮮革命運動史編纂委員会、1928年。農民コミンテルン編、林柾木訳『ロシヤ革命に於ける榮働者と農民の結合』マルクス書房、1929年。I・F・ポポフ、上村正夫訳『民主々義の轉化の歴史的條件――附録同盟軍としての農民』共生閣、1930年。和田春樹『農民革命の世界』東京大学出版会、1978年。

＊2　伊藤律『民主主義革命に於ける土地・農民問題』日本橋書店、1946年。大澤久明・鈴木清・塩崎要祐『農民運動の反省――日本革命の展望』新興出版社、1956年。
　　深谷進『日本革命と農民運動』新日本出版社、1964年。

＊3　南満洲鐵道株式會者庶務部調査課編『支那國民革命に於ける農民運動』大連、南満洲鐵道、1929年。王丹岑『中國農民革命史話』7巻、上海、國際文化服務社、1953年。人民出版社編『第一次國内革命戰爭時期的農民運動』北京、人民出版社、1953年。人傑編『中國農民革命史話』北京、通俗讀物出版社、1956年。アジア・アフリカ人民連帯日本委員会編『インド農民の革命闘争――テライ地域農民運動の報告・インド共産党（マルクス・レーニン主義）の政治決議』アジア・アフリカ人民連帯日本委員会、1969年。浅田喬二『日本帝国主義下の民族革命運動――台湾・朝鮮・満州』における抗日農民運動の展開過程』未來社、1973年。高城玲「タイ農民反乱研究史」、田中忠治先生退官記念論文集刊行委員会編『地域学を求めて――田中忠治先生退官記念論文集』田中忠治先生退官記念論文集刊行委員会、

216

1994年。伊野憲治『ビルマ農民大叛乱（1930～1932年）――叛乱下の農民像』信山出版、1998年。

4-6 抗戦支那の分析
＊1 本庄比佐子・内山雅生・久保亨編『興亜院と戦時中国調査』岩波書店、2002年。

4-7 内蒙古研究
＊1 善隣協会編『善隣協会史――内蒙古における文化活動』日本モンゴル協會、1981年。カンバガナ『日本の対内モンゴル政策の研究――内モンゴル自治運動と日本外交1933-1945年』青山社、2016年。
＊2 回教圏考究所編『回教圏史要』回教圏考究所／四海書房、1940年。回教圏研究所編『概観回教圏』誠文堂新光社、1943年。
＊3 長谷川了「西康問題の発現と經緯」善隣協會調査月報、第76号、1938年。中村常三「支那邊境に於ける西藏の地位」善隣協會調査月報、第76号、1938年。矢島保持郎「東洋秘密國西藏潛入行」、讀賣新聞社編『支那邊境物語』誠文堂新光社、1940年。木村肥佐生『チベット潜行十年』毎日新聞社、1958年／中公文庫、中央公論社、1982年。西田一三『秘境西域8年の潛行』2冊、芙蓉書房、1968年／3冊、中公文庫、中央公論社、1990年。野元甚蔵『チベット潜行1939年』悠々社、2001年。秦永華『日本沙蔵史』北京、中國藏學出版社、2005年。

4-8 南洋進出と華僑
＊1 仁尾一郎『アジア的貧困の經濟構造について――J・H・ブーケ教授のアジア經濟論を中心として』朝日新聞調査研究室、1953年。1953年のブーケ著作『二重経済論』は1979年に刊行された。ブーケ、永易浩一訳『二重経済論――インドネシアに於ける経済構造分析』秋董書房、1979年。
＊2 臺灣銀行總務部調査課編『南洋華僑ト金融機關』台北、臺灣銀行總務部調査課、1914年。臺灣銀行臺北頭取席調査課『支那貿易ノ入超ト華僑送金』台北、臺灣銀行臺北頭取席調査課、1939年。臺灣銀行東京頭取席調査課『南洋華僑と基本國送金投資問題』臺灣銀行東京頭取席調査課、1941年。富士澤仙之助『南洋に於ける華僑排日運動に就て』大阪商船株式會社、1928年。横浜貿易協會編『支那の排日と出先邦商』横浜貿易協會、1932年。拓務局南洋課『支那事變ニ於ケル南洋華僑ノ動向ト其ノ影響』拓務局南洋課、1938年。堀口昌雄『比律賓に於ける華僑の日貨排斥』南洋協會、1938年。大島重雄『英領馬來ニ於ケル華僑ノ排日運動ノ現状と其ノ展望・附シンガポールヲ中心トスル抗日團体の解剖』台北、臺灣拓殖株式會社調査課、1939年／龍渓書舎、2002年。大島『支那事變と華僑』台北、臺灣拓殖株式會社調査課、1939年。白石源吉『南洋印度等における支那人の排日貨に関する報告』通信調査會、1939年／龍渓書舎、2002年。臺灣拓殖株式會社調査課『南洋華僑と其の對策』台北、臺灣拓殖株式會社調査課、1942年／龍渓書舎、2002年。支那派遣軍總司令部『南洋華僑と基本國送金投資』南京、支那派遣軍總司令部、1941年。東亞研究所編『華僑關係法規集（翻訳）』東亞研究所、1941年／龍渓書舎、2002年。印度支那派遣軍司令部『佛印華僑工作案』サイゴン、印度支那派遣軍司令部、1941年／龍渓書舎、2002年。大東亞省支那事務局總務課『現時局下に於ける日本華僑の活用面』大東亞省支那事務局總務課、1944年。倉持博『戦

時支那經濟と華僑送金』南滿洲鐵道株式會社調查部、1942年／龍渓書舍、2002
年。在上海日本大使館特別調查班編『重慶の戰時國債と華僑送金』上海、在上海
日本大使館、1943年／龍渓書舍、2002年。鄭林寬『福建華僑送金』滿鐵東亞經濟
調查局、1943年／龍渓書舍、2002年。鄭林、滿鐵東亞調查局訳『福建華僑の送金』
滿鐵東亞調查局、1943年。太平洋協會調查局『僑對策私見』太平洋協會調查局、
1944年、秘扱い。福田省三『第三調查委員會報告書——南洋華僑抗日救國運動の
研究』東亞研究所、1945年。
* 3　僑務委員會編『華僑關係法規集』南京、中華民國僑務委員會、1941年／中輝雄
訳、東亞研究所、1941年。僑務委員會編『東亞戰爭與華僑』中華民國僑務委員會、
1942年。

4-9インド研究

* 1　綜合インド研究室訳『完訳闘へるインド——S・チャンドラ・ボース自傳　傳記
SC・ボース』綜合インド研究室、1943年／大空社、1995年。
* 2　堀謙德『印度佛教史』前川文學、1915年。馬多行啓『印度佛教史』早稲田大學
出版部、1917年。寺本婉雅『ターラーナータ印度佛教史』兵午出版社、1928年／
寺本婉雅著作集第5巻、うしお書店、2004年。田中於菟彌『印度の宗教信仰』東
西研究所、1943年。龜山章眞『印度佛教史』法藏館、1944年。

4-10京都学派と大東亜研究

* 1　高坂正顕『歷史哲學』信濃哲學會、1934年。高坂『歷史的世界』岩波書店、
1937年／福村書店、1949年。高坂『歷史哲學と政治哲學』教養文庫、弘文堂、
1939年。高坂『歷史哲學序説』岩波書店、1943年。高坂「世界觀の類型」、『世
界史講座』第1巻、弘文堂書房、1944年。高坂『政治・自由及び運命に関する考
察』弘文堂書房、1947年。高坂『實在哲學』アテネ文庫、弘文堂、1948年。『高
坂正顕著作集』8巻・付録、理想社、1964-70年。
高坂正顕『思想戰の形而上學的根據』中央公論、1943年6月号に対して、陸軍報
西谷啓治『根元的主體性の哲学』弘文堂、1940年。西谷『世界觀と国家觀』弘
文堂書房、1941年。西谷「世界史の哲學」、『世界史講座』第1巻、弘文堂書房、
1944年。西谷『神と絶対無』弘文堂書房、1948年／国際日本研究所、1971年。『西
谷啓治著作集』26巻、創文社、1986-95年。
高山岩男「世界史の動學」、『世界史講座』第1巻、弘文堂書房、1944年。高山「日
本世界史の理念」、『世界史講座』第2巻、弘文堂、1944年。高山『哲學と哲学的
實存』弘文堂書房、1948年。高山『理性・精神・實存』國立書院、1948年。
鈴木成高『ランケと世界史學』教養文庫、弘文堂、1939年。鈴木『歴史的國家の
理念』弘文堂書房、1941年。鈴木「世界史観の歴史」、『世界史講座』第1巻、弘
文堂書房、1944年。鈴木『ヨーロッパの成立』筑摩書房、1947年。鈴木『封建社
会の研究』弘文堂書房、1948年。鈴木『世界の運命と国家の運命』甲文社、1949
年。鈴木『世界史における現代』創文社、1990年。
* 2　高坂正顕「思想戰の形而上學的根據」中央公論、1943年6月号に対して、陸軍報
道部が厳しく糾弾した。このため、前記の『世界史的立場と日本』の再刷りを見
送られた。また、京都学派の総司西田幾太郎に対する西田哲学排斥・京都学派撲
滅運動が陸軍情報部によって進められた。但し、海軍情報部は、京都学派を強く
支持した。畑中繁雄『昭和出版弾圧小史』圖書新聞社、1965年、61-67頁。黒田秀
俊『昭和言論史への証言』弘文堂、1966年、23-45頁。

1942年2月から1945年7月にかけ、田辺元をはじめとする京都学派の哲学者は、海軍の要請を受け、極秘に協力した。大橋良介『京都学派と日本海軍——新史料「大島メモ」をめぐって』PHP新書、PHP研究所、2001年。大島メモは大島康正のメモである。

＊3　林敏明『廣松渉——近代の超克』講談社、2007年／講談社学術文庫、講談社、2015年。子安宣邦『「近代の超克」とは何か』青土社、2008年。Richard F. Calichman ed., *Overcoming Modernity: Cultural Identity Wartime Japan,* New York: Columbia U. P., 2008。菅原潤『「近代の超克」再考』晃洋書房、2011年。鈴木貞美『「近代の超克」——その戦前・戦中・戦後』作品社、2015年。

＊4　佐伯啓思「近代化論とイデオロギーの終焉」、岩波講座社会科学の方法第2巻『20世紀社会科学のパラダイム』岩波書店、1993年、234-238頁。

＊5　昭和研究会は、近衛内閣のブレーンとして発足したが、国策機関の役割を独自に担っていった。昭和同人會編『昭和研究會』経済往来社、1968年。酒井三郎『昭和研究会——ある知識人集団の軌跡』ティビー・エス・ブリタニカ、1979年／講談社文庫、講談社、1985年／中公文庫、中央公論社、1992年。

＊6　ケヴィン・マイケル・ドーク、小林宣子訳『日本浪漫派とナショナリズム』柏書房、1999年——同書には、「日本浪漫派」の総目次及び同人一覧を収める。中穀孝雄編『日本浪漫派』雄松堂書店、1971年。伊藤佐喜雄『日本浪漫派』潮新書、潮出版社、1971年。

＊7　野島嘉晌『大川周明』人物往來社、1972年。原田幸吉『大川周明博士の生涯』大川周明顕彰会、1982年。松本健一『大川周明——百年の日本とアジア』作品社、1986年／岩波現代文庫、岩波書店、2004年。大塚健洋『大川周明と近代日本』木鐸社、1990年。大塚『大川周明——ある復古革新主義者の思想』中公新書、中央公論社、1995年／講談社学術文庫、講談社、2009年。刈田徹『大川周明と国家改造運動』人間の科学新社、2001年。呉懐中『大川周明と近代中国——日中関係の在り方をめぐる認識と行動』日本僑報社、2007年。関岡英之『太川周明の大アジア主義』講談社、2007年。

＊8　インド国民軍の指導者ボスの思想がそれである。R・B・ボス、中谷武世『革命亞細亞展望』萬里閣書房、1930年。東南亞細亞民族解放同盟『東印度建國』東南亞細亞民族解放同盟、1941年。タラクーナ・ダス、春木猛訳『アジア外交の展望——侵略より解放へ』青年書房、1942年。山本哲朗『チャンドラボースと大川周明』興栄社、2015年。

4-11 現地調査

＊1　京都帝國大學白頭山遠征隊／今西錦司『白頭山』梓書房、1935年／大修館書店、1978年。梅棹忠夫・藤田和夫編『白頭山の青春』朝日新聞社、1995年。

＊2　木原均編『内蒙古の生物學的調査』養賢堂、1940年。宮崎武夫『蒙古横斷——京都帝國大學内蒙古学術調査隊手記』朋文堂、1943年／ソウル、景仁文化社、1997年。

＊3　今西錦司編『ポナペ島——生態学的研究』彰考書院、1944年／講談社、1975年。

＊4　今西錦司編『大興安嶺探検——1942年探検隊報告』毎日新聞社、1952年／講談社、1975年／朝日文庫、朝日新聞社、1991年——同書に川喜田二郎「農業北限線の問題」がある。川喜田は「農業林業の北限及び馴鹿飼養の南限等を画する気候的境界線について」自然と文化、第1号、1950年を論じた。今西編「大興安嶺探検」、梅棹忠夫編『『砂漠と密林を越えて』文藝春秋、1970年。

第2部　地域研究250年

＊5　西北研究所編『包頭概況』厚和、西北研究所、1939年。今西隊には梅棹忠夫も参加した。娜人格日勒編『梅棹忠夫の内モンゴル調査を検証する』国立民族学博物館、2015年。

＊6　上山春平『日本の土着思想――独創的なリベラルとラディカル』弘文堂、1965年/『日本の思想――土着と欧化の系譜』サイマル出版会、1971年/岩波書店、増訂版1998年。上山『日本のナショナリズム8』至誠堂、1965年。上山『照葉樹林文化――日本文化の深層』中公新書、中央公論社、1969年。上山『神々の体系――深層文化の試掘』中公新書、中央公論社、1972年。上山『神々の体系・續（記紀神話の政治的背景）』中公新書、中央公論社、1975年。上山・佐々木高明・中尾佐助『照葉樹林文化・續（東アジア文化の源流）』中公新書、中央公論社、1976年。上山・佐々木・中尾『東アジア文化の源流』中公新書、中央公論社、1976年。上山『深層文化論序説』講談社學術文庫、講談社、1976年。上山『天皇制の深層』朝日新聞社、1985年。上山・渡部忠世編『稲作文化――照葉樹林文化の展開』中公新書、中央公論社、1985年。蒲田茂雄・上山『無限の世界観「華厳」』角川文庫、角川書店、1996年。上山春平『上山春平著作集』10巻、法藏館、1995年。山口裕文、他編『「中尾佐助照葉樹林文化論」の展開――多角的視座からの位置づけ』北海道大学出版会、2016年。

＊7　今西錦司『座談　今西錦司の世界』平凡社、1975年。川喜田二郎監修『今西錦司――その人と思想』ぺりかん社、1989年。齋藤清明『今西錦司――自然を求めて』松籟社、1989年。本田靖春『評伝　今西錦司』山と渓谷社、1992年。

＊8　今西錦司『山嶽省察』講談社學術文庫、講談社、1977年。今西編『ヒマラヤへの道――京都大学学士山岳会の五十年』中央公論社、1988年。

＊9　木原均編『砂漠と氷河の探検』朝日新聞社、1956年。今西錦司『カラコルム・探検の記録』文藝春秋新社、1956年。

＊10　河合雅雄『ゴリラ探検記――赤道直下アフリカ密林の恐怖』光文社、1961年/上・下、講談社学術文庫、講談社、1977年。伊谷純一郎『ゴリラとピグミーの森』岩波新書、岩波書店、1961年。伊谷『チンパンジーの原野――野生の論理を求めて』平凡社、1977年。伊谷編『チンパンジー記』講談社、1977年。伊谷『トゥルカナの自然誌――呵責なき人びと』雄山閣出版、1980年。伊谷『アフリカ紀行――ミオンボ林の彼方』講談社学術文庫、講談社、1984年。伊谷・田中二郎編『アフリカに生きる』アカデミア出版会、1986年。伊谷『サル・ヒト・アフリカ――私の履歴書』日本経済新聞社、1991年。伊谷『森林彷徨』東京大学出版会、1996年。伊谷『原野と森の思考――フィールド人類学への誘い』岩波書店、2006年。

＊11　今西錦司『生物社会の論理』毎日新聞社、1949年。川勝平太「戦後の京都学派――今西学派をめぐって」、岩波講座社会科学の方法Ⅲ『日本社会科学の思想』岩波書店、1993年。

＊12　伊東俊太郎『比較文明』東京大学出版会、1978年、第10章比較文明学の建設――対談・梅棹忠夫。梅棹・川勝平太特別対談「文明の生態史観」の歴史的・今日的意義」季刊民族学、第22巻第4号、1996年。梅棹編『文明の生態史観はいま』中央公論新社、2001年。高田公理「「文明の生態史観」と今日の世界」、石毛直道・小山修三編『梅棹忠夫に挑む』中央公論新社、2008年。ハルミ・ベフ「『文明の生態史観』を通じて見た梅棹忠夫の生態史観」、ヨーゼフ・クライナー編『民俗学・民族学の貢献――近代〈日本意識〉の成立』東京堂出版、2012年。

＊13　京城帝國大學大陸文化研究會編『蒙疆の自然と文化――京城帝國大學蒙疆學術

探檢隊報告書』古今書院、1939年。

＊14　ゴビ沙漠學術探檢隊編『ゴビの沙漠』目黒書店、1943年。

第5章　世界の中の国家と地域研究

5-1 国際認識の新しい座標

　日本は、1951年に国際社会に復帰した。日本の国際認識は新しい出発とな
り、アジア諸国との関係も回復した。1955年には日本近代史の理解をめぐっ
て、昭和史論争となった。[*1]それは、歴史解釈をめぐる1927年テーゼ、1932
年テーゼからの脱却と新しい視点の構築にあった。これに関連して、平和共存
論争が起こり、世界史の転換を求めるものともなった。新生独立の朝鮮民主
主義人民共和国（北朝鮮）では、チュチェ（主体）思想が提起され、毛沢東
主義イデオロギーの解釈が中国認識の出発点となった。1957年11月に毛沢東
は「ハリコの虎」論を展開した（『帝国主義といっさいの反動はハリコの虎である』北
京、外文出版社、1958年／中国研究会訳『毛沢東全集』第5巻第3分冊、三一書房、1978年）。
1954年に『日本資本主義講座』7巻・別巻（岩波書店、1954年）が刊行されたも
のの、その日本の分析には、これまでのコミンテルン・モデルないしスターリ
ン主義モデルが有用でない状況があった。[*2]

　1955年に京都大学のカラコルム・ヒンズークシ学術調査も始まった。翌6年
に東京大学イラク・イラン遺跡調査が実施された。1958年には京都大学のア
フリカ調査が開始された。他方、1946年に民間有志の中国研究所が設立され、
1947年に平野義太郎の世界経済研究所が発足した。さらに、1951年にアジア
問題調査会が設立され、1953年にアジア政経学会が発足した。また、1954年
に東京外国語大学海外事情研究所が設立され、さらに1956年に日本国際政治
学会が設立され、1959年に日本国際問題研究所が発足した。そして1958年に
アジア文化図書館、日本インドネシア協会、中東調査会、そして1959年にア

223

ジア問題調査会を母体としてアジア経済研究所がそれぞれ設立された。1960年に近代日本研究会箱根会議が開催され、近代日本の評価が国際的座標でなされた。次いで、1961年に岡倉古志郎のアジア・アフリカ研究所、日本朝鮮研究所がそれぞれ設立され、1963年に京都大学東南アジア研究センターが発足した。さらに、1964年に日本アフリカ学会が組織され、同年に東京外国語大学アジア・アフリカ言語文化研究所が設立された。こうして、地域研究の基礎と組織も充実してきた。

5-2 地域研究の再出発と太平洋問題調査会

日本の戦後社会は、1940年代前半における蓄積に立って新しく構築されるところから始まった。その研究遺産は、次の通りであった。[1]

岩村忍『イスラム──イスラム民族の社會』雄山閣、1947年。

杉原正巳『東洋社會と西歐社會──敗戦日本の世界史的地位・東洋社會の特殊性と天皇制への社會的考察』笠置書房、1947年──日本への自己批判と、西欧社会への再把握、東洋社会の世界史的位置、東洋社会の矛盾と新しい地平が議論された。

中村元『東洋人の思惟方法』2巻、みすず書房、1948-49年──インド人・シナ人の思惟方法と日本人・チベット人の思惟方法をとりあげる。

飯塚浩二『世界史における東洋社會』毎日新聞社、1948年──①世界史における遊牧民族──チンギス汗の覇業を中心としての人文地理学的考察、②東亜の風土と農民の社会、③世界史における東亜農業社会の地位、その生活様式における特色、④東南アジアの社会構成、⑤東洋的社会の変貌、⑥エピローグ（東洋と西洋の対照、孤立と停滞、地理的孤立と人為的孤立、わが国の場合）で構成される。

島恭彦『東洋社會と西歐思想』世界評論社、1948年──1941年の同書の再刊、①啓蒙時代における支那社会の研究、②イギリス経済学と東洋社会の問題、③イギリス歴史覇王学とインド社会研究、④東洋における資本主義の問題で構成される。

河合哲雄『新生土耳其共和国——ケマル・パシャの獨立運動』大學書房、1949年。

小林良正『インドネシア獨立のための闘争』潮流講座經濟學全集第2部、潮流社、1949年。

平野義太郎『人民民主主義の世界的發展』三一書房、1949年。

また、東京大学東洋文化研究所東洋文化講座が1946年2月発足し、その成果が刊行され、この視点は日本における研究の一つの出発点となった。

第1巻『近代日本の特異性』白日書院、1948年——岡義武「近代日本の特異性」、木村健康「日本の社会と自由主義」、飯塚浩二「日本の民主化についての覚え書」。

第2巻『尊攘思想と絶対主義』白日書院、1948年——遠山茂樹「尊攘思想とナショナリズム」、服部之總「絶対主義と農民問題」、丸山眞男「日本ファシズムの思想と行動」。

第3巻『東洋的社会倫理の性格』白日書院、1948年——竹内好「中國近代と日本の近代——魯迅を手がかりとして」、吉川幸次郎「中國人と宗教」、野原四郎「胡適と儒教」、仁井田陞「東洋的社會倫理の性格——法意識と社会構造」。

第4巻『戦後のソ連社會』白日書院、1949年——福島正夫「戦後のソ連社會」など。

日本の太平洋問題調査会IPRの活動は1943年4月に止まっていた。1946年10月日本太平洋問題調査会が再建され、太平洋問題調査会の活動を通じて戦後アジアに関する認識と理解が深められた。1950年10月第11回太平洋会議がインドのラクノーで開催され、その主題はアジアにおけるナショナリズムとその国際的影響であった。その報告、1951年12月日本太平洋問題調査會訳『アジアの民族主義——ラクノウ會議の成果と課題』(岩波書店)が刊行された。その主たる成果には以下のものがあった。それは日本におけるアジア研究の基礎を形成した。

George McTrunan Kahin, Some *Aspects on Indonesian Politics and*

Nationalism, New York: IPR International Secretariat, 1950. Kahin, *Effects of Western Civilization on Indonesian Society*, New York: IPR International Secretariat, 1950.

　ヴァージニア・M・トムプソン、リチャード・アドルフ、大形孝平訳『東南アジア——ナショナリズムとコミュニズム』弘文堂、1951年（原本は1950年）。

　日本太平洋問題調査会編『新しいアジアの展望』日本太平洋問題調査會、1951年。

　ティボール・メンデ、奥山達訳『アジアの叛逆』文庫クセジュ、白水社、1952年（原本は1951年）。

　ハーバート・エマーソン、日本大平洋問題調査會訳『アジアの進歩に關する悲観的見解』日本太平洋問題調査會、1952年。

　W・マクマフォン・ボール、大窪愿二訳『アジアの民族主義と共産主義』岩波書店、1954年（原本は1952年）。

　フィリップ・W・サイヤー編、野田孜訳『東南アジアの将来』室町出版社、1954年——米国の東南アジア政策、東南アジアの政治・経済・文化・法律を論じ、将来への提案を取り上げた。

　K・ロジンガー編、日本太平洋問題調査会訳『現代アジアの展望』岩波書店、1954年（原本は1951年）。

そして、1954年9〜10月太平洋問題調査会京都会議か開催された。引き続いて、太平洋問題調査会は、以下の成果を刊行した。

　ユージン・スティリ、村松裕次訳『後進国の将来——經濟開発の政治的諸問題』日本外政学会、1957年。

　P・W・セイヤー、深見秋太郎訳『東南アジアの民族主義』日本外政学会、1959年。

さらに、アジアの民族運動を認識して、以下の文献が刊行された。

　T. H. Silcock & Ungku, *Nationalism in Malaya*, Jeddah: International Centre for Research on Islamics, King Abdul University, 1950.

丸山静雄『アジアの覺醒』日本出版協同株式會社、1952年9月——朝鮮、中国、インドシナ、タイ、ビルマ、フィリピン、インドネシア、インドの民族運動を取り上げた。丸山『混合革命』みすず書房、1967年。[*2]

鈴木正四『祖國の解放——トルコの場合』岩波新書、岩波書店、1952年。鈴木『インド兵（セポイ）の反乱』青木新書、青木書店、1955年。鈴木『アジア民族革命』青木書店、1972年。岡倉古志郎・鈴木編『民族解放統一戦線——アジアの現状分析』三一書房、1953年。岡倉・他『アジアの革命——隷属から解放への歴史』青木書店、1956年。岡倉『民族解放運動』勁草書房、1967年／『岡倉古志郎国際政治論集』第3巻植民地主義と民族解放運動、勁草書房、1969年。

隅谷三喜男「アジアのナショナリズム——インドネシアの3つの類型」東洋文化、第410号、1952年——民族独立の要求、民衆の貧困に対する社会・経済的反抗、西洋に対する東洋の人種的反抗の3つを指摘した。

板垣与一「マラヤ・ナショナリズムの展開過程」一橋論叢、第27巻第2号、1952年。板垣「マラヤ複合社会におけるナショナリズムの発展」一橋大学研究年報経済学研究、第6号、1962年。板垣編『インドネシアの政治社会構造』アジア経済研究所、1961年。板垣『アジアの民族主義と経済発展——東南アジア近代化の起点』東洋経済新報社、1962年。

外務省アジア局第三課『戦後におけるインドシナの政治情勢——ヴィエトナムの獨立運動の經緯』外務省アジア局第三課、1952年。

谷川栄彦「太平洋戦争下のインドネシア民族運動——ジャワを中心として」法政研究、第11巻第1号、1953年。谷川『東南アジア民族運動史——太平洋戦争まで』勁草書房、1969年。

K. M. Panikkar, *Asia and Western Dominance,* New York: John Day, 1954／佐久梓訳『西欧の支配とアジア——1493-1945』藤原書店、2000年。

青野博昭「フィリピン・ナショナリズムの形成——スペイン領有下における」政治研究、第2号、1954年。青野「フィリピン・ナショナリズムの一考察——戦前アメリカ領有下における」法政研究、第22巻第1号、1954年。

江口朴郎『帝国主義と民族』岩波書店、1954年。

上原専録『アジア人のこころ』理論社、1955年。上原『世界史像の新形成』創文社、1955年。上原『世界史における現代アジア』未來社、1956年、増補改訂版1961年。

内閣官房調査内閣調査室『東南アジアにおける国際共産主義運動の現況』内閣官房調査内閣調査室、1959年。

稲田繁『東南アジアの底辺──東南アジア国際政治の基礎概念』上・下、日本国際問題研究所、1963年、改訂増補版1964年。

高坂正堯・尾上正男・神谷不二『アジアの革命』毎日新聞社、1966年。

ブライアン・クロジャー、山下正雄訳『動乱の東南アジア』時事新書、時事新報社、1967年。

R・A・スカラピーノ編、鎌田光登訳『アジアの共産主義』鹿島出版会、1967年。

A・D・バーネット編、田村幸策・近藤三千男訳『比較共産主義の研究』自由アジア社、1967年。

衛藤瀋吉編『アジア現代史』毎日新聞社、1969年。

5-3 昭和史論争と近代化論争

そこでは、2つの大きな問題提起があった。1つは、いわゆる昭和史論争である。1955年に日本の学界を代表する遠山茂樹・今井清一・藤原彰『昭和史』（岩波新書、岩波書店、1955年11月）と井上清・鈴木正四『日本近代史』上・下（合同出版社、1955〜56年、1冊1957年）が刊行された。これに対し、亀井勝一郎が「文芸春秋」1956年3月号で、それは人間不在の歴史学だと批判し（亀井勝一郎『現代史の課題』中央公論社、1957年／中公文庫、中央公論社、1959年／岩波現代文庫、2005年）、松田道雄が「松田道雄『昭和史』をつらぬく疼痛を──「昭和史」をめぐって　歴史家への注文」日本読書新聞、同年3月2日（/大門正克編『昭和史論争を問う──歴史を叙述することの可能性』日本経済評論社、2006年）で現代史の書き方を批判した。遠山茂樹は「現代史研究の問題点」中央公論、1956

年6月号で反省と反論を取り上げた。それによって、明治維新史論争以来の1927年共産党テーゼと1932年テーゼに従う昭和史の記述が改められないまま、新版『昭和史』が1959年8月刊行された。この間に開催の歴史学研究会の1957年大会は「戦後歴史学の方法的反省」を主題とした。

関連論文は、以下の通りである。[1]

遠山茂樹「現代史研究の問題点——『昭和史』の批判に関連して」中央公論、1956年2月号／歴史科学協議会編『現代史の課題と方法』歴史科学大系第34巻、校倉書房、1982年／遠山茂樹著作集第6巻天皇制と帝国主義、岩波書店、1992年／大門正克編『昭和史論争を問う——歴史を叙述することの可能性』日本経済評論社、2006年。遠山「歴史叙述と歴史意識」、『歴史教育の課題』社会科教育体系第3巻、三一書房、1963年／大門正克編『昭和史論争を問う——歴史を叙述することの可能性』日本経済評論社、2006年。遠山『戦後の歴史学と歴史意識』岩波書店、1968年／遠山茂樹著作集第8巻日本近代史学史、岩波書店、1992年。遠山「現代日本の歴史的課題——同時代史認識の方法について」、江口朴郎・岡倉古志郎・遠山編『転換期の世界』三省堂、1978年／『遠山茂樹著作集』第6巻天皇制と帝国主義、岩波書店、1992年。遠山「『資本論』の方法と歴史学」歴史評論、1979年5月号／『遠山茂樹著作集』第9巻歴史学の課題と現代、岩波書店、1992年。遠山編『教科書検定の思想と歴史教育』あゆみ出版、1983年。

井上清「現代史論争　近代史の方法について」、歴史科学協議会編『現代史の課題と方法』歴史科学大系第34巻、校倉書房、1982年。

亀井勝一郎「現代歴史家への疑問——歴史家に「総合的」能力を要求することは果たして無理だろうか」文藝春秋、第34巻第3号、1956年3月／『現代史の課題』中央公論社、1957年／中公文庫、中央公論社、1959年／亀井勝一郎選集第7巻、大日本雄弁会講談社、1958年／亀井勝一郎全集第16巻、講談社、1972年／岩波現代文庫、岩波書店、2005年／大門正克編『昭和史論争を問う——歴史を叙述することの可能性』日本経済評論社、2006年。亀井「現代史の7つの課題」中央公論、1956年7〜10月号／『現代史の課題』中

央公論社、1957年／中公文庫、中央公論社、1959年／亀井勝一郎選集第7巻、大日本雄弁会講談社、1958年／亀井勝一郎全集第16巻、講談社、1972年／岩波現代文庫、岩波書店、2005年。

浅田光輝「イデオロギー大系としての国家——『昭和史論争』によせて」思想、特集現代史の方法、1959年10月号。淺田「昭和史論争批判」、『講座日本社會思想史』第5巻、芳賀書店、増訂版1970年。

いま1つの問題提起はマックス・ウェーバーの方法的導入と近代化をめぐる理解にあった。ウェーバーの基本的理解が本格化し、その研究過程を通じて、大塚久雄・他『マックス・ウェーバー研究』（岩波書店、1963年）などの文献が刊行され、1960年以降、ウェーバーの『経済と社会』の翻訳刊行が進んだ。[*2]

その座標は近代化にあった。近代化の問題は、1951年に日本人文科学会が『封建遺制』（有斐閣）を刊行し、以来、近代化指標をめぐる研究の導入とともに、日本近代化論争となっていた。その総括となったのは1960年8月の箱根会議で、その成果は、1968年にマリウス・B・ジャンセン、細谷千博編『日本における近代化の問題』（岩波書店）として公刊された。その他、以下のものが刊行された。

ヤン・ロメイン、永積明・永積洋子訳『アジアの世紀——近代アジア民族主義史』アジア経済研究所、1961年。

板垣与一『アジアのナショナリズムと近代化の課題——アジア近代化における宗教の役割』エカフェ資料第9号、日本エカフェ協会、1957年。

J・W・ホール、金井円・森岡清美訳「日本の近代化——概念構成の諸問題」思想、1961年1月号。

ロバート・ベラー、堀一郎・池田昭訳『日本近代化と宗教倫理——日本近世宗教論』未來社、1962年。ベラー、佐々木宏幹訳『アジアの近代化と宗教』金花舎、1975年。

シリッツ・E・ブラック、内山秀夫・石川一雄訳『近代化のダイナミックス——歴史の比較研究』慶応通信、1968年。

ミロン・ウィナー編、上林良一・竹前栄治訳『近代化の理論』法政大学出

版局、1968年。

S・N・アイゼンシュタット、大森弥・他訳『近代化の政治社会学』みすず書房、1968年。アイゼンシュタット、内山秀夫・馬場晴信訳『近代化の挫折』慶應通信、1969年。

武田清子編『比較近代化論』未來社、1970年。

金原左門『「日本近代化」論の歴史像――その批判的検討への視点』中央大学出版部、1968年、増補版1971年。金原『「近代化」論の転回と歴史叙述――政治変動下のひとつの史学史』中央大学出版部、2000年。

中山伊知郎『日本の近代化』講談社現代新書、講談社、1965年／『近代化・工業化・民主化』中山伊知郎全集第15集、講談社、1972年。

神島二郎編『日本近代化の特質』アジア経済研究所、1973年。

L・J・ピーコック、A・T・カーシュ、水野浩一訳『社会発展と近代化――社会・文化人類学接近』ミネルヴァ書房、1975年。

韓培浩『日本近代化研究――辨證法的モデルの適用』ソウル、高麗大學校出版部、1975年。

石井良介編、丘秉朔訳『日本の近代化と制度』ソウル、教學研究社、1981年。

中込道夫「日本近代化の質とアジア」、中込道夫・他『「近代化」の再興――苑思想的基軸を求めて』北樹出版、1986年。

依田憙家『日本の近代化――中国との比較において』北樹出版、1989年／Yoshiie Yoda, translated by Kurt W. Radtke, *The Foundations of Japan's Modernization: a Comparison with China's Path towards Modernization*, Leiden/ New York: E. J. Brill, 1996／卞立強・他訳『近代日本與中國　日本的近代化――與中國的比較』上海、上海遠東出版社、2003年。

竹沢尚一郎編『アジア社会と近代化――日本・タイ・ベトナム』日本エディタースクール出版部、1998年。

池田昭『ヴィエーヴァーの日本近代化論と宗教』岩田書店、1999年。

中村牧子『人の移動と近代化――「日本社会」を読み換える』有信堂高文社、1999年。

寺岡寛『アジアと日本――検証・近代化の分岐点』信山社出版、2010年。

5-4 韓国独立運動の確認

韓国では、1963年に国史編纂委員会による『韓國獨立運動史』47巻に編纂され（果川、國史編纂委員会、1965-2003年）、その主題は安重根義士事件、大韓民国臨時政府、義兵事件であった。[1] 次いで、『韓國獨立運動史』1・2・3・4上・4下、5冊（ソウル、延世大學校出版部、1971-75年）が刊行された。大韓民国臨時政府の研究は1990年代以降、進んだ。

李炫熙『3・1革命と大韓民國臨時政府の法統性』ソウル、東方圖書、1996年。

李延馥『大韓民國臨時政府30年史』ソウル、國學資料院、1999年。

その原点は3・1独立運動事件にあって、韓国の独立後、その研究成果が次の通り刊行された。

三一精神宣掲會『3・1運動史』安東、三一精神宣楊會慶尚北道本部、1955年。

愛國同胞援護會『韓國獨立運動史』ソウル、高麗書林、1956年。

李炳憲編『3・1運動秘史』ソウル、時事出版社出版局、檀紀4294/1961年。

近藤釰一編『万才騒擾事件――3・1運動』3冊、朝鮮史料編纂会、1964年。

金承學編『韓國獨立史』ソウル、獨立文化社、1965年。

姜徳相編『3・1運動』第1・第2、現代史資料第25巻・第26巻、みすず書房、1966-67年。

朴慶植『朝鮮3・1独立運動』平凡社、1976年。

李康勲編『獨立運動大事典』巻1、ソウル、東亞、1985年。

楊昭全『朝鮮三一運動敷史稿』長春、吉林文史出版社、1993年。

『3・1運動――独立宣言と檄文』ソウル、國家報勲處、2002年。

5-5 先行研究と新生国家の解剖

ナショナリズムの興隆とともに、近代化の視点で、非西欧地域の政治体制への研究が、いち早く世界大国米国で始まった。それとともに、政治的近代化の比較研究が着手された。それを担ったのは社会科学研究評議会比較政治委員会の作業として、1960～70年代に米国でダンクワート・ロストウらにより『日本とトルコにおける政治的近代化』など政治発展研究叢書が刊行された。その研究志向で、政治的発展の理論化が進み、またクリフォード・ギアツは『古い社会と新しい国家』(Criford Geertz ed., *Old Societies and New States: The Quest for Modernity in Asia and Africa,* New York: The Free Press of Glencoe, 1963/ New Delhi: Amerind Pub. Co., 1973.) は国民形成の争点を提起した。なかでも非西欧地域におけるシステム研究の分析枠組みを提起したのがジェームズ・コールマン及びガブリエル・アーモンド編『発展途上地域の政治』(Coleman & Gabriel A. Almond eds., *The Politics of Developing Area,* Princeton: Princeton U. P., 1960) 及び彼らの政治発展論、さらに、デービッド・アプターの『近代化の政治学』(1965年/2冊、内山秀夫訳、未來社、1968年) などであった。その視点と研究の方向性は、戦後における地域研究の出発点を定礎した。その主要な文献を挙げる。

David P. Apter, *The Gold Coast in Transition,* Princeton: Princeton U. P., 1955. Apter, *The Political Kingdom in Uganda: A Study in Bureaucratic Nationalism,* Princeton: Princeton U. P., 1961. アプター、内山秀夫訳『近代化の政治学』上・下、未来社、1968年 (原本は1965年)。Apter, *Some Conceptual Approaches in the Study of Modernization,* Englewood Cliffs: Prentice-Hall, 1968.

Daniel Lerner, *The Passing of Traditional Society: Modernizing in the Middle East,* New York: Free Press, 1958.

James Samuel Coleman, *Nigeria: Background in Nationalism,* Berkley: Univ. of California Press, 1958.

0.

Coleman & Carl G. Rosberg, Jr. eds., *Political Parties and National Integration in Tropical Africa*, Berkley: Univ. of California Press, 1964.

Almond & G. Bringham Powell, *Comparative Politics: A Developmental Approach*, Boston: Little, Brown, 1968. ガブリエル・アーモンド、ブリングハム・パーウェル、本田弘・浦野起央監訳『比較政治学[第二版]』時潮社、1988年。

J. Ronald Pennick ed., *Self-Government in Modernizing Nations*, Engle Cliffs: Prentice-Hall, 1964.

Lucian W. Pye, *Aspect of Political Development: An Analytic Study*, Boston: Prentice-Hall, 1967. Pye, *Southeast Asia's Political System*, Engle Cliffs: Prentice-Hall, 1964. Pye, *Political Science and Area Studies, Rivals or Partner?*, Bloomington: Indiana u. p., 1975.

Robert E. Ward & Dankwart A. Rustow eds., *Political Modernization in Japan and Turkey*, Princeton: Princeton U. P., 1968.

チャールス・W・アンダーソン、フレド・R・フォン・デル・メーデン、クラウフォード・ヤング、木村修三訳『低開発国の政治発展』鹿島研究所出版会、1969年。

サミュエル・ハンチントン、内山秀夫訳『変革期社会の政治秩序』上・下、サイマル出版会、1972年。

5-6 毛沢東研究と中国分析

1950年以降、1946年1月設立（1947年3月法人認可）された中国研究所などを通じて多くの大陸文献が入手され、翻訳されるところとなった。[*1]さらに、中国研究所は『現代中國辭典』（伊藤書店/現代中國辭典刊行會、1950年、増補版1952年、増補版1954年/岩崎書店、1959年/岩崎学術出版社、1969年）を刊行し『新中國辭典』（青木文庫、青木書店、1954年）が刊行された。引き続いて『新中国年鑑』が1962年から1984年まで刊行された（極東書店、1962-66年/東方書店、1967-68年/

新中国年鑑刊行会、1969年／大修館書店、1970-84年）。以後、『中国年鑑』（大修館書店、1985-94年／新評論、1995／創土社、1989-2007年／中国研究所、2008-　年）として刊行されている。

そして、以下の中国関係文献が刊行された。[*2]

中西功『ソヴェート革命時代――中国共産黨史』北斗書院、1946年9月／白都社、1949。中西『社會民主主義と新民主主義』伊藤書店、1948年。中西・西里龍夫『武漢に於ける革命と反革命――中国民主革命史』民主評論社、1948年。中西・西里『中国共産党と民族統一戦線』民主評論社／大雅堂、1948年。中西『中国革命と中国共産党』上、人民社、1949年。[*3]

室伏高信『新民主主義』第四書房、1946年。

石濱知行『新中國論』中國研究所編、中國新書、實業之日本社、1947年。

中國研究所編『中國の日本論』潮流社、1948年――平野義太郎「中日新関係の樹立の前提」、鹿地亘「中国人の現代日本観」、岩村三千夫「戦後政治動向への批判」、小椋広勝「中国の日本処理方策」、鈴木俊「中国人の日本観の変遷」、謝南光「民主日本の姿」、岩村三千夫「対日講和と中国の立場」、尾崎庄太郎「賠償問題と中国側の見解」を収める。中國研究所編『アメリカの新アジア観』潮流社、1948年――平野義太郎「アメリカの新しいアジア観――新中国を中心として」、岩村三千夫「エドガー・スノウの中国論」、陸井三郎「アメリカに於ける東亜研究者の系譜」ほかを収める。中國研究所編『中國に於ける新民主主義革命の進展と青年学生運動』中國研究所、1949年。中國研究所編『新しい中国――政治と經濟』岩崎書店、1950年。中國研究所訳編『黨の統一のために闘争』所内研究資料、中國研究所、1950年――聶栄臻、饒漱石、他の原稿を収める。中國研究所編訳『中ソ條約と日本問題』所内研究資料、中國研究所、1950年。中國研究所編訳『中國の人民民主主義』所内研究資料、中國研究所、1950年。中國研究所編訳『中共の「幹部學習」』中國研究所、1950年。中國研究所編訳『中國における人民民主主義の建設』中国資料社、1952年。1956年7月人民日報「百家争鳴への道」などを収めた、中國研究所編訳『現代中國思想論争』未来社、1957年。

加島敏雄『中國の諸黨派政派』暁明社、1949年。

平野義太郎『中国における新民主主義革命』中央公論社、1949年。平野『人民民主主義憲法への史的展開——ワイマル憲法の崩壊から新中国憲法の成立まで』日本評論社、1956年。

外文出版社編『中國人民解放軍』瀋陽、民主新聞社、1950年。

草野文男・上別府親志『中共の全貌——最新中共研究』共榮社出版部、1951年。

胡華『中國新民主主義革命史——初稿』北京、人民出版社、1950年／東京大學中國語研究會訳、五月書房／民主新聞社、1951年。

趙貫一・韋柏編、三志園訳『中共領袖の素描』大衆社、1955年。

リチャード・L‐G・デベラル、明星逸朗訳『人民中國——中共の眞相』アメリカ労働総同盟アジヤ部、1955年。

栄孟源、中国研究所訳『現代中国史』大月書店、1955年。

注目された成果の蓄積は、台湾へ移った中国国民党中央委員会党史委員会による史料集成の作業であった。以下のものが刊行された。

中國國民黨中央委員會黨史委員會編『革命文獻』臺北、中央文物供應社、117輯、1953-88年。

泰孝儀主編、中華民國重要史料初編編輯委員會編『中華民國重要史料初編——對日抗戦時期』緒編3冊、第2編作戦經過4冊、第3編戦時外交3冊、第4編戦時建設4冊、第5編中共活動真相4冊、第6編傀儡組織4冊、第7編戦後中國4冊、臺北、中國國民黨中央委員會黨史委員會、1981-88年。

その国民党統治期については、味岡徹『中国国民党訓政下の政治改革』（汲古書院、2008年）などが刊行される一方、中国社会科学院研究所の研究総括をみた（中国社会科学院近代史研究所編『中華民国史研究三十年——1972-2002』3冊、北京、社会科学文献出版社、2008年）。

5-7 朝鮮資本主義論争と韓国資本主義論争

日本の研究社は、1876年の開港による日本及び欧米の資本主義諸国の侵入

以前においては、韓国は、資本蓄積もなく近代化の展望を欠いていたと解していた。この朝鮮停滞論は、日本の朝鮮侵略を合理化する役割を担った。しかし、1950年代後半に北朝鮮で、李朝後期には商品貨幣経済の進展を起動させた社会経済変動が起こり、資本主義的経営があったと主張し始めた。量安（土地台帳）の検証を通じて土地所有関係の変動が確認されることになったからである。関係文献は、以下の通りである。

　崔虎鎮『近代朝鮮經濟史——李朝末期に於ける商業及び金融』慶應書房、1942年／ソウル、世經社、1988年。

　四方博「朝鮮における近代資本主義の成立過程——その基礎的考察」、京城帝國大学法文學部編『朝鮮經濟史研究』刀江書院、1933年。四方『朝鮮社會經濟史研究』京城、京城帝國大学法文學部／刀江書院、1937年／上・中・下、国書刊行会、1976-87年。

　高橋亀吉『現代朝鮮經濟論』千倉書房、1935年。

　小早川九郎『朝鮮農業發達史——朝鮮農業30年史』3冊、京城、朝鮮農會、1944年／友好協会、1959-60年。

　科学院歴史研究所編『朝鮮封建末期經濟史資料集』ピョンヤン、科学院歴史研究所、1961年。

　朝鮮史研究会編『近代朝鮮と日本帝国主義』朝鮮史研究会論文集12、朝鮮史研究会、1975年。

　梶村秀樹『朝鮮における資本主義の形成と展開』龍渓書舎、1977年。

　姜重鎮『日本の朝鮮支配政策史研究——1920年代を中心として』東京大学出版会、1979年。

　趙璣濬、徐龍達訳『近代韓国経済史』高麗書林、1981年——1876-1945年の経済史年表を付する。

　飯沼二郎・姜在彦編『植民地朝鮮の社会と抵抗』未来社、1982年。

　橋谷弘「1930-1940年代の朝鮮社会の性格をめぐって」朝鮮史研究会編『近代移行期朝鮮の国家と社会』独立朝鮮史研究会論文集27、1990年。

　河合和男・尹明憲『植民地期の朝鮮鉱業』未来社、1991年。

中村哲・安秉直篇『近代朝鮮工業化の研究』日本評論社、1993年。

堀和生『朝鮮工業化の史的分析』有斐閣、1995年。

朴ソブ『1930年代朝鮮における農業と農村社会』未来社、1995年。

金洛年『日本帝国主義化の朝鮮経済』東京大学出版会、2002年。

松本武祝『朝鮮農村の「植民地近代」経験』社会評論社、2005年。

許粹烈、保坂佑二訳『植民地朝鮮の開発と民衆——植民地近代化論、収奪論の超克』明石書店、2008年。

他方、韓国では、1930年代以降における周辺化過程が問われるところとなり、そこでは、1905年以降における韓国資本主義発展の成熟が指摘される一方、それを植民地・半封建社会と解する見解が分立して主張された。そして解放後の韓国社会についても、前者の国家独占資本主義論か後者の周辺部資本主義化論かの韓国資本主義論争となった。その論争は従属論をどう受け入れるかにあった。

1980年代以降、世界経済における従属経済の周辺化過程が問われるところとなり、1905年以来の韓国資本主義発展の成熟が確認される一方、それを植民地・半封建社会と解する見解と対立した。そして、さらに解放後の韓国社会においても、前者の国家独占資本主義論、後者の周辺部資本主義化論をめぐって資本主義論争となった。つまり、それは、対外従属による経済余剰の漏出と対外責務危機による破局に直面した国民経済は「民族経済」モデルで民族的国民経済へ変革するしかないというのがそこでの回答である。その論争は従属論を受け入れるかどうかを超えて、統一政策へむけた糸口をどこにみるかの論争となっており、いいかえれば、朝鮮統一における主体性をどこに求めるかの課題にあった。朴玄埰は、その矛盾を残した封建遺制は朝鮮の統一で完全に解消され、自立的発展が克服できると論じた（朴玄埰『民族經濟論——朴玄埰評論選』ソウル、ハンギル社、1978年。朴玄埰『民族と經濟』ソウル、正宇社、1978年。朴玄埰、滝沢秀樹訳『韓国資本主義と民族運動』御茶の水書房、1985年。朴玄埰『韓国經濟構造論』ソウル、日月書閣、1986年。）その思想は、白樂晴と共通しており、民族の悲願とされる（白樂晴『民族主義とは何か』ソウル、創作と批評社、1981年。白樂晴、李順愛編訳『韓国の

知性　白樂晴評論選集』2冊、同時代社、1992-93年）。

その民族悲願の結論は達成されはしない。[1]その論争は成熟した議論に向かうことなく、対外要因の糾弾に逸らされて走るところとなっている。[2]

関連の文献は以下の通りである。

趙容範『後進國経済論』ソウル、博英社、1973年。

梶村秀樹『朝鮮における資本主義の形成と展開』龍渓書舎、1977年。

趙璣濬『韓国資本主義成立史論』ソウル、大旺社、1981年。

イム・ヨンテ編『植民地時代韓国社会と変動』ソウル、サムジョル、1985年。

中村哲・他『朝鮮近代の歴史像』日本評論社、1988年。

堀和生『朝鮮工業化の史的分析』有斐閣、1955年。

金洛年『日本帝国主義下の朝鮮経済』東京大学出版会、2002年。

5-8チュチェ思想と金日成体制研究

北朝鮮の情報は十分得られず、規制された北朝鮮の国家情報しかなかった。[1]

そうしたなか、朝鮮研究所では、岡正『朝鮮における北緯38度ならびに39度問題について──朝鮮をめぐる日露抗争の外交的回顧』朝鮮研究、第50号、第52号（1950年）、朴世「南鮮ゲリラの実態」朝鮮研究、第52号（1950年12月）、キムシ・チュン「社会主義への移行の多様な形態について」朝鮮月報、第2号（1957年1月）の成果、さらに引き続く日本朝鮮研究所の成果があった。（井上學・樋口雄一編『日本朝鮮研究所初期資料──1961～69』3冊、緑蔭書房、2017年）。[2]それは日朝交流に反映されていた。[3]

韓国では、1969年以降、内部資料として、金俊燁・他編『「北韓」研究資料集』12巻（高麗大學校亞細亞問題研究所編、ソウル、高麗大學校出版部、1969年）、車洛勳・鄭慶謨編『「北韓」法令沿革集』2巻（高麗大學校亞細亞問題研究所編、ソウル、高麗大學校出版部、1969年）、金南植編『「南勞黨」研究資料集』2巻（高麗大學校亞細亞問題研究所編、ソウル、高麗大學校出版部、1974年）、金俊燁・金昌潤『韓國共産主義運動史』2巻（高麗大學校亞細亞問題研究所編、ソウル、高麗大學校出版部、1979年）などの資料集が編集され活用されたが、国内事情でそれらは公表されなかっ

た。また、金俊燁・金昌潤『韓國共産主義運動史』5巻（高麗大學校出版部、1967年）も上梓されたが、これも1986年にようやく公刊された。日本では、1971年以降、世界政経調査会が、内部資料として『韓国・北朝鮮資料集』（世界政経調査会、1969年、1971年）を刊行した。そして1994年以降、1945～50年の北朝鮮経済の実態が初めて明らかになった。[*4]

北朝鮮のチュチェ思想は、1965年以降に、思想の主体、政治の自主、経済の自立、国防の自衛といった主体思想として自力更生論の包括的哲学体系をもって言及されていたが、人間中心の世界観として1975年以降に初めて公式に報道された。[*5]

北朝鮮の公式的歴史は、1953年に刊行された。

鐘鳴編『朝鮮新民主主義革命史』五月書房、1953年。

李羅英、朝鮮問題研究所訳『朝鮮民族解放闘争史』新日本出版社、1958年。

外国文出版社編『朝鮮人民の正義の祖国解放戦争史』ピョンヤン、外国文出版社、1961年。

朝鮮民主主義人民共和國科學院歷史研究所編、在日朝鮮人科學者協會社會科學部門會訳『朝鮮近代革命運動史』新日本出版社、1964年。

朝鮮労働黨出版部編『朝鮮解放運動史（1919年～1953年)』湖北社、1976年。

このチュチェ体制の武装化は、北朝鮮の有機的国家論をめぐって「主体」護持の意思と虚構の空間に対する議論を生んでいる。それは、東アジアのイデオロギーとしての、いいかえれば中華思想共有圏におけるそれの1つの現在性として理解するのが正しいであろう（古田博司『東アジアの思想風景』岩波書店）1998年。古田『東アジア・イデオロギーを超えて』新書館、2003年)。

チュチェ思想については、以下の文献が刊行され、それは恨みの発想にある。[*6]

白尚昌『金日成研究──精神分析学的面から』ソウル、大韓民國國土統一院、1976年。白『民族の恨──金日成の精神分析とわれわれの未知』ソウル、成原安全研究社、1978年。

『チュチェ思想概説』ピョンヤン、外国文出版社、1983年。

北朝鮮の統制経済は崩壊した一方、改革・開放の方向性を展望したが、そうした混乱した事態の克服は、特有の管理体制下にあって、必然ではあるものの、蓋然性は存在しない。[7]その実態分析は、以下のものがある。

小牧輝夫『北朝鮮の経済特区実験——自主方針下での市場経済限定利用』アジア経済研究所、1996年。小牧・他『経済から見た北朝鮮——北東アジア経済協力の視点から』明石書店、2010年。林一信・小牧編『苦難の行進——金正日時代の政治経済展望』アジア経済研究所、1997年。

山本栄二『朝鮮経済の現状と今後の展望——改革・開放の行方』内閣府経済社会綜合研究所、2008年。

王勝今・藤田暁男・龍世祥『現代北朝鮮経済へのアプローチ——体制転換と政策開放』金沢大学経済学部、1997年。

梁文秀『北朝鮮経済論——経済低迷のメカニズム』信山社、2000年。

朴鐘碩『北朝鮮経済体制の変化1945～2012——社会主義国の盛衰と改革・開放』北海道大学出版会、2013年。

5-9 東南アジアの相互認識と現地研究、及びアジア経済研究所と京大東南アジア研究センターの活動

いよいよ現地研究が誕生することになった。その地域、東南アジアの名称は1943年8月東南アジア連合軍司令部の創設に起源する。その地域研究の先駆となったのは、日本軍が関与したインドネシアの独立と政治を主題としていた。その嚆矢は、1956年にロックフェラー財団の援助で早稲田大学大隈記念社会科学研究所の岸幸一らが取り組んだ太平洋戦争下のインドネシア研究における日本軍政の展開とその独立問題への影響についての研究であった。その問題は西欧研究者の関心ある主題であったが、平和至上主義に従う対外干渉の懸念にある日本学界での反発のなか実施されており、その成果は日本のインドネシア研究の金字塔となった。

早稲田大学大隈記念社会科学研究所編『インドネシアにおける日本軍政の研究』紀伊國屋書店、1959年——第1章序論、第2章オランダ植民地時代に

241

おけるインドネシアの政治的・経済的・社会的構造、第3章植民地時代にお
けるインドネシア民族主義運動の展開、第4章日本軍のインドネシア占領と
その社会の政治、経済、社会的構造への影響、第5章占領期における民族運
動の再出発、第6章インドネシアの独立への胎動——旧慣制度調査会からイ
ンドネシア独立準備委員会まで、第6章日本の降伏とインドネシアの独立宣
言、関係資料からなる。

　岸幸一「インドネシアにおける近代化と地域主義——南スラヴェシのケー
ス・スタディ」(1) (2)、アジア経済、第6巻第8号、第10号、1965年。岸
『スカルノ体制の基本構造——指導される民主主義論』アジア経済研究所、
1967年。岸「インドネシアの国民国家の形成における慣習首長の地位と役
割」アジア経済、第8巻第6号、1967年。

　サウル・ローズ編、岸幸一監訳『東南アジアの政治』紀伊國屋書店、1965
年（原本は1962年）。

　石田雄・長井信一編『インドネシアの権力構造とイデオロギー』アジア経
済研究所、1969年。

　増田与『インドネシア現代史』中央公論社、1971年。

1959年12月民間のアジア問題調査会（経団連が多くの援助を提供し運営し
ていた）を引き継いで、政府機関として、アジア経済研究所が通商産業省の下
に創設された。それは満鉄調査部をモデルとしており、現在150人の研究者を
擁し、初代所長は東畑精一であった。通商産業省の管轄としたのは、欧州統合
の貿易ブロック化が進む中、アジアなど発展途上国との貿易拡大が日本の針路
として打ち出され、これら地域の資料蒐集と情勢分析が重要視されたからであ
る。その点において、発展途上国の研究者の動員結集ともなった。なお、アジ
ア経済研究所の英文名はInstitute of Developing Economiesで、その研究分
野は、アフリカ、ラテンアメリカ、中東、中央アジアに拡がっても、名称変更
はなされていない。

　その当初における研究成果の一部は以下の通りで、多くは外部研究者の協力
を受けていた。

大和田啓気編『アジアの土地改革』2冊、アジア経済研究所、1962-63年。

宍戸寛編『アフリカのナショナリズムの発展』2冊、アジア経済研究所、1962-63年。

村松祐次『海外における最近の中国研究の状況』アジア経済研究所、1963年。

アジア経済研究所調査研究部『北朝鮮における千里馬作業班運動』アジア経済研究所、1963年。

佐藤慎一郎『農業生産合作社の組織構造』アジア経済研究所、1963年。

板垣与一編『インドネシアの経済社会構造』アジア経済研究所、1963年。

猪木正道編『タイ・ビルマの社会経済構造』アジア経済研究所、1963年。

喜多村浩編『タイの経済構造』アジア経済研究所、1963年。

市川健二郎『東南アジア農村社会の経済性向──タイ・ラオスを中心として』アジア経済研究所、1963年。

田村喜照編『タイの公企業』アジア経済研究所、1963年。

松尾進編『東南アジアの海運』アジア経済研究所、1963年。

古藤利久三編『東南アジアにおけるわが国企業提携の実態』アジア経済研究所、1963年。

原覺天『アジア経済の構造と発展』アジア経済研究所、1963年。

三輪悌三編『イギリス植民地銀行の東南アジアにおける地位』アジア経済研究所、1963年。

片山謙二『アジア貿易の地域と特質』アジア経済研究所、1963年。

アジア経済研究所長期成長調査室『東南アジア諸国の農・畜産物バランス表──生産・輸出入・国内供給可能量1948〜1960』アジア経済研究所、1963年。

有馬駿二編『アジアの貿易統計──その産業構造を背景として』アジア経済研究所、1963年。

福地崇生『日本貿易構造の長期的予測』アジア経済研究所、1963年。

泉靖一編『ブラック・アフリカの伝統的社会とその変容』アジア経済研究

所、1963年。

青山道夫編『アフリカの土地慣習法の構造』アジア経済研究所、1963年。

吉田昌夫『東アフリカにおけるイギリス企業の成立と活動——植民地経済の一断面』アジア経済研究所、1963年。

入江敏夫『コンゴ（旧ベルギー領）における資本の構造』アジア経済研究所、1963年。

ジャン・シャルボノウ、ルネ・シャルボノウ、佐藤章訳『黒人アフリカの市場と商人たち』アジア経済研究所、1963年。

ア・ユ・シュビルト、アジア・アフリカ研究所訳『アフリカの原料資源——1913-1958』アジア経済研究所、1963年。

アジア経済研究所『中国における国営農場の生成・発展と問題点』アジア経済研究所、1963年。同『蘭領東印度の外国資本、独立後のインドネシアの外国資本と国家資本、インドネシアの国営企業』アジア経済研究所、1963年。同『ベトナムにおける労働力の形成』アジア経済研究所、1963年。同『「アラブ社会主義」（試論）——その思想的根底と経済政策、URA農地改革の評価作業に関する覚え書』アジア経済研究所、1963年。

西向嘉昭・他編『ラテン・アメリカの経済』2冊、アジア経済研究所、1963-64年。

いま1つは、構造としての政治に着目した矢野暢『タイ・ビルマ現代政治史研究』2冊（創文社、1968年）で、その研究の原型はアジア経済研究所の研究活動に始まった。研究組織として、それは、1963年1月発足（1964年4月官制化）した京都大学東南アジア研究センター初の成果であった。東南アジア研究センターはフォード財団の支援があったが、その設立趣意書には、「太平洋戦争中に一時行われていたような特殊な政策目的のための研究ではなく、真に客観的、学術的な研究」の遂行にあるとされており、「到達した結論は、課題においては『近代化』、方法においては『地域研究（area study）』である」と言及された（京都大学東南アジア研究センター編『地域研究へのあゆみ——東南アジア研究センターの25年』京都大学東南アジア研究センター、1993年、4頁）。バンコク事務所が

1964年2月開設され、4月タイとマレーシアにおける権力の核心部の形成とそれによる政治指導の質、官僚制の機能的特質、被治者大衆レベルの政治文化、政治意識といった矢野の研究手法を進めた村落生活圏の現地調査が始まった。そして、1970年10月にジャカルタ事務所が開設された。その主たる研究成果は、以下のものがあった。

　本岡武『東南アジア農業開発論』創文社、1968年。

　飯島茂『カレン族の社会・文化変容』創文社、1971年。

　石井米雄編『タイ国――ひとつの稲作社会』創文社、1975年。石井『上座仏教の政治社会学』創文社、1975年。石井編『東南アジア世界の構造と変容』創文社、1986年。

　西原正編『東南アジアの政治腐敗』創文社、1976年。

　渡部忠世編『東南アジア世界――地域像の検証』創文社、1980年。渡部・桜井由躬雄編『中国江南の稲作文化』日本放送出版協会、1984年。

　水野浩一『タイ農村の社会組織』創文社、1981年。

　土屋健治『インドネシア民族主義研究――タン・シスワの成立と展開』創文社、1982年。

　高谷好一『熱帯デルタの農業発展――メナム・デルタの研究』創文社、1982年。

　特集「東南アジアの世界像」東南アジア研究、第22巻第1号、1984年6月。

　矢野暢『東南アジア世界の構図――政治的生態史観の立場から』日本放送出版協会、1984年。

　坪内良博『東南アジア人口民族誌』勁草書房、1986年。

　口羽益生編『ドンデーン村の伝統構造とその変容』創文社、1990年。

それは、東南アジア学としての取り組みという方向にあった。その最初の成果は、矢野暢編『東南アジア学への招待』（日本放送出版協会、1977年）で、1980年代を通じその取り組みが実現をみることになる。

　その1960年代から70年代にかけて、アジア地域では、各分野で着実な研究がみられた。

佐口透『18-19世紀東トルキスタン社会史研究』吉川弘文館、1963年。

山本達郎編『東南アジアにおける権力構造の史的考察』竹内書店、1965年。

太田常蔵『ビルマにおける日本軍政史の研究』吉川弘文館、1967年。

浦野起央『ジュネーヴ協定の成立』巌南堂書店、1970年。

5-10 地域研究の拡大と深化、植民地主義からの脱出

第三世界という用語が公式に提起されたのは1955年で、それはインドシナ戦争におけるベトナム民衆のエネルギーがフランス革命における第三身分への着目として理解されていた (G. Balandier & A. Sauvy eds., *Le Tiers Mondes: Sous-développpment et développement,* Paris: Press du Univ. France, 1965)。非植民地化の進展とともに、地域研究も植民地主義イデオロギーからの脱出が求められるところとなった。

エドワード・エヴァン・エヴァンス゠プリチャードとクロード・レヴィ゠ストロースは、社会人類学は18世紀に発していることを認めつつも、そこでの心理主義と人為主義は現下の社会学主義と根本的に対立するものであると解した。いいかえれば、近代植民地主義のイデオロギーは文明の「未開」への適用において大きく寄与し、また現代植民地主義は支配の正統化という意味で、啓蒙的理解を損なうことがはっきりした。非植民地化において、その状況は一変するところとなった。[1]構造主義社会人類学者クロード・レヴィ゠ストロースの『悲しき熱帯』(1955年、川田順造訳、2冊、中央公論社、1977年/中央公論新社、2001年) は、エスノセントラリズムの手法を告発し、その分析座標を組み換えた。『無文字社会の歴史――西アフリカ・モシ族の事例を中心として』(岩波書店、1976年/岩波現代文庫、岩波書店、2001年) を書いた川田順造は、1986～89年に東京外国語大学アジア・アフリカ言語文化研究所プロジェクト「『未開』概念の再検討」に取り組み、未開をめぐるイデオロギー及び認識状況を解剖して、未開の神話を打ち破る内像に照明をあてた (川田順造編『「未開」概念の再検討』Ⅰ・Ⅱ、リブロポート、1989-91年)。[2]そして、それはこの人類学の植民地主義イデオ

ロギーへの告発（ゲラール・ルクレールが『人類学と植民地主義』1972年／宮治一雄・宮地美江子訳、平凡社、1976年）とともに、社会共同体の見直しが率直にとられるところとなった。[3]

他方、発展途上国における独自のイデオロギー追求が課題となった。関連の文献は、以下の通りである。

浦野起央『発展途上国の社会主義』アジア経済研究所、1974年。

湯浅赳男『革命の社会学——非ヨーロッパ世界とマルクス主義』田畑書店、1975年。

サミール・アミン、北沢正雄監訳『世界は周辺部から変る』第三書館、1982年。

5-11 中東研究への視野拡大

中東への関心は、イスラエルとアラブ対立、そしてパレスチナ問題の根源にあった。また、エジプト革命に始まるアラブの激動を左傾化革命の偏向と解するかアラブの自決の貫徹とみるかについては見解が混乱していて、当時、その現実を鋭利に分析することは十分ではなかった。そして、その視点は第三世界にも適用され、一般化されてしまった（申正鉉『第三世界論——自由主義對急進主義』ソウル、日新社、1986年、改訂増補版1988年）。

1958年に戦前におけるイスラム圏の研究者小林元の主導で中東調査会が設立され、中東研究が再開され開拓的役割が担われた。そして1985年に日本中東学会が設立され、研究者の組織化が進められた。当初の研究は以下の通りであった。

バーナード・ルイス、林武・山上元孝訳『アラブの歴史』みすず書房、1967年（原本は1950年）。ルイス、今松泰・福田義昭訳『イスラム世界はなぜ没落したか?——西欧近代と中東』日本評論社、2003年（原本は2002年）

關根正雄『イスラエル宗教文化史』岩波書店、1952年。

江口朴郎「第一次大戦におけるイギリスの中東政策——アジア・トルコ分割に関するサイクス・ピコ条約についての覚書」人文科学紀要・歴史と文

247

化、第1号、1952年／アジア・アフリカ国際関係研究会編『中東・アフリカの国際関係の推移』巌南堂書店、1967年。

齋藤信治『沙漠的人間——回教世界への哲學的随想』櫻井書店、1954年。

今尾登『スエズ運河の研究』有斐閣、1957年。

小林元『世界の眼・中東』関書院、1958年。小林『国際政治と中東問題』故小林教授遺著刊行会、1964年。

熊田亨『砂漠に渇いたもの——中東1948-58年』東洋経済新報社、1959年。

中岡三益・板垣雄三『アラブの現代史』東洋経済新報社、1959年。中岡編『アラブのナショナリズム——その源流と構造』講座・近代アジアの思想史Ⅲ、弘文堂、1961年——三木亘「トルコ革命とイスラーム」、熊田亨「トルコ・クーデターの思想的側面」、矢島文夫「イスラエル共和国成立をめぐる問題」を収める。

前田慶穂「バルフォア宣言の成立をめぐって——『パレスチナ問題』の発生」金沢法学、第8巻第1・2号、1963年／アジア・アフリカ国際関係研究会編『中東／アフリカの国際関係の推移』巌南堂書店、1967年。

高橋昭一「トルコの対露外交史」1〜3、外務省調査月報、第6巻第2・3号、第4号、第6号、1965年。高橋『トルコ・ロシア外交史』シルクロード、1988年。

中東調査会編『アラブ統一運動の進展』中東調査会、1967年。同編『アラブ社会主義政党の研究』中東調査会、1969年。同編『アラブ民族運動の展開』中東調査会、1970年。同編『中東和平とパレスチナ問題』中東調査会、1976年。

川崎寅雄『東アラビアの歴史と石油』吉川弘文館、1967年。

糸賀昌昭「シャットル・アラブ河——イラク・イラン国境紛争」中東通報、第164号、1969年。糸賀編『中東の経済発展』3巻、アジア経済研究所、1973-75年。

岩永博『アラビア首長諸国をめぐる国際関係』外務省中近東アフリカ局、1970年。岩永『中東現代史』紀伊國屋書店、1971年。岩永『ソ連の中東政

策』外務省中近東アフリカ局、1972年。

浦野起央『中東戦争の記録1967年』外務省中近東アフリカ局、1970年。浦野『イスラエルの国家形成と政治機能の条件』外務省中近東アフリカ局、1970年。浦野『イスラエルをめぐる国際政治の動向』外務省中近東アフリカ局、1972年。

護雅夫編『トルコの社会と経済』アジア経済研究所、1971年。

ジャック・ベルグ『アラブの歴史とその将来──その経済的諸問題』アジア経済研究所、1971年。ベルグ『アラブの歴史とその将来──その思想と行動』アジア経済研究所、1972年。

W・C・スミス、中村廣次郎訳『現代におけるイスラム』紀伊國屋書店、1974年／『現代イスラムの歴史』上・下、中公文庫、中央公論社、1998年（原本は1956年刊）。

笹川正博『パレスチナ』朝日新聞社、1974年。笹川『ペルシャ湾諸国の研究──イラン、イラク、サウジアラビアを中心として』社内報告、朝日新聞調査研究室、1979年。

丸山直起「イスラエルのアラブ人──民族主義とその限界」中東総合研究、第5号、1976年。

中東研究は、米国の中東泰斗バーナード・ルイスのアラブ認識が一般化していた。1970年代以降、アラブのジレンマが着目されるところとなり、そしてイスラムの挑戦にルイスはアラブの進歩未熟の断定をもってするその回答を提出した。他方、ジャック・ベルクのアラブ認識が理解され、共鳴されるところとなった。そこでは親イスラエル＝米国、親アラブ＝反西欧の認識図式の対立が中東の事態をめぐる解釈に優先するという状況が続いた。

国際連合大学は、1981年にアラブの代替的未来に関して世界モデル及びアラブ専門機関の政策の検討を行い、報告は1983に『アラブの未来のイメージ』（イスマイル・サブリ・イブラヒム、他、浦野起央・他訳『アラブの未来』刀水書房、1990年）が刊行され、アラブの展望を明らかにした。しかし、その展望はアラブの国際環境により封じられた。

249

中東地域の海外調査は、以下の通りであった。

1956年〜66年に東京大学イラン・イラク遺跡調査が実施された。[*1]

1965年に早稲田大学古代エジプト調査隊が組織され、1966年エジプトでの調査が着手された。発掘調査は古代エジプト調査室によって1971年に始まり、1974年1月ルクソール西岸南部マルカタ南、魚の丘遺跡の祭殿を発見した。1978年に着手された第2期調査では、1987年クフ王の大ピラミッド内部の未知の空間が発見され、続いて第二の太陽の船を発見し、それは後日、米国隊が内部撮影に成功してその存在が確認された。1988年に始まった第3期調査は、砂漠の下に埋もれていたピラミッドの発見に取り組み、1996年に人工衛星画像解析によりシュール北地区で神殿型の大型貴族墓の発見に成功し、2001年にカエムワセト葬祭殿でクフ王の彫像を発見し、2003年にピラミッドのプロトタイプの建造物を確認した。その活動は1998年に設立された早稲田大学エジプト学研究所によって推進され、[*2]それは吉村作治が主導した（吉村作治『ピラミッドは語る――王の墓・黄金・盗掘』岩波書店、1985年。吉村『今、解き明かす!古代文明興亡の真実』成美堂出版、2001年）。

1969年にアフガニスタンのバーミヤン遺跡に対する名古屋大学調査隊の調査が実施され、[*3]次いで1970年から78年にかけ、京都大学中央アジア仏教石窟寺院調査が実施された。[*4]

5-12アフリカ諸国の独立とアフリカ研究

1960年におけるアフリカ諸国の大挙独立とともに、アフリカへの関心が高まり、アフリカの地域研究への取り組みが進んだ。その最初の記述は、いわゆるガンサー流の全体像の理解にあった（ジョン・ガンサー、大江専一訳『亞細亞の内幕』今日の問題社、1939年。ガンサー『アフリカの内幕』2冊、みすず書房、1956年）。そして、アプターらの先行研究があり（David E. Apter, *The Gold Coast in Transition*, Princeton: Princeton U. P.,1955/ *Ghana in Transiton*, New York: Atheneurm, 1963/ Princeton: Princeton U. P., 1972. Apter, *The Political Kingdom in Uganda: a Study in Bureaucratic Nationalism*, Princeton: Princeton U. P., 1961. Apter, *The Politica of*

Modernization, Chicago: Univ. of Chicago Press, 1965/ 内山秀夫訳『近代化の政治学』未来社、1968年。Apter & Varl G. Rosberg eds., *Political Development and the New Realism in Sub-Saharan Africa*, Chariottesville: U. P. of Virginia, 1994. Charles F. Andrain & Apter eds., *Political Protest and Social Change: Analyzing Politics*, Basingstoke: Macmillan/ Washington: New York U. P., 1995.)、そこでは、ナショナリズムの追求とならんで国民形成と変革が課題であった。1964年4月に日本アフリカ学会が発足した。そして、京都大学による一連のアフリカ調査の成果があった。以下の研究成果をみた。

西野照太郎『鎖を断つアフリカ』岩波新書、岩波書店、1954年。西野「アフリカ的社会主義の形成過程」、宍戸編『アフリカの指導者』アジア経済研究所、1963年。西野『岐路に断つアフリカ』日本国際問題研究所、1967年。

百々巳之助『アフリカの政治』有信堂、1959年。百々『現代のアフリカ』学文社、1960年。百々『アフリカの国際関係』アサヒ社、1962年。

世界経済調査会編『アフリカの研究』世界経済調査会、1961年。

宍戸寛編『アフリカのナショナリズムの発展』2冊、アジア経済研究所、1962-63年。宍戸編『アフリカの指導者』アジア経済研究所、1963年。

浦野起央「アフリカの政治思想」、宍戸寛編『アフリカの指導者』アジア経済研究所、1963年。小堀巌・矢内原勝・浦野・富川盛道編『アフリカ』現代の世界第7巻、ダイヤモンド社、1971年。浦野『アフリカ国際関係論』有信堂、1975年。

フィリップ・デクラーヌ、吉田曉訳『現代アフリカの政治思想』文庫クセジュ、白水社、1964年。

野間寛二郎『差別と反逆の原点・アパルトヘイトの国』理論社、1969年。野間「パン・アフリカニズムからアフリカ革命へ——アフリカにおける解放思想の発展」上・下、思想、1979年7月号、8月号。

西川潤『アフリカの非植民地化』三省堂、1971年。

矢内原勝編『「アフリカナイゼーション」の意味と現実』アジア経済研究所、1973年。

第2部　地域研究250年

〈注〉

5-1 国際認識の新しい座標

＊1　関曠野『歴史の学び方について──「近現代史論争」の混迷を超える』窓社、1997年。大門正克編『昭和史論争を問う──歴史を叙述することの可能性』日本経済評論社、2006年。

＊2　これに対して、両極の立場から2つの講座が提出された。有沢広巳・他編『現代資本主義講座』7巻、東洋経済新報社、1958-59年。井汲卓一・今井則儀・長洲一二編『現代日本資本主義講座』3巻、日本評論社、1966年。

5-2 地域研究の再出発と太平洋問題調査会

＊1　調査動員本部『新シキトルコ』上・下、調査動員本部、1944年の先行研究があった。

＊2　丸山静雄は、太平洋戦争に従軍し、戦後、朝日新聞記者としてアジアを見つめた。丸山『アジア特派員五十年──国造りへの挑戦と蹉跌のドラマを見る』青木書店、1988年。

5-3 昭和史論争と近代化論争

＊1　篠原一「現代史の深さと重さ──欧州現代史研究者の立場から」世界、1956年12月号。篠原「現代政治史の方法」思想、特集現代史の方法、1959年10月号。井上清「現代史研究方法の問題」思想、1957年5月号。井上『日本の歴史』3巻、岩波新書、岩波書店、1963-66年。今井清一「論争は実ったか（3）さまざまの論争生まる──昭和史論争」東京大学新聞、1958年7月2日号／遠山茂樹著作集第6巻天皇制と帝国主義、岩波書店、1992年。竹山道雄『昭和の精神史』新潮社、1956年／竹山道雄著作集第1巻、福武書店、1983年／講談社学術文庫、講談社、1985年。石母田正「政治史の対象について」思想、第395号、1957年5月／石母田正著作集第13巻、岩波書店、1989年。松沢弘陽「書評『昭和史（新版）』」思想、第424号、1959年10月。荒井新一「危機意識と現代史──「昭和史」論争をめぐって」、『現代の発見』第6巻、春秋社、1960年。大門正克編『昭和史論争を問う──歴史を叙述することの可能性』日本経済評論社、2006年。

＊2　マックス・ウェーバー、阿閉吉男・脇圭平訳『官僚制』創文社、1954年／角川文庫、角川書店、1958年／恒星社厚生閣、1987年。ウェーバー、浜島朗訳『権力と支配』みすず書房、1954年／世良晃志郎訳『支配の社会学』1・2、創文社、1960年。ウェーバー、浜島朗訳『家産制と封建制』みすず書房、1957年。ウェーバー、石尾芳久訳『法社会学』法律文化社、1957年／世良訳『法社会学』創文社、1974年。ウェーバー、石尾訳『国家社会学──合理的国家と現代の正当および議会の社会学』法律文化社、1960年。ウェーバー、内田芳明訳『古代ユダヤ教』2冊、みすず書房、1962-64年／上・下、岩波文庫、岩波書店、1996年。ウェーバー、世良訳『都市の類型学』創文社、1964年。ウェーバー、細谷徳三郎訳『儒教と道教』、清水弘文堂書房、1967年／森岡弘通訳、筑摩書房、1970年／木全徳雄訳、創文社、1971年。ウェーバー、武藤一雄・他訳『宗教社会学』創文社、1964年。ウェーバー、安藤英治・他訳『音楽社会学』創文社、1967年。ウェーバー、世良訳『支配の類型学』創文社、1970年。ウェーバー、池田昭・他訳『アジア宗教の基本的

性格』勁草書房、1970年。ウェーバー、深沢宏訳『ヒンドゥー教と仏教——世界諸宗教の経済倫理2』日貿出版社、1983年／東洋経済新報社、2002年。

5-4 韓国独立運動の確認

＊1　大韓民國文教部國史編纂委員會編『韓國獨立運動史』5巻・資料42巻、果川、大韓民國文教部國史編纂委員會。

　　　第1巻〜第5巻『韓國獨立運動史』1965-69年。資料第1巻〜第4巻『臨政編』2巻、1970-74年。資料第5巻〜第6巻三・一運動篇、1975-76年。資料第7巻三・一運動篇、1978年——駐韓日本公使館文書安重根義士關係資料である。資料第8巻〜第19巻義兵篇、12巻、1979-90年。資料第20巻〜第31巻臨政篇、1991-95年。資料第32巻〜第33巻義烈團篇、2巻、1996年。資料第34巻〜第35巻ロシア篇、1997年。資料第36巻不逞團關係雑件・朝鮮人の部—在西比利亞1-16、CDROM、2001年。資料第37巻海外言論運動篇、2001年。資料第38巻宗教運動篇、2002年。資料第39巻〜第42巻中國東北地域篇、2003年。

　　　大韓民國教育部國史編纂委員會編『韓民族獨立運動史料集』67巻、果川、大韓民國教育部國史編纂委員會——第1巻・第2巻『105人事件公判始末書』2巻、1986年。第3巻・第4巻『105人事件尋問調書』2巻、1987年。第5巻・第6巻『大同團事件』2巻、1988年。第7巻・第8巻『國權恢復團』2巻、1988年。第9巻『三一運動と國權恢復團』1989年。第10巻『三一運動と天路教誡米』1989年。第11巻〜第27巻『三一運動』17巻、1990年。第28巻〜第31巻『義烈鬪爭』4巻、1996年。第32巻〜第36巻『三一運動』5巻、1997年。第43巻〜第46巻『中國地域獨立運動　裁判記録』4巻、2000年。第47巻〜第48巻『三一運動1周年宣言文配布事件——十字架党事件　裁判記録』2巻、2001年。第49巻〜第52巻『同盟休校事件』4巻、2002年。第53巻『抗日萬歳示威と排日傳單配布事件　裁判記録』1巻、2003年。第54巻『排日檄文啟次事件裁判記録』1巻、2003年。第55巻『排日檄文配布・萬歳示威・讀書會事件裁判記録』1巻、2003年。第56巻・第57巻『中國人襲撃事件裁判記録』2巻、2003年。第58巻〜第60巻『常緑會事件裁判記録』3巻、2004年。第67巻『戦時期反日言論事件』2、2006年。

5-6 毛沢東研究と中国分析

＊1　毛沢東、中國研究所訳『農民運動と農村調査』中國研究所、1950年5月。毛『民族統一戦線について』中國資料社、1951年4月。毛、尾崎莊太郎訳『井岡山鬪爭記』中國資料社、1952年1月。毛、民主新聞社訳『毛澤東選集』第1巻上、瀋陽、民主新聞社、1952年。劉少奇、中國研究所訳編、浅川謙次訳『大衆組織の根本問題』中國資料社、1951年。鄧小恢、中國研究所訳編『大衆路線』中國資料社、1952年。胡喬木、中國研究所訳『中國共産党小史——中國共産党の三十年』中國資料社、1951年。宋慶齡、中国研究所訳編『宋慶齡選集——新中国のための闘い』ハト書房、1953年。

＊2　中國研究所編『現代中國辭典』伊藤書店／現代中國辭典刊行會、1950年、増補版1952年、増補版1954年／岩崎書店、1959年／岩崎學術出版社、1969年。中國研究所編『新中國事典』青木文庫、青木書店、1954年。

＊3　中西功は、東亜同文書院に学び、学生運動を通じ中国共産主義青年同盟などに

253

第 2 部　地域研究 250 年

参加した。帰国し、1934年大連の満鉄調査部に入り、支那抗戦力調査委員会で活動し、日本の軍事活動を牽制する報告をまとめた。他方、西里龍夫らと、中国共産党の毛沢東らを直接支援した。1942年ゾルゲ事件の関連で「中共諜報團」として検挙され、死刑を求刑され、1945年9月無期懲役の判決を受けたが、10月占領軍により釈放された。1947年参議院選挙で日本共産党から立候補して当選した。1950年1月日本共産党中央（所感派）と対立して除名され団結派を結成し、のち復党した。

　中西功『中国革命と毛沢東思想――中国共産党史の再検討』青木書店、1971年。中西『死の壁の中から――妻への手紙』岩波新書、岩波書店、1971年。中西『中国革命の嵐の中で』青木書店、1974年。中西『現代中国の政治』青木書店、1974年。

5-7 朝鮮資本主義論争と韓国資本主義論争

＊1　康行祐「〈韓国資本主義論争〉の背景と問題点」朝鮮資料、上・中1・中2・下、1987年。

　滝沢秀樹「韓国民族主義論序説――思想としての民族経済論」上・中・下、甲南経済学論集、第22巻第1号、第2号、第3号、1981年。

　中村哲・他『朝鮮近代の歴史像』日本評論社、1988年。

　本多健吉・他『韓国資本主義論争』世界書院、1990年。

　李東碩「韓国資本主義論争の性格――世界経済の「重層性」に基づいて」経済論叢、第151巻第4・5・6号、1993年。

＊2　滝沢秀樹「民族経済論の新たな展開――『韓国資本主義論争』の過程での批判と展望」、『韓国社会の転換――変革期の民衆世界』御茶の水書房、1988年。

5-8 チュチェ思想と金日成体制研究

＊1　桜井浩訳編『北朝鮮における社会主義農業の建設――平和的建設期（1945-1950）の農業関係資料』所内資料、アジア経済研究所、1966年。

＊2　「10年間（1946～1955）の人民経済・文化の発展に関する公表（朝鮮民主主義人民共和国国家計画委員会中央統計局）」朝鮮月報、第1号、1956年12月、朝鮮研究所。朝鮮民主主義人民共和国国家計画委員会中央統計局『朝鮮民主主義人民共和国国民経済発展統計集――1946-63』日本朝鮮研究所、1965年。朝鮮民主主義人民共和国社会科学院歴史研究所編、日本朝鮮研究所訳編『朝鮮文化史』上・下、日本朝鮮研究所、1966年。日本朝鮮研究所編『朝鮮の国際路線――国際共産主義運動と朝鮮労働党』日本朝鮮研究所、1966年。日本朝鮮研究所編『最近の朝鮮の協同農場――金日成テーゼ・分組都給制と農民生活』日本朝鮮研究所、1967年。朝鮮民主主義人民共和国社会科学院歴史研究所編、日本朝鮮研究所訳編『金玉均の研究』日本朝鮮研究所、1968年。川越敬三編『現代朝鮮外交史料集』日本朝鮮研究所、1968年。

＊3　『日朝学術交流のいしずえ――1963年訪朝日本朝鮮代表団報告』日本朝鮮研究所、1965年。高崎宗司・和田春樹『検証　日朝関係60年史』明石書店、2005年。

＊4　外務省アジア局北東アジア課『朝鮮社会主義の経済理論的基礎――いわゆる金日成「社會主義経済のいくつかの理論的問題」を中心に』外務省アジア局北東アジア課、1969年。翰林大學校アジア文化研究所編『北韓經濟統計資料集（1946・1947・1948年）』ソウル、翰林大學校出版部、1994年。木村光彦『北朝鮮経

254

済の分析方法――文献と統計』*Institute of Economic Research, Hitotsubashi University,* 1998. 木村『北朝鮮の経済――起源・形成・崩壊』創文社、1999年。鄭在貞・木村編『1945-50年北朝鮮經濟資料集成』17巻、ソウル、東亞經濟研究所、2001年。木村編訳『旧ソ連の北朝鮮経済資料集――1946-1965年』知泉書館、2011年。

＊5　朝鮮大学校『金日成の主体思想について』朝鮮大学校、1968年。キム・イルソン『わが革命におけるチュチェについて』3冊、ピョンヤン、外国文出版社、1975-82年。『チュチェは自主の旗じるし』ピョンヤン、外国文出版社、1977年。『チュチェ思想は現時代の思潮』ピョンヤン、外国文出版社、1977年。金日成、金日成主席著作翻訳委員会訳『チュチェ思想について』雄山閣、1978年／白峰文庫、チュチェ思想国際研究所、1979年。

＊6　南時雨『主體的芸術論』未来社、1984年。金昌万『不滅のチュチェ思想』ピョンヤン、外国文出版社、1984年。河秀図『主体思想と祖国統一――金日成主義批判』三一書房、1984年。姜雪彬『チュチェ思想の創始と歴史的意義』ピョンヤン、外国文出版社、1986年。韓徳銖『主体的海外僑胞運動の思想と実践』未來社、1986年。李聖準『チュチェ思想の哲学的原理』ピョンヤン、外国文出版社、1986年。井上周八『チュチェ思想概説――愛と統一の実践哲学』雄山閣、1987年。井上『解説チュチェ思想』チュチェ思想国際研究所、1992年。李珍珪『主體的政治論』未來社、1987年。玄源錫『主體的人間論』未來社、1987年。金守鎮『主體的教育論』未來社、1988年。朴庸坤『チュチェ思想の理論的基礎』未來社、1988年。朴『主體的世界観』未來社、1990年。金哲央『主體哲學概論』未來社、1992年。大内憲昭『朝鮮社会主義法の研究――チュチェの国家と法の理論』八千代出版、1994年。徐大粛、古田博司訳『金日成と金正日――革命神話と主体思想』岩波書店、1996年。

＊7　梁東河・中平信也『わたしは、こうして北朝鮮で生き抜いた!――「脱北」した元在日朝鮮人が明かす「統制経済」が崩壊した後の北朝鮮の庶民の生活』集英社、2005年。

5-10地域研究の拡大と深化、植民地主義からの脱出

＊1　エドワード・エヴァン・エヴァンス＝プリチャード、難波紋吉訳『社会人類学』同文館、1957年。エヴァンス＝プリチャード、佐々木宏幹・大森元吉訳『宗教人類学の基礎理論』世界書院、1967年。メイヤー・フォーテス、エヴァンス＝プリチャード、大森元吉・他訳『アフリカの伝統的政治体系』みすず書房、1972年。エヴァンス＝プリチャード、向井元子訳『ヌアー族――ナイル系・民族の生業形態と政治制度の調査記録』岩波書店、1978年／平凡社、1997年。エヴァンス＝プリチャード、向井元子訳『ヌアー族の宗教』岩波書店、1982年／上・下、平凡社、1995年。エヴァンス＝プリチャード、向井元子訳『アザンデ人の世界――妖術・託宣・呪術』みすず書房、2001年。

＊2　クロード・レヴィ＝ストロース、川田順造訳『悲しき熱帯』2冊、中央公論社、1977年（原本は1955年）。レヴィ＝ストロース・他、長田光弘訳「神話間・文明」朝日ジャーナル、1972年2月18日号。レヴィ＝ストロース、荒川幾郁男・他訳『構造人類学』みすず書房、1977年。レヴィ＝ストロース『親族の基本構造』上、番町書房、1975年。レヴィ＝ストロース、山口昌男・渡辺守章訳『構造小径』新潮社、1977年。レヴィ＝ストロース、大橋保夫訳『野生の思考』みすず書房、

1976年。レヴィ＝ストロース、岡田秀穂解『人種と歴史』研究社出版、1976年。レヴィ＝ストロース、大橋保夫・大橋寿美子訳「未開と文明」季刊人類学、第9巻第2号、1978年。レヴィ＝ストロース、大橋保夫編『孝三・神話・勞働──クロード・レヴィ＝ストロースレヴィ＝ストロース日本講演集』みすず書房、1979年。室淳介訳『悲しき南回帰線』上、講談社学術文庫、講談社、1985年。レヴィ＝ストロース、三保元訳『はるかなる視線』2冊、みすず書房、1986-88年。レヴィ＝ストロース、他、江中直紀・他訳『レヴィ＝ストロース──変貌する構造』国文社、1987年。レヴィ＝ストロース、「20世紀の出口で」中央公論、1993年6月号。レヴィ＝ストロース、川田順造・他訳『レヴィ＝ストロース講義──現代世界と人類学』平凡社、2005年。レヴィ＝ストロース、泉克典訳「アジアはヨーロッパに対し物質的かつ精神的な債権を有する」現代思想、第38巻第1号、2010年。ハワード・ガードナー、波多野完治・入江良平訳『ピアジェとレヴィ＝ストロース──社会科学と精神の探求』誠信書房、1975年。ジョン・マレー・カディヒィ、塚本利明・他訳『文明の試練──フロイト、マルクス、レヴィ＝ストロースとユダヤ人の近代との闘争』法政大学出版会、1987年。川田順造『ブラジルの記憶』エヌティティ出版、1996年／『「悲しき熱帯」の記憶──レヴィ＝ストロースから50年』中公文庫、中央公論新社、2010年。

* 3　Karl Polanyi, *Dahomey and the Slave Trade: An Analysis of a Archaic Economy,* London: Univ. of Washington Press, 1966／栗本慎一郎・端信行訳『経済と文明──ダホメの経済人類学的分析』サイマル出版会、1975年／ちくま学芸文庫、筑摩書房、2004年。Plerre Clastres, *La sociêtê contre l' Etat: recherches d' anthropologue politique,* Paris: Editions de minuit, 1974／渡辺公三訳『国家に抗する社会──政治人類学研究』書肆風の薔薇、1987年。

5-11中東研究への視野拡大

* 1　東京大学イラン・イラク学術調査室『イラン・イラク学術調査の歩み』東京大学イラン・イラク学術調査室、1980年。
* 2　古代エジプト調査委員会編『マルカタ南』5巻、早稲田大学出版部、1986-2005年。早稲田大学エジプト学研究所編『アブ・シール南』1、鶴山堂、2001年、『アブ・シール南』3、シーズ・プランニング、2007年。同研究所編『ルクソール西岸岩窟墓──第241号墓と周辺遺構』1、早稲田大学エジプト学研究所、2002年。同研究所編『ダハシュール北──宇宙考古学からの出発』Akht Press、2003年。同研究所編『イシス神殿北建物址』アケト、2005年。吉村作治「早大エジプト発掘40年の歴史」アラブ、第123号、2007年12月。
* 3　小寺武久・前田耕作・宮治昭『バーミヤン──1969年度の調査』名古屋大学、1971年。
* 4　樋口隆廣編『バーミヤーン──京都大学中央アジア学術調査報告』4冊、同朋社出版、1983-84年。

第6章　地域研究の自立

第6章　地域研究の自立

6-1 地域研究の独立性

　植民地主義のイデオロギーからの解放は1960年代を通じて達せられ、そこではヨーロッパ・モデルの近代化モデルの適用を乗り越えた新しい地平を構築することになった。現地資料も入手できるようになり、研究の自立性も確保されるところとなった。アジア社会では、エートスの状況認識と認識が高まり、アジア世界の統一性と多様性の確認も進んだ。中国研究では、プロレタリア文化大革命、中ソ論争に直面して判断の難しさに直面したが、資料の検証をもってそうしたイデオロギー理解の制約を克服できるところとなった。そしてオリエンタリズムからの転換も進み、地域研究は新しい地平を展望する局面に入った。そこでは、インド世界あるいはオセアニア世界の研究も着実な歩みをみせるところとなった。

　浦野起央は、地道な研究として分析資料の確認を進めてきており、その集成として以下の資料集の刊行に入った。1979年に刊行が始まった『資料体系アジア・アフリカ国際関係政治社会史』（パピルス出版）は、2018年1月までに全巻183冊を刊行した。[1]

6-2 植民地主義イデオロギーとの訣別

　ゲラール・ルクレールが『人類学と植民地主義』を刊行したのは1972年であった（宮治一雄・宮地美江子訳、平凡社、1976年）。ルクレールは、アフリカ研究の歴史を中心に、人類学と植民地主義イデオロギーの関係に注目して、19世紀中葉から現代までの変化のかかわりから人類学史を再構成するという視点に

257

立って、人類学と共通の状況にある知識社会学的批判考察を提起した。いいか
えれば、歴史と人類における人間の実践と知識のかかわりを主題に取り組んだ
といえる。その先駆は、第三世界の挑戦を論じたジャック・ベルグで、彼はア
ラブ研究を通じて植民地解放を支持する立場にあり、その指摘は、アルジェリ
ア戦争後に第三世界論として広く受け入れられた。

　なお、このルクレールの時代は5月革命の時期であったと指摘される。

　このヨーロッパ中心主義批判には、ポーランド出身の経済学者I・サックス
の『第三世界の発見』(I. Sachs, *La Découverte du Tiers Monde*, Paris: Flammarion,
1971)、エジプト出身の社会学者アンワール・アブデル・マレクの『社会の弁
証法』(1972年／熊田亨訳、岩波書店、1977年)、『民族の革命』(熊田亨訳、岩波書店、
1977年) などを含めて、多くの文献が1960年代後半以降、出版され、それは、
ジャック・ベルクのアラブ社会論に代表される。

　　Jacqes Berque, *Historie sociale d'un village êgyptien au XXème sièeie,*
　　Harge: Mouton, 1957. Berque, *Les Arabes d'hier à domain,* Paris: Seuil.
　　1960. Berque, *Le maghreb entre deux guerres,* Paris: Seuil, 1962.　Berque
　　ed., *De L' impérialisme à la decolonization,* Paris: Minuit, 1965.Berque,
　　L' orient second, Paris: Gallimard, 1970. ベルク、中東研究発展研究会訳
　　『アラブの歴史とその将来——その経済的諸問題』内部資料、アジア経済研
　　究所、ND (1972) 年。ベルク、糸賀昌昭、他訳『アラブの歴史とその将
　　来——その思考と行動』内部資料、アジア経済研究所、1973年。Berque,
　　Le Maghreb entre deux querres, Seuil, 1970. Berque, *Maghreb: histoire et*
　　sociétés, Paris: Duculot, 1974. Berque, *Mémoires des deux rivers,* Paris:
　　Seuil, 1989. ベルク、内藤陽介・内藤あいさ訳『コーランの新しい読み方』
　　晶文社、2005年。

　それは、イスラムの再定位を求めるものでもあった (J. P. Roux, *L' Islam en*
Occident: Europe-Afrique, Paris: Payot, 1959. J. J. Waardenburg, *L' Islam dans le miroir*
de l' Occident, Paris: Mouton, 1963)。

　アフリカ社会論についても、レオポルド・サンゴールとエメ・セゼールが、

主知主義に対して感受性を対置することにより西欧文化に対してネグリチュードを対置したという状況がそこにあった。

Leopold Sédar Sénghor, *Liberré I.Negritudeet humanisme,* Paris: Seuil, 1956. レオポルド・セダール・サンゴール、日本セネガル友好協会編『レオポルド・セダール・サンゴール詩集』日本セネガル友好協会、1979年。Sénghor, *Cant de la negritude,* London: L'Astrado, 1980. Sénghor, *Ce que je crois: negritude, francite et civilization de l'universal,* Paris: B. Grasset, 1988.

エメ・セゼール、砂野幸稔訳『帰郷ノート/植民地主義論』平凡社、1997年（『帰郷ノート』の原本は1947年、1956年決定版、『植民地主義論』の原本は1955年訂正版）。

それは、フランツ・ファノンの『黒い皮膚・白い仮面』（海老阪武・加藤晴久訳、フランツ・ファノン著作集1、みすず書房、1970年）、その他[*1]で十分に伝えられる。

パレスチナ人エドワード・ウィリアム・サイードは、1978年に『オリエンタリズム』（今沢紀子訳、平凡社、1986年）を発表し、従来の東方研究は、ヨーロッパ中心の、ヨーロッパ人が自らの文化的優位を示すために、ヨーロッパとは異なるオリエントを表象しようとしたオリエンタリズムであった、と提唱した。いいかえれば、イスラムを対象とするオリエンタリズムは、ユダヤ人を対象とする反ユダヤ主義の文脈であるとした（エドワード・ウィリアム・サイード、浅井信雄・佐藤成文訳『イスラム報道——ニュースはいかにつくられたか』みすず書房、1986年——原本は1981年。サイド、山形和美訳『世界・テキスト・批評家』法政大学出版局、1995年——原本は1983年。サイード、大橋洋一訳『文化と帝国主義』2冊、みすず書房、1998-2001年——原本は1993年。サイード、杉田英明訳『パレスチナ問題』みすず書房、2004年——原本は1992年）。つまり、アラブの表象は、かつてヨーロッパ人がイスラムを象徴した極めて危険なものとなっている、と解した。この提起は、ポスト植民地主義の多元的な文化論として大きな一撃となった。

三木亘は、『地域研究と世界認識——第二次世界大戦後日本における地域研究の思想』（所内資料、アジア経済研究所、1968年）で、地域研究における世界認識

の重要性を指摘した。林武は、『現代地域研究論』（部内資料、アジア経済研究所、1969年）で、アメリカ文明研究としての地域研究の矮小化を指摘し、問題別研究を提起した。武藤一羊は、『根拠地と文化——第三世界との合流を求めて』（田畑書店、1975年）は、中国の井崗山以来の根拠地の意味を想定して自立の視点を提起し、支配文化との対決を打ち出した。武藤一羊らとともに、ベ平連の活動を中心となって担った小田実は、ここに市民運動の原点を求めていた（小田実編『市民運動とは何か——ベ平連の思想』徳間書店、1968年。小田『「ベ平連」・回顧録でない回顧』第三書館、1995年／小田実全集、第19巻・第20巻、講談社、2012年。『ベトナム通信——京都ベ平連機関誌1967年2月〜1974年10月』不二出版、1990年。阿奈井文彦『ベ平連と脱走米兵』文春新書、文藝春秋、2000年）。武藤一羊は、現在、トランスナショナルな民衆連帯論を展開しており、ピープルズ・プランの活動がそれである（武藤『帝国（アメリカ）の支配／民衆（ピープルズ）の連合——グローバル化時代の戦争と平和』社会評論社、2003年）。こうした視点は、現在、基本的体系の構築において理解されるところとなっている。それは中心に対する周辺、アジア・中枢に対する農村・周辺への逆転思考にあり、そこにこそ第三世界の認識の原点があった。石田雄は、『「周辺から」の思考——多様な文化との対話を求めて』（田畑書店、1981年）で、その原点は既存の文化の中央からではなく、その周辺に立場を設定して眺め、考え、第三世界の理解と交流することが必要である、と説いた。それは、挑戦する第三世界と形容されるものであった。[2]

　以来、オリエンタリズム論争となった（彌永信美『幻想の東洋——オリエンタリズムの系譜』黄土社、1987年／上・下、ちくま学芸文庫、筑摩書房、2005年）。ポール・A・コーヘンは、1985年に『中国における歴史の発見』（佐藤慎一郎訳『知の帝国主義——オリエンタリズムと中国像』平凡社、1988年）で、中国史の再構成に着手した。以後、オリエンタリズムの議論を通じてパラダイム転換が提起された。[3]

　1990年に浅田喬二は、『日本植民地研究史論』（未來社）を刊行し、それは日本植民地研究における自由主義者とマルクス主義者の民族・植民地問題に対する分析視角の対抗に対し1つの決着をつけるという意義があった。そして「完全な民主主義の実現」を基軸として植民地研究を行う必要がある、と彼は結ん

だ。彼の植民地研究の全面的再検討は、その現在性を意義づけている。

　　浅田喬二『中国農村市場の研究』農林省農業総合研究所、1958年。浅田
『日本資本主義と地主制』御茶の水書房、1963年。淺田『北海道地主制試論』
農業総合研究所、1963年。日本帝国主義と旧植民地地主制』御茶の水書房、
1968年／龍渓書舎、増補版1989年。浅田『舊植民地日本人土地所有論』農
業総合研究所、1968年。浅田編『「帝国」日本とアジア』近代日本の軌跡第
10巻、吉川弘文館、1994年。浅田『日本帝国主義下の民族革命運動』未来
社、1973年。浅田『日本帝国主義下の中国』樂遊書房、1981年。浅田『日
本知識人の植民地認識』校倉書房、1985年。浅田・川村基夫編『日本帝国
主義の満州支配——5年戦争期を中心に』時潮社、1986年。浅田『日本植民
地研究史論』未来社、1990年。

京都大学人文科学研究所は、国際人類学民族会議2002京都会議を「人種
概念の普遍性を問う——植民地主義、国民国家、創られた神話」の主題で、
2002年9月開催した。会議は、植民地主義と国民国家が人種概念の構築に果た
した役割を抉り出し、人種概念の普遍性を問うた（竹沢泰子編『人種概念の普遍性
を問う——植民地主義、国民国家、創られた神話』京都大学人文科学研究所、2003年）。

2003年に、1950年代の英領ケニアにおけるマウ・マウ反乱を違法とした判
決が英国で下され、元マウ・マウ闘士は謝罪請求を提起した。[4] これは、植
民地解放闘争への最後の断罪といえるものであった。

　さらに、21世紀に向かって、ポストコロニアルの世界が提唱されるところ
となった。いうまでもなくそれは、近代化を屈強に構築してきた論理の解体
と克服を求めており、それはグローバリゼーション下の普遍性のなかでの特
殊性をどう追求できるかの地平にあった。そこでは、周縁化された他者や抑圧
されたマイノリティを救い出す作業がポスト・コロニアリズムの戦略と指針で
ある、と理解された。多文化主義も、クレオール語も、その主題であった。現
在、その次元を超えて持続可能性の地平が追求されている。

　　ケニアのグギ・ワ・ジオンゴは自国語キクユ語の執筆に固持し、その転
身を「過去との認識論的断絶」と表現した。彼は、1982年のクーデタ以降、

ケニアに帰国できず、米国で客員教授となった。その業績は、以下である。

グギ・ワ・ジオンゴ、宮本正興・楠瀬佳子訳『精神の非植民地化——アフリカのことばと文学のために』第三書館、1987年。／『精神の非植民地化——アフリカにおける言語の政治学』第三書館、増補版2010年。アフリカ文学研究会編訳『民族・歴史・文学——作家グギ・ワ・ジオンゴとの対話』第三書館、1981年。

さらに以下の視点をみよ。

複数文化研究会編『〈複数文化〉のために——ポスト・コロニアリズムとクレオール性の現在』人文書院、1998年。

ビル・アッシュクロフト、ガレス・グリフス、ヘレン・ティフィン、木村茂雄訳『ポストコロニアルの文学』青土社、1998年。

アーニャ・ルーンバ、吉原ゆかり訳『ポストコロニアル理論入門』松柏社、2001年（原本は1998年）。

神奈川大学評論専門委員会編『ポストコロニアルと非西欧世界』御茶の水書房、2002年——尹健次「韓国、未完の近代プロジェクトと脱近代化論——研究ノート」、吉見俊哉「脱植民地化または植民地残滓清算の亡霊学」などを収める

春日直樹編『オセアニア・ポストコロニアル』国際書院、2002年。

G・C・スピヴァク、上村忠男・本橋哲也訳『ポストコロニアル理性批判——消えゆく現在の歴史のために』月曜社、2003年（原本は1999年）。

木村茂雄編『ポストコロニアル文学の現在』晃洋書房、2004年。

ホミ・K・バーバ、本橋哲也・他訳『文化の場所——ポストコロニアリズムの位相』法政大学出版局、2005年（原本は1994年）。

吉岡政彦『反・ポストコロニア人類学——ポストコロニアルを生きるメラネシア』風響社、2005年。

新津晃一・吉原直樹編『グローバル化とアジア社会——ポストコロニアルの地平』東信堂、2006年。

井野瀬久美惠・北川勝彦編『アフリカと帝国——コロニアリズム研究の新

思考にむけて』晃洋書房、2011年。

6-3 新中国の地域研究と東アジアの国際関係

　日本にとって隣国中国の動向は大きな関心事であった。新政権の成立直後から暫時、その国際交流の限定と現地情報の入手困難から研究には焦燥感があり、当時の日本の中国研究を支えたのは米国におけるジョン・キング・ファアバンクの研究であった。その研究は中国でも正しく評価された。

　ジョン・K・フェアバンク、日本太平洋問題調査會訳『アジアにおける次の政策』東洋經濟新報社、1950年。John King Fairbank, *Trade and Diplomacy on the China Coast: the Opening of the Treaty Ports, 1842-1854,* Cambridge: Harvard U. P., 1953. Fairbank ed., *Chinese Thought and Institution,* Chicago: Univ. of Chicago Press, 1957.Edwin O. Reischaur & Fairbank, *East Asia: the Great Tradition,* Boston: Houghton Mifflin/ Tokyo: C. E. Tuttle/ London: G. Allen & Unwin, 1960. Fairbank, Edwin O. Reischauer, Albert M. Craig, *East Asia: the Modern Transformation,* London: Allen & Unwin/ Boston: Houghton Mifflin, 1965. Fairbank, *China: the People's Middle Kingdom and the U. S. A.,* Cambridge: Belknap Press of Harvard U. P., 1967. Fairbank ed., *The Chinese World Order: Traditional China's Foreign Relations,* Cambridge: Harvard U. P./ Ann Arbor: UMI Books on Demand, 1968. Fairbank, *New Views of China's Tradition and Modernization,* Washington: Service Center for Teachers of History, 1968/費正清、陳仲丹、他訳『中國——伝統与変革』南京、江蘇人民出版社、1992年/張沛訳『中國——伝統与変遷』北京、世界知識出版社、2002年。 Fairbank ed., *The Chinese World Order: Traditonal China's Foreign Relations,* Cambridge: Harvard U.P., 1968.フェアバンク、衛藤瀋吉訳『人民中国論』読売新聞社、1970年。Tsu-yu Teng & Fairbank eds., *China's Response to the West: a Documentary Survey, 1839-1923,* Cambridge: Harvard

U. P., 1970.フェアバンク、市古宙三訳『社会と歴史』中国、上、『アメリカと中国』中国、下、東京大学出版会、1972年/張理京訳『美国与中国』北京、世界知識出版社、1999年。市古宙三、フェアバンク『中国研究文献案内』東京大学出版会、1974年。Fairbank、*Chinese-American Interactions: a Historical Summary,* New Brunswick: Rutgers U. P., 1975. Fairbank, *The Great Chinese Revolution. 1800-1985*, New York: Harper & Row/London: Chatto & Windus, 1987/費正清、劉尊棋訳『偉大的中国革命——1800-1895』北京、国際文化出版公司、1989年。費正清、赴复三訳『中国之行』北京、新華出版社、1988年。 Fairbank, Edwin O. Reischauer, Albert M. Craig, *East Asia: Tradition and Transformation*, Boston: Houghton Mifflin/ Tokyo: C. E. Tuttle, 1989. 費正清、闫亚婷・熊文霞訳『費正清中国回憶録』上海、知識出版社、1991年/北京、中信出版社、2013年/台北、博雅文庫、五南圖書、2014年/フェアバンク、蒲地典子・平野健一郎訳『中国回想録』みすず書房、1994年。費、陶文劉編、林海、他訳『費正清集』天津、天津人民出版社、1992年。フェアバンク、大谷敏夫・太田秀夫訳『中国の歴史——古代から現代まで』ミネルヴァ書房、1996年。 Fairbank & Merle Goldman, *China: a New History,* Cambridge: Belknap Press of Harvard U. P., 1998.

一方、そうしたなか、中国は大躍進を経て文化大革命、そして中ソ国境紛争へ突入した。当時、日本国際問題研究所は、中国研究者を動員して中国に関する資料の集成をしており、研究の基礎を固めた。基礎的資料としては、以下のものが刊行された。

　波多野乾一編『資料集成中国共産党史』7巻、時事通信社、1961年——戦前における外務省資料の公刊である。

　刀江書院編集部訳『平和共存路線』10冊、刀江書院、1961-63年。

　内閣官房調査室監修・世界政経調査会編『キューバ事件以降中ソ主要言論集』世界政経調査会、1963年。同編『中ソ関係主要文献（1969～1976年)』世界政経調査会、1976年。

日本共産党中央委員会世界政治資料編集委員会編『国際共産主義運動論争主要問題』5冊、日本共産党中央委員会出版部、1963-65年。

　社会主義政治経済研究所編『戦争と平和の諸問題』合同出版社、1963年。同編『中ソ論争──平和共存、戦争、革命の理論』合同出版社、1963年。社会主義政治経済研究所編『続中ソ論争──歴史的背景と原因への理論的分析』合同出版社、1963年。

　『国際共産主義運動の総路線についての論戦』北京、外文出版社、1965年。

　欧ア協会編『中ソ論争主要文献集』日刊労働通信社、1965年。同編『中ソ論争文献集』北東出版宣伝、1967年。同・日本国際問題研究所編『中ソ論争主要文献集』3巻（1967-1968,1969-1973、1974-1977）、北東出版宣伝、1965-78年。同編『中ソ論点対照』北東出版宣伝、1966年。

　日本国際問題研究所中国部会編『中國共産党史資料集』12巻・別冊、勁草書房、1970-75年。同編『新中國資料集成』5巻、日本國際問題研究所、1963-71年。同編『中国躍進政策の展開』2巻、日本国際問題研究所、1973-74年。

　出版部訳編『造反有理──プロレタリア文化大革命紅衛兵文選』東方書店、1967年。

　「中共研究」雑志社叢書編輯委員會編『劉少奇問題資料専輯』台北、「中共研究」雑志社、1970年。同編『中共文化大革命重要文件彙編』台北、「中共研究」雑志社、1973年。同編『中共「批孔」資料選輯』台北、「中共研究」雑志社、1974年。

　東方書店編『プロレタリア文化大革命資料集成』6巻・別巻、東方書店、1970-71年。

　石川忠雄・中島嶺雄・池井優編『戦後資料・日中関係』日本評論社、1970年。

　日本共産党（左派）中央委員会編『国際共産主義運動の総路線』青年出版社、1972年。

　毛沢東、竹内実編訳『文化大革命を語る』現代評論社、1974年。

外務省調査部編『中ソ国境問題資料集』中ソ問題研究会、1975年。

アジア経済研究所動向分析部編『中ソ対立とアジア関係年表1968-75』ア
ジア経済研究所、1975年。同編『文化大革命と現代中国——資料と解題』3
巻、アジア経済研究所、1982-83年。

エクトゥール・マンダレ、他編、山下祐一訳『毛沢東を批判した紅衛兵——
—紅衛兵通信集』日中出版、1976年。

岡崎邦彦編訳『文化大革命とその批判』大東文化大学東洋研究所編現代中
国重要資料集、大東文化大学東洋研究所、1984年。

中国人民解放軍国防大学党史党建設政工教研室編『"文化大革命"研究資
料』上・中・下、中共党史参考資料、北京、中国人民解放軍国防大学党史党
建政工教研室、1989年。

浦野起央・他『釣魚群島（尖閣諸島）問題研究資料匯編』香港、勵志出版
社／刀水書房、2001年。

そして毛沢東政治体制に対する分析の成果も注目されるところとなり、東
京大学のグループによる毛沢東文献の翻訳・分析（東京大学近代中国研究会訳『毛
沢東思想万歳』上・下、三一書房、1976年）とともに、日本は、米国におけるフェア
バンクらの先行的な研究と並んで、世界における中国センターとしての成果を
みせるまでになった。いうまでもなく中国の国内動向と対外政策をめぐる研究
は、日中関係再開の模索とともに、日本にとって大きな政策課題であった。さ
らに、中ソ対立とともに、その行方とアジアへの波及も関心事であった。[*1]
その研究成果の一部を揚げる。

日本外政学会編『中共政権の現状分析』日本外政学会、1961年。

朝日新聞調査研究室編『中ソ論争』朝日新聞社、1963年。同編『中ソ対
決』朝日新聞社、1964年。

中嶋嶺雄『現代中國論』青木書店、1964年、増補版1972年／『中嶋嶺雄
著作選集』第1巻、桜美林大学北東アジア研究所、2015年。中嶋『中国像の
検証』中公新書、中央公論社、1972年。中嶋『中ソ対立と現代』中央公論
社、1978年／『中嶋嶺雄著作選集』第4巻、桜美林大学北東アジア研究所、

2015年。

福島正夫『中国の人民民主政権』東京大学出版会、1965年。

衛藤瀋吉・岡部達味「中華人民共和国対日発言の内容分析」外務省調査月報、第6巻第1号、1965年。坂野正高・衛藤編『中国をめぐる国際政治』東京大学出版会、1968年。岡部『現代中国の対外政策』東京大学出版会、1971年。岡部『中国の対日政策』東京大学出版会、1976年。

今堀誠二『毛沢東研究序説』勁草書房、1966年。今堀『中国の民衆と権力』勁草書房、1973年。今堀『中國現代史研究序説』勁草書房、1976年。

宮本吉夫『中ソ論争の概略と批判』日刊労働通信社、1966年。

根本誠・他『中国——歴史意識と階級闘争』アジア出版会、1968年——根本誠『中國歴史理念の根源』生活社、1943年がある。

石川忠雄『現代中国の諸問題』慶応通信、1967年。

安藤彦太郎『日本人の中国観』勁草書房、1971年。

山口一郎『近代中国の対日観の研究』アジア経済研究所、1970年。

大久保泰『中国共産党史』上・下、原書房、1971年。

高橋勇治・米沢秀夫編『文化大革命と毛沢東戦略』日中出版、1973年。

宇野重昭『中国共産党史序説』上・下、日本放送出版協会、1974年。

入江啓四郎・安藤正士編『現代中国の国際関係』日本国際問題研究所、1975年。

菊池昌典・他『中ソ対立——その基盤・歴史・理論』有斐閣、1976年。

徳田教之編『中国社会主義の戦略形成』アジア経済研究所、1976年。徳田『毛沢東主義の政治力学』慶応通信、1977年。

石井明「中国外交と『3つの世界』論」共産主義と国際政治、第2巻第4号、1978年。石井『中ソ関係史の研究1945-1950』東京大学出版会、1990年。そして、モンゴル研究も再開された（坂本是忠「モンゴル民族主義の一考察」東洋文化、第10号、1952年。坂本『モンゴルの政治と経済』アジア経済研究所、1969年。坂本『中国辺境と少数民族問題』アジア経済研究所、1970年。坂本『辺境をめぐる中ソ関係史』アジア経済研究所、1974年）。

東アジアの国際関係では、アジアにおける冷戦の根源を形成した朝鮮戦争の本格的分析が始まった。

神谷不二『朝鮮戦争――米中対決の原形』中公新書、中央公論社、1966年。神谷『現代国際政治の視角』有斐閣、1966年。神谷編集代表『朝鮮問題戦後資料』3巻、日本国際問題研究所、1976年。

陸戦史研究普及會編『朝鮮戦争史』10巻、原書房、1966-73年。

民族問題研究会編『朝鮮戦争史』コリア評論社、1967年。

信夫清三郎『朝鮮戦争の勃発』福村出版、1969年。

林建彦『北朝鮮と南朝鮮』サイマル出版会、1971年。林『韓國現代史』至誠堂、1976年。

洞富雄『朝鮮戦争』新人物往來社、1975年。

小此木政夫『朝鮮戦争――米国の介入過程』中央公論社、1986年。

同様に、ベトナム戦争では、1971年にニューヨーク・タイムズが政府内部文書を一方的に公表して戦争をめぐる世論と評価を引き出し、[*2]ベトナム世論の高まりとともにベトナム和平が引き出された。北ベトナムが使命として遂行したベトナムの民族統一も実現された。ベトナム戦争の分析も本格化した。米国防長官を歴任したロバート・マクナマラは『マクナマラ回顧録――ベトナムの悲劇と教訓』（仲晃訳、共同通信社、1997年）を総括し、『果てしなき論争――ベトナム戦争の悲劇を繰り返さないために』（マクナマラ編、仲晃訳、共同通信社、2003年）と論じた。それは時代を画し社会の変革を印した（古田元夫『歴史としてのベトナム戦争』大月書店、1991年）。

他に、以下の文献が刊行された。

浦野起央『ベトナム問題の解剖――分析と資料』外交時報社、1967年。浦野『続ベトナム問題の解剖――分析と資料』外交時報社、1970年。浦野『ベトナム分裂国家成立の経緯』(1)(2)、國際法外交雑誌、第71巻第3号、第72巻第1号、1972-73年。浦野『ベトナム和平の成立――ベトナム問題の解剖第三』外交時報社、1973年。

丸山静雄『ベトナムの戦争』筑摩書房、1969年。丸山『ベトナム――そ

の戦いと平和』朝日新聞社、1974年。丸山『論説委員——ベトナム戦争をめぐって』筑摩書房、1977年。

太平洋米軍司令部在ベトナム米軍事援助部隊司令官、穴吹謙太郎訳『ベトナム戦争に関する報告（1968年6月30日現在)』陸上自衛隊幹部学校修親会、1969年。アメリカ空軍省編、濱田一穂訳『エース・パイロット——ベトナム空の戦い』原書房、1984年。同編、難波皎訳『エアー・コンバット——ベトナム従軍パイロットの記録』原書房、1995年。

陸井三郎編『ベトナム戦争』上・下、紀伊國屋書店、1969年。

アジア・アフリカ研究所編『資料ベトナム解放史』3巻、労働旬報社、1970-71年。

谷川栄彦『ベトナム戦争の起原』勁草書房、1984年。

ベトナム戦争の記録編集委員会編『ベトナム戦争の記録』大月書店、1988年。

松岡完『ダレス外交とインドシナ』同文舘出版、1988年。松岡『1961ケネディの戦争——冷戦・ベトナム・東南アジア』朝日新聞社、1999年。松岡『ベトナム戦争——誤算と誤解の戦場』中公新書、中央公論社、2001年。松岡『ベトナム症候群——超大国を苛む「勝利」への強迫観念』中公新書、中央公論新社、2003年。松岡『ケネディと冷戦——ベトナム戦争とアメリカ外交』彩流社、2012年。松岡『ケネディとベトナム戦争——反乱鎮圧戦略の挫折』錦正社、2013年。松岡『ケネディはベトナムとどう向き合ったか——JFKとゴ・ジン・ジェムの暗殺』ミネルヴァ書房、2015年。

小倉貞男『ドキュメント　ヴィエトナム戦争全史』岩波書店、1992年／岩波現代文庫、岩波書店、2005年。

『現代史としてのベトナム戦争』国際政治130、2002年。

森聡『ヴェトナム戦争と同盟外交——英仏の外交とアメリカの選択1964－1968年』東京大学出版会、2009年。

吉沢南『同時代史としてのベトナム戦争』有志社、2010年。

6-4 アジア・エートスの確認とアジア圏の再把握

アジア・エートス研究会は、1960年代後半にセイロンとマレーシアの共同調査を実施し、伝統的価値意識が近代化においていかなる意味を有し、いかなる作用をしているかにつき解明した『アジア近代化の研究——精神構造を中心として』（御茶の水書房、1969年）が刊行された。次いで、インドネシアとフィリピンの近代化の調査に取り組み、生活の場におけるイスラム、ヒンドゥー、キリスト教の実態を解明し、ナショナリズムの源流を確認した『アジアの近代化における伝統的価値意識の研究——インドネシアとフィリピン・その村落調査を中心に』（山喜房佛書林、1978年）が刊行された。綾部恒雄は『東南アジアの論理と心性』（第一書房、1992年）で、中国とインドの間にあっても、巨大な影響力にあっても独自の文化圏を創造するところの、多様で複雑なアジア世界の姿を明らかにし、東南アジア社会の地域性を確認し、東南アジア世界におけるむら・まち・くにの三者の意味連関について、問題提起を行った。また、次の共同研究の成果が刊行された。

現代アジア社会思想研究会編『アジア社会の近代化と価値体系』嶋崎経済研究所、1966年。

『東南アジアの価値体系』4巻、現代アジア出版会、1970-72年。

市村真一編『東南アジアを考える』創文社、1973年。

高橋保編『東南アジアの価値意識』上・下、アジア経済研究所、1974-76年。

山本信人・他『東南アジア政治学——地域・国家・社会・人の重層的ダイナミズム』成文堂、1997年。

黒田壽郎は、中東地域論の視点で『共同体論の地平——地域研究の視座から』（三修社、1990年）をまとめ、イスラム世界におけるエートスとしてタウヒード、シャリア、ウンマの3極が作り出すノマド的自制と滑らかな空間に着目し、共同体論の地平を提起した。

日本と東南アジアとの関係が深まったことで、その相互依存と相互認識の問

第6章　地域研究の自立

題が課題となった（総合研究開発機構『日本・アセアンの相互依存関係の現状と展望——貿易と投資の動向を中心として』総合研究開発機構、1983年。日本国際交流センター『アセアンと日本——相互の期待と役割の探求』総合研究開発機構、1985年）。

　そして、分析は、現在、新しい次元に入った。それは、地方政治の登場と国民統合の軸にある（岡本正明『暴力と適応の政治学——インドネシア民主化と地方政治の安定』京都大学学術出版会、2015年）。

6-5 中華システム／大一統システム

　中国社会科学院の金観濤は、同僚研究者劉青峰との共同研究で大一統システム論を提起した。これは新秦の始皇帝が大一統を実現して以来、中国は中央集権大国で有り続けたことを立証した雄大な分析であった。これまで、中華体制の研究はあったが、そのイデオロギー構造とその組織能力、及び政治構造における各組織の調整作用に従う超組織の形成を可能にした装置の解明に成功した。

　中国革命における認識の先駆的な研究は、次の通りである。中屋敷宏は、そのイデオロギーのシステム性に着目した。

　　中国文化研究会編『唯物史観に見たる近代中国革命思想』窓書院、増補版1949年。

　　小島佑馬『中国の革命思想』アテネ新書、弘文堂、1950年。

　　西順蔵『中国思想論集』筑摩書房、1969年。西順蔵著作集委員会編『西順蔵著作集』3巻・別巻、内山書店、1995-96年。

　　Ｂ・Ｌ・シュウォルツ、平野健一郎訳『中国の近代化と知識人——厳復と西洋』東京大学出版会、1978年。

　　丸山松幸『中国近代の革命思想』研文出版、1982年。

　　中屋敷宏『中国イデオロギー論』勁草書房、1983年。

　　藤谷博『近代中国政治思想論』晃洋書房、1989年。

　　有田和夫『近代中国思想史論』汲古書院、1998年。

　金観濤・劉青峰夫妻の中華システム研究は、次の通りである。さらに、黄枝連のシステム分析も注目された。

271

金観濤・劉青峰『金観濤刘・劉青峰集——反思・探索・創造』哈尔浜、黒龍江教育出版社、1988年。金『在歷史的表像背后——對中國封建社會超穩定結構的探索』成都、四川人民出版社、1983年/若林正丈・村田雄二郎訳『中国社会の超安定システム「大一統システム」』研文出版、1987年。金・劉『興盛与危機——論中國封建社會超穩定結構』長沙、湖南人民出版社、1984年/香港、中文大學出版社、増訂版1992年。金『人的哲学——論 "科学与理性" 的基礎』成都、四川人民出版社、1986年/台北、臺灣商務印書館、1988年。金『我的哲学探索』上海、上海人民出版社、1988年。金・劉『開放中變遷——再論中國社會超安結構』香港、中文大學出版社、1993年。金・劉『中國現代思想的起源——超安定結構中國政治文化的演變』香港、中文大學出版社、2000年/北京、法律出版社、2011。金・劉『觀念史研究——中國現代重要政治述語的形態』香港、中文大學出版社、2008年。金『歷史的巨鏡』北京、法律出版社、2015年。

黄枝連『香港走向21世紀—— "華夏體系" 與 "太平洋時代" 的探索』香港、中華書局、1989年。黄『社會情境論』香港、中華書局、1990年、黄『亞洲的華夏秩序——中國與亞洲國家關係形態論』天朝禮治体系研究・上卷、北京、中國人民大學出版社、1992年。黄『中國走向21世紀——中國跨越世紀發展策略的探索』香港、三聯書店、1992年。黄『東南亞華続社會発展論　探索走向21世紀的中國和東南亞的關係』上海、上海社會科學院出版社、1992年。黄『東亞的禮儀世界——中国封建王朝與朝鮮半島關係形態論』天朝禮治体系研究・中卷、北京、中國人民大學出版社、1994年。黄『朝鮮的儒化情境構造・朝鮮王國與満清關係形態論』天朝禮治体系研究・下卷、北京、中國人民大學出版社、1994年。黄『訪我日本——21世紀日本内政外交与駐日関係探索』上海、上海社会科学院出版社、2003年。

その日本における研究は、村田雄二郎「王朝・国家・社会——近代中国の場合」、『アジアから考える』第4巻社会と国家（東京大学出版会、1994年）、及び費孝通編『中華民族の多元一体化構造』（風響社、2008年）がある。

6-6インド世界研究の視点

　新生国家インドの独立とジャワハルラル・ネルーによる第三地域の提唱が注目されたにもかかわらず、インド・パキスタン政治・宗教対立の混乱から、インド研究は混乱した。インドの多民族構成に着目し、その国民統合を基本視角としたのは中村平治らによる1975年以降の研究で、東京大学東洋文化研究所が研究のメッカとなった。そこでは、インド伝統社会の研究で大きな成果があった。1970年代以降、アジア経済研究所の研究成果も目立った。そして、叢書『カースト制度と被差別民』（5巻、明石書店、1994-95年）が刊行され、その第3巻は内藤雅雄編『解放の思想と運動』であった。

　荒松雄『現代インドの社会と政治』弘文堂、1958年。荒『ヒンドゥー教とイスラム教——南アジア史における宗教と社会』岩波書店、1977年。

　斉藤吉史『第三の世界——変貌するインド』東洋経済新報社、1959年。斎藤『変容する経済開発の理念——インド5カ年計画のもたらしたもの』内部資料、朝日新聞調査研究室、1968年。斎藤『東南アジアの構造』朝日新聞社、1971年。斎藤『インドの現代思潮』朝日新聞社、1980年。斎藤『インドの現代政治』旭新聞社、1988年。

　松井透・山崎利男編『インド史における土地制度と権力構造』東京大学出版会、1969年。松井編『インド土地制度史研究』東京大学出版会、1972年。松井『イギリス支配とインド社会——19世紀前半北インド史の一研究』東京大学出版会、1987年。

　落合淳隆『現代インド問題要論』敬文堂出版部、1970年。森利一・落合編『インドの開発行政』アジア経済研究所、1974年。落合『カシミール問題の研究』敬文堂、1975年。落合『植民地主義と国際法——シッキムの消滅』敬文堂、1986年。落合『インドの政治・社会と法』敬文堂、1987年。落合『チベットと中国・インド・国連』敬文堂、1994年。

　中村平治編『インド現代史の展望』青木書店、1972年。中村「インドの民族統一と国民統合——民族概念の再検討」思想、第609号、1975年。中村

『現代インド政治史研究』東京大学出版会、1982年。

深沢宏『インド社会経済史研究』東洋経済新報社、1972年。深沢『インド共和国における国民的統合の政治経済——中央政府と地方政府』エグゼクティブ・アカデミー、1986年。深沢『インド農村社会経済史の研究』東洋経済新報社、1987年。

山口博一編『現代インドの研究』アジア経済研究所、1972年。山口編『現代インド政治史試論』アジア経済研究所、1975年。山口編『インドの経済政策と諸階層』アジア経済研究所、1975年。

中山一郎編『現代パキスタンの研究——1947-1971年』アジア経済研究所、1973年。

山崎元一『インド社会と新仏教——アンベードカルの人と思想』刀水書房、1979年。山崎『古代インド社会の研究——社会の構造と庶民・下層民』刀水書房、1987年。山崎『古代インドの王権と宗教——王とバラモン』刀水書房、1994年。

ロミラ=ターバル、山崎元一・成沢光訳『国家の起原と伝承——古代インド社会史論』法政大学出版局、1986年。

柳澤悠『南インド社会経済史研究——下層民の自立化と農村社会の変容』東京大学出版会、1991年。

そして、インド社会におけるカースト研究が軌道に乗ったのは、フランス語版1979年（英語版1980年）のルイ・デュモン『ホモ・ヒエラルキクス——カースト体系とその意味』（田中雅一・渡辺公一訳、みすず書房、2001年）以降である。

木村雅昭『インドの社会構造——カースト制度をめぐる歴史社会学』創文社、1981年。

小谷汪之『ターム神話と牝牛——ヒンドゥー復古主義とイスラム』明石書店、1993年。小谷『不可触民とカースト制度の歴史』明石書店、1996年。小谷編『インドの不可触民——その歴史と現在』明石書店、1997年。

舟橋健太『現代インドに生きる「改宗仏教徒」——新たなアイデンティティを求める「不可触民」』昭和堂、2014年。

鈴木真弥『現代インドのカーストと不可触民——都市下層民のエスノグラフィー』慶応義塾大学出版会、2015年。

1988年に南アジア学会が発足した。21世紀に入ると、世界最大の民主主義国インドの検証も進んだ（広瀬崇子編『10億人の民主主義——インド全州、全政党の解剖と第13回連邦下院選挙』御茶の水書房、2001年）。そして大国インドの将来展望が注目されるところとなった。

小川忠『ヒンドゥー・ナショナリズムの台頭——軋むインド』NTT出版、2000年。

山田和『21世紀のインド人——カースト vs 世界経済』平凡社、2004年。

伊藤洋一『IT とカースト——インド・成長の秘密と苦悩』日本経済新聞出版社、2007年。

近藤則夫編『現代インドの国際関係——メジャー・パワーへの模索』日本貿易機構アジア経済研究所、2012年。

田所昌幸編『台頭するインド・中国——相互作用と戦略的意義』千倉書房、2015年。

6-7オセアニア地域及び太平洋世界の登場

オセアニア研究は、日本・オーストラリア経済関係への着目に始まった。そして、この研究はアジア太平洋共同体構想を実現させることになる。他方、1978年5月オセアニア学会が設立され、本格的研究への起点が形成された。

岩崎八郎『オーストラリアの経済』アジア経済研究所、1967年。

成田勝四郎編『日豪通商外交史』新評論社、1971年。

小島清『西太平洋経済圏の研究』3巻、日本経済研究センター、1973-75年。小島編『日豪経済関係の基本問題』1・2、日豪調査委員会、1973-75年。

琴野孝編『オーストラリア経済の形成過程』アジア経済研究所、1973年。琴野編『オーストラリア経済の研究』アジア経済研究所、1974年。

市川泰次郎「オーストラリア資本主義研究序説——歴史記述の視角によせて」拓大論集、第10・11号、1974年——市川には『濠洲經濟史研究』象山

閣、1944年がある。

石川榮吉『オセアニア民族学』日本評論社、1978年。

1978年発足の太平洋学会は『太平洋諸島百科事典』（原書房、1989年）を刊行
した。

〈注〉

6-1 地域研究の独立性

＊1　浦野起央『アフリカ政治関係文献・資料集成』Ⅰ・Ⅱ・Ⅲ、アフリカ協会、1964-
69年。浦野『ナショナリズム──研究動向と文献』アサヒ社、1965年。浦野『中
東戦争の記録　1967年』外務省中近東アフリカ局、1968年。浦野『中東国際関係
資料集Ⅰ1854—1944』外務省中近東アフリカ局、1972年。浦野『中東国際関係資
料集Ⅱ1954—1972』外務省中近東アフリカ局、1972年。浦野『ヴィエトナムの
政治的地位』外務省アジア局、1972年。浦野『中東紛争とイスラエル』中東国際
関係資料集第1巻、東通社出版部、1974年。浦野『中東の政治経済と石油』中東
国際関係資料集第2巻、東通社出版部、1975年。浦野『中東の国際関係と国家形
成』中東国際関係資料集第3巻、東通社出版部、1974年。浦野『アフリカ国際関
係資料集』有信堂、1975年。浦野『第三世界国際関係資料集──第三世界と国際
協力』有信堂、1976年。浦野『国際社会の変容と国連投票行動　1946～1985年』
3巻、国際地域資料センター、1987-89年。浦野『国連総会投票行動の分析　1986
～1990年』国際地域資料センター、1991年。浦野『1991年国連総会投票行動の
分析』国際地域資料センター、1992年。浦野『國際新秩序構想資料集』北樹出版、
1998年。浦野・他『釣魚群島（尖閣諸島）問題研究資料匯編』香港、勵志出版社／
刀水書房、2001年。

6-2 植民地主義イデオロギーとの訣別

＊1　フランツ・ファノン、海老坂武・加藤晴久訳『黒い皮膚・白い仮面』フランツ・
ファノン著作集1、みすず書房、1969年。ファノン、宮ケ谷徳三・花輪莞爾訳『革
命の社会学、アルジェリア革命第5年』フランツ・ファノン著作集2、みすず書房、
1969年。ファノン、鈴木道彦・浦野衣子訳『地に呪われたる者』フランツ・ファ
ノン著作集3、みすず書房、1969年。ファノン、佐々木武・他訳『アフリカ革命
に向けて』フランツ・ファノン著作集4、みすず書房、1969年／北山晴一訳、みす
ず書房、1984年。海老坂武『フランス・ファノン』講談社、1981年／みすず書房、
2006年。鈴木道彦『異郷の季節』みすず書房、2007年。尾崎文太「エメ・セゼー
ル『帰郷ノート』におけるネグリチュードの射程」／小田剛「フランス・ファノン
の実存主義──疎外論批判からナショナリズム批判」、小沢弘明・三宅芳夫編『移
動と革命──ディアスポラたちの「世界史」』論創社、2012年。
＊2　浦野起央『挑戦する第三世界』有信堂、1974年。浦野『第三世界の政治学』有
信堂、1977年、全訂版1980年。
＊3　ブライアン・S・ターナー、樋口辰雄訳『イスラム社会学とマルキシズム──オ

リエンタリズムの終焉』第三書館、1983年。駒井洋編『脱オリエンタリズムにとっての社会知――社会科学の非西欧的パラダイムの可能性』ミネルヴァ書房、1998年。中村則弘『脱オリエンタリズムと日本における内発的発展――東アジアの視点から』東京経済情報出版、2005年。中村『脱オリエンタリズムと中国文化――新たな社会の構想を求めて』明石書店、2008年。

＊4　マイナ・ワ・キニャティ、宮本正興監訳『マウマウ戦争の真実』第三書館、1992年。D. Anderson, *Histories of the Hanged: The Dirty War in Kenya and the End of Empire*, London: Weidenfeld & Nicolson, 2005.戸田真紀子「アフリカの解放闘争再考――周辺化された人々にとってのマウマウ闘争の意味」阪大法学、第55号、2005年。戸田『帝国への抵抗――抑圧の導線を切断する』世界思想社、2006年。津田みわ「ケニアの元「マウマウ」メンバーによる対英補償訴訟請求」アフリカレポート、第48号、2009年。

6-3 新中国の地域研究と東アジアの国際関係

＊1　今川瑛一・浜勝彦『中国文化大革命とベトナム戦争――両者の関連をめぐる一つの推論』アジア経済研究所、1968年。浜編『ベトナム以後のアジア中ソ』アジア経済研究所、1978年。朱建栄『毛沢東のベトナム戦争――中国外交の大転換と文化大革命の起源』東京大学出版会、2001年。浦野起央『アフリカ国際関係論』有信堂、1975年、第3章ソ連とアフリカ、第4章中国とアフリカ。山本登編『中ソ対立とアジア諸国』2巻、日本国際問題研究所、1969-71年。浅野幸穂編『中ソ対立とアジア』アジア経済研究所、1977年。

＊2　「米国防総省　秘密報告書（完）」朝日ジャーナル、1971年8月10日号。ニューヨーク・タイムス編、杉辺利英訳『ベトナム秘密報告』上・下、サイマル出版会、1972年。

第7章　地域研究と綜合社会科学

7-1 歴史教科書論争と誤報朝日新聞事件の教訓

　1982年に日本の歴史教科書における日中戦争、朝鮮への侵略などの記述をめぐって、いわゆる歴史教科書問題が起きた。この問題の端緒は、国民の歴史価値認識を拒否する唯物史観の記述への反発に始まっていた。[1]そして、教科書検定意見に対しては、それが思想審査であるとする抵抗をみせ、そしていわゆる教育権をめぐって歴史教科書裁判が続いた。[2]それを提訴した家永訴訟は、動員体制をもって対決されたが、[3]1997年8月その検定は、憲法違反ではないとした最高裁判所の判決をもって終結し、32年にわたりその審理を通じ学説の検証、状況の確認を通じて国民の歴史認識が大きく促されて終わった。[4]その一方、その歴史認識において近隣諸国に対しそのギャップを克服すべきとの課題が提起されており、歴史の共有が課題とされた。そこでは、いかにそれぞれ地域のエートスを確認した総合的な理解が求められることになった。

　朝日新聞の従軍慰安婦をめぐる誤報事件は、日本の国内情報操作、そして日韓外交関係を混乱させた。2015年12月日本と韓国は従軍慰安婦問題の「最終的かつ不可逆的な解決」に合意し、両国間の問題は解決した。但し、韓国内部では反日世論操作が残っている。[5]

　そこでは、その取組みを通じて、総合社会科学としての総合的把握とその思想・手法が要請されるところとなった。

7-2 歴史認識論争──日中韓の歴史認識をめぐって

　1927年12月日本上海派遣軍が国民政府首都南京を占領した際、南京城内

外で中国兵に対する大規模な虐殺・略奪事件が起き、現地の慈善団体が15万5,337人遺体を埋葬した。中支方面軍司令官松井石根大将が極東国際軍事裁判で、南京の国防部審判戦犯軍事法廷で第六師団長谷寿夫中将がそれぞれ死刑を宣告され、処刑された。南京戦に従軍し"三百人斬り"を誇称した大尉と少尉2人が南京事件関係者として、南京で処刑された。以後、日本軍の虐殺事件を代表するものとして大きな議論となった。この虐殺者数について、中国政府は30万人説をとっているが、日本では、1万人前後説、4～5万人説、さらに虚構説まであって、それは虐殺の定義のためもあって多様で、日本政府は南京で不法行為が行われた事実を認めている。中国侵略を象徴するこの事件は、歴史認識をめぐる理解につき、日本国内でも、対外的にも、相互理解の対立をどこまで克服できるかの典型の主題となった。[1]とりわけ、アイリス・チャン『ザ・レイプ・オブ・南京』(Iris Chang, *The Rape of Nanking: the Forgotten Holocaust of World War II,* New York: Basik Books/ Harmondsworth: Penguin Books, ,1997/張純如、蕭富元訳『被遺忘的大屠殺——1937南京浩劫』台北、天下文化出版、1997年/孫英春・他訳『南京暴行——被遺忘的大屠殺』北京、東方出版社、1998年/アイリス・チャン、巫召鴻訳『ザ・レイプ・オブ・南京』同時代社、2007年)はその記述への共鳴がみられ、その一方、同書の逸脱した事実を欠く多くの記述が判明し、外交問題ともなった。[2]ユネスコは、2015年10月9日中国の申請で南京事件を記憶遺産として登録した。

　1982年6月日本の歴史教科書をめぐって、日本の報道機関が事実にない中国「侵略」を「進出」と書き換えたと報じた。これに人民日報は早速に「歴史の歪曲」と批判した。その中国の主張は日本の戦争責任を確認した1972年9月29日の日中共同声明に違反するとする点にあった。誤報道にせよ、この事件で歴史認識論争となった。そして、靖国神社参拝問題・南京大虐殺論争までがその争点となった。韓国では、かつて朝鮮総督府が3・1独立運動を「暴動」としてきたことへの民衆の激昂が、日本政府への批判として、同年7月韓国政府の抗議となった。韓国併合・強制連行論争・従軍慰安婦論争などを争点に、日本の朝日新聞が誤報道する事件も起きた。日本国内では、朝鮮（南北朝鮮）

に対する認識をめぐり識者の間で分裂ないし対立を生む論争にまでに至っている。当然に、歴史認識とその記述をめぐり国民的争点であるばかりか、国家間の文化摩擦ないし国際問題となった。そこでは、国際理解への努力が政府、民間において重ねられた。

歴史認識に関する2001年10月日韓首脳会議の合意により、2002年5月両国の委員会が発足し、古代史、中近世史、近現代史の3分科会での共同研究が進められ、報告書が公開された（『日韓歴共同研究報告書』第1期、日韓文化交流基金、2005年6月。同第2期、日韓文化交流基金、2010年）。

2001年4月の日中外相会議で日本外相が歴史認識につき提起し、2006年10月安倍首相の訪中に際しての日中首脳会談で日中有識者による歴史共同研究につき合意をみた。12月共同研究全体会議が開催され、2009年12月第4回会合で共同研究は終了し、その成果は2010年1月公表された（北岡伸一・歩平編『「日中歴史共同研究」報告書』2冊第1巻古代・中近世史篇、第2巻近現代史篇、勉誠出版、2014年）。

歴史認識をめぐり取り組みがなされ、その視点の一部を以下に掲げる。[3]

篠原徹編『近代日本の他者像と自画像』柏書房、2001年。

蘇智良『日本歴史教科書風波的真相』北京、人民出版社、2001年。

高橋徹哉編『「歴史認識」論争』作品社、2002年。

高橋宗司『「妄言」の原型——日本人の朝鮮観』木犀社、1996年。和田春樹・高崎『北朝鮮本をどう読むか』明石書店、2003年。

劉傑・三谷博・楊大慶編『国境を越える歴史認識——日中対話の試み』東京大学出版会、2006年／劉・川島真編『1945年の歴史認識——「終戦」をめぐる日中対話の試み』東京大学出版会、2009年。

近藤孝弘編『東アジアの歴史政策——日中韓対話と歴史認識』明石書店、2008年。

服部龍二『日中歴史認識——「田中上奏文」をめぐる相克1927—2010』東京大学出版会、2010年。服部『歴史認識——外交ドキュメント』岩波新書、岩波書店、2015年。

奈良勝司『明治維新と世界認識体系──幕末の徳川政権信義と征夷のあいだ』有志舎、2010年。

植野弘子・三尾裕子編『台湾における「植民地」経験──日本認識の生成・変容・断絶』風響社、2011年。

菅英輝・他『東アジアの歴史摩擦と和解可能性──冷戦後の国際秩序と歴史認識をめぐる諸問題』凱風社、2011年。

江藤那保子『中国ナショナリズムのなかの日本──「愛国主義」の変容と歴史認識問題』勁草書房、2014年。

2001年11月東京大学と日本国際教育協会は国際シンポジウム「東西交流と日本」を開催した（小島孝之・小松親次郎編『異文化理解の視座──世界からみた日本、日本からみた世界』東京大学出版会、2003年）。また、日本と韓国の共同研究による「日韓共同研究叢書」（慶應義塾大学出版会）21冊が刊行された。代表的なものを掲げる。

第2巻宮嶋博史・均容徳編『近代交流史と相互認識』2001年。第3巻朴中鈴・渡辺浩編『国家理念と対外認識──7～19世紀』2002年。第10巻服部民夫・金文朝編『韓国社会と日本社会の変容──市民・市民運動・環境』2005年。第12巻宮嶋博史・金容徳編『近代交流史と相互認識2──日帝支配期』2005年。第17巻宮嶋博史・金容徳編『近代交流史と相互認識3──1945年を前後して』2006年。第21巻小此木政夫・文正二編『東アジア地域秩序と共同体構想』2009年。

7-3 歴史解釈論争──インドのサバルタン史、中国の新中国期民間歴史学、日本の北方史、北朝鮮の金日成解放闘争

1982年から1999年にかけ、インドでラナジッド・クバらによるサバルタン（従属的な地位にある者）研究が進み、『南アジアの歴史と社会の文書集』(Ranajit Guha et al eds., *Writing on South Asian History and Society*, Subaltan Studies, 6 Vols., New Delhi/ New York: Oxford U. P., 1983-99.抄訳、ラハジド・グハ、他、竹中千春訳『サバルタンの歴史──インド史の脱構築』岩波書店、1998年）が刊行された。このサバ

ルタン研究は、社会におけるサバルタン階級・集団、すなわち下層農民・労働者、女性、アウトカースト、部族農民、その他社会の片隅に追いやられている集団の主体性に立って、彼らの「権利のない者」の歴史上の行動を再評価するというもので、インド史の再構築に一撃を投げかけた。その問題はグラムシの文脈にある。[1]

　一方、中国では、1970年代以降、官方記述の中国共産党史の記述をめぐり、劉少奇批判の問題などが論点となった。さらに、2004年以後、1920年代の陳独秀評価、1930年代の紅軍の大量虐殺事件、延安整風問題、反右派闘争、朝鮮戦争への介入、大躍進運動と人民公社化、四清運動、盧山会議、胡風反革命集団事件、文化大革命での『海瑞罷官』の毛沢東工作、毛沢東の私生活と江青の皇后気取りなどの問題が公然と取り上げられた。北海閑人は、中国共産党はいまなお毛沢東の作り上げた鞭屍文化のなかに浸っている鞭屍コンプレックスにある、とまで指摘したが、官方歴史学への挑戦は、新時期民間歴史学を形成づけた。いくつかの文献を掲げる。そして、何清漣の情報操作の告発は多方面にわたった。[2]

　　姫田光義『中国現代史の争点——政治闘争と「歴史の書き換え」』日中出版、1977年——批林批行、瞿秋白の評価、劉少奇批判の問題などが論点として提起した。姫田「中国革命における階級闘争の系譜」、階級闘争史研究会編『階級闘争史研究の課題と方法』第1巻、青木書店、1981年。

　　李志綏、信条哲夫訳『毛沢東の私生活』上・下、文藝春秋、1996年。

　　ユン・チアン、土屋京子訳『ワイルド・スワン』講談社、1993年／講談社インターナショナル、1995年／上・下、講談社文庫、講談社、1998年。ユン・チアン＆ジョン・ハリディ、土屋京子訳『マオ——誰も知らなかった毛沢東』上・下、講談社、2005年／『真説毛沢東』上・下、講談社＋α文庫、講談社、2016年。

　　郭徳宏、村田忠禧訳「最近の中国における現代史研究をめぐるいくつかの論争」現代中国、第77号、2003年。郭・李玲玉編『中共党誌重大事件述表』北京、中共中央党校出版社、2005年——筆者は中国共産党中東党校研究部

主任教授である。

北海閑人、寥建龍訳『中国がひた隠す毛沢東の真実』草思社、2005年——1977年香港で創刊された「争鳴」に、1998年5月から2005年7月までに掲載された北京在住の党史に通ずる旧党幹部による毛沢東の手法を批判して「歴史を鑑にせよ」と迫った。北海閑人はペンネームで、政治改革要求は封じられ、北海閑人は政府のSARS対策の欺瞞を批判して国家転覆扇動罪で懲役8年の刑を受けた。

盛邦和主編『現代化過程中中国人文科学——史学巻』上海、上海人民出版社、2005年。

袁偉時「現代化と中国歴史教科書問題」、武吉次朗訳『中国の歴史教科書問題——「氷点」事件の記録と反省』日本僑報社、2006年。

佐藤公彦『「氷点」事件と歴史教科書論争——日本人学者が読み解く中国の歴史論争』日本僑報社、2007年。佐藤『上海歴史教科書の「扼殺」——中国のイデオロギー的言論統制・抑圧』日本僑報社、2008年。

韓鋼、辻康吾訳『中国共産党史の論争点』岩波書店、2008年。

孫歌『歴史の交差点に立って』日本経済評論社、2008年。

日本では、北方域に関する研究取り組みの見直しが始まった。北海道史はこれまで開拓の視点を基本的特性としてきたが、戦後30年の成果から、依然、開拓の歴史という超歴史概念に対する批判と克服が提起された。その地域史の視点からの見直しは、北海道は和人地と蝦夷地にあった政治的事実、そしてアイヌ民族史の追求を提起した（海保嶺夫『日本北方史の論理』雄山閣、1974年。地方史研究協議会編『北方史の新視座——対外政策と文化』雄山閣出版、1994年）。それは、日本は単一民族国家であることに一撃を投じた。実際、北方域をめぐる対外関係、対外脅威と開国、新しい対外政策の選択と追求が課題となった。

高倉新一郎『アイヌ政策史』日本評論社、1942年。

吉田武三『北方史入門——日本人とロシア人の大探検史』伝統と現代舎、1974年。

菊池勇夫『北方史のなかの近世日本』校倉書房、1991年。

海保洋子『近代北方史——アイヌ民族と女性と』三一書房、1992年。

浅倉有子『北方史と近世社会』清文堂出版、1999年。

1920年代、30年代とそれ以降における韓国民族運動は金日成将軍の英雄的活動が主題であった。この解明は、白峯、金日成伝翻訳委員会訳『金日成伝』3巻（雄山閣出版、1969-70年）、金日成、金日成回顧録翻訳委員会訳『金日成回想録　世紀とともに』6巻（雄山閣出版、1992-95年）、『抗日統師　从史料上看抗日武装闘争』（ピョンヤン、外国文出版社、1986年）などの公式歴史が公表されるとともに、金日成国家主席は1945年北朝鮮上陸時に本当に抗日闘争に参加していたのかという疑問が提起された。和田春樹『金日成と満州抗日闘争』（平凡社、1992年）で、金日成の継続闘争を弁護する研究が出される一方、金日成は少なくとも4人いて、3・1運動の金日成は金一成又は金光希、抗日闘争の金日成は金光瑞（キム・イルソン）、間島暴動の金日成は金一星（キム・イルソン）であることがそれぞれ判明した。そして、ウラジオストックから帰国して国家を樹立した金日成は金聖柱（キム・イルソン）であることは、既に1945年当時から、彼のアクセントの発言をめぐって議論されていた。こうして、民族解放の英師金日成は金日成国家主席の「神話」に過ぎないことが判明した（柴田稔『謎の北朝鮮——地上の楽園か、この世の苦界か』光文社、1986年。柴田『金日成の野望』上・中・下、サンケイ出版、1984年／李元馥訳、上・中・下、ソウル、兼知社、1986年）。但し、朝鮮解放闘争史における金日成の一貫せる指導とその民族的評価は朝鮮民主主義共和国にとって決して批判を許されるところでない。関連文献には、以下がある。*3

李命英『金日成列傳——その伝統と神話の真相究明のための研究』ソウル、新文化社、1974年。李『在満韓人共産主義運動研究』ソウル、成均館大學校出版部、1975年。李『権力と歴史——偽造された北朝鮮近代史』世界日報社、1986年。李『金日成の隠された経歴——20世紀最後の独裁者』世界日報社、1986年。李『金日成は4人いた——北朝鮮のウソは、すべてここから始まっていた』成甲書房、2000年。

沈昌夏『金日成偶像化　捏造　事例調査——金日成研究』ソウル、大韓民

國國土統一院調査研究室、1978年。

　姜萬吉、宮崎博史訳『分断時代の歴史認識』学生社、1984年。

　Dae-Sook Suk, *Kim Il Sung*, New York: Columbia U. P., 1988／徐大粛、
林茂訳『金日成——思想と政治体制』御茶の水書房、1992年。

　許東燦『金日成評伝——虚像と実像』亜紀書房、1985年／ソウル、北韓研
究所、1988年。

　李基奉、宮塚利雄訳『金日成は中国人だった——"王朝"の主人となった
男の幸運と秘密』イースト・プレス、1991年。

7-4 綜合社会科学としての地域研究の原点追求

　北川隆吉・蓮見音彦・山口博一編『現代世界の地域社会——重層する実相へ
の社会学的視座』（有信堂、1987年）が刊行され、その編集方針は、地域社会の
問題についての確認、地域研究を通じた世界の分析への寄与、及び日本地域社
会の国際化への問題提起との関連という3つの視点にあった。その課題は、地
域社会の原型は農村にあること、地域社会の問題を一定の定式で説明せず事
実に即して解すること、地域間の連関に着目し対話を通じて従前の形骸化した
ところのモデルを転換して多様化することであるとの課題を提起した。そこで
は、アメリカのコミュニティ研究の適用次元（佐々木徹郎『コミュニティ・デベロプ
メントの研究——カナダの漁村とフィリッピンの都市の事例』御茶の水書房、1982年）を乗
り越える地平があった。

　京都大学東南アジア研究センターは、1980年代を通じ地域研究の自己目的
化に取り組んだ。それは、東南アジア学として1つの学問領域を確立しようと
するもので、その「『地域研究』の目的化とは、東南アジア研究を歴史学、人
類学、社会学、あるいは経済学、政治学、国際関係論などの専門分野に従属す
る方法の域に留めるのではなくて、東南アジア地域の成り立ちを学ぶことをそ
れ自体、ひとつの学問領域をとして考えるという大胆な発想に変わることを
意味する」（京都大学東南アジア研究センター『地域研究へのあゆみ——東南アジア研究セン
ターの25年』京都大学東南アジア研究センター、1993年、81頁）ことにあった。1986年

3月の京都大学東南アジア研究センター創立20周年シンポジウムでは、その総合性と学際性を強調して「総合生態学の方法」が提起された。そして1990年11月から刊行され、1992年8月完結した『講座・東南アジア学』全10巻・別巻（弘文堂）は、地域認識の枠組みを提示することになった。その視点は、第一に、東南アジアの存在論的考察であり、これをもって19世紀あるいは20世紀における政治的便宜主義の遺産を克服することが企図された。第二は、その存在論的解明の手がかりを得るために、「外文明」と「内文明」との相互関係をモチーフとしており、イスラム文明はアラブ文明圏の張り出しであるという理解がそれである。一方、内文明は原始の世界から時間的に形成されてきており、そこでは元来、人口が非常に希薄な世界であった。そしてその所与の両者の関係こそ無限のフロンティアの集積された空間であったとする理解にあった。そして第三に、そのフロンティアの空間こそ東南アジア世界の流転を生み出してきたという外文明の理解がある。同時に、そこには、固有なアイデンティティの確立過程があったという内文明との連関があるとしている。そうして東南アジア「小世界」の実証的研究がとりあげられ、土屋健治の「ジャワ意味空間」、前田成文の「圏」認識、矢野暢の「小型家産制国家」、福井捷朗・田中耕司の「フロンティアとしての開拓空間」などの概念がその文脈で提起された。そこには、クリフォード・ギアツの『ヌガラ——19世紀バリの劇場国家』（1980年／小泉潤二訳、みすず書房、1990年）などの新しい問題提起がなされる状況にあった。[1]そしてそこには、経済学の提起もあった。[2]それらの成果は、以下にあった。

　土屋健治『インドネシア民族主義研究——タマン・シスワの成立と展開』創文社、1982年。土屋「政治文化論——インドネシアの政治統合過程を手がかりとして」、日本政治学会編『第三世界の政治発展』年報政治学1986年度、岩波書店、1988年。土屋『カルティニの風景』めこん、1991年。土屋『インドネシア——思想の系譜』勁草書房、1994年。

　矢野暢『国家感覚——政治的生態史観のすすめ』中央公論社、1986年。矢野編『地域研究』講座政治学Ⅳ、三嶺書房、1987年。

前田成文『東南アジアの組織原理』勁草書房、1989年。

坪内良博『小人口世界の人口誌——東南アジアの風土と社会』京都大学学術出版会、1998年。

加藤久美子『盆地世界の国家論——雲南、シプソンパンナーのタイ族史』京都大学学術出版会、2000年。

矢野暢の政治的生態史観には、既に戦前におけるユーラシア現地調査、そして戦後においてアフリカ現地調査を実施した成果の1つ、梅棹忠夫の『文明の生態史観』（中央公論社、1967年／中公文庫、中央公論社、1974年、改版1998年）があった。梅棹の分析モデルは、風土の生態学的分析を隠喩とした遷移による風土的条件に依拠していた。この風土論は京都学派の概念であった（和辻哲郎『風土——人間学的考察』岩波書店、1935年／『和辻哲郎全集』第8巻、岩波書店、1962年／岩波文庫、岩波書店、1979年）が、その問題提起は、決定的に日本の学界における講座派対労農派論争の問題意識の次元からの解放を明確にしていた。[3] この梅棹の問題意識について、多くの研究者が議論を深めた。太田秀通は、マルクス主義者の立場で、その生態史観を明白に拒否して反撥した（太田「生態史観とはなにか」歴史評論、第103号、1959年3月）。一方、広松渉は、上山春平は、「歴史観の模索——マルクス史観と生態史観をめぐって」思想の科学、第1号（1959年）に続いて、『生態史観と唯物史観』（ユニテ、1986年／講談社学術文庫、講談社、1991年）で、人類生態学における生産物交換の役割と意義に着目して、両者の架橋を試みた。さらに、外村直彦は、『多元文明史観』（勁草書房、1991年）で、ダニレフスキー、シュペングラー、トインビーらの西欧中心文明史観を克服する方向で、かつアジア的生産様式論争に対決して、この論争に終止符を打った。ウィットフォーゲル『オリエンタル・デスポティズム』の水力社会モデルに従う湯浅赳男は、かかるマルクス主義の陥穽は、中華文明の両義性を理解できないことにあるためであるとして、「資本論」に対する「権力論」を提出し、梅棹理論と立場を共有した（湯浅赳男『文明の歴史人類学』新評論、1984年／増補版『世界史の想像力』新評論、1996年。湯浅「梅棹忠夫の学問の正当な評価を求めて」コミュニティ振興学部紀要、第5号、2005年3月。湯浅『「東洋的専制主義」論の今日性』新評論、2007年）。そこに

は、矢野との共通認識があった。また、安田喜憲は、『文明の環境史観』（中央公論社、2004年）で、西欧中心史観・人間中心史観からの脱却を意図して、いわゆる風土史観を提起した。

1987年11月、東京外国語大学主催の国際シンポジウム「地域研究と社会諸科学」が開催され、それは「平和と繁栄のため地域学」の構築を目指した。そこでの課題は、社会科学・人文科学の多様なディシプリン（専門的学問領域）の協力又は節合において、諸民族の文化と生活を、国民国家の枠を越えたより広い地域的展望と文化的多層構造に捉えるべく努めることにあった。その成果をまとめたチャルマーズ・ジョンソンは、地域研究は、すべての社会科学の研究・分析と同様に、理論を問題としており、それは、「文化・制度・歴史の変数が理論の観点からは余り予期していない結果をどのように生み出す」かといった点を問題とするところにある、と指摘した。そこでは、理論上のギャップが明らかにされ、一定の理論が単一の文化の事例からどのような過度の一般化を明らかにするための知的作業が不可欠とされており、ここに、地域研究における理論と文化の出会い及び相互の作用から、地域研究は新しい理論的解釈を提供出来ることになる、と論じた（中嶋嶺雄、チャルマーズ・ジョンソン編『地域研究の現在——既成の学問への挑戦』大修館書店、1989年、iv頁）。

この点は、政策科学として発達して地域研究に新しい地平を提供するものであった。このシンポジウムでは、小浪充が「世界的多文化社会における地域研究の必要性」の報告を行い、次いで、中嶋嶺雄は「中国及び東アジアの変動と地域研究」と題する報告で、「地域研究が目的とするところは、結局、諸外国、諸国民の行動様式や特質をいかに理解するか」にあるとした（『地域研究の現在——既成の学問への挑戦』28頁）。それこそ、異文化間交流を真に可能にする視点であって、このような「文化を超えて存在する」ところに、地域研究があるとしたのである。彼は、エドワード・T・ホールが1976年に『文化を超えて』（谷泰訳『文化を超えて』TBSブリタニカ、1979年、補正版1993年）で指摘した、「人間を理解すること、文化を理解すること、そして世界を理解し、非合理を解明することは、すべて同一過程における不可分の側面である。こうした理解の障害と

第 2 部 地域研究 250 年

なっているのは、それぞれの文化に根ざしたパラダイムである」を引用して、地域研究における文化的側面の重要性を指摘した。これは、尾崎秀実が『現代支那論』（1939年）で指摘した、「支那の正体を余すところなく正確に理解するためには局部的でなく全体的に把握することと、動きつつあるままで捉えることが必要であろうと思われる。……一見長き仮死の状態を続けるかに見える支那にも実は活力が保存されていて、しかも新しい運動法則がこれに作用しているのである」（尾崎秀實『現代支那論』岩波新書、岩波書店、1939年／中国新書、勁草書房、1964年／『尾崎秀実著作集』第2巻、勁草書房、1977年、195頁）とした点のそれである。

7-5 価値体系の確認

中国研究で、マルクスはいわゆる東洋的専制の基礎を村落共同体に見出し、マックス・ウェーバーは中国社会を官僚制的家産制国家と定義し、さらに、ウィットフォーゲルは水力社会に分析仮説の原点を設定した。しかし、それをもって中国の停滞性を解明できても、中国社会の現在性、その恒常性を説明できなかった。それには、中国の共同体を封建と革命への架け橋として着目してきたところの成果があった。ここに、儒教文化圏という視座が求められ、そこから儒教的共同体主義への照射が可能となり、政治的発展の政治文化も理解できるところとなってきている。

金日坤『儒教文化圏の秩序と経済』韓經文庫、ソウル、韓國經濟新聞社、1985年／名古屋大学出版会、1988年。

琴章泰『韓國近代の儒教思想』ソウル、ソウル大學校出版部、1990年。

余英時、森紀子訳『中国近世の宗教倫理と商人精神』平凡社、1991年。

林嘉言『中国近代社会と儒教文化』東方書店、1997年。

姜光植『新儒學思想と朝鮮政治文化』ソウル、集文堂、2000年。

姜在彦『朝鮮儒教の二千年』朝日新聞社、2001年。

李対鎮、六反田豊訳『朝鮮王朝社会と儒教』法政大学出版局、2003年。

森紀子『転換期における中国儒教運動』京都大学学術出版会、2005年。

290

福井重雅『漢代儒教の史的研究——儒教の官學化をめぐる定説の再検討』汲古書院、2005年。

吾妻重二主編『東アジア世界と儒教』東方書店、2005年。

儒教研究には、以下の先行的研究がある。

服部宇之吉『儒教と現代思想』大鐙閣、1919年／鄭子雅訳『儒教與現代思潮』上海、商務印書館、1934年／台北、臺灣商務印書館、1970年。

原富男『中華思想の根帯と儒學の優位』大日本雄辯會講談社、1947年。

つだそうきち『儒教の研究』3巻、岩波書店、1950年／津田左右吉『儒教の研究』津田左右吉全集第6・17・18巻、岩波書店、1965年。

宮崎市定『東洋における素朴主義の民族と文明主義の社会』東洋文庫、平凡社、1989年。

そして、その認識は、現在、中華思想としての東アジア・イデオロギーとして作用している。

服部利貞『中華思想』岩波講座東洋思想・東洋思想の諸問題、岩波書店、1936年。

忻剣飛『世界的中國観——近二千年來世界對中國的認識史綱』上海、學林出版社、1991年。

安能孜『八股と馬虎——中華思想の精髄』講談社文庫、講談社、1995年。

利文森（ジョセフ・リッチモンド・ベンソン）、鄭大華・任菁訳『儒教中国及其現代命運』北京、中国社会科学出版社、2009年（原本は2000年）。

坂元ひろ子『中国民族主義の神話——人種・身体・ジェンダー』岩波書店、2004年。

粛橘『二十世紀後半の中国文化思潮』中国書店、2005年。

吾妻重二主編『東アジア世界と儒教』東方書店、2005年。

池田勇太『維新変革と儒教的理想主義』山川出版社、2013年。

李暁辰『京城帝国大学の韓国儒教研究——「近代知」の形成と展開』勉誠出版、2016年。

そのイデオロギーと価値体系を、われわれは中華思想の文脈で把握できる。

その手法こそ、総合社会科学としての地域研究の地平に応えたものといえる。そして民衆史の発掘にこそその次元、いいかえれば参加の行動における社会の価値選択と連帯の問題である。

安丸良夫・喜安朗編『戦後知の可能性——歴史・宗教・民衆』山川出版社、2010年。

成田龍一『歴史学のナラディヴ——民衆史研究とその周辺』校倉書房、2012年。

アジア民衆史研究会、歴史問題研究所編『日韓民衆史研究の最前線——新しい民衆史を求めて』有志舎、2015年。

中国文明をカトリック宣教師がいかに理解し普遍化したかの帝国像を確立した姿を解明した「文明」理解についての作業は新居洋子『イエズス会士と普遍の帝国——在華宣教師による文明び翻訳』（名古屋大学出版会、2017年）で挑戦した（矢沢利彦編訳『中国の布教と迫害——イエズス会士書簡集』東洋文庫、平凡社、2006年）。

1990年9〜12月に開催された東京外国語大学海外事情研究所の35周年連続講演会「転換期としての現代世界」が開催され、その成果は中嶋嶺雄・清水透編『転換期としての現代世界——地域から何が見えるか』（国際書院、1993年）として刊行された。そこでは、地域研究の新しい次元、普遍的価値と地域性の問題がとりあげられた。そこでの主題は、社会主義の終焉における地域秩序の問題を展望するものであったが、その意図は地域性における排他性をどう考えるかにあった。

山室信一『思想課題としてのアジア——基軸・連鎖・投企』（岩波書店、2001年）は、アジア認識における地域の言説、思想基軸としての文明、人種などの問題、及び西学との思想的連鎖の問題を視座に設定し、アジア主義の政策原理と言説を解明した。上村邦彦『アジアは「アジア的」か』（ナカニシヤ出版、2006年）は、アジア主義がどこまでアジアかを問うた。佐藤次高編『イスラム地域研究の可能性』（東京大学出版会、2003年）が刊行され、現代世界の総合的理解にあって、東南アジアからアフリカ西部まで広がる多様な地域とそこでの研究分野をどう整理して体系化できるかの新地平を提起するべく努力がなされた。そ

こでの地平として東洋学の伝統とイスラム地域研究の架橋、地域間比較の試み、中央アジアと中東の接点、人類学とイスラム地域研究の接合、そしてムスリム民衆研究の可能性、さらに地域情報システムのイスラム地域研究への適応の手法といった課題とその可能性を提起した。その課題に対するひとつの成果として、イスラムか民主主義かの二者択一論を超えて民衆運動の現在性を軸に伝統的社会の民衆意識から過渡期の民衆運動、そして宗教の自由化とイスラム運動の発展のジレンマと体制変容にある現在性を解明したのが、私市正年・栗田禎子編『イスラーム地域の民衆運動と民主化』（東京大学出版会、2004年）であった。その主題は、以下でとりあげられた。

　広瀬崇子編『イスラーム諸国の民主化と民族問題』21世紀の民族と国家第3巻、未来社、1998年。

　ジョン・エスポズィト、ジョン・ボル、宮原辰夫・大和隆介訳『イスラームと民主主義』成文堂、2000年。

　ファーティマ・メルニーシー、私市正年・ラトクリフ川政祥子訳『イスラームと民主主義——近代性への怖れ』平凡社、2000年。

　フォーリン・アフェアーズ・ジャパン編・訳『サダムの中東と文明対立の行方——イスラム世界に民主主義は根付くのか』フォーリン・アフェアーズ・ジャパン、2003年。

　見市建『インドネシア–イスラーム主義のゆくえ』平凡社選書、平凡社、2004年。見市『新興大国インドネシアの宗教市場と政治』NTT出版、2014年。

　澤江史子『現代トルコの民主政治とイスラーム』ナカニシヤ出版、2005年。

7-6 地域性の確認

　京都大学東南アジア研究センターでは、1993年2月重点領域研究「総合的地域の手法確立——世界と地域の共存のパラダイムを求めて」が始まった。その研究班は、以下の通りであった（京都大学東南アジア研究センター編『地域研究のあゆ

み――東南アジア研究センター35年史』京都大学東南アジア研究センター、2002年、38頁）。

　　A地域研究の先端領域――東南アジアからの視座

　　　　――地域と生態環境

　　　　――地域性の形成論理

　　　　――地域発展の固有論理

　　B地域研究の手法

　　　　――外文明と内文明

　　　　――地域連関の論理

　　　　――総合的地域研究の概念

　高谷好一は、世界の単位として地域を捉えた。坪内良博は、変動の奥底にある普遍の構造として地域の形成を把握し、その固有性（内文明）と普遍性の外来文明（外文明）の連関と相互作用をもって総合的地域の発展を構築するべく努めた。[1]原洋之介は、資本主義市場系という普遍的要素を認めつつも、地域文化の保持における発展の社会的個性に注目した。その成果は、以下の通りであった。

　矢野暢編『講座・現代の地域研究』4巻、弘文堂、1993-94年――第1巻『地域研究の手法』、第2巻『世界単位論』、第3巻『地域研究のフロンティア』、第4巻『地域研究と発展の論理』で構成される。

　坪内良博『マレー農村の20年』京都大学学術出版会、1996年。坪内編『総合的地域研究を求めて――東南アジア像を手がかりに』京都大学学術出版会、1999年。坪内編『地域形成の論理』京都大学学術出版会、2000年。

　高谷好一「〈世界単位〉の考え方」地域研究論集、第1巻第1号、1997年。高谷『「世界単位」から世界を見る――地域研究の視座』京都大学学術出版会、1996年。高谷『地球地域学序説』弘文堂、2001年。高谷編『〈地域研究〉の試み――世界の中で地域をとらえる』上・下、京都大学学術出版会、1996-99年。

　京都大学東南アジア研究センター編『事典東南アジア――風土・生態・環境』弘文堂、1997年。

立本成文『地域研究の課題と方法——社会文化生態力学の試み』京都大学
学術出版会、1996年、増補改訂版2000年。立本『家族圏と地域研究』京都
大学学術出版会、2000年。立本「21世紀地域研究の方法論的課題」国際研
究、第19号、2003年。

原洋之介『地域発展の固有論理』京都大学学術出版会、2000年。

加藤博は、『イスラム世界論——トリックスターとしての神』（東京大学出版会、
2002年）で、ヨーロッパ中心史観を超え、複合的地域性を意識した独自のイス
ラム世界観を提起した。そこには、イスラム復興とオリエンタリズムへの視点
が生かされていた。この問題は、支配認識に従う文化支配像の強制に対する拒
否においてオリエンタリズムの対決として提起された。このオリエンタリズム
批判は、1978年にエドワード・サイードがその著作『オリエンタリズム』（今
澤紀子訳、平凡社、1986年）を発表し、西洋人の東洋理解は彼ら西洋人が一方的に
作り出した概念であると批判し、その提起は一般化され、それはヨーロッパ人
のエスノセントリズム（自民族中心主義）の所産に他ならないと断定された。
他方、同じ1978年に、比較文化学者ブライアン・S・ターナーは、『マルクス
とオリエンタリズムの終焉』（樋口辰雄訳『イスラム社会学とオリエンタリズムの終焉』
第三書館、1983年）でマルクス主義を糾弾した。[2]この論争は異文化理解の難し
さを提起しており、それというのは自己の言語や文化の枠組みで表象してしま
うからで、多文化主義の重要不可欠性はここにある。

田中忠治先生退官記念論文集『地域学を求めて』（田中忠治先生退官記念論文集刊
行委員会、1994年）で、田中は、地域研究は、ある対象とする地域を、専門分化
した研究の寄与を通じて、総合することである、と述べつつ、そこには、哲学
とか思想が欠けているので、単なる技術論に終わってしまう可能性があると論
じ、そのためその総合的把握をもって地域学が確立されなければならない、と
主張した。

早稲田大学アジア地域文化エンハンシング研究センター編『アジア地域文化
学の構築』（雄山閣、2006年）は、横断的なアジア地域文化スタイルの理論化モ
デルとその検証を進めた。

7-7 新京都学派と国際日本文化研究センター

　新京都学派の代表は、上山春平、梅棹忠夫、梅原猛らである。彼らの特徴は、日本文化の伝統は諸外国、特にヨーロッパ諸国とは相異なる特徴をもつものであるとの特殊性を強調し、ヨーロッパ文明の行き詰まりの現代において、アジア文化、そして日本文化が切り開く人類の未来とその文化の優越性を強調した。その着目は、梅原のいう西欧近代文明の超克、そこでの東洋の生命観にある（梅原『哲学の復興』講談社現代新書、講談社、1972年／梅原猛著作集第7巻、集英社、1983年／『文明への問い』集英社文庫、集英社、1986年）。[1]その近代の超克の視点は、高山岩男の『文化類型学』・『世界史の哲学』の延長線上にある。そして、梅原は、中国文化大革命をマルクス主義の儒教的倫理化であると解し、これをヨーロッパに対決してマルクス主義を超克する東洋の思想的原理として位置づけた（梅原「現代中国をどう見るか」別冊潮、1968年7月号、『哲学の復興』）。梅原の哲学は、『人類哲学の創造』（梅原猛著作集第17巻、小学館、2001年）に集約される。その発想の根源は、西田幾太郎『日本文化の問題』（岩波新書、岩波書店、1940年）における「日本精神の神髄は物に於て、事に於て一となると言うことで、……それが矛盾的自己同一として皇室中心ということであろう」にある。そこでは、「和」に向かって「己を空しうする」ことである。その「矛盾的自己同一」とは、「主体的位置と個体的他との矛盾的自己同一として自己自身を限定する世界の位置にある」ということである。[2]現代流にいえば、京都学派の和辻哲郎が指摘したように、「国民統合の象徴」ということである。[3]この構想を日本文化論としていち早く結実させたのが、上山春平である。[4]上山の日本文化論は、1960年代後半に凹型文化論として姿を現し、照葉樹林文化論から深層文化論へと深化して深層国家像（深い部分の律令以前の国家の層・厚い律令国家の深層・薄い立憲国家の表層の日本国家の三層国家説と天皇制一貫説）をもって提起された。

　上山春平「最初の国家論の試み『明治維新論の再検討』」思想、1956年12月号／『上山春平著作集』第10巻、法藏館、1994年。上山『日本の土着思想——独創的なリベラルとラディカル』弘文堂、1965年。上山『明治維

新の分析視点』講談社、1968年上山「思想の日本的特質」岩波講座哲学第18巻、岩波書店、1969年／『上山春平著作集』第6巻、1994年／『哲学の旅から』朝日新聞社、2005年。上山編『照葉樹林文化』中公新書、中央公論社、1969年／上山春平著作集第6巻、1994年。上山『日本の思想——土着と欧化の系譜』サイマル出版会、1971年／上山春平著作集第1巻、1994年／岩波書店、1998年。上山『神々の体系——深層文化の試掘』中公新書、中央公論社、1972年／上山春平著作集第5巻、1994年。上山「深層文化論の視点」、上山・梅原猛『日本学事始』小学館、1972年。上山『続・神々の体系——記紀神話の政治的背景』中公新書、中央公論社、1975年／上山春平著作集第5巻、1994年。上山・佐々木高明・中尾佐助『照葉樹林文化・続（東アジア文化の源流）』中公新書、中央公論社、1976年／上山春平著作集第6巻、1994年。上山『深層文化論序説』講談社学術文庫、講談社、1976年／上山春平著作集第6巻、1994年。上山『埋もれた巨像——国家像の試み』岩波書店、1977年／上山春平著作集第4巻、1994年。上山『哲学の旅から』朝日新聞社、1979年／上山春平著作集第6巻、1994年。上山『日本の国家像』日本放送出版協会、1980年／上山春平著作集第4巻、1994年。上山『城と国家——戦国時代の探索』小学館、1981年／上山春平著作集第10巻、1994年。上山編『国家と価値』京都大学人文科学研究所、1984年。上山「論理から国家へ」思想、1984年8月号、上山春平著作集第1巻、1994年。上山『天皇制の深層』朝日新聞社、1985年／上山春平著作集第6巻、1994年。上山『対話・日本の国家を考える』徳間書店、1985年。

その論点は藤原不比等の政治哲学にあり、梅原猛も同様である（梅原猛「神々の流竄」すばる、1970年6月号／梅原猛著作集第8巻、集英社、1981年／『神々の流竄』集英社文庫、集英社、1985年。梅原『隠された十字架——法隆寺論』新潮社、1972年／新潮文庫、新潮社、1981年／梅原猛著作集第10巻、集英社、1982年）。この議論は津田左右吉古代史論争に発する主題にあった。[*5]これに対して、上山は梅棹忠夫の生態史観的歴史観をもって、日本文明史構想を展開した。

　上山春平「歴史観の模索——マルクス史観と生態史観をめぐって」思想の

科学、第1号、1959年／『上山春平著作集』第2巻、法藏館、1994年。上山監修『日本文明史』第1巻受容と創造の軌跡――日本文明史の構想、角川書店、1990年／『上山春平著作集』第10巻、1994年。

その上山理論は、「全体的一との矛盾的自己同一」としてまとめられていて、京都学派の西田哲学の1つの帰結である。*6和辻哲郎『日本の文化』（毎日新聞社、1960年）、そして京都学派を中心に編集された梅棹忠夫・多田道太郎編『論集・日本文化1』（講談社現代新書、講談社、1972年）はその文脈にある。

そこでの世界史の中の国家論の位置づけは、山崎正和・矢野暢の現下の議論に通じる。*7この視点に関して、日本政府からは、2つの報告書を提出した。

『「世界の中の日本」を考える――21世紀に向けての役割と貢献』世界の中の日本を考える懇談会、1986年4月。

経済企画庁総合計画局国際化研究会報告『「世界の中の日本」、その新しい役割、新しい活力――わが国経済社会の国際化の考え方』経済企画庁総合計画局、1984年11月。

梅原は、その上山理論を日本学として再構想すべく、1982年に「日本文化の総合的研究の方法に関する研究」（文部省科学研究費）に着手した。1985年に国際日本文化研究センターに関する懇談会が生まれ、1987年5月大学共同利用施設、国際日本文化研究センターが発足した。同センターは、2004年に法人人間文化研究所国際日本文化センターへ移行した。同センターは、学際的・国際的視野から新しい日本研究を確立する共同研究・教育機関として活動している。その研究成果は国際シンポジウム報告として刊行されている。

国際日本文化センター編『世界の中の日本を考える――国際シンポジウム』国際日本文化研究センター、1989年。同編『日本研究のパラダイム――日本学と日本研究』国際日本文化研究センター、1989年。同編『文化研究という視点――日本研究の総合化について』国際日本文化研究センター、1991年。同編『日本文化と宗教――宗教と世俗化』国際日本文化研究センター、1996年。

また、「世界における日本イメージ」調査研究（研究分担者代表濱口恵俊）編『日

本について日本人自身が抱くイメージの分析——実証的研究』（国際日本文化研究センター、1990年）、同編『アメリカ・ヨーロッパ・日本における「日本イメージ」——比較研究』（国際日本文化研究センター、1993年）の調査研究報告が刊行されている。

梅原の日本学は、以下において提起された。

梅原猛『日本学の哲学的反省』講談社学術文庫、講談社、1976年／『梅原猛著作集』第13巻、集英社、1982年。梅原『怨霊と縄文——日本学の饗宴』朝日出版社、1979年。梅原・中上健次『君は弥生人か縄文人か——梅原日本学講義』朝日出版社、1984年／集英社文庫、集英社、1994年。上山春平・梅原対談『日本学事始』小学館、1972年／『梅原猛著作集』第20巻、集英社、1982年／集英社文庫、集英社、1985年。

7-8 国際日本学

現在、国際日本学の取組みが法政大学国際日本学研究所／研究センターで進められた。それは「異文化研究としての日本学」の概念を提起しており、「自文化」を「異文化」視する視点で、内からの視点を相対化し、自文化研究が陥りがちな狭隘さからの脱却をはかるというものである。日本文化の異文化視は日本文の国際性・重層性への着目にある。

この視点は、地域研究としての日本研究の新しい試みである。それは、国際社会における日本の国際認識への視点を提起している。その成果は、以下のものがある。

野上記念法政大学能樂研究所編『外国人の能樂研究』法政大学国際日本学研究センター、2005年。同編『能の翻訳——文化の翻訳はいかにして可能か』法政大学国際日本学研究センター、2007年。

法政大学国際日本学研究所編『国際日本学の構築に向けて』法政大学国際日本学研究センター、2005年。同編『東アジア共生モデルの構築と異文化研究——文化交流とナショナリズムの交錯』法政大学国際日本学研究センター、2005年。同編『相互理解としての日本研究——日中比較による新展

開』法政大学国際日本学研究センター、2007年。同編『日本学とは何か――ヨーロッパから見た日本研究、日本から見た日本研究』法政大学国際日本学研究センター、2007年。同編『国際日本学――ことばとことばを越えるもの』法政大学国際日本学研究センター、2007年。

法政大学国際沖縄文化研究所編『いくつもの琉球・沖縄像』法政大学国際日本学研究センター、2007年。

星野勉編『国際日本学とは何か？　内と外からのまなざし』三和書籍、2008年。

王敏編『国際日本学とは何か？　日中文化の交差点』三和書籍、2008年。王編『東アジアの日本観――文学・信仰・神話などの文化比較を中心に』三和書籍、2010年。

国際日本学の視点は、地域研究としての新しい試みである。それは、国際社会における日本の国際認識への視点の提起にある。

7-9 地域研究の成果としての講座の刊行

地域研究の定着とともに、それを整理づけた地域講座がさまざまな主題で刊行されてきた。1958年刊行の『東洋思想講座』は、東洋講座であっても、文化の総括にすぎなく、地域研究としての講座は、1970年『現代の世界・地域研究講座』を嚆矢とする。そして1990年代以降、地域学としての講座の刊行となる。その代表的なものを幾つか列記する。

亀井勝一郎・他編『東洋思想講座』5冊、至文堂、1958年――第1巻『東洋の新しい地図』、第2巻『世界史における東洋』、第4巻『東洋文化の新しい希望』、第3巻『東洋的人間像』、第5巻『東洋の美と芸術』。

堀江薫雄・他編『現代の世界・地域研究講座』8冊、ダイヤモンド社、1970-71年。

『世界現代史』山川出版社、1977-86年――『東南アジア現代史』4巻、『南アジア現代史』2巻、『中東現代史』1巻（1巻未刊）、『アフリカ現代史』6冊、『ソ連現代史』第2巻中央アジア・シベリア、『オセアニア現代史』1巻。

『シリーズ国際関係』12冊、晃洋書房、1979-81年――第3巻アフリカと国際関係、第4巻中東と国際関係、第5巻東南アジアと国際関係、第6巻中国と国際関係、第9巻朝鮮半島と国際関係。

上岡弘二・他編『イスラム世界の人びと』5巻、東洋経済新報社、1984年。

『講座イスラム』4冊、筑摩書房、1984-85年――第1巻中村廣治郎編『思想の営み』、第2巻森本公誠編『変転の歴史』、第3巻佐藤次高編『社会のシステム』、第4巻板垣雄三編『価値と象徴』。

野村浩一・他編『岩波講座現代中国』8冊、岩波書店、1889-90年。

慶應義塾大学地域研究センター編『地域研究講座』8冊、慶應義塾大学出版会、1989-2003年――『アジア・太平洋圏の新時代――構想・課題・挑戦』、『民族・宗教・国家――現代アジアの社会変動』、『21世紀とイスラム』など。

矢野暢編集代表『講座東南アジア学』11冊、弘文堂、1990-92年。

『21世紀のアフリカ』3巻、勁草書房、1991-92年。

溝口雄三・他編『アジアから考える』7冊、東京大学出版会、1993-94年――第1巻『交差するアジア』、第2巻『地域システム』、第3巻『終焉からの歴史』、第4巻『社会と国家』、第5巻『近代化像』、第6巻『長期社会変動』、第7巻『世界像の形成』。

『紛争地域現代史』5冊、同文舘出版、1993-98年――第1巻中東、第2巻南部アフリカ、第3巻南アジア、第5巻アジア。

『講座イスラーム世界』6冊、栄光教育文化研究所、1994-95年――第1巻片倉もと子編『イスラーム教徒の社会と生活』、第2巻後藤明編『文明としてのイスラーム』、第3巻堀川徹編『世界に広がるイスラーム』、第4巻竹下政孝編『イスラームの思考回路』、第5巻湯川武編『イスラーム国家の理念と現実』、第6巻三浦徹・東長靖・黒木英充編『イスラーム研究ハンドブック』。

『地域の世界史』12冊、山川出版社、1997-2000年――問題群ごとに地域と地域史をとりあげた。

『社会学研究シリーズ・理論と技法・地域研究入門』2冊、文化書房博文

堂、1999-2000年——第1巻『中国社会研究の理論と技法』、第4巻『中東・イスラム社会研究の理論と技法』。

『南から見た世界』6冊、大月書店、1999年。

東アジア地域研究会編『講座東アジア近現代史』6冊、青木書店、2001-02年。

『岩波講座東南アジア史』9巻・別巻、岩波書店、2001-03年。

『現代南アジア』6冊、東京大学出版会、2002-03年。

青木保・他編『アジア新世紀』8冊、岩波書店、2002-03年。

『「帝国」日本の学知——岩波講座』8冊、岩波書店、2006年——第1巻『「帝国」編成の系譜』、第2巻『「帝国」の経済学』、第3巻『東洋学の磁場』、第4巻『メディアのなかの「帝国」』、第5巻『東アジアの文学／言語空間』、第6巻『地域研究としてのアジア』、第7巻『実学としての科学技術』、第8巻『空間形成と世界認識』。

和田春樹・他編『岩波講座東アジア近現代通史』11冊、岩波書店、2010-11年——通史は9世紀末に始まる。

『ユーラシア地域大国論』6冊、ミネルヴァ書房、2013-14年——第1巻『ユーラシア地域大国の持続的経済発展』、第2巻『ユーラシア地域大国の統治モデル』、第3巻『ユーラシア国際秩序の再編』、第4巻『ユーラシア現代帝国と現代世界』、第5巻『越境者たちのユーラシア』、第6巻『ユーラシア地域大国の文化表象』。

〈注〉

7-1 歴史教科書論争と誤報朝日新聞事件の教訓

＊1　日本民主党『うれうべき教科書の問題』日本民主党、1955年。歴史・検討委員会編『大東亜戦争の総括』展転社、1995年。西尾幹二・他『歴史教科書との15年戦争——「侵略／進出」から「慰安婦」問題まで』PHP研究所、1997年。西尾・藤岡信勝『国民の油断——歴史教科書が危ない！』PHP研究所、2000年。西尾『国を潰してなるものか——憲法・台湾・教科書問題』徳間書店、2001年。高山岩男『社會科教科書雑感——歴史教育について』自由文教連盟、2008年。

＊2　俵正市編『教科書裁判と教育権』法友社、1961年。高山岩男「恥ずべき教育裁

判」、三輪知雄編『教科書裁判――論争と批判』帝国地方行政学会、1970年。教科書法令研究会編『教科書裁判にみる教育権論争――教科書裁判で何が争われたか』第一法規、1986年。高橋史朗『教科書検定』中央公論社、1988年。森川金寿『教科書と裁判』岩波新書、岩波書店、1990年。芦部信喜編『教科書裁判と憲法学』学陽書房、1990年。

＊3　家永三郎『教科書検定――教育をゆがめる教育行政』日本評論社、1965年。家永『一歴史学者の歩み――教科書裁判に至るまで』三省堂新書、三省堂、1967年。家永『教育裁判と抵抗の思想』三省堂、1969年。家永『教科書裁判』日本評論社、1981年。家永『裁判批判――教科書検定論』岩波書店、1998年。深山正光・尾山宏編『教科書裁判と国民教育運動』労旬新書、労働旬報社、1970年。徳武敏夫『教科書裁判の思想』新日本新書、新日本出版社、1971年。徳武『家永裁判運動史』新日本新書、新日本出版社、1999年。教科書検定訴訟を支援する全国連絡会編『家永教科書裁判十年史』草土文化、1977年。教科書検定訴訟を支援する歴史学関係者の会議『歴史の法廷――家永教科書裁判と歴史学』大月書店、1998年。家永教科書訴訟弁護団編『私の「家永教科書裁判」――弁護団の三十二年』家永教科書訴訟弁護団、1998年。

＊4　高山岩男編『教科書裁判と社会科教育』時事新書、時事通信社、1971年。大江志乃夫『日本現代史における教科書裁判』青木書店、1971年。和仁廉夫『歴史教科書とナショナリズム――歪曲の系譜』社会評論社、2001年。

＊5　千田夏光『従軍慰安婦』2冊、『'声なき女' 8万人の告発』双葉社、1973年、続『償われざる女8万人の慟哭』双葉社、1974年／講談社文庫、2冊、講談社、1984-85年。上杉千年『検證「従軍慰安婦」――従軍慰安婦問題入門』全貌社、1996年。女性のためのアジア平和国民基金編『「政府調査「従軍慰安婦」関係資料集成」5冊、龍渓書舎、1997-98年。吉見義明・河田文子編『「従軍慰安婦」をめぐる30のウソと真実』大月書店、1997年。琴秉洞『告発〈従軍慰安婦〉』同時代社、2007年。安丸良夫「従軍慰安婦問題と歴史認識」学術の動向、2009年3月号。松木國俊『「従軍慰安婦」強制連行はなかった：政府調査資料が明かす河野談話のウソ――この一冊でいわゆる「従軍慰安婦」問題の全てがわかるQ＆A』明成社、2011年。山本健太郎『従軍慰安婦の経緯――河野談話をめぐる動きを中心に』国立国会図書館、2013年。山際澄夫『すべては朝日新聞から始まった「慰安婦問題」』ワック、2014年。文藝春秋編『「従軍慰安婦」朝日新聞vs.文藝春秋』文春新書、文藝春秋、2014年。朴裕河『帝国の慰安婦――植民地支配と記憶の闘い』ソウル、根と葉と、2013年／朝日新聞出版、4ヵ所削除版2014年。池田信夫『朝日新聞大誤報――慰安婦問題の深層』アスペクト、2014年。讀賣新聞編集局編『徹底検証朝日「慰安婦」報道』中公新書、中央公論新社、2014年。

7-2 歴史認識論争――日中韓の歴史認識をめぐって

＊1　曽根一夫『私記南京虐殺』彩流社、1964年。曽根『続私記南京虐殺』彩流社、1964年。曽根『南京虐殺と戦争』彩流社、1988年。洞富雄『南京大虐殺の証明』朝日新聞社、1967年。洞『決定版　南京大虐殺』徳間書店、1967年。洞『南京事件』新人物往來社、1972年。洞『南京事件』2冊、河出書房新社、1973年。洞『"まぼろし化"工作批判・南京大虐殺』現代史出版会、1975年。洞編『日中戦争南京大虐殺事件資料集』2巻、青木書店、1986年。洞・他編『南京大虐殺の現場へ』朝日新聞社、1988年。洞・藤原彰・本多勝一編『南京大虐殺の研究』晩

聲社、1992年。鈴木明『「南京大虐殺」のまぼろし』文藝春秋、1976年。鈴木『新「南京大虐殺」のまぼろし』飛鳥新社、1999年。石子順造「南京虐殺事件——報道されなかった事実の意味」、『講座・コミュニケーション』第5巻事件と報道、研究社出版、1972年。南京事件調査研究會『南京事件現地調査報告書』南京事件調査研究會、1985年。同『南京事件史料集』2冊、第1巻『アメリカ関係資料編』、第2巻『中国関係資料編』青木書店、1992年。藤原彰『南京大虐殺』岩波書店、1985年。藤原『南京事件を考える』大月書店、1987年。藤原『南京の日本軍——南京大虐殺とその背景』大月書店、1997年。藤原編『南京をどうみるか——日・中・米研究者による検証』青木書店、1998年。本多勝一『南京への道』朝日新聞社、1987年／朝日文庫、朝日新聞社、1989年。本多編『裁かれた南京大虐殺』晩聲社、1989年。本多・渡辺春己・星徹『南京大虐殺歴史改竄派の敗北——李秀英名誉毀損損害賠償裁判から未来へ』教育史料出版会、2003年。本多・星鐵・渡辺春己『南京大虐殺と「百人斬り競争」の全貌』金曜日、2009年。前田雄二『戦争の流れの中に——中支から仏印へ』善本社、1982年。前田『南京大虐殺はなかった』善本社、1999年。田中正明編『松井石根大将の陣中日記』芙蓉書房出版、1985年。田中『南京事件の総括』兼光社、1987年／『南京事件の総括——虐殺否定の論拠』展転社、2001年。田中編『朝日が明かす中国の嘘』高木書房、2003年。高興祖『日本軍侵華暴行——南京大屠殺』上海、上海人民出版社、1985年。秦郁彦『南京事件——「虐殺」の構造』中公新書、中央公論社、1986年。中國國民黨中央委員會黨史委員会編『南京大虐殺』第108輯・弟109輯、台北、中央文物供應社、1987年。中国第二歴史档案館・他編『進華日軍南京大屠殺』北京、中央文物供應社、1987年。「南京大屠殺」史料編集委員會編『侵華日軍南京大屠殺史稿』南京、江蘇古籍出版社、1987年。下里正樹編『隠された連隊史』平和のための京都の戦争展実行委員会、1987年。小野顕二・藤原彰・本多勝一編『南京大虐殺を記録した皇軍兵士たち——第十三師団山田支隊兵士の陣中日記』大月書店、1996年。東史郎『わが南京プラトーン——一召集兵の体験した南京大虐殺』青木書店、1987年。井上和彦・他編『南京事件京都師団関係資料集』青木書店、1989年。東中野修道『国家破産』展転社、1992年。東中野『「南京虐殺」の徹底検証』展転社、1998年。東中野『南京事件の全体像』國民會館、1999年。東中野『南京「虐殺」研究の最前線』展転社、平成14年度版2002年／平成15年度版2003年／平成16年度版2004年／平成18年度版2005年／平成19年度版2005年。東中野『1937南京攻略戦の真実』小学館文庫、小学館、2003年。東中野『南京事件国民党極秘文書から読み解く』草思社、2006年。東中野『再現南京戦』草思社、2007年。東中野『南京「百人斬り」競争の真実』ワック、2007年。南京大虐殺の真相を明らかにする全国連絡会編『南京大虐殺——日本人への告発』東方出版、1992年。滝谷二郎『目撃者の南京事件——発見されたマギー牧師の日記』三交社、1992年。畝本正己『史実の歪曲——東京裁判に見る南京虐殺事件南京攻略戦』閣文社、1992年。畝本『真相・南京事件——ラーベの日記を検証して』文京出版、1998年。南京戦史編集委員會編『南京戦史資料集』2巻、偕行社、1993年。徐志研、秋子訳『南京大虐殺』北京、外文出版社、1994年。中央档案館・中国第二歴史档案館・吉林省社会科学院編『南京大屠殺』長春、吉林人民出版社、1995年。大井満『仕組まれた"南京大虐殺"——攻略作戦の全貌とマスコミ報道の怖さ』展転社、1995年。津田道夫『南京大虐殺と日本人の精神構造』社会評論社、1995年。西原武臣『終戦50年と「日本」——我が従軍・東京裁判・南京事件』全貌社、1995年。富

士信夫『「南京大虐殺」はこうして作られた——東京裁判の欺瞞』展転社、1995年。Shi Young, James Yin, *The Rape of Nankin: an Undeniable History in Photographs,* Chicago: Innovative, 1997. 笠原十九司『歴史の事実をどう認定しどう教えるか——検証731部隊・南京虐殺事件・「従軍慰安婦」』教育史料出版会、1997年。笠原『南京事件』岩波新書、岩波書店、1997年。笠原『南京事件と三光作戦——未来に生かす戦争の記憶』大月書店、1999年。笠原『南京事件と日本人——戦争の記憶をめぐるナショナリズムとグローバリズム』柏書房、2002年。笠原『南京難民区の百日——虐殺を見た外国人』岩波現代文庫、岩波書店、2005年。笠原『南京事件——体験者27人が語る・虐殺の「その時」とその後の人生』高文研、2006年。笠原『「百人斬り競争」と南京事件——史実の解明から歴史対話』大月書店、2008年。笠原編『戦争を知らない国民のための日中歴史認識——『日中歴史共同研究「近現代史」』を読む』勉誠出版、2010年。笠原、羅萃萃・陳慶発・張聯紅訳『南京事件争論史——日本人是怎样认知史実的＝A history of disputes over the Nanjing massacre』北京、社会科学文献出版社、2011年。奥宮正武『私の見た南京事件——日本人としていかに考えるべきか』PHP研究所、1997年。松村俊夫『「南京虐殺」への大疑問』展転社、1998年。吉本榮『南京大虐殺の虚構を砕け』新風書房、1998年。吉本『南京大虐殺の大嘘——何故いつまで罷り通るか』東京図書出版会、2001年。畝本正己『真相・南京事件——ラーベ日記を検証して』建帛社、1998年。クリストファ・バーナード、加地永都子訳『南京虐殺は「おこった」のか——高校歴史教科書への言語学的批判』筑摩書房、1998年。南京事件調査研究会編『南京大虐殺否定論13のウソ』柏書房、1999年。早瀬利之『将軍の真実・南京事件——松井石根人物伝』光人社、1999年。板倉由明『本当はこうだった南京事件』近代文芸社／日本図書刊行会、1999年。竹本忠雄・太原康男『再審〈南京大虐殺〉』明成社、2000年。日本会議国際広報委員会編『再審「南京大虐殺」——世界に訴える日本の冤罪』明成社、2000年。石田勇治編・訳『資料ドイツ外交官の見た南京事件』大月書店、2001年。東史郎さんの南京裁判を支える会編『加害と赦し——南京大虐殺と東史郎裁判』現代書館、2001年。北村稔『「南京事件」の探求——その実像をもとめて』文春新書、文藝春秋、2001年。吉本榮『南京大虐殺の大嘘——何故いつまで罷り通るか』東京図書出版会、2001年。阿羅健一『「南京事件」日本人48人の証言』小学館文庫、小学館、2002年。松岡環編『南京戦——切りさかれた受難者の魂・被害者120人の証言』社会評論社、2002年。松岡編『南京大虐殺——閉ざされた記憶を尋ねて・被害者102人の証言』社会評論社、2002年。黄慧英『南京大虐殺見證人拉見伝』上海、百家出版社、2002年。冨澤繁信『南京事件の核心——データーベースによる事件の解明』展転社、2003年。冨澤『「南京安全地帯の記録」監訳と研究』展転社、2004年。冨澤『「南京事件」発展史』展転社、2007年。張開沅『从耶魯到南京——南京大屠殺・取証From Yale to Tokyo: Tracing the Eyewitness to Japanese Atrocities in Nankin』広州、広東人民出版社、2003年。畠奈津子『「百人斬り」報道を斬る——敵はシナ中共政府と我が国の偏向マスコミだ』日新報道、2004年。松尾一郎『プロパガンダ戦「南京事件」——秘録写真で見る「南京大虐殺」の真実』光人社、2004年。呉広義編『侵華日軍南京大屠殺日誌』北京、中國社會科學院出版社、2005年。Higashinakano Shudo, translated by Sekai Shuppan, *The Nanking Massacre : fact versus fiction : a historian's quest for the truth,* Tokyo: Sekai Shuppan, 2005、早坂隆『松井石根と南京事件の真実』文春新書、文藝春秋、2011年。張生、

他『南京大屠殺史研究』上・下、南京、鳳凰出版社、2012年。新しい「歴史教科書をつくる会『南京戦はあったが「南京虐殺」はなかった——南京陥落七十五周年』新しい歴史教科書をつくる会、2012年。

＊2　藤岡信勝・東中野修道『『ザ・レイプ・オブ・南京』の研究——中国における「情報戦」の手口と戦略』祥伝社、1999年。東中野・小林進・福永慎次郎『南京事件「証拠写真」を検証する』草思社、2005年。

＊3　閔斗基編『中國の歴史認識』2冊、ソウル、創作と批評社、1985年。鄭在貞編『韓国の論理——転換期の歴史教育と日本認識』ソウル、玄音社、1998年。鄭、金廣植・徐凡喜訳『日韓「歴史対立」と「歴史対話」——「歴史認識問題」和解の道を考える』新泉社、2015年。琴秉洞『朝鮮人の日本観——歴史認識の共有は可能か』総和社、2002年。工藤俊一『北京大学超エリートたちの日本論——衝撃の「歴史認識」』講談社α新書、講談社、2003年。二谷貞夫編『21世紀の歴史認識と国際理解——韓国・中国・日本からの提言』明石書店、2004年。崔文衡・子安宣邦『歴史の共有体としての東アジア——日露戦争と日韓の歴史認識』藤原書店、2007年。小森陽一、他編『東アジア歴史認識論叢のメタヒストリー——「韓日、連帯21」の試み』青弓社、2008年。王希亮『日本戦争責任与歴史認識問題研究』哈尔浜、黒竜江人民出版社、2009年。黄文雄『日本を呪縛する「反日」歴史認識の大嘘』徳間書店、2007年。黄「黄文雄の「歴史とはなにか」」——「日・中・台・韓」の歴史の差異を巨視的にとらえる」自由社、2017年。松本三之介『近代日本の中国認識——徳川期儒学から東亞協同体まで』以文社、2011年。木村幹『日韓歴史認識問題とは何か——歴史教科書・「慰安婦」・ポピュリズム』ミネルヴァ書房、2014年。大沼保昭『「歴史認識」とは何か——対立の構図を超えて』中公新書、中央公論新社、2015年。五百旗頭薫、他編『戦後日本の歴史認識』東京大学出版会、2017年。

7-3 歴史解釈論争——インドのサバルタン史、中国の新中国期民間歴史学、日本の北方史、北朝鮮の金日成解放闘争

＊1　ガヤトリ・チャクラヴォルティ・スピヴァク、上村忠男訳『サバルタンは語ることができるか』みすず書房、1998年。スピヴァク、大池真知子訳『スピヴァクみずからを語る——家・サバルタン・知識人』岩波書店、2008年。崎山政毅『サバルタンと歴史』青土社、2001年。松田博『グラムシ思想の探求——ヘゲモノー・陣地戦・サバルタン』新泉社、2007年。竹中千春『盗賊のインド史——帝国・国家・無法者（アウトロー）』有志舎、2010年。パルタ・チャタジー、田辺明生・新部亨子訳『統治される人びとのデモクラシー——サバルタンによる民衆政治についての省察』世界思想社、2015年。

＊2　何清漣『経済學與人類關係』広州、広東教育出版社、1998年。何『現代化陥井——当代中国的経済社会問題』北京、今日中国出版社、1998年／坂井臣之助・中川友訳『中国現代化の落とし穴——噴火口上の中国』草思社、2002年／『中国現代化陥阱』香港、博大出版社、修訂版2003年。何主編『20世紀後葉歴史解密』香港、香港博大出版社、2004年。何、中川友訳『中国の嘘——恐るべきメディア・コントロールの実態』扶桑社、2005年。何・程暁農主編『中国改革的得與失』香港、香港博大出版社、2007年。何、中川友訳『中国の闇——マフィア化する政治』扶桑社、2007年。何『中國的陥窣』中和、星島國際、2010年。何、辻康吾編訳『中国高度成長の構造分析——中国モデルの効用』勉誠出版、2010年。

＊3　李鋭『毛澤東的早年与晩年』貴陽、貴州人民出版社、1992年。李『毛澤東的功過是非』香港、天地圖書、1993年。李『盧山會議實録』台北、新鋭出版社、1994年。李『盧山會議實録——毛澤東秘書手記』鄭州、河南人民出版社、1994年。李『李鋭反"左"文選』北京、中央編譯出版社、1998年。李、山本雄子訳『毛沢東の功罪——毛沢東晩年の「左」の誤った思想に関する試論』五月書房、2006年。李、小島普治編訳『中国民主改革派の主張——中國共産党私史』岩波現代文庫、岩波書店、2013年。

7-4綜合社会科学としての地域研究の原点追求

＊1　Cliford Geertz, *Person Time, and Conduct in Bali: an Essay in Cultural Analysis,* New Haven: Yale University Souutheast Asia Studies, 1966. C. Geertz、長井信一訳『ジャワのキヤイ Kljaji——文化的仲介者の変動する役割』所内資料、アジア経済研究所、1967年。C・ギーアツ、林武訳『2つのイスラーム社会——モロッコとインドネシア』岩波新書、岩波書店、1973年。ヒルドレッド・ギアツ、戸谷修・大鐘武訳『ジャワの家族』みすず書房、1980年。C・ギアーツ、吉田禎吾、他訳『文化の解釈学』2冊、岩波書店、1987年。C・ギアツ、ヒルドレッド・ギアツ、吉田禎吾・他訳『バリの親族体系』みすず書房、1989年。クリフォード・ギアツ、小泉潤二編訳『解釈人類学と反＝相対主義』みすず書房、2002年。クリフォード・ギアツ、鏡味治也・他訳『現代社会を照らす光——人類学的な省察』青木書店、2007年。

＊2　原洋之介『クリフォード・ギアツの経済学——アジア研究と経済理論の間で』リブロポート、1985年。それは、ギアツの以下の提起にあった。Clofford Geertz, *The Development of the Javanese Economy: a Socio-Cultural Approach,* Ann Arbor: University Microfilms, 1956.

＊3　その風土論は、現在、地域・国家次元で思考、社会と歴史、文化と国民の精神、生活と経済の理解へと拡大している。それは、アジア的理解の提起にある。会田雄次『風土・歴史・社会』日本人の意識構造・正、講談社、1970年。生松敬三「和辻風土論の諸問題」、湯浅泰雄編『和辻哲郎』三一書房、1973年。鯖田豊之『文明と風土』日本経済新聞社、1974年。玉城哲・旗手勲『風土——大地と人間の歴史』平凡社選書、平凡社、1974年。玉城『風土の経済学——西欧モデルを超えて』新評論、1976年。飯塚浩二『日本の精神的風土——日本の軍隊』飯塚浩二著作集第5巻、平凡社、1976年。鈴木秀夫『超越者と風土』大明堂、1976年。鈴木『風土の構造』講談社学術文庫、講談社、1988年／原書房、2004年。別技篤彦『モンスーンアジアの風土と人間——民族のエトスを求めて』泰流社、1977年。宮本又次『風土と経済』宮本又次著作集第6巻、講談社、1977年。山田英世『風土論序説』国書刊行会、1978年。大槻正男『風土論』大槻正男著作集第6巻、楽游書房、1978年。飯沼二郎『歴史のなかの風土』日本評論社、1979年。小林高寿『風土の視点』笠間書院、1979年。千葉徳爾・籾山政子『風土論・生気候』朝倉書店、1979年。三澤勝衛『風土論』三澤勝衛著作集、第2巻・第3巻、みすず書房、1979年。上野登『人類史の原風土』2冊、大明堂、1985-92年。西谷啓治編『日本の思想風土』一燈園燈影舎、1986年。木岡伸夫『都市の風土学』ミネルヴァ書房、2009年。オギュスタン・ベルク、中山元訳『風土学序説——文化をふたたび自然に、自然をふたたび文化に』筑摩書房、2002年。木岡伸夫『風土の論理——地理哲学への道』ミネルヴァ書房、2011年。

第 2 部　地域研究 250 年

7-6 地域性の確認

＊1　西村重夫「『外文明と内文明』研究のこころ」総合的地域研究、第 10 号、1995 年
　　9 月。園田英弘「『外文明と内世界』について」総合的地域研究、第 10 号、1995 年
　　9 月。
＊2　彌永信美『幻想の東洋——オリエンタリズムの系譜』青土社、1987 年／2 冊、ち
　　くま学芸文庫、筑摩書房、2005 年。駒井洋編『脱オリエンタリズムとしての社会
　　知——社会科学の非西欧的パラダイムの可能性』ミネルヴァ書房、1999 年。加藤
　　博『イスラム世界の常識と非常識』淡交社、1999 年。加藤『イスラム世界の経済
　　史』NTT 出版、2005 年。山内進・加藤・新田一郎編『暴力——比較文明史的考察』
　　東京大学出版会、2005 年。F・ダルマイヤー、片岡幸彦監訳『オリエンタリズム
　　を超えて——東洋と西洋の知的対決と融合への道』新評論、2001 年。阿部潔『彷
　　徨えるナショナリズム——オリエンタリズム／ジャパン／グローバリゼーション』
　　世界思想社、2001 年。的場昭弘「オリエンタリズムとマルクス——マルクスのイ
　　ンド論をめぐって」、神奈川大学評論編集専門医委員会編『ポストコロニアルと非
　　西欧世界』御茶の水書房、2002 年。子安宣邦『「アジア」はどう語られてきたか——
　　——近代日本のオリエンタリズム』藤原書店、2003 年。子安『日本ナショナリズム
　　の解読』白澤社、2007 年。子安『「近代の超克」とは何か』Boulder: NetLibrary,
　　2008。工藤庸子『ヨーロッパ文明批判序説——植民地・共和国・オリエンタリズ
　　ム』東京大学出版会、2003 年。

7-7 新京都学派と国際日本文化研究センター

＊1　同書『哲学の復興』に所収の以下の論文をみよ。梅原『平和の哲学序説』展望、
　　1968 年 9 月号。梅原「西洋近代文明の超克」別冊潮、1969 年 2 月号。梅原「東洋
　　の生命観」、『人間の世紀』第 1 巻生命の尊厳、潮出版社、1973 年。
＊2　上田浩「西田哲学と日本文化論」、鯵坂真・他『現代日本文化論の研究——天皇
　　制イデオロギーと新京都学派』白石書店、1991 年。
＊3　高坂正顯『西田幾太郎と和辻哲郎』新潮社、1964 年。和辻哲郎『日本倫理史思
　　想史概説』3 分冊、東京プリント、1936-37 年。和辻『日本精神史研究』岩波書店、
　　1940 年／『日本精神史研究・続日本精神史研究』和辻哲郎全集第 4 巻、岩波書店、
　　1962 年／『日本精神史研究』岩波文庫、岩波書店、2005 年。和辻『日本倫理思想
　　史』上・下、岩波書店、1952 年／『和辻哲郎全集』第 12・13 巻、岩波書店、1962
　　年。和辻『倫理学』上・下、岩波書店、1947-49 年／『和辻哲郎全集』第 10・11 巻、
　　岩波書店、1990 年。和辻『日本倫理思想史』、3 冊、東京プリント刊行会、1936
　　年／上・下、岩波書店、1952 年／『和辻哲郎全集』第 12 巻・第 13 巻、岩波書店、
　　1972 年／上・下、改版、1979 年／岩波文庫、岩波書店、2011 年。和辻『国民統合
　　の象徴』勁草書房、1948 年。和辻「日本古来の伝統と明治維新後の歪曲について」、
　　『講座現代倫理』第 11 巻、筑摩書房、1959 年。
　　この和辻哲郎の「国民統合の象徴」論（『国民統合の象徴』勁草書房、1948 年）
　　は、それは制度として国体を説明するものでないとした佐々木惣一（「憲法生活の
　　両極」、京都新聞社出版部編『日本再建の方途』京都新聞社、1950 年）との間で国
　　体論争となった。釘貫和則「和辻哲学と天皇制イデオロギー」、鯵坂真・他『現代
　　日本文化論の研究——天皇制イデオロギーと新京都学派』白石書店、1991 年。
＊4　黒田治夫「「深層文化論」と上山国家論」、鯵坂真・他『現代日本文化論の研究——

308

―天皇制イデオロギーと新京都学派』白石書店、1991年。
＊5　それは、蓑田胸喜「津田左右吉氏の神代史抹殺論批判」原理日本、1939年12月臨時増刊号で提起された。批判された津田の「悪魔」理論は、1940年3月3日津田『神代史の新しい研究』二松堂書店、1913年／『神代史の研究』岩波書店、1924年／『津田左右吉全集』別巻第1、岩波書店、1966年であった。津田『古事記及日本書紀の新研究』洛陽堂、1919年／『津田左右吉全集』別巻、岩波書店、1966年。津田『上代日本の社会及び思想』岩波書店、1933年／『津田左右吉全集』第3巻、岩波書店、1966年。津田『日本上代史研究』岩波書店、1930年、新版1947年／『津田左右吉全集』第3巻、岩波書店、1966年。以上の4著作は「皇室の尊厳を冒涜する文書」として出版者岩波茂雄とともに起訴された。家永三郎『津田左右吉の思想史的研究』岩波書店、1972年。斉藤孝『昭和史学史ノート』小学館、1984年。
＊6　荒井正雄『現代日本の深層国家像――上山春平論抄』晃洋書房、2004年、第1章西田哲学と上山春平。
＊7　山崎正和『文化開国への挑戦――日本の世界史的実験』中央公論社、1987年。矢野暢『フローの文明・ストックの文明』PHP研究所、1988年。

第8章　戦略地域空間と地域研究

8-1地域研究の前提3条件

　現在、地域研究を考える条件は、3つあると考える。

　第一は、文明が成立する培地、いわゆる生態系がその前提とされることである。そして、そこに文明が成長し定着した空間を考える。そして生活圏が成立し、さらに交流圏が存在する。例えば、紀元前2世紀に、アンコールワットの巨大な石造寺院はインド化の結果である。それとともに、犁耕稲作が導入された。インドネシアでは、13世紀にイスラム化が始まった。文明の移転である。こうして、文明世界の輪郭が形成される。そして、風土の技術がそこに造成される。

　第二に、文化多元主義を考える。そこでは、民族の多様な存在と文化の重畳性が確認される。元来、世界観は、「世界の感性的直観」という意味で18世紀に最初に用いられたが、L・レヴィブリュルの『未開社会の思惟』（1922年、レギ・ブルュル、山田吉彦訳、小山書店、1935年／レヴィ・ブリュル、山田訳、上・下、岩波文庫、1953年）でその認識が始まり、文明の比較研究を目指した。ロバート・レッドフィールドが『未開世界とその変容』（1953年、染谷臣道・宮本勝訳『未開社会の変貌』みすず書房、1998年）で、世界観の一般概念が普及した。その世界観の解読は進んでいて、人の往来を通じて文化の接触、あるいは文化の重畳性の状況が成立し、文明世界の輪郭が変容し変転するところとなっている。

　そして第三は、地域の戦略性である。地域研究は戦略的関心において、その政策的要因ないし政策的動機を目的として成立し発展してきた。その学問の本質は変わらない。しかし、それは政策への従属としてはならない。地域研究の

第2部　地域研究250年

目的において達成された成果を客観的に政策の整合性に反映させる態度が不可欠である。いいかえれば、地域研究はその地域の存在性を確認して政策の展望構築に寄与するにある。

　かつて地域は、政策の遂行において戦略地域の追求にあった。その典型が南進論であり、[*1]北進論であった。[*2]それは支配空間の拡大による支配の維持と支配地域の安全保障の堅持が課題であった。その思考は北からの脅威に発し、長く交際のあった大陸、そして南方への日本の進出に始まっていた。

8-2 戦略地域空間

　第二次世界大戦後、軍事技術の長足な発達により戦略空間が提起され、その空間は地域概念の地域空間とは異次元において設定され、地政学がその戦略空間において寄与した。[*1]

　そして、現在、グローバル化の進展と相互交流の新次元で、新たな第三の戦略地域空間が登場してきている。その先駆は欧州統合にあって、地域主義の文脈で世界規模における地域性の確認がなされてきた。[*2]そこでの相互依存関係の創成が新しい戦略空間を設定づけてきた。太平洋空間あるいはユーラシア空間の登場はその新しい展望である。そのパタンは地域性において極めて多様であり、その戦略の追求が新しい可能な地域の構築を進捗させている。そこでの地域空間の設定は地域性に立脚しつつも、戦略目的の要素が極めて強い一方、世界市民の経済・社会空間と調和して成立している。

　以下、現在、提起され出現している戦略地域空間をとりあげる。

(1) 東アジア・ユーラシア世界

　東アジア世界は、西方から東方への重心の移動で大きく浮上してきた。それは、OECD報告で、A・マディソンが1995年に世界経済の変動として実証し、東アジア文化圏の存在を確認したからである（A. Madhdison, *Monitoring the World Economy 1820-1992*, Paris: OECD Development Centre, 1995）。これが実態として確認されたのは、ユーラシア世界の出現で、われわれは未来空間としての

312

ユーラシアを論じることになった（浦野起央「未来空間としてのユーラシアとその現在性」、浦野『新世紀アジアの選択——日・韓・中とユーラシア』浦野起央著作集第10巻、南窓社、2000年／梁雲祥・梁星訳『21世紀亜洲的選択』北京、中国社會出版社、2003年）。

シベリア／日本海圏

　この地はロシアの太平洋への進出ルートとしてシベリア鉄道の建設に始まった。現在、シベリア・サハリンの石油資源の開発で太平洋国家ロシアの基本的条件が成立している。その空間は日本海圏といえるもので、様々な交流が進捗している。1994年11月環日本海学会が発足した。北東アジア研究交流ネットワーク、韓国東北アジア経済学会、環日本総合研究機構、環日本海研究所などが活動している。日本海経済圏は環黄海経済圏を含む拡大された北東アジア経済圏に組み込まれている。

　その研究は、1960年代が始まったが、1990年代以降、次のように、実体として確認されてきている。日本海学という用語も登場している。宇野重昭は、北東アジア学を提唱した（『北東アジア学への道』国際書院、2012年）。[※1]

　国際日本協会日本海経済圏研究委員会『シベリア開発の現状と展望』国際日本協会日本海経済圏研究委員会、1966年。同『シベリア極東の燃料資源とその開発』国際日本協会日本海経済圏研究委員会、1967年。

　中野謙二『北東アジアの新風——環日本海新時代の原点をさぐる』情報企画出版、1991年。

　K・クルマン、H・カーラス、田村勝省訳『東アジアの統合——成長を共有するための貿易政策課題』シュプリンガー・フェアラーク東京、2004年。

　産業研究所編『東アジア地域に関する調査研究——国際関係の変容と北東アジア地域統合』産業研究所、1991年。同編『経済発展のための東アジア経済圏と東北アジアの課題に関する調査研究——「地方経済圏」の発展と北東アジア地域統合』産業研究所、1992年。同編『アジア・太平洋における東北アジア地域協力の意義と日本の課題——ポスト冷戦時代の東北アジア経済圏の展望と課題』産業研究所、1993年。

313

日本貿易振興会『北東アジア経済交流における中国と ANIEs』日本貿易振興会、1991 年。

西村明・渡辺利夫編『環黄海経済圏——東アジアの未来を探る』九州大学出版会、1991 年。

ソ連東欧貿易会ソ連東欧研究所編『北東アジア地域の新経済協力構想』ソ連東欧貿易会、1992 年。

池東旭『東アジア超経済圏の誕生』三田出版会、1992 年。

多賀秀俊編『国境を越える実験——環日本海の構想』有信堂、1992 年。

西村明・林一信『環黄海経済圏創生の課題と展望』九州大学出版会、1992 年。

現代アジア研究会編『東アジア経済の局地的成長』文眞堂、1994 年。

川勝平太「東アジア経済圏の成立と展開——アジア間競争の 500 年」、『アジアから考える』第 6 巻長期社会変動、東京大学出版会、1994 年。

古厩忠夫編『東北アジア史の再発見——歴史認識の共有を求めて』有信堂高文社、1994 年。

梶原弘和『アジアの発展戦略　工業化波及と地域経済圏』東洋経済新報社、1995 年。

本多健吉・他『北東アジア経済圏の形成——環日本海経済交流』新評論、1995 年。

蝦名保彦『環日本海地域の経済と社会——持続的発展をめざして』明石書店、1995 年。

丁士晟『図們江開発構想——北東アジアの新しい経済拠点』創知社、1996 年。

環日本海研究所編『北東アジア——21 世紀のフロンティア』毎日新聞社、1996 年。

経済企画庁経済研究所編『21 世紀中国のシナリオ——「中国の将来とアジア太平洋経済」研究会報告書』大蔵省印刷局、1997 年。

丸山伸郎編『21 世紀に向かう東アジア——相互依存と安全保障』日本貿

易振興会、1998年。

　国際開発センター『北東アジア及び日本海地域の総合開発に関する調査』国際開発センター、1999年。

　世界銀行、柳原透監訳『東アジア　再生への道』東洋経済新報社、2000年。

　坂田幹男『北東アジア経済論——経済交流圏の全体像』ミネルヴァ書房、2001年。

　日本海学推進会議編『日本海学の新世紀』富山県日本海政策課、2001年。

　NIRA・EASIA研究チーム編『東アジア回廊の形成——経済共生の追求』日本経済評論社、2001年。

　総合研究開発機構編『北東アジアエネルギー・環境共同体への挑戦』総合研究開発機構、2001年。同編『北東アジアのグランドデザイン——共同発展に向けた機能的アプローチ』総合研究開発機構、2005年。同編『北東アジアの長期経済展望——選択的シナリオ』総合研究開発機構、2006年。

　日本国際問題研究所編『北東アジア開発の展望』日本国際問題研究所、2003年。

　山影進編『東アジア地域主義と日本外交』日本国際問題研究所、2003年。

　原洋之介『東アジア経済戦略——文明の中の経済という視点から』NTT出版、2005年。

　中京大学社会科学研究所ロシア研究部会編『東シベリアの歴史と文化』成文堂、2005年。

　千葉康弘『北東アジア経済協力の研究——開発銀行構想・開発ビジョン・地域連携』春秋社、2005年。

　愛知大学国際問題研究所編『21世紀における北東アジアの国際関係』東方書店、2006年。

　藤田昌久・朽木昭文編『空間経済学から見たアジア地域統合』日本貿易振興機構アジア経済研究所、2006年。

　経済産業省編『グローバル経済戦略——東アジア経済統合と日本の選択』

ぎょうせい、2006年。

　大賀哲編『北東アジアの市民社会──投企と紐帯』国際書院、2013年。

　豊下樽彦・澤野義一・魏栢良編『北東アジアの平和構築──緊張緩和と信頼構築のロードマップ』大阪経済法科大学出版部、2015年。

　環日本海学会編『北東アジア事典──環日本海圏の政治・経済・社会・歴史・文化・環境』（国際書院、2006年）がある。

北方領土、竹島、尖閣諸島

　北方領土は日本に返還されていないが、北方領土への往来は回復し、生活経済圏が成立している。北方領土交渉は1991年四島一括交渉の方針を転換し、以後、5回の秘密交渉提案を重ねたが、実らなかった。これを外交のあやと解釈するのか、それは国民外交の失敗というべきであろう。状況は、北方海域をめぐって新地平が成立しつつあるからである。北方生活圏の回復浮上を認識し対処することを怠ったことに帰せられる。領土の次元と生活圏の次元の認識ギャップからの脱出が現下の課題である。そこには、新しい空間が形成されている。依然、一括交渉か二島漸次交渉かの議論を残したまま、国境交渉の条件が追求されても、新しい空間の確認とその方策の選択には至らない。

　中名生正昭『北方領土の真実──300年の歴史と将来への提言』南雲堂、1996年。

　木村汎編『北方領土──ソ連の5つの選択肢』読売新聞社、1991年。木村『日露国境交渉史──領土問題にいかに取り組むか』中公新書、1993年／『日露国境交渉史──北方領土返還への道』角川学芸出版、2005年。

　長谷川毅『北方領土関係と日露関係』筑摩書房、2000年。

　東郷和彦『北方領土交渉秘録──失われた5度の機会』新潮社、2007年。東郷『返還交渉──沖縄・北方領土の「光と影」』PHP新書、PHP研究所、2017年。

　本田良一『日ロ現場史──北方領土・終わらない戦後』北海道新聞社、2013年。本田『証言北方領土交渉』中央公論新社、2016年。

北海道附属島嶼復帰懇請委員会『4島を返せ——択捉・国後・色丹・歯舞群島返還運動史』北海道別海町、電脳工房、デジタル版2014年。

日本には、さらに2つの領土問題が存在している。

竹島は、韓国の独島（竹島）領土要求に対する日韓交渉が決着せず、日韓条約締結期において触れないとした両国の秘密合意も守られず、1995年以降、韓国が独島（竹島）を公然と占拠しており、それは韓国におけるナショナリズム操作の結果である。歴史問題としての対立をめぐり日本にも独島支持説がある。

外務省条約局『竹島の領有』外務省条約局、1953年。

川上健三『竹島の歴史地理学的研究』古今書院、1966年。

大熊良一『竹島史稿——竹島（独島）と鬱陵島の文献史的考察』原書房、1968年。

李漢基『韓国の領土——領土取得に關する國際的研究』ソウル、ソウル大学校出版社、1969年。

梶村秀樹「竹島＝独島問題と日本国家」朝鮮研究、第182号、1978年。

金明基『獨島と國際法』ソウル、華學社、1987年。

塚本孝「竹島領有権問題の経緯」調査と情報、第289号、1994年。

新鏞廈、韓誠訳『史的解明独島（竹島）』インター出版、1997年。

内藤正中『竹島（鬱陵島）をめぐる日朝関係史』多賀出版、2000年。内藤・朴炳渉『竹島＝独島論争——歴史資料から考える』新幹社、2007年。内藤・金柄烈『竹島・独島——史的検証』岩波書店、2007年。内藤『竹島＝獨島問題入門——日本外務省「竹島」批判』新幹社、2008年。

大西俊輝『日本海と竹島』4冊、東洋出版、2003年—12年。

金学俊、Hosaka Yuji訳『独島（ドクト）/竹島韓国の論理』論創社、2004年。金、李喜羅・小西直子訳『独島研究——韓日間論争の分析を通じた韓国領有権の再確認』論創社、2012年。

下條正男『竹島は日韓どちらのものか』文春新書、文藝春秋、2004年。下条『安龍福の供述と竹島問題——知っておくべき竹島の真実』島根県総務

部総務課／ハーベスト出版、2017年。

玄大松『領土ナショナリズムの誕生──「独島／竹島問題」の政治学』ミネルヴァ書房、2006年。

ロー・ダニエル『竹島密約』草思社、2008年。

久保井則夫『図説竹島＝独島問題の解決──竹島＝独島は、領土問題ではなく歴史問題である』拓殖書房新社、2014年。

浦野起央『朝鮮の領土〔分析・資料・文献〕』三和書籍、2016年。

池内敏『竹島──もう1つの日韓関係史』中公新書、中央公論新社、2016年。

保坂祐二『「独島・竹島」の日韓史』論創社、2016年。

藤井賢二、他『不条理とたたかう──李承晩ライン・拉致・竹島問題』拓殖大学、2017年。

尖閣諸島は、中国の領土要求の主張は残るものの、日本の支配が維持されている。

井上清『「尖閣」列島──釣魚諸島の史的解明』現代評論社、1972年／第三書館、1996年。

奥原敏雄「尖閣列島の領土編入経緯」政經學會誌、第4号、1975年。

高橋庄五郎『尖閣列島ノート』青年出版社、1979年。

緑間宋『尖閣列島』ひるぎ社、1984年。

浦野起央『尖閣諸島・琉球・中国──日中国際関係史』三和書籍、2002年、増補版2005年。

春原剛『暗闘尖閣国有化』新潮社、2013年／新潮文庫、新潮社、2015年。

山田慶児『回路としての『尖閣諸島』──航海技術史上の洋上風景』編集グループSURE、2013年。

松井芳郎『国際法学者が読む尖閣問題──紛争解決への展望を拓く』日本評論社、2014年。

矢吹晋『敗戦・沖縄・天皇──尖閣衝突の遠景』花伝社、2014年／張小苑・他訳『釣魚島沖突的起点──沖縄返還』北京、社会科学文献出版社、

2016年。

村田忠禧『資料徹底検証尖閣領有』花伝社、2015年。

ロバート・D・エルドリッヂ、吉田真吾・中島琢磨訳『尖閣問題の起源——沖縄返還とアメリカの中立政策』名古屋大学出版会、2015年。

本田喜彦『台湾と尖閣ナショナリズム——中華民族主義の実像』岩波書店、2016年。

塩田純『尖閣諸島と日中外交——証言・日中米「秘密交渉」の真相』講談社、2017年。

ユーラシアと改革開放中国

中国の改革開放政策の影響はユーラシア全域に広がってきている。中国の経済的現実は、中国型資本主義の台頭として確認されている。その現実が、ユーラシア世界の変容を展望している。その実態は「ユーラシアの世紀」として予見され展望され把握されてきているが、その取組みにおいてスラブ・ユーラシア学の登場となった。

そこでは、中国的特色社会主義の堅持と政治改革をめぐり眞理基準論争となった。その論争は未だ決着をみていない。その中国の改革・解放を含め、主要な文献を掲げる。

江流主編『有中国特色社会主義大事典』北京、人民出版社、1994年。

李崇威『論中國対外開放的戦略和政策』北京、社會科學文獻出版社、1995年。

田畑伸一郎編『スラブ・ユーラシアの変動——自存と共存の条件』北海道大学スラブ研究センター、1998年。

朶生春『中国改革開放史』上・下、北京、紅旗出版社、1998年。

梅岩『西南改革解放20年——中國20年「改革開放」回顧與評說』香港、夏菲爾國際出版公司、1999年。

五味久壽『グローバルキャピタリズムとアジア資本主義——中国・アジア資本主義の再編』批評社、1999年。五味『中国巨大主義の登場と世界資

本主義——WTO加盟以降の中国製造業の拡張再編と日本の選択』批評社、2005年。

浦野起央『新世紀アジアの選択——日・韓・中とユーラシア』浦野起央著作集第10巻、南窓社、2000年／梁雲祥・梁星訳『21世紀亜洲的選択』北京、中国社會出版社、2003年。浦野『ユーラシアの大戦略——3つの大陸横断鉄道とユーラシア・ドクトリン』時潮社、2008年。

劉朝明主編『大西南整體開放戰略與出海通道建設』成都、西南財政大學出版社、2000年。

三宅正樹『ユーラシア外交史研究』河出書房新社、2000年。

秋野豊『ユーラシアの世紀——民族の争乱と新たな国際システムの出現』日本経済新聞社、2000年。

涂裕春・他『中国西部的改革開放』北京、民族出版社、2001年。

倪國良『経済全球化與中國西部地區経済対外開放研究』北京、社會科學出版社、2004年。

ヌルスルタン・ナザルハジマル、下斗米伸夫・原田長樹訳『激動の十年——カザフから始まるユーラシアの改革』L・H陽光出版、2005年。

白萬綱『大國的崛起』北京、中國社會出版社、2007年。

羅建波『中國特色大国外交研究』北京、中国社会科学出版社、2016年。

谷口洋志編『中国政治経済の構造的転換』中央大学出版部、2017年。

矢吹晋『習近平の夢——台頭する中國と米中露三角関係』花伝社、2017年。

北海道大学スラブ研究センターの下に『講座スラブ・ユーラシア学』（3巻、講談社、2008年）が刊行され、移行期の旧社会主義国が対象地域とされ、開かれた「中域圏」空間が提起された。この中域圏の用語は、ソ連・東欧圏をユーラシアの展望において把握し直された。

第1巻家田修編『開かれた地域研究へ——中域圏と地球化』、第2巻宇山智彦編『地域認識論——多民族空間の構造と表象』、第3巻松里公孝編『ユーラシア——帝国の大陸』。

チベット

　伝統的ラマ国家のチベット世界は、かつての独立国家の存在を失い、現在、中国の一部として西部開発とともに中国経済の枢要な役目を担い、2006年のチベット高原の青藏鉄道開通はこの地域の存在と役割を決定づけた。他方、チベット世界は、ブータン、ネパールを含め、トランスナショナルな文化世界を形成している。その民族的認識がこのチベット世界の次元で作用するのは事実であるが、現在、新疆を含めて中国政治世界の空間にある。そこでは「民族の逃走」は成立しない。それは中国の政治的支配がネットワーク文化世界に優越しているからである。そこでは、インドに存在しているチベット亡命政府の中国での権力行使もありえない。

　　山口瑞鳳『チベット』上・下、東京大学出版会、1987-88年。

　　黄玉生、他編『西蔵地方与中央政府関係史』拉薩、西蔵人民出版社、1995年。

　　赴学毅、他編『清代以来中央政府対西蔵的治理与活佛転世制度史料汇集』北京、華文出版、1996年。

　　歴聲主編『中國新疆――歴史與現状』烏魯木斉、新疆出版社、2003年。

　　浦野起央『チベット・中国・ダライラマ――チベット国際関係史』三和書籍、2006年。

　　シルヴァン・マンジョ、乾有恒訳『革命中国からの脱走――新疆、チベット、そしてブータン』柘植書房新社、2007年――原本は1974年。

　　中央チベット行政府、ダライ・ラマ方法日本代表部事務所編、南野善三郎訳『約束の庭（ノルブリンカ）――中国侵略下のチベット50年』風彩社、2009年。チベット亡命政府情報・国際関係省、有木香訳『中国歴史偽造帝国――チベットから60の反証』祥伝社、2010年。

両岸関係

　台湾両岸の経済・文化交流は進捗しているものの、台湾人の自己認識は明確で、両地域、中国本土と台湾の中華統一は実現していない。一国両制モデルに

よる台湾の本土への組み込みは実現しなくとも、それは、両岸関係として把握される交渉と交流の局面を越えて、実態として共同生活圏空間が誕生をみせつつある。自己の帰属意識の多次元性のもと、台湾は、新しい中国生活空間を受け入れているが、交渉と交流の起点は、両岸関係である。そこでは、台湾の実態が解消されることはありえず、中国の統一は実現する局面にない。

李達編『兩制與台湾』香港、廣角鏡出版杜、1987年。

李永保・他、和田武司訳『北京発特電——台湾記者の中国大陸初レポート』講談杜、1988年。

日本貿易振興会経済情報センター『両岸経済交流と台湾』日本貿易振興会経済情報センター、1992年。

渡辺利夫編『両岸経済交流と台湾』日本貿易振興会、1993年。

行政院大陸委員会編『台湾海峡両岸関係についての説明』台北、行政院大陸員会、1994年。

交流協会『両岸経済交流の現状と今後の展望』交流協会、1995年。同『大陸への投資拡大による両岸経済関係への影響と今後の課題』交流協会、1998年。

王長魚主編『一國両制與臺灣』北京、華文出版杜、1996年。

李建編『兩岸謀和足跡追蹤』北京、華文出版社、1996年。

趙雲山『消失的兩岸』台北、新新文化事業、1996年。

張讃合『兩岸關係變遷史』台北、國知文化事業、1996年。

李家泉『李登輝主政臺灣以來的兩岸關係』香港、香港文匯出版社、1996年。

石斎平『新中國——廿一世紀海峡兩岸的出路』台北、工商時報社、1996年。

ジエイク・コーポレーション、林満江訳『台湾海峡両岸交流史』交流協会、1997年。

陳文泉『華南経済圏の発展と課題』中野出版企画、1997年。

〈中國臺灣問題〉編委會編『中國臺灣問題』北京、九洲圖書出版杜、1998

年。

　秋元千明『アジア震憾——中台危機・黄書記亡命の真実・報道機密ファイル』NTT出版、1998年。

　山本勲『中台關係史』藤原書店、1999年。

　楊中美・趨宏偉、青木まさこ編訳『1つの中国1つの台湾——江沢民vs李登輝』講談杜新書、講談杜、2000年。

　黄昭元主編『兩國論與台連國家定位』台北、峯林文化事業、2000年。

　陳春生『臺灣主権與兩岸開系』台北、翰盧圖書出版、2000年。

　張亞中『兩岸統合論』台北、生智文化事業公司、2000年。

　国際貿易投資研究所『近年の両岸情勢——中国・台湾経済関係の現状と課題』国際貿易投資研究所、2000年。

　黄光亮『論中國統一問題』台北、威信文化事業、2001年。

　石川幸一・藤原弘・真家陽一『台湾香港両岸ビジネス——台湾と中国香港ますます進展する分業体制』リブロ、2001年。

　王曙光『中台統一——21世紀東アジアのパワーバランス』NTT出版、2001年。

　丸山勝・山本勲『中台関係と日本東アジアの火薬庫』藤原書店、2001年。

　藤原弘『拡大する両岸ビジネス——中国・台湾』リブロ、2003年。

　李登輝・他『一國兩制下的香港』台北、群策會、2003年。李・他『兩岸交流與國家安全』台北、群策會、2004年。李・他『民主台灣vs中華帝國面對反分裂法及中國熱危機』台北、群策會、2005年。李、渋谷司・他訳『李登輝実録——台湾民主化への蒋経国との対話』産経新聞出版、2006年。李『新・台湾の主張』PHP新書、PHP研究所、2015年。李、劉又莃訳『餘生——吾的生命之旅與台湾民主之路』台北、大都會文化事業、2016年。

　岡田充『中国と台湾——対立と共存の両岸関係』講談社現代新書、講談杜、2003年。

　愛知大学国際問題研究所編『中台関係の現実と展望——国際シンポジウム二十一世紀における両岸関係と日本』東方書店、2004年。

323

洪儒明『民進黨執政後的中共對台政策（2000年5月至2003年5月）』台北、秀威資訊科技、2004年。

平松茂雄『台湾問題——中国と米国の軍事的確執』勁草書房、2005年。

ステファン・コルキュフ、上水流久彦・西村一之訳『台湾外省人の現在——変容する国家とそのアイデンティティ』風響社、2008年。

東アジア共同体

1982年に東アジア圏の出現を指摘したのは、ロイ・ホフハインズとケント・カルダーであった（国弘正雄訳『脱（ポスト）アメリカの時代——東アジア経済圏の台頭』日本放送出版協会、1982年）。以来、東アジア経済圏が現実となってきた。

東アジア地域の経済圏として東アジア共同体構想が確認されており、共同体構想は実現をみていないが、その経済圏としての要件は十分確立し機能してきている。にもかかわらず、アジア主義は民族表象であっても、国家利益を決済する手段ではない。制度的枠組みは、その理解にもかかわらず中華思想による交渉にもなじまない。朝鮮半島も中華主義の風土にある。そこでは自由貿易地帯空間の形成のみが有用とされる。この空間は安全保障の同盟空間との重畳性を欠くので、国家利益の調整を交渉の課題とするも、その組織形成の手続きは難しい。

議論は共同体樹立への期待と展望から楽観主義に走る一方、現実の交渉と実現可能性に対する悲観主義が残っており、議論は分裂している。東アジア共同体の実現に向けて市民社会の役割は深められつつも、現在、その公共市民空間形成の議論と方向性は、次のように、難しい状況にある。それは中国の大国主導秩序の選択が先行しているからである。[2]

青木健『アジア経済——持続的成長の道』日本評論社、2000年。

小寺彰・木村福成『東アジア自由貿易地域形成の課題と戦略——アジア地域経済圏形成調査研究』日本機械輸出組合、2001年。

山影進編『東アジア地域主義と日本外交』日本国際問題研究所、2003年。

蛯名保彦『日中韓国『自由貿易協定』構想——北東アジア共生経済圏』明

石書店、2004年。

谷口誠『東アジア共同体——経済統合のゆくえと日本』岩波新書、岩波書店、2004年。

小原雅博『東アジア共同体——強大化する中国と日本の戦略』日本経済新聞社、2005年。

毛利和子編集代表『東アジア共同体の構築』4巻、岩波書店、2006-07年——第1巻「新たな地域形成」、第2巻「経済共同体への展望」、第3巻「国際移動と社会変容」、第4巻「図説ネットワーク解析」からなる。

小川雄平『東アジア地中海経済圏』九州大学出版会、2006年。

西口清勝・夏剛編『東アジア共同体の構築』ミネルヴァ書房、2006年。

中達啓示編『東アジア共同体という幻想』ナカニシヤ出版、2006年。

野村総合研究所『東アジア共同体構造構築のためのわが国のFTAに関する調査——調査報告書』野村総合研究所、2006年。

滝田賢治編『東アジア共同体への道』中央大学出版部、2006年。

東海大学平和戦略国際研究所編『東アジアに「共同体」はできるか——分析と資料』社会評論社、2006年。

小林通・清水隆雄・川口智彦・陳文挙『東アジア経済圏構想と国際分業』高文堂出版社、2006年。

平塚大佑編『東アジアの挑戦——経済統合・構造改革・制度構築』日本貿易振興会アジア経済研究所、2006年。

進藤榮一・平川均編『東アジア共同体を設計する』日本経済評論社、2006年。進藤『東アジア共同体をどうつくるか』ちくま新書、筑摩書房、2007年。

渋沢雅英・山本正・小此木政夫・国分良成編『東アジアにおけるシヴィル・ソサエティの役割——慶應義塾大学法学部渋沢栄一記念財団寄付講座』慶應義塾大学出版会、2007年。

中村民雄・須網隆夫・臼井陽一郎・佐藤義明『東アジア共同体憲章案——実現可能な未来をひらく論議のために』昭和堂、2008年。

「再考、東アジア共同体」ワセダアジアレビュー、第7号、2010年。

林華生編『アジア共同体——その構想と課題』蒼蒼社、2013年。

星野富一・岩内秀徳編『東アジア共同体構想と日中韓関係の再構築』昭和堂、2015年。

金香男編『アジア共同体への信頼醸成に何が必要か——リージョナリズムとグローバリズムの狭間で』ミネルヴァ書房、2016年。

北朝鮮による朝鮮統一

金日成は、国家戦略として、民族意識の貫徹及び国家維持の要件達成という文脈で南部併合の朝鮮統一方策を一貫して追及してきた。北朝鮮は、依然、その戦略を放棄していないし、その対南工作は依然、続く。[3]韓国は、その国家の安全保障維持及び経済発展の追求にもかかわらず、同族の結集をすべてに優先する民衆の根強い感情があり、北の脅威認識にもかかわらず、民族の統一という念願を優先せざるえないジレンマを繰り返してきた。北のかかる攻勢は、半島の統一が北朝鮮にとって国家存立の至上条件である。

1971年の南北統一対話は、2年8カ月で頓挫した。再び1993年に南北首脳会談開催が合意されたが、実現しなかった。2000年と2007年に南北首脳会談が開催されたが、核問題の解決が優先されたことで、南北関係は冷却化した。依然、南北の交渉は、頓挫を繰り返しているが、それも北朝鮮の金正日政権の生き残り戦略に翻弄された形に焦点化した。現在、北朝鮮は1984年1月その解決を対米交渉に移し、一挙解決方式に転換しており、そのための米国との対等な交渉のための核大国の存在を証明するべく努力している。

研究の至上課題として、南北統一と半島の平和実現を期待して、その条件をめぐる整理・検討が進められており、さまざまな立場で多くの展望が提起されてきた。半島問題の解決は金日成が提唱した非核平和地帯を展望でき、北朝鮮を含む北東アジア経済圏を現実態とするが、北朝鮮にはそうした展望に対応できる蓋然性がまったくない。そこには、北朝鮮の核開発があった。[4]

朝鮮統一と平和的解決を追求した研究文献を掲げる。

アジア太平洋平和政策研究所編『朝鮮統一とアジアの平和』三省堂、1971年。

金明基『南北共同聲明と國際法』ソウル、法文社、1975年。金『國際法上　南北韓の法的地位』ソウル、華學社、1980年。金『北韓聯邦制統一論』ソウル、探究苑、1988年。金『北方政策と國際法』ソウル、國際問題研究所、1989年。金『南北基本合意書　要論』ソウル、國際問題研究所、1992年。金『南北韓　統一政策』ソウル、國際問題研究所、1992年。

W・J・バーンズ編、小林啓訳『南北朝鮮と4大国——朝鮮中立化は平和統一への道』コリア評論社、1977年。

現代朝鮮問題講座編集委員会編『朝鮮の統一問題』二月社、1979年。

文益煥、矢野百合子訳『民衆による平和と統一』新教出版社、1986年。

金南植・桜井浩『南北朝鮮労働党の統一政府樹立闘争』アジア経済研究所、1988年。

浦野起央・崔敬洛『朝鮮統一の構図と北東アジア』勁草書房、1989年。浦野「朝鮮半島の統一をめぐるシナリオと認知構造」法学紀要、第33巻、1992年。

在日朝鮮人社会・教育研究所編『朝鮮統一』晩聲社、1991年。

大阪経済法科大学アジア研究所、関寛治・姜昌周編『南北朝鮮統一論』日本評論社、1991年。

金基湘『韓国民衆の問題意識——自由・民主・統一への道』批評社、1992年。

鄭利根『朝鮮の統一——焦眉の問題』ピョンヤン、外国文出版社、1993年。

亜細亜大学アジア研究所編『南北朝鮮統一の行方』上・下、亜細亜大学アジア研究所、1997年。同編『南北朝鮮統一の展望』上・下、亜細亜大学アジア研究所、1999-2000年。同編『南北朝鮮統一の条件』上・下、亜細亜大学アジア研究所、2001年。同編『南北朝鮮統一はどうなるか』1・2・3、亜細亜大学アジア研究所、2003年。

趙全勝編、佐々木そのみ訳『国家の分裂と国家の統一――中国、朝鮮、ドイツ、ベトナムの研究』旬報社、1998年。

キム・ミョンチョル『金正日朝鮮統一の日――北朝鮮戦争と平和のシナリオ』光人社、1998年。

金大中・金大中アジア太平洋財団、波佐場清訳『金大中平和統一論』朝日新聞社、2000年。

白楽晴、李順愛・他訳『朝鮮半島統一論――揺らぐ分断体制』クレイン、2001年。白樂晴、青柳純一訳『朝鮮半島の平和と統一――現代体制の解体期にあたって』岩波書店、2008年。

森千尋『朝鮮半島は統一できるのか――韓国の試練』中公新書、中央公論新社、2003年。

金喆洙『朝鮮半島の統一展望と財政的課題』日本貿易振興会アジア経済研究所、2004年。

パク・ソンジョ、桑畑優香・葵七美訳『韓国崩壊――統一がもたらす瓦解のシナリオ』ランダムハウス講談社、2005年。

姜萬吉編、太田修・庵逧由香訳『朝鮮民族解放運動の歴史――平和的統一への模索』法政大学出版局、2005年。

鐸木昌之・平岩俊司・倉田秀也編『朝鮮半島と国際政治――冷戦の展開と変容』慶應義塾大学出版会、2005年。

李良姫・福原裕二「韓国における民族分断と観光」北東アジア研究、第17号、2009年。

華南・インドシナ地域

当該地域の社会体制の変容で、生活・産業圏としてのインドシナ地域の条件が雲南－ビエンチャン－バンコク公路及びインドシナ東西横断公路の開設といった道路網の確立をもって整ってきている。中国西部開発はその華南・インドシナ地域の発展を連繋づける戦略でもある。

丸山伸郎編『華南経済圏――開かれた地域主義』アジア経済研究所、1992

年。丸山編『長江流域の経済政策——中国の市場化と地域開発』アジア経済研究所、1993年。丸山編『90年代中国地域開発の視角——内陸・沿岸関係の力学』アジア経済研究所、1994年。

中国経済情報研究会『華南経済圏——香港でみるアジアボーダレス時代と中国』日本貿易振興会、1992年。

松本國義『華南経済圏——「近代化」中国と華僑』日本貿易振興会、1992年。

野村総研香港有限公司編『香港と華人経済圏——アジア経済を制する華人パワー』日本能率協会マネージメントセンター、1992年。

渡辺利夫編『香港経済交流と台湾』ジェトロ、1992年。渡辺編『華南経済——中国改革・開放の最前線』勁草書房、1993年。

日本貿易振興会海外経済情報センター『華南経済圏の発展と拡大』日本貿易振興会海外経済情報センター、1995年。

総合研究開発機構『華南経済の持続的発展』総合研究開発機構、1995年。同『中国両岸のWTO加盟を踏まえた華南経済圏および東アジアの動向』総合研究開発機構、2002年。

金泓汎『中国経済圏とその協力メカニズム』アジア経済研究所、1994年。金『中国経済圏——大陸、香港、台湾の補完と協力』サイマル出版会、1995年。

関満博『中国長江下流の発展戦略』新評論、1995年。関『世界の工場——中国華南と日本企業』新評論、2002年。

高長、Y・C・チチャードウォン『華南経済圏の現状と展望』関西経済研究センター、1995年。

陳文泉『華南経済圏の発展と課題』中野出版企画、1997年。

石田正美編『メコン地域開発——残された東アジアのフロンティア』日本貿易振興会アジア経済研究所、2005年。石田・工藤年博編『メコン圏経済協力——実現する3つの経済回廊』日本貿易振興会アジア経済研究所、2007年。

森一道『台頭する「ポスト華南経済圏」――"脱・経済"を目指す中国改革開放の新たな地平』芙蓉書房出版、2017年。

（2）東南アジア広域世界

ここで、東南アジア広域世界というのは、インドシナ諸国のASEAN加盟以後における東南アジアを指している。「東南アジア」という用語は第二次世界大戦期における連合軍の作戦地域として登場してきたもので、現在は、地域機構、東南アジア諸国連合の活動地域の拡がりにおいて把握される。

ASEAN経済圏

この経済圏はシンガポール市場圏の拡大として実現をみつつある。東南アジア諸国連合ASEANは1967年に発足し、インドシナの混乱に対する共同安全保障を追求し、1999年にはインドシナ地域諸国も参加した10カ国体制にあり、2003年にはASEAN共同体の実現を謳ったASEAN協和宣言を採択し、2004年ASEAN憲章を採択した。自由貿易地帯の取り組みは、現在、その実現をみつつあり、関係域外諸国との外交も大きな成果をあげている。

山影進、黒柳米司らの研究者を初め、地域主義の成功モデルとしてASEAN研究の文献は多い。

萩原寛之『ASEAN＝東南アジア諸国連合――東西対立と南北問題の接点』有斐閣、1983年。

岩崎育夫編『ASEANにおける地域協力――文献解題と年表』アジア経済研究所、1984年。

山影進『ASEAN――シンボルからシステムへ』東京大学出版会、1991年。山影『ASEANパワー――アジア太平洋の中核へ』東京大学出版会、1997年。山影編『転換期のASEAN――新たな課題への挑戦』日本国際問題研究所、2001年。山影編『東アジア地域主義と日本外交』日本国際問題研究所、2003年。

林華生『ASEAN経済の地殻変動――21世紀に向けての局地市場圏の形

成』同文舘出版、1993年。

　糸賀滋編『動き出すASEAN経済圏——2000年への展望』アジア経済研究所、1994年。

　東南アジア調査会編『ASEAN（東南アジア諸国連合）協力の現状——発足30年の総括』東南アジア調査会、1997年。東南アジア調査会編『ASEAN諸国の現状』東南アジア調査会、1998年。

　清水一史『ASEAN域内経済協力の政治経済学』ミネルヴァ書房、1998年。

　佐藤考一『ASEANレジーム——ASEANにおける会議外交の発展と課題』勁草書房、2003年。

　黒柳米司『ASEAN35年の軌跡——‘ASEAN　Way’の効用と限界』有信堂高文社、2003年。黒柳『アジア地域秩序とASEANの挑戦——「東アジア共同体」をめざして』明石書店、2005年。黒柳編『「米中対話」時代のASEAN——共同体への深化と対外関与の拡大』明石書店、2014年。

　山澤逸平・平塚大裕編『日・ASEANの経済連携と競争力』日本貿易振興会アジア経済研究所、2003年。

　桐山昇『東南アジア経済史——不均一発展国家群の経済結合』有斐閣、2008年。

南シナ海域

　他方、南シナ海は、中国の西沙・南沙諸島支配をめぐり日本が一時占領し、1945年日本の請求権放棄後、中国の支配に戻り、台湾とベトナム、フィリピン、マレーシアなどが占領し、中国とASEAN諸国との間で対立が続き、いまだに安定した秩序にないばかりか、南シナ海航行のシーレンの問題ともなっている。1994年のドーナツ・フォーミュラー構想は流れ、1992年マーク・バレンシアのスプラトリー条約草案も実現をみることなく、中国は9段主権線を堅持し、2016年7月フィリピンが提起した国際仲裁裁判所の裁定はこの中国の主張を受け入れなかった。

傅混成『南海的主鑛藏——歴史與法律』台北、幼獅文化事業公司、1981年。

Mark J. Valencia, *South East Asian Seas: Oil under Troubled Waters,* Singapore: Oxford U. P., 1985. Valencia, "Solving the Spratlies," *The Pacific Research,* Vol. 3 No. 3, 1990. Valencia, "Spratly Solution still at Sea," *The Pacific Review,* Vol. 6 No. 2, 1993. Valencia et al., *Sharing the Resources of the South China Sea,* Honolulu: Univ. of Hawaii's Press, 1999.

陳鴻瑜『南海諸島主權國際衝突』台北、幼獅文化事業公司、1981年。

劉天均『中越關係的衝突層面——若干問題的研究』台北、臺灣商務印書館、1984年。

陳刑和「西沙諸島と南海諸島——歴史的回顧」創大アジア研究、第10号、1989年、陳「南シナ海地域協力問題の研究」問題と研究、第21巻第1号、1991年。

竹下秀邦「南シナ海の経緯と領有権問題」上・下、アジア・トレンド、第59号、第60号、1992年。

呂一燃主編『南海諸島——地理・歴史・主権』哈尔浜、黒龍江教育出版社、1992年。

浦野起央『南海諸島国際紛争史——研究・資料・年表』刀水書房、1997年/楊翠柏、他訳『南海諸島国際紛争史』成都、四川大学法学院南海法律問題研究中心、2004年/南京、南京大学出版社、2017年。浦野『南シナ海の領土問題〔分析・資料・文献〕』三和書籍、2015年。

呉士存『南沙争端的由来と発展』北京、海洋出版社、1999年/北京、中國經濟出版社、2010年。呉、朱建栄訳『中國と南海諸島紛争——問題の起源、経緯と「仲裁裁定」後の展望』花伝社、2017年。

李金明「南海"9条線脱線"及相関問題研究」中国辺境史地研究、2001年第2期。

韓振華『南海諸島史證地論證』香港、香港大學亞洲研究中心、2003年。

楊翠柏「時称国際法与中国対南沙諸島亨有無可争辨的主権」中国辺境史地研究、2003年第1期。楊『南沙群島主権法理研究＝Legal study on China's sovereligty over NANSHA islands』北京、商務印書館、2015年。楊・他『南沙群島氣資源共同開発法律研究』南京、南京大学出版社、2016年。

≪南海区域問題研究≫編委会、安応民主編『南海区域問題研究』北京、中国経済出版社、2012年。安応民、他『基丁南海主権戦略的海洋行政管理創新＝Marine administration innovation based of the South China Sea sovereignty strategy』北京、中國經濟出版社、2015年。

ロバート・D・カプラン、奥山真司訳『南シナ海中国海洋覇権の野望』講談社、2014年／『南シナ海が"中国海"になる日──中国海洋覇権の野望』講談社＋α文庫、講談社、2016年。

太平洋盆地

南太平洋経済協力局SPECの活動を通じて、その存在が確認されてきた。その活動は現在、南太平洋フォーラムである。その存在が注目されるとともに、太平洋盆地という用語が定着してきた。そして、その文明史的・政治社会的変動への関心をパシフィック・ウェイあるいは太平洋のマタンギ（トンガ語の風）と形容するところともなった。その地域経済圏にはオーストラリア、ニュージーランドが参加している。1947年に域外国の参加で発足した南太平洋委員会は1998年に太平洋共同体と名称も変わった。

1980年代以降、自治・独立の達成とともに、研究が大きく進展し、地域圏としての役割が着目されるところとなっている。石川榮吉はオセアニア学を提唱し、21世紀以降、の総合社会科学としての研究は大きく前進し、オセアニア学会の成果として、遠藤央、他編『オセアニア学＝Oceanic studies』（京都大学学術出版会、2009年）が刊行され、オセアニア地域の最前線とその展望を提示した。

South Pacific Forum: the First 15 Years, Suva: South Pacific Bureau for Economic Forum, 1986.

Uentabo Fakaofo Neemia, *Cooperation and Conflict: Coats, Benefits, and National Interests in Pacific Regional Cooperation*, Suva: Institute of Pacific Studies, The University of the South Pacific, 1986.

アジア・太平洋マイクロステート研究会編『南太平洋の非核と自立のフィールドノート』広島大学平和科学研究センター、1991年。

ロニー・アレキサンダー『大きな夢と小さな島々——太平洋島嶼国の非核化にみる新しい安全保障観』国際書院、1992年。

石川榮吉『日本人のオセアニア発見』平凡社、1992年。石川「日本のオセアニア学」、大塚柳太郎・片山一道・印東道子編『オセアニア』第1巻島嶼に生きる、東京大学出版会、1993年。

浦野起央『国際政治における小国』浦野起央著作集第4巻、南窓社、1992年。

Roger C. Thompson, *The Pacific Basin since 1945: A History of the Foreign Relations of the Asian, Australasian and American Rim States and the Pacific Islands,* London/ New York: Longman, 1994.

小林泉『太平洋島嶼諸國論』東信堂、1994年。小林『ミクロネシア独立国家への軌跡——見つづけた島々の30年』太平洋諸島地域研究所、2006年。

熊谷圭知・塩田光喜『マタンギ・パシフィカ——太平洋島嶼国の政治・社会変動』アジア経済研究所、1994年。塩田編『海洋島嶼国家の原像と変貌』アジア経済研究所、1997年。塩田編『島々と階級——太平洋島嶼諸国における近代と不平等』日本貿易振興会アジア経済研究所、2002年。塩田編『グローバル化のオセアニア』日本貿易振興機構アジア経済研究所、2010年。

河合利光編『オセアニアの現在——持続と変容の民族誌』人文書院、2002年。

山本真鳥・須藤健一・吉田集而編『オセアニアの国家統合と地域主義』国立民族学博物館地域研究企画交流センター、2003年。須藤『オセアニアの人類学——海外移住・民主化・伝統の政治』風響社、2008年。

早稲田大学オーストラリア研究所編『オーストラリアのマイノリティ研究』オセアニア出版社、2005年。同編『世界の中のオーストラリア——社会と文化のグローバリゼーション』オセアニア出版社、2012年。

丹羽典生『脱伝統としての開発——フィジー・ラミ運動の歴史人類学』明石書店、2009年。丹羽・石森大知編『現代オセアニアの「紛争」——脱植民地以降のフィールドから』昭和堂、2013年。丹羽編『〈紛争〉の比較民族誌——グローバル化におけるオセアニアの暴力・民族対立・政治的混乱』春風社、2016年。

風間計博編『交錯と共生の人類学——オセアニアにおけるマイノリティと主流社会』ナカニシヤ出版、2017年。

(3) アジア太平洋世界

太平洋世界は、キャプテン・クックの探検と航海の世界にあった（クック、赤木俊訳『太平洋航海記』全訳、2冊、大日本出版、1943年／抄訳、荒正人訳、世界探検紀行全集第5巻、河出書房、1955年／世界ノンフィクション全集第19巻、筑摩書房、1961年）[1]が、モンロー・ドクトリンでヨーロッパへの干渉を封じてきたアメリカが一大転換したのは、アラスカをロシアから買収し、さらにフィリピンを支配し、太平洋を自らの海としたマハン提督の海洋戦略にあった。1907年以来、米国中枢が追求してきたオレンジ計画の制海権構想は、太平洋の支配と東アジア・日本の封じ込めを企図していた（エドワード・S・ミラー、沢田博訳『オレンジ計画——アメリカの対日進攻50年戦略』新潮社、1994年）。第二次世界大戦に至る過程で、日本は海洋国家として太平洋をアジアの海として対処してきた。現在はアジア太平洋として新たな注目を浴びるところとなっている。それは、現在、米国支配の世界は容認されず、中国は大陸国家を転じて海洋国家として米国と太平洋を分割支配し、米国は列島線をもって確認している。[2]

海洋政策研究財団編『中国の海洋進出——混迷の東アジア海洋圏と各国対応』成山堂書店、2013年。

小川和久・西恭之『中国の競争力——台頭する新たな海洋覇権の実態』中

央公論新社、2014年。

宮田敦司『中国の海洋戦略——アジアの安全保障体制』批評社、2014年。

复旦大学中国与周辺国家関係研究中心编『“一带一路”的战略定位与基本内部涵专辑』北京、社会科学文献出版社、2015年。

胡波、浜口城訳『中国はなぜ「海洋大国」を目指すのか——“新常態”時代の海洋戦略』富士山出版社／日本僑報社、2015年。

楊國楨『海洋文明論与海洋中国』北京、人民出版社、2016年。

日本安全保障戦略研究所編『中國の海洋進出を抑え込む——日本の対中防衛戦略』国書刊行会、2017年。

アジア太平洋圏

「太平洋文明」の確認をもって環太平洋の地域性が確認され、アジア太平洋経済協力会議ASPACが進展している。これは太平洋西岸の米国、カナダから、中国、日本、オーストラリアまでの協力組織である。

1960年代に小島構想が提起され、多くの研究が重ねられつつ、日本政府は「太平洋世界の時代」を提唱し、1980年以降、その経済協力が進み、オーストラリアのドライスデール構想がその実現に拍車をかけた。その追求は新しい領域の発想において外交革命とも形容されるものであった。

この太平洋文明を論じたのは、神川彦松「太平洋文明と太平洋共同体序論」（國士舘大学政経学部論叢、第13号、1970年）である。そして船橋洋一が1995年に『アジア太平洋フュージョン　APECと日本』（中央公論社）を刊行し、「中央公論」1996年9月号で山崎正和が「環太平洋文明の誕生」を取り上げた。

米国のASPACは、ASEANと北米自由貿易協定NAFTAと連繋している。

関係文献は、以下の通りである。

小島清『太平洋経済圏と日本』日本国際問題研究所、1969年。大来佐武郎・小島編『アジア太平洋経済圏』日本国際問題研究所、1973年。小島『西太平洋経済圏の研究』3巻、日本経済研究センター、1973-75年。小島編『日豪経済関係の基本問題』1・2、日豪調査委員会、1973-75年。小島『太平洋

経済圏の生成』正・続・第3集、世界経済研究会、1980-2001年。

川田侃・西川潤編『太平洋地域協力の展望』早稲田大学出版部、1981年。

齋藤鎮男『太平洋時代——太平洋地域統合の研究』新有堂、1983年。

経済企画庁総合計画局編『太平洋時代の展望——2000年に至る太平洋洋地域の経済発展と課題』大蔵省印刷局、1985年。同編『アジア太平洋地域繁栄の哲学——総合国力の観点からみた日本の役割』大蔵省印刷局、1989年。同編『90年代の太平洋経済』大蔵省印刷局、1989年。

江口雄次郎・碓井彊『環太平洋圏の時代』亜紀書房、1988年。

I・I・コワレンコ、他編、国際関係研究所訳『アジア＝太平洋共同体論——構想・プラン・展望』協同産業出版局、1988年。

山口敏夫『日本外交の革命——太平洋協力機構をめざして』講談社、1988年。

環太平洋協力日本委員会編『21世紀の太平洋協力——現状と課題』時事通信社、1988年。

ペーター・ドライスデール、山澤逸平・他訳『アジア太平洋の多元主義外交』毎日コミュニケーションズ、1991年——原本は『国際的経済多元主義——東アジアと太平洋の経済施策』1988年である。

慶應義塾大学地域研究センター編『アジア・太平洋経済圏の新時代——構想・課題・挑戦』慶應通信、1991年。同センター編『アジア・太平洋新秩序の模索』慶應通信、1994年。

増田與『太平洋共同体新論』北樹出版、1991年。

渋沢雅英、ザカリア・ハジ・アジャマド、ブライアン・ブリジェス、渋沢訳『太平洋アジア——危険と希望』サイマル出版会、1991年。

マイク・マンスフィールド、國弘正雄訳『未来は太平洋にあり』サイマル出版会、1992年。

渡邊昭夫『アジア・太平洋の国際関係と日本』東京大学出版会、1992年。渡邊編『アジア太平洋連帯構想』NTT出版、2005年。渡邊編『21世紀を創る——大平正義の政治的遺産を継いで』PHP研究所、2016年。

山澤逸平・三和総合研究所編『アジア太平洋2000年のビジョン』東洋経済新報社、1993年。

福島清彦『太平洋の時代──摩擦から協調へ』東洋経済新報社、1994年。

青木健『アジア太平洋経済圏の生成──その動態と統合メカニズムの解明』中央経済社、1994年、

岡部達味編『ポスト冷戦のアジア太平洋』日本国際問題研究所、1995年。

宮智宗七・大西健夫編『APEC──日本の戦略』早稲田大学出版部、1955年。

梅津和郎編『アジア太平洋共同体──ASEAN・APEC・NAFTA』晃洋書房、1996年。

ウォルター・マクドゥーガル、木村剛久訳『太平洋世界』上・下、共同通信社、1996年。

陳文敬主編『亞太地區貿易和投資自由化的新浪潮』北京、中國対外経済貿易出版社、1996年。

浦野起央『アジアの国際関係』浦野起央著作集第9巻、南窓社、1997年。

国際開発センター『アジア太平洋方式の開発協力──APECを通じた経済技術協力の推進をめざして』国際開発センター、1997年。

宮里政玄編『アジア・太平洋における国際協力──日本の役割』三嶺書房、1998年。

髙木彰彦・千葉立也・福嶋依子編『アジア太平洋の国際関係の変動──その地政学的展望』古今書院、1998年。

立命館アジア太平洋研究センター・坂本和一編『アジア太平洋のエポック』法律文化社、1998年。坂本『アジア太平洋時代の創造』法律文化社、2003年。

岡本次郎編『APEC早期自由化協議の政治過程』日本貿易振興会アジア経済研究所、2001年。

川勝平太編『アジア太平洋経済圏史──1500-2000』藤原書店、2003年。

星野三喜夫『「開かれた地域主義」とアジア太平洋の地域協力と地域統合

――APECの適切性と親和性についての実証的研究』パレード、2011年。

　農林水産省農林水産政策研究所編『アジア太平洋地域の貿易構造とASEAN+1型FTA』農林水産省農林水産政策研究所、2011年。

　防衛省防衛研究所編『アジア太平洋地域の多国間協力の可能性』防衛省防衛研究所、2014年。

　馬田啓一・浦田秀二郎・木村福成編『TPPの期待と課題――アジア太平洋の新通商秩序』文眞堂、2016年。

　川口純子・秋山昌廣編『アジア太平洋の未来図――ネットワーク覇権・Pax Amicitia』中央経済社、2017年。

『変貌するアメリカ太平洋世界』（6巻、彩流社、2004-05年）が刊行された。これはアメリカ研究の研究者が世界におけるアメリカの視点からは把握できないアジア太平洋世界の出現においてアジア太平洋の新しい認識と構造の創出に視点をおいて執筆したものである。その内容は、次の通りである。

　第1巻　遠藤泰生・油井大三郎編『太平洋世界の中野アメリカ――対立から共生へ』――「太平洋世界の歴史的変貌――太平洋世界の相互イメージ」「多様化する太平洋世界のネットワークとアイデンティティ　アメリカとアジア太平洋地域との貿易・投資関係の新展開」「中国系移民とチャイニーズアメリカの太平洋ネットワーク」「「太平洋共同体」の可能性」など。第2巻五十嵐武士編『太平洋世界の国際関係』――「太平洋世界の構造　太平洋世界の形成と東アジアの民主化」など。第3巻　山本吉宣編『アジア太平洋の安全保障とアメリカ』――「アメリカの安全保障の展開とアジア太平洋　冷戦後アメリカの世界戦略とアジア太平洋政策」「東南アジアとオセアニアの安全保障　ASEANの安全保障機能とアジア太平洋の広域安全保障」「アイデンティティの模索と安全保障」「アジア太平洋の制度のネットワーク」「非伝統指的安全保障　アジア太平洋地域の「非伝統的安全保障」」など。第4巻　松原望・丸山真人編『アジア太平洋環境の新視点』――「アジア太平洋地域における循環型社会構築の条件」など。第5巻　庄司興吉編『情報的変動のなかのアメリカとアジア』――「アジア太平洋地域におけるインター

ネット戦略の構図とその帰結」「グローバル・メディアとローカルな言語状況」『中華地域世界システム/U.S.セントリック・システム』「真帝国か地球市民社会か」など。第6巻　瀧田佳子編『太平洋世界の文化とアメリカ——多文化主義・土着・ジェンダー』——「文化風景としての太平洋世界」「太平洋文化圏を考える〈太平洋〉を書く」「環太平洋共同体の萌芽」「アジア太平洋の文化的接触　教育におけるアメリカ・西欧モデルと文化的ジレンマ」など。

(4) 南アジア世界

　インド亜大陸のインド世界は地政学でいう「遮断地帯shatter belt」とされてきた（井口一郎『地政動態論——現代地政学の諸問題』帝國書院、1943年）。それは、インドがユーラシアのハートランドとインド洋の2つの弧に制約された地域にあったからである。地球上、最大の密集集団が存在しているにもかかわらず、それは結合性を欠いた。今や、状況は一変した。かつての対外英國勢力による分断はなく、「母なるインド」（バーラト・アター）の意識が現実態となった。

インド経済圏

　かつてベンガル圏が追求されたが、インドの主導でそのネットワークは中国・日本にも拡大されてきている。1991年にインドは社会主義計画経済から経済自由化政策へと転換し、2006年1月に南アジア地域協力連合諸国は南アジア自由貿易圏を発足させた。

　インドの経済的実力としてタタ財閥の役割も注目されるところとなっている。[*1]

　　山崎恭平『インド経済入門——動き出した最後の巨大市場』日本評論社、1997年。

　　近藤則夫編『開発と南アジア社会の変容』日本貿易振興会アジア経済研究所、2000年。近藤編『現代インドの国際関係——メジャー・パワーへの模索』日本貿易振興会アジア経済研究所、2012年。

第8章　戦略地域空間と地域研究

小島眞『インド経済分析』勁草書房、1993年。小島『インドのソフトウェア』東洋経済新報社、2004年。小島『タタ財閥——躍進インドを牽引する巨大企業グループ』東洋経済新報社、2008年。

内川秀二編『中国・南アジアにおける貿易投資・経済協力関係』日本貿易振興会アジア経済研究所、2004年。内川編『躍動するインド経済——光と陰』日本貿易振興会アジア経済研究所、2006年。

日本国際問題研究所編『南アジアの安全保障』日本評論社、2005年。

長田俊樹編『インダス——南アジア基層世界を探る』京都大学学術出版会、2013年。

インド洋・東アフリカ圏

新しくインド洋経済圏が東アフリカとの連繋で浮上してきた。これはインドの主体化でインド洋が経済圏として登場してきたことを意味する。インド洋世界の歴史的確認も研究が進んでいる。[2]

上岡弘二・家島彦一『インド洋西海域における地域間交流の構造と機能』東京外国語大学アジア・アフリカ言語文化研究所、1979年。家島『海が創る文明——インド洋海域世界の歴史』朝日新聞社、1993年。

浦野起央『南アジア・中東の国際関係』浦野起央著作集第6巻、南窓社、1993年。

日本貿易振興『東アフリカ共同体とインド洋経済圏』日本貿易振興会、1997年。

(5) 中東世界

中東世界は、地政学でいう「遮断地帯」で、いまだ地域的な不安定にある。東西干渉の火薬庫から解放されたが、民族的・宗教的対立は克服できていない。その中東は、米国が東方の中心として石油支配の文脈でその用語を使用した。英国は、インド帝国を支配し、その手前、近東の用語（以東は極東）を使用した。日本には、その歴史的支配の経緯もなく中近東としている。

341

アラブ諸国では、ウルーバ（アラブ民族主義）がワタニーヤ（アラブ国民主義／愛国主義）を超えたものとして追求され、そのアラブ体制はモハメド・ヘイカルが大国関与の中東体制として区別したものである（Mohammed Haikal, "Egypt Foreign Policy," *Foreign Affairs*, Vol. 56 No. 4, 1978）。[*1] そのアラブ体制は、大国の関与を封じてアラブ連帯に立つところの自立の選択にある。現在拒否される中東体制は、大国との交渉・取引をもって自決追求に迫るもので、アラブ体制と区別される（浦野起央『南アジア・中東の国際関係』浦野起央著作集第6巻、南窓社、1993年、第2章）。その諸相は著しい。

浦野起央『現代における革命と自決』上巻、パピルス出版、1987年——イラン革命、アフガニスタン革命と部族秩序を対象とする。

酒井啓子編『国家・部族・アイデンティティ——アラブ社会の国民形成』アジア経済研究所、1993年。

中西久枝『イスラームとモダニティ——現代イランの諸相』風媒社、2002年。

私市正年・栗田禎子編『イスラーム地域の民衆運動と民主化』東京大学出版会、2004年。

小杉泰『現代中東とイスラム政治』昭和堂、1994年。小杉『現代イスラム世界』名古屋大学出版会、2006年。

劉強『伊朗國際戦略地位論——一種全球多視覚的解析』北京、世界知識出版社、2007年。

ジルベール・アシュカル、岩田敏行編『中東の永続的動乱、パレスチナ民族自決、湾岸、イラク戦争』柘植書房新社、2008年。

水谷周編『アラブ民衆革命を考える』国書刊行会、2011年。

内藤正典編『イスラーム世界の挫折と再生——「アラブの春」語を読み解く』明石書店、2014年。

スエズ運河の争点化以後、ナイル河の水利資源が大きな課題として潜在しており、それは生活・産業のインフラストラクチャーにある。

長沢栄治『エジプトの自画像——ナイルの思想と地域研究』東京大学東洋

文化研究所／平凡社、2013 年。

Mwangi S. Kimenyi & John Mukum Mbaku, *Goberning the Nile River Basin: the Search for a New Legal Regime,* Washington, DC: Brookings Institution Press, 2015. 西舘康平『現代エジプト政治──ナイル川最下流に位置する国の水資源獲得の行方』秀麗出版、2017 年。

ガルフ圏

アラビア半島では、湾岸協力評議会のもとに経済・安全保障協力が進捗している。それの研究は大きな課題となっている。

中東経済研究所編『湾岸アラブ諸国協力会議』中東経済研究所、1984 年。

浦野起央『国際政治における小国』浦野起央著作集第 4 巻、南窓社、1992 年。

細井長『中東の開発戦略──新時代へ向かう湾岸諸国』ミネルヴァ書房、2005 年

日本国際問題研究所編『湾岸アラブと民主主義──イラク戦争後の展望』日本評論社、2005 年。

福田安志編『湾岸アラビア諸国における社会変容と政治システム──GCC 諸国、イラン、イエメン』日本貿易振興機構アジア経済研究所、2008 年。

石黒大岳『中東湾岸諸国の民主化と政党システム』明石書店、2018 年、

金子寿太郎『中東湾岸地域の金融システムと通貨統合』太陽書房、2014 年。

細田尚美編『湾岸アラブ諸国の移民労働者──「多外国人国家」の出現と生活実態』明石書店、2014 年。

イスラム世界

現下の中東世界は域外列国の干渉の下にはない。そこでは、旧ソ連干渉の余地もない。そこでは、イスラムの挑戦ないし抵抗、その議論の文脈でイスラム

現象を解する傾向が強い（ベンジャミン・バーバー、鈴木主税訳『ジハード対マックワールド——市民社会の夢は終わったか』三田出版会、1997年）。このイスラム世界（ダール・アルイスラム／イスラムの家／平和の家）の拡大又は防衛のための戦いをジハード（聖戦）といい、それは元来、アラビア語の意味で定められた目的のための努力ということである。世界はイスラムの主権が確立したダール・アルイスラムでなければならず、その主権が確立していない世界（ダール・アルハルブ／戦争の家）では異教徒に対する戦いが至上原則となる。それは五柱の1つで、イスラム教徒に課せられた義務で、新国家建設運動、相容れない民主主義のヨーロッパに対する抵抗闘争、あるいはイスラム性が認められない支配に対する反体制運動として展開する。この文脈で、ジハード論は中核概念として論じられてきた。但し、ヨーロッパの代表文献Khaled Abou El Fadl, *Rebellion and Violence in Islamic Law*, Cambridge: Cambridge U. P., 2001には、叛乱の規定はあっても、その討伐については論じられていない。そこに、理解の限度が存在する。

アブドゥルカリーム・斎藤積平編『ジハード——神の道のために』イスラミックセンター・ジャパン、1978年。

湯川武「イブン・タイミーヤのジハード思想」、慶應義塾大学東洋史研究室編『西と東と——前嶋信次先生追悼論文集』汲古書院、1985年。

芦田徹郎「攻撃性と聖戦の間——戦争論のための覚え書」熊本大学教養部紀要人文・社会科学編、第20号、1985年。

佐々木良昭「コーランにみるジハード」海外事情研究所報告、第21号、1987年。

中田考「イスラーム法学における『内乱』の概念——イブン・チミーヤの批判を手がかりに」中東学会年報、第5号、1990年。中田「ジハード（聖戦）論再考」オリエント、第35巻第1号、1992年。中田「エジプトのジハード団——歴史と思想」中東研究、第862号、1992年。中田「『イスラーム世界』とジハード——ジハードの理念とその類型」、『イスラーム国家の理念と現実』講座イスラム世界第5巻、栄光教育文化研究所、1995年。中田『イス

ラームのロジック——アッラーフから原理主義まで』講談社、2001年。中田「シーア派法学における古典ジハード論とその現代的展開——スンナ派法学との比較の視点から」山口大学哲学研究、第15号、2008年。

黒田壽郎『イスラームの反体制派』未来社、1991年。

古賀幸久『イスラム国家の国際法規範』勁草書房、1991年。

田中千里「「ジハード」について——イブン・ルシドとシャルトゥートの論説から」近畿大学教養部研究紀要、第23巻第1号、1991年。

磯崎定基「イスラム・アフマディー派のジハード観」追手門経済論集、第27巻第1巻、1992年。

塩尻和子「ジハードとは何か——宗教史の視点からみる聖戦思想」(1)(2)(3)、中東協力センターニュース、第22巻第4号・第8号・第12号、1997-98年。塩尻「新たなイスラーム理解を求めて——「ジハード」を考え直す」中東研究、第476号、2001年。

加藤博『イスラム世界論——トリックスターとしての神』東京大学出版会、2002年。

横田貴之「ハサン・バンナーのジハード論と大衆的イスラーム運動」オリエント、第46巻第1号、2003年。

ジル・ケペル、早良哲夫訳『ジハードとフィトナ——イスラム精神の戦い』NTT出版、2005年。

保坂修司「デジタル・ジハードの現在」イスラム科学研究、第1号、2005年。保坂『ジハード主義——アルカイダからイスラム国へ』岩波書店、2017年。

池内恵「近代ジハード論の系譜学」国際政治175、2014年。

イスラムの独自性—イスラム圏

中東アラブはイスラム世界で、その行動はパン・アラブ主義ともいい、それらは、イスラム認識において一体である。というのも、イスラム世界の歴史書では、国は宗教集団に分割されているのではなく、1つの宗教が地域に、後

の国民国家に分割されるとの考えにあるからである。そのイスラム世界はオスマン帝国の崩壊後に英国・フランスの外国支配となり、現在、その国境と国家を継承しているに過ぎない。いいかえれば、アラビア語にはアラブを指す名称がなく、イブン・ハルドゥーンの『歴史序説』（田村実造訳『イブン・ハルドゥーンの『歴史序説』上・下、アジア経済研究所、1964年／森本公誠訳『歴史序説』3巻、岩波書店、1979年／4冊、岩波文庫、岩波書店、2001年）には、2代目カリフのウマルが、アラブ人に「血統をよく調べよ」と語ったとの記述がある。これはアラブ人には民族的アイデンティティも領土アイデンティの帰属認識がなかったことを意味する。そこで、すべての事項がイスラムによって説明づけられ、イスラムでないイスラエルの領土と民族を認めないことで、すべてのアラブ人がイスラエルに対決する至上命令に従うことになる。別言すれば、イスラム共同体は、1人の指導者のもとで共同体としての国家が形成されてきたのであって、歴史書には、アラブと同様にペルシア、トルコの存在はなかった。因みに、ペルシアとはギリシア人がパルスといい、ファルスと転化してペルシアとなった。同様に、トルコ人は、自らをイスラム教徒といい、西洋においては、トルコとされたに過ぎない。このイスラムを、現代世界でアラビア、あるいはサウジアラビア（サウドのアラビア）といいかえているが、いずれもイスラムがその原点である。そこで、イスラム学者牧野信也はイスラム学を提唱した（「イスラーム学の建設のために」、慶応義塾大学東洋史研究室編『西と東——前嶋信次先生追悼論文集』汲古書院、1985年）。

　イスラム世界では、ルイスのイスラム後進論に対して、「イスラム現象」が現代世界における被抑圧者解放への理論として登場してきた。そこでは、イスラムの心性の解析から、現下の政治力学の解明まで、イスラムを軸に中東問題を解明するパタンが確立した。その研究課題は、イスラムと近代化、イスラム革命と民主主義、イスラムと国際関係など広範である。こうしたイスラムの挑戦を前に、板垣雄三は、憎悪と報復のサイクルを脱するために、イスラムの文明観への理解を求め（『イスラーム誤認——衝突から対話へ』岩波書店、2003年）、そのイスラム主義を池内恵は『現代アラブの社会思想——終末論とイスラーム主

義』（講談社新書、講談社、2002年）で、それは「コーラン」の終末論に他ならない、と断じた。臼杵陽は、『イスラムの近代を読みなおす』（毎日新聞社、2001年）で、欧米による近代の押しつけに対するイスラムに入り込み、非宗派民主国家を展望したが、なかなかそういう方向にはない。そして、以上の交差する展望のなかで包括的理解として「イスラム世界論」が展開され、思想と政治・社会・経済の動態的連関をもって、イスラムの今日世界における巨大な運動を描き出すところに成功した。[2] イスラム学の成果がここにある。

　小松久男・小杉泰編『現代イスラーム思想と政治理論』東京大学出版会、2003年。

　牧野信也『イスラームの根源をさぐる──現実世界のより深い理解のために』中央公論新社、2005年。

　片倉もとこ『イスラームの世界観──「移動文化」を考える』岩波現代文庫、岩波書店、2008年。

　鈴木規夫『現代イスラーム現象──その恐怖と希望』国際書院、2009年。

小杉泰は、イスラムを手がかりに、宗教・社会・文化・経済・政治・国際関係を分析してきた。[3] そして、2006年の『現代イスラーム世界論』（名古屋大学出版会）を刊行した。[4]

1978年に板垣雄三編『中東ハンドブック』（講談社）に続いて、1982年に日本イスラム協会の『イスラム事典』（平凡社）が刊行された。

現下のイスラム世界は、その射程において、インドネシアでは、左翼思想とイスラムの再構築、あるいはイスラーム法体制の再解釈などで、大きなジレンマに直面している。その現在のイスラム観は極めて多様である。[5] 他方、マレーシアの全マレーシア・イスラム党は、政府の議会制を容認しつつも、徹底したイスラム法の原則適用を明記し、イスラム国の樹立を掲げている。[6] マリでも、イスラム国の追求が生起している。[7] ナイジェリアのボコ・ハラムの活動もある。[8]

佐藤次高は、現代世界の総合的理解と新たな地域研究モデルを求めて、『イスラーム地域研究の可能性』（佐藤編、東京大学出版会、2003年）を刊行した。そこ

第2部　地域研究250年

では、それぞれの関係領域あるいは地域でのイスラム地域研究の視点、方法、及び研究プロジェクトの方向性を明らかにしている。以下のイスラム地域研究叢書（東京大学出版会）が刊行された。

第1巻佐藤次高編『イスラーム地域研究の可能性』2003年。

第2巻小松久男・小杉泰『現代イスラーム思想と政治運動』2003年。

第3巻私市正年・栗田禎子『イスラーム地域の民衆運動と民主化』2004年。

第4巻三浦徹・岸本美緒・関本照夫『比較史のアジア所有・契約・公正』2004年。

第5巻酒井啓子・臼杵陽『イスラーム地域の国家とナショナリズム』2004年。

第6巻加藤博『イスラームの性と文化』2005年。

第7巻赤堀雅幸・東長晴・堀川徹『イスラームの神秘主義と聖者信仰』2005年。

第8巻林佳世子・桝屋友子『記録と表象』2005年。

そして、アル＝マーワルディー、湯川武訳『統治の諸原則』（慶應義塾大学出版会、2006年）も刊行され、法の支配としてのイスラム法が提示された。

アルカイダ活動圏

イスラム原理主義勢力アルカイダの活動は、テロ組織の新しい活動空間を提出した。その空間は中東から中央アジア、そして東南アジア地域にも拡大している。アルカイダ活動の全容も、漸次、解明され理解できるようになった。[*9]

そのテロネットワークと行動は、さらにアフガニスタンと隣接するパキスタンにおけるタリバン、そしてイラク及びシリアにおけるイスラム国の樹立とその崩壊といった経過を辿った。[*10]

パレスチナ問題

パレスチナをめぐるアラブ・パレスチナの動向、そしてそこでのアラブ・イ

スラエル協力の可能性はアラブ、イスラエル双方の念願するところであるが、それは依然として、原理主義組織ハマスの絶対的拒否/イスラエルの地中海追放の目標貫徹のための闘争継続を大義とする状況にあり、イスラエル・パレスチナ共存は成立しておらず、パレスチナの発展は、未だ、未知数である。

この問題の認識はかつてパレスチナ解放機構PLOが追求してきた絶対的・教条的思考から現実主義的思考への転換にあることの確認に始まらなければならない（ハマスは依然、教条主義的思考にある）。その思考認識の転換による交渉の枠組みをいかに引き出すかが分析の基本手続きである。しかし、国内的事情あるいはアラブ民族連帯の優先から、その認識の変換あるいは政策の転換が求められてきているが、[11]共生の座標をいかに構築できるかは、当事者を含め、われわれの未決の課題である。

研究は、その座標の検討と理解への枠組みにある。

田上四郎『中東戦争全史』原書房、1981年。

浦野起央『現代世界における中東・アフリカ——その国際関係とソ連の関与およびパレスチナ問題』晃洋書房、1982年。浦野『パレスチナをめぐる国際政治』南窓社、1985年。浦野「中東和平と水利問題」日本中東学会年報、第1号、1986年。浦野『南アジア・中東の国際関係』浦野起央著作集第6巻、南窓社、1993年。

パレスチナ・ユダヤ人問題研究会編『パレスチナ現在と未来』三一書房、1985年。

ハッサン・ビン・タラール、浦野起央訳『パレスチナの自決——西岸及びガザ地区の歴史的・法的研究』刀水書房、1988年。

シドニー・D・ベイリー、木村申二訳『中東和平と国際連合——第3次中東戦争と安保理決議242号の成立』第三書館、1992年。

大石悠二『戦いの時平和の時——中東紛争起原史』PMC出版、1992年。

冨岡倍雄『パレスチナ問題の歴史と国民国家——パレスチナ人と現代世界』明石書店、1993年。

パレスチナ蜂起統一民族指導部編、同書刊行委員会訳『インティファー

ダ・石の革命――パレスチナ地下からの呼びかけ』第三書館、1993年。

　鳥井順『中東軍事紛争史』4巻、第三書館、1993-2000年。

　Q・サカマキ『パレスチナ自爆テロの正義』小学館、2000年。

　木村申二『パレスチナ研究序説――国連の分割決議成立過程と紛争の激化、1945〜51年』丸善プラネット、2000年 /『パレスチナ分割――パレスチナ問題序説』第三書館、2002年。

　板垣雄三『イスラーム誤認――衝突から対話へ』岩波書店、2003年。

　ミシェル・ワルシャウスキー、加藤洋介訳『イスラエル＝パレスチナ――民族共生国家への挑戦』柘植書房新社、2003年。

　L・Z・アイゼンバーグ、N・キャプラン、鹿島正裕訳『アラブ・イスラエル交渉――キャンプ・デービッド以後の成功と失敗』御茶の水書房、2004年。

　臼杵陽『世界化するパレスチナ・イスラエル戦争』岩波書店、2004年。

　阿部俊哉『パレスチナ――紛争と最終的地位問題の歴史』ミネルヴァ書房、2004年。

　エドワード・W・サイード、杉田英明訳『パレスチナ問題』みすず書房、2004年。サイード、島弘之訳『パレスチナとは何か』岩波現代文庫、岩波書店、2005年。

　奈良本英祐『パレスチナの歴史』明石書店、2005年。

　タラル・アサド、苅田真司訳『自爆テロ』青土社、2008年。

　江崎智絵『イスラエル・パレスチナ和平交渉の政治過程――オスロ・プロセスの展開と挫折』ミネルヴァ書房、2013年。

中東和平への行き詰まりのなか、シオニズムの変容、イスラエル入植地問題、分割時にアラブの地であった西岸の統治問題などに焦点が向けられた。それは、イデオロギーの次元にはなく、イスラエルが中東世界の安定の鍵だとする認識にあり、世界のユダヤ人勢力の祖国イスラエルへの期待と並んで、その中東大国イスラエルの行動と役割に目が向けられた。そのなかでイスラエルは、モサドの活動にみるようにその存亡にかけた国家の安全及び存続に生

き抜いてきたとの評価をみせる一方（小谷賢『モサド——暗躍と抗争の60年史』新潮社、2009年）、イスラエルは、その生存のため組織的暴力を駆使したとの指摘がなされ（イラン・パペ、田浪亜央江・早尾貴紀訳『パレスチナの民族浄化——イスラエル建国の暴力』法政大学出版局、2017年）、[*12] そうしたイスラエルの実体を是認する一方、それを形成するイスラエル神話を偽りとする議論が登場した（ロジェ・カロディ、木村愛二訳『偽イスラエル政治神話』れんが書房新社、1998年）。早尾貴紀は『ユダヤとイスラエルの間——民族／国家のアポリア』」（青土社、2008年）で、3つの国民国家思想、すなわちユダヤ人認識、シオニズム、イスラエル国家の間の矛盾を指摘しているが、その現在的形態を整理したイスラエル国の存在証明にはいまだ至っていない。そこではイスラエルとアラブの対話と共存への理解の域に至っていない。[*13]

(6) アフリカ世界

　アフリカ世界は地政学でいう「第4辺境空間」とされてきており（浦野起央『地政学と国際戦略——新しい安全保障の枠組みに向けて』三和書籍、2006年、第12章「第4辺境空間」南部世界の展望）、帝国主義支配の遺産、そして分離主義の力学が働いてきたが、1990年代が転機となって、民主化の進展がみられるところとなり、世界銀行が指摘したところの、植民地遺産からの脱却とともに、経済的失敗から立ち直り、「静かな革命」とともに、過去との訣別が進行してきた（世界銀行アフリカ地域総局『転換期にあるアフリカ大陸——1990年代中期のサハラ以南のアフリカの現状』世界銀行、1995年）。にもかかわらず、内戦と指導者独裁の克服に直面し、現在それを植民地主義対決と統一のアフリカ統一機構から共同文化形成の伝統にあるアフリカ連合の下に民主化の実践に取り組んでいる。

　　川端正久・竹内進一・落合雄彦編『紛争解決アフリカの経験と展望』ミネルヴァ書房、2010年。落合編『アフリカの紛争解決と平和構築——シエラレオネの経験』昭和堂、2011年。

　　佐藤章編『紛争と国家形成——アフリカ・中東からの視角』日本貿易振興機構アジア経済研究所、2012年。佐藤編『和解過程下の国家と政治——ア

フリカ・中東の事例から』日本貿易振興機構アジア経済研究所、2013年。

　小倉充夫編『現代アフリカ社会と国際関係——国際社会学の地平』有信堂高文社、2012年。

　太田至シリーズ総編「アフリカ潜在力」編、第1巻松田素二・平野（野元）美佐編『紛争をおさめる文化——不完全性とブリコラージュの実践』、第2巻遠藤貢編『武力紛争を越える——せめぎ合う制度と戦略のなかで』、第3巻高橋基樹・大山修一編『開発と共生のはざまで——国家と市場の変動を生きる』京都大学学術出版会、2016年。

アフリカ開発

　2002年7月アフリカ統一機構はアフリカ連合へ移行し、雄大なアフリカ自力更生戦略に取り組んでいる。研究はその方向を確認しつつも、展望は依然困難に直面している。

　浦野起央『アフリカの国際関係』浦野起央著作集第5巻、南窓社、1992年。

　池野旬『アフリカ農村像の再検討』アジア経済研究所、1999年。

　高根務編『現代アフリカにおける国家、市場、農村社会』日本貿易振興会アジア経済研究所、2000年。高根編『アフリカの政治経済変動と農村社会』日本貿易振興会アジア経済研究所、2001年。

　大林稔『アフリカの挑戦——NEPAD（アフリカ開発のための新パートナーシップ）』昭和堂、2003年。

　平野克己編『アフリカ経済学宣言』日本貿易振興会アジア経済研究所、2003年。平野『アフリカ問題——開発と援助の世界史』日本評論社、2009年。

　島田周平『アフリカ　可能性を生きる農民』京都大学学術出版会、2007年。

　掛谷誠・伊谷樹一編『アフリカ地域研究と農村開発』京都大学学術出版会、2011年。

第8章　戦略地域空間と地域研究

南部アフリカ圏

　南部アフリカの解放は白人国家南アフリカのアパルトヘイト体制の解体に繋がった。新しい南部アフリカ経済圏が登場し、1992年の南部アフリカ開発共同体SADCが発足した。南部アフリカの変容は研究史上の大きな関心事であったが、南部アフリカの現状と展望は今後の課題である。

　　小田英郎編『1970年代南部アフリカの政治・経済変動』アジア経済研究所、1981年。

　　林晃史編『フロントライン諸国と南部アフリカの解放』アジア経済研究所、1984年。林編『南部アフリカ諸国の民主化』アジア経済研究所、1993年。林編『南アフリカ——民主化の行方』アジア経済研究所、1995年。林『冷戦後の国際社会とアフリカ』アジア経済研究所、1996年。林『南部アフリカ民主化後の課題』アジア経済研究所、1997年。林『南部アフリカ政治経済論』アジア経済研究所、1999年。

　　堀江浩一郎『南アフリカ——現代政治史の鳥瞰図』国際書院、1995年。

　　平野克己編『南アフリカの衝撃——ポスト・マンデラ期の政治経済』アジア経済研究所、1998年。平野編『アフリカ比較研究——諸学の挑戦』日本貿易振興機構アジア経済研究所、2001年。

　　花田吉隆『ポストアパルトヘイトの政治経済』第三書館、2006年。

　　小倉充夫『南部アフリカ社会の百年——植民地支配・冷戦・市場経済』東京大学出版会、2009年。

　　牧野久美子・佐藤千鶴子編『南アフリカの経済社会変容』日本貿易振興機構アジア経済研究所、2013年。

　南アフリカにおける真実委員会は、1994年ネルソン・マンデラが南アフリカ大統領に就任し、アパルトヘイト時代における人権侵害の真相糾明に取り組み、1996年デズモンド・ツツ大司教の下に設置された。過去の真実を見つめることで、すべての人種は共に生きる社会の実現に向けて着手された。1万5000件の究明が行われ、1998年10月の報告書は8500頁に及んだ。この真実の追究を通じ、アパルトヘイト体制の過去の清算が行われた（阿部利洋『紛争後社

353

会と向き合う──南アフリカ真実和解委員会』京都大学学術出版会、2007年。アレックス・ボレイン、下村則夫訳『国家の仮面が剥がされるとき──南アフリカ「真実和解委員会」の記録』第三書館、2008年。古内洋平「南アフリカ真実委員会後の加害者訴追と被害者保障──政府の消極姿勢と市民社会の動向」国際交流研究──国際交流学部紀要、第15号、2013年）。この経験は、真実・和解委員会として、多くの人権問題のある諸国で、過去から重ねられてきた軋轢を解決するために、種々の活動をみせている。[1]

　以上、地域研究は現在、新しい次元の展開をみせている。

(7) 非核地帯

　非核地帯の戦略地域性も、ラテンアメリカ諸国を先例に、モンゴル、太平洋盆地、東南アジア世界、インド洋、アフリカ世界といった平和空間において注目される。難航している北東アジア・朝鮮半島の平和の課題もそこにあった。中東には成立していない。[1]

〈注〉

8-1 地域研究の前提3条件

＊1　山田毅一『南進策と小笠原群島』放天義塾出版部、1916年。室伏高信『南進論』日本評論社、1936年。福本義亮『吉田松陰大陸・南進論』誠文堂新光社、1942年。田中秀作『邦人の南方圏認識と南進論の發展』彦根高等商業學校調査課、1942年。矢野暢『南進の系譜』中央公論社、1975年。矢野『東南アジア政策──疑いから信頼へ』サイマル出版会、1978年。後藤乾一『近代日本と東南アジア──南進の「衝撃」と「遺産」』岩波書店、1995年。

＊2　安達謙藏『北進圖南』春潮社、1940年。傳記學會編『北進日本の先驅者たち』六甲書房、1941年。寺島柾史『我等の北方──北進日本史』霞ヶ關書房、1942年。

8-2 戦略地域空間

＊1　長沼伸一郎『無形化世界の力学と戦略──理系からの解析は戦略と地政学をどう変えるか』上・下、通商産業研究社、1997年。Ｚ・ブレジンスキー、山岡洋一訳『ブレジンスキーの世界はこう動く──21世紀の地政戦略ゲーム』日本経済新聞社、1998年／『地政学で世界を読む──21世紀のユーラシア覇権ゲーム』日経ビジネス人文庫、日本経済新聞社、2003年。奥山真司『地政学──アメリカの世界戦略地図』五月書房、2004年。浦野起央『地政学と国際戦略──新しい安全保障の枠組みに向けて』三和書籍、2006年。コーリン・フリント、高木彰彦編訳『現代地政学──グローバル時代の新しいアプローチ』原書房、2014年。藤江昌嗣・杉山光信編『アジアからの戦略的思考と新地政学』芙蓉書房出版、2015年。佐藤優『現

354

代の地政学』晶文社、2016年。パラグ・カンナ、尼丁千津子・木村高子訳『「接続性」の地政学——グローバリズムの先にある世界』上・下、原書房、2017年。

＊2　浦野起央・大隈宏・谷明良・恒川恵市・山影進『国際関係における地域主義——政治の論理・経済の論理』有信堂、1982年。

（1）東アジア・ユーラシア世界

＊1　宇野重昭・増田祐司編『北東アジア地域研究序説』国際書院、2000年。増田編『21世紀の北東アジアと世界』国際書院、2001年。

＊2　連玉明主編『大国治理——中国社会治理創新的基層実践＝Great power governance』北京、当代中国出版社、2014年。嚴善平・湯浅健司・日本経済研究センター編『2020年に挑む中国——超大国のゆくえ』文眞堂、2016年。胡鞍鋼、小森谷玲子訳『Super China——超大国中国の未来予測』富士山出版社、2016年。羅建波『中國特色大国外交研究』北京、中國社会科学出版社、2016年。吉川純恵『中国の大国外国への道のり——国際機関への対応をめぐって』勁草書房、2017年。加茂具樹編『「大国」としての中国——どのように台頭し、どこにゆくのか』一藝社、2017年。

＊3　金日成『祖国統一への道』讀賣新聞社、1973年。金、キム・イルソン主席著作翻訳委員会訳『朝鮮の自主的統一』未来社、1976年、金、金日成主席翻訳委員会訳『民族の大団結と朝鮮統一』チュチェ思想国際研究所、1991年、増補版1980年。金東赫、久保田るり子編『金日成の秘密教示——対日・対南工作、衝撃の新事実・秘密工作指令』産経新聞ニュースサービス、2000年。

＊4　ラリー・A・ニクシュ、C-NET訳『北朝鮮の核開発計画』米国議会調査報告書、C-NET、1994年。池萬元、李昞珠訳『北朝鮮の「核」を読む』三一書房、1994年。国立国会図書館調査及び立法考査局「朝鮮民主主義人民共和国(北朝鮮)の核問題の推移（資料集）」調査と情報、第268号、1995年。金大虎、金燦訳『私が見た北朝鮮核工場の真実』徳間書店、2003年。相馬勝『北朝鮮最終壊滅計画——ペンタゴン極秘文書が語る衝撃のシナリオ』講談社＋α新書、講談社、2006年。吉田康彦『「北朝鮮核実験」に続くもの——核拡散は止まらない』第三書館、2006年。防衛省防衛研究所編『北朝鮮の核問題——平和と安定に向けて』防衛省防衛研究所、2008年。菅沼光弘『北朝鮮発!「世界核戦争」の危機——世界を翻弄する金正恩の生き残り戦術』ビジネス社、2016年。坂井隆・平岩俊司『独裁国家・北朝鮮の実状——核・ミサイル・金正恩体制』朝日新聞出版、2017年。

（3）アジア太平洋世界

＊1　石川榮吉『南太平洋物語——キャプテン・クックは何を見たか』力富書房、1984年。石川『クック時代のポリネシア——民俗学的研究』人間文化研究機構国立民俗博物館、2006年。ジョン・バロウ編、荒正人・植松みどり訳『キャプテン・クック——科学的太平洋探検』大航海者の世界第6巻、原書房、1992年。多木浩二『舟がゆく——キャプテン・クック支配の航跡』新書館、1998年。フィリップ・ホートン、片山一道訳『南太平洋の人類誌——クック船長の見た人びと』平凡社、2000年。トニー・ヴィッツ、山本光伸訳『青い地図——キャプテン・クックを追いかけて』2冊、バジリコ、2003年。フランク・マクリン、日暮雅通訳『キャプテン・クック——世紀の大航海者』東洋書林、2013年。塩田光喜『太平洋文明航海

355

第2部　地域研究250年

　　記──キャプテン・クックから米中の制海権をめぐる争いまで』明石書店、2014
　　年。
＊2　「中国3艦隊第一列島線を越えて西太平洋で初の合同演習」世界の艦船、第790
　　号、2014年1月。軍事情勢研究会「米海軍シーパワーの全貌──対中国作戦・艦
　　隊・現代海戦・新型軍艦アメリカ海軍vs中国人民解放軍（Vol3）第3列島線を目
　　指す中国海軍＆遼寧と飛鯊」軍事研究、第50巻第2号、2015年。アンドリュー・
　　F・クレビネビッチ「中国をいかに阻止するか──拒否的阻止と第一列島線防衛」
　　Foreign Affairs Report、2015年4月号。

(4) 南アジア世界

＊1　三上惇史「インドの工業化過程とタタ財閥」大阪大学経済学、第22巻第2号、
　　1973年。三上「インドのタタ財閥の社會貢献活動」大阪学院大学経済論集、第22
　　巻第1号、2008年。ルッシィ・M・ララ、黒沢一晃訳『富を創り、富を生かす──
　　─インド・タタ財閥の発展』サイマル出版会、1991年。Bishwa Raj Kandel「イ
　　ンド財閥の家族経営とその特質──タタ財閥の発展戦略を中心として」アジア経
　　営研究、第12号、2006年。カンデル・B・ラズ「タタ財閥の企業集団管理」経営
　　教育研究、第12巻第2号、2009年。
＊2　羽田正・他『イスラーム・環インド洋世界──6-18世紀』岩波講座世界歴史第14
　　巻、岩波書店、2000年。小西正捷『インド洋海域世界』葫蘆舎、2008年。

(5) 中東世界

＊1　ヘイカルは、ナーセルをアラブ体制の堅持者とみる視点で、ナーセルはアラブを
　　変えたと論じ、一貫してナーセルを擁護した。ヘイカル、朝日新聞外報部訳『ナ
　　セル──その波瀾の記録』朝日新聞社、1972年。
＊2　大塚和夫『異文化としてのイスラーム──社会人類学的視点から』同文舘出版、
　　1989年。大塚『イスラーム的──世界化時代の中で』日本放送出版協会、2000年。
　　坂本勉・鈴木薫編『イスラーム復興はなるか』講談社新書、講談社、1993年。山
　　内昌之『イスラームと国際政治──歴史から読む』岩波新書、岩波書店、1998年。
　　山内『文明論としてのイスラーム』角川書店、2002年。日本比較政治学会編『現
　　代の宗教と政党──比較のなかのイスラーム』早稲田大学出版部、2002年。内藤
　　正典『なぜ、イスラームと衝突するのか──この戦争をしてはならなかった』明
　　石書店、2002年。
＊3　小杉泰『イスラームとは何か──その宗教・社会・文化』講談社現代新書、講
　　談社、1994年。小杉『現代中東とイスラーム政治』昭和堂、1994年。小杉『イ
　　スラーム世界』21世紀の世界政治第5巻、筑摩書房、1998年。小杉編『イスラー
　　ムに何がおきているか──現代世界とイスラーム復興』平凡社、1996年、増補版
　　2001年。小杉『ムハンマド──イスラームの源流をたずねて』山川出版社、2002
　　年。小杉「イスラム復興運動の現代的課題」、慶應義塾大学地域研究センター編
　　『21世紀とイスラーム──その多様性と現代的課題』慶應義塾大学出版会、2003
　　年。小杉『イスラーム帝国のジハード』興亡の世界史第6巻、講談社、2006年。
　　小杉「中東の国際政治──他者に規定される地域と紛争」、日本国際政治学会編
　　『地域から見た国際政治』日本の国際政治学第3巻、有斐閣、2009年。
＊4　『現代イスラーム世界論』の構成は、次の通りである。

356

序章21世紀のイスラーム世界研究へ

Ⅰイスラーム世界の原像と現代　第1章イスラーム国家と統治の目的　第2章法学派の史的展開とウラマーの機能　「知の宗教」としてウラマーの役割を論じる。第3章イスラームの「教経統合論」　イスラームと経済の統合論の意義を解明する。第4章イスラーム共同体の原型——マディーナ憲章　マディーナ憲章の現代的意義を考える。第5章アラブ化と「中東」地域の形成　創られた歴史から地域の形成を論じる。第6章現代における宗教と政治　——イスラーム世界から見た位相　革命のパラダイム転換から、宗教と政治が民族に溶け込み、ビン・ラーディンを考える。

Ⅱ「西欧の衝撃」からイスラームの復興運動へ　第7章「西洋の衝撃」とイスラーム思想　第8章アフガーニーのイスラーム改革とその遺産　アフガーニーの遺産を評価する。第9章スンナ派中道潮流の確立とその貢献　第10章イスラーム大衆運動の誕生と展開　ムスリム同胞団の危機、クトゥブの死と同胞団の復活を論じる。第11章シリアにおける未完のイスラーム復興　ハウワーのイスラーム運動論を結論づける。第12章中道派の発展と急進派との相克　急進派のジャーヒリヤ論、中道勢力としてのムスリム同胞団、カダーウィーの思想を取り上げる。

Ⅲ現代における中東政治の動態　第13章中東における国家統合と地域主義　アラブ体制におけるアラブ統合論の遺産を論じる。第14章アラブ民族主義とイエメン内戦　イエメン革命とイエメン内戦の影響を取り上げる。第15章ミッラ的政治意識とレバノン内戦　レバノン内戦と国家解体の意味を明らかにし、宗派制の復活を位置づける。第16章アラブ・シーア派とイスラーム革命運動　現代中東におけるシーア派を展望する。第17章イスラーム復興とパレスチナ問題の展開　パレスチナ問題の現在性を論じる。第18章イラク革命から湾岸戦争、「9・11」事件へ　イラン革命とビン・ラーディンの活動を考察する。

Ⅳイスラーム復興の新地平　第19章ウンマを構想する思想家たち　ウンマの磁力を焦点とした。第20章イスラーム市民社会と国家　イスラームにおける社会と国家を考察する。第21章イスラーム政党と民主化　比較政治学と地域研究の視座からイスラーム政治論を構築する。第22章イスラーム的近代化の論理と倫理　ウンマの現代的考察である。第23章イスラーム福祉国家論の現在　ザカートを論じ、イスラーム市民社会を展望する。第24章イスラーム諸国会議機構とイスラーム連帯　急進派と保守派の和解の下でのイスラーム外交を評価する。

Ⅴ今日のイスラーム世界の展望　第25章イスラーム世界の東西——地域間比較のために　ここでは、地域としてのイスラーム世界、アラブ的な／民族的なウルバの存在、再イスラーム化の分析を提起している。第26章21世紀の中東政治　イラク戦争後の眺望へ向け　中東政治変動の3つのベクトルを指摘し、中東の変容を解明する。第27章解釈の確信とコンセンサス形成　現代イスラーム世界の形成と変容を展望し総括する。

＊5　『インドネシアにおけるイスラム寄宿塾の実態調査』公共政策調査会、2004年。小林幸子『インドネシア——展開するイスラーム』名古屋大学出版会、2008年。

＊6　中田考「マレーシア・PAS（汎マレー・イスラーム党）とウラマーの指導」山口大学哲学研究、第9号、2000年。中田「マレー世界とイスラーム地域研究——PAS（汎マレーシア・イスラーム党）ハーデョー・アワン「教書」の「背教宣告」問題によせて」イスラム世界、第58号、2002年。中田「マレーシアのイスラーム政治文化の背景と9・11の影響」、白石隆編『開発と社会的安定——アジアのイス

第 2 部　地域研究 250 年

　　ラムを念頭において』日本国際問題研究所、2002 年。
＊7　伊藤未来「「イスラーム聖者」概念最高の一考察——マリ共和国ジェンネの alfa
　　を事例に」年報人間科学、第 30 号、2009 年。竹谷まりえ「イスラーム武装勢力と
　　西アフリカ——マリ紛争とフランス介入」、内藤正典編『イスラーム世界の挫折と
　　再生——「アラブの春」後を読み解く』明石書店、2014 年。
＊8　島田周平「ボコハラムの過激化の軌跡」アメリカレポート、第 52 号、2014 年。
　　白戸圭一『ボコ・ハラム——イスラーム国を超えた「史上最悪」のテロ組織』新
　　潮社、2017 年。
＊9　ジョン・K・クーリー、平山健太郎監訳『非聖戦——CIA に育てられた反ソ連ゲ
　　リラはいかにしてアメリカに牙をむいたか』筑摩書房、2001 年。山本浩『憎しみ
　　の連鎖（スパイラル）——アルカイダ工作員の実像』日本放送出版協会、2002 年。
　　黒井文太郎『国際ネットワークアルカイダの全貌』アリアドネ企画、2004 年。ジェ
　　イソン・バーク、坂井定雄・伊藤力司訳『アルカイダ——ビンラディンと国際テ
　　ロ・ネットワーク』講談社、2004 年。竹田いさみ『国際テロネットワーク——ア
　　ルカイダに狙われた東南アジア』講談社現代新書、講談社、2006 年。アミール・
　　ミール、津守滋・津守京子訳『ジハード戦士真実の顔——パキスタン発＝国際ネッ
　　トワークの内側』作品社、2008 年。サミュサザイロン・モロー「アルカイダ戦士、
　　16 歳の証言——ジハード 9.11 から 9 年、今も世界で暗躍する国際テロ組織の若き
　　戦士の言葉」Newsweek, No. 1217, Sep. 15, 2010.
＊10　国枝昌樹『イスラム国の正体』朝日新書、朝日新聞出版、2015 年。国枝『「イ
　　スラム国」最終戦争』朝日新書、朝日新聞出版、2016 年。池内恵『イスラーム国
　　の衝撃』文春新書、文藝春秋、2015 年。高橋和夫『イスラム国の野望』幻冬新書、
　　幻冬舎、2015 年。パトリック・コバーン、大沼安史訳『イスラム国の反乱——
　　ISIS と新スンニ革命』緑風出版、2015 年。サーミー・ムバイヤド、高尾賢一郎・
　　福永浩一訳『イスラーム国の黒旗のもとに——新たなるジハード主義の展開と課
　　題』青土社、2016 年。ジョビー・ウォリック、伊藤真訳『ブラック・フラックス
　　——「イスラム国」台頭の軌跡』上・下、白水社、2017 年。
＊11　その思考と行動の転換は、以下に始まる。モハメド・シド・ハマド、笹川正
　　博訳『イスラエルとの共存——アラブ主義者の予見』サイマル出版会、1978 年。
　　1977 年当時、同書はエジプトで発禁となった。1977 年、サダト・エジプト大統領
　　はイスラエル支配のエルサレムを、勇断をもって訪問し、その対決の壁——教条
　　主義から現実主義への転換——を打ち破った。1979 年 3 月エジプトはイスラエル
　　と平和条約を締結した。1981 年 10 月、サダトは軍事パレードの閲兵の際、イスラ
　　ム過激派ジハード分子により暗殺された。モハメド・ヘイカル、佐藤紀久夫訳『サ
　　ダト暗殺——孤独な「ファラオ」の悲劇』時事通信社、1983 年。イスラエルのラ
　　ビン首相は、1994 年パレスチナ自治協定、及びヨルダンとの平和条約に調印した
　　が、ユダヤ過激派の青年により暗殺された。イツハク・ラビン、武田純子訳『ラ
　　ビン回顧録』ミルトス、1996 年。
＊12　池田有日子『ユダヤ人問題からパレスチナ問題へ——アメリカ・シオニスト運
　　動にみるネーションの相克と暴力連鎖の構造』法政大学出版局、2017 年。
＊13　広河隆一『中東平和共存への道——パレスチナとイスラエル』岩波新書、岩波
　　書店、1994 年。土井敏邦『「和平合意」とパレスチナ——イスラエルとの共存は可
　　能か』朝日選書、朝日新聞社、1995 年。森戸幸次『中東和平構想の現実——パレ
　　スチナに「2 国家共存」は可能か』平凡社新書、平凡社、2011 年。

(6) アフリカ世界

＊1　プリシラ・B・ヘイナー、阿部利洋訳『語り得ぬ真実——真実委員会の挑戦』平凡社、2006年。阿部『真実委員会という選択——紛争後社会の再生のために』岩波書店、2008年。小柳和花「紛争後地域の平和調整における裁判所と真実委員会の役割」法学新報、第116巻第3・4号、2009年。
　　　各国には、以下の委員会が設立されている。
　　　アルゼンチン　人の失踪に関する委員会
　　　エルサルバドル　エルサルバドルのための真実に関する委員会、国際連合が設立。
　　　カナダ　インド人駐在学校真実・和解委員会
　　　グアテマラ　歴史解明委員会
　　　シエラレオネ　真実和解委員会
　　　ソロモン諸島　真実和解委員会
　　　韓国　勧告・和解のための過去史整理委員会、2003年以降、報告書提出。
　　　チリ　政治的収監・拷問に関する委員会
　　　東チモール　東チモールにおける受容・真実・和解委員会、国連東チモール暫定行政機構が設立。真実・和解委員会はインドネシアと共同設置。
　　　フィジー　和解・統一委員会
　　　ペルー　真実・和解委員会
　　　モロッコ　公義・和解委員会
　　　リベリア　真実・和解委員会
　　　ルワンダ　国際刑事裁判所、国際連合が設置、地方レベルでのジェノサイド罪を確定するガチャ設立。
　　　米国　一般真実・和解委員会

(7) 非核地帯

＊1　金日成、金日成主席著作翻訳委員会訳『非核平和地帯の創設について』白峰文庫、チュチェ思想国際研究所、1985年。『非核地帯の実現化』モスクワ、APC出版社、1986年。『アジア太平洋地域における非核、平和と朝鮮半島情勢』在日朝鮮人聯合会中央常任委員会、1987年。S・ファース、河合伸訳『核の海——南太平洋非核地帯をめざして』岩波書店、1990年。五十嵐正博「軍縮への地域的イニシアティブ——南太平洋非核地帯条約とニュージーランド非核地帯法」、藤田久一・松井芳郎・坂元茂樹編『人権法と人道法の新世紀——竹本正幸先生追悼記念論文集』東信堂、2001年。黒沢満『軍縮国際法』信山社出版、2003年、第5章非核地帯の設置。福島崇宏「ポスト冷戦期における非核（兵器）地帯の変容——モンゴル非核兵器地位の創設と中央アジア非核兵器地帯条約草案を通して」国際人間学フォーラム、第2号、2005年。浦野起央『冷戦・国際連合・市民社会——国連60年の成果と展望』三和書籍、2005年、第1章。堀部純子「中東の核問題と核不拡散体制——イランおよびイスラエルの核問題を中心として」、浅田正彦・戸崎洋史編『核軍縮不拡散の法と政治——黒澤満先生退職記念』信山社、2008年。石栗勉「非核地帯——中央アジア非核地帯条約を中心に」、浅田正彦・戸崎洋史編『核軍縮不拡散の法と政治——黒澤満先生退職記念』信山社、2008年。石栗「モンゴル非核兵器化の進展」、国連、第21号、第24号、2000-01年。梅林博道「北東アジア非核兵器地帯を求めるNGOの挑戦」、浅田正彦・戸崎洋史編『核軍縮不拡散の法と政治——黒澤満先生退職記念』信山山、2008年。山内敏弘「東北アジア非核地帯条約

締結の課題」、深瀬忠一・他編『平和憲法の確保と新生』北海道大学出版会、2008年。白忠彰「モンゴル1国非核兵器地帯創設の意義」国際公共政策研究、第13巻第1号、2008年。石司真由美「モンゴル国非核兵器地位の規範構造」筑波法政、第46号、2009年。Lkhagvasuren Lkhamsuren「「モンゴル1国非核地帯」政策の展開」日本モンゴル学会紀要、第41号、2011年。中村桂子「北東アジア非核地帯——実現に向けた新たなアプローチ」軍縮研究、第4号、2013年。福島崇宏『非核地帯——覚醒に対峙するリアリズム』中部大学/風媒社、2017年。

第9章　地域研究の展望

9-1地域研究の次元

　地域研究は、1919年米国におけるメキシコ革命に関する情報分析に始まっており、[*1]その研究はソ連の分析にも適用された。そしてアメリカにおける第二次世界大戦期の共同研究プロジェクトで、学界を動員して地域分析が始まった。それは社会科学の共同研究の域を出なかった。しかし、漸次、その地域と地域の間の機能的統一も進み、専門家が独自の立場と視点で自らの研究領域を設定するところとなって、ソ連研究、中国研究、さらにアジア・アフリカ世界へと研究の分野は拡大していった。こうして、第二次世界大戦期の1943年には政策遂行のための敵国と関係地域の分析に先行し、その関心と領域も政治・経済分析のみか思想・文化・宗教・社会研究へと拡げてさらに深めて、横断的な比較研究分析も進んだ。[*2]それは、ベネディクトの『菊と刀──日本文化の型』（長谷川松治訳、2冊、現代教養文庫、社會思想研究會出版部、1948年／講談社学術文庫、講談社、2005年／越智敏之・越智道雄訳、平凡社、2013年／露思・翻尼迪克特、晏榕訳『菊華与刀──了解日本和日本人公的識最佳読本』北京、光明日報出版社、2005年）が米軍の日本理解向け教材として執筆された経緯に代表される。そして、地域研究は、それぞれの国家政策の関心と遂行の下に、綜合社会科学とされる地域を包括する分析に取り組んでいる。

　国際社会の動態的発展状況を当該地域の特質に照らして解明する取り組みが地域研究である。その分析の特色は、民族や地域の行動様式や性格から内在的要素を理解することにある。その領域と分析次元を示したのが、次の表である。

361

第2部　地域研究250年

表3　地域研究の領域と分析次元

Ⅰ地域の確認	Ⅱ分析手法と領域レベル	Ⅲ学問分野	Ⅳ学問体系の拡がり
①生態系の基礎	現地調査・認知	人類学・地理学	人文科学・自然科学
②風土の空間	価値認識　社会存在認識	哲学・歴史学・社会学	数学・統計学
③文明の接触次元	意味・社会空間　接触の態様	政治学・経済学	社会科学
④国際社会地域空間	政治・経済空間	国際関係論	社会科学

　植民学に代わって地域研究が登場し、その先駆、京都大学東南アジア研究
センターの矢野暢が1993～94年に研究体制を挙げて、『講座現代の地域研究』
を編集した。さらに、『社会学研究シリーズ・理論と技法——地域研究入門』[*3]
も編集された。その研究の代表的なものを掲げる。

　　長井信一「東南アジア地域研究の歴史的側面に関する覚え書き——マラ
ヤ、インドネシアを中心として」アジア経済、第2巻第2号、1961年。

　　三木亘『地域研究と世界認識——第二次世界大戦後日本における地域研究
の動向』所内資料、アジア経済研究所、1968年。

　　林武「現代「地域研究」の課題と方法——1つの研究試論」アジア研究、
第17巻第2号、1970年、林「『地域研究』の現状と方法」、矢野暢編『地域
研究』講座政治学Ⅳ、三嶺書房、1987年。

　　小浪充「地域研究方法論への新しい視角」アジア研究、第28巻第3・4号、
1982年。

　　今堀誠二「『地域研究』の過去と現在」アジア研究、第28巻第3・4号、
1982年。

　　矢野暢編『地域研究』講座政治学Ⅳ、三嶺書房、1987年。

　　石澤良昭・他編『方法論と地域像の検証』上智大学アジア文化研究所、
1987年。石澤・他編『カリキュラムと地域研究方法論』上智大学アジア文
化研究所、1989年。

　　小峰勇『地理学と地域研究方法』大明堂、1988年。

　　青木保『文化の否定性』中央公論社、1988年。

　　山影進「地域にとって地域研究者とは何か——地域設定の方法論をめぐ

362

る覚書」、日本政治学会編『第三世界の政治発展』岩波書店、1988年。山影「地域統合・地域主義と地域研究」、坪内良博編『〈総合的地域研究〉を求めて──東南アジア像を手がかりに』京都大学学術出版会、1999年。

　慶応義塾大学研究センター編『地域研究と第三世界』慶応通信、1989年。

　鈴木一郎『地域研究入門──異文化理解への道』東京大学出版会、1989年。

　中嶋嶺雄＆チャルマーズ・ジョンソン編『地域研究の現在──既成の学問への挑戦』大修館書店、1989年。

　山口博一『地域研究論』地域研究シリーズ、アジア経済研究所、1991年。山口「アジアの変革と地域研究の課題」、『統合と支配の論理』岩波講座近代日本と植民地第4巻、岩波書店、1993年。山口「『地域研究論』について」、大阪外国語大学特定研究プロジェクトチーム編『世界地域学への招待──大学院への研究案内』嵯峨野書院、1998年。

　加藤普章編『入門現代地域研究──国際社会をどう読み取るか』昭和堂、1992年／加藤普章編『新版エリア・スタディ入門──地域研究の学び方』昭和堂、2000年。

　柳生望『国際時代の地域研究入門』オセアニア出版社、1992年。

　土屋健治「地域研究の存立根拠」思想、第834号、1993年。土屋「文化の翻訳──意味空間のなりたち」、矢野暢編『地域研究の手法』講座現代の地域研究1、弘文堂、1993年。

　市川健二郎「地域研究と東南アジア史像」大正大学大学院研究論集、第20号、1996年。

　国立民族学博物館地域研究企画交流センター編「特集地域研究の海へ──その方法と可能性」地域旧論集──JCAS review、第1巻第1号、1997年。同編『地域研究の可能性を求めて──国立民族学博物館地域研究企画交流センターの12年、そして今後へ』国立民族学博物館地域研究企画交流センター、2006年。

　藤原健藏編『地域研究法』総観地理学講座第2巻, 朝倉書店、1997年。

第2部　地域研究250年

　松原正毅「人口移動と地域研究」総合的地域研究、第6号、1997年。

　辛島昇・高山博編『地域のイメージ』地域の世界史2、山川出版社、1997年。辛島・高山編『地域の成り立ち』地域の世界史3、山川出版社、2000年。

　日野舜也「アフリカにおける地域研究の諸問題」、大阪外国語大学特定研究プロジェクトチーム編『世界地域学への招待——大学院への研究案内』嵯峨野書院、1998年。

　古川久雄「生態倫理と地域研究」地域研究論集、第1巻第2号、1998年。古川「地域研究——実践知の新たな地平」アジア・アフリカ地域研究、第1号、2001年。

　佐藤幸男「地域研究・開発研究と近代国家論の『異床同夢』——南太平洋島嶼国家の群像をめぐって」地域研究論集、第1巻第2号、1998年。

　吉田集而「地域研究としての地域生態史——ニュージーランドの場合」地域研究論集、第1巻第2号、1998年。

　川喜田二郎『環境と人間と文明と』古今書院、1999年。

　中生勝美「地域研究と植民地人類学」地域研究論集、第2巻第1号、1999年。

　木村靖二・長沢栄治編『地域への展望』地域の世界史12、山川出版社、2000年。

　熊谷圭知・西川大二郎編『第三世界を描く地誌——ローカルからグローバルへ』古今書院、2000年。

　田畑久夫「『アナール』学派の形成と地域研究」昭和女子大学大学院生活機構研究科紀要、第12・13号、2004年。

　山本博之「地域にとって地域研究者とは何か——マレーシア・サバ州のバジャウ人研究に見る当事者性と外来者性」地域研究、第7巻第1号、2005年。以来、多くの地域研究成果が相次いで刊行された。[*4]

9-2 地域単位論争

この地域は、文明の接点にあることが確認される一方、その領域は、社会形

成・支配・生活圏・活動領域などを通じて設定される。その方法論も、自ずと
その領域設定の方式に従うところとなっている。

　そこでの基本となる世界各地の民族と文化の確認は、民族誌情報を蒐集し
てきた人間関係ファイル協会HRAFが、「文化項目分類」と「地域・民族分
類」を確立した（Human Relation Area Files, *Outline of Cultural Materials*, HRAF./国
立民族学博物館訳『文化項目分類』国立民族学博物館、1988年。Human Relation Area Files,
Outline of World Cultures., HRAF）。これは、広い意味での民族の属性確認、及び
分類比較において地域性確認の基本的指標となっている。

　その地域に関して、一方では、共同研究が優先され、他方では、専門領域の
重要性が強調された。こうしたなか、髙谷好一は、地域研究における世界単位
としての「地域」を提起した。それは、京都大学東南アジア研究センター（現
東南アジア研究所）による検証から、地域固有の発展の論理を追求する姿勢が
特に強調され、グローバル化のもとで「同じような価値観を共有する地域、そ
れが一番平和で争いのない地域」を提起している（髙谷好一『世界単位論』京都大
学学術出版会、2010年）。彼は、生態型の世界単位、ネットワーク型の世界単位、
コスモノジー型の世界単位の3つを指摘し、その共存する3類型が点と線で表
される世界単位の最大の特徴であるとしている。そこから、世界単位としての
日本の役割が考えられるとしている。このモデルを修正して、彼は生態適応
型、ネットワーク型、大文明型、近代の4つに修正した（髙谷『「世界単位」から
世界を見る——地域研究の視座』京都大学学術出版会、1996年）。それぞれが生態世界か
ら高次元化していく様相にあり、近代はヨーロッパ・アメリカ世界に適用され
るとしている。関連文献は、以下の通りである。

　前田成文『東南アジアの組織原理』勁草書房、1989年。

　髙谷好一「『地域』とは何か」、矢野暢編『地域研究の手法』講座現代の地
域研究第1巻、弘文堂、1993年。髙谷「『世界』を区切る旅」、矢野暢編『地
域研究のフロンティア』講座現代の地域研究第3巻、弘文堂、1993年。髙谷
「世界のなかの世界単位」、矢野暢編『世界単位論』地域研究第2巻、弘文堂、
1994年。髙谷『「世界単位」から世界を見る——地域研究の視座』京都大学

学術出版会、1996年。髙谷「〈世界単位〉の考え方」、地域研究論集、第1巻第1号、1997年。髙谷編『「地域間研究」の試み——世界の中で地域をとらえる』上・下、京都大学学術出版会、1999年。髙谷「地球規模の地域研究」、坪内良博編『〈総合的地域研究〉を求めて——東南アジア像を手がかりに』京都大学学術出版会、1999年。髙谷編『〈地域間研究〉の試み——世界の中で地域をとらえる』上・下、京都大学学術出版会、1999年。髙谷『地域学の構築——大学改革の基礎』サイランズ出版、2000年。髙谷『地球地域学序説』弘文堂、2001年。髙谷『地域研究から自分学へ』京都大学学術出版会、2006年。

濱下武志『地域研究とアジア』、溝口雄三・他編『地域システム』アジアから考える第2巻、東京大学出版会、1993年。

片倉もとこ「世界単位——中東の場合」、矢野暢編『世界単位論』地域研究第2巻、弘文堂、1994年。

立本成文『地域研究の問題と方法——世界文化生態力学の試み』京都大学学術出版会、1996年。立本『家族圏と地域研究』京都大学学術出版会、2000年。立本「21世紀地域研究の方法論的課題」国際研究、第19号、2003年。

坪内良博編『〈総合的地域研究〉を求めて——東南アジア像を手がかりに』京都大学学術出版会、1999年。坪内編『地域形成の論理』京都大学学術出版会、2000年。

原洋之介編『地域発展の固有論理』京都大学学術出版会、2000年。

松原正毅『風景の発見——地域研究序説』《リキエスタ》の会、2001年。

地域単位は、土着の生態からグローバルに接続し拡大するものであるが、その原点は見失ってはならない。その射程の拡がりの座標において地域が設定されることが基本である。それは、その地域の設定には文化・価値体系の形成であるからである。そして、そこに設定される政策形成において地域の確認がなされる。

第9章　地域研究の展望

9-3 歴史都市と地域研究としての都市

　文化遺産としての都市に対する関心は伝統と生活の文化の問題であった。近代化過程の進行で都市化が注目され、農村部から都市部への人口移動現象だけでなく、都市機能の集積・高次化・諸機能のネットワーク化、産業構造の高度化、都市的生活様式の一般化、価値観の多元化などの社会指標が提起され、ネットワーク型地域の類型を樹立し（マックス・ウェーバー『都市の類型學』1921年／世良晃志郎訳、創文社、1964年）、都市学が樹立した。それは、1930年代にいたる過程でシカゴ学派が取り組んだ研究に始源し、[*1]日本に導入され、磯村英一らが都市社会学を体系化した（『都市社会学研究』有斐閣、1959年。磯村編『近代都市の社会学』鹿島出版会、1977年。磯村『磯村英一都市論集』有斐閣、1989年、第1巻『都市生態への挑戦』、第2巻『都市の社会理論』、第3巻『人間都市への提言』。磯村編『東アジア・メガロポリス化の理論と実態』国際東アジア研究センター、1995年。磯村編『東アジア・メガロポリス化の理論と実際』国際アジア研究センター、1995年）。[*2]

　都市研究は、生活空間の確認とともに始まり、さらに生活と行動ネットワーク空間として、植民地都市、あるいはイスラム都市やヒンドゥー都市としての特質、あるいは生態空間を内包した国際化ネットワーク都市の諸相をめぐる解明へと進み、それは価値共同空間、生活社会空間、ネットワーク拠点空間、国際拠点連接空間としての地域性をもって新しい単位拠点の形成をみせている。代表的な研究を掲げる。そこでは、日本の対外進出に対応するとともに、地域分析が課題となった。

　D. S. Margoliouth, *Cairo, Jerusalem & Damascus: Three Chief Cities of the Egyptian Sultans*, London: Chatto & Windus, 1907.

　今村鴻明「蒙疆地域に於ける都市の成立」、蒙古善隣協會編『内陸アジア』第1輯、生活社、1941年。今村「張家口研究」、蒙古善隣協會編『内陸アジア』第2輯、生活社、1942年。

　菊池秋四郎・中島一郎『奉天二十年史』奉天、奉天二十年史刊行會、1926年／ソウル、景仁文化社、1997年。

367

藤田亮策・田川孝三校訂『瀋陽状啓』京城、京城帝國大學法文學部、1935年／台北、台聯國風出版社、1970年。

末松保和『熱河・北京の史的管見』京城、京城帝國大学大陸文化研究會、1939年。

戦後における研究と文献は、その様相が多様である。[*3]

古屋野正伍編『東南アジア都市の研究』アカデミア出版会、1987年。

藤原恵洋『上海――疾走する近代都市』講談社新書、講談社、1988年。

G・W・スキナー、今井清一訳『中国王朝末期の都市――都市と地方組織の階級構造』晃洋書房、1989年。

ベシーム・S・ハキーム、佐藤次高監訳『イスラーム都市――アラブのまちづくりの原理』第三書館、1990年。

森川洋『都市化と都市システム』大明堂、1990年。

羽田正・三浦徹編『イスラム都市研究――歴史と展望』東京大学出版会、1991年。

朝鮮史研究会編『朝鮮都市論へのアプローチ』朝鮮史研究会論文集第30巻、朝鮮史研究会、1992年。

松田素二『抵抗する都市――ナイロビ、移民の世界から』岩波書店、1999年。

国際東アジア研究センター編『東アジアにおける都市化と地域社会の変容』国際東アジア研究センター、1992年。

総合研究開発機構『都市の文化的自立と分散型国土の形成』シィー・ディー・アイ、1993年。同『都市の世紀における連携と協調』総合研究開発機構、2005年。

荒松雄『多重都市デリー――民族、宗教と政治権力』中公新書、中央公論社、1993年。

陳立行『中国と都市空間と社会的ネットワーク』国際書院、1994年。

原田環「近代朝鮮における首都名の表記について」、今永清二編『アジアの地域と社会』勁草書房、1994年。

黒田美代子『商人たちの共和国——世界最古のスーク、アレッポ』藤原書店、1995年。

呉星『韓國近代商業都市研究——開城・仁川の戸籍臺帳分析を中心として』ソウル、國學資料院、1998年。

神内秀信・新井勇治編『イスラーム世界の都市空間』法政大学出版局、2002年。

田坂俊雄編『東アジア都市論の構想——東アジアの都市間競争とシビル・ソサエティ構想』御茶の水書房、2005年。

布野修司『曼荼羅都市——ヒンドゥー都市の空間理念とその変容』京都大学学術出版会、2006年。布野・山根周編『ムガル都市——イスラーム都市の空間変容』京都大学学術出版会、2008年。

井上徹・塚田孝編『東アジア近世都市における社会的結合——諸身分・諸階層の存在形態』清文堂出版、2005年。

都市史研究会編『現代都市類型の創出』山川出版社、2009年。

坪内良博『バンコク1883年——水の都から陸の都市へ』京都大学学術出版会、2011年。

なかでも、大阪市立大学経済研究所監修『アジアの大都市』5冊は都市の姿を浮き彫りにし、そして吉田伸之・伊藤毅編『伝統都市』4冊は伝統的都市の新たな解剖に取り組んだ。

大阪市立大学経済研究所監修『アジアの大都市』5冊、日本評論社、第1巻田坂敏雄編『バンコク』1998年。第2巻宮本謙介・小長谷一之編『ジャカルタ』1999年。第3巻生田真人・松澤俊雄編『クアラルンプル/シンガポール』2000年。第4巻中西徹・小玉徹・新津晃一編『マニラ』2001年。第5巻植田誠孝・古澤賢治編『北京・上海』2002年。

吉田伸之・伊藤毅編『伝統都市』4冊、東京大学出版会、2010年。第1巻『イデア』、第2巻『権力とヘゲモニー』、第3巻『インフラ』、第4巻『分節構造』。

9-4 地域としての水利ネットワーク

　古来、中国では「水を制する者は天下を制する」といい、治水は治政と同義語とまでいわれた。北魏の『水経注』（鄭徳抻編『水経注引得』2冊、北平、哈佛燕京學舎引得編纂處、1934年／楊守敬纂疏『水経注疏40巻』21冊、北京、科学出版社、1957年／抄訳、森鹿三・他訳『水経注』中国古典文学大系第21巻、平凡社、1974年／東洋文庫中国古代地域史研究班編『水経注疏訳注』東洋文庫、2008年）が刊行され、中国の母なる黄河の水源論は深い関心にあった。水を飲んで生き、水を注いで耕し、水に浮かんで智慧が広がるというためである。その支配の欲求から、自然の河川は流れを変え、運河を開削して意のままにものを運ぶことになった。そのことが生産を刺激し、社会を成長させ、政権の争奪を可能にし、いっそう運河の開発を促した。歴代の政権は、大運河の建設をもって首都の位置を決め、支配の条件を確立した。

　乾燥アジアでの地下水路の方式による灌漑施設がカナートで、アラビア語で地下水路を意味する。乾燥地帯では、表面水路は機能しないので、高峻な山脈の山麓から地下水の供給が配備され、特定の母井戸の元井戸から数キロメートルにわたる地下水脈に排流され、集落に飲料水を供給する設備となっている。この設備は紀元前にペルシアで考案され、アフガニスタン、パキスタン、新疆トルファンに拡がり、ペルシア語でカレーズといわれる。さらに、アラブ人によって北アフリカにも伝えられ、ここではフォガラと呼ばれる。さらに、スペインによって南ペルーに持ち込まれた。

　以上の運河ネッワークは他の交通ネットワークに代替されているが、カナートのネットワークは生活圏として現在も維持されている。

　関連の文献は以下の通りである。[1]

　島崎昌「東トゥルキスターンにおけるカーレーズ灌漑の起源について」史学雑誌、第63巻第12号、1954年。島崎「林則徐とカーレーズ灌漑法」中央大学文学部紀要、第9号、1957年。

　織田武雄「乾燥地域の地下水灌漑——イランのカナート」地理、第7巻第

2号、1962年。織田「カナート研究の展望」人文地理、第36巻第5号、1984年。

中国科学院新疆綜合考察隊『新疆地下水』北京、科学出版社、1965年。

星斌夫『大運河——中国の漕運』近藤出版社、1971年。星訳『大運河発展史——長江から黄河へ』東洋文庫、平凡社、1982年——『元史』、『明史』、『清史稿』の関係部分訳である。星『明清時代社会経済史の研究』国書刊行会、1989年。

岡崎正孝『カナートとイラン農業』所内資料、アジア経済研究所、1973年。岡崎「イランにおけるカナート」水利科学、第18巻第4号、1974年。岡崎「イラン農業水利史に関するノート——とくにカナートとケイについて」アジア経済、第21巻第6号、1980年。岡崎「カナートとマンボ——灌漑技術の兄弟たち」地理、第30巻第6号、1985年。岡崎『カナート——イランの地下水路』論創社、1988年。

Peter Beaumont, Michael Bonine & Keith McLachlan eds, *Qanat, Kariz and Khattara: Traditional water systems in the Middle East and North Africa,* London: The Middle East Centre, School of Oriental and African Studies, University of London in association with Middle East & North African Studies Press, 1989.

宮崎市定「中国河川の史的考察」歴史教育、第16巻第10号、1968年／『宮崎市定全集』第17巻、岩波書店、1993年。

小堀巌「フォガラの水——サハラ沙漠の地下水道」季刊民族学、第5巻第4号、1981年。Kobori ed, *Case studies of Foggara Oases in the Algerian Sahara and Syria,* Department of Geography, Faculty of Science, University of Tokyo, 1982. 小堀「同時代の記録（変貌するカナート）」季刊民族学、第13巻第3号、1989年。小堀『乾燥地域の水利体系——カナートの形成と展開』大明堂、1996年。

原隆一『イランの水と社会』古今書院、1997年。

央瑞芳『当代中国水利史——1949-2011』北京、中国社会科学出版社、

2014年。

塩谷哲史『中央アジア灌漑史序説――ラウザーン運河トヒヴァ・ハン国の興亡』風響社、2014年。

大川裕子『中国古代の水利と地域開発』汲古書院、2015年。

李進億『水利秩序之形成與挑戦――以後時期村圳灌漑區爲中心之考察(1763-1970)』台北、國史館、2015年。

汪東升『地方政府土地失范为剖折』鄭州、黄河水利出版社、2016年。

9-5 地域空間設定の5要件

グローバル化における地域空間の設定条件を確認して、結びとする。

現下の世界は、境界が侵犯される状況にあり、そこでは、多文化主義のクレオール性と、政治的アイデンティティと文化的アイデンティティの亀裂という政治文化の重層性・流動性が伝統的歴史の文脈で生じており、そこでの拮抗状況は、これまでの「ジハード対マックワールド」の二分的枠組みを超克している（ベンジャミン・バーバー、鈴木主税訳『ジハード対マックワールド――市民社会の夢は終わったのか』三田出版会、1997年）。そこでは、世界の一体化へ向かうマックワールドに対する部族主義・原理主義のジハードの対決状況から、つまり、その対決状況による市民的公共における担い手としての公衆が見失われてしまった状況を抜け出し、新しい市民性が提起されており、固有の伝統的な政治文化の相互間の交叉した重層性概念が出現している。

そこでの新しい地域設定の条件は、次の通りである。

1、歴史的、言語的、宗教的、政治的に状況づけられた個人や社会集団、地縁的共同性、部族や民族、企業組織、及び国民国家のそれぞれのレベルでの主体性が多様にまた交叉して位置づけられ状況が成立している。

2、そこでのグローバルな空間は、ナショナルなまたはローカルな空間の統合性を侵犯する一方、それを内部から堀り崩す状況にあり、そこには優位な集団による社会集団間のヒエラルヒー管理も十全に機能していない。

3、そこに出現している内破する公共空間は、従前の国民国家の統治ヒエラ

ルヒーまたは設定されてきた市民の公共空間から、脱中心化のポピュリズムの様々な社会主体の政治状況へと移行してきている。それで、地域性の政治社会的・経済社会的配置は、思考の転換を伴いつつ、新しい地域社会の創出・再生産・変換の政治文化状況において多次元的にかつ多様に生じている。

4、この競合する公共地域空間は、意志決定のシステムがますます多元的となり分散的になっており、それを公共空間というのは、集合的行動と制度の枠組みが創造的に競合し併存する可動性にあるからで、それらの地域空間は、グローバル－ローカル－ナショナルの次元と、差異のアイデンティティの力学が交叉して存在している。これが、地域設定の座標を形成している。

5、そこに設定される地域は、多様であるが、文節的（分権的でもない集権的でもない主体的な連関）である。それは、（1）文化標識（文化項目）を失っていない部族の変容（部族の現代化）、（2）国民統合のコードにおける新しい紐帯によるネットワークの創出（新しい国民共同体の創出）、（3）グローバル化に達する視野にある文節的要素を内包した行動空間の形成、（4）多元的で流動的な空間にあるものの、一定の価値を基礎とした政治社会的に矛盾しつつ自律的解決へ向かう存在、の要素からなる。

このように確認される地域の主体、あるいは再活性化は、これまでの地域研究の再検討と新しい地域研究の空間を提起している。叢書「環境人間学と地域」（京都大学学術出版会）は、その成果をみせている。

長田俊樹編『インダス──南アジア基層世界を探る』2013年。

藤田昇・加藤聡史・草野栄一・幸田良介編『モンゴル──草原生態学ネットワークの崩壊と再生』2013年。

檜山哲哉・藤原潤子編『シベリア──温暖化する極北の水資源と社会』2015年。

大西正幸・宮城邦昌編『シークワーサーの智慧──奥・やんばるの「コトバ・暮らし・生きもの環」』2016年。

オギュスタン・ベルク、鳥海基樹訳『理想の住まい——隠遁から殺風景へ』2017年——原本は、Augustin Berque, *Histoire de l'habitat idéal: de l'Orient vers l'Occident,* Paris: Éditions du Félih, 2010である。

菊地直樹『「ほっとけない」からの自然再生学——コウノトリ野生復帰の現場』2017年。

オギュスタン・ベルクはフランスの地理学者で、モロッコのラバト生まれ、父は社会学者・東洋学者ジャック・ベルクで、彼はフランス社会科学高等学院教授で日本のアラブ研究に大きな影響を与えた。オギュスタン・ベルクは、和辻哲郎の風土論に傾倒し、デカルトの主体・客体二元論を解明し、エクメーネÉcumène、いいかえれば風土論を展開した（ベルク、中山元訳『風土学序説——文化をふたたび自然に、自然をふたたび文化に』筑摩書房、2002年）。[1]彼は1984年来日し、大学で教鞭をとり、1984年から1988年まで日仏会館フランス学長を勤めた。

境界とアイデンティティ、それをめぐる新しい境界、そこにおけるディアスポラがディアスポラではない状況、そして越境をめぐる新しい地域空間、つまり越境の相関の創出など、多くの問題提起を地域研究が提起している。[2]

〈注〉

9-1 地域研究の次元

[1]　Samuel Guy Inman, *Intervention in Mexico,* New York: Association Press, 1919.Justin H. Smith, *The War with Mexico,* New York: Macmillan, 1919.

[2]　宇野圓空『東亞民族精神と農耕文化』文部省教學局、1941年。辻村太郎『東亞島嶼地域の風土』文部省教學局、1943年。

[3]　佐々木衛・松戸武彦編『中国社会研究の理論と技法』地域研究入門第1巻、文化書房博文社、1999年。奥山眞知・可能弘勝編『中東・イスラム社会研究の理論と技法』地域研究入門第4巻、文化書房博文社、2000年。

[4]　太田敬雄編『地域研究入門——多文化理解の基礎』開文社、1997年。安中章夫編『政治・社会』地域研究シリーズ6、アジア経済研究所、1993年。佐藤誠編『地域研究調査を学ぶ人のために』世界思想社、1996年。山田勇編『フィールドワーク——見る・聞く・歩く』弘文堂、1996年。渡辺利夫「地域研究の新しい視角」、『アジア学のみかた』朝日新聞社、1998年。渡辺『アジア地域研究の現在』国際開発学第2巻、東洋経済新報社、2000年。松田之利・西村貢編『地域学への招待』世界思想社、1999年。小金沢孝昭・笹川耕太郎・青野寿彦・和田明子編『地域研究・地域学習の視点』大明堂、2001年。吉田昌夫編『地域研究入門——世界地域

を理解するために』古今書院、2002年。小林泉『地域研究概論』晃洋書房、2002年。佐藤次高編『イスラーム地域研究の可能性』東京大学出版会、2003年。丸山伸郎・小嶋眞・小池洋一『地域研究入門』DTP出版、2003年。長島信弘『国際文化交流と地域研究』中部大学/風媒社、2003年。村山祐司編『地域研究』シリーズ人文地理学2,朝倉書店、2003年。Athena S.Leoussi & Steven Grosby eds., *Area and Period Studies: Modern Middle East, Asia, Africa, the Americas, Australis,* London: I. B. Tauris, 2004. 井出策夫・澤田裕之編『地域の視点』文化書房博文社、2004年。早瀬晋三『歴史研究と地域研究のはざまで——フィリピン史で論文を書くとき』法政大学出版局、2004年。岸川毅・岩崎正洋編『アクセス地域研究Ⅰ——民主化の多様な姿』日本経済評論社、2004年。小川有美・岩崎編『アクセス地域研究Ⅱ——先進デモクラシーの再構築』日本経済評論社、2004年。関野樹監修『フィールドから考える地球の未来——地域と研究者の対話』昭和堂、2016年。『地域研究と国際政治の間』国際政治189、2017年。

9-3 歴史都市と地域研究としての都市

＊1　D・マーチンデール、新睦人・他訳『現代社会学の系譜——社会学理論の性格と諸類型』2冊、未来社、1970-71年。L・A・コーザー、磯部卓三訳『アメリカ社会学の形成』社会学の分析の歴史第8巻、アカデミア出版会、1981年。矢澤修次郎訳『現代アメリカ社会学史研究』東京大学出版会、1984年。

＊2　R・E・バーク、他『都市——人間生態学とコミュニティ論』1925年/大道安次郎・倉田和四生訳、鹿島出版会、1972年。鈴木栄太郎『都市社会学原理』有斐閣、1968年/鈴木栄太郎全集第4巻、未来社、1969年。鈴木広訳編『都市化の社会学』誠信書房、1965年。鈴木『都市的世界』誠信書房、1970年。鈴木『都市化の研究——社会移動とコミュニティ』恒星社厚生閣、1986年。鈴木・他編『都市化の社会学理論——シカゴ学派からの転回』ミネルヴァ書房、1987年。

＊3　程光裕『中国都市』上・下、台北、中華文化出版事業委員會、1953年。倉田和四生『都市化の社会学』法律文化社、1970年。アジア経済研究所編『発展途上国における都市化』アジア経済研究所、1974年。馬國明『全面都市化的社會』香港、進一歩多媒體、1966年。H・コックス、塩月賢太郎訳『世俗都市——神学的展望における世俗化と都市化』新教出版社、1968年。高橋勇悦『現代都市の社会学』誠信書房、1969年。Kenneth Little, *West African Urbanization: A Study of Voluntary Associations in Social Change,* Cambridge: University Press, 1970. 野田裕『アルジェリア・モロッコ紀行——生きている歴史都市』三省堂新書、三省堂、1971年。田辺健一編『日本の都市システム——地理学的研究』古今書院、1982年。William Hayward Frederick, *Indonesian Urban Society in Transition: Surabaya, 1926-1946,* Ann Arbor: University Microfilms International, 1984. 金元龍『歴史都市慶州』ソウル、ヨルファダン、1984年。梅棹忠夫・守屋毅編『都市化の文明学』中央公論社、1985年。山口岳志編『世界の都市システム——新しい地誌の試み』古今書院、1985年。佐藤哲夫「バングラデシュの都市システム」地学雑誌、第96巻第5号、1987年。佐藤哲夫編『発展途上国の都市システム』アジア経済研究所、1988年。関根政美「シドニー——オーストラリアの都市」、藤田弘夫・吉原直樹編『都市・社会学と人類学からの接近』ミネルヴァ書房、1987年。矢崎武夫『国際秩序の変化過程における発展途上国の都市化と近代化——東南ア

ジアの事例』慶応通信、1988年。J・ジェルネ、栗本一男訳『中国近世の百万都市——モンゴル襲来前夜の杭州』平凡社、1990年。小泉譲『顔のない城——1930年上海』上・下、批評社、1990年。Shun'ya Hino（日野舜也）ed., *African Urban Studies,* 4 Vols., Tokyo: Institute for the Study of Languages and Cultures of Asia and Africa (ILCAA), 1990-96.後藤明『メッカ——イスラームの都市社会』中公新書、中央公論社、1991年。葉倩瑋「清末台北の都市空間形成過程」お茶の水地理、第32号、1991年。黄武達・他「日本植民地時代における台北市都市構造の復原的研究」技術と文明、第8巻第1号、1992年。伊原弘『中国人の都市と空間』原書房、1993年。加藤祐三『世界繁盛の3都——ロンドン・北京・江戸』日本放送出版協会、1993年。伊豫谷登士翁『変貌する世界都市——都市と人のグローバリゼーション』有斐閣、1993年。野邊政雄『キャンベラの社会学的研究』行路社、1996年。ラモン・マリア・サラゴーサ、城所哲夫・木田健一訳『マニラ都市の歴史』学芸出版社、1996年。羽田正編『ジャルダン「イスファハン誌」——7世紀イスラム圏都市の肖像』東京大学出版会、1996年。三浦徹『イスラームの都市世界』山川出版社、1997年。松原宏編『アジアの都市システム』九州大学出版会、1998年。今里滋編『アジア都市政府の比較研究——福岡・釜山・上海・広州』九州大学出版会、1999年。幡谷則子編『ラテンアメリカの都市化と住民組織』古今書院、1999年。塩田光喜編『太平洋島嶼諸国の都市化』日本貿易振興会アジア経済研究所、1999年。熊谷圭知・塩田編『都市の誕生——太平洋島嶼諸国の都市化と社会変容』日本貿易振興会アジア経済研究所、2000年。嶋田義仁・松田素二・和崎春日編『アフリカの都市的世界』世界思想社、2001年。斯波義信『中国都市史』東京大学出版会、2002年。佐原康夫『漢代都市機構の研究』汲古書院、2002年。斯波義信『中国都市史』東京大学出版会、2002年。浅見孝司編『トルコ・イスラム都市の空間文化』山川出版社、2003年。千田稔編『東アジアの都市形態と文明史』国際日本文化研究センター、2004年。橋谷弘『帝国日本と植民地都市』吉川弘文館、2004年。川勝守『中国城郭都市社会史研究』汲古書院、2004年。吉國恒雄『アフリカ人都市経験の史的考察——初期植民地下ジンバヴエ・ハラレの社会史』インパクト出版会、2005年。布野修司編『近代世界システムと植民都市』京都大学学術出版会、2005年——オランダの海外進出における植民都市計画を主題とした。岩城完之『グローバリゼーションと地域社会変動』関東学院大学出版会、2005年。似田貝香門・矢澤澄子・吉原直樹編『越境する都市とガバナンス』法政大学出版局、2006年。阪本悠一・木村健二『近代植民地都市釜山』桜井書店、2007年。富永智津子『スワヒリ都市の盛衰』山川出版社、2008年。欒玉璽『青島の都市形成史1897—1945——市場経済の形成と展開』思文閣出版、2009年。小川さやか『都市を生きぬくための狡知——タンザニア零細商人マチンガの民族誌』世界思想社、2011年。天児慧・任哲編『中国の都市化——拡張、不安定と管理メカニズム』日本貿易振興機構アジア経済研究所、2015年。塚田孝『都市社会史の視点と抗争——法・社会・文化』清文堂出版、2015年。長田俊樹・杉山三郎・陣内秀信『文明の基層——古代文明から持続的な都市社会を考える』大学出版部協会、2015年。トゥオン・ミン・ズク＆レ・ヴァン・ディン、野島和男訳『ベトナムの都市化とライフスタイルの変遷』ビスタピー・エス、2015年。張済願『過去的都市——1950年代的上海』北京、社会科学文献出版社、2015年。応地利明『トンブクトゥ——交界都市の歴史と現在』臨川書店、2016年。吉岡政憲『ゲマインシャフト都市——南太平洋の都市人類学』風響社、2016年。井上徹・仁木宏・松

浦恆雄編『東アジアの都市構造と集団性——伝統都市から近代都市へ』清文堂出版、2016年。小泉龍人『都市の起源——古代の先進地域＝西アジアを掘る』講談社、2016年。小茄子川歩『インダス文明の社会構造と都市の原理』同成社、2016年。後藤春彦編『無形學へ・かたちになる前の思考——まちづくりを俯瞰する5つの視座』水曜社、2017年。円満字洋介『京都の風水地理学——平安京は正三角形でできていた』實業之日本社、2017年。程美宝・黄素娟主編『省港澳大衆文化与敏変遷』北京、社会科学文献出版社、2017年。

9-4 地域としての水利ネットワーク

＊1　森谷虎彦『西アジアのカナート——イラン国カズビン盆地の例』地理学評論、第39巻第7号、1966年。小西泰次郎「イランのカナート」地学雑誌、第76巻第2号、1967年。Maltin Harti, *Das Nalafabadtal: geographische Undersuchung einer Kanatlandscharft im Zagrosgebirge (Iran)*, Regensburug: Institute für Geographie an der Universität Regensburug, 1979. 木本凱夫・他「中国新疆省の水源「カレーズ」」三重大学生物資源学部紀要、第6号、1991年。江川静英『地下水路「カレーズ」——中国新疆トルファン盆地のカレーズについての現地調査報告』雪国環境研究、第8号、2002年。相馬秀廣「内陸中央アジアの環境変化——トルファン盆地のカレーズを中心として」人文地理、第54巻第1号、2002年。山田耕治「アルジェリア・サハラ砂漠における地下水利施設フォガラとその修復」水循環、第74号、2009年。

9-5 地域空間設定の5要件

＊1　オギュスタン・ベルク、宮原信訳『空間の日本文化』筑摩書房、1985年／ちくま学芸文庫、筑摩書房、1994年。ベルク、篠田勝英訳『風土の日本——自然と文化の通態』筑摩書房、1988年。ベルク、篠田勝英訳『日本の風景・西欧の景観——そして造景の時代』講談社現代新書、講談社、1990年。ベルク、三宅京子訳『風土としての地球』筑摩書房、1994年。ベルク、宮原信・荒木亨訳『都市の日本——所作から共同体へ』筑摩書房、1996年。ベルク、篠田勝英訳『地球と存在の哲学——環境倫理を越えて』ちくま新書、筑摩書房,1996年。木岡伸夫・鈴木貞美編『技術と身体——日本「近代化」の思想』ミネルヴァ書房、2006年——ベルクが共同執筆している。ベルク、木岡伸夫訳『風景という知——近代のパラダイムを超えて』世界思想社、2011年。

＊2　『現代空間論——アイデンティティと境界』アクト、第4号、1988年。村井章介・佐藤信・吉田伸之編『境界の日本史』山川出版社、1997年。浪川健治・河日英通編『地域ネットワークと社会変容——創造される歴史像』岩田書院、2008年。高倉浩樹編『地域分析と技術の接点——「はまる」「みる」「うごかす」視点と地域理解』東北大学東北アジア研究センター、2008年。浜邦彦・早尾貴紀編『ディアスポラと社会変容——アジア系・アフリカ系移住者と多文化共生の課題——国際シンポジウム「移住者の人権と多文化共生を目指して——アジアとアフリカのディアスポラの比較」』国際書院、2008年。新原道信編『"境界領域"のフィールドワーク——"惑星社会の諸問題"に応答するために』中央大学出版部、2014年。内田日出海・谷澤毅・松村岳志編『地域と越境——「強制」の社会経済史』春風社、2014年。

第**3**部

認識・論争・成果年譜

* 第3部は、国際関係と地域研究の両軸に従った対外認識年表である。

* それぞれ第1欄は政治と国際の事項、第2欄は社会と産業の事項、第3欄は研究環境の事項、そして第4欄は主要な文献を揚げた。その区分はそれぞれ連関しており、明確でない。

* 文献は、日本国内で刊行のものを除いて刊行地を書名の後に記してある。

* 内容は近代日本の対外接触が深まり、国際認識が形成された1851年から現代まで扱っている。

* 目立った主題については、特に**イタリックゴチ**で示した。

* それぞれの事項の関連で全体の動向を理解して頂ければ幸いである。

国際・政治	社会・産業	往来・調査・研究	刊行物
1851／嘉永4年 1 太平天国運動、8 洪秀全、太平天国樹立 8 露・清、伊犁条約調印 シャム、英使節ブルック、バンコク来航	7 フランス、植民地銀行創設、8 アルジェ銀行創設 清国、海関税直接徴収 清国、蒙古・伊犁の採鉱解禁 上海ーロンドン間、航路開設 ロシア、モスクワーペテルスブルグ間、鉄道開通 オーストラリア、金鉱発見 エジプト、カイローアレキサンドリア間、鉄道建設 ブライデン、リベリアに移民	11『改正日本航路細見記』 『日本國見在書目録』40丁 オーストラリア、シドニー大学開校	12 林子平『海國兵談』10巻 源光圀修『**大日本史**』243巻
1852／嘉永5年 1 台湾、反乱 1 英国、南アフリカ共和国承認 1 トランスバール共和国樹立 4 -1853 第2次ビルマ戦争 6 ニュージーランド自治植民地成立 9 オランダ、日本に開国要求 11 澳門、移民反乱 タスマニア囚人植民地廃止	1 英国、ラゴスの首長と奴隷廃止条約調印 7 英領インド、アジアで初の郵便制度導入 11 日本、倹約令公布 日本、佐賀藩、小作人の自作農化、均田制実施	2 徳川慶喜『大日本史紀傳』朝廷・幕府に献上 清国、キリスト教禁止	
1853／嘉永6年 6 米提督ペリー、5 小笠原父島に来航、6 浦賀に来航、1854.1 ペリー、再来、2 幕府、下田・函館開港を約束 7 プーチャン・ロシア使節、長崎に来航、12 幕府、長崎で会見、1954.1 帰国 10-1856.2 クリミア戦争 英インド総督、マレー植民統治 オーストラリア、ニューサウスウェルズ責任政府成立 フランス、ニューカレドニア併合、囚人植民地化	4 英領インド、ボンベイーターナ間鉄道建設 7 清国、関税管理委員会設立 9 国際統計会議開催（ブリュッセル） 11 英領インド、カルカッタ－アグラ間、電話線敷設 西村茂樹、積極的貿易論を提唱、2004.5-2011.3『西村茂樹全集』12 冊	7 佐久間象山、浦賀の米艦隊視察 9 吉田松陰、藩主に外寇への対処意見書提出 新發田他収藏『各國所領萬國地名捷覽』、初の地名辞典 -1856 リビングストン、ザンベジ探検	林煌『通航一覧』375 巻、1912-13 國書刊行會編、8 巻 疋田筑山輯『近世外人』5 巻 6 冊 藤森弘庵『海隊防備論』
1854／嘉永7年／安政1年 3 日米通好条約（神奈川	11 日本、暴利取締令公布	1 中濱萬次郎、幕府普講役	魏源輯、林則徐譯、塩谷

条約)調印 7 中国、英・米・仏が海関監理 12 日露和親条約調印 英植民地省成立	11 エジプト総督、レセップスにスエズ運河建設認可 清国、太平天国軍、土地法(天朝田畝制)公布 英領インド、ボンベイに紡績所設立 オーストラリア、ビクトリア州で鉄道建設	柄として外交文書の翻訳に従事 4 吉田松陰、米艦での密航不成功、「**幽囚録**」	宕陰・他校『海國圖志』2冊。1857 頼醇校『海國圖志』印度圖部2冊 韋昭解、秦鼎校『國語定本21巻』6冊
1855／安政2年 2 日露下田条約調印、樺太は日本・ロシアの共同領有 9 ロシア船、大阪に来航 9 日本、オランダに下田・函館開港 オーストラリア、南オーストラリア・タスマニアに責任政府樹立	フィリピン、マニラ開港 ニュージーランド、火災保険会社設立	マーティン『国際法の基本』ロンドン、1864 丁韓良訳『萬國公法』4巻2冊、北京、1865 京都で復刻、1868 西周訳『官版萬國公法』4巻6冊、**国際法の導入**	大槻禎瑞『遠西紀畧』4巻2冊、初の世界史
1856／安政3年 2 オスマン、改革勅令 3 アロー号事件、英国、清国に開戦 7 ボアー人のナタール、英喜望峰植民地に帰属 12 清国、広東人が外人商館焼打ち フランス、ダナン攻撃 ニュージーランド、責任政府樹立	1 エジプト、万国スエズ運河会社設立 9 ハリル米領事、下田奉行と1ドル・邦貨1分銀3枚の決済取決め トルコ、オスマン銀行設立	1 清宮秀堅『新撰年表』 4 幕府、築地に講武所設立 5 幕府、蕃所調所の教官任命 7 幕府、翻訳書の蕃所調所への届出布達 日本、吉田松陰、松下塾を引継ぐ	7 吉田松陰『講孟餘話』 ウェー／禕里哲『地球説略』1冊、寧波、1860.2 箕作阮甫訓点『地球説略』、1874 赤澤常道『地球説畧和解』5冊、1875.10 福田敬業訳『地球説畧譯解』4冊
1857／安政4年 3 ペルシア、英国の要求でアフガニスタンの独立承認 5 インド、セポイの反乱 7 日米下田条約調印 9 インド、ムガール帝国滅亡 10 日本、ハリスの国書提議	8 日本、肥前製鉄所建設、1861 竣工 9 鹿児島藩、磯別邸でガス灯点火 11 清国、上海に麦加利銀行支店開設	2 幕府、蕃書調所開校、5 西周・津田真道、教授手伝に就任 11 清国、初の日刊紙発行 日本、長崎奉行所、洋書印刷	
1858／安政5年 5 清・露、愛琿条約調印 6 日・米、通商条約調印 8 英国、インド統治法公布 11 露清愛琿条約調印、ロシアが黒竜江／アムール河東側一帯獲得 11 英インド会社、英国に帰属	5 ロシア帝国銀行設立 11 清国、英国が海関管理、外国貿易に開放 11 英東インド会社解散 韓国、金銀銅の私掘禁止	7 幕府、外国奉行設置 10 慶應義塾、福澤諭吉が築地で開学、1868.4 慶応義塾株式会社設立	亞使波里厘(ペルリ)『日本紀行譯本』2巻
1859／安政6年 2 フランス、サイゴン占領	4 スエズ運河工事着工	5 日本、吉田松陰、草莽崛	10 中濱萬次郎訳『英米対

3-1870 ニュージーランド、マオリ戦争 7 英国、セポイの反乱鎮圧声明 7-8 露使節の品川事件 10 仏領アルジェリア、反仏蜂起、11 鎮圧	6 日本、横濱・函館開港 8 英総領事オールコック、日本政府に貿易障碍で抗議 12 日本、下田港開設	起論を展開 6 ロシア人ムラビヨフ、品川上陸 8 日本幕府、開港場で購入した洋書の届出布達 9 英人グラバー、日本に渡来 9 リビングストン、南東アフリカ着 10 米宣教師ヘボン夫妻、神奈川に来航	話捷径』
1860／安政7／万延1年 10 清国、英・仏連合軍、北京占領	12 南アフリカ、鉄道開通 清国、海外移民解除 英国、インド人労働者を南アフリカに導入	9 ナポレオン3世、仏領アルジェリア訪問 韓国、東学の提唱、1979.5 韓国学文献研究所編『東學思想集』3冊、ソウル	プ・ア・デ・ヨング、岡本博卿訳『萬國政表』、初の統計書翻訳
1861／万延2／文久1年 2 ロシア軍艦、対馬占領、8 幕府、抗議	5 日本、グラバー商会設立 5 清国、天津・寧波開港、1962.3 芝罘開港 7 日本、幕府、庶民の大型船建造許可 12 ロシア、農奴解放令	6 日本、「The Nagasaki Shipping list Advertiser」長崎で創刊 7 日本、官紙「バタビヤ」創刊 日本、「Japan Herald」横濱で創刊	
1862／文久2年 7 日本・ロシア、樺太交渉 韓国、普週、開寧、咸興などで民乱 12 日本、攘夷勅書	8 清・露陸路通商条約調印 エジプト、対英借款成立	11 日本、佐久間象山、狄夷観を批判 佐田介石『鎚地球略』3巻3冊、西洋の地球観を批判	1 加藤弘之「鄰艸」、初の憲政論文
1863／文久3年 3 清国、伊犂でイスラム反乱 オスマン、海事法制定	オーストラリア、ニューサウスウェルズ州で8時間労働制採用 トルコ、イギリス人がオスマン銀行設立 レバノン、ベイルート−ダマスカス街道開通	3 日本「日本貿易新聞」創刊 4 初の幕府留学生西周、津田眞一郎、オランダ・ロッテルダム到着(1862.6 品川出発)、1865.12 帰国、1866.3 横濱着、フィセリングから治国学5科を学習 日本、樋口龍温『急作文』など、反キリスト文献が多数流布 タゴール、ロンドン民族学協会でカースト論刊行	保己一集検校『群書類従』660冊
1864／文久4／元治1年 6 清国、太平天国天王洪秀全自殺		8 赤十字連盟成立 日本、ヘボン夫人、横濱で女塾開設	神治、箕作阮甫訓点『大美聯邦志畧』2巻2冊
1865／元治2／慶応元年 3 清国、イスラム反乱	3 香港、イギリス人が匯豊	2 日本、長崎大浦山の天主	-1867.2 福沢諭吉『西洋事情』6冊

	銀行設立 3 カルカッターロンドン間、電信連絡 7 フランス、アルジェリア人にフランス国籍付与 清国、漢口海関徴税 ロシア、朝鮮に通商要求	堂竣工 8 日本、「海外新聞」創刊 伊能忠敬「官板日本地圖」、開成所版、4枚色刷	-1866 マヨルヘクトルストレイト、吉澤勇四郎訳『斯氏築白典刑』8巻
1866／慶応2年 5 日本、改税約書調印 9 朝鮮、シャーマン号事件	2 日本、外国貿易の許可 11 ロシア、官有地の農奴解放 英領インド、ベンガル大飢饉	エジプト、新聞「ターディー・アンミール」創刊 -1868 フランシス・ガルニエらフランス・マコン探検隊、サイゴンから雲南に到達	
1867／慶応3年 2 日・露樺太島仮規則調印 3 米国、ロシアよりアラスカ購入 4 海峡植民地、インドから分離 6 日本、坂本龍馬、船中八束（新政民綱領）作成、11 坂本、暗殺 6 フランス、コーチシナ占領 8 米国、ミッドウェー占領 12 日本、王政復古	4 南アフリカ、キンバリーでダイヤモンド発見 6-7 第1回国際通貨会議開催	2 フィセリング、西周訳『萬國公法』、幕府へ提出、1868 公刊	9 加藤弘之『西洋各國盛衰強弱一覧表』2冊、ブロッヒ原書 マルクス『資本論』第1巻、1924.7 高畠素之訳
1868／慶応4／明治元年 1 日本、明治維新、3 五カ条御誓文発布 3 英国、バストランド保護領成立 4 日本、江戸開城、10 東京へ遷都 4 日本、統一軍制編制 8 フランス・マダガスカル通商条約調印	5 日本、ハワイへ最初の契約移民	3 日本、神仏混淆禁止 9 津田眞一郎、「日本國總制原論」起草	加藤弘之『立憲政體略』 フィセリング、津田真道訳『泰西國法』
1869／明治2年 4 清国、上海租界章程制定	1 日本、丸善商社開業 6 日本、東京為替会社開業 7 日本、大蔵省設置 11 日本、鐵道敷設決定 11 韓国、シベリアの開墾禁止 11 エジプト、スエズ運河開通 12 日本、東京－横浜間、電信開通	1 官板『集議院日誌』3冊 2 リビングストン、東アフリカのタンガニーカ湖畔に着 3 日本、押川春三が「中外新聞」創刊 3-1869.6 官板『公議所日誌』3冊 5 日本、出版条例制定 6 日本、東京招魂社建立、1879.6 靖国神社と改称	

		8 日本、蝦夷を北海道、北蝦夷を樺太と改称 -1881 英領インド、帝国地誌編纂、民族誌調査、1885.3 ラホールで北インド民族誌会議開催、カーストの規格化、1903 リズリ『インド民族誌調査の手引き』ボンベイ	
1870／明治 3 年 5 日本、集議院開設	2 日本、樺太開拓使設置 4 蘭領東インド、土地法公布 10 日本、岩崎弥太郎、九十九商会設立 11 英領インド、カルカッターボンベイ間、鉄道開通 南アフリカ、オレンジ共和国でダイヤモンド発見	1 日本、神道の国教化 12 日本、初の日刊「横浜毎日新聞」創刊 レバノン、ベイルートで総合雑誌「庭」創刊	11 スマイルズ、中村正直訳『西國立志編』、1871.5 中村敬太郎訳『自助論』
1871／明治 4 年 4 日本、戸籍法公布 5 朝鮮、米艦隊が江華島占領 5 ロシア、伊犂でイスラム教徒を制圧 オスマン、チュニジア併合 南アフリカ、セシル・ローズが支配拡大	2 日本、治水定目制定 4 日本、新貨条例制定、金本位制採用、藩札発行停止 6 日本、長崎ー上海間、海底電線開通 6 上海ーロンドン間、サンフランシスコ経由の海底電線開通 7 日本、三菱商会設立 10 英国、南アフリカのダイヤモンド地帯併合 12 日本、東京ー長崎間、郵便開通 -1972 英領インド、全国統一国勢調査 エジプト、土地私有権確立	7 日本、文部省設置、博物館開設 アナトリア、シュリーマン、ヒサルリック丘発掘、トロイア遺址を確認	岡本監輔（文平）『北門急務』2冊 褘理哲、箕作阮甫訓点『地球説略』3冊
1872／明治 5 年 12 清国、新疆平定	8 日本、農民に職業の自由付与 9 日本、新橋ー横浜間、鉄道開業 11 日本、国立銀行設立 フィリピン、労働者のカビテ暴動	2 日本、ニューヨークに領事館開設 3 日本、「東京日日新聞」東京で創刊 4 清国、「申報」上海で創刊 6 日本、太政官局、最初の統計作成	
1873／明治 6 年 3 ロシア、ヒバ汗国を保護国化 6 清国皇帝、初めて外国	6 ベトナム、フランス船の紅河航行禁止 7 清国、鉄路局設置	2 日本、キリスト教解禁 3 森有礼、学術研究の学社提唱、明六社の起源	-1874 加藤祐一『文明開化』4冊

使臣に謁見 10 日本、征韓論敗北	清国、香港－上海間、海底電線開設	4 日本、開成所設立 7 コロル、槇寛則訳『世界地名表』 11 柳樽悦編『臺灣水路誌』 11 柳樽悦編『南島水路誌』2冊 -1875.11 カメロン、アフリカ横断	
1874／明治7年 3 フランス、コーチシナ植民地設立 4 台湾、日本人漂流流民虐殺事件、5 台湾征討軍の征伐	2 カシュガルのヤクブ・ベク、英国との通商条約調印	1 日本、民選議院建白書で民選議院論争 3 日本、「明六雑誌」創刊 11 日本、「讀賣新聞」創刊	6 林顕三『北海紀行』6冊 兵部省『暹羅紀行』
1875／明治8年 5 日・露ペテルスブルグ条約調印、日本は樺太を放棄、9 千島列島の領有 7 琉球、清国への朝貢停止 10 朝鮮、日本軍の江華島事件	1 フランス、インドシナ銀行設立 8 英国、初の海運同盟カルカッタ・コンフェレンス設立 10 オスマン、外債利子不払不能宣言 11 日本、郵便汽船三菱商会、琉球航路開設、上海支店開設 11 エジプト、スエズ運河株を英国に売却	5 日本、開拓使、仮学校創設、1876.8 札幌学校、9 札幌農学校と改称 6 日本・他、メートル条約調印 11 日本、新島襄が同志社英学校創設 日本、金港堂書店創立	2 東條保編『朝鮮誌略』 8 福沢諭吉『**文明論之概略**』 12 加藤弘之『國體新論』
1876／明治9年 2 日・鮮修好条規調印 2 ロシア、中央アジア・コーカランド併合 5 トルコ、青年トルコ党のクーデタ 7 セルビア、トルコに宣戦、1878.3 講和成立	2 英国、横浜－上海航路開設 3 日本、初の民間銀行、三井銀行開業 4 エジプト、外貨利子支払い停止 6 清国、初の上海－呉淞鉄道建設 7 日本、三井物産會社設立 12 清国、淞滬鉄道開通 英領インド、ボンベイに綿花取引所開設	9 ベルギー国王レオポルド2世、アフリカ探検・文明化協会設立	3 修史局編『明治史要』第1巻 萩原裕編『顕承述択』9巻4冊、1896 11巻 ナオロジー『インドの貧困』ロンドン
1877／明治10年 1 インド帝国設立 4-1878.1 露土戦争 4 英国、トランスバールを英植民地に併合	10 日本、古川市兵衛が足尾銅山開発 高鋭一編『日本製品圖説』 清国、招商局が主要航路管理 マレー半島、ゴム栽培着手	4 日本、東京開成学校を東京大学と改称	-1882 田口卯吉『日本開化小史』6冊

1878／明治 11 年 11-1880 第2次アフガン戦争	12 日本、東京海上保険会社設立 日本、北海道開拓使、猟業条例で外国猟船監視 清国、フランスが上海に製糸工場設立 清国、郵便切手発行 ポルトガル、植民地奴隷制度廃止 英国、合同アフリカ会社設立	1 英国、土着語出版法制定 6 清国、神戸・長崎に領事館開設 11 日本軍艦清輝、コンスタンチノープル寄港 11 ベルギー国王レオポルド2世、上コンゴ研究委員会設立	9 スペンサー、鈴木義宗訳『代議政体論』 -1880.12 クラセ、太政官翻訳係訳『日本西教史』2巻 スタンリー『暗黒大陸』ロンドン、1961.7 宮西豊逸訳 -1885 アラビヤンナイト、井上勤訳『全世界一大奇書』2冊
1879／明治 12 年 1 ズール戦争 5 インドシナ、フランス軍政解除 6 英国・フランス、エジプトに干渉、共同管理	4 国際郵便為替約定実施 8 オーストラリア、中国人移民に移民禁止の人頭税適用 清国、天津－太沽間、電信開通 -1885 セネガル、ダカール－サンルイ間、鉄道建設	1 日本、「朝日新聞」創刊 1 日本、「東京經済雑誌」刊行 1 日本、東京学士会院創設 3-6 日本、琉球処分、12 松田道之『琉球處分』上・中・下 4 日本、東京地学会創設 6 日本、東京招魂社、靖国神社を改称 -1884 スタンリー、コンゴ流域開発	4 植木枝盛『民權自由論』 ベーベル『婦人論』ベルリン、1926.12-29.3 草間平作訳、上・下、1926.7 山川菊枝訳、上・下
1880／明治 13 年 米・英・仏、サモア国王承認、代議院設立 6-7 東方問題・バルカン問題ベルヘリン会議開催 6 フランス、タヒチ併合 10-1981.2 ボーア戦争、3トランスバール独立回復 11 米清条約で中国人移民規制 -1900 フランス、セネガル植民地拡大	2 日本、横濱正金銀行設立 4 日本、三井を替会社設立 5 韓国、元山開港 7 エジプト、清算法施行 10 日本、栃木新聞社説「土地共有論」 韓国、各道のアヘン館禁止 フランス、アルジェ土地農民銀行設立 南アフリカ、セシル・ローズがド・ビアーズ鉱山会社設立	3 日本、興亞会創設、1983.1 亞細亞協會と改称 7 日本外務理事官吉田正春、ペルシア・テヘラン着、のちイラク・バグダット、トルコ・イスタンブール訪問、1894『回疆探險一波斯之旅』 8 清国、天津水師堂設立 古川宣誉、ペルシア旅行、1891.9『波斯紀行』 西徳次郎、中央アジア旅行、1886『中央亞細亞記事』上・下 英領インド、カルカッタに大学設立	11 泥堂久之助編『条約改正時事切要』
1881／明治 14 年 8 露・清伊犂条約調印 9 エジプト、オラビー革命	6 ニュージーランド、東洋人移民法制定 2 日本、東京馬車鉄道株式会社設立 11 日本、初の私鉄、日本鉄道会社設立	2 日本、玄洋社設立、1917.7『玄洋社々史』 3 大隈重信、国会開設意見書の提出、**主権・人権論争** 3 日本、中江兆民ら「東洋自由新聞」創刊	11 高橋吾良『印度史』

	11 北ボルネオ会社設立 12 日本、大日本農会設立 12 日本、官営の愛知紡績所開業 清国、上海租界で電話開通 オスマン、ヨーロッパ列国の財政管理		
1882／明治 15 年 1 仏軍、ハノイ占領、8 ユエ占領 10 清・露伊犁国境条約調印	1 日本、大日本水産会設立 1 日本－香港間、郵便為替実施 2 日本、新橋－日本橋間、東京馬車鉄道開通 2 横濱－オーストラリア間、郵便為替実施 6 日本、日本銀行令公布、10 開業 7 清国、上海租界で電灯点火 12 日本、大阪商船会社設立 12 米スタンダード石油トラスト設立 清国、黄河大氾濫 英領インド、自由貿易主義の採用 ユダヤ、ビルー・マニフェスト成立、ロシア系ユダヤ人のパレスチナ移住	3 日本、福澤諭吉ら「時事新報」創刊 6 日本、統計年鑑刊行 10 大隈重信、東京専門学校設立、1902.9 早稲田大学へ移行 ベトナム、『大南一統志』完成 フィリピン、「タカログ新聞」創刊 山岡光太郎、メッカ巡礼、ハジ・オマル山岡、1909 再巡礼 -1907 クローマー、エジプト総督就任、1910『古代及び現代帝国主義』、1943.8 東半球協會訳『古今外領批判』で帝国主義批判	シーリー『英国膨張史』ロンドン、1942.10 古田保訳『英国發展史論』
1883／明治 16 年 1 英国、エジプト保護国化 6 フランス、チュニジア保護国化 6 フランス・マダガスカル戦争、1885 フランス保護国化	3 韓国、仁川開港 3 清国、旅順港建設 6 オーストラリア、初の日本移民 9 米国、北太平洋鉄道全通 10 ペルシア、民間企業アミーニイェ設立	3-10 マーシャル諸島ラエ島で日本人船員虐殺事件、1884.7 鈴木經勳、調査命令、9 調査、1985.2 帰国 7 日本、「官報」創刊	
1884／明治 17 年 2 スーダン、マフディ反乱 4 ドイツ、南西アフリカ保護領化 5 清・露カシュガル境界条約調印 11 清国、新疆省設置 11 ドイツ領東アフリカ成立 11-1885.2 ベルリン・アフリカ分割会議開催	5 日本、大阪商船会社設立 8 清国、天津－北京間、電信開通 6 オーストラリア、シドニー－メルボルン間、鉄道開通 ドイツ、ニューギニア会社設立	7 日本、外務省『外交志稿』 9 日本、「今日新聞」東京で創刊、のち「都新聞」と改称	3 引田利章校訂『大越史記全書』10 冊 9 藤田茂吉『**文明東漸史**』

12 朝鮮、金玉均ら開化派の反乱 フランス、赤道アフリカ支配			
1885／明治 18 年 1 日・韓漢城条約調印 1 スペイン、赤道ギニア保護領化 2 イタリア、エリトリア保護領化 5 ベルギー、コンゴ自由国樹立 9 英領ベネチュアランド英保護領成立 11-1886 第3次ビルマ戦争 12 日本、内閣制成立 12 英領インド、ボンベイでインド国民会議派創立大会開催	3 英領インド、ベンガル小作法制定 4 ドイツ、南西アフリカ植民会社設立 10 日本、三菱汽船・共同運輸が日本郵船設立 12 南アフリカ、ラントで金鉱発見 12 南アフリカ、ケープ−キンバリー間、鉄道建設	1 日本、ローマ字會設立 3 福沢諭吉、「時事新報」に「*脱亜論*」発表	8 引田利章編『亞富汗斯坦地誌』 8 福澤諭吉『日本婦人論』 10-1891 東海散士(柴四朗)『佳人之奇遇』16 巻、エジプト志士の独立運動が主題
1886／明治 19 年 1 英国、上ビルマ併合、11 反英暴動、1890 鎮圧 4 英国・ドイツ、南洋群島分割	1 日本・ハワイ移民条約調印 英国、ビルマ石油会社設立 オーストラリア、北部に中国人労働者導入	3 日本、帝国大学令公布 6 第7回国際東洋学会開催(ウィーン)、インドの言語調査を提言 ヤングハズバンド、満州調査	
1887／明治 20 年 4 英国、第1回植民地会議開催(ロンドン) 7 英国、ソマリー北部を保護領化 10 仏領インドシナ連邦成立 12 清国、澳門をポルトガル支配 英国、モルジブ保護領化 英国、ズールー王をセントヘレナに流刑	4 清国、九龍開港 4 カナダ、太平洋鉄道開通 5 セシル・ローズ、南アフリカ金鉱会社設立、1889.10 特許会社認可 8 台湾−福建間、海底電線開設 ロシア、人頭税廃止	2 日本、國家學會設立、3「國家學會雑誌」刊行 2-9 鈴木経勲、硫黄島・ミッドウェー探検、1888.8-89.2 東・南太平洋(ハワイ・サモア・フィジー)探検、1892.7 鈴木『南洋探検』、1893.3 鈴木・井上彦三郎『南島巡航記』、1944.11 鈴木『南洋風物誌』 2 日本、徳富蘇峰が民友社設立 4 ヤングハズバンド、北京からゴビ砂漠を経てインド・ラワルピンジ着、1966.7 石一郎訳『カラコルムを越えて』 5 大藏省『明治貨政要覧』 6 日本、博文館設立 8 日本、京都本願寺、「反省會雑誌」刊、1899.1「中央公論」と改題	4 志賀重昂『南洋時事』 4 西村茂樹『日本道徳論』 8 黄遵憲『日本國志』完成、1894 刊行、北京 11 森貞次郎『山田長政暹羅遺跡』 有賀長雄『支那西洋開化之差別』 ホセ・リサール『ノリ・カタンヘレ(われに触れるなかれ)』、教団支配を告発
1888／明治 21 年 3 英国、北ボルネオを保護領	4 参謀本部陸軍部『鐵道論』	1 日本、山縣有朋、軍事意見	3 島田三郎『開國始末』

化 9 帝国東アフリカ会社、ケニア沿岸部統治 10 スエズ運河条約調印 11 清国、康有為が変法自強を提唱 11 列国、アフリカ奴隷貿易禁止を決議 ウガンダ、ブガンダ王、イスラム、プロテスタント、カトリック3勢力の対立調停に失敗、1889 追放	4 英国、帝国東アフリカ会社設立 7 ジャワ、バンテンで農民反乱 8 英国・ロシア陸路通商条約調印 8 東方鉄道(イスタンブール－ウィーン)、開通 10 米国、中国人移民排斥の強化 ペルシア、鉄道建設	書提出、1890.3「**外交政略論**」として回覧、主権線・利益線を提起 1 日本、時事通信社設立 1 地理学の知識向上と普及を目指す協会ワシントンに発足 4 日本、志賀重昂・三宅雪嶺ら、政教社設立、「日本人」創刊 8 メルボルン、国際博覧会開催	9 珂那通世編『支那通史』4巻5冊
1889／明治22年 オスマン、秘密結社統一と進歩委員会設立	1 英国、ペルシア帝国銀行設立付与、10 開業 3 日本、北海道でトナカイ猟禁止 7 日本、新橋－神戸間、東海道線全面開通 8 メルボルンで国際博覧会開催 10 朝鮮、防穀令(穀物の域外持出し禁止)公布、 1891.12 日本、損害賠償要求、1853.5 解決 12 日本、経済恐慌 10 英国、南アフリカ特許会社設立 オーストラリア、大陸横断鉄道一部開通 トルコ、農業銀行設立	2 日本、陸羯南、「日本」創刊 2 フィリピン、バルセロナで団結社雑誌「連帯」創刊、12 マドリードで結社連帯成立 10 参謀本部編『支那地誌』第15巻上満洲部、1893.1 下蒙古部 11 日本、史學會成立、12「史學雜誌」刊行	11 原敬『埃及混合裁判』 11 東海散士編『埃及近世史』 12 北村紫山『印度史 附朝鮮・安南・緬甸・暹羅 各國史』
1890／明治23年 6 英南アフリカ会社、バロツェランドを保護国化、11 マショナランドを保護国化 7 日本、第1回総選挙 8 仏、マダガスカルを保護国成立	8 日本、銀行条例公布	6 トルコ軍艦エルトゥルル号、横濱入港、9 和歌山県大島沖で難破、日本が生存者をトルコへ送還、1891.2 大山鷹之助『土耳其航海記事』 7 日本海軍水路部『支那航海誌』8巻、東南アジアに及んだ 9 日本、日本法律学校開学、1903.8 日本大学へ移行 9 日本、太平洋協會創設 9 ヘディン、内陸アジア探検着手、1964.6-1996.1『ヘディン中央アジア探検紀行全集』白水社版 9巻、1966.1 山口四郎訳	6 畑良太郎『日本婦人論』 釋宗演『錫崙島志 全』、1930.6 釋宗演全集第10巻

		『探検家としてのわが生涯』 マハン『海上権力史論』ロンドン、1896.11 水交社訳で**海上権力**を指摘 チェーホフ、サハリン調査、『サハリン島』	
1891／明治 24 年 5 日本、ロシア皇太子負傷の大津事件、1931.12 児島惟謙『大津事件顛末録』 6 清国、湖北でキリスト教会焼き討ち事件	3 清国、重慶開港 3 ロシア、シベリア鉄道建設の詔勅 9 日本、上野－青森間、東北本線鉄道開通 9 コンゴ自由国、象牙とゴムの国家独占化 12 韓国、済州島民、日本漁民の操業禁止を要求 12 イラン、タバコ・ボイコット闘争、1892.4 譲渡のタバコ利権破棄 英領ゴールド・コースト、カカオ輸出開始	1 日本、キリスト者内村鑑三、第一高等中等学校で教育勅語礼拝を拒否、11 井上哲次郎、キリスト教非難、1893.4 井上『**教育と宗教の衝突**』 1 東京帝大教授久米邦武、史学雑誌に「**神道は祭天の古俗**」を発表、1892.3 休職 3 日本、東京駿河台でハリストス正教会がニコライ堂竣工 5 日本、東邦協會設立、「東邦協會報告」刊行 8 穂積八束、「民法出テ、忠孝亡フ」 片岡侍従、択捉で越冬、1893 占守島調査 清国、北洋艦隊が日本寄港 英領セイロン、仏教復興運動の大菩提会創設	2 生田得能『暹羅佛教事情』 7 康有為『新學偽經考』武林 8 稲垣満次郎『西比利亞鐵道論・完』 9 三島一雄『濠洲及印度』 ボウエン、原田敬吾訳『内地干渉埃及惨状』
1892／明治 25 年 1 ブガンダ、民衆がキリスト教徒との内戦化 6 フィリピン、追放からリサール帰国、7 追放のダビタン島で独立革命秘密結社カプチナン結成	9 南アフリカ、ケープタウン－ヨハネスブルグ間、鉄道開通	1 清国、排外文書の禁止措置 6 福島安正陸軍少佐、単騎シベリア横断のためベルリン出発、1893.6 ウラジオストック着、1941 太田阿山編『福島将軍遺蹟』 12 日本、「萬朝報」創刊 12 参謀本部編『西利伯地誌』上・下鈴木経勲ら、ミクロネシア調査、7 鈴木『南洋探検實記』、1893.3 井上彦三郎・鈴木『南島巡航記』	
1893／明治 26 年 4-5 朝鮮、東学の集会で斥倭洋倡戦のスローガン 10 シャム、メコン河東岸をフランスに譲渡 11 英国、デュランド線でパシュトゥン族をアフガニスタンとイ	3 日本、郡司成忠海軍大尉、報效義会結成、占守島移住計画、1876 第2次移住計画 3 英領インド、金本位制採用 4 シャム、鉄道開通 5 清国、横浜正金銀行上海	1 清国、「新聞報」上海で創刊 2 笹森儀助『千島探検』で**北進論**高まる 3 日本、殖産協會設立 11 日本、「殖野新聞」創刊 参謀本部編『蒙古地誌』、1902	3 樽井(森本)藤吉『大東合邦論』 4 關熊太郎『千島拓殖論』 12 外山義文『日本と布哇－(一名)革命前後之布哇』 7 多羅尾忠郎『千島探検實

ンドに分断 フランス、コートジボアール植民地化	支店開設 6 日本、大阪商船、朝鮮航路開設 10 韓国、米輸出を1カ月停止 11 日本、日本郵船、ボンベイ航路開設 オーストラリア、金融恐慌	王宗炎訳、台北	紀』 11 太田代十郎『千島實業地誌』
1894／明治27年 3 韓国、東学農民反乱 4 英国、ウガンダの保護領化 6 日本軍、朝鮮出兵、清国、朝鮮出兵 8 日清戦争、1895.4 下関講和条約調印 8南アフリカ、ガンジーがナタール・インド人会議派結成 11 清国、孫文、興中會創立(香山) 12-1896イタリア・エチオピア戦争 清国、甘粛省で回回反乱 -1896 トルコ、イスタンブール・他でアルメニア人殺害、2004.8 瀬川博義『忘れられたアルメニア人虐殺―ジェノサイド犯罪の防止及び処理に関する事例研究』	1 米国、中国人労働者の入国制限 11 日米通商条約調印 ニュージーランド、最低賃金制導入 シリア、鉄道開通	8 清国、康有為『新學偽經考』、禁書化 9 海軍水路部『支那海水路誌』 11 海軍水路部『朝鮮海水路誌』 ドイツ皇帝ウィルヘルム2世、日本の国際社会侵入はヨーロッパ文明を脅かすと**黄禍論**を展開、日本の封込めを主張	7 服部徹(圖南)『日韓交通史』 10 志賀重昂『日本風景論』 12 徳富蘇峰『大日本膨張論』 西清『黒龍江外記』8巻2冊、(中国発行地不明)、1943 石川年訳
1895／明治28年 4 日本、台湾併合 4 日本、三国干渉で「臥薪嘗胆」流行 5 台湾民主国宣言 5 英南アフリカ会社、ザンベジ以南をローデシアと命名 6 仏領西アフリカ植民地成立 6 英領東アフリカ植民地成立 8 台湾、民政移行、台湾總督府設立 8 英国、ブガンダを保護国化 11 孫文、興中會横濱分会設立	レバノン、ベイルート―ダマスカス間、鉄道開通 ウガンダ、モンバサからの鉄道着工、1899 ナイロビ到着、1901 スキム到着	7ルガード、英領北ナイジェリア初代高等弁務官着任、1922『英領熱帯アフリカの二重統治』ロンドン 8山田三良「新領地ニ關スル法律的關係ヲ論ス」國家學會雜誌、第9巻第102号、**台湾管轄権論争** 8 鳥居龍藏、満州調査、1910『南滿洲調査報告』、1928『滿蒙の探査』、1975-77『鳥居龍藏全集』13冊	4 伊藤紫微散人、岩崎好正編『臺灣事情』 12 陸奥宗光『蹇蹇録』 12 江馬達三郎訳『臺灣史料』2冊 瀧川三代太郎編『新領地臺灣島』

11 フランス、マダガスカルの保護領化、12—1896 反仏暴動 12 ラオス、フランス保護国化 12 イタリア、アビシニア征討作戦失敗、1896.10 アビシニア独立承認 12 南アフリカ、ジェイムソン事件、ローデシア成立			
1896／明治 29 年 1 韓国、暴動 6 露・清、秘密条約調印 7 英領マラヤ連邦成立 8 フィリピン、カプティナン革命、12 リサール処刑	3 日本、日本郵船、ヨーロッパ定期航路開設 5 大阪商船、台湾航路開設 10 日本郵船、オーストラリア航路開設 英領インド、大飢饉	1 清国、康有為ら、「強學報」創刊 4 韓国、「獨立新聞」漢城で創刊 6 台湾、「台灣新報」台北で創刊 8 清国、黄遵憲・梁啓超ら、「時務報」上海で創刊	11 菊池謙讓『朝鮮王國』黄遵憲『*日本國志*』10 冊、40 巻、上海／1898 杭州
1897／明治 30 年 6 米国、ハワイ併合 8 第1回シオニスト会議、バーゼル綱領採択、1991.5 テオドル・ヘルツル、佐藤康彦訳『ユダヤ人国家－ユダヤ人問題の現代的解決の試み』 11 ドイツ、膠州湾占領	2 清国、上海に中国通商銀行設立 3 清国、東支鉄道会社設立 4 ロシア、ウラジオストク－ハバロフスク間のシベリア鉄道開通 4 ザンジバル、奴隷制廃止 4 日本、遠洋漁業奨励法公布	2 日本、「The Japan Times」東京で創刊 3 日本、国際法學會創立、1902.2「國際法外交雜誌」刊行 日本、大日本協会成立、「日本主義」発刊、高山樗牛「日本主義を賛す」太陽で**日本主義論争** 清国、商務印書館上海に創立	1 遅塚麗水『太平洋』 3 白瀬矗『千島探險錄』 9 圖南商會編『暹羅王國』
1898／明治 31 年 2 清国、長江不割譲の声明 6 フィリピン、アギナルド独立宣言、12 米国、全土に軍政布告、1899.11 アギナルドはルソン島山中に逃避、ゲリラ戦発動 6 英国、香港租借 9 ファショダ事件、11 フランス、撤退、1899.1 解決、12 スーダンのエジプト・英国共同統治	1 大阪商船、上海航路開設 7-1903 台湾、土地調査 9 英国、九広鉄道敷設権取得 英領マレー、半島縦断鉄道着工	1 清国、康有為、北京で粵學會設立 9 韓国、「皇城新聞」創刊 11 日本、東亞同文會成立 福澤諭吉『福澤諭吉全集』5巻	12 二宮峰男『馬來半島事情』 戸水寛人『亞非利加ノ前途』
1899／明治 32 年 4 英国、ブガンダ王、セーシェルへ追放 7 トランスバール、7年以上在住の外国人に選挙権付与	4 ペルー、初の日本人移民 5「ジオグラフィック」記事「太平洋岸レッドウッドの森」で天然資源の保存を指摘 7 台湾、台湾銀行設立、1910	1 日本、「中央公論」創刊 2 河口慧海、カルカッタからカトマンズ着、1900.8 チベット入国、1901.1 ラサ着、1902.5 ラサ出発、9 神戸着、1904.3『西藏	6 佐藤宏『兩洋交通論――名對西伯利西鐵道策』 6 幣原坦『南島沿革史論・全』 坂本健一『麻謌末』、最初の

393

9 米国、清国に**門戸開放**の第1次通牒 10-1902.5 第2次ボーア戦争	『臺灣銀行十年志』、1912 岡楽三『殖民銀行論』、1919『臺灣銀行二十年誌』、1939『臺灣銀行四十年誌』 9 韓国、仁川-鷺梁津間、鉄道開通	旅行記』上・下	マホメット伝記、1923『ムハメド傳』上・下
1900／明治33年 1南・北のナイジェリア英保護領成立 3ブガンダ協定成立 5 英国、オレンジ自由国併合 6 中国、義和団事件 7オーストラリア連邦成立 7 ロンドンでパン・アフリカ会議開催	12 韓国、金本位制採用	5 スタイン、中央アジア調査着手、1939.12 風間太郎訳『中央アジア踏査記』、1966.9 沢崎順之助訳 8-1902.5 河口慧海、チベット入国、1904.3『西藏旅行記』上・下 家永豊吉、阿片事情調査のためトルコ、ペルシアへ主張、12『西亞細亞旅行記』 寺本婉雄、チベットから北京版西藏大藏経を将来して帰国、以後、大谷大学で研究プロジェクト従事、1910.10 寺本『四十二章經和譯―西藏原本』 -1911 吉田東伍『大日本地名辞書』7巻、1909 続編上・下	2 福本日南『新建國』
1901／明治34年 1オーストラリア連邦発足 7フィリピン、米国統治 9 清国、義和団事件議定書調印 9 アシャンティ王国、英領ゴールド・コーストに併合 11満州の露清密約成立	5 ペルシア、ダイシーに石油探査利権付与 11 清国、東支鉄道、旅順まで開通 11 南アフリカ―オーストラリア間、海底電線敷設 12 オーストラリア、移民制限法施行 12ウガンダ鉄道、開通 トルコ、ヘジャズ鉄道着工 アンゴラ、ベンゲラ鉄道開通、奥地の入植本格化	2 日本、内田良平が黒龍會結成、1930.10『黒龍會三十年事歴』 4 清国、蔡元培ら中国教育會設立、1903.4 愛國學社分離 4 山縣有朋、伊藤博文首相に「**東亜同盟論**」送付、日英独同盟を提起 5 日本、東亞同文会、南京の同文書院を上海に移して東亞同文書院と改称、1939 東亞同文書院大學へ移行、1988.2-2003.8 東亜文化研究所編『東亜同文会史』2冊 11 成田安輝、ヤートン発、12 ラサ着	1恒屋盛服『朝鮮開化史』 3 信夫淳平『韓半島』 4 幸徳秋水『廿世紀怪物 帝國主義』 6 コフーン、立作太郎訳『最近之支那』 有島武郎・森本厚吉『リビングストン傳』 ナオロージ『インドにおける貧困と非英国支配』ロンドン
1902／明治35年 1日英同盟成立 2イブン・サウド、リヤド支配、サウジアラビアの建国 5ボーア戦争終結	1ロシア、シベリア鉄道開通 2シャム、銀の自由鋳造禁止 4 米国、中国移民禁止法成立	6 日本、初の私立大橋図書館開館 8-1903.3 大谷光瑞、中央アジア探検、1937.4 上原芳太郎編	8 白浪庵(宮崎)滔天(寅藏)『三十三年の夢(夢)』 ダット『インド経済史』ロンドン

6-1903.7 ヤングハズバンドのインド軍、ラサ進軍、チベット占領 7 米国、フィリピン平定宣言	2 国際砂糖会議開催(ブリュッセル) 4 清国、東清鉄道爆破の日本スパイ、ハルビンで処刑 7 清国、東清鉄道開通、ロシア蔵相ウイッテ、満州鉱山会社設立 12 エジプト、アスワン・ダム竣工 清国、花旗銀行設立 南アフリカ、ケープタウン―ワイヨ間、鉄道開通	『新西域記』3冊 8 井上雅二、ロシア・中央アジア・ペルシア調査、11 ベルリン着、1903.11『中央亞細亞旅行記』、1942.10『亞細亞中原の風雲を望んで』 9 日本、東京専門学校、早稲田大学と改称 12 清国、京師大学堂開学、のち北京大学に移行	
1903／明治36年 6 フィリピン、モロ州創設 12 インド・ヤングハズバンド軍、ラサ進撃	3 トルコ、バグダット鉄道規約成立 5 英植民地相チェンバレン、自由貿易主義に反対 8 南アフリカ関税同盟設立 フィリピン、マニラと避暑地ダバオ道路建設、日本人参加 ウガンダ、綿花栽培導入	7 日本、頭山満、対外硬同志会結成 4-5 孫文、東京に日本華僑軍事学校創設 11 日本、幸徳秋水、平民社創設、「平民新聞」創刊	7 鳥居龍蔵『千島アイヌ』 9 西村茂樹『儒門精言・泊翁全書』 9 南條文雄・高楠順次郎『佛領印度支那――名佛國日南の新領土』 10 成田安輝『英國・西藏交渉沿革』外交時報 岡倉天心『**東洋の理想**』ロンドン、1938.2 淺野晃訳
1904／明治37年 2 日露戦争、1905.9 講和条約 10 ベトナム、潘佩珠ら、維新会結成 4 チベット、対英宣戦、8 チベット軍屈服 6 日本、郡司成忠大尉、義勇軍結成、カムチャッカ半島占領 10-1908 ドイツ領南西アフリカ、ヘレロの反乱 11 韓国、一進会の日本保護宣言	9 日本、日本郵船、函館―大泊航路運行 9 日本、山陽汽船、下関―釜山間連絡船運航 9 シベリア鉄道、バイカル迂回線完工 11 韓国、京釜鉄道開通、1905.11 京義鉄道開通、1915.10 朝鮮総督府鐵道局『朝鮮鐵道史』京城、1927.1『朝鮮鐵道一班』京城、1929.10『朝鮮鐵道史』京城 清国、山東鉄道開通	2-4 島田三郎「國民の素養」中央公論、三国干渉を指摘、**黄禍論**の存在を批判 3 清国、「東方雑誌」上海で刊行 4 潘佩珠、日本に留学、1905.8『ヴェトナム亡国史』、1966.8 長岡新次郎・川本邦衛編・訳 11 日本、「平民新聞」に『共産党宣言』を訳載、発禁 博文館、初の伊東佑毅編『袖珍世界年鑑』刊行、1917年まで10冊刊行 日本、神戸で日本語・中国語併記の「日華新報」創刊 マッキンダー、英国王立地理学会講演「**歴史の地理学的な回転軸**」で陸上権力に着目、**地政学**を提起	3 堀田璋左右編『印度史』 3 東京地學協會『**間宮林蔵**―樺太並滿洲探檢事績』 8 内山正暸『世界殖民史』 11 増澤長吉『最近五十年史・全』
1905／明治38年 2 韓国、統監府成立 2-1906.8 ペルシア、立憲革	1、パリーウラジオストック間、**シベリア鉄道**特急運行	3 有賀長雄『滿洲委任統治論』、9『保護國論』で**保護国**	7 加藤房茂『保護國經營之模範埃及』

命 3 第1次モロッコ事件 5 日・露、日本海海戦 7-1907.8 ドイツ領東アフリカ、マジ・マジ反乱 9 ポーツマス日・露講和条約調印 9 モロッコ問題で独仏協商	3 日本、鉄道国有化 6 清国、米国商品不買運動 8 清国、阿片禁止令 11 上海ー米国間、直通海底電線開通 ローデシア、郵便貯蓄銀行設立	**論争** 5 寺本婉雄、ラサ着、6 ラサ出発、1974.1 寺本『藏蒙旅日記』 7 内藤虎次郎、奉天で史蹟調査、『*満文老檔*』発見、満学の成立 9 西川光次郎『土地國有論』 10 日本、平民社、解散	ウェーバー『プロテスタントの倫理と資本主義の精神』チュービンゲン、1938.5 梶山力訳
1906／明治39年 6 ロシア、ユダヤ人大虐殺 12 インド、全インド・ムスリム連盟創設	3 日本、鉄道国有化法公布 11 日本、南満洲鉄道株式会社設立、1927『南満洲鐵道株式會社20年略史』大連	4 内藤湖南、京都帝国大学東洋学教授就任、京大東洋学創成 5 北一輝『國體論及び純正社會主義』、6 発禁 6 日本、日本エスペラント協会設立	1 野村浩一『最近東亞外交史』 4 東亞同文會『滿洲通志』 -1908 東亞同文會『支那經濟全書』12巻 横山源之助『海外活動之日本人』
1907／明治40年 1 日本、樺太庁設置 9 ニュージーランド、自治領へ移行 10 米国、サンフランシスコで排日攻撃 ブータン、国土の統一 米国、**オレンジ計画**に着手、1994.6 ミラー、沢田博訳『オレンジ計画ーアメリカの対日侵攻50年戦略』	7 清国、京奉鉄道開通 8 英領インド、タタ鉄鋼会社設立 11 日・米移民紳士条約調印 12 清国、交通銀行設立 フィリピン、ダバオで太田興業がマニラ麻栽培、1942.6 南村愛正『太田恭三郎ーダバオの父』、1942 星篤比古『先驅者・ダバオ開拓の父ー太田恭三郎』 ペルシア、石油試掘成功	3 ベトナム、ハノイに東京義塾設立 9 南満洲鉄道、調査部設立 清国、南京に暨南學堂創設、のち暨南大学、帰国華僑が中心	2 江木翼『膠州灣論』 5 奥原碧雲『竹島及び鬱陵島』 7 煙山専太郎『從韓論實相』 12-1908.2 大隈重信撰『**開國五十年史**』3巻
1908／明治41年 3 清国、上海で日貨排斥運動 7 トルコ、青年トルコ党革命	日・米移民紳士条約調印 4 台湾、縦貫鉄道開通 4 日本、ブラジル移民 5 清国、阿片禁止令公布 5 ヘジャズ鉄道、ダマスカスからメディナへ到達 青柳綱太郎『韓國殖民策』京城／東京で朝鮮植民を証明	2 日本、史學研究會設立、「史林」刊行 4 日本、東西文明の調和を掲げ大日本文明協會設立 9 満鉄、東亞經濟調査局設立 11 日本、天理教の許可 清国、張家口に東方學堂設立、回回に日本語教育 立作太郎「國際法上ニ於ケル國家ノ主權」法學協會雜誌、第26巻第3号、1911.11 美濃部達吉「法律上ノ性質ヲ論ス」法學協會雜誌、第29巻第2-4号、**国家主権論争**	3 黒板勝美『國史の研究』 -1912 中村直吉・押川春浪編『五大洲探險記』5巻、1906.1 第2巻『南洋印度奇觀』
1909／明治42年 7 ペルシア、立憲革命	2 阿片会議開催(上海)	4-1914.3 南満州鉄道、「満州	5 ドーソン、田中萃一郎訳

7 モロッコ問題で仏独協商 9 日・清、間島条約調印 10 伊藤博文、ハルビンで安重根により暗殺、1946 朴性綱『獨立運動先驅安重根先生公判記』ソウル 12 南アフリカ、南アフリカ法成立	4 アングロ・ペルシア石油会社設立 9 韓国、韓国銀行設立 南アフリカ・南ローデシア・ベチュナランド、関税同盟成立	歴史調査」 4 ピアリ、北極到達 11 日本、大日本雄弁會創立、のち講談社と改称 タタールのラシッド・イブラヒム、訪日	『蒙古史』(原書は 1824 パリ) 10 浮田和民『倫理的帝國主義』 ガンジー『ヒンドゥー・スワラジ』デリー、2001.9 田中敏雄訳『真の独立の道』
1910／明治 43 年 1 ウガンダ、間接統治へ移行 5 南アフリカ連邦成立、7 英自治領移行 8 日本、朝鮮総督府設置、10 日本、韓国併合 12 清国、雲南一揆 英国、ブータン保護領化	4 雲南ーハイフォン間、鉄道開通 5 清国、大清銀行に紙幣発行独占権付与 7 清国、露支銀行、露亞銀行へ移行 9 日本、朝鮮土地調査着手、1911.4 土地収用令 パレスチナ、初のユダヤ・キブツ、デカニヤ建設	4 大谷探検隊の橘瑞超、上海から蒙古・新疆調査、インド着、8 ロンドンからロシアを経て、*中央アジア調査*、1912.6 京都着、8『新疆探検記』、12『中亞探検』 9 統監府『韓国併合顚末書』京城 鳥居龍蔵、蒙古調査、1911.6『蒙古旅行』 ミュラー編『東洋聖典』51巻完成、ロンドン	1 金澤庄三郎『日韓両國語同系論』 2 大崎峰登『鴨緑江ー満韓國事情・全』 4 竹越與三郎『南國記』 11 中村直吉・押川春浪『阿弗利加一周』 12 山田孝雄『大日本國體論』 レヴィブリュル『未開社会の思惟』パリ、1935.7 山田吉彦訳、2冊
1911／明治 44 年 10 北一輝、辛亥革命で黒龍会から中国派遣 11 モンゴル、外蒙古公会議で清国からの独立を決定、 12 カンロン活仏、モンゴル皇帝就任	3 朝鮮、京城に朝鮮銀行設立、1915『朝鮮銀行五年誌』、1934『朝鮮銀行二十五年史』 4 朝鮮、土地収用令公布 5 清国、鉄道国有化 11 朝鮮鉄道と南満州鉄道、直通運転 12 オーストラリア、シドニーにオーストラリア連邦銀行設立 12 英領インド、カルカッタからデリーへ遷都	1 日本、東洋協会調査部、「東洋学報」創刊 1 西田幾太郎『*善の研究*』で「実在の分化発展」を提起、*京都学派*の源流 2 日本、国定歴史教科書の南北朝併立説で編纂官の休職処分 7 乃木希典将軍、トルコ訪問、1916 塚田清市編『乃木大将事蹟』 幸徳秋水『基督抹殺論』	4-7 クローマー、大日本文明協會訳『最近埃及』上・下 11 山田寅次郎『土耳古画観』 11 平山周「支那革命等及び秘密結社」日本及日本人
1912／明治 45／大正元年 1 中国、孫文、中華民国成立、2 清朝滅亡、3 統一政府通電 1 中国、伊犁独立宣言 1 ベトナム、維新会がベトナム光復会結成 1 南アフリカ、アフリカ人民族会議設立 3 フランス、モロッコ保護国化、北部はスペイン領	8 朝鮮、土地調査令公布 12 中国、川漢鉄道の国有化 フランス、アフリカ横断鉄道調査会成立	3 矢島保治郎、シッキムからチベット入国、1919 まで滞在 9 青木文教、ネパールからチベット入国、1915.1 ラサ出発、1928.12 青木訳『藏原本大務量經圖説』 東亜同文会調査編纂部『支那年鑑』、1935 年まで6冊刊行	3 内藤虎次郎『清朝衰亡論』 9 青柳南冥『李朝五百年史・全』京城 11 内田良平『日本之三大急務』 12 井上哲次郎『國民道德概論』

第3部　認識・論争・成果年譜

7 中国、孫文が南京で第2革命 9 中国、チベット独立宣言 10-1913.5 第1次バルカン戦争 10 トルコ、イタリアのリビア帰属の秘密合意成立			
1913／大正2年 1 チベット、蒙古と同盟、独立を確認、11 露中宣言で自治承認 7-8 第2次バルカン戦争 10 英国・チベット、マクマフォン協定成立、中国は拒否 11 外モンゴルのロシア支配確立 リビア、サヌシー教団の独立宣言 ポルトガル領アンゴラ、バコンゴ族の反乱	6 南アフリカ、移民法制定 6-7 南アフリカ、ヨハネスブルグでランド金鉱発見 モロッコ、土地法制定	1-1916.1 青木文教、チベット入国、1920.10 青木『西蔵遊記－秘密の國』 2-1915.7 南滿洲鐵道株式會社調査課『滿洲旧慣調査報告書』12巻 8 日本、岩波書店設立 9-1923.2 多田等観、チベット滞在、1984.4 多田、牧野文子編『チベット滞在記』、2007.9 多田『多田等観全集－チベット仏教と文化』 11 タゴール、ノーベル賞受章、1915.3 三浦關造訳『伽佗の捧物』、5 加藤朝鳥訳『ラビンドラナアト・タアゴル聖想録－園丁と新月』、10 秋田實・他訳『タゴール傑作全集』	6 内田良平『秘　對支策斷案』 7 酒巻貞一郎『支那分割論』 10 内田良平『支那觀』 臺灣銀行總務部調査課『南洋ニ於ケル華僑－支那人移住民』台北
1914／大正3年 3 英・中マクマフォン協定調印 6 南アフリカ、スマッツ・ガンジー協定成立 7 第一次世界大戦勃発 10 日本軍、ドイツ領南洋群島占領 10-1915.1 南アフリカ、アフリカーナー反乱 12 英国、エジプトを保護国化	2 フランス・ドイツ、バクダッド鉄道協定調印 フィリピン、ダバオに古川拓殖株式会社設立、1938.4 蒲原廣二『ダバオ邦人開拓記』ダバオ、1956.11 古川義三『ダバオ開拓記』 英領マラヤ、中国人労働者の移民禁止	3 日本、『清國行政法』刊行 5-1916.2 参謀本部編『1877-1878 年露土戦史』3巻 7 シャム、ラーマ6世王、「サイアム・オブザーバー」論文「**東洋ユダヤ人**」で在シャム**華僑批判** 11 日本、日本移民協會設立	3 内藤湖南『支那論』 7 立作太郎『國際法ノ基本觀念』 後藤新平『日本植民政策一斑－日本膨張論』、1916.2『日本膨張論』
1915／大正4年 1 日本、対華21カ条要求提出、3 上海で反日大会、5 中国政府、日本の要求受諾 1-2 英領ニアサランドでチレンブウェ反乱 3 中国、第3革命 6 中国・モンゴル、キャフタ協	7 オーストラリア、金輸出禁止	1 日本、南洋協會設立 4 東亞同文會調査編纂部『支那重要法令集』 9 中国、陳独秀、「青年雑誌」上海で創刊、1916.9「新青年」と改題 9 中国、不定期雑誌「日本潮」	3 今井嘉幸『支那國際法論』第1巻外國裁判權と外國行政地域 3 長瀬鳳輔『土耳其及土耳其人』 5 稲葉岩吉『滿洲發達史』 5 木村泰賢『印度六派哲學』

定調印 7 孫文、東京で中華革命党結成、1919.10 中国国民党と改称 10 英国、メッカの太守フセインにアラブ独立を約束、1917.7 アラブ反乱軍、アカバ占領 11-12 エジプト、サヌシー族蜂起、1916.12 サヌシー教団、キレナイカで独立 -1916 トルコ、アナトリア東部で、アルメニア人大虐殺、150万人殺害		上海で刊行、内田良平の中国論掲載 辜鴻銘『The Sprit of the People』北京、中国文化の優越を主張、中国語版『春秋大義』北京、1996『中国人的精神』海口が好評、**東西文化論争**	6 殷汝驪編『亡國鑑』上海
1916／大正5年 6 オスマン領土分割のサイクス・ピコ秘密条約成立 6 アラブの反乱、メッカで開始		5-6 タゴール、訪日 11 黒龍會編『**支那解決論**』 山田毅一『南進策と小笠原群島』で**南進論**の現実化	1 市村瓚次郎『支那論集』 5 保坂彦太郎『南洋通覧』 11 小寺謙吉『大亞細亞主義論』 11 藤原相之助『日本先住民族史』
1917／大正6年 2 ロシア、2月革命、帝政廃止 7 中国、張勲、清朝復活の宣言、失敗 7 アラブ反乱軍、アカバ占領 8 ベトナム、タイゲエン蜂起 9 中国、孫文、広州に軍政府樹立 11 ロシア、10月革命 11 英国、バルフォア宣言	3 日本、工業倶楽部設立 6 日本、三菱造船所ストライキ 10 オーストラリア、東西横断鉄道開通 12 日本、金輸出停止 12 ソ連、銀行国有化 エチオピア、アジアスアベバ―ジブチ間、鉄道開通	3 臨時臺灣舊慣調査會『臺灣舊慣調査事業報告』 3 シャム、チュラロンコン大学創設 4 李天才、樋口麗陽訳『對日要求－支那國民の声』 12 東亞同文會調査編纂部編『支那關係特種條約彙纂』	2 上野照藏『日本政黨發達史』 6 矢野仁一『近代蒙古史研究』 8 吉野作造『支那革命小史』 11 小林哲之助『ガラタ塔より』、1918.11 改題『土耳其の現勢と近東問題』 松岡静雄『南溟の秘密』
1918／大正7年 8 日本、シベリア出兵、1925.5 撤兵 11 第一次世界大戦終結	1 英領ビルマ、米輸出規制 蘭領東インド、ジャワ糖業トラスト成立 英領ケニア、コーヒー栽培を停止	8「日本、「大阪朝日新聞」記事「白虹日を貫けり」で発売停止 日本軍のシベリア出兵で白軍兵士持参の**シオン議定書**を久保田栄吉らが持参、酒井勝軍が邦訳、1923.5 荒子『世界革命の裏面』	3 東洋拓殖會社『間島事情』京城 5 信夫淳平『印度の現勢』 6 黒龍會『亞細亞大觀』 11 有賀長雄『支那正觀』 12-1962.8 徳富蘇峰『近世日本國民史』100巻 -1922 シュペングラー『**西洋の没落**』ベルリン、1944.5-1989.5 村松正俊訳、2巻

第3部　認識・論争・成果年譜

1919／大正8年 1 ベトナム、グエン・アイコクがベルサイユ会議にインドシナの民主的自由を要求 2 朝鮮、2・28独立宣言、3京城パゴタ公園で万歳事件（3・1独立運動） 2 パリで第1回パン・アフリカ会議開催 3 ソ連尼港事件 4 上海に大韓民国臨時政府樹立 4 英領インド、サチャグラハ運動 5 中国、5・4運動のデモ、排日ボイコットが全土に波及 5 中国間島、朝鮮人暴動 6 ベルサイユ平和条約調印 7 中国、安直戦争 7 ソ連、カラハン宣言 8 アフガニスタン、第3次アフガン戦争で独立回復	5-8 オーストラリア、船員ストライキ	梁啓超『歐遊心影録』上海、科学万能主義を批判 フィリピン、「華僑商報」マニラで創刊 マッキンダー『デモクラシーの理想と現実』ロンドン、1985.2曽村保信訳で、ハートランド提唱、ユーラシア大陸の心臓部に着目	5 カウツキー、高畠素之訳『資本論解説』 8 北一輝『国家改造案原理大綱』 -1921 内藤虎次郎編『満蒙叢書』7巻 スミス『オックスフォード・インド史』ロンドン ケインズ『講和の経済的帰結』ロンドン、1977.4 早坂忠訳
1920／大正9年 1 オスマン議会、国民誓約採択 5 北京、上海、広州、東京で初のメーデー 7 インド人ロイ、コミンテルン第2回大会出席 8 中国、陳獨秀が中国社会主義者青年団を組織、1921.5解散、1921.7中国共産党発足（上海） 8 ニューヨークで世界の黒人諸人民会議開催 9 バクーで東方諸民族大会開催 9 第2次カラハン宣言 10 中国、南北和平統一宣言 11 中国、治外法権撤廃運動開始 11 国際連盟成立	2 中国、日貨排斥運動禁止令公布 4 ドイツ、植民地省廃止 4 サン・レモ石油協定調印 4-5 英領インド、国有鉄道スト 6 日本・北米航路成立 英領インド、インド帝国銀行設立、1921.1 開業 パレスチナ、ユダヤ人のヒスタドルト設立 エジプト、ミスル銀行設立 南アフリカ、南アフリカ準備銀行設立	3 朝鮮、「朝鮮日報」京城で創刊、4「東亞日報」「時事新報」創刊 6 日本、権藤成卿が自治學會設立、3 権藤成卿『皇民自治本義』	1 坂井正一『民族自決主義』 2 中村弼『太平洋大觀・全』 6-1923 マルクス、高畠素之訳『資本論』9巻

400

1921／大正10年			
7 中国、上海で共産党創立 7 モンゴル、立憲君主国として独立、1924.11 人民共和国へ移行 3 エジプト、カイロで排英デモ -1926 モロッコ、リフ反乱	5 中国、粤漢鉄道ストライキ ベトナム、ハノイーダナン間、鉄道開通 ペルシア、スタンダード石油会社が開発権取得	1 セリグマン、ニアリング、資本主義・共産主義立会演説、1930 新居格訳『資本主義・社會主義・共産主義？－セリグマン・ヌロックウェー・ニアリングの大論争』 2 日本、大本教事件 7 喜川貞吉「日鮮両族同源」民族と歴史、論争化 7-8 石橋湛山、「東洋経済新報」社説「大日本主義の幻想」	1 内務省神社局『國體論史』 3 青柳南冥『朝鮮獨立騒擾史論』京城 11 北一輝『支那革命外史』
1922／大正11年			
1-2モスクワで第1回極東諸民族大会開催 2 エジプト、独立回復 3 英領インド、ガンジー逮捕 5 中国、張作霖が東北3省支配確立 10 日本、シベリア派遣軍撤退 10 ソビエト社会主義共和国連邦樹立 11 トルコ、アンゴラ政府が帝政廃止 11 コミンテルン、統一戦線テーゼ採択 シンガポールで南洋共産党結成	1-2 南アフリカ、ランドのストライキ、失敗 12 ソ連、土地法施行	3 日本、水平社成立、7「水平」創刊、1923.3 奈良で水平社と國粋會の対立 4 日本、新人會 OB、「社會思想」創刊、1929 停刊 5-1925.7 大蔵省編『日本財政經濟史料』10巻 11 赤松克麿『社會革命史論』、日本資本主義論争の先駆 梁漱溟『東西文化及其哲学』上海、東方に帰れと主張、東西文化論争	3徳政金吾『埃及王統譜』 6 朝永三十郎『カントの平和論』 7大川周明『復興亞細亞の諸問題』 11 渡邊巳之次郎『猶太民族の世界的活動』
1923／大正12年			
1 中国上海で孫文・ヨッフェ共同宣言 9 英国、パレスチナ委任統治 10 トルコ、共和国樹立宣言、11 オスマン朝滅亡、1924.3 スルタン制廃止 12 タンジール、中立地帯化	1 中国、山東鉄道回収 1 英国、タンガニーカに人頭税適用 5蘭領東インド、電車・鉄道ストライキで共産党幹部逮捕	3 日本、対支文化事業局設立 9 シンガポール、「南洋商報」創刊 北上梅石(樋口艶之助)『猶太禍』でユダヤ・ネットワークに警告、1924『何故の露國承認ぞ－後藤新平氏の諸説を通じて為政家並国民に警告す』、1926『猶太政權治下に懊悩する露國民へ』、ユダヤ論争	4 東亞經濟調査局(大川周明)『特許植民會社制度研究』 10 矢野仁一『近代支那論』 朝鮮總督府官房總務部調査課『1919 年の埃及大暴動』京城 エドワード・アール『トルコ、英国、及びバグダッド鉄道－帝国主義の研究』ニューヨーク
1924／大正13年			
3トルコ、カリフ制廃止	2 中国、鉄路總工會設立	5 朝鮮、京城帝国大学設立	3 安岡正篤『日本精神の

8 エジプト、カイロで反英騒擾 11 モンゴル人民共和国樹立 フィリピン、ミンダナオでコロルムの千年王国反乱	5 中国、金本位制実施 8 中国、広州に中央銀行設立	9 英領インド、「ヒンドゥースタン・タイムズ」創刊 11 孫文、神戸で「**大アジア主義**」演説、1989.9 鎮徳仁・安井三吉編『孫文・講演「大アジア主義」資料集－1924年11月日本と中国の岐路』 田中逸平、メッカ巡礼、1925『白雲遊記－イスラム巡禮』 四天王延孝（藤原信孝）、ユダヤ問題を指摘、『社會主義と猶太人問題』、1925『猶太民族の研究』 『中國年鑑』上海、中国初の刊行	研究』 5 高橋貞樹『特殊部落一千年史－水平運動の境界線』 9 内藤湖南『新支那論』 10 衣斐釦吉『印度の不安（インジアン・アレンスト）の眞相』 松井構間太郎『赤露の理想と現実－猶太の大陰謀』 ガドギル『現代インド産業発展』ロンドン、1943.1 鈴木正四訳『近世印度産業發達史』
1925／大正14年 1 日・ソ基本条約調印 2-6 トルコ、シェイヒ・サイトのクルド反乱 4 モロッコ、リフ反乱 6 グエン・アイコク、広州でベトナム青年同志会結成 7 中国、広州国民政府樹立 7 米国、オレゴン州で排日暴動 7 シリア、ドルーズ反乱 10 ペルシア、革命 ネジド、ヘジャズ王国成立、1926.1 サウド、ヘジャズ王宣言	3 イラク、英国が石油開発着手 4-6 インド、鉄道大争議 5 中国、上海でストライキ（5・30事件） 5 日本郵便『埃及見物』 7 ペルシア、燐寸専売 8 英国・オーストラリア・南アフリカ、英船乗組員のストライキ 9-12 英領インド、ボンベイ紡績工場ストライキ 12 日・ソ、石炭・石油北樺太利権条約調印 田島正雄、東アフリカ調査、大阪商船東アフリカ航路開設、『東アフリカ經濟事情報告書』	6-7 第1回太平洋会議開催（ホノル）、**太平洋問題調査会**IPR発足 6 長野朗『支那に何を学ぶ可き乎』、『我等は世界に何を学ぶ可き乎』上、**中国認識論争**	5 黒板勝美『國體新論』 6 清原貞雄『日本國民思想史』 6 大山卯次郎『太平洋の彼岸』 8 樺太廳（池上巳三郎・萩原素助）『樺太沿革史』豊原 9 上杉慎吉『國體論』 10 松岡静雄『太平洋民族誌』 12 尾佐竹猛『維新前後における立憲思想』 橘樸『道教』北京
1926／大正15／昭和元年 1 中国、張作霖、東三省独立宣言 3 中国、中山艦事件	2 ネパール、鉄道開通 5 オーストラリア、炭鉱ストライキ 6 日本、北樺太石油会社設立	3 ラティモア、トルキスタン旅行、1927.7 ラダク着、1967.1 谷口陸男訳『西域への砂漠の道』 4 日本、日本太平洋問題調査會発足 4-6 白川威海、東アフリカ調査、1928.8『實地踏査東アフリカの旅』 8 長崎で全亜細亜民族大会開催	1 鳥山喜一『**黄河の水**－支那小史』、1928.1『黄河の水－支那の古代から近世までの歴史』、中国ブーム 2 ムーア、竹林熊彦訳『國民主義と國際主義』 6 矢内原忠雄『植民及植民政策』

		10-11 第3回太平洋学術会議開催(東京)、19カ国参加 -1927 中国革命をめぐり**アジア的生産様式論争**、1949.12 服部之總・秦玄龍・他『アジア的生産様式論』 中国駐在武官報告、佐々木到一『中國國民黨の歴史と解剖』、1927.2『支那陸軍改造論』 インド、ナイッカルが『マヌ法典』刊、1951.2 中野義昭訳を焼却、1927 アンベードカルも焼却	
1927／昭和2年 4 中国、蒋介石のクーデタで南京政府樹立 6-7 日本、東方会議開催 7 日本、第一次山東出兵 8 中国、共産党が武装蜂起、労農紅軍を組織、11 井崗山にソビエト政権樹立 9 中国、南北統一政府成立 10 ソ連・ペルシア中立不可侵条約調印 11 トルコ、ケマル大統領選出 12 英領インド、国民会議派、排英決議成立	2 ネパール、鉄道連絡成立 3 中国、外国銀行紙幣の流通禁止 3-4 中国、上海ストライキ 5 エジプト・英国、ナイル水利協定調印 7 太平洋労働組合会議開催(漢口)	5 蒋介石『蒋介石全集』上海 6 日本外務省、対支文化事業部設置 7 第2回太平洋会議開催(ホノルル) 10 尾崎秀實「時局と對支那認識」改造、**中国統一化論争**に発展	4 清水泰次『支那の家族と村落の特質』 3 伊藤武雄『現代支那社會研究』 7 田中卯吉『文明史及社會論』 7 平元兵吾『殖民國策論』 9 菊池山哉『先住民族と賤民族の研究』 11 ダット、石澤新二訳『マルクス主義者の見た－印度の諸問題』 グエン・アイコク『革命の道』パリ ジード『コンゴ紀行』パリ、1934.5 根津憲三訳
1928／昭和3年 4 日本、第2次山東出兵 6 中国、関東軍、張作霖爆殺 10 蘭領東インド、バタビアで「青年の誓い」採択	3 第2回国際移民会議開催(ハバナ) 7 イラク、石油支配の赤線協定成立 8 日本、南米拓殖会社設立 10 中国、上海に中央銀行正式設立	1 日本、河上肇京都帝大教授を検挙、4左傾教授として解職 1 IPR機関誌「パシフィック・アフェアーズ」創刊 2 中国、国民党機関紙「中央日報」上海で創刊、1950 国民党の台湾上陸で台北へ移転 6 陳天錫編『西沙島東沙島成案彙編』広東 10 日本、国際文化研究所設立、11「國際文化」刊行 マジャール『中国農民経済研究』モスクワ、1933.2 徐公	9 伊能嘉矩『臺灣文化誌』 山岡光太郎『聖都から聖都へ－カイロ・エルサレム・コンスタンチノープル』 矢野仁一『滿蒙に於ける日本の特殊權益』、1931.8 大連 永雄策郎『植民地鐵道の世界經濟的及世界政策的研究乃至植民地鐵道の外的研究』2冊／1930『植民地鐵道の世界經濟的及世界政策的研究』 ブエル『アフリカ原住民の

		達訳『中国經濟大綱』上海／1935.11 井上照丸訳『支那農業經濟論』／1936.2 早川二郎訳『支那の農業經濟』、**アジア的生産様式**を提起、1927.11 中国共産党会議で中国革命を左右する議論に発展	問題』2巻、ロンドン、1965再版
1929／昭和4年 4 エジプト、ムスリム同胞団結成 7 ソ連・中国、国交断絶 7 英領インド、ボンベイ・カルカッタで反英暴動 8 パレスチナ、嘆きの壁事件 12 朝鮮、「アリラン」禁唱令	1 朝鮮、元山労働者ストライキ 5 英国－インド間、空路開設 6 トルコ、保護関税設定、外資導入を拒否	3 孫文『孫中山全集』4巻、上海、1931.8 武田熙編訳『支那革命と孫文主義』 5 大學書林、語学4週間学習叢書刊行、1963年までに22カ国語刊行 9 大井哲『滿洲獨立論』、満州は中国漢民族の一部をめぐり **滿州史論争** 10-11 第3回太平洋会議開催（京都） 10 東亞同文會調查編纂部『中華民國國民政府主要法令竝條約集』 10 支那問題研究所編『支那問題辞典』 11 日本、『幸徳秋水思想論集』発禁 日本、井上雅二、日本拓殖協会設立、1929『日本拓殖協会設立案』 日本、滿鐵調査局の法人化	4 服部之總『明治維新史』 4 大熊眞『アフリカ分割史』 4 金澤庄三郎『日鮮同祖論』 6 陳啓天・常椿生『國家主義運動史』上海 9 淺野利三郎『日露之特殊權益と國際鐵道戰——滿蒙之歷史地理的研究』 10 矢内原忠雄『帝國主義下の臺灣』 11 南滿洲鐵道庶務部調查課（鈴江言一）『中國無産階級運動史』 11 温雄飛『南洋華僑通史』上海 黑龍會『國家三大問題に就て天下同憂の志に檄す』 ハンス・コーン『東方ナショナリズム史』ニューヨーク、1932.3 阿部十郎訳『アジア民族運動』
1930／昭和5年 1 中国、江西に中華ソビエト政府樹立、7 長沙に樹立 2 香港でベトナム共産党設立、インドシナ共産党と改称 4 英領インド、各地で反英暴動 5 朝鮮、5・30暴動 10 台湾、霧社事件、1931.2 第2次霧社事件 10 英国、パレスチナ白書公表 11-1931.1 第1回ロンドン英・インド会議開催、1931.9-12 第2回会議		1 中国、月刊雑誌『日本研究』上海で創刊 7 中国、雑誌「日本」上海で創刊、執筆は中国人 8 劉鈞仁『中國地名大辭典』北平 11 日本、東方文化学院京都研究所設立、のち京都大学人文科学研究所へ移行 12 日本、15紙、政府の言論弾圧に共同宣言 大山卯次郎、アフリカ調査、8『阿弗利加土産－奇談一束』	11-12 黑龍會編、葛生能久『日韓合邦秘史』上・下 11-1949.2 村岡典嗣『日本思想史研究』4巻 5 芦田均『君府海峡通航制度史論』 彭阿木『客家の研究』正・続 -1931 原田三夫・松山思水『世界探檢全集』7巻

12 中国、治外法権撤廃宣言 12 英領ビルマ、農民反乱			
1931／昭和6年 3 英領インド、ガンジーが塩のサチャグラハ行進 9 中国、関東軍が満鉄線爆破（満州事変）、国際連盟、日・中両国に事件解決要望決議採択 11 中国、瑞金に中華ソビエト樹立 12 英国、ウェストミンスター憲章発表	1 日本、重要企業統制令、8 施行 3 ペルシア、イラン国民銀行設立 7 最初のアフリカ横断鉄道、アンゴラ・ベンゲラーベルギー領コンゴ・カタンガ間、開通 10 トルコ、アンカラに中央銀行設立 中国、汕頭の華僑資本、東成汽船会社設立 ケニア、土地調査	2 研究の自由を掲げて庚午會設立、1932.11 歴史學研究会へ移行、1933.11「歴史學研究」刊行、1972.11 歴史學研究会編『歴史学研究会40年の歩み』、1982.11 歴史学研究会編『半世紀のあゆみ－1932～1982』 2-8 羽仁五郎、「東洋に於ける資本主義の形成」史學雜誌、第43巻第2、3、6、8号、再刊1948で**アジア的生産様式論争**を展開、1933.3 早川二郎「日本歴史とアジア的生産様式」歴史科学、4 相川春吉「アジア的生産様式の理論的反動性」歴史科学 4 シトロエン・アールト・アジア遠征隊、ベイルート発、1932.2 北京着 8 橘樸、「満洲評論」北京で創刊、1945年まで 11-12 第4回太平洋会議開催（杭州・上海） 張安世主編『世界年鑑1931』3冊、上海 上海日報社調査編纂部『中國年鑑』上海、1939年まで刊行、1940-1945『大陸年鑑』刊行	4 羽田亨『西域文明史概論』、8『満洲問題の基調――太平洋会議のために』大連 7 松岡洋右『動く満蒙』、9 松岡『東亞全局の動揺』 10 内藤智秀『日土交流史』 10 小林新作『華僑の研究－支那民族の海外発展』 11 橘樸『満洲と日本』 12 松田雪堂『満洲事變の眞相』 パール・バック『良き地』ニューヨーク、1938.9 新居格訳『大地』第1部、1952 第2部
1932／昭和7年 1 上海事変、5 停戦協定成立 2 中国、日本軍、錦州占領 3 中国、満州国建国 4 国際連盟、リットン調査団を中国派遣、10 報告、10 赤松祐之編『日支紛争に関する國際聯盟調査委員会の報告』、1933.3『日支紛争に関する國際聯盟調査委員会の報告付屬書』	1 英領インド、ボンベイの株式取引所休業 4 満鉄報告、長井理平『満洲の農業移民』大連 5 シャム、金本位制停止 7 中国、元本位制採用 10 満州開拓移民第1号、弥栄村開拓団入植 10 南アフリカ、トランスバールで大金鉱脈発見 10 南アフリカ、金本位制停止 11 イラン、ディシーの石油利	5-1933.9『日本資本主義發達史講座』55巻、明治維新史の評価をめぐり**日本資本主義論争** 3-1938.8 朝鮮総督府朝鮮史編修會編『朝鮮史』6編、京城、1986.12 覆刻87冊 5 上海日報社『上海事變』上海 9 本派本願寺教務局布教部編『**自力更生**と他力本願の信仰』1930年代設立の日本ツラン協会の活動として、10 北川鹿藏	2 池崎忠孝『太平洋戦略論』 3-11 藤田豊八『東西交渉史の研究』上・下 4 信夫淳平『満蒙特殊權益論』 4-1934.5 王藝生編『六十年來中國與日本』4冊、北京、1933.2-1936.1 長野勳・波多野乾一編訳『日支外交六十年』4冊 9 宇井伯壽『印度哲學史』 10 福崎峰太郎『西藏獨立連

4 コミンテルン、32 年テーゼ「日本における情勢と日本共産党の任務」成立 6 シャム、青年将校の立憲革命 7 中国、蒋介石、廬山会議開催 10 日本、共産党弾圧 10 イラク、独立 11 アフガニスタン、ナーデス・シャー国王暗殺	権破棄		義『*満蒙獨立論の史的根據*』-1939 外務省調査部『*支那共産黨史*』、1920-32 年史から 1937 年史まで刊行、極秘扱い、1961.4 再刊、波多野乾一編『*史料集成中国共産党史*』7 巻	動の眞相」外交時報、12「西藏獨立運動と英國の西藏對策」支那 12 根岸佶『*支那ギルドの研究*』 12 尾佐竹猛『*近世日本の國際觀念の發達*』
1933／昭和 8 年 1 ドイツ、ヒトラー内閣成立 2 中国、日本軍、熱河戦 2 国際連盟、日支紛争調停勧告採択 3 日本、国際連盟脱退通告 4 シャム、共産主義禁止令公布 10 中国、日本軍、内蒙古自治政府樹立 11-1934.1 中国、福建に反蒋・反日の人民革命政府樹立	1 中国、東支鉄道の全面開通、6 北満鉄道と改称 3 満州国、経済建設大綱発表 11 満州国、中央銀行設立 ナチスのユダヤ敵視政策でパレスチナへのユダヤ移民増加		5 日本、亞細亞協會が「大亞細亞主義」刊行、1942.4 第 10 巻第 105 号で発刊停止、2008.9 復刻 8 第5回太平洋会議開催(パンフ) 8 トルコ、イスタンブール大学開校 10 日本、後藤隆之助・蝋山政道ら、昭和研究会を組織、1940.11 解散 12 橘樸「王道の実践としての自治」満洲評論、蝋山政道と**大陸政策論争** 四方博『朝鮮における近代資本主義の成立』、『朝鮮社會經濟史』京城で**朝鮮資本主義論争** 大山卯次郎、エチオピア・東アフリカ調査、1934.5『エチオピヤ探訪報告』、1935.8『奇談ー東阿弗利加土産』	1 津田左右吉『*日本に於ける支那思想移植史*』 3 仁井田陞『*唐令拾遺*』 4 藤沢親雄『*西歐近代思想と日本國體*』 8 華企雲『*中國邊疆*』南京 9-1935.9 國史研究會編『*岩波講座日本歴史*』132 冊 10-1960.6 池内宏『*滿鮮史研究*』5巻 11-1935.6『*日本精神講座*』12 巻 11 羅香林『*客家研究導論*』興寧 12-1936.10 黒龍會編『*東亞先覺志士記傳*』上・中・下 12-1934.11 高山岩男『*文化類型学の概念*』正・続、1941.7『*文化類型学研究*』 柳克『*土耳其革命史*』上海
1934／昭和 9 年 3 満州国、帝政実施 3 フィリピン、米議会で独立法成立 10 日本、陸軍省新聞班「国防の本義とその強化の提唱」で軍事国家へ移行 10 中国、紅軍主力が瑞金を放棄して大長征、1935.10 陝西着 11 エチオピア、ソマリア国境ワル・ワル事件	1 トルコ、産業振興5カ年計画作成 4 中国、廃両改元で通貨統一 4 朝鮮、朝鮮農地令公布 5 朝鮮、土地改良事業中止 7 英国、モスルートリポリ間、石油パイプライン開通、1935.1 ハイファまで延長 12 英国・米国、クウェートの石油採掘権取得		1 日本、善隣協會設立、6 善隣協會『蒙古は何故救わねばならないか』、6『新生を歩む内蒙古ー内蒙古自治は斯うして確立した』 1 豊川善曄『京城遷都論』京城、極東の生命線の視点で京城遷都を主張 2 大連でアジア民族大会準備会議開催 11 日本、日本民族學會設立、	1 ウィットフォーゲル、平野義太郎監訳『解體過程にある支那の經濟と社會ーアジア的な一大農業社會に對する科學的分析の企圖特にその生産諸力・生産＝流通過程』上・下 2 佐久達雄『東洋古代社會史』 2 矢内原忠雄『滿洲問題』 4 平野義太郎『日本資本主

12 蒋介石、「外交評論」に「敵か友か」発表	香港、香港商業銀行設立、第2次世界大戦で停業、1946再建、現亜洲商業銀行	「民族學研究」刊行 12-1936.10『岡倉天心全集』3巻 12-1935.1 京都帝大隊(今西錦司)、白頭山調査、1935.9『白頭山』	義社會の機構』 9 植田捷雄『支那租界論』大連 12 東亞經濟調査局『支那ソヴエート運動の研究』 中村徳五郎『自力更生』 トインビー『歴史の研究』ロンドン、1950.10-1952.7 蝋山政道・他訳、3巻
1935／昭和10年 4 日本、「国体明徴」声明 8 中国、共産党の8・1宣言、抗日民族統一戦線提唱 8 英領インド、統治法成立、制限の自治導入 10 日本、日中提携の広田3原則を提示 10 イタリア、エチオピアへ侵攻、国際連盟理事会、イタリアを侵略者と決議 11 日・独防共協定調印 11 フィリピン共和国成立	3 北ローデシア、銅山地帯で初のアフリカ人大量ストライキが暴動化 4 英領インド、インド準備銀行開業 4 英領インド、ボンベイ綿花取引市場、無期休業 5 トルコ、エタティズム承認 7 日本、インドネシア航路のため南洋海運設立	3 日本、貴族院で美濃部達吉の**天皇機関説の攻撃**、不敬罪で 1932 美濃部『憲法撮要』発禁、1933 箕田胸喜『美濃部博士「憲法撮要」の詭弁策述べ敵國體變革思想-5.15事件の激発動因統帥權干犯の出自禍根』 5 日本、日本タイ協會設立 9 朝鮮、神社参拝の指示 10 日本、太平洋問題調査會、日本國際協會と合併 日本国際問題調査會編『アフリカ年鑑』 シンガポール、南洋書局創立	2 古川暁村『近代支那外交秘録』 4 高橋亀吉『現代朝鮮經濟論』 5 松田壽男・小林元『中央アジア史』世界歴史大系 5 高山岩男『西田哲学』 6 笠間杲雄『沙漠の國』 7 戸坂潤『日本イデオロギー論』 8 入江啓四郎『支那邊疆と英露の角逐』 9 妙船『蒙藏佛教史』上・下、上海 9 和辻哲郎『**風土－人間的考察**』 9 土田豊『黒人帝國エチオピア』 10 矢内原忠雄『南洋群島の研究』 10 木村日紀編『印度史』、中央アジア史を含む 11 内山完造『生ける支那の姿——鄔其山漫文』 11 植田捷雄『支那租界論』 11 信夫清三郎『陸奥外交』 11 田村幸策『支那外債史論』 11 清澤洌『世界再分割時代』 12 太平洋問題調査會『日本と満洲』
1936／昭和11年 2 日本、皇道派のクーデタ(2・26事件) 5 中国、在満朝鮮人、祖	2 英領ビルマ、ウー・ヌがラングーン大学のストライキを土導	6 日本、大日本外交文書編纂 7 日本、平野義太郎ら**講座派学者検挙**	5 早川二郎『古代社會史』 6 橘樸『支那社會研究』、8『支那思想研究』

国光復会結成 5 エチオピア、イタリアの併合宣言 6中国、徳王の内蒙古自治政府樹立 8 日本、「国策の基準」成立、東亜への地歩確保 11 中国、綏遠事件(傅作儀の徳王攻撃) 12 中国、張学良の将介石拘禁(西安事件)	6 日本、台湾拓殖株式會社設立 7 日本、南洋拓植株式會社設立 9 ベトナム、ハノイーサイゴン間、縦貫鉄道開通 サウジアラビア、アラビアン・アメリカン石油会社(アラムコ)の採油開始	7 室伏高信『南進論』、*南進論*沸騰 8 第6回太平洋会議開催(ヨセミテ) 8 朝鮮、「東亞日報」、朝鮮人孫基禎子のベルリン・オリンピック優勝の*日章旗抹殺事件*で無期停刊 10 中国、文学者の抗日と言論の自由を求める文藝工作宣言採択、『*國防文学論戦*』上海 ネルー『自叙伝』ロンドン、1943 竹村和夫・輿水茂美訳『自叙傳—印度の最近の事象に關する冥想』／1955.3-5 磯野勇三訳『ネール自傳』上・下	8 大久保幸次・小林元『現代回教圏』
1937／昭和12年 3 アルジェリア、メッサリが人民党結成 3 中国、日本が南京に中華民国維新政府樹立 3 ベトナム、ザジンでベトナム民主統一戦線結成 4 英領ビルマ、インド帝国より分離 7 廬溝橋事件、日中戦争発端、日本軍、華北派兵声明 7 英国、ピール委員会報告で、パレスチナの分割を勧告、8 シオニスト会議、受諾、9 パン・アラブ会議、拒否 7 サーダーバード条約調印 9中国、第2次国共合作、東北共産軍、八路軍と改称 12 中国、日本軍の南京占領、南京虐殺事件、パネイ号事件	2 タイ、華僑の日貨ボイコット 7フィリピン、米国から椰子油税基金の送付、米国への経済の組込み	2 矢内原忠雄「支那問題の所在」中央公論、*中国統一化論争*、1970「中国統一化論争」資料集」 3-1939.8『東洋歴史大辞典』9巻 3 米国、「アメラリア」発刊、中国支援で日本に圧力を加えるのが極東の平和と主張、8 冀朝鼎「中国危機の論理」、1945.8 停刊 10 松井石根、中支那方面軍司令官就任、『アジア聯盟論』 12 フィリピン、タガログ語の国語宣言 12日本、南洋経済研究所創立 12矢内原忠雄東京帝大教授、筆禍事件 国際経済學會調査團(百々巳之助・影山哲夫)、東アフリカ・西アフリカ調査、1938.7『アフリカ』 日本、イスラム文化協會発足	1 李長傳『中国殖民史』上海、1939.2 半谷高雄訳『支那殖民史』 2 善隣協會『蒙古國史』 3-1941.7 満鐵東亞經濟調査局『南洋叢書』5巻 7 高橋龜吉『現代臺灣經濟論』 7 蜷川新『滿洲に於ける帝國の權利』 11 森谷克己『アジア的生産様式論』 11 長野朗『抗日支那の究明』 馮承鈞『中國南洋交通史』上海、1940.2 井東憲訳『支那南洋交通史』 ヒッティ『アラブの歴史』ロンドン、1937.12-1983.1 岩永博訳、上・下 パーソンズ『社会的行為の構造』ニューヨーク／ロンドン、1974.10-1989.7 稲上毅・厚東洋輔訳、5巻
1938／昭和13年 1 日本、近衛内閣、中国国民政府相手にせず声明 2中・ソ軍事協定調印	1 イタリア、東アフリカ移民 7 滿洲國産業部『滿洲農業移民方策』新京 8 英領ビルマ、印僑の支	2大塚久雄、『株式會社發生史論』、12『歐洲經濟史序説』、**大塚史学**の提唱、1948.5『宗教改革と近代社会』、1955.7『共	3 立作太郎『日支事變に於ける空中爆撃問題』、5『支那事變國際法論』 4 後藤富男『蒙古政治史』

		同体の基礎理論』	7 松田壽男・小林元『乾燥アジア文化史論』
4 日本、国家総動員法公布 10 イタリア、リビア併合 11 日本、「東亜新秩序」の近衛声明 12 日本、新南群島併合	配に反発して反インド人暴動 オーストラリア、ポート・ケプラン港で日本向け屑鉄積荷ボイコット アフガニスタン、国立アフガニスタン銀行設立 英領インド、国民計画委員会設立、委員長ネルー	2『岡倉天心全集』2冊 4 日本、回教圏攷究所設立、1940.4 回教圏研究所と改称、「回教圏」刊行 5 日本、太平洋協会発足 5-6 中国、毛沢東、延安抗日戦争研究会で「**持久戦論**」報告、1938 毛沢東『持久戦』漢口／1946.9 尾崎庄太郎訳「持久戦」毛沢東選集第1巻 7-9 京城帝國大學大陸文化研究會、内蒙古調査、五台山登頂、6 京城帝國大學大陸文化研究會編『蒙疆の自然と文化——京城帝國大學蒙疆學術探檢隊報告書』 8 東京帝大教授河合榮次郎、著作発禁 9 日本、東亞研究所設立 11 日本、興亞院創設 滝田錬太郎、樋口艶之助が日本に持ち込んだ**シオン長老議定書**は 1918 年秋に英参謀本部による偽造と指摘。1940 瀧田『日本の危機と英国スパイ團の跳梁－國防國家建設に關する政府への進言書』、1943.2 四天王延孝『シオンの議定書』／7 國際政經學會調査部訳『シオンの議定書』／2004.9 四天王延孝原訳、太田龍補訳『シオン長老の議定書』、1986.7 ノーマン・コーン、内田樹訳『シオン賢者の議定書－ユダヤ人世界征服陰謀の神話』／2007.3『ユダヤ人世界征服陰謀の神話－シオン賢者の議定書』 井東憲(伊井藤吉郎)『アジアを攪亂する猶太人』、**ユダヤ警戒論**沸騰 胡文虎、香港で「星島日報」創刊	11 津田左右吉『支那思想と日本』 11 尾崎秀實『現代支那批判』 11 津田左右吉『シナ思想と日本』 -1939 黒龍會編、葛生能久『日支交渉外史』上・下 ケニヤッタ『ケニア山のふもと』ロンドン、1962 野間寛二郎訳 ハウスホーファー、『太平洋地政學』ベルリン、1942.2 太平洋協会訳 ヘイレイ卿『アフリカ概観－サハラ以南アフリカで生じている問題の研究』ロンドン、1956 改訂版、1943 外務省調査局訳『阿弗利加概論』上・下 フランケル『アフリカの資本投資――その過程と成果』ロンドン
1939／昭和 14 年 2 日本軍、海南島上陸 5 日本海軍、重慶大空襲	9 湯本昇『中央亞細亞横斷鐵道建設論－世界平	1 蝋山政道『東亞協同體の理論構造』『アジア問題講	1-1940.4『アジア問題講座』11 巻

5 ノモンハン事件、9 停戦協定調印 5 英国、パレスチナへのユダヤ移民制限白書」 6トルコ、ハタイを併合 8 アインシュタイン、原爆一発で港湾全滅とルーズベルト米大統領へ書簡 7 日本、日米通商航海条約の破棄通告、1940.1 失効 9 第二次世界大戦勃発 12 朝鮮、朝鮮人の創氏改名強制 12 日本海軍、中国雲南鉄道爆撃決定	和への大道』で**反共中央アジア鉄道**を提唱 タイ、国立銀行創設 トルコ、初の製鉄所建設	座』、**東亞共同体**の提唱、4 尾崎秀實「東亞新秩序の現在及将来」東亞問題、10「東亞協同體」の理念とその成立の客觀的基礎」中央公論、12 加田哲二「東亞協同體の政策」中央公論 1 保田與次郎「文化の論理の終焉について」コギト、*浪漫派*登場 1 英領マラヤ、抗戦文芸運動でマラヤ化を追求 2 日本、国民精神動員強化方策、閣議決定 2 日本、斎藤隆夫代議士、衆議院で反軍演説 3-8 菊池寛、満鉄記事を「大阪毎日新聞」掲載、9『満鉄外史』 3 カーター、ヒーリー、三上正毅訳『なぜ極東に干渉するか』、米国批判高まる 6 日本、蒙古研究所設立、「蒙古」刊行 6 満鉄調査部支那抗戦力調査委員会設立、1940『支那抗戦調査委員會總括資料』大連、1970.7『支那抗戦力調査報告』 8 津田左右吉『古事記及び日本書記の新研究』、12 簑田胸喜「津田左右吉氏の*神代史抹殺論批判*」原理日本、1940.2 著作発禁、3 津田の起訴 9-1940.12『孫文全集』7巻 11 日本、石原莞爾の指導で東亞連盟協会設立 11-12 第7回太平洋会議開催(バージニア・ビーチ) 日本、大日本回教協會、活動開始 日本、イスラム教団連合會設立 岡倉一雄『岡倉天心全集』決定版5巻 日本・ドイツ外交交渉で、シンガポールを英国前進基地	4 大熊眞『アフリカ分割史』 5 尾崎秀實『現代支那論』 5 若林修史『新南群島の今昔』臺灣時報 5 史學會編『東西交渉史論』上・下 5 クラーク、廣島定吉訳『支那經濟戰』 6 清水盛光『支那社會の研究—社會學的考察』 6 ウィットフォーゲル、森谷克巳・平野義太郎訳『**東洋的社會の理論**』 8 淺野利三郎『滿洲國外蒙古併合論—其の歴史地理的研究』 9-1941.2 滿鐵東亞經濟調査局『南洋華僑叢書』6巻 10 根岸勉治『栽植企業方式論』 11 緑旗聯盟編『今日の朝鮮問題講座』6巻、京城 12-1950.10 市村瓚次郎『東洋史統』4巻 杜重遠『盛和世和新疆』北京 鈴木剛・細川將『日本回教徒のメッカ巡禮記』 ノーマン『日本における近代国家の成立』ニューヨーク、1947.8 大窪愿二訳 ダッド『現代インド』ロンドン、1956.6 大形孝平訳 ファーニバル『蘭印経済史』ロンドン、1942.2 南太平洋協會訳

		として注目、日本の攻撃を要請、1939.7 池崎忠孝『新嘉坡根據地－英國の極東作戦』日本国際問題調査會『世界年鑑』1943年まで刊行	
1940／昭和15年 3 英領インド、ムスリム連盟ラホール大会、パキスタン樹立決議採択 3 中国、南京に中華民国維新政府樹立、11日華基本条約調印 5 朝鮮、金九ら韓国独立党創設 5 ペルー、日系移民に対する排日暴動 6 英領ケニア、イタリア軍が北部へ進駐 9 ベトナム、日本軍の仏印進駐 9 日独伊3国同盟条約調印 9 タイとカンボジア及びラオス間に国境紛争 11 ベトナム、メコン・デルタで蜂起 10 日本、大政翼賛会発足 11 ガボン、自由フランスが接収	2 パレスチナ、ユダヤ人ストライキ 7トルコ、バクダッド（ボスフォラス－バグダード）鉄道開通	1 毛澤東『**新民主主義論**』香港、1966 北京 2-1943.12 冨山房國史辭典編纂部編『國史辭典』4冊で中止 2 石原莞爾、講演「世界最終戦争論－人類の前史終らんとす」、9『世界最終戦争論』 5 橘樸・細川嘉六・平野義太郎・尾崎秀実、「東洋の社会構成と日支の将来」検討會、中央公論、第7号、橘が**アジア的生産様式論を拒否** 8 朝鮮、「朝鮮日報」、「東亞日報」廃刊	1-6 羽仁五郎「明治維新研究」中央公論、1946.6『明治維新研究』 3 安田泰次郎『北海植民政策史』 3-1940.7 永尾龍造『支那民族誌』6巻 3 朝鮮総督府中枢院（田保橋潔）『近代日朝関係の研究』京城 4 稲葉岩吉『滿洲國史通論』 4 宮崎市定『東洋に於ける素朴主義の民族と文明主義の社會』 7 大塚令三『支那共産黨史』上・下 12 青木文教『西藏文化の新研究』 12 伊東敬『現代印度論－英・印・ビルマ關係の再檢討』 12 日本タイ協會『タイ國概觀』、1941.12『タイ國革命政變の經過』、1942.5『タイ國通史』 劉聯珂『中国帮會三百年史』澳門
1941／昭和16年 2 シンガポール、日本軍上陸、華僑大量虐殺 3中国、日本軍が華北で治安強化運動 4日ソ中立条約調印 4 米国、中国援助開始 5日蘭印協商交渉、不調 5 エチオピア、主権回復 5ベトナム、バクボーでインドシナ共産党がベトナム独立連盟（ベトミン）結成 6 ミッドウェー海戦、日本軍敗北	2 米国、日本人を内陸部へ移動 8 米国、**マンハッタン計画**着手	2 日本、情報局が矢内原忠雄・横田喜三郎に総合雑誌執筆禁止 4 今西錦司『生物の世界』、**社会分化発展・機能論**を展開 7-9 今西学術調査隊、ミクロネシア・ポナペ調査、1944.10『ポナペ島－生態学的研究』 7-8ゴビ砂漠学術探検隊（多田文男）調査、1943.9ゴビ砂漠学術探検隊『ゴビの沙漠』 10 英領インド、ムスリム連盟系新聞「ドーン」創刊	2 南洋協會編『大南洋圏』 3 三上参次『尊皇論發達史』 3 高島善哉『經濟社會學の基本問題』 5 バーカー、原一郎訳『日本語・西藏＝緬甸語同系論』上海 5 太平洋協會編『太平洋問題の再檢討』 6 渡邊勝美『朝鮮開國外交史』 8 成田節男『華僑史』 8 岩村成允『安南通史』

6 米国、戦時情報局設置 7 日本軍、南部仏印進駐 8 大西洋憲章発表 8 米国、対外情報業務 FIS 発足、1942.6 戦時情報局 OWI と改称、1947.7 中央情報局 CIA へ移行 10 日本、東條英機内閣成立 10 日本、ゾルゲ事件 10 バンコクでビルマ独立軍結成 11 日本、御前会議、「帝国国際遂行要領」決定 12 太平洋戦争開始 12 シンガポールでインド国民軍創設		11 日本、南洋經濟研究所、「南洋資料」刊行 11 日本、**日本地政學**協會發足、1940.10 小牧實繁『日本地政學宣言』、1941 米倉二郎『東亞地政學序説』、1942.3 川西正鑑『東亞地政學の構想』、1942.7『東亞地政學の對象と任務』、1942 松川二郎『大東亞地政學』、1943.6 日本地政學協會編『地政學論集』 11 東京帝國大学東洋文化研究所設立 蒙疆新聞社『蒙疆年鑑』張家口、1944 年まで刊行	9-1944.4 白鳥庫吉『西域史研究』上・下 9 植田捷雄『支那に於ける租界の研究』 11 安里延『日本南方發展史－沖縄海洋發展史』 11 大岩誠『安南民族運動史概説』 12 蒲生禮一『イランの歴史と文化』 シュンペーター『資本主義・社会主義・民主主義』ロンドン、1951.2-1952.12 中山伊知郎・東畑精一訳、上・中・下 ヘイレイ卿『英共同體における植民地の立場』ロンドン
1942／昭和 17 年 1 連合国共同宣言 2 蘭領東インド、日本軍政 2 タイ、自由タイ運動が活動 5 シオニスト会議、ビルトモア綱領採択 8 英領インド、国民会議派、「インドを立ち去れ」決議採択、12 ムスリム連盟、「分割して立ち去れ」決議採択 8 東南アジア連合軍創設、以来、東南アジアの名称が一般化 10 対日協力のフィリピン共和国成立 米国、蒋介石援助をめぐり**中国政策論争**、1950 マッカーシー演説、2005.12 マッカーシー、木原俊裕訳『共産中国はアメリカがつくった――G.マーシャルの背信外交』、2004.11 陸井三郎『ハリウッドと**マッカーシズム**』	6 日本、関門トンネル開通	1 高坂正顕・西谷啓治・高山岩男・鈴木成高ら座談会「世界史的立場と日本」、9 高山岩男『世界史の哲学』、1943.3『世界史の立場と日本』 2 日本、「昭南日報」昭南島で発刊、1945.8 廃刊 5-7 今西錦司、興安嶺探検隊調査、1952.7『興安嶺探検』 6 日本、満鉄調査部、中西功ら検挙 8 日本、民族學協會設立、1943.1「民族學研究」刊行 8-9 細川嘉六「世界史の動向と日本」改造、共産主義宣伝として弾圧、1943.5-7「改造」編集部員・「中央公論」出版部員の逮捕、1944.7「中央公論」廃刊（**横濱事件**）、1986.7 再審請求、2009.3 横濱地方裁判所で免訴の結審 9 文化総会会議シンポジウム「近代の超克」、1942.9-10 文學界、**近代の超克論争** 12 第 8 回太平洋会議開催（モン・トランブラン） 12 日本、大日本言論報告會発足	1 松田寿男『漠北と南海－アジア史における沙漠と海洋』 2 平野義太郎・清野謙次『太平洋の民族＝政治學』 2 金生喜造『**国境論**』 4 武富正一『馬来語大辞典』 6 伊東敬『印度洋問題』 7 淺井得一『印度洋』 7 クラインツ、森孝三訳『ユダヤ人のアメリカ發展』 8 神谷茂『アメリカ・ユダヤ人問題』 8 鹿島健『米國に於けるユダヤ人問題』 8 内田馨『滿洲帝國とユダヤ秘密勢力』新京 8 ハウスホーファー、小林良正訳『大陸ブロック論』 8 大川周明『回教概論』 12 菅原憲『猶太建國運動史』 12 井出季和太『南方開發史』 12 小關順平『ニュージーランド――その性格と東亞共榮圏との關係』

1943／昭和18年			
2 アルジェリア、アバスの アルジェリア人民宣言 10 カイロ宣言 10 インドネシア、郷土防 衛義勇隊設立 10 シンガポールに自由イ ンド仮政府樹立 11 東京で大東亜会議開 催 12 テヘラン宣言 シリア、バース党結成、 1947.4 第1回党大会開 催 仏領西アフリカ、共産主 義研究組織結成、アフリ カ民主集団へ移行	10 中国、国民参政会が経 済建設協進組織大綱発 表 10 泰緬鉄道開通 10 シリア・レバノン関税協 定調印 12 英領インド、ムスリム連 盟、分離独立のための行 動委員会、社会経済5カ 年作成委員会の設立決 議 英領インド、ベンガル飢饉	1 日本、「朝日新聞」、中野 正剛代議士の「戦時宰相 論」で発行中止 4 日本、日本外政協會・太 平洋問題調査會、解散 10-1944 東亞研究所、支那 農村調査、1952.12-58.10 中国農村調査会編『中国農 村慣行調査』6冊 7 満洲國産業部『満洲農業 移民方策』新京 ホー・チミン『獄中日記』パ リ、1969秋谷紀夫訳	1 斎藤晌『日本的世界觀』 1 綜合インド研究室編『印度 の民族運動』 2 ハウスホーファー、佐々木 能理男訳『日本』 2 山田孝雄『神道思想史』 3 蒋介石『中国之命運』重 慶、9 長野朗・波多野乾一訳 『中国の命運』／1946.2 波多 野訳、1946.5『中國之命運』 上海 3 東亞調査會編『南方報告』 3 井口一郎『地政態論－ 現代地政學の諸問題』 5 船越康壽『東南アジア文 化圏史』 5 橘樸『中華民國三十年史』 8 英修道『日本の在華治外法 權』 8 中島健一『緬句の自然と民 族』 8 清野謙次『太平洋民族學』 8 小林元『西亞記──西アジ アの歴史と文化』 9 信夫清三郎『ラッフルズ－ イギリス近代的植民政策の形 成と東洋社會』、1968.9 再刊 10 百々巳之助『植民専制史 論』 澤田謙『寶庫ミンダナオ』
1944／昭和19年			
1 モロッコ、イスティクラル 党が独立を要求 1中国、日本軍、大陸打 通作戦発動 1シリア・レバノン、委任統 治終了 1-2赤道アフリカ諸国ブラ ザビル会議開催 3 アルジェリア、アバスが 宣言と自由の友の会結 成 6サイパン、日本軍全滅 7中国、伊犂に東トルキス タン政府成立、11 臨時委 員会政府成立（3区革	4ブレトン・ウッズ会議開催 タイ、バンコク銀行成立、 華僑系で世界最大 英領インド、人民プラン、 ガンジー・プラン、ボンベ イ・プランの開発計画構想 提唱	2 日本、「毎日新聞」、東條首 相に対し「*竹槍では間に合 わぬ*」と批判、発禁 4 日本、善隣協會の下に内 蒙古に西北研究所設立（所 長今西錦司）、「内陸アジア」 刊行 7 日本、東洋學會設立 7 日本、軍部が中央公論社・ 改造社解散 7 ジャワ新聞社『ジャワ年鑑』 ジャカルタ 8 平野義太郎『北支の村落社 會』、大東亜の基礎を中国村 落共同体に求め、1942.8 戒	1 呉主恵『華僑本質論』 2-11『世界史講座』7巻（2 巻未刊） 2 東洋經濟新報社編『軍 政下の香港－新生した大 東亞の中核』香港 3 カウティヤ、中野義照訳 『實利論』 3 周藤吉之『中国土地制 度史研究』 9 ダス、石田十三郎訳『印 度獨立論』 9 デュボア、井上英三訳 『黒人論』 11 調査研究動員本部『新

命） 8 ビルマ、統一抗日組織反ファシスト自由連盟結成 11 米軍、B29東京大空襲 12 ベトナム、解放軍武装宣伝隊結成		能通孝『支那と地方慣行序説』を批判、**中国村落共同体論争** 9-1945.2 今西錦司、蒙古調査、1947『草原行』 9 ネルー、獄中で『インドの発見』執筆、1946ニューヨーク／カルカッタ、1953.10-1956.7 辻直四郎・他訳、2冊 10 中国国民政府立法院長孫科、「ミカドよ去れ」フォーリン・アフェアーズ、**天皇制批判** スパイクマン『平和の地政学』ニューヨーク、2008.5 奥山真司訳で**ハートランド・リムランド論**を提出	シキトルコ』上・下
1945／昭和20年 2ヤルタ協定締結 3アラブ連盟成立 4米軍、沖縄本島上陸 4 ヒトラー、ベルリンで自殺、 5ドイツ、降伏 6国際連合憲章調印 6 蘭領インド、スカルノがパンチャシラ演説、ジャカルタ憲章採択、8 スカルノとハッタが独立宣言 7ポツダム宣言 8ソ連、対日宣戦布告 8 日本、太平洋戦争敗北、9 降伏文書調印 8スターリン・ソ連首相、米大統領に北海道北部占領の書簡送付、米国、拒否 8ベトナム、8月革命 9 朝鮮、米・ソの分割占領、南部は米軍政、北部は朝鮮人民共和国樹立宣言 9 中国、日本軍が南京で降伏文書調印 10 マンチェスターで第5回パン・アフリカ会議開催 10-11 モンゴル、人民投票で独立決定、1946.1 中国、承認 11 パレスチナ、ユダヤ人独立闘争蜂起	4 中国、毛沢東が「連合政府論」報告で大地主・大銀行家・大買弁の資本による資本主義の**中国官僚資本主義**を指摘、1980年代以降、新形態で抬頭 6 日本、花岡鉱山で強制連行の中国人が蜂起、1976.6 舟田次郎『異境の虹－花岡事件・もう一つの戦後』、1990.6 野添憲治『聞き書き花岡事件』	1 第9回太平洋会議開催（ホット・スプリングス） 4 蒋介石政治顧問ラティモア、『**アジアの解決**』ワシントン、1970.12 春木猛訳、米国政府内外に中国派と日本派の対立出現 11 朝鮮、「朝鮮日報」ソウルで復刊 12松本健二、「天皇と人民」人民、象徴天皇論の展開、**象徴天皇論争**、1946.2 松本『日本革命運動小史』、1973.2 松本『戦後日本革命の内幕』	10 安在鴻『新民主主義と新民主主義』ソウル 12 陳啓天『民主憲法論』上海 12 海上鷗『馬來亞人民抗日軍』新加坡

1946／昭和21年			
1 第1回国連総会開催 2 北朝鮮、金日成の臨時人民政府成立 3 チャーチル、「鉄のカーテン」演説 4 マラヤ連合発足 5 東京国際軍事裁判開廷 7 フィリピン、独立 7 米国、マーシャル諸島ビキニ環礁で原爆実験 7 中国、内戦再開	2 日本、農地改革 3 北朝鮮、社会主義建設政綱採択、土地改革、8産業国有化 9 東南アジア食糧会議開催 9 日本、財閥解体 -1950 大蔵省管理局『日本人の海外活動に関する歴史的調査』23巻、2000.8復刻	1 日本、昭和天皇の人間宣言、11新憲法発布、**国体論争** 1 日本、中國研究所設立、1947.3 認可で正式発足、『中国研究所所報』刊行、のち「中国研究月報」と改題 4 佐野学「解説・日本革命」自由国民、平和革命論の展開 4 信夫清三郎「日本帝國主義の經濟」經濟評論、神山茂夫が批判、志賀義雄も参加して **日本革命論争** 5 日本、思想の科学研究会、「思想の科学」創刊、1996.5休刊 8 米国、フルブライト法制定 10 日本、日本太平洋問題調査会再建	4 近衛文麿『平和への努力ー近衛文麿手記』 11 陳里特編『中國海外移民史』上海 エンクルマ『植民地の自由のために』ロンドン
1947／昭和22年			
2 台湾、2・28事件、1992中央研究員近代史研究所編『228事件資料選輯』6巻、台北 3 米国、トルーマン・ドクトリン発動 7 インドネシア、オランダが警察行動 7 ビルマ、指導者アウン・サン暗殺 8 インド・パキスタン、分割独立、10 カシミール戦争 11 国連パレスチナ分割決議成立	4 日本、独占禁止法公布	4 神山茂夫『天皇制に関する理論的諸問題』、**天皇制論争**に発展 6 日本、東方學會設立、「東方」刊行 7 ケナン、X **論文**「ソ連行動の源泉」フォーレン・アフェアーズ 9 第10回太平洋会議開催（ストラットファード） 9 日本、世界経済研究所設立、所長平野義太郎 12 柳田國男編『沖縄文化総説』で沖縄学登場	5 岩村忍『イスラムーイスラム民族の社會』 6 杉原正巳『東洋社會と西歐社會ー敗戦日本の世界史的地位』 12 原富男『中華思想の根帯と儒學の優位』
1948／昭和23年			
1 ビルマ、独立 1 インド、ガンジー暗殺 2 セイロン、独立 4 ソ連、ベルリン封鎖 5 イスラエル独立、アラブが攻撃開始（第1次中東戦争） 6 マラヤ、共産党弾圧で全土に非常事態宣言 8 大韓民国樹立 9 朝鮮民主主義人民共和国樹立	1 タイ、華人系精米所のスト、1947.12 政府が米の全面管理 4 米国、対外援助法成立 4 インド、産業政策声明	11 和辻哲郎『国民統一の象徴』、1950 佐々木惣一「憲法生活の両極」、京都新聞社出版部編『日本再建の方途』、国民統合の象徴では国体は説明できないと批判、**国民象徴論争** 12 日本、平和問題談話会発足	5-1949.9 中村元『東洋人の思惟方法』2巻 6 飯塚浩二『世界史における東洋社會』 10 島恭彦『東洋社會と西歐思想』 11 外務省調査局第五課『佛印における終戦後の政治經濟情勢』 アルバハルナ『アラブ湾岸諸国の法的地位ーその

第3部 認識・論争・成果年譜

9 対日平和条約調印 12 エジプト、ムスリム同胞団弾圧 12国連パレスチナ難民救済機関活動開始 アルジェリア、ベン・ベラが特別機関を秘密に組織			条約関係及びその国際関係の研究』マンチェスター
1949／昭和24年 8 米国『中国白書』、10 朝日新聞社訳『中国白書－米國の對華關係』 8 インドネシア、ダルル・イスラム運動、イスラム国家樹立宣言 10 中華人民共和国樹立 12 台湾、国民党政権が南京から上陸、台北を首都として支配	4 台湾、農地改革 5 シリア・レバノン、アラブ石油パイプライン敷設合意 8 北ベトナム、貧農への土地分配	2 インド、総合通信社がロイターから独立 11 湯川秀樹、ノーベル賞受章 12 ベネディクト、長谷川松治訳『菊と刀－日本文化の型』／2013.8 越智敏之・越智道雄訳（原本は1934）、**日本文化論**への関心高まる 11 共同通信社『世界年鑑』刊行、現在に至る 12秦玄龍・他『アジア的生産様式論』、**アジア的生産様式論争**再開 リビー『近代中国ビジネス階級の登場』プリンストン、**近代化**を国際社会の地球拡大モデルとして把握、1952『社会の構造』プリンストン	1 福武直『日本農村の社会的性格』 8 河合哲雄『新生土耳其共和国－ケマル・パシャの獨立運動』 10 平野義太郎『人民民主主義の世界的発展』 12 新民主出版社編『中華人民共和国開國文獻』香港 ラティモア『アジアの情勢』ボストン、1950.11 小川修訳 ジャコビー『東南アジアの農業不安』ウェストポート、1957.9 井上嘉丸・滝川勉訳
1950／昭和25年 2 モスクワで中ソ友好同盟条約調印 3 蒋介石、台湾で総統復帰 3 フィリピン、フク団蜂起 4 マラヤ、ブリックス・プランの共産勢力鎮圧作戦発動 6 朝鮮戦争、9 国連軍、仁川上陸、10中国人民義勇軍出動 8 ラオス、パテト・ラオ抗戦政府樹立 11「平和のための結集」国連決議成立 12 シッキム、インドの保護国化 -1956 ケニア、マウ・マウ反植民地闘争、1952.10-1959戒厳令	3タイ、外国人職業規制令公布、華僑の排除 4 韓国、農地改革 4 インド、第1次5カ年計画 5 イラン、石油国有化 7 中国、土地改革、1951劉少奇、中国研究所調査部訳『新中國の土地改革』	1日本、平和問題懇話会、**全面講和論**を主張 2 米国、「**アメラシア**」事件、ラティモア拘禁、1970アメラシア文書公表、1952 マッカーシー『**マッカーシズム－アメリカのための闘い**』ニューヨーク 9 中國研究所編『現代中國辞典』 10 日本、朝鮮学会設立、「朝鮮学報」刊行 10 第11回太平洋会議開催（ラクノウ）、1951.12 日本アジア太平洋問題調査会訳『アジアの民族主義－ラクノウ會議の成果と課題』	3 胡華『中国新民主主義革命史－初稿』北京、6 東京大学中国研究会訳 5 三浦新七『東西文明史論考』 6 石井良助『天皇－天皇統治の史的解明』 トムプソン、アドルフ『東南アジアの左翼』ニューヨーク、1951.1 大形孝平訳『東南アジアーナショナリズムとコミュニズム』 ラティモア『アジアの焦点』ボストン、1951.11 中國研究所訳

1951／昭和26年			
2 中国を「侵略者」とする国連非難決議成立 2 ネパール、1846年以来のラナ支配から王制復古 9 サンフランシスコ条約調印、日本、国際社会復帰 11 中国人民解放軍、チベット進駐 12 リビア連合王国、独立 南アフリカ、人種差別体制強化	5 イラン、石油国有化 8 トルコ、外国資本投資奨励法公布 12 インドネシア、銀行の国有化 12 イラク、石油国有化	4 清水幾太郎『市民社会』、*市民社会論*の登場 6 日本文部省、開国記念文化事業会設立、1953.3『鎖国時代日本人の海外知識』、1954.3-56.3『日米文化交渉し』5巻、1955.12-1957.3『日米文化史』4巻 6「琉球經濟」特集号、*琉球自治・独立論*を展開 7 日本、日本太平洋問題調査会、正式再建 12 日本、アジア問題調査会設立、「アジア問題」創刊、アジア研究の再開	2 遠山茂樹『明治維新』 5 板垣與一『世界政治経濟論』 11 仁井田陞『中國の社會とギルド』 11 日本人文科學會『封建遺制』 ロジンガー編『アジアの状況－現代的概観』ニューヨーク、1954.12 日本太平洋問題調査会訳『現代アジアの展望』 パーセル『東南アジアの中国人』ロンドン
1952／昭和27年			
2 西側諸国、戦略物資の共産圏輸出禁止協定調印 4 日・華平和条約調印 5 モンゴル、親ソ派スウェーデンバル政権成立、ソ連の衛星国化 6 朝鮮国連軍、水豊ダム攻撃 7 エジプト、共和革命、ナーセル『革命の哲学』、1956.9 西野照太郎訳、10 林昂訳『革命の哲理』 11 シリア、バース党、アラブ社会党と合併してアラブ復興／バース社会主義党と改称 12 中国、長春鉄道が中ソ共同管理から中国へ移管 12 ウィーンで諸国民平和大会開催	1 韓国、李ライン宣言 2 シリア、農地改革法公布 3 タイ、国鉄マカサーン修理工場のストライキ（マカサーン反乱） 10 南アフリカ、ヨハネスブルグ郊外でウラン生産開始 10 スターリン『ソ同盟における社会主義の経済的諸問題』、1953.5 スターリン全集刊行会訳	9 中国、北京に華僑向け中国通信社創立 2 竹内好・他、講和論争に関連して*国民文化論争*を展開 9 兪平伯『紅楼夢研究』北京、*思想争論*、1956.7 人民日報「百家争鳴への道」、1957.7 中国研究所編訳『現代中国思想争論』 カストロ『*飢えの地理学*』ロンドン、1955.12 国際食糧農業協會訳／1975.12 大沢邦雄訳『飢餓社会の構造－餓えの地政学』	2 關根正雄『イスラエル宗教文化史』 3 外務省アジア局第三課『戦後におけるインドシナの政治情勢－ヴィエト・ナムの獨立運動の経緯』 9 丸山静雄『アジアの覚醒』 11 王丹岑編『中國農民革命史話』上海 ケーヒン『インドネシアの民族主義と革命』イタカ ボール『東アジアの民族主義と共産主義』カールトン、1954.8 大窪愿二訳『アジアの民族主義と共産主義』 ファノン『黒い肌・白い仮面』、1968.12 海老坂武・加藤晴久訳
1953／昭和28年			
7 朝鮮休戦協定調印 8 イラン、モサデクのクーデタ 10 ローデシア・ニアサランド連邦成立、1963.12 解体 11 ウガンダ、ブガンダ国王ムテサ2世追放 8 モロッコ、フランスが首長ベ	1 中国、第1次5カ年計画着手 3 イスラエル、土地取得法制定、パレスチナ人の土地収用に適用 4 北ベトナム、土地改革 5 ビルマ、土地国有化 11 イスラエル、水利計画作成	5 日本、アジア政経学会設立、「アジア研究」刊行 6「中央公論」特集「日本はアメリカの植民地化か」、*植民地・従属国論争* 11 日本、西藏学会発足－1988.6 中国國民黨中央委員會黨史委員會編『革命文獻』	4 金鐘鳴編『朝鮮新民主主義革命史』 12 今堀誠二『中國の社會構造－アンシャンレジームにおける共同體』 ブーケ『土着社会の経済と経済政策』ニューヨーク／ハーレム、1979.12 永易浩一訳

ン・ユーセフを廃位、コルシカへ追放、1954.1 マダガスカルへ追放	11 リビア、石油開発着手、1959.4 石油発見、6 噴油 12 中国、人民合作社化	117 輯、台北 米国、サンフランシスコに米華人歴史学会設立	『二重経済論－インドネシアにおける経済構造分析』フランケル『低開発社会への経済的衝撃』ロンドン、1965.7 石井一郎訳
1954／昭和29年 4 中国・インド、平和五原則発表 4-7 インドシナ・ジュネーブ会議開催 5 インド、ネルー首相、議会で*平和地帯演説* 7 インドシナ戦争終結 9 中国軍、金門・馬租総攻撃 11 韓国、李承晩終身大統領制のための四捨五入改憲強行 11 アルジェリア、特別機関が武装解放闘争突入	1 北朝鮮、人民経済発展3カ年計画着手	5 ラングーンで世界仏教会議開催 6 日本、日本オリエント学会設立、「オリエント」刊行 7 日本、東京外国語大学海外事情研究所設立 9-10 第12回太平洋会議開催（京都） アメリカ社会科学評議会に比較政治委員会設置、1967 比較政治研究」、1968「比較政治学」刊行	2 仁井田陞『中国社会の法と倫理——中国法の倫理』 4 馮自由『中華民国開国前革命史』2冊、台北 6 渡辺洋三『農業水利権の研究』 8 太平洋協会『東南アジアにおける民族運動』 9 堀江英一『明治維新の社会構造』 12 江口朴郎『帝国主義と民族』 12 斎藤信治『沙漠的人間－回教世界への哲学的随想』 ステーレイ『低開発の将来－経済開発の政治的意味』ニューヨーク、1957.2 村松裕次訳『後進国の将来』 パニッカル『アジアと西欧支配』ロンドン、2000.11 左久梓訳『西洋の支配とアジア』 エヴァンス＝プリッチャード『キレナイカのセヌシ』ロンドン
1955／昭和30年 4 アジア・アフリカ会議開催（バンドン）、平和10原則発表 5 日本、在日本朝鮮人総聯合会、東京に設立 6 南アフリカ、南アフリカ人民会議、「*自由憲章*」採択 8 米中会談開始 8 モロッコ、首長ベン・ユーセフ奪還の暴動、10 ベン・ユーセフ帰還、首長復位	1 インド、アバディ国民会議派大会、*社会主義型社会*建設を決議 1-3 北ローデシア、鉱山ストライキ 3 インドネシア、経済発展5カ年計画 4 カンボジア、人民社会主義共同体（サングクム）設立 5 フィリピン、経済・社会5カ年計画 6 インド、不可触民差別禁止法制定 7 インド、帝国銀行の国有	5-9 京大隊、カラコルム探検、1956.3 木原均編『砂漠と氷河の探検』、1956.6 今西錦司『カラコルム探検の記録』 6 第1回国際東方学会会議開催（東京） 11 遠山茂樹・今井清一・藤原彰『昭和史』、11-1956.6 井上清・鈴木正四『日本近代史』上・下、1956.3 亀山勝一郎、文芸春秋で人間不在の歴史学と批判、1956.3 松田道雄、日本読書新聞で現代史の書き方を批判、*昭和史論争*、6 遠山「現代史研究の問題点」中央公論で	8-1971.1 林基『百姓一揆の伝統』2冊 9 三一精神宣揚會『三・一運動史』安東 12 和田清『東亜史研究』満洲編 今堀誠二『中国封建社会の機構』 レビー・ストロース『悲しき熱帯』パリ、1967.7 川田順造訳、上・下 アプター『変容下のゴールド・コースト』プリンストン ディヴィッドソン『アフリカの目覚め』ケープ、1956.4

	化 7 イスラエル、ヤルコン川ネゲブ砂漠パイプライン開通 8 モザンビークーローデシア間、リンポポ鉄道開通 10 中国共産党、農業集団化決議採択 11 ネパール、国立銀行設立 オランダ、ニューギニアの開発調査	反省と反論、基本的に1927年テーゼ、1932年テーゼの立場は崩さず、1959.8『昭和史』新版、1957年歴史学研究会の主題「戦後歴史学の方法的反省」 10 ミュルダール、エジプト銀行で講演、1959.3 小原敬士訳『経済理論と低開発地域』 11 林健太郎、「世界史の転換をいかに理解するか」中央公論、**平和共存論争**に発展 12 北朝鮮、金日成が**チュチェ（主体）思想**に言及、1974 朝鮮労働党が指導者の絶対的指導性を確認、1968.4 朝鮮大学校編『金日成首相の主体思想について』、1978.12 金日成主席著作翻訳委員会訳『チュチェ思想について』 赤松要「わが國産業の發展の雁行形態」一橋論叢、第11号で**雁行発展理論**を提起 -1984 中国研究所『新中国年鑑』、1985-『中国年鑑』 シンガポール、華語教育の南洋大学創立、1975 政府の方針で英語教育へ転換	西野照太郎訳
1956／昭和31年 4 中国、「プロレタリア独裁の歴史的経験について」人民日報、12「再びプロレタリア独裁の歴史的経験について」人民日報 5 モロッコ独立 10 日ソ共同宣言成立 10 第2次中東戦争（スエズ戦争） 10 モロッコ、タンジール国際化廃止 11 インド、言語別州再編法実施、14州と首都で構成	1 中国・モンゴル・ソ連間、直通列車運行 5-7 サウジアラビア、アラムコの石油労働者ストライキ 6 アルジェリア、ハシメサウド油田発見 7 日本「経済白書」、「もはや戦後ではない」と発展を強調 7 エジプト、スエズ運河国有化、1957.7 スエズ運河機関設立 9 中国、三峡ダム・プロジェクト完了、1963年着工をめぐり**三峡ダム建設論争**、1996.9 戴晴編、鷲見一夫・胡暐婷訳『三峡ダム−建設の是非をめぐっての論争』、1998.5 李鋭『論三峡工程−	1 中国、漢字簡略化 2 日本、中東調査会設立、9「中東通報」刊行 3 日中文化交流協会発足 4 -12『世界歴史事典』10巻 5-1961『日本歴史大辞典』22巻 4 日本、朝鮮大学校設立 9 -1966 東大イラク・イラン遺跡調査、1980『イラン・イラク学術調査の歩み』 6 石田雄『近代日本政治構造の研究』、**家族国家観**を提出 7「百家争鳴への道」人民日報で、7 中国研究所訳『現代**中國思想論争**』 11 林健太郎「国民的利益と階級的利益」中央公論、マルクス	5 竹山道雄『昭和の精神史』 7 松下芳男『明治軍制史論』上・下 11 -1957.12『現代思想』12巻 -1965 部落問題研究所編『部落史に関する総合的研究』4冊 コーサンビー『インド史研究序説』ロンドン

	関於長江開発不動声音』香港 12 北朝鮮、**千里馬運動**を展開、1966.12 藤島宇内「千里馬運動・青山里・大安の改革」、藤島・畑田重夫編『現代朝鮮論』	主義に対して**国益**を主張 12 日本、日本国際政治学会設立、「国際政治」刊行 ソービー・他『第三世界』パリ、**第三世界**の用語一般化 ホレビツ編『近現代中東外交―条約集』2冊、ニューヨーク	
1957／昭和32年 1 米国、中東への国際共産主義阻止のアイク・ドクトリン表明 2 中国、毛沢東、人民内部矛盾の処理報告 3 ガーナ独立 4 中国、**整風運動**開始 8 マラヤ連邦、独立 11 ラオス、ビエンチャン協定で国民統一成立 12 アジア・アフリカ人民連帯会議開催(カイロ)	10 インドネシア、ハッタ演説「インドネシアの社会主義」 12 インドネシア、オランダ企業の国有化	2 梅棹忠夫「文明の生態史観序説」中央公論、1967.1『文明の生態史観』、**生態史観論争**、マルクス主義者は拒否 4 日本研究者ノーマン駐エジプト・カナダ大使、米**マッカーシー事件**で自殺 9 日本、外交青書『わが外交の近況』、年次刊行 11 毛沢東、「ハリコの虎」演説、1958.11 外文出版社編『帝国主義といっさいの反動はハリコの虎である』北京	9 馬樹禮編『印尼獨立運動史』香港 ウィルヘッド・スミス『近代史のイスラム』、ニューヨーク/トロント/ロンドン、1998.6-7 中村廣次郎訳『現代イスラムの歴史』上・下 ベラー『徳川の宗教―前工業日本の価値』グレンコーエ、1962.3 堀一郎・池田昭訳『日本近代化と宗教倫理―日本近世宗教論』
1958／昭和33年 2 エジプト・シリア、アラブ連合成立 4 第1回アフリカ独立諸国会議開催(アクラ) 5 レバノン、内戦突入、米軍進駐 5 アルジェリア、仏軍反乱、フランス第4共和制崩壊 5 アフリカ・モンロビア派の結集 7 イラク、共和革命 8 アルジェリア、カイロに臨時政府樹立	5 中国、社会主義建設の総路線、大躍進を提起 8 中国、共産党政治局会議で人民公社設立を決定 8 北朝鮮、農業協同化完了 9 シリア、農地改革法公布 9 イラク、農地改革法公布 12 インドネシア、オランダ企業の国有化 12 アジア・アフリカ経済会議、開催(カイロ)	2 第13回太平洋会議開催(ラホール) 4 アジア文化図書館開館(三鷹) 6 日本、経済企画庁に経済研究所設置 9 日本、インドネシア協会設立、「月刊インドネシア」刊行 12-1964.2『福沢諭吉全集』21巻 植物学者中尾佐助、ブータン初入国、1959.11 中尾『秘境ブータン』	5-7『現代マルクス主義―反省と展望』3巻 6 村上重良『近代民衆宗教史の研究』 7-1959.9 歴史学研究会編『明治維新史講座』6巻 10-1966.7 華僑志編纂委員会編『華僑志』14冊、台北 カナール『黒アフリカ史―その地理・文明・歴史』パリ、1964.7 野沢協訳
1959／昭和34年 1 ソ連、エジプトの共産党弾圧を非難、ナセル反論、ソ連とアラブの論争拡大 1 ベルギー領コンゴ、レオポルドビル暴動 1 キューバ、カストロ革命 1 北ベトナム、労働党が南部解放を決定、5 ホーチミン・ルート工作着手	1 ギニア、土地の国有化 2 インド、ビライ製鋼所操業 8 日本・北朝鮮帰還協定調印、12 第1回帰国船新潟出航、1995.7 金英達・高柳俊男編『北朝鮮帰国事業関係資料集』 9 サウジアラビア、経済開発5カ年計画施行	3-1972.4『北一輝著作集』3巻 3 日本社会党委員長浅沼稲次郎、北京で「**米帝国主義は日中両国人民の敵**」と演説 4 韓国、野党系の「京郷新聞」廃刊 6 坂本義和「中立日本の防衛構想」世界、**中立論**を提起 7-1965.1 京都大学イラン・アフガニスタン・パキスタン学術調	1-1962.4 思想の科学研究会編『転向』上・中・下 3 和田清『東亜史研究』蒙古編 5 早稲田大学大隈記念社会科学研究所編、岸幸一『インドネシアにおける日本軍政の研究』 7 中国研究所編『中国社会主義の研究―人民公

3 中国、チベット暴動、ダライ・ラマがインドへ亡命（**中国からの脱走**） 5 南ベトナム、ゴ・ジン・ジエム政権、10／59 弾圧法制定 7 中国、彭徳懐国防部長、大躍進批判の意見書、毛沢東が反論、（**盧山事件**）、1994.李鋭『**盧山會議實録**』台北、1994.6『**盧山會議實録—毛澤東秘書手記**』鄭州 8 中印国境紛争、1970 マックスウェル『中国国境紛争』ボンベイ、1972.1 前田寿夫訳	11 インドネシア、スカルノ演説「**指導された経済**」 11 エジプト・スーダン、ナイル水利協定調印 12 日本、三井鉱山の三池争議 -1961 中国、餓死者 2000 万人	査、1962.10 京都大学イラン・アフガニスタン・パキスタン学術調査隊編『文明の十字路――イラン、アフガニスタン、パキスタン調査の記録』、1967.5 織田武雄・末尾至行・應地利亮『西南アジアの農業と農村――京都大学イラン・アフガニスタン・パキスタン学術調査報告』 9-1962.7『アジア歴史事典』11巻・別冊 10 日本、太平洋問題調査会解散 11 都留重人『**現代資本主義の再検討**』、ガルブレス、ストレイチの所説を通じ **資本主義論争** の提起 12 日本、日本国際問題研究所設立、「国際問題」刊行 12 日本、アジア経済研究所設立、アジア問題調査会を継承、「アジア経済」刊行、アジア研究の本格化 12 中国研究所編『現代中国事典』	社の分析』 9 信夫清三郎・中山治一編『日露戦争史の研究』
1960／昭和 35 年 2 アンゴラ、ルアンダ暴動 4 南アフリカ、アパルトヘイト政策国連決議成立 4 韓国、4月革命 4 中国、「紅旗」に「レーニン主義万歳」発表、中ソ論争で中ソ対立 7 コンゴ共和国、動乱勃発、ベルギー軍介入、カタンガ分離宣言（コンゴ動乱） 8 北朝鮮、南北連邦制統一提案 9 ラオス、内戦 11-12 世界81ヵ国共産党・労働者党代表者会議開催（モスクワ）、「**非資本主義の道**」と「**民族民主国家**」を提起 12 ネパール、国王親政	2 北朝鮮、青山里方式を定式化 2 インドネシア、総合開発の決定 2エジプト、アスワン・ハイダム工事着工、1970 完成 2エジプト、ミスル銀行の国有化 5 セネガル、サンゴール演説「社会主義へのアフリカの道」 7 エジプト、社会主義法令（企業の国有化） 9 インドネシア、農地基本法制定 9 インド・パキスタン、インダス川条約調印 9 石油輸出国機構 OPEC 結成 11-12 世界 81 ヵ国共産党・労働者党代表者会議、「非	1 日本、中野好夫ら、沖縄資料センター設立 2 西春彦、日米安保体制で「日本外交を憂える」中央公論、4 再論、**日本外交論争** 3 日本社会党大会、「日本共産主義運動の多様化・平和移行」承認、1964.12 社会党大会、その路線を拒否、**構造改革論争** 4 コナクリのアジア・アフリカ人民連帯会議、コナクリ宣言で**新植民地主義**を指摘、1964.7 岡倉古志郎・蠟山芳郎編『新植民地主義』 8 近代日本研究会主催セミナー箱根会議開催、1968 ジャンセン編、細谷千博訳『日本における近代化の問題』、日本**近代化論争**の総括 9 日本、内陸アジア史学会設	3 斎藤恵秀『中国人日本留学史』 7 ウェーバー『経済と社会』翻訳刊行、世良晃志郎訳『支配の社会学』などロストウ『経済成長の諸段階――一つの非共産主義宣言』ロンドン、1961.6 木村健康・他訳 アーモンド、コールマン編『発展途上地域の政治』プリンストン

第3部　認識・論争・成果年譜

	資本主義的発展の道」を提起 12 オーストラリア、鉄鉱石の輸出禁止を解除	立、「遊牧社会史探究」刊行、1959「内陸アジア史」と改称 12アジア史会議第1回大会開催（ニューデリー）	
1961／昭和36年 1 ネパール、パウンチャヤト制布告 3 米国、ケネディ大統領が平和部隊を設立 5 マラヤ、ラーマン首相がマレーシア構想を提唱 5 韓国、軍事クーデタ 9 第1回非同盟諸国首脳会議開催（ベオグラード） 12 インド、ゴア接収 12 米国務省「南ベトナム白書」公表、南ベトナム援助強化 12 南アフリカ、アフリカ人民族会議地下組織民族の槍（ウムコンド・ウェ・シズウェ）、破壊闘争開始	6 チュニジア、ブルギバのデストゥール社会主義演説 6 エジプト、ナーセルの社会主義宣言 7 シリア、銀行・主要企業の国有化 9 ガーナ、コンディ鉄道ストライキ 11 ギニア、ボーキサイド国有化 11 米国、国際開発局設立 12 インドネシア、1961-1969年総合開発計画 国連『世界社会情勢報告』	1 日本、日本朝鮮研究所設立、2「月刊朝鮮資料」1999.12まで刊行 1 日・ソ民間文化協定調印 4 日本、アジア・アフリカ研究所設立（所長岡倉古志郎）、「アジア・アフリカ研究」刊行 6-1965.9 世界知識出版社編『印度支那問題文件汇編』5巻、北京 8 安保条約反対／平和と民主主義を守る国民会議発足、**安保論争**の抬頭 11-1965.3 グラムシ、山崎功訳『グラムシ選集』6巻 12「思想の科学」天皇制特集号、発売中止 12-1974.9『大川周明全集』7巻	2 神島二郎『近代日本の精神構造』 7 柳田国男『海上の道』 9 秦郁彦『日中戦争史』 11 アジア経済研究所編『中国人民公社の組織と機能』 ロス『ユダヤ人の歴史』ニューヨーク、1966.6長谷川真・安積鋭二訳 キンブル『熱帯アフリカ』2巻、ニューヨーク アプター『ウガンダの政治王国－官僚的ナショナリズムの研究』プリンストン
1962／昭和37年 3 ビルマ、ネ・ウィンの軍事クーデタ 3 エビアン協定調印、9 アルジェリア独立 6 ラオス・ジュネーブ協定調印 8 インドネシア、西イリアン協定調印 9 イエメン、革新派クーデタで内戦突入 10 中印国境紛争	4 ビルマ、「社会主義へのビルマの道」 5 タンザニア、ニエレレ「ウジャマー」演説 6 アルジェリア、革命評議会、トリポリ綱領採択、自主管理法公布、9 ヨーロッパ資産接収 11-12 セネガル、サンゴール演説「セネガル社会主義の理論と実際」 国連報告『世界の経済開発と社会開発』、1964.5厚生省大臣官房企画室訳	1 米国、アメリカ・アジア学会日本研究会議 6 経済企画庁総合計画局編『**日本の綜合国力**－高まる日本の国力と求められる国際的役割』 7 日本、アジア・フォード財団の中国近代史研究に批判 11 日本、竹内好・尾崎秀樹ら、中国の会結成 9-1967.10 金正明編『日韓外交資料集成』8巻・別冊、1999.8 8巻・別冊、ソウル ハイル編『アラブ諸国とアラブ連盟－文書記録』2巻、ベイルート	2 日本インドネシア協会『スカルノ政治の全容』 10 根岸勉治『熱帯農業論』 セデス『インドシナ文明史』パリ、1969.12 辛島昇・他訳 レガム『パン・アフリカニズム』ロンドン
1963／昭和38年 5 中国、社会主義教育運動展開 6 中国共産党、ソ連に「国	3 インドネシア、経済宣言 5 シリア、銀行の国有化 8 ネパール、ルピー通用	1 日本、京都大学東南アジアセンター設立、「東南アジア研究」刊行、1962.6 京大	1-5『現代帝国主義講座』5巻 9 倉石武四郎『岩波中国

422

際共産主義運動の総路線についての提案」、7 ソ連会談、もの別れ 10 北朝鮮、「労働新聞」、ソ連を現代修正主義と非難 11 日本共産党、「アカハタ」でソ連論争への自主独立表明 10「ニューヨーク・タイムス」、「2つの中国」を3回主張 12-1964.2 周恩来中国総理、アフリカ諸国歴訪	禁止 10 アルジェリア、外国人農地の国有化 10 シリア、第6回バース党大会、社会主義の指導方針を決定 12 カンボジア、国立銀行設立、貿易の国有化	で設立反対運動 2「中央公論」、3「世界」、*中ソ論争*を国益の対立と理解 2 中国研究所、紀要第2号「中国近代化と日本」で中国近代化論争 9 林房雄「**大東亜戦争肯定論**」中央公論、1964.8-1965.8『大東亜戦争肯定論』2冊、1966.4 金永起「復活した日本軍國主義の『大東亜戦争肯定論』を論ず」、朝鮮大学校編『朝鮮歴史における諸問題』 10 平凡社、「東洋文庫」刊行、エルマン、松田寿男訳『楼蘭』など -1983 金俊華・金昌順・他編『「北韓」研究資料集』18巻、ソウル、取扱い限定 日本経済調査協議会『太平洋経済の方向について』、太平洋共同体の調査報告	語辞典』 6-1964.11 岩波講座『現代』6巻・別巻2巻 6 朝日新聞調査研究室『中ソ論争』 8 朝日新聞調査研究室『インドシナの新情勢』上・下 ギアーツ編『古い社会と新しい国家ーアジア・アフリカの近代性の追求』ロンドン サンゴール『ネグリチュードとアフリカ社会主義』ロンドン
1964／昭和39年 1 人民日報社論「米帝に反対するすべての勢力は団結しよう」で中間地帯論を展開 1 ザンジバル革命 5 インドネシア、マレーシア対決 8 北ベトナム、トンキン湾事件 9 モザンビーク、モザンビーク解放戦線のゲリラ闘争開始 12「プラウダ」、「**全人民の国家**」提起	1 ザンジバル、企業の国有化、7 農地の国有化 3-4 第1回国連貿易開発会議開催(ジュネーブ) 4 日本、IMF8条国に移行 10 アルジェリア、農地の国有化 12 大阪商船と三井船舶合併、1999 商船三井と改称 中国、『*自力更生*と自立的民族経済の建設』北京	1 国際東洋者会議開催(ニューデリー) 4 日本、日本アフリカ学会設立、12「アフリカ研究」刊行 4 日本、東南アジア調査会、『東南アジア要覧』刊行、1991 まで 5『毛主席語録』北京 12 東京大学でマックス・ウェーバー生誕 100 年祭記念シンポジウム 日本、東京外国語大学アジア・アフリカ言語文化研究所設立、1968「アジア・アフリカ言語文化研究」刊行	2 韓国軍事革命史編纂委員会編『5・16 軍事革命の全貌』ソウル 11-1967.3『アジア・アフリカ講座』5巻 11 中嶋嶺雄『現代中国論ーイデオロギーと政治の内的考察』 ドメン『ラオスの紛争ー中立化の政治』ニューヨーク ファノン『アフリカ革命に向けて』パリ、1969.9 佐々木武・他訳
1965／昭和40年 1 インドネシア、国連脱退 2 北ベトナム、米軍、北爆開始 3 インドシナ人民会議開催(プノンペン) 4 エジプト、共産党の自主解散	1 イラク・シリア・クウェート・ヨルダン、アラブ市場協定発効 1 シリア、主要企業の国有化 4 ジョンソン米大統領、東南アジア開発 10 億ドル拠	2 スカルノ、日本インドネシア協会訳『インドネシア革命の歩みースカルノ大統領演説集』 2-1992.9『大航海時代叢書』、36 巻・別巻 4 ベ平連のデモ、市民運動抬頭、11「ニューヨーク・タイムズ」	2 山根常男『キブツーその社会学的分析』 3 鎌田茂雄『中国華厳思想史の研究』 6-7 福武直編『地域開発の構想と現実』3巻 9-1969.12 中村栄考『日

7 モルジブ独立、1968.11 共和制移行 6 日韓基本条約調印 8 モーリシャス、人種暴動 9 日本、**新しい運動**として左派の**全共闘**(全学共闘会議)の学生闘争、78 大学 26000 人参加、1970 収束、1978.10 田中吉六・他『全共闘解体と現在』、1994.8『全共闘白書』、1997.8 天野恵一『全共闘経験の現在』、2010.3 内藤酬『全共闘運動の思想的総括』 9 第2次印パ戦争 10 インドネシア、9・30 事件、共産党指導者アイディト処刑 11 ローデシア、一方的独立宣言	出のボルチモア演説 4 インドネシア、**自力更生教書**、バルディ、ベルデカリ理論提出、1967 秋山恭伸訳『インドネシア経済自立論』 4 ケニア、政治宣言「アフリカ社会主義とケニアにおけるその計画化適用」	全面反戦広告、1968.6 小田実編『市民運動とは何か－ベ平連の思想』 6 家永三郎、**歴史教科書検定**を違憲として提訴、1958.2 家永・丸木政臣『歴史教育と人間形成－変革を目指す歴史認識』 8「明治百年叢書」刊行開始 9 林彪『**人民戦争の勝利万歳**』人民日報 11 中国、姚文元「新編歴史劇『海瑞の発言』を評す」文匯報、**思想論争**に発展、1966.1 紅旗『政治は統師であり魂である』、1966.4「人民日報」社論「政治を先行させることがすべての活動の基本である」**文化大革命**へ移行 12-2003 大韓民國文教部編『韓國獨立運動史』47 巻、果川 インドネシア情報省『インドネシア独立 20 年』9巻、ジャカルタ、資料の集大成 早稲田大学エジプト調査隊結成、1966 **ピラミッド調査**、2007.12 吉村作治「壮大なエジプト発掘 40 年の歴史」アラブ	朝関係史の研究』上・中・下 10 富永健一『社会変動の理論』 12 三橋富士男『オスマントルコ史論』 アプター『近代化の政治学』シカゴ、1968.1-5 内山秀夫訳、上・下
1966／昭和 41 年 1 アジア・アフリカ・ラテンアメリカ3大陸人民連帯会議開催(ハバナ) 3 インドネシア、スハルトが全権掌握 5 中国、5・16 通知で文化大革命開始、8 プロレタリア文化大革命の決定、1969 中国通信社編『中国プロレタリア大革命3年の歩み』 6 インドネシア・マレーシア、国交正常化 12 インドネシア、華人に対する中国名変更令公布	11 アジア開発銀行開業	8 京都大学アフリカ類人猿学術調査開始 11 中央公論「激動する中国をどう理解するか」、11 世界「中国文化大革命と日中問題」、**中国文化大革命**に関心 8－1999.7 防衛庁防衛研修所戦史部『大東亜(太平洋)戦史』99 巻 12 日本、アジア・アフリカ研究所と中国研究所、中国問題で対立 ウォード、バウアー『発展途上国への2つの視点』ロンドン、1968.4 山岡喜久男・他訳『低開発国援助論争』、**援助論争**	4 青木虹二『百姓一揆の年次的研究』2冊 4-6『竹内好評論集』中国論、日本とアジア論など3冊 9 今堀誠二『毛沢東序説』 11 福島正夫編『中国の文化大革命』 シュリーニバス『現代インドの社会変動』バークレイ ピナー、今野敏彦訳『アラブ難民－アラブ・イスラエル紛争の一焦点』 ファノン『地に呪われたる者』パリ、1969.11 鈴木道彦・浦尾衣子訳 ファノン『アルジェリア革命第5年』パリ、1969.7 宮ケ

			谷徳三・他訳『革命の社会学』
1967／昭和42年 5-7 米軍タイガーフォースによるベトナム人虐殺事件、2003.10 報道、2007.9 サラ、ウェイス、伊藤延司訳『タイガーフォース－人間と戦争の記録』 5 ビアフラ共和国樹立宣言、7 ビアフラ戦争／ナイジェリア内戦 6 第3次中東戦争、イスラエル、東エルサレムを併合 6 東アフリカ共同体発足 6 ビルマ、反華僑暴動 7「人民日報」記事「インドにとどろく春雷」で、*インド人民の武装蜂起を提起* 11 パレスチナ国連決議242(1967)成立	1 ザイール、ユニオン・ミニエールの鉱業権解消 2 タンザニア、タンガニーカ・アフリカ人民同盟、アルーシャ宣言採択 6 エジプト、スエズ運河閉鎖、1971.6 再開 8 先進国会議、IMF 特別引出権 SDR 創出合意 7 オマーン、石油生産開始 8 南アフリカ・マラウイ、南アフリカのマラウイ人雇用条約調印 9 中国・タンザニア、タンザン鉄道建設協定調印 10 発展途上国 77 カ国会議(アルジェ)、アルジェ憲章採択 ザンビア、カウンダ大統領文書「ザンビアにおけるヒューマニズムとその達成の手段」	2 マレーシア、マレー語を国語と決定 5 **ベトナム戦争犯罪国際法廷**(ストックホルム)、8(東京)、11(ロチルド)、-1968 ベトナムにおける戦争犯罪日本委員会編『ラッセル法廷』2冊 6 家永三郎、教科書裁判の行政訴訟 8 東南アジア諸国連合設立、1985『ASEAN 文書集1967-1985』ジャカルタ 8 フランス語圏アフリカの世論調査、社会主義支持85%、「ジュン・アフリク」 12 インド、英国・ヒンディー語・各州言語制確定 パレスチナ研究所『パレスチナの国際文書』ベイルート、1981年まで刊行	2 岸幸一『スカルノ体制の基本構造－「指導される民主主義」論』 3 金國傕『韓國獨立史』ソウル 8-1976.12 金員順・金俊燁編『韓國共産主義運動史』5巻・資料編2巻、ソウル 8 丸山静雄『混合革命－東南アジア現代史』 9-1968.3『講座中国』筑摩書房、5巻・別巻 3 張果為主編『台灣經濟發展』上・下、台北 9 馮愛群編『華僑報業史』台北 アンダーソン、デル・メーデン、ヤング『政治発展の争点』エングルウッド・クリフ、1969.8 木村修三訳『低開発国の政治発展』
1968／昭和43年 1 南ベトナム、南ベトナム民族解放戦線のテト攻勢、1976.8 バン・ティエン・ズン世界政治資料編集部『サイゴン解放作戦秘録』 3 南ベトナム、米軍のミライ事件、1970 ハーシュ、小田実訳『ソンミ』 3 モーリシャス独立 9 中国、革命委員会、各地で成立 10 中国、共産党が劉少奇国家主席の永久除名、1969.11 開封刑務所で死去 11 韓国、北朝鮮武装工作隊が蔚珍・三陟に上陸	1 アラブ石油輸出国機構設立 4 ザンビア、ムルングシ宣言 5 アルジェリア、外国企業の国有化 8 インドネシア、国営石油会社プルタミナ設立 12 アルジェリア、農業の自主管理令公布	1 東大紛争、1969 内藤司夫『東大紛争－ドキュメント』 4 日大紛争、1969 日本大学新聞研究会編『日大紛争の深層－民主化への歩み』、1969.8 三浦朱門・赤塚行雄『さらば日本大学－バッタ派教師の見た日大紛争』 4 中東調査会『中東・北アフリカ年鑑』、1991年まで刊行 7 日本、日本未来学会設立、「Energy」刊行 8「人民日報」、ソ連を*社会帝国主義*と指摘 10 今西錦司・梅棹忠夫編『アフリカ社会の研究－京都大学アフリカ学術調査報告書』 11-1985.4『陸羯南全集』10巻 11-12 みすず書房編集部『戦車と自由』2巻、チェコ資料集	2 家永三郎『太平洋戦争』 3 都留重人『現代資本主義と公害』 6 矢野暢『タイ・ビルマ現代政治史研究』2巻

1969／昭和44年			
1 日本、全共闘及び新左翼が東大安田講堂占拠、1993.1 佐々淳行『東大落城-安田講堂攻防72時間』、2005.11 島泰三『安田講堂-1968-1969』 3 中・ソ、国境ウスリー島で武力衝突 4 中国、共産党、林彪を毛沢東の後継者と決定 5 マレーシア、人種暴動、全土に非常事態宣言 5 スーダン、軍事革命 6 南ベトナム、共和臨時革命政府樹立 8 インドネシア、西イリアンの住民投票で帰属決定 8 カンボジア、ロン・ノル政権成立、1970.3 シハヌーク国家元首追放 9 リビア、カザフィ革命 9 中国、核実験成功 11 インド、国民会議派分裂	7 IMF、SDR 創設、1970.1 実施 8 インド、14 銀行の国有化、1970.1 実施 8 ザンビア、銅山の国有化 9 ピアソン報告『開発のパートナー』ニューヨーク、1975 年まで ODA0.5%提供を提言、12 大来佐武郎監訳『開発と援助の構想-ピアソン委員会報告』 11 リビア、銀行の国有化 12 南部アフリカ関税同盟成立	10 金錫亨、朝鮮史研究会訳『古代朝鮮関係史-大和政権と任那』で朝鮮の**日本古代史批判** 5 小島清『太平洋経済圏と日本』で**太平洋経済圏**提唱、1973.10 大来佐武郎・小島清編『アジア太平洋経済圏』、以後、太平洋地域協力の議論活発化 12 中野好夫編『戦後資料沖縄』 名古屋大学、バーミヤン遺跡調査、1971.11 小寺武久・他『バーミヤーン1969年度の調査』 ガルトゥング、**構造的暴力論**を提唱、1989.2 高柳先男・他訳『90 年代の平和への提案-平和学の見地から』、1991.12 高柳・他訳『構造的暴力と平和』、2014.9 トランセンド研究会編『ガルトゥング紛争解決学入門-コンフリクト・ワークへの招待』	4 アジア・エートス研究会編『アジアの近代化の研究-精神構造を中心として』 5-1974.11『世界歴史』30 巻 4 飛鳥井雅道『幸徳秋水-直接行動論の源流』 6-1974.3『現代革命の思想』8 巻、中国の革命、アフリカの革命、第三世界の革命など 8 柴田武『言語地理学の方法』 9-10 菅沼正久・他編『講座現代中国』3 巻 10 松井透・山崎利男編『インド史における土地制度と権力構造』 10 平田清明『市民社会と社会主義』 エティンゲル編『ユダヤ民族史』3 巻、エルサレム、1976.10-1978.7 石田友雄訳、6 巻 パレスチナ調査センター『シオニズムとアラブ・レジスタンス』ベイルート
1970／昭和45年			
4 中国、人工衛星打ち上げ 4 インドシナ人民会議開催(中国国境) 5 日本、沖縄・北方対策庁設立 6 トンガ独立	2 アルジェリア、4カ年計画着手 4 インドネシア、新貿易政策 5 スーダン、銀行・保険・企業の国有化 6 スリランカ、銀行の国有化 7 リビア、イタリア人所有地の国有化 9 マレーシア、マレー人優遇のプミプトラ政策推進 9 インド、中央土地改革委員会成立 10 南イエメン、貧農の土地占拠運動拡大、土地改革着手 11 中国、人民出版社編『**自力更生**艱苦奮闘方針』	2-1971.12 東方書店出版部編『中国プロレタリア文化大革命資料集成』5巻・別巻 2 レ・ズアン『ベトナム革命』、1972.9 長尾正典訳 3 公害問題国際シンポジウム開催(東京) 5 日本ユネスコ国内委員会、国連大学を構想、6 閣議決定 6 **ローマ・クラブ**設立、スイス法人、1970.10 ペッチェイ、牧野昇訳『横たわる断層-新しい世界システムへの提言』 7 フェアバンク、衛藤瀋吉訳『人民中国論』、1972.9 市古宙三訳『アメリカと中国』、1974.4 市古・フェアバンク編『中国研究文献案内』、日本の**中国研究再開**に強い影響	1 中嶌太一『中国官僚資本主義研究序説-帝国主義下の半植民地的後進資本制の構造』 3 中東調査会編『アラブ民族主義思想の研究』 4-1971.1 堀江薫雄・他編『現代の世界・地域研究講座』8 巻 7 鴛見東観『カシミールの歴史と文化』 8-1976 内田直作『東洋経済史研究』I・II 9 浦野起央『イスラエルの国家形成と政治機能の条件』、9 浦野『イスラエルをめぐる国際政治の動向』 10 浦野起央『ジュネーヴ協定の成立』

	的偉大的勝利』北京 11 アルジェリア、土地改革	9 日本、日本総合研究所設立 9-1975.7 日本国際問題研究所中国部会編『中国共産党資料集』13巻・別巻 9 石川忠雄・中嶋嶺雄・池井優編『戦後資料・日中関係』 10 斉藤眞・永井陽之助・山本満編『日米関係－戦後資料』 10 第1回世界宗教者平和会議開催(京都) 11-1971.3アジア・アフリカ研究所編『ベトナム解放史－資料』3巻 -1978 京都大学アフガニスタン・バーミヤーン調査、1983-1984 樋口隆康編『バーミヤーン――京都大学中央アジア学術調査報告』4冊 アミン『世界的規模における資本蓄積』パリ、1979.11-81.12 野口佑・原田金一郎・他訳、3分冊『世界資本蓄積論』『周辺資本主義構成体論』『中心・周辺経済関係論』、従属論と周辺資本主義論を提起	11 村上重良『国家神道』 12 伊東光晴『保守と革新と日本的構造』 12 森下修一『国共内戦史』
1971／昭和46年 4 バングラデシュ独立 5 エジプト、サダトが左派を政権から排除 9 中国、林彪のクーデタ失敗、林彪はモンゴルに脱走、事故死、12 中共中央、「林陳反党集団反革命クーデタ粉砕の闘争」下達 10 中国、国連復帰(代表権問題の解決) 12 第3次印パ戦争	1 米国、ドル・金交換停止 9 トルコ・イラン接続鉄道、開通 12 リビア、英系石油の国有化、1973.6 米系石油の国有化 12 ザイール、土地の国有化	2 日本、共産主義社同盟赤軍派(日本赤軍)が国際根拠地論に基づきパレスチナ、他に運動拠点を建設、1975 世界革命情報センター、査証編集委員会編『隊伍を整えよ日本赤軍宣言』 4 日本、東南アジア調査会設立、「東南アジア月報」刊行、2002.12 停刊 4 日本、外務省外交史料館開設 4 池田正之輔『シナ民族性の解明――日本シナ学の空白を衝く』、中国学を批判 6「ニューヨーク・タイムズ」、インドシナへの戦争介入秘密文書を暴露、1972 杉田利英訳『ベトナム秘密報告－米国防総省の汚い紛争の告白録』上・下	2 上別府親志『中国文化革命の論理』 9深田久弥『中央アジア探検史』 9 赤羽裕『低開発経済分析序説』 11-1973.6 歴史学研究会編『太平洋戦争史』4巻 12 戴天昭『台湾国際政治史研究』／2005.12 戴『台湾法的地位の史的研究』

		11 公害問題国際都市会議開催(東京) 韓国、白基琓『抗日民族論』ソウル、1975.5 小杉尅次訳、自立は抗日にあると主張 アフリカ協会『アフリカ年鑑』1984年まで刊行	
1972／昭和47年 2 日本、日本赤軍の浅間山荘リンチ事件 3 ヨルダン、フセイン国王、ヨルダン川両岸の連合王国構想提唱 4 ブルンジ、人種暴動で国王エンタレ5世処刑 4 マダガスカル、学生のストライキ、5 軍事政権成立 5 日本、沖縄返還 5 イスラエル、日本赤軍のテルアビブ事件 5 ローデシア、内戦激化 6 イスラエル、日本赤軍のテルアビブ銃乱射事件、1993.5 日本赤軍編『日本赤軍20年の軌跡』 9 西ドイツ、パレスチナ・ゲリラのミュンヘン・オリンピック・イスラエル村襲撃事件 9 フィリピン、戒厳令 9・中国交樹立	5 田中角栄『日本列島改造論』、7 田中内閣の成立で中央主導の開発が政府の方針となる、1973 挫折 8 スリランカ、土地国有化法公布 8 ウガンダ、英国籍アジア人追放、経済のウガンダ化 11 タイ、日本製品ボイコット運動 12 サウジアラビア、石油事業参加協定調印 外務省多国籍企業調査会報告『多国籍企業の実態』	5-1978.3 日本国際問題研究所インドネシア部会編『インドネシア資料集』上・下 9-10 浦野起央『中東国際関係資料集』Ⅰ 1854-1944、Ⅱ 1945-1972』2巻 10 日本、国際交流基金発足 11 日本、歴史学研究会大会報告『歴史認識における人民闘争の視点』 ルクレール『人類学と植民地主義』パリ、1976.3 宮治一雄・宮治美江子訳、人類学の植民地主義告発 ローマ・クラブ報告『成長の限界』ロンドン、5 大来佐武郎監訳／2005.5 枝廣淳子訳『成長の限界－人類の選択』で成長の限界を指摘	3 河璟根『アフリカ政治論－黒阿大陸を中心として』ソウル 4 新谷行『アイヌ民族抵抗史』 4-1972.3 細谷千博・他編『日米関係史－開戦に至る10年(1931-41年)』4巻 5 深沢宏『インド社会経済史研究』 5 鈴木正四『アジア民族革命の研究』 7 須山卓『華僑経済史』 8 ベラー、河合秀和訳『社会変革と宗教倫理』 9 青木富太郎『万里の長城』 11 井筒俊彦、牧野信也訳『意味の構造－コーランにおける宗教・道徳概念の分析』 マレク『社会の弁証法』パリ、1977.1 熊田亨訳『民族と革命』、3『社会の弁証法』 ウォラーステイン『近代世界システム』ニューヨーク、1981.1-10 川北稔訳、2冊
1973／昭和48年 1 ベトナム和平協定調印 2 キッシンジャー米国務長官、訪中、国交樹立交渉 4 北ベトナム、サイゴン解放 7 アフガニスタン、国王を追放し共和制移行 8 東京で**金大中拉致事件**、ソウルで解放、11 日本・韓国、決着、2007.1 古野喜政『金大中事件の政治決着－主権放棄し	2 イラク、石油国有化 3 エジプト、スエズ運河閉鎖、1975.6 再開 5 日本、資本完全自由化 7 トルコ、農地改革法公布 8 国連報告『多国籍企業と国際開発－国際企業活動の行動基準を求めて』、12 武部昇・他訳	5「世界」にT・K生「韓国からの通信」連載開始 8 金大中『韓国民主化への道』世界、**民主化闘争の宣言** 9 日本、日本平和学会設立、『平和研究』刊行 10「世界」、金大中拉致事件特集 10 中国、日本に留学生派遣 10 宮澤正典『ユダヤ人論考－日本における論議の追跡』、日	3 川島武宣・住谷一彦編『共同体の比較史的研究』 7 田中正俊『中国近代経済史研究序説』 2 今堀誠二『中国の民衆と権力』 4 橋川文三『順逆の思想－脱亜論以後』 キムチ『パレスチナかイスラエルか－われわれは何故失敗したかの語れない

た日本政府』 10 第4次中東戦争、石油危機 10 タイ、血の日曜日事件		本におけるユダヤ論争の総括 10 浦野起央『アフリカ国際関係資料集』 オーストラリア、多文化主義政策へ転換 コーナー、「国際関係ジャーナル」第27巻第1号「エスノナショナリズムの政治」でエスノナショナリズムを提起、1994『エスノナショナリズム—理解の追求』プリンストン	物語』ロンドン、1974.6 田中秀穂訳『パレスチナ現代史—聖地から石油へ』
1974／昭和49年 1 南海諸島西沙島で南ベトナム・中国軍事衝突、中国が支配、1997.9 浦野起央『南海諸島国際紛争史』 2 エチオピア、軍の反乱、9 皇帝廃位、1977『エチオピア革命の基本文書』 4 鄧小平中国副総理、国連資源総会で「**3つの世界論**」演説 5 インド、核実験 6 エチオピア、軍が全土制圧、9 軍事政権成立 8 トルコ軍、キプロス侵攻 10 アラブ首脳会議、パレスチナ解放機構 PLO をパレスチナ人唯一の正統代表と確認（ラバト決議）、11 国連も正統代表を承認（パレスチナ国家樹立決議）	4 国連資源総会、**新国際経済秩序樹立宣言**採択 5 インド、鉄道ストライキ 10 エジプト、経済開放政策実施 12 国連総会、**諸国家の経済的権利・義務憲章**採択 12 国連総会、南アフリカへの移民停止を決議 12 エチオピア、ゼメチャに学生5万人参加	3 アーモンド、バーバ、石川一雄・他訳『現代市民の政治文化』で政治文化論の導入 5-1975.10 浦野起央『中東国際関係資料集』3巻 6 日本、国立民族博物館設立、1975.11 日本民族協会付属民族学博物館の民族資料を受入れ、1976.3「国立民族博物館報告」刊行 6 日本、比較思想学会設立 10 讀賣新聞社主催東京会議、**資本主義の将来**などを討議 12 日本、太平洋諸島地域研究所設立 12-1975.9 広松渉『〈近代の超克〉と日本的「遺構」流動、1980.4『〈近代の超克〉論—昭和思想史への一断想』、**京都学派の再検討**を提起 12 国連総会、南アフリカとの教育・文化交流停止決議採択 12 李命英『金日成列傳—その伝統と神話の真相究明のための研究』ソウルで北朝鮮指導者**金日成の英雄伝説（神話）を批判**、1992 和田春樹『金日成と滿州抗日闘争』で金日成の継続闘争を弁護、1975 李『北傀魁首金日成—4人の「金日成」の研究』ソウル 2000.10『金日成は4人いた—北朝鮮のウソはすべてここから始まっている！』／2003.2『北朝鮮金日成は4人いた』で金日成支配	3-1976.6『アジア仏教史』20巻 3-9 戴國煇編『東南アジア華人社会の研究』上・下 4 鈴木中正『中国史における革命と宗教』 7 市村真一編『東南アジアの自然・社会・経済』 12 浦野起央『発展途上国の社会主義』 12 小林弘二『中国革命と都市の解放』

		政権の実体を指摘 -1976 久野収・神島二郎編『「天皇制」論集』2巻で**天皇制論争**	
1975／昭和50年 1 北朝鮮、金日成、全社会をチュチェ思想一色化指示 3 イラン・イラク、アルジェ協定調印 3 エチオピア、帝政廃止 3 サウジアラビア、ファイサル国王暗殺 4 台湾、蒋介石総統死去 4 北ベトナム、南ベトナム解放 5 西アフリカ諸国経済共同体設立 7 レバノン、シーア派組織アマル結成 10 第1回国際インディアン会議開催(オタワ)	2 ロメ協定調印 6 スエズ運河、8年ぶりに再開 6 ウガンダ、全可耕地の国有化 10 タンザン鉄道開通、1976.8本格運用 12 イラク、全面石油国有化	3 復旦大学歴史系編『日本帝国主義対外侵略史料選編 1931～1945』上海 5 韓振華主編『我国南海諸島史料汇編』、1988.7 内部資料刊行、北京 6 朝日新聞社主催「日本の進路」国際シンポジウム、日本の経済成長 5-7%を提言 8 井上清『天皇の戦争責任』、児玉誉士夫が「正論」で**天皇制護持**を主張 9 日本、環太平洋学会、Circum Pacific 刊行、1978.410号で停刊 9-1976.12 朴慶植編『在日朝鮮人関係資料集』5巻 12 坂本徳松・甲斐静馬編『現代アジア社会事典』	10 加賀谷寛『イラン現代史』 11 大沼保昭『戦争責任論序説』 10 武藤一羊『根拠地と文化ー第三世界との合流を求めて』 11 浦野起央『アフリカ国際関係論』 12 山本秀夫『中国の農村革命』 坪井豊吉『在日同胞の動き(戦前・戦後)ー在日韓国(朝鮮)関係資料』 コンスタンティーノ『フィリピン民衆の歴史』マニラ、1978.11-1980.3 池端雪浦・他訳、4巻
1976／昭和51年 1 中国、周恩来総理死去 2 ポリサリオ戦線、サハラ・アラブ民主共和国樹立 3 韓国、金大中、3・1民主救国宣言、大統領緊急措置違反で服役、1982.12刑の執行停止 4 モロッコ・モーリタニア、サハラ分割 4 中国、第1次天安門事件、鄧小平失脚 6 セーシェル独立 7 インドネシア、東チモール併合 9 中国、毛沢東共産党主席死去 10 中国、江青ら4人組逮捕、華国鋒国家主席就任 10 タイ、タマサート大学で流血事件 11 国連総会、反アパルト	8 第5回非同盟諸国首脳会議(リマ)、**集団的自力更生戦略**を提起、11 川田侃「集団的自力更生について」思想	7 インド、「セミナー」、事前検閲を拒否して 1977.1 自主停刊 8 梅原猛『日本学の哲学的反省』、**日本学**を提唱 11 浦野起央『第三世界国際関係資料集』 11 韓国、李佑成・姜萬吉編『韓國の歴史認識』上・下、ソウル、**歴史認識論争**、1978.8 姜萬吉『分断時代の歴史認識』ソウル カダフィ『**緑の経典**』第1部 民主主義問題の解決ー《人民の権威》、トリポリ スコット『モラル・エコノミーー東南アジアの農民反乱と生存維持』ニューヘブン、1999.7 高橋彰訳、**農民の抵抗論**を提起	2 山田憲太郎『東亜香料史研究』 5 田村秀治編『イスラムの盟主・サウジアラビアー聖地と石油と砂漠開発の王国』 9 辛島昇編『インド史における村落共同体の研究』 12 川田順造『無文字社会の歴史ーアフリカ・モシ族の事例を中心に』 11 信夫清三郎『西欧の衝撃と開国』日本政治史 1 11 世界経済調査会編『南アジアの研究』 12 講座『世界現代史』刊行開始 シャリアン『第三世界の革命神話』パリ シド・アハマド『銃が止んだ後に』ロンドン、1978 笹川正博訳『イスラエルとの

ヘイト行動計画採択 12 フィリピン、モロ民族解放戦線との停戦成立			共存－アラブ社会主義者の予見』
1977／昭和52年 3 第1回アラブ・アフリカ首脳会議開催（カイロ） 5 トルコ、イスタンブールで血のメーデー事件 6 東アフリカ共同体、解体 7 中国、鄧小平復権、4人組を共産党から追放 9 バングラデシュ、日本赤軍のダッカ日航機ハイジャック事件、1978.5 石井一『ダッカハイジャック事件－日本赤軍との闘い』 10 インド、ガンジー前首相が職権乱用で逮捕 11 サダト・エジプト大統領、イスラエル訪問 11 国連安保理、南アフリカ強制武器禁輸決議採択	1 エジプト、食糧暴動	3 李宏植編『國史大辞典』ソウル 4 姫田光義『中国現代史の争点──政治闘争と「歴史の書き換え」を告発** 6-1980. 8『田中正造全集』19巻・別巻 8 間野英二、『中央アジアの歴史』、中央アジアは東西交通よりも遊牧民の南北関係にあったと指摘、**シルクロード論争** 9 復旦大学歴史系中国近代史教研編『中国近代対外関係史資料選編』上2冊・下2冊、上海	1 野口鉄郎『中国と琉球』 4 西川潤『第三世界の構造と動態』 5 浦野起央『第三世界の政治学』 9 荒松雄『インド史におけるイスラム廟』 -1979 ナスチオン『インドネシア独立戦争論』11巻、バンドン ブローデル『地中海世界』パリ、1990.11-1999.11 浜名優美訳、2冊
1978／昭和53年 3 国連レバノン暫定軍、レバノン南部に展開 7 韓国、民主国民宣言発表 8 日・中平和友好条約調印 9 中東和平の米・イスラエル・エジプト3国首脳キャンプデービッド会談開催 10 ツバル独立 11 韓国、韓米連合司令部発足 11 中国、北京市委員会、第1次天安門事件を逆転評価 12 中国、共産党が**毛沢東・革命体制の見直し**決定	1 アルジェリア、貿易の国有化 5 リビア、土地所有権法公布 8 世界銀行、第1回開発報告 11 アンゴラ、ベンゲラ鉄道再開 12 中国、共産党11期3中全会で鄧小平が**改革開放**談話、1989. 8 中共中央文献研究室編『鄧小平同志論改革開放』北京	2 カダフィ『緑の書』第2部経済問題の解決－《社会主義》、トリポリ 5 日本、オセアニア学会設立、「オセアニアにおける人と文化」刊行 5 中国、中国的特色の堅持をめぐり章新派と保守派間で政治改革の**真理基準論争** 9 日本、太平洋学会設立、1979.1『太平洋学会誌』刊行 10 第12回世界仏教会議開催（東京／京都） 11「人民日報」、1976 年「天安門事件の真相」 -1985 エジプト・イスラエル遺跡発掘、1992.3 松井清彦・川原勝夫編『アルニフダト遺跡調査－エジプロ・イスラム・発掘調査 1978-1985 年』 サード『オリエンタリズム』ニューヨーク、1986.10 今澤紀子訳、**オリエンタリズム論争**、	5 佐藤長『チベット歴史地理研究』 6 今堀誠二『中国封建社会の構造－その歴史と革命前夜の現実』 3-1982.11『シリーズ国際関係』9巻 4-10 野沢豊・田中正俊編『講座中国近現代史』7巻 5 中尾佐助『現代文明ふたつの源流－**照葉樹林文化**・硬照葉樹林文化』 6 チャンダー、スパシオン、タイ民衆資料センター訳『革命に向かうタイ──現代タイ民衆運動史』 9 思想の科学研究会編『日本占領研究事典』 10-1981.4 現代朝鮮問題講座編集委員会編『現代朝鮮問題講座』5巻 ブジテンハイジュ『戦線とそのチャド人民の再革命』

		1987.1 彌永信美『幻想の東洋——オリエンタリズムの系譜』、1998.11 駒井洋編『脱オリエンタリズムとしての社会知——社会科学の非西欧的パラダイムの可能性』	ハーグ
1979／昭和54年 1 米・中国交樹立 1 カンボジア、ベトナム軍のカンボジア侵攻でヘンサムリン政権成立 2 イラン、イスラム政権樹立 2 中越戦争 3 エジプト・イスラエル、平和条約調印 4 中国、ソ連との友好同盟条約破棄、1980.4 失効 6 ジンバブエ・ローデシア共和国樹立 10 韓国、朴正熙大統領暗殺 11 サウジアラビア、メッカをシーア派が占拠、12 制圧 12 台湾、デモ弾圧の美麗島事件 12 ソ連軍、アフガニスタン侵攻	3 EC 報告「日本人はウサギ小屋に住む働き蜂」と指摘 6 イラン、銀行国有化 7 インドネシア、ジャワでタバコ・プランテーション焼討ち事件 7 国際捕鯨委員会、ミンク鯨を除き母船式捕鯨の全面禁止	2-2016.3 浦野起央『資料体系アジア・アフリカ国際関係政治社会史』183 冊 3 外務省外交史料館日本外交史辞典編集委員会編『日本外交史辞典』 5 韓国學文獻研究所編『東學思想集』3冊、ソウル 7-8 カンボジア、**ポル・ポト人民法廷**開催、1980.1 世界政治資料編集部訳『ポル・ポト政権の犯罪－カンボジア人民法廷の記録』 9 中国、地方から上京した2000 人天安門広場集会、「人民日報」は直訴解決に本腰と報道	OECD『新興工業国の挑戦』、1980.8 大和田朗訳デュモン『*ホモ・ヒエラルキクス*－カースト体系とその意味』パリ、2001.6 田中雅一・渡辺公三訳ハリディ『イラン－独裁と経済発展』ハーモンズワース、1980.9 岩永博訳
1980／昭和55年 4 イラン、米国が大使館人質救出作戦失敗 4 リベリア、クーデタ 5 韓国、光州事件 9 イラク、1975 年アルジェ協定破棄をイランに通告、イランへ侵攻(イラン・イラク戦争) 7 イスラエル、エルサレムの恒久首都化法成立	1 ローデシア、国際経済制裁解除 4 中国、外貨兌換券発行 8 シンガポール、リ・クワンユー首相、経済高度化政策推進を指摘 9 中国、人民公社解体 10 イスラエル、イスラエル・ポンドをシュケルに移行 12 世界銀行、ボンベイ・ハイの海底油田開発でインドに 4 億ドルの借款付与国際自然保護連合、世界保全戦略で「*持続可能な経済発展*」を提起、7 日本委員会訳『地球環境の危機－国際自然保護連合世界保全戦略－自然と開	3 国際交流基金主催「イスラム文明と日本」シンポジウム(東京) 8 日本、大平総理の政策研究会、*環太平洋協力*を提案、『*環太平洋連帯の構想*』、6 越村衛一・他『オセアニア総覧』 12 金大中を救う緊急国際会議開催(東京) 12 アラブ連盟・毎日新聞社、エルサレム・セミナー開催、1981.8『エルサレム問題を考えるアラブ・日本国際セミナー』 ハイデン『タンザニアのウジャマーを超えて』ロンドン、*小農論争*、1989.8 林晃夫	3 竹前栄治『占領戦後史――対日管理政策の全容』 3 中東調査会編『イスラム・パワーの研究』 4-1981.10『日本の空襲』10巻 8 田村秀治・他『詳解アラビア語－日本語辞典』 11 琴章泰『儒教と韓國思想』ソウル 7 尾崎彦朔編『第三世界と国家資本主義』 8 新疆社会科学院民族研究所『新疆簡史』3巻、烏魯木斉 李新『中国新民主主義革命史 1919－1949 年』北京 ギアツ『ヌガラ－19 世紀バ

	発の統合を求めて』	編『アフリカ農村社会の再編成』	リの劇場国家』、1990.1 小泉潤二訳
1981／昭和56年 1 イラン、米大使館人質444日で解放 1 中国、江青らに死刑判決 5 バングラデシュ、ラーマン大統領暗殺 6 イラン、イスラム共和党本部爆破テロ 8 中国、鄧小平、一国両制構想を提起 8 リビア、米軍がシドラ湾でリビア機撃墜 9 エジプト、ソ連外交官ら1500人に退去命令 10 エジプト、ジハード団がサダト大統領暗殺	10 南北サミット開催（カンクン） 12 マレーシア、マハティール首相、**ルック・イースト政策**提唱	1-6 国連大学、**アラブの代替的未来**に関して世界モデル及びアラブ専門機関の政策の検討報告、1983『アラブの未来のイメージ』、1990.4 浦野起央・他訳『アラブの未来』 2 日本外務省、**対外援助の理念を明確化**、経済協力局経済協力委員会編『経済協力の理念－政府開発援助はなぜ行うのか』、1982 森田善二郎・経済企画庁調整局『経済援助の理念と方法』 3 国際交流基金主催シンポジウム「**国際交流の理念と政策**」（東京） 7 日本、元寇沈没蒙古船海底調査（長崎鷹島沖）、11『蒙古襲来700年－海底に甦る日本侵攻の謎』 9 -1985.11 中国国民党中央委員会、『中華民國重要史料初編』5編、台北	2 木村雅昭『インド史の社会構造－カースト制度をめぐる歴史社会学』 3-12 華僑革命史編纂委員会編『華僑革命史』上・下、台北 9 梁泰鎮『韓國の國境研究』ソウル 10 鶴見良行『マラッカ物語』
1982／昭和57年 2 シリア、ハマでムスリム同胞団の蜂起 4 イラン、シャリアト・マダリ師の大アヤトラ資格剥奪 6 カンボジア、民主カンボジアの3派連合政府樹立 6 レバノン、イスラエル軍のレバノン侵攻、8 アラファトPLO議長、レバノン退去、9 パレスチナ難民キャンプで大虐殺 8 フィリピン、マルコス大統領、大統領死亡時の権限をイメルダ夫人に委譲（マルコス王朝の成立）、12 シーグレーブ、早良哲夫・他訳『マルコス王朝－フィリピンに君臨した独裁者の内幕』	1 インド、20項目の労働勝利のための経済計画発表 6 米国、IBM スパイ事件	5 中華民國僑務委員会編『僑務五十年』台北 6 日本、歴史教科書で**誤報「朝日新聞」事件** 7 「人民日報」、「東亜日報」、**日本の歴史教科書批判** 9 在日朝鮮人総聯合会幹部、北朝鮮訪問、その報告記事 1983.3-8「統一日報」で批判、1984.3 金元祚『凍土の共和国－北朝鮮幻滅紀行』、以来、**北朝鮮の現実的観察**が登場 ホフハインズ、カルダー『東アジアの端』ニューヨーク、12 國弘正雄訳『脱（ポスト）アメリカの時代－東アジア経済圏の台頭、**東アジア圏**出現を指摘 イリイチ『ジェンダー』ニュー	2 高谷好一『熱帯デルタの農業発展－メナム・デルタの研究』 3 慎鏞廈『朝鮮土地調査事業研究』ソウル 3-1986.9 前嶋信次・他編『オリエント史講座』6巻 4 日本イスラム協会監修『イスラム事典』 5 鶴見俊輔『戦時期日本の精神史』 8 李炫熙『大韓民國臨時政府史』ソウル 8 浦野起央・大隈宏・谷明良・恒川恵市・山影進『国際関係における**地域主義**－政治の論理・経済の論理』 9 浦野起央『民族独立論

8 トルコ、アンカラ空港で アルメニア人の銃乱射事件 9 アラブ首脳会議（フェズ）、パレスチナ人の自決権確認（フェズ憲章）		ヨーク、1984.10玉野井芳郎訳『ジェンダー―女と男の世界』で**ジェンダー論**登場 -1999クパ編『南アジアの歴史と社会の文書集』10巻、デリー、**サバルタン研究**の登場、1998.11 竹中千春編訳『サバルタンの歴史』	―アジア・アフリカにおける独立の経過と意味』 10 鈴木裕司『東南アジア危機の構造』 11 中村平治『現代インド政治史研究』 12 内田直作『東南アジア華僑の社会と経済』

1983／昭和58年

1 中曽根康弘日本首相、訪米、「日本列島不沈空母化」発言 4 レバノン、イスラム過激派が在ベイルート米大使館に爆弾テロ 6 中国、李先念国家主席、鄧小平軍事委員会主席就任 6 スーダン、南部の3分割で反乱 7スリランカ、タミル紛争が全土に拡大 8フィリピン、帰国のアキノ元上院議員をマニラ空港で暗殺 9 ソ連、サハリン上空で大韓機撃墜 10 ビルマ、ラングーンで北朝鮮が全斗煥韓国大統領に爆弾テロで暗殺未遂 10 レバノン、在ベイルート米海兵隊司令部・フランス軍本部で爆破テロ	2 マレーシア、マハティール首相、「**マレーシア株式会社**」構想発表 12 チュニジア、食糧暴動ウィリアムソン『オープン経済と世界経済』ニューヨーク、**構造調整**を提起、世界銀行『サブサハラ・アフリカ―危機から適切な成長へ』ワシントン、1984.12 経済協力機構、日本経済調査協議会訳『積極的調整政策―先進国における産業構造調整への提言』、1987.7 経済企画庁計画局『21世紀への日本戦略―経済構造調整と日本経済の施策』、1988.8 李文実・他訳『走向21世紀的基本戦略―日本経済結構調整与経済政策』北京	2 松井謙『経済協力―問われる日本の経済外交』、1985.9 市民の海外協力を考える会編『市民の海外協力白書』**経済援助論争**激化 5「東京裁判」国際シンポジウム開催（東京）、1984.7 細谷千博・他編『**東京裁判を問う**―国際シンポジウム』 7-1993『鄧小平文選』3巻、北京、1983-96 日本語版、3巻 8-9第31回国際アジア・北アフリカ文化科学会議開催（東京／京都）、1984 山本達郎『第31回国際アジア・北アフリカ人文科学会議（国際東洋学会議）――経緯と成果』 11-1986.4『中江兆民全集』17巻・別巻 金観濤『歴史的表象の背後にあるもの』成都、1987.5 若林正丈・村田雄二郎訳『中国社会の超安定システム「大一統システム」』、**大一統システム**分析の体系化、1984.4『興盛与危機―論中国封建社會超穩定結構』長沙、1992 増訂版、香港、1993『開放中變遷―再論中國社會超安結構』香港	2 山口瑞鳳『吐蕃王国の研究』 2 大岩川和正『現代イスラエルの社会経済構造―パレスチナにおけるユダヤ入植村の研究』 6 小澤重男『現代モンゴル語辞典』 8 西嶋定生『中国古代国家と東アジア世界』 8 斎藤鎮男『太平洋時代―太平洋地域統合の研究』 9 京極純一『日本の政治』ウォーラーシュテイン、『**史的システムとしての資本主義**』ニューヨーク、1985.3 川北稔訳

1984／昭和59年

2 中国、鄧小平、**一国両制**を台湾に提起 6 インドネシア、パンチャシラ法成立 6 インド、政府軍がシク本山に突入、11 ニューデリーで報復テロ続発	1 モロッコ、物価値上げに抗議の学生デモ 4エチオピア、旱魃で難民1000万人 7 韓国、投資完全自由化 12 国連総会、アフリカの危機的経済情勢の宣言	4「思想」特集**構造主義**を超えて 4 矢野暢『東南アジア世界の構図―**政治的生態史観**の立場から』、**劇場国家論**の提唱 5 朴玄埰『韓國資本主義と民族運動』ソウル、1985.7	2 色川大吉『**民衆史**の発見』 3 上山春平編『国家と価値』 3 林晃史編『フロントライン諸国と南部アフリカ解放』 4清水徳蔵『中国的思考と行動様式―現代中国論』 5 谷川栄彦『ベトナム戦争

9 南アフリカ、人種別議会へ移行 10 インド、ガンジー首相暗殺	採択 12 エチオピア、飢餓 770万人、餓死寸前 30万人と国連報告 12 鄧小平『建設有中国特色社会主義』北京	瀧澤秀樹訳、**韓国資本主義論争** コーエン『中国における歴史の発見』ニューヨーク、1988.8 佐藤慎一郎訳『知の帝国主義－オリエンタリズムと中国像』、**オリエンタリズム批判** オーストラリア、ブリニー・オーストラリア大学歴史学教授がアジア移民の増加を批判、**移民論争**の噴出	の起源』 7 河原正博『漢民族華南発展史研究』 9 日蘭学会編『洋学史事典』 10 朴在黙『第三世界社會發展論』ソウル 10 上岡弘二・他編『イスラム世界の人びと』5巻 今野敏彦・藤崎康夫編『植民史』3冊、1994.1 増補版 ローネン『自決の追求』ニューヘブン、1988.6 浦野起央・他訳『自決とは何か』
1985／昭和 60 年 3 スーダン、民衆蜂起でニメイリ政権崩壊 8 日本、中曽根康弘首相が靖国神社公式参拝 9 中国、北京で靖国神社参拝反対の学生デモ、中国政府が参拝に懸念を表明 12 中国、北京でウィグル人学生の核実験反対デモ 12 南アジア地域協力機構発足	4 インドネシア、輸出振興の新通商政策発表 7 アフリカ統一機構首脳会議、アフリカ復興のための優先計画採択 世界銀行報告、バウム、トルハルト『開発の投資－世界銀行の役割』、1988.4OECF 開発援助研究会訳『途上国の経済開発－世界銀行 35 年の経験と教訓』上・下	1「中央公論」創業 100 年記念特集「二十一世紀日本の条件」 1 マレーシア、華社資料研究センター、スランゴール中華大会堂に設立 4 日本、日本中東学会設立、「日本中東学会年報」刊行 7「世界」臨時増刊「**戦後平和論の源流**－平和問題談話会を中心に」 7 江口圭一編『資料日本戦争期阿片政策』 ヤルシヤタル編『ペルシア百科事典』18 巻、ロンドン	1 李康勲編、大韓民國光復會『獨立運動大事典』ソウル 1 浦野起央『パレスチナをめぐる国際政治』 1 岡田昭男『フラン圏の形成と発展』 2 権上康男『フランス帝国主義とアジアーインドシナ銀行史研究』 3 温広益・他編『印度尼西亜華僑史』北京 6 佐伯啓思『隠れた思考－市場経済のメタフィジックス』 7 小此木政夫『朝鮮戦争－米国の介入過程』 7 小串敏郎『東アラブの歴史と政治』 7 金基宇編『第三世界と政治發展』ソウル 9 白鳥芳郎『華南文化史研究』 9 色川大吉『同時代への挑戦』 9-1986.12『講座イスラム』4 巻 10-1985.12 内田健三・他編『言論は日本を動かす』10 巻
1986／昭和 61 年 2 フィリピン、民衆革命でアキノ大統領就任、マルコス亡命、8 加藤博『ラバ	3 IMF・世界銀行、構造調整融資開設、**構造調整**計画の適用	10 ナイジェリア、ジョインカ、ノーベル文学賞受章	2 申正鉉『第三世界論－自由主義對急進主義』ソウル、1988.3 改訂増補版

ン—フィリピンの黄色い革命』	5-6 国連アフリカ総会、「アフリカ経済復興開発行動計画」採択 9 国連食糧農業機関アフリカ地域局、**アフリカ食糧危機**は農業政策の失敗と指摘 10 中国、民間の株式会社出現 11 ラオス、第4回人民革命党大会で**社会民主主義型新志向**に転換 12ベトナム、第6回共産党大会で開放路線へ転換（**ドイモイ路線**）		3 岡部達味・佐藤経明・毛利和子編『中国社会主義の再検討』 4 永井重信『インドネシア現代政治史』 11 山口瑞鳳・他、許明根訳『西藏學與西藏佛學』台北 11 国連大学・創価大学研究所編『難民問題の学際的研究』 ランダーワー『インド農業史』4巻、ロンドン

1987／昭和62年

2 レバノン、シリア軍が西ベイルート進駐 5 フィジー、クーデタ 7 台湾、戒厳令解除 7 国連安保理、イラン・イラク戦争停戦決議採択、イラクは受諾、イランは拒否 9 中国、ラサで独立要求デモ 9 サウジアラビア、イランの工作によりメッカで反米デモ、402人死亡 11 大韓航空機、インド洋ミャンマー沖で行方不明、北朝鮮の工作 11 アンゴラ、内戦に南アフリカ軍が大規模介入 12 パレスチナ、ガザでインティファーダ闘争 12 ジンバブエ、ムガベの一党体制へ移行	10 アルジェリア、農場の民営化 11 アフリカ統一機構経済首脳会議、公的債務の贈与への切り替えを要求	5 日本、京都に国際日本文化センター設立（所長梅原猛）、梅原猛ら**新京都学派**の結集 6 グギ・ワ・ジオンゴ、宮本正興・楠瀬佳子訳『**精神の非植民地化**—アフリカの言葉と文学のために』、彼は自国語スワヒリ語の執筆に固執、その作品でケニアに帰国できず、米国で客員教授 7-9 韓国、労働争議の激化、**韓国社会論争**活発、1972.10月刊『社会評論』編集部編『韓国社会論争』ソウル、1989 金容基・朴勝旭『韓國勞働運動論争史』ソウル 8 比叡山宗教サミット開催（京都）、7大宗教指導者参加 10 マレーシア、華人団体が華語教育で抗議集会 11 東京外国語大学シンポジウム「地域研究と社会諸科学」開催（東京）、1989.2 中嶋嶺雄・ジョンソン編『**地域研究の現在**—既成の学問への調査』	1-3 浦野起央『現代における革命と自決』上・下 1 山崎元一『古代インド社会の研究—社会の構造と庶民・下層民』 2 和田正平編『アフリカ』 3 松井透『イギリス支配とインド社会—19世紀前半北インド史の一研究』 3 矢野暢編『地域研究』、講座政治学IV 3-7 渡部忠世・他編『稲のアジア史』3巻 4 朱嘉明・他編『當代中國—發展・改革・開放』香港 6 森山茂徳『近代日韓関係史研究—朝鮮植民地化と国際関係』 6 溝口雄三『方法としての中国』 6-1988.3 山口瑞鳳『チベット』上・下 9 申命淳『第三政治論』ソウル 10 松谷浩尚『現代トルコの政治と経済』 10 宓汝成、依田憙家訳『帝国主義と中国の鉄道』／2007.3『帝国主義与中国鉄路—1847-1949』北京 余英時『中国近世の宗教

			倫理と商人精神』台北、1991.4 森紀子訳
1988／昭和63年 4 アフガニスタン、ソ連軍引揚げの国際合意、1989.2 撤退完了 6 ミャンマー、学生と警官隊が衝突、9 軍事クーデタ 8 イラン、イラン・イラク戦争停戦決議受諾 8 パキスタン、ハク大統領搭乗機墜落 8 アンゴラ、内戦終結の4者(米国・南アフリカ・アンゴラ・キューバ)合意成立(ジュネーブ) 9 ビルマ、全土でゼネスト 10 アルジェリア、アルジェ暴動 11 パキスタン、アジア初の女性首相ブット就任	1 中国、「人民日報」が沿岸地区経済発展戦略を報道 6 フィリピン、農地改革法成立 10 国連報告『対外債務危機と開発』	1 山影進「地域にとって地域研究者とは何か－地域設定の方法論をめぐる覚書」、日本政治学会編『第三世界の政治発展』、**地域の地平**提起 5-2005.7 北海閑人、香港「争鳴」に**中国共産党の記述を批判**、国家転覆罪で懲役8年、2005.10 寥建龍訳『中国がひた隠す毛沢東の真実』 9 蒋経国『蒋経国自述』内部資料、長沙、2004.6 北京 10 エジプト、ナージブ・マフフーズ、ノーベル文学賞受章、塙治夫訳「狂気の告白」、1974 野間寛編『現代アラブ文学選』、1978.11－1979.5 塙訳『バイナル・カスライン』2冊、現代アラブ小説全集、第4巻・第5巻 10 日本、南アジア学会設立、1989.10「南アジア研究」刊行 オーストラリア、野党自由党のハワード党首がアジア移民の削減と多文化主義を批判、**反アジア移民論**の噴出	12 ベトナム戦争の記録編集委員会編『ベトナム戦争の記録』 12 川田順造・福井勝義編『民族とは何か』 藏東源・他主編『鄧小平思想研究』南寧 中共中央文献研究室編『鄧小平戦略』北京
1989／昭和64／平成1年 1 リビア、米軍、リビア沖海上でリビア機撃墜 3 アフガニスタン、反政府ゲリラの活動激化 4 中国、天安門広場で民主化要求デモ、「人民日報」が「動乱」と断定、6100万人規模の民主化要求デモ、人民解放軍部隊を導入して弾圧(第2次天安門事件)、趙紫陽総書記解任 5 ゴルバチョフ・ソ連共産党書記長、訪中 10 レバノン、国会議員、	6 国連一次産品共通基金協定発効 ソ連、ユダヤ系市民の国外移住緩和、イスラエルへの移民7.5万人出国	1 米山俊直『小盆地宇宙と日本文化』、**小盆地宇宙世界**を提唱、 2 イラン、ホメイニ師が1888『**悪魔の詩**』ニューヨーク、1990.2-9 五十嵐一訳、上・下の著者ラシュディに処刑宣告、インドでランドに対する抗議スト続く、1890.9 芝垣哲夫訳『続悪魔の誌－導師の最後』、1990.7 五十嵐一『イスラム・ラディカリズム－私は何故『悪魔の詩』を訳したか』、1991.7 五十嵐一の暗殺 2 日本、**オウム真理教**設	2-1992.8 上山春平監修『日本文明史』7巻 3 依田憙家『日本の近代化－中国との比較において』 3 岡部達味『中国近代化の政治経済学－改革と開放の行方を読む』 3 山口昌男『天皇制の文化人類学』 4 浦野起央『第三世界の連合政治』 6 中共中央文献研究室編『鄧小平同志論改革開放』北京 9 佐藤孝男『開発の構造－第三世界の開発・発展

国民和解憲章調印 11 南・北イエメン、統一のアデン合意成立 12 マルタで米・ソ首脳会談、冷戦終結の宣言 12 マレーシア、政府がマラヤ共産党と武力闘争停止に合意、2006 陳釗主編『与陳平対話―馬来亜共産党新解』クアラルンプール		立、1995.3 地下鉄サリン事件、1995.7 江川紹子『「オウム真理教」追跡200日』 6 在日中国人留学生、天安門事件で中国大使館・総領事館に抗議行動（東京／大阪） 6 太平洋学会編『太平洋諸島百科事典』 8 金大中全集編纂委員会編『金大中全集』12巻、ソウル	の政治経済学』 9 チャルームアロン、玉田芳史訳『タイ―独裁的温情主義の政治』 10『中華文明史』10巻、石家荘 10-1990.8 野村浩一・他編『岩波講座現代中国』6巻・別巻2巻 12 吾郷健二『第三世界論への視座』 アブー・ルゴド『ヨーロッパ覇権以前―世界システム1250-1350』ロンドン、2001.11 佐藤次高・他訳
1990／平成2年 2 ソ連、一党制放棄 2 東西ベルリンの壁撤去 3 台湾、民主化デモ・座り込み、国是会議の招集で解除、6-7 国是会議開催、総統の直接選挙を決定 3 モンゴル、人民革命党が独裁放棄、1992.2 社会主義を放棄 3 ナミビア独立 3 ガボン、複数政党制の導入、アフリカ諸国で導入続く 4 ネパール、30年間の政党活動禁止を解除 4 中国、新疆で東トルキスタン共和国を目指すムスリム蜂起 5 李登輝台湾総統、就任演説で中国との敵対関係は終息と発言 6 南アフリカ、非常事態宣言解除、政治的多元制へ移行 8 イラク、クウェートへ侵攻	12 中国、上海に初の証券取引所開設	5 韓國現代史史料研究所編『光州五月民衆抗争史料全集』ソウル 5 アン・ファウスト=スターリング、池上千寿子・根岸悦子訳『ジェンダーの神話―「性差の科学」の偏見とトリック』、1998.4、ラカー、高井宏子・他訳『セックスの発明―性差の観念史と解剖学のアポリア』、2002.1 シービンガー、小川眞里子・他訳『ジェンダーは科学を変える！？―医学・霊長類学から物理学・数学まで』で**ジェンダー論争** 9 ウォルフレン、篠原勝訳『日本―権力構造の謎』上・下、10 同書の差別表現に部落解放同盟が抗議 11 韓国史事典編纂会・金容権編『韓國近現代史事典1860-1990』ソウル、2002.1『朝鮮韓国近現代史事典1860-1990』	1 田村実造『アジア史を考える―**アジア史を構成する4つの歴史的世界**』 3 横山正樹『フィリピン援助と**自力更生論―構造的暴力の克服**』 9 浜下武志『近代中国の国際的契機―朝貢貿易システムと近代アジア』 10 鳥井順『イラン・イラク戦争』 －00.1 ユネスコ『アフリカ一般史』8巻（未刊2巻）、ロンドン、邦訳は3巻
1991／平成3年 1-4 イラク多国籍軍、イラク侵攻（湾岸戦争） 5 インド、ラジブ・ガンジー元首相暗殺	7 インド、新産業政策で大幅な経済自由化	5 中共中央党校理論部編『中国共産党全書1921-91』9巻、太原 9 孔風軍・何虎生編『民国	3 柳沢悠『南インド社会経済史研究―下層民の自立と農村社会の変容』 3－1995.4 毛利和子編『現

5 台湾、動員・反乱鎮圧時期臨時条項廃止、1992.11 金門・馬租戒厳令廃止 5 アンゴラ、内戦終結 6 カンボジア、4派が停戦合意 6 アルジェリア、イスラム復興主義者のデモ続発、12 総選挙でイスラム救国戦線進出、1992.1 戒厳令 6 南アフリカ、アパルトヘイト終結宣言 9 韓国・北朝鮮、同時国連加盟 9 西サハラ、ポリサリオ戦線とモロッコが停戦 12 南・北朝鮮首相、南北間の和解と不可侵及び交流・協力に関する合意書調印 11 ソマリア、内戦化、1992.4 平和維持軍に派遣決議成立、12 多国籍軍派遣国連決議で米軍がソマリア上陸 12 ソ連邦、解体		史辞典』北京／上海 9-1997.9 李新・陳鉄健主編『中国新民主主義革命史長編』12巻、上海 10 南アフリカ、ナディン・ゴーディマにノーベル文学賞受章、1993.6 高野フミ訳『ナディン・ゴーディマは語るアフリカは誰のものか』、1996.7 福島富士男訳『バンガーの娘』、2005.4 福島訳『いつか月曜日に、きっと』、 11 色川大吉『民衆史－その100年』、*民衆史*の定着 12 中国人民銀行總行参事室『中国清代外債史資料』北京 ハンチントン『第三の波』ノーマン、1995.12 坪郷実・他訳、世界の*民主化の波*を提起 日本、アジア民衆史研究会発足、1994 論集刊行 -1995 米アカデミー、*原理主義*プロジェクト、5冊、シカゴ	代中国論』3巻 4 家島彦一『イスラム世界の成立と国際商業－国際商業ネットワークの変動を中心に』 5-1992.6 東京大学社会科学研究所編『現代日本社会』6巻 6 赤木完爾『ヴェトナム戦争の起源－アイゼンハワー政権と第一次インドシナ戦争』 7 蘇智良・陳麗菲『近代上海黒社会研究』杭州 8 山影進『ASEAN－シンボルからシステムへ』 9 関立助主編『内外治政綱鑑』上・中・下、天津 10-12『講座仏教の受容と変容』5巻 デービス・ウィルバーン編『**鉄道帝国主義**』ニューヨーク、1996.9 原田勝正・多田博一監訳『鉄道19万マイルの興亡－鉄道からみた帝国主義』
1992／平成4年 3 カンボジア、国連カンボジア暫定統治機構発足 3 アルジェリア、イスラム救国戦線の非合法化 3 トルコ、クルド労働者党が政府に対し全面的戦争宣言 4 アフガニスタン、内戦終結 8 日本、PKO協力法施行 8 中国・韓国、国交樹立 9 モンゴル、非核地帯化宣言 10 モザンビーク、内戦終結 11 台湾、金門・馬祖の戒厳令解除 12 インド、ヒンドゥーによる施設破壊のアヨディヤ事件、1993.2 アヨディヤ政府白書	1-2 中国、鄧小平が*改革・開放*推進の南方視察 2 イラン・トルコ・パキスタン、イスラム経済圏創設宣言 2 ジンバブエ、白人土地収用と黒人への分配の土地収用法成立、2000.7 分配に着手 3 南部アフリカ、今世紀最大の旱魃 4 オーストラリア、最高裁判所がマレー諸島のアボリジに土地所有権を認める判決 6 地球環境サミット開催（リオネジャネイロ） 8 南部アフリカ開発共同体設立 12 中国、*社会主義市場経済の初期段階*と規定、呉	5 米上院外交委員会、イスラム原理主義公聴会 11 竹内実編、京大人文科学研究報告『中国近現代論争年表 1895〜1989』上・下 中国、李洪志が*法輪功*活動開始、1999.4 北京で1万人が合法化要求の座り込み、中国政府が全面禁止、1997.3 李洪志『法論佛法』北京、1997.11『特法輪法解』北京、1999.3 法輪佛法』香港、1999.3 法輪大法日本語訳班訳『転法論』京都、7 同訳『中国法輪功』京都 8 富田仁編『事典外国人の見た日本』 チョプラ編『インド百科辞典』30巻、ニューデリー	2 島田周平『地域間対立の地域構造－ナイジェリアの地域問題』 2 室井義雄『連合アフリカ会社の歴史 1879-1979年－ナイジェリア社会経済史序説』 3-1993.10『地域からの世界史』21巻 4 国分良成『中国政治と民主・改革・開放政策の実証分析』 5 安丸良夫『近代天皇像の形成』 5 丸山伸郎編『華南経済圏－開かれた地域主義』 8 黄枝連『天朝礼体系研究・上巻 亞洲的華夏秩序－中國亞洲國家關係形態論』北京

第3部　認識・論争・成果年譜

	敬璉『通向市場経済之道』北京、1993.3 憲法に**社会主義市場経済**を明記 12 食糧サミット開催(ローマ)		9 崇智主編『毛澤東研究事典』上・下、石家庄 11-1993.6 岩波講座『近代日本と植民地』6巻 -2005 ユネスコ『中央アジア文明史』パリ、6冊
1993／平成5年 1 インド、ボンベイでコミュナル暴動 1 コンゴ民主共和国、兵士暴動 3 中国、江沢民国家主席就任 5 スリランカ、タミルによる大統領暗殺 9 イスラエル・PLO、パレスチナ暫定自治宣言(ワシントン) 9 中国・インド、実効支配線平和維持協定調印 10 台湾、李登輝総統が中国の正統政権の虚構離脱声明	10 国連総会、アパルトヘイト経済制裁解除決議成立 12 オーストラリア、先住民権原法成立	1-1994.3『社会科学の方法』12巻、近代以後の方法を追求 6 ハンチントン、「ニューヨーク・タイムズ」、9「フォーリン・アフェアーズ」、『文明の衝突』ニューヨーク、1998.6 鈴木主税訳、**文明の衝突論**の展開 10 南アフリカ、マンデラとデクラーク大統領にノーベル平和賞、1996.6 マンデラ、『自由への長い道ーネルソン・マンデラ伝』ボストン、東江一紀訳、上・下	1 久保田順編『市民連帯論としての第三世界』 3 李琮『第三世界論』北京 4 家島彦一『海が創る文明ーインド洋海域世界の歴史』 4 梶村秀樹『近代朝鮮社会経済論』 6 瀬川昌久『客家ー華南漢族のエスニシティとその境界』 7 姜在彦『満州の朝鮮人パルチザン』 9 梅澤達雄『スハルト体制の構造と変容』 10 李力安・鄭科楊主編『鄧小平改革開放14年』北京 10-1994.6『講座現代の地域研究』4巻 11 金正耀『中國的道教』台北 11 楊昭全・孫玉梅編『中朝辺境史』長春 11 小谷汪之『ターム神話と牝牛ーヒンドゥー復古主義とイスラム』 11-2000.6 鳥井順『中東軍事紛争史』4巻 12 李国梁・林金枝・蔡仁編『華僑華人与中国革命和建設』福州 ウェルシュ『香港史』ロンドン、2007.7 王暁強・黄業紅訳、北京
1994／平成6年 3 ソマリア、国連主催の和解会議開催、米軍撤退 4 南アフリカ、初の全人種参加の総選挙、5 マンデラ黒人大統領就任	1 中国、外為レート一元化、外貨兌換券撤廃 2 米国、ベトナム経済制裁解除 3 西アフリカ経済共同体、	3 江流主編『**有中国特色社会主義**大事典』北京 5 日本、永野茂門法相、南京事件はでっち上げと発言、更迭	1 小杉泰『現代中東とイスラム政治』 3 飯島渉編『華僑・華人史研究の現在』 4 斉藤優『国際開発論』

5 パレスチナ、イスラエル軍撤退・先行自治協定調印 7 北朝鮮、金日成国家主席死去 7 カンボジア、ポル・ポト派非合法化法成立 11 国連、ルワンダ虐殺で国際法廷設置、2008.12閉廷	解体 11 トルコ、国営企業の民営化 11 APEC、域内貿易・投資の自由化目標を明記したボゴール宣言採択	6 日本、国立民族博物館内に地域研究企画交流センター設立、1997.8「地域研究論集」刊行、2006.3廃止 10 第5回南シナ海資源管理協議でインドネシアが**ドーナツ・フォーミュラー**を提出 11 日本、環日本海学会設立、1995「環日本海研究」刊行	4-2004.4「済州日報」4・3取材班、金重明・文純實訳『済州島4・3事件』6巻 9 張磊嘉主編『孫中山辞典』広州 12 黄枝連『天朝禮系研究・中巻 東西的禮義世界・中国封建王朝朝鮮半島關係形態論』北京 コーナー『エスノナショナリズムー理解の追求』プリンストン
1995／平成7年 3 インド、ヒンドゥー主義者が地方政権樹立、6 旧不可触カースト、ダリトのインド大衆党地方政権成立、10 政権崩壊 6 **日本、戦後50年国会決議成立**、村山富市首相、侵略・植民地支配へのお詫びの談話 8 リベリア、8派による内戦終結のアブジャ合意成立 9 米国、イラクのクルド地区侵攻で巡航ミサイル発射 12 カンボジア、シハヌーク、22年ぶりに帰国	1 世界貿易機関、GATTを継承して発足 3 国連社会開発サミット(コペンハーゲン)、貧困撲滅の宣言 3 ブトロス・ガリ国連事務総長報告『開発への課題』 4 イラン、飲料水不足の騒乱 7 国連食糧農業機関、アフリカの旱魃で2300万人が餓死状態と指摘 11 アジア太平洋経済協力会議 APEC、自由化行動宣言 -1996 北朝鮮、食糧危機、1998 深刻化、2004.8 朴貞東『北朝鮮は食糧危機を奪取できるのか』 世界銀行アフリカ地域総局『転換期にあるアフリカ大陸-1990年代中期のサハラ以南のアフリカの地位』	5 韓国、金泳三政権、歴史の正しい立て直し策実施、旧軍人政権の政策拒否・旧政権分子の逮捕 8 歴史・検討委員会編『大東亜戦争の総括』、**歴史教科書の見直し**着手、マルクス主義歴史学者の反擊、**歴史認識論争**、1997.3「教科書に真実を」連絡会発足 11 日本、江藤隆美総務庁長官、オフレコで日本は朝鮮で良いことしたと発言、韓国、抗議、辞任 12 高文徳主編『中国少数民族史大辞典』長春 7 日本、アジア民衆史学会発足、大会「東アジアの近代移行と民衆」 マディソン、OECD報告『世界経済の検証 1820-1992』パリで**アジアの世紀**を指摘、1998 マディソン、OECD報告『中国経済の長期遂行』パリ	1 黄技連『天朝禮治体系研究下巻 朝鮮儒化情境構造－朝鮮王朝與満清的關係形態論』北京 5 王仕元主編『中国改革開放事典』広州 6 黄國昌『「中國意識」與「台灣意識」』台北 7-12 中村政則・他編『戦後日本－占領と戦後改革』6巻 9 松原正毅編集代表『世界民族問題事典』 9 李成茂『朝鮮兩班社會研究』ソウル 12 安中章夫・三平則夫編『現代インドネシアの政治と経済－スハルト政権の30年』
1996／平成8年 1 パレスチナ、ガザ・西岸で総選挙、自治政府議長にアラファト選出 3 中国、台湾周辺で軍事演習、台湾で初の総統選挙への圧力行使 5 リベリア、内戦激化で2万人が国外脱出、8 停戦	9 世界銀行、世界銀行東京事務所訳『計画経済から市場経済へ』 11 中東・北アフリカ経済会議(カイロ)、パレスチナ経済建て直しのカイロ宣言採択 12 インド・バングラデシ、	1 UNHCR、東京事務所訳『世界難民白書 1995-解放を求めて』 3 鶴見和子『**内発的発展論**の展開』 7 櫻井よしこ・金良起『海峡は越えられるか－日韓歴史論争』、**日韓歴史論争**は依	1 高谷好一『「**世界単位**」から世界を見る－地域研究の視座』 2 谷口房男『華南民族史研究』2巻 1 陳文敬主編『亞太地區貿易和投資自由化的新浪潮』北京

合意 5 台湾、李登輝総統就任 8 米国、イラン・リビア制裁法成立 9 フィリピン、政府がモロ民族解放戦線と和平協定調印、南部フィリピン和平開発委員会設立、ミンダナオ自治区選挙 10 日本、香港・台湾分子が尖閣諸島海域で抗議行動、魚釣島上陸 11 アルジェリア、国民投票で宗教政党の禁止成立	ガンジス川水配分協定調印	然続く 10 ローマ教皇、ダーウィンの進化論はカトリックの教えに矛盾しないと表明 中国、**社会主義市場経済への移行をめぐり市場対政府論争**、7 郭冬樂主編『中国社会主義市場経済理論争鳴 1992-1995 年』北京、9《中国史上経済与財政宏観調控》課題組『中国史上経済与財政宏観調控』北京、12 馬健行・顧海良主編『中国史上経済体制与経済社会政治結構変化』北京、2002.5 咸台昇『中国正統政府与市場』北京、2001.9 吴承明『中国的現代化ー市場与社会』北京	9『長征大事典』上・下、貴陽 3 加納弘勝『第三世界の比較社会論』 11 小谷汪之『不可触民とカースト制度の歴史』 12 立本成文『地域研究の問題と方法ー世界文化生態学の試み』 12 長尾雄一郎『英国内外政と国際連盟ーアビニシア危機 1935-36 年』 12 秦郁彦『廬溝橋事件の研究』
1997／平成9年 2 北朝鮮、朝鮮労働党書記黄長燁、韓国亡命、4 ソウル着、1999.2 萩原遼訳『黄長燁回想録ー金正日への宣戦布告』、2000.1 萩原遼訳『狂犬におびえるなー続・金正日への宣戦布告』 2 中国、新疆伊寧でウイグル人独立運動家逮捕、7 処刑 3 中国、北京でバス爆破テロ 3 環インド洋地域協力連合発足 3 中国軍、台湾海峡地域で軍事演習、米国は空母3隻派遣 7 香港、中国に返還、一国両制の堅持と自治 7 タジキスタン、国連使節団日本人のテロ殺害 9 フィリピン、ミンダナオ・イスラム自治区成立 10 北朝鮮、金正日が労働党総書記就任 11 エジプト、ルクソールで	6 向青・劉宇凡、他『從官僚社會主義到官僚資本主義的中國』香港で半植民地化の中国**官僚資本主義への移行**を指摘 7 タイ、**アジア通貨危機**、8 香港に波及、10 東京市場暴落、インドシナの国際支援、12 国際通貨基金、韓国と支援合意 9 中国、第16回共産党代表大会で**改革・開放**路線を鄧小平理論として党規約に明記 11 韓国、ウォンの下落で経済構造改革 中国、黄河の断流	3『華僑華人僑務大辞典』済南 4 -2001.2 日本、文部省科学研究費創成的基礎研究「イスラム地域研究」 4 -2001.3 日本、文部省科学研究費指定領域研究「日本人および日本文化の起源に関する学際的研究」 5 日本、日本を守る国民会議（日本会議）結成、2016.5 菅野完『日本会議の研究』、2016.5 藤生明『ドキュメント日本会議』、2016.6 俵義文『日本会議の全貌ー知られざる巨大組織の実態』 6 民衆史研究会編『民衆史研究の視点ー地域・文化・マイノリティ』 9 ブレジンスキー「ユーラシアの地政学」フォーリン・アフェアーズ、**中央アジアの危機の弧**を指摘、1997『大きなチェス盤』ニューヨーク、1998.1 山岡洋一訳『ブレジンスキーの世界はこう動くーー21世紀の地政戦略』	1 李琮・徐葵主編『有**中国特色的社会主義**与当代精神』2冊、北京 2 田中康夫『東アジア交通圏と国際認識』 4 千葉正士編『アジアにおけるイスラーム法の移植』 4 深川由起子『韓国・先進国経済論ー成長過程のミクロ分析』 6 真鍋佑子『烈士の誕生ー韓国の民衆運動における「恨」の力学』 6《中国革命起義全録》宙査小組『中国革命起義全録』北京 7-2000.12『地域の世界史』12巻 8 郝維民主編『内蒙古革命史』呼和浩特 9 浦野起央『南海諸島国際紛争史』 9 李圭泰『米ソの朝鮮占領政策と南北分断体制の形成過程』ソウル 10 金学俊、李英訳『北朝鮮五十年史ー「金日成王

イスラム主義者による観光客の武装攻撃 12 アルジェリア、北西部で武装団の住民大量虐殺		南京事件でアイリス・チャン『**ザ・レイプ・オブ・南京**』ニューヨーク、2007.12 巫召鴻訳、幾多の誤認・誤記述に批判殺到	朝」の夢と現実』 10 小林弘二『20世紀の農民革命と共産主義運動－中国における農業集団化政策の生成と瓦解』
1998／平成10年 1 イラク、大量破壊兵器査察拒否 3 インドネシア、スハルト再任、4-5 スハルト退陣要求デモ・暴動、スハルト退任 5 インド、次いでパキスタン、地下核実験 8 北朝鮮、日本列島を越えでミサイル発射実験 8 ケニア、タンザニア米大使館爆破テロ、米国、報復としてアフガニスタンとスーダンにミサイル発射 9アフガニスタン、タリバン政権が全国支配 10 モンゴル、1962以来の民主化運動指導者ゾリグ暗殺 10 米国、イラク解放法成立 12 韓国、南岸に出現した北朝鮮潜水艇撃沈 12 インド、ヒンドゥー主義者がキリスト教施設襲撃	11 韓国、北朝鮮と金剛山観光で合意、2001.9 実現 12 ASEAN、経済危機克服のハノイ行動計画採択	8 周南京・他編『印度尼西亜排華問題（資料匯編）』北京 9 ハタミ・イラン大統領、国連総会で**文明の対話**を提唱、2001.5 平野次郎訳『文明の対話』 10 浦野起央編『国際新秩序構想資料集』 10 韓国、日本大衆文化開放 10 インド、アマルティア・セン、ノーベル経済賞受章、1977.7 杉山武彦訳『不平等の経済理論』、1988.1 鈴村興太郎訳『福祉の経済学－存在と潜在能力』、1989.4 大庭健・他訳『合理的な愚か者－経済学と倫理学探究』、1999.7 池本幸生・他訳『不平等の再検討－潜在能力と自由』、2000.3 志田基与師完訳『集合的選択と社会的厚生』、2002.1 大石リラ訳『貧困の克服』、2002.5 徳永澄憲・他訳『経済学の再生－道徳・哲学への回帰』、2003.3 細見和志訳『アイディンティに先行する理性』、2006.1 東郷えりか訳『人間の安全保障』、2008.7 佐藤寛・他訳『議論好きなインド人－対話と異端の歴史が紡いだ多文化世界』、2009.2 加藤幹雄訳『グローバリゼーションと人間の安全保障』、2011.7 東郷えりか訳『アイデンティティと暴力－運命は幻想である』、2011.11 池本幸生訳『正義のアイディア』 10 南アフリカ、真実委員会（委員長デズモンド・ツツ大司教）、アパルトヘイトは「**人類の大罪**」とした報告提出、2012.3 古内洋平「南アフリカ真実委員会後の	2 荘光茂樹『中国近代政治運動と思想』 5 古賀正則・内藤雅雄・中村平治編『現代インドの展望』 7 小熊英二『「日本人」の境界－沖縄・台湾・朝鮮植民地支配から復帰運動へ』 8 郭梁『東南亜華僑経済論』廈門 7 韓國國防軍史研究所編『韓国戦争』5巻、ソウル、2000.9-2007.6、翻訳・編集委員会訳、5巻 9 徐玉析主編『新疆三区革命史』北京 9 ガロディ、木村愛二訳『偽**イスラエル政治神話**』 11 森山茂徳『韓国現代政治』 11 複数文化研究会『〈複数文化〉のために－**ポストコロニアリズムとクレオール性の現在**』 12 趙景達『異端の民衆反乱－東学と甲午農民戦争』

		加害者訴追と被害者保障－政府の消極施政と市民社会の動向」国際交流研究、第15号 11 国際連合、イラン提案で2001年を「**文明の対話**年」と決定	
1999／平成11年 2 トルコ、クルド労働者党首をケニアで逮捕 3 日本、北朝鮮武装船が日本領海侵犯、追跡を逃れて帰国 3 ユーゴスラビア、米軍、在ベオグラード中国大使館爆撃、3-5 中国各地で反米デモ、5 呂若松『我親励中国大使館被炸－未后南斯拉大戦血警告』北京、米中接触 7 台湾、李登輝総統、中台関係は「国と国の関係」と発言 12 澳門、中国に返還	1 米大気局、地球平均温度の最高14.46度を指摘 6 ブータン、テレビ放送開始 7 五味久壽『**グローバルキャピタリズムとアジア資本主義－中国・アジア資本主義の台頭と世界資本主義の再編**』、2005.8 五味『**中国巨大主義の登場**と世界資本主義－WTO加盟移行の中国製造業の拡張再編と日本の選択』 9 アジア太平洋経済協力会議、**構造改革**の首脳宣言 11 世界貿易会議のシアトル開催、NGO数万人デモで会議は流産	1 日本、中村正三郎法相、「非武装憲法」批判発言で解任 8 日本、日の丸・君が代を国旗・国家とする法律成立 9 ジョン・ダワー「天皇制民主主義」世界、**天皇制の民衆における民主主義の定着**を指摘 11 王文祥主編『香港澳門百科大典』青島 -2001 カミル編『インドネシア編年史』3巻、ジャカルタ	1-8 高谷好一編『〈地域間研究〉の試み－世界の中で地域をとらえる』上・下 2 琴秉洞編『資料状況にみる近代日本の朝鮮認識－朝鮮併合前後』 2 坪内良博編『〈総合的地域〉を求めて－東南アジア像を手がかりに』 2 山本裕美『改革開放期中国の農業政策－制度と組織の経済分析』 6 梅岩『生産改革開放20年－中國20年「改革開放」回顧與評説』香港 7 重松伸司『国際移動の歴史社会学－近代タミル移民研究』 10 浦野起央・崔敬洛『朝鮮統一の構図と東北アジア』 11-2001.10 野口鐵郎編『講座道教』6巻 11-2000.8『民衆運動史－近世から近代へ』5巻 金光哲『中世における朝鮮観の創出』ソウル 11 新台湾研究文献基金美麗島事件口述歴史編輯小組『珍蔵美麗島台湾民主歴程真記録』3冊、台北
2000／平成12年 2 中国、武力行使の可能性を認めた台湾白書「**1つの中国の原則と展望**」公表 3 台湾、陳水篇民進党政権成立 4 中国、法輪功、天安門広場で弾圧抗議のデモ 5 インドネシア、武装組織	4 シンガポール、情報の完全自由化 7 ベトナム、ホーチミン市に証券取引所開設、2005.3 ハノイに開設	1 日本、科学技術庁ホームページにハッカー侵入、書き換え工作 3 中国歴史大辞典編纂委員会編『中国歴史大辞典』2冊、上海 4 加藤久美子『盆地世界の国家論－雲南、シプソンパ	1 唐家璇主編『中国外交辞典』北京 2 -2001.3『現代中国の構造変動』8巻 2 坪内良博編『地域形成の論理』 3 原洋之介編『地域発展の固有論理』

自由アチェ運動で和平合意（ジュネーブ） 5 レバノン、ヒズボラの攻勢激化でイスラエル軍引揚げ 6 香港、天安門事件記念4万人集会 6 金大中韓国大統領、北朝鮮訪問 6 インドネシア、西パプア住民代表会議が分離・独立を決議 7 中東和平キャンプデービッド会談開催 9 国連ミレニアム・サミット開催 10 イスラエル軍、パレスチナが自治区攻撃 11 日本赤軍最高指導者重信房子逮捕で赤軍消滅、1993.3 日本赤軍『日本赤軍 20 年の軌跡』、2009.7 重信『日本赤軍私史－パレスチナと共に』 11 フィリピン、上納金疑惑でエストラダ大統領辞任要求デモ、上院が弾劾裁判所設置、2001.1 エストラダ大統領辞任 12 ベトナム・中国、トンキン湾領海画定協定調印		ンナーのタイ族史『盆地世界』を提起 5 華僑総會編集委員會編『華僑大辭典』台北 6 浦野起央『20 世紀世界紛争事典』 9 三浦信孝・糟谷啓介編『言語帝国主義とは何か』、言語帝国主義の提起と統括 11 日本、琉球王国グスク（城）の世界文化遺産登録 12 女性国際戦犯法廷（東京）、2001.3 日本ネットワーク編『女性戦犯法廷』－2001 蒋介石、鈴木博訳『蒋介石書簡集 1912-1946』3冊 ファベリア・スギルラージャー編『第三世界神学事典』マリークノール、ニューヨーク、2007.7 林巌雄・志村真訳	3 深澤秀男『戊戌変法運動史の研究』 3 李天国『移動する新疆ウィグル人と中国社会－都市を結ぶパラダイム』 3 間苧谷榮『現代インドネシアの開発と政治・社会変動』 4 平野正『中国革命と中間路線』 5 崔志鷹『大國與朝鮮半島』香港 8 權赫秀『19 世紀末朝中關係史研究－李鴻章の朝鮮認識と政策を中心に』 8 アハメド、林正雄・他訳『イスラームにおける女性とジェンダー』 9 大塚和夫『近代・イスラームの人類学』 11 海野福寿『韓国併合史の研究』 10 大塚泉『世界銀行開発援助戦略の変革』 11-2001.5 尾本恵市・他編『海のアジア』6巻 12 佐々木揚『清末中国における日本観と西洋観』
2001／平成 13 年 4 米海軍偵察機、海南島で中国軍機に接触、米国、遺憾の意表明 9 米国、中枢同時テロ、ブッシュ大統領が報復戦争声明、2008.5 松本利秋・他訳『9.11 委員会レポートダイジェスト』 10 米・英、テロ報復のアフガニスタン空襲、12 タリバン、拠点カンダハルから撤退、2004.10 米国、最終調査報告 12 イスラエル、エルサレムでハマスの自爆テロ、	6 日・中、*貿易制限戦争* 12 中国、世界貿易機関加盟 国際協力事業団『平和構築報告書－人間の安全保障の確保に向けて』4冊	2 日本国際フォーラム『海洋国家日本の構想－世界秩序と地域秩序』、2002.1 海洋国家セミナーシンポジウム、2002.3『*海洋国家日本*』 2アフガニスタン、イスラム原理主義勢力タリバンの指導者オマル師、イスラムの教えに反する仏像などすべての彫像破壊を命令 8 江沢民『論"*三个代表*"』北京 9 浦野起央・他編『釣魚群島（尖閣諸島）問題研究資料匯編』東京／香港	2 林基『近代民衆史の史料学』 2岡田浩樹『両班――変容する韓国社会の文化人類学的研究』 2 栗田禎子『近代スーダンにおける体制変動と民族形成』 2 石濱裕美子『チベット仏教世界』 3 徐賢燮『近代朝鮮の外交と国際法受容』 6-2003.1『東南アジア史』9巻・別巻 6 広瀬崇子編『10 億人の

アラファト・パレスチナ自治政府議長、テロ停止を呼びかけ		9 ニューヨークで朝鮮戦争民衆法廷開催、2002.1「老斤里から梅香里まで」発刊委員会編、キップンチャコ（深い自由）日本語版翻訳委員会訳『駐韓米軍問題解決運動史－老斤里から梅香里まで』 11 浦野起央『世界テロ事典』モロッコ・ハッサン大学文明学教授エルマンジュラ、**文明戦争論**を展開、6 仲正昌樹訳『第一次文明戦争－「新世界秩序」と「ポスト・コロニアリズム」をめぐって』、12 仲正訳『第二次文明戦争としてのアフガン戦争－戦争を開始した「帝国の終焉」の始まり』	民主主義－インド全州、全政党の解剖と第 13 回連邦下院選挙』 6 朱建栄『毛沢東のベトナム戦争－中国外交の大転換と文化大革命の起源』 10 服部龍二『東アジア国際環境の変動と日本外交 1918-1931』 11 武田康裕『民主化の比較政治－東アジア諸国の体制変動過程』 11 王東『从毛沢東、鄧小平到"三个代表"重要思想』上・下、北京、2004.8 増訂版 12 山室信一『思想課題としてのアジア－基軸・連鎖・投企』 12中川喜与志『クルド人とクルディスタン－拒絶される民族－**クルド学**序説』
2002／平成 14 年 1 ブッシュ米大統領、一般教書演説でイラン、イラク、北朝鮮を「**悪の枢軸**」と指摘 3 パレスチナ、イスラエルが軍事侵攻でアラファト自治政府議長を拘禁、5 解放、7 イスラエル機、ガザ空爆、2004.6 イスラエル軍、一方的撤退 3 国連安全保障理事会、イスラエル・パレスチナ2国家共存構想支持決議採択 4 アンゴラ、1975 年以来の内戦終結 5東チモール民主共和国独立 9 小泉純一郎日本首相、北朝鮮訪問、金正日が拉致の事実を確認、2006.6 重村智計『外交失敗北－日朝首脳会談と日米同盟の真実』 10 インドネシア、バリでテロ 12 北朝鮮、核査察拒否、	1 台湾、世界貿易機関加盟 3 日本銀行・中国人民銀行、通貨危機協力で合意 11 中国、第 16 回共産党大会で国民経済の長期目標決定、「**3 つの代表**」思想を宣言、企業家の参加	5 日韓歴史共同研究、2005.6 第1期報告、2010.3 第2期報告 6 可児弘明・他編『華僑・華人事典』 6 日本、多文化関係学会発足、11 設立、「多文化関係学」刊行 7 アフガン戦犯法廷準備会編『ブッシュの戦争犯罪を裁く』、2003.12 東京でアフガン戦犯法廷開催 9 国際人類学会議 2002 年京都会議開催、2003.3 竹沢愛子編『**人種概念の普遍化**を問う－植民地主義、国民国家、創られた神話』	3 浦野起央『日・中・韓の歴史認識』 3 -2002.10 宮島喬・他編『国際社会』7巻 4加藤博『イスラム世界論－トリックスターとしての神』 4 許慶朴・李愛華主編『有中国特色社会主義理論探源』北京 5 -2004.3 駒井洋編『講座グローバル化する日本と移民問題』6巻 9 -2003.2『現代南アジア』6巻 10 関周一『中世日朝海域史の研究』 10 譚松林主編『中国秘密社会』7巻、福州 11-2003.7『アジアの新世紀』8巻 12 浦野起央『尖閣諸島・琉球・中国－日中国際関係史』 12 歴声・李国主編『中国辺

2003.2 核開発再開			境史地研究綜述(1989-1998年)』北京
2003／平成15年 2 世界60カ国、イラク攻撃反対のデモ 3-4 イラク戦争(イラクの自由作戦)、フセイン独裁政権崩壊、テロの混乱続く 3 中国、胡錦涛国家主席就任、第4世代への移行 8 インドネシア、ジャカルタでジャマ・イスラミアの自爆テロ 10 米・中、北朝鮮問題6者協議による北朝鮮の安全保障で合意、2004.26者協議開催(北京) 10 米国、北朝鮮人権法成立 12 リビア、大量破壊兵器開発計画を放棄	9 人間の安全保障委員会、報告書提出、11『安全保障の今日的課題』	2 武藤一羊『帝国(アメリカ)の支配／民衆(ピープルズ)の連合－グローバル化時代の戦争と平和』、トランスナショナルの**民衆連帯論**の提唱 4 子安宣邦『「アジア」はどう語られてきたか――近代日本のオリエンタリズム』、日本のオリエンタリズム批判 9 ケニア、1950年代のマウ・マウ反乱を違法とした判決、英国の弾圧に対し元マウ・マウ闘士が謝罪請求を提訴、2005 アンダーソン『絞首刑にされた土地－ケニアの日常闘争の終末』ロンドンで告発 10 李登輝、**一国両制**を提起、『一國兩制下的香港』台北	2 今枝由郎『ブータン中世史－ドゥク派政権の成立と変遷』 3 東大東洋文化研究所編『アジア学の将来像』 3 何義麟『2・28事件－「台湾人」形成のエスノポリティクス』 4 藤井毅『歴史のなかのカースト－近代インドの自画像』 4 佐伯尤『南アフリカ金鉱史－ランド金鉱発見から第二次世界大戦まで』 8 早瀬晋三『海域イスラム社会の歴史－ミンダナオ・エスノヒストリ』 9 佐伯和彦『ネパール全史』 10 平野正『中国民主化の歩み－「党の指導」に抗して』 11 赤木完爾編『朝鮮戦争－休戦50周年の検証・半島の内と外から』 11 佐藤次高編『イスラーム地域研究の可能性』、以後－2005.2 イスラム地域研究叢書8冊 11 山本有造編『帝国の研究』 11 石田進『ペルシア・アラブ諸国間の領土紛争の研究』 12 武者小路公秀『人間安全保障論序説』 12 王逸舟『全球政治和外交』北京、2007.3 天児慧・他訳『中国外交の新思考』
2004／平成16年 1 日本、共産党が天皇制と自衛隊容認の新綱領採択 1 ブッシュ米大統領、一般教書演説で北朝鮮とイランを「最も危険な体制」と非難 1 タイ、南部でイスラム過	10 中国、タリム盆地から上海一帯にいたる西気東輸パイプライン4100キロメートル開通	4 国立民族博物館内に地域研究コンソーシアム設立、「地域研究」刊行 5 山脇直司『公共哲学』で**公共論争**、2015.6 小熊英二「「日本型」近代国家における公共	1 田雁、鈴木健一訳『ブラック・チャイナ中国黒社会・規範なき大陸の暗黒年代記』 1 私市正年・栗田禎子編『イスラム地域の民衆運

447

激派テロ 2 パキスタン、核の闇市場判明、カーン博士の供述、2007 フランツ、コロンズ『核のジハード』ニューヨーク、2009.10、早良哲夫訳『**核のジハード**―カーン博士と核の国際闇市場』 3 ブレア英首相、リビア訪問、カダフィと会談、歴史的和解 5 小泉純一郎日本首相、北朝鮮再訪問、拉致被害者一部の帰国実現、7 若宮清『真相―北朝鮮拉致被害者の子供たちはいかにして日本に帰還したか』 9 中国、胡錦濤国家主席が全権掌握		性」、『小熊英二論文集』、2018.1 遠藤薫編『ソーシャルメディアと公共性―リスク社会のソーシャル・キャピタル』 10 何清漣編『20世紀後半歴史解密』香港、**中国歴史解釈論争** 10 ケニア、環境活動家マータイ、ノーベル平和賞受章、2014.2 高木まさき監修『ワンガリ・マータイ―アフリカに緑を取りもどした女性環境保護活動家』 12 日本、京都大学イスラーム地域研究センター設立、2007.4「イスラーム世界研究」刊行 12 国際シンポジウム「世界遺産**バーミヤーン遺跡**を守る―現場からのメッセージ」開催、2005.12 文化財研究所国際文化財保存修復協力センター編『バーミヤーン遺跡の歴史と保存』、2004 同センター編『世界遺産バーミヤーン遺跡を守る』で総括的検討	動と民主化』 3 斉清順・田衛疆『中国歴代中央王朝治理新疆政策研究』鳥魯木斉 3 斎藤直樹『検証イラク戦争―アメリカの単独行動主義と混沌する戦後復興』 4 坂元ひろ子『中国民族主義の神話―人種・身体・ジェンダー』 4 陳儀深編『美麗島事件専輯』台北 6 宮城大蔵『戦後アジア秩序の構築と日本―「海のアジア」戦後史 1957-1966』 10-2005.6『変貌するアメリカ太平洋世界』6巻 ウェーザーフォード『ジンギス汗と近代世界の形成』ニューヨーク、2006.2 温海清・姚建根訳『成吉思汗与今日世界之形成』北京
2005／平成17年 2 レバノン、ベイルートでハリ元首相の爆殺テロ 3 中国、台湾独立阻止の反国家分裂法成立 4 中国、日本の国連常任理事国入り反対の反日デモ 4 連戦中国国民党総裁、訪中、60年ぶりの国共会談開催、1つの中国の原則堅持で合意、2006.1 連戦、再訪中 7 インドネシア、政府がアチェ自由運動と和平合意（ヘルシンキ）、12 アチェ国軍の解体で紛争終結、佐伯奈津子『アチェ―恐怖と不信の中で暮らす人々』 7 エジプト、シャルムシェ	1 マレーシア、ジョホール水道の干拓でシンガポールと合意 3 フィリピン、ペナン島沖で日本船が海賊に襲撃される 9 米国、澳門のバンコ・デルタ・アジアの北朝鮮資金 2500万ドルを凍結、2007.4 解除	9 中共中央文献研究室・中共西蔵自治区委員会編『西蔵工作文献選編（1949-2005年）』北京、チベット史料の初公表 9 デンマーク、日刊「エュランズ・ボステン」がイスラム預言者**ムハンマドの風刺画**を掲載、翌06年にヨーロッパ各国のメディアが「表現の自由」を掲げて転載、サウジアラビア、シリアは抗議の駐デンマーク大使召還、ラスムセン首相は表現の自由としたが、イランは通商断絶を求め、デンマークはイラク駐留国際部隊の一部を引き揚げ、イスラム諸国で、デンマーク食品の不買運動、テヘランでオーストリア	1 中村則弘『脱オリエンタリズムと日本における内発的発展』、2008.2 中村編『脱オリエンタリズムと中国文化―新たな社会の構想を求めて』 2 西里喜行『清末中琉日関係史の研究』 8 中島岳志『ナショナリズムと宗教―現代インドのヒンドゥー・ナショナリズム』 8 浦野起央『冷戦・国際連合・市民社会―国際連合60年の成果と展望』 11 石田正美編『メコン地域開発―残された東アジアのフロンティア』 12 陳焜旺主編『日本華僑・留学生運動史』

イクで自爆テロ 8-10 ミャンマー、デモ弾圧、11 首都移転 8 イスラエル、西岸地区のユダヤ人入植地返還、9 イスラエル軍、ガザ撤退 9 アフガニスタン、タリバンが全土支配、2001、12 支配消滅、2010 中田考「「タリバン」の政治思想の組織－アフガニスタン・イスラム首長国とその成功を収めた行政」同志社グローバル・スタディーズ、第1号 10 インドネシア、バリで同時爆弾テロ		とデンマーク大使館攻撃事件、2007.1 森孝一編『EU とイスラームの宗教伝統は共存できるか－「ムハンマドの風刺画」事件の本質』 ヘルド・他『論争グローバリゼーション』ロンドン、2007.5 井口孝監訳『論争グローバリゼーション－新自由主義対社会民主主義』、**グローバル民主主義論**の深化	
2006／平成 18 年 2 フィリピン、クーデタ未遂事件、全土に非常事態宣言 2 台湾、陳水扁総統が中台統一を前提とした国家統一委員会廃止 3 タイ、タクシン首相に対する退陣デモ 10 万人、4 タクシン退陣 5 韓国、独島（竹島）の実効支配強化 5 タイ、憲法裁判所が 2006.4 下院総選挙無効と決定 5 米国、大量破壊放棄のリビアと国交正常化 7 北朝鮮、長距離弾道ミサイル・テポドン 2 号発射 7 インド、ムンバイで列車爆破テロ 11 イラク、シーア派地区で連続爆弾テロ	1 鳥インフルエンザ国際会議開催（北京） 4 ベトナム、ベトナム共産党大会で**ドイモイ**（刷新）決定、2009.9 古田元夫『ドイモイの誕生－ベトナムにおける改革路線の形成過程』 5 シンガポール、ニュージーランド、チリ、ブルネイ4カ国、貿易自由化協定発効 8 中国、三峡ダム竣工	1 中国、袁偉時「近代化と歴史教科書」氷点週刊、共産党が歴史認識で党の意に反していると停刊、袁の意図は反右派・大躍進・文化大革命の災難に対する反省の追求にあった。2006.10 袁、武吉次朗訳『中国の歴史教科書問題－「**氷点**」**事件**の記録と反省』、2007.3 佐藤公彦『氷点事件と歴史教科書争』、2012.11 武訳『中国歴史教科書問題－辺境なナショナリズムの危険性』 6 台湾、中国国民党機関紙「中央日報」停刊 8 中達啓示『東アジア共同体という幻想』、**東アジア共同体論争** 10 環日本海学会編『北東アジア事典－環日本海圏の政治・経済・社会・歴史・文化・環境』 10 日中歴史共同研究開始、2010.1 報告、2014.10『日中歴史共同研究』2冊 10 バングラデシュ、ユヌスとグラミン銀行、ノーベル平和賞受章、2008.10 ユヌス、猪熊弘子訳『貧困のない世界	1-2008.3『世界の先住民族』10 巻 2 -10『「帝国」日本の学知』8 巻 2 平塚大祐編『東アジアの挑戦－経済統合・構造改革・制度構築』 2 広瀬崇子・他編『インド民主主義の変容』 2 望月克哉『人間の安全保障の射程－アフリカにおける課題』 2 小杉泰『現代イスラム論』 2 川島耕司『スリランカと民族－シンハラ・ナショナリズムの形成とマイノリティ集団』 3 藤田昌久・朽木昭文編『空間経済学から見たアジア地域統合』 6 浦野起央『チベット・中国・ダライラマ－チベット国際関係史』 8 楊公素『統一与分裂－関于中国民族与国家演変的歴史札記』北京 8 西口清勝・夏剛編『東アジア共同体の構築』 10 山本吉宣『「帝国」の国際政治学』 12 -2007.9 毛利和子・他

			を創る－ **ソーシャル・ビジネスと新しい資本主義**』	『東アジア共同体の構築』4巻
2007／平成19年 3 パレスチナ、イスラム原理主義ハマス連立内閣成立、5 ガザ地区制圧、連立内閣解体 5 日米軍事情報一般保全協定調印 5 ネパール、連邦共和制決議成立、12 議会、連邦民主共和国を確認 9 米国、北朝鮮のテロ国家指定解除 9 レバノン、政府軍、難民キャンプの武装組織ファタハ・イスラム制圧 10 ピョンヤンで南・北朝鮮首脳会談開催 12 国連安全保障理事会、2002 年8月以来のイラン核開発で制裁決議採択	1 日本、中国へ米輸出 5 日本、自動車生産台数が世界第1位 9 日本、国際捕鯨委員会総会で脱退表明 6 世界貿易機関の多角米国・EU・インド・ブラジル交渉、決裂	4 日本、沖縄戦での集団自決の教科書記述撤回沖縄県民大会開催 5 中国、上海で改訂歴史教科書をマルクス主義階級史観から後退していると使用禁止(**上海歴史教科書事件**)、2008.5 佐藤公彦『上海歴史教科書の「扼殺」－中国イデオロギー的言論統制・抑圧』 6 李登輝前台湾総統、靖国神社参拝 8 マンジョ、乾有恒訳『革命**中国からの逃走**』原本は1974年 9 先住民族の権利に関する国連宣言採択	1 蒋炳釗・呉綿吉・辛土成『中国東南民族関係史』澳門 2 劉江永『中国与日本－変化中的"政冷経熱"関係』北京 2 鄭章渕『韓国財閥史の研究－分断体制資本主義と韓国財閥』 2 阿久津昌三『アフリカの王権と祭祀－統治と権力の民族学』 3 中村哲編『東アジア資本主義形成史』3巻 3 殷燕軍『日中講和の研究－戦後日中関係の原点』 3 石田正美・工藤年博編『大メコン経済協力－実現する3つの経済回廊』 3 近藤則夫編『アジア開発途上国における選挙と民主主義』 3 重冨真一編『開発と社会運動──先行研究の検討』 7 八木久美子『アラブ・イスラム世界における他者像の変遷』 8 荒松雄『インドと非インド－インド史における民族・宗教と政治』 10 劉強『伊朗国際戦略地位論－一種全球多視覚的解析』北京 12 林太『印度通史』上海
2008／平成20年 3 中国、チベット暴動、温家宝首相、ダライ・ラマ集団の扇動を指摘 4 胡錦濤中国国家主席、馬英九次期国民党総統と会談 5 胡錦濤中国国家主席、訪日、日本と戦略的互恵	6 日本・中国、東シナ海ガス田開発で合意 6 ニュージーランド、1840年ワイタンギ条約でマオリに補償 9-10 米国、サブプライム・ローン問題噴出、世界の通貨危機へ波及	1-2009.3 北海道大学スラブ研究センター編『講座スラブ・ユーラシア学』3冊、東欧問題から**スラブ・ユーラシア学**への転換を提唱 2 韓国、抗議活動と情報操作で**ネット規制論争** 4 マレーシア、タミル紙発行	1 山本和也『ネイションの複雑性－ナショナリズムの新地平』 2 松本尚之『アフリカの王を生み出す人びと－ポスト植民地時代の「首長位の復活」と非集権的社会』 3 王軍・但興悟『中国国際

的関係を確認 7 スーダン、国際刑事裁判所がダフール紛争でバジル大統領に逮捕状 8 ソ連軍、グルジア侵攻 8 ソマリア沖で海賊事件多発 9 中国、「瞭望」が集団抗議行動の激化を指摘(8万7000件) 11 タイ、市民が空港占拠 11 インド、ムンバイで同時テロ 11 ナイジェリア、イスラム教徒とキリスト教が地方選挙で衝突 12 韓国、米国が軍事作戦統制指揮権を韓国へ移管	11 金融危機で金融サミット開催	停止 10 日本、過去の中国侵略を正統化した田母神俊雄自衛隊航空幕僚長の更迭、2009.4 田母神・長谷川慶太郎『この身、死とも「これだけは言いたい」』、2011.7 田母神・中西輝政『日本国家再建論ー国民を欺き続ける国家の大罪』	関係研究四十年』北京 3 早尾貴紀『ユダヤとイスラエルの間ーー民族／国民のアポリア』 3-6『講座現代中国学の構築に向けて』5冊 3 木霊由佳編『アフリカ農村の住民組織と「市民社会」』 5 白樂晴、青柳純一訳『朝鮮半島の平和と統一分断体制の解体期にあたって』 5 秋道智彌監修『論集モンスーンアジアの生態史』3巻 6 春山明哲『近代日本と台湾ー霧社事件・植民地統治政策の研究』 9 李剛『大清帝国最后 10年ー清末新政始末』北京
2009／平成 21 年 1 韓国、北朝鮮との軍事対決状態の解消に向けたすべての合意を無効化 2 北朝鮮、6カ国協議への参加拒否 3 日本、北朝鮮ミサイルの領土内落下に備え破壊措置命令 5 スリランカ、タミル・イーラム解放の虎の敗北宣言で大統領が内戦終結宣言 7 中国、ウイグル暴動、10 ウイグル裁判所はウイグル人6人に死刑判決 10 トルコ・アルメニア、1915 年アルメニア人大虐殺の歴史認識の対立を経て国交樹立 10 イラク、イスラム国の爆弾テロ	3 中国、国民1人当たり所得3000ドルを超過		2 西真如『現代アフリカの公共性ーエチオピア社会によるコミュニティ・開発・政治実践』 2 小倉充夫『南部アフリカ社会の百年ー植民地支配・冷戦・市場経済』 6 楠綾子『吉田茂と安全保障政策の形成ー日米の抗争とその相互作用 1943～1952 年』 6 中西嘉宏『軍政ビルマの権力構造ーネー・ウィン体制下の国家と軍隊 1962-1958』
2010／平成 22 年 2 スーダン、ダフール地方での和平枠組みに合意 2 タイ、最高裁判所がタクシン元首相の財産没収の判決 4 イラク、外国大使館の同	3 シンガポールなど4カ国貿易自由化協定に米国、オーストラリア、ペルー、ベトナム8カ国の TPP 交渉、10 マレーシアも参加 8 米国、北朝鮮に追加金	6 -2015.6『日韓国交正常化問題資料』6巻 44 冊 8 菅日本首相、文化財朝鮮王室儀軌を韓国に返還 10 中国民主活動家劉暁波、ノーベル平和賞受章、	1 若林正丈編『ポスト民主化期の台湾政治ーー陳水扁政権の8年』 2 服部龍二『日中歴史認識ー「田中上奏文」をめぐる相克 1927-2010』

451

時爆弾テロ 4 キルギス、バキエフ大統領のカザフスタン亡命 5 韓国、哨戒艦沈没で北朝鮮魚雷による爆発と判明、7 国連安全保障理事会、北朝鮮を非難 8イラク、米駐留戦闘部隊の完全撤退 9 スペイン、バスク祖国と自由が停戦宣言 9 日本、尖閣諸島沖の日本領海で中国漁船が海上保安庁巡視船と衝突 10 中国、尖閣諸島の日本国有化事件で反日デモ 11 北朝鮮軍、韓国延坪島を攻撃	融制裁	1989.12 劉『審美與人的自由』香港、2011.2 劉、丸山哲史・他訳『最後の審判を生き延びて－劉暁波文集』、2011.5 劉・他、藤原書店編集部編『*「私には敵はいない」の思想*－中国民主化闘争二十余年』	2 石井知章・小林英夫・米谷匡史編『1930年代のアジア社会論－「東亜協同体」論を中心とする言説空間の諸相』 5 佐藤公彦『清末のキリスト教と国際関係－太平天国から義和団・露清戦争、国民革命へ』 5-6 早稲田大学研究機構『アジア学のすすめ』3巻 6-2013.9 荒野泰典・石井正敏・村井章介編『日本の対外関係』7巻 8 柴田幹夫『大谷光瑞とアジア－知られざるアジア主義者の軌跡』 10 王敏編『東アジアの日本観－文学・信仰・神話などの文化比較を中心に』 11竹中千春『盗賊のインド史――帝国・国家・無法者(アウトロー)』
2011／平成23年 1 チュニジア、ベンアリ政権の崩壊(ジャスミン革命) 1 南スーダン、住民投票、7 独立 2 エジプト、ムバラク大統領辞任(民衆革命) 6 パキスタン、米軍がアルカイダ指導者ビンラディン殺害 8 リビア、カダフィ政権崩壊、10 カダフィ死亡 12 北朝鮮、金正日死去、2012.4 金正恩体制発足	3 日本、東日本大震災、東京電力福島原発事故、2012.3 福島原発事故独立憲章委員会『福島原発事故独立憲章委員会調査・憲章報告書』	9 日本、人間の安全保障学会創立大会開催 10 サウジアラビアとスペインの協力でウィーンに宗教間・文化間対話のためのアブドラー国王国際センター設立 ブータン・ジグミ・ティンレイ首相、国民総幸福度演説、6 日本 GNH 学会発足、11 日本 GNH 学会編『*国民幸福度(GNH)による新しい世界へ*』	3 坪内良博『バンコク1883年－水の都から陸の都市へ』 3 趙宏偉・他『中国外交の世界戦略－日・米・アジアとの興亡30年』 3 貴志俊彦編『近代アジアの自画像と他者－地域社会と「外国人」問題』地域研究のフロンティア第1巻 4 菅英輝編『東アジアの歴史摩擦と和解可能性－冷戦後の国際秩序と歴史認識をめぐる諸問題』 9 伊藤之雄『伊藤博文をめぐる日韓関係－韓国統治の夢と挫折、1905～1921』 9 山本有造『「大東亜共栄圏」経済史研究』 11 勝間靖編『アジアの人権ガバナンス』

2012／平成24年 4 リベリア、国際戦争犯罪処理法廷がシエラレオネ内戦でのテーラー元大統領に禁錮50年判決 6 エジプト、ムバラク前大統領に終身刑判決 6 国際連合、シリアは内戦状態と確認、国連停戦監視活動停止 6 ミャンマー、仏教徒との衝突で***ロヒンギャの追放***、2017.4 狩新那生助『ナフ川の向こうに―バングラデシュで生き抜くロヒンギャ民族』 7 日本、尖閣諸島の国有化、中国が反発 9 フィリピン、南シナ海を西フィリピン海設定の大統領令公布 10 フィリピン、モロ自治政府との解決合意、2014.1 モロ武装勢力、武装解除 11 イスラエル軍、イスラム原理主義ハマス支配のパレスチナ自治区ガザを空爆	11 カナダ、メキシコ、日本が参加してTPP交渉は11カ国	10 日本、韓国人が***対馬の海神神社から文化財を窃盗***、2013.2韓国の地方裁判所、犯人の略奪であっても600年に倭寇が強奪した可能性がある以上、返還してはならない、と判決、韓国には当時におけるその強奪の証拠はなく、その仏像は数億円に相当し、日本が返還を希望するなら、当時、朝鮮が日本に送付した証拠を提出すべきで、その事件は、窃盗ではないとした、2013.12 永留久忠『盗まれた仏像―対馬と渡来仏の歴史的背景』	1中田考『イスラーム革命の本質と目的―大地の解放のカリフ制』 1-2014.5『変容する親密權／公共圏』7巻(第2巻未刊) 3 沼崎一郎・佐藤幸人編『交錯する台湾社会』 3 今泉慎也編『タイの立法過程―国民の政治参加への模索』 3 滝田賢治編『21世紀東ユーラシアの地政学』 5 小此木政夫・西野純也編『朝鮮半島の秩序再編』
2013／平成25年 3 北朝鮮、朝鮮戦争の白紙化宣言 5 中国軍、尖閣諸島沖の公海で日本軍に射撃管制レーダー発射 6エジプト、クーデタ、ムスリム同胞団勢力が抵抗、8 非常事態宣言 7 インド、29番目のテランナガ州誕生 8イスラム国(前タウヒード・ジハード集団)、アレッポ近郊のシリア空軍基地制圧、2013.12 イラクへ侵攻 10 中国、北京天安門で新疆抗議テロ 11 中国、一方的な防空識別圏設定 11 インド洋地域協力会議、	1マレーシア、最低賃金制志向 3 日本、TPP交渉参加表明、7 参加、9 ワシントンで主席交渉官会合開催 6中国、中国人民銀行、陰の銀行拡大に規制強化 7インド、電報サービス終了 8インド、デリームンバイ間産業大動脈構想着手 10 インドネシア、ジャカルタ―スラバヤ間、高速鉄道建設着手 11韓国、光州地方裁判所が三菱重工業の太平洋戦争期の強制労働に補償判決 11 フィリピン、異常気象で台風被災者1600万人	5 ブルンジ、報道規制法施行、国境なき記者団が批判 6ミャンマー、ヤンゴンでタイ誌表紙「仏教とテロの顔」に抗議デモ、7 発禁処分 6 米中央情報局元職員エドワード・スノーデン、***秘密情報収集を曝露***、7月香港に入り8月からロシアに亡命、2014.5 ルーク・ハーディング、三木俊哉訳『スノーデンファイル―地球上で最も追われている男の真実』、2014.5 グリーンウォルド、田口俊樹・他訳『曝露―スノーデンが私に託したファイル』、***スノーデン事件*** 8 韓国、朴裕河訳『***帝国の慰安婦***――植民地支配と記憶	2松浦正孝編『アジア主義は何を語るのか――記憶・権力・価値』 2 松岡完『ケネディとベトナム戦争――反乱鎮圧戦略の挫折』 4-2014.3『シリーズ・ユーラシア地域大国論』6巻 7 浦野起央『日本の国境』 7 東京大学アジア生物資源環境研究センター編『アジアの生物資源環境学―持続可能な社会をめざして』 8 江崎智絵『イスラエル・パレスチナ和平交渉の政治過程―オスロ・プロセスの展開と挫折』 10-2017.3『環境人間学と

環インド洋連合と改称 11 米国、ナイジェリアの ポコ・ハラムを国際テロ組 織と断定 12 北朝鮮、張成沢を粛 清、2017.6 羅鍾一・ムー ギー・キム訳『粛清の王 朝・北朝鮮―金正恩は、 何を恐れているのか』	12 中国、2013 年自動車 新車販売台数 2000 万台 に到達	の闘い』ソウル刊、2014.6. 発禁、12 東京刊、2015.6 34 カ所削除でソウル刊、ソ ウル地裁は朴に慰安婦に 対する人格侵害で 2015.2 仮処分、2016.1 賠償命令、 上訴、2016.7 鄭栄桓『忘却 のための和解―〈帝國の慰 安婦〉と日本の責任』ソウ ル、2017.1 ソウル高裁は罰金 命令、2017.5 浅野豊美・他編 『対話のために―「帝国の慰安 婦」という問いをひらく』 10 毛沢東『毛沢東全集』52 巻、香港	地域』6冊 10 山澤逸平・馬田啓一・ 国際貿易投資研究会編 『アジア太平洋の新通商 秩序―TPP と東アジアの 経済連携』 11 松近浩太『イスラーム主義 と中東政治-レバノン・ヒズブ ッラーの抵抗と革命』
2014／平成 26 年 2 ケニア、中国人ネット犯 罪集団 70 人摘発 3 ギニアに始まり、西アフ リカでエボラ出血熱の流 行拡大 6 イラク・シリアのイスラム 国、カリフ制宣言、アブー ・バクル・アルバタイがカリ フ即位、イスラム国樹立 6 シリア、化学兵器撤去 9-12 北朝鮮、米ソニー映 画「ザ・インタビュー」の公 開でサイバー戦争宣言、 米国と対決 10 米国、イスラム国制圧 の「生来の決意」作戦をイ ラクで発動、ワイク、ハサ ン『ISIS テロ軍内幕』ニュ ーヨーク、2018.2 山形浩 生訳『イスラム国―グロー バル・ジハード「国家」の 進化と拡大』	7 中国支援の新開発銀行 協定調印、1915.7アジア・ インフラ投資銀行発足 11 インドネシア、海洋ドク トリン発表 11 ナイジェリア、沿岸鉄道 建設で中国と合意	3 ウィーンで宗教間対話会 議開催 6 日本アフリカ学会編『アフ リカ学事典 Encyclopedia of African Studies』 7松島泰雄『琉球独立論― 琉球民族のマニフェスト』、 2015.9『*琉球独立宣言*―実 現可能な5つの方法』 7 キンレイ・ドルジ『「幸福の 国」と呼ばれて―ブータン の知性が語る GNH(国民総 幸福度)』、9『それぞれの GNH』GNH 研究、第4号 8 韓国、産経新聞ソウル支 局長、韓国大統領の韓国 新聞報道と同じ行動記事が 名誉毀損に当たると拘禁、 韓国紙は問われず、11 ソウ ル地方裁判所公判、2015.12 無罪判決、2018.2 裁判所は 700 万ウォンの補償命令 10「朝日新聞」、従軍慰安 婦事件での誤報道を撤回、 10 文藝春秋編『朝日新聞v s. 文藝春秋』 9 日本、宮内庁、『昭和天皇 実録』61 巻公表、2015.3- 刊行 11 マレーシア、政府白書 「イスラムの脅威」	2 谷垣真理子・塩出浩和・ 容應英編『変容するカナ ンと華人ネットワークの現 在』 2 小笠原弘幸『イスラーム 世界における王朝起源論 の生成と変容―古典期オ スマン帝国の系譜伝承を めぐって』 3 保坂俊司『サイバー・イ スラーム―越境する空間』 3 江藤那保子『中国ナショ ナリズムのなかの本―「愛 国主義」問題の変容と歴 史認識』 4 陳捷雄、赤嶺守・張維真 監訳『華夷秩序と琉球王 国』 7 愛知大学国際中国研究 センター編『中国社会の 基層変化と日中関係の変 容』 7 松岡信宏『アラブ・イスラ ム・中東用語辞典』 8李君如主編『党的群衆 路綫与中国特色社会主 義理論』北京 10 日本国際経済法学会 編『環太平洋パートナー シップ協定(TPP)』

2015／平成 27 年 2 イスラム国資金源遮断国連決議成立 5 南シナ海南沙諸島周辺海域で・中国との対立激化 6 中国ハッカーによると思われる米国政府サイバー攻撃 7 イラン、ロウハニ大統領、ヘジャブの強制着用に反対を表明 7 イラン核問題最終合意成立 9 サウジアラビア、メッカ近郊で巡礼者事故 9 バハーレン、イラン関与のテロ、イランと断交 10 チュニジアの国民対話カルテットにノーベル平和賞 11 日本・韓国、慰安婦問題の最終的解決成立 11 中国・台湾、初の首脳会談（シンガポール） 11 ミャンマー、総選挙、軍政に終止符	3 中国、習近平国家主席、「**一帯一路**」演説、10 赴磊『一帯一路－中国的文明型崛起』北京、2016.3 科学技術振興機構中国綜合研究交流センター編『中国「一帯一路」構想－および交通インフラ計画について』、2016.7 李永全主編『"一帯一路"建設発展報告』北京、2017.1 劉衛東、他『"一帯一路"戦略研究』北京、2017.4 張蘊岭・袁正清主編『"一帯一路"与中国発展戦略』北京 7 ニュージーランド最高裁判所、キリバス人の母国への帰国は海面上昇で生命の危機との訴えを却下 9 中国、瀋陽－北朝鮮高速鉄道開通	7〜2016.11『中嶋嶺雄著作選集』8巻 9 中国、抗日戦争及び世界反ファシズム戦争勝利70周年記念行事 10 ユネスコ、旧日本軍の南京大虐殺資料を世界記録遺産に登録	1 高橋和夫『イスラム国の野望』 3 田所昌幸編『台頭するインド・中国－相互作用と戦略的意義』 8 保坂治司『ジハード主義－アルカイダからイスラーム国へ』 11 鈴木真弥『現代インドのカーストと不可触民－都市下層民のエスノグラフィー』
2016／平成 28 年 1 北朝鮮、水爆実験成功 2 北朝鮮、長距離弾道ミサイル発射 2 北朝鮮、南北協力体系の開城工業団地閉鎖 4 中国、外国 NGO の管理強化 5 北朝鮮、労働党大会で金正恩が党委員長就任 5 アフガニスタン、米軍がタリバン指導者マンスール師殺害 7 中国、日本人をスパイ容疑で拘束 7 バングラデシュ、ダッカでイスラム国のテロ 12 韓国、朴槿恵大統領の弾劾訴追成立	2 環太平洋連繋協定TPP調印、2015.9 鯨岡仁『ドキュメントTPP交渉－アジア経済覇権の行方』、2017.3 内閣官房 TPP政府対策本部『環太平洋パートナーシップ協定TPP』	3 中国、新疆ウィグル自治区のニュースサイド無界新聞に習政権の失策の公開書簡 4 『国連北朝鮮人権報告書』市民セクター訳 7 国際海洋仲裁裁判所、南シナ海問題の仲裁裁定で中国の要求を不承認 8 政協延辺朝鮮族自治州委員会編『中国朝鮮族百年実録』10巻、北京	1 羅建波『中国特色大国外交研究』北京 6 国枝昌樹『「イスラム国」最終戦争』 9 浜口尚『先住民生存捕鯨の文化人類学的研究－国際捕鯨委員会の議論とカリブ海ベクウェイ島の事例を中心に－』 10 馬田敬一・他編『TPPの期待と課題－アジア太平洋の新通商秩序』 11 高木智見『内藤湖南－近代人文学の原点』

2017／平成 29 年			
1 北朝鮮、金正恩朝鮮労働党委員長が大陸間弾道ミサイル発射実験準備が最終段階に入ったと発言	1 中国、習近平国家主席がダボス会議で自由貿易堅持の表明	1 米国、トランプ大統領、イスラム圏 7 ヵ国からの入国禁止	1 赳旭『朝鮮王朝礼制研究』北京
2 北朝鮮、マレーシアで金正男を暗殺、10 西脇真一・平野光芳『なぜ金正男は暗殺されたのか―自滅に向かう独裁国家』	1 米国、トランプ大統領が環太平洋連繋協定の離脱表明	2 日本、竹島と尖閣列島を「固有領土」と教育方針を明示	3 閻焰主編『大唐之美 一帯一路背后的器用』北京
3 韓国、朴槿恵前大統領を収賄容疑で逮捕	5 中国、「一帯一路」国際会議開催（北京）	6 中共中央文献研究室編『習近平関于社会主義文化建設論述摘編』北京	3 區龍宇『強國危機―中国官僚資本主義的興衰』新北
4 シリア、米国がアサド軍の化学兵器に巡航ミサイル空爆	12 古川勝久『北朝鮮核の資金源―「国連捜査」秘録』	9 日本、「神宿る島」遺産群の世界文化遺産登録	4 塩田純『尖閣諸島と日中外交―証言・日中米「秘密交渉」の真相』
6 米国、地球温暖化防止のパリ協定離脱			4 呉士存、朱建栄訳『中国と南沙諸島紛争―問題の起源、経済と「仲裁裁定」後の展望』
6 日本、天皇退位の国会決議成立			4 張浩生編『大国関係与地区秩序』北京
8 北朝鮮、中距離弾道ミサイル発射、日本上空通過、9 再発射・再通過			4 小馬徹「「統治者なき社会」と統治―キプシギス民族の近代と前近代を中心に」
10 スペイン、カタルーニャ自治州で独立住民投票、賛成 90 パーセント			6 矢吹晋『習近平の夢―台頭する中国と米中露三角関係』
10 米国、ユネスコ脱退発表			7 坂野潤治『帝国と立憲―日中戦争はなぜ防げなかったのか』
10 シリア、民兵が北部ラッカのイスラム国拠点を解放			8 森万祐子『朝鮮外交の近代―宗属関係から大韓帝国へ』
11 エジプト、シナイ半島でモスク襲撃事件			9 杉村美紀編『移動する人々と国民国家―ポスト・グローバル時代における市民社会の変容』
12 米国、エルサレムをイスラエルの首都と認定、在テルアビブ米国大使館の移転準備、国連総会はその撤回要請決議採択			9 胡鞍鋼・他『習近平政権の新理念―人民を中心とする発展ビジョン』
			10 谷口洋志編『中国政治経済の構造的転換』
			11 イラン・パペ、田浪亜央江・早尾貴紀訳『パレスチナの民族浄化―イスラエル建国の暴力』
			葛兆光『歴史中國的内與外―有關「中國」與「周邊」概念的再澄清』香港
			12 藤田直央『エスカレーション―北朝鮮 vs 安保理 4 半世紀の攻防』

浦野起央主要業績

　著作に所収された論文、その他は省略され、限定されて掲載されている。

1961年3月『ナショナリズムの現代的条件』兼言社。
1962年2月「大衆ナショナリズムの設定について」日本法学、第27巻第6号。
1962年3月（共訳）ハンス・コーン『ナショナリズムと自由』アサヒ社。
1962年3月「アフリカ現代史へのアプローチ」歴史学研究、第267号。
1962年3月「南ア連邦の人種問題」国際政治18『アフリカの研究』。
1963年1月–12月（共訳）ハンス・モーゲンソー『国際政治学』4冊、アサヒ社。
1963年5月–8月「トルコの近代化」上・下、日本法学、第29巻第1号、第3号。
1963年7月「イスラエルの対アフリカ政策」中東通報、第92号。
1963年12月（共著）『アフリカの指導者』アジア経済研究所。
1964年2月『アフリカ政治関係文献・資料集成』アフリカ協会。1965年2月『アフリカ政治関係文献・資料集成Ⅱ』アフリカ協会。1969年5月『アフリカ政治関係文献・資料集成Ⅲ』アフリカ協会。
1964年3月「アルジェリアの憲法体制」中東通報、第100号。
1964年5月『低開発地論』アサヒ社。
1964年10月「新生国家の政治体制」政経研究、第1巻第2号。
1964年11月「新生国家の知識人とナショナリズム」社会科学、第5号。
1965年2月『ナショナリズム──研究動向と文献』アサヒ社。
1965年2月–4月「"アフリカの個性"の理念と現実」上・下、月刊アフリカ。
1965年8月「未熟国家の問題点」社会科学、第8号。
1965年8月–10月「アフリカにおける中国の進出」上・中・下、月刊アフリカ。
1965年10月「アフリカにおける中ソ対立」国際政治29『中ソ対立とその影響』。
1965年11月「新生国家における革命の類型学」外交時報。
1966年3月「ローデシアの憲法問題」月刊アフリカ。
1966年8月「ベトナムにおける中共の態度」外交時報。
1966年9月（共著）『アジア社会の近代化と価値体系』嶋崎経済研究所。
1967年4月『タイにおける共産主義運動』外務省国際資料部。
1967年4月『東南アジアにおける共産主義運動──ラオスにおける事例研究』民主主義研究会。
1967年4月『低開発地域における政治変動と軍部政権の役割』民主主義研究会。
1967年5月（共訳）レスター・リプソン『政治学──自由・権力・国家』東文社。
1967年9月『ベトナム問題の解剖』外交時報社。1970年12月『続ベトナム問題の解剖』外交時報社。1973年10月『ベトナム和平の成立──ベトナム問題の解剖第三』外交時報社。
1968年2月「アフリカ社会主義論」、斎藤敏博士記念論文集『政治学の課題と社会科学』日本大学法学会。
1968年4月「ベトナム戦争への米国介入の経緯」国際時評、第36号。
1968年5月–8月「アパルトヘイトの国連の集団措置」(1)(2)(3)(4)、月刊アフリカ。
1968年3月『アフリカの政治動向と安定性』民主主義研究会。

1968年5月「東南アジアの国際関係と地域協力」調査資料月報。

1968年6月（共訳）ハンス・コーン『ナショナリズムの世紀』外交時報社。

1968年8月『中東戦争の記録1967年』外務省中近東アフリカ局。

1968年8月（共著）『安全保障体制論』原書房。

1968年9月（共著）『中国伝統社会と毛沢東革命』霞山会東亜研究所。

1968年9月「中東戦争の起因と経過の分析」外交時報。

1968年10月－11月「パテト・ラオとラオス政治」上・下、共産圏問題、第12巻第10号、第11号。

1968年11月ダグラス・パイク『ベトコン──その組織と戦術』鹿島研究所出版会。

1968年11月「ベトナム和平と解放民族戦線」経済往来。

1969年10月「新生国家における「軍部」研究序説」国際政治39『第三世界』。

1969年11月『アメリカ世論とベトナム戦争』外務省アジア局。

1970年1月『現代国際政治の課題』有信堂。

1970年5月「中近東における部族対立」国際時評、第61号。

1970年7月『現代政治の世界』有信堂。

1970年9月『イスラエルの国家形成と政治機能の条件』外務省中近東アフリカ局。

1970年9月『イスラエルをめぐる国際政治の動向』外務省中近東アフリカ局。

1970年9月（共著）『国際共産主義──現状と展望』下巻、欧ア協会。

1970年10月『ジュネーヴ協定の成立』巌南堂書店。

1970年12月「ペルシャ湾の安全保障とイギリス撤退の意味」中東通報。

1971年1月（共著）『地域研究講座7現代の世界アフリカ』ダイヤモンド社。

1971年1月「ゲリラの本質と国際的内戦」軍事研究。

1971年3月「クーデター発生の条件と態様」軍事研究。

1971年9月「アフリカの統合と再編──アフリカ国際関係序説」、大平善梧博士記念論文集『変容する国際社会の法と政治』有信堂。

1971年11月「アルジェリアにおける権力の変革と政治的リーダーシップ」中東通報。

1972年4月『中東国際関係資料集Ⅰ1854-1944』外務省中近東アフリカ局。1972年10月『中東国際関係資料集Ⅱ1945-1972』外務省中近東アフリカ局。

1972年10月「ローデシア独立問題」国際政治46『国内政治と国際政治の連携』。

1972年10月－1973年6月「ベトナム分裂国家成立の経緯」(1)(2)、國際法外交雑誌、第71巻第3号、第72巻第1号。

1973年2月『ヴィエトナムの政治的地位』外務省アジア局。

1973年9月－11月「ソ連とアフリカ」Ⅰ・Ⅱ・Ⅲ、共産圏問題、第17巻第9号、第10号、第11号。

1973年10月「パレスチナ・ゲリラの土着性と行動倫理」軍事研究。

1973年12月「第4次中東戦争と中東和平の展望」外交時報。

1974年3月『挑戦する第三世界』有信堂。

1974年8月「アフリカにおける大国と小国」国際問題、第173号。

1974年9月『北ベトナムの対インドシナ政策』外務省アジア局。

1974年10月（共著）『国際関係論講義』青林書院。

1974年11月『中東紛争とイスラエル』中東国際関係資料集第1巻、東通社出版部。1975年5月『中東の政治経済と石油』中東国際関係資料集第3巻、東通社出版部。1975年10月『中東の国際関係と国家形成』中東国際関係資料集第2巻、東通社出版部。

1974年12月『発展途上国の社会主義』アジア経済研究所。

1975年3月‐4月「南アフリカと南部アフリカの動向」上・下、月刊アフリカ。

1975年4月「インド洋・ガルフ地帯における軍事バランス」国際問題、第181号。

1975年10月『アフリカ国際関係資料集』有信堂。

1975年11月『アフリカ国際関係論』有信堂。

1976年4月‐6月「資源をめぐる国際秩序とその選択」Ⅰ・Ⅱ・Ⅲ、人と日本。

1976年11月『第三世界国際関係資料——第三世界と国際協力』有信堂。

1977年5月『第三世界の政治学』有信堂、全訂版1980年5月。1986年8月（韓国語）李慶嘉訳『第三世界の政治学』ソウル、チンヨンフンファ。

1977年9月「現代への提起——地域主義」人と日本。

1977年11月（共著）『国際社会における相互依存の構造分析』世界経済情報サービスWIES。

1978年2月「資源カルテルの政治力学」国際法外交雑誌、第76巻第6号。

1978年8月「PLOとその問題性——その問題解決アプローチが意味するもの」国際政治59『非国家行為体と国際関係』。

1979年2月『資料体系アジア・アフリカ国際関係政治社会史』パピルス出版、2016年3月まで183冊刊行、資料31,594件を収める。

1979年4月「中東世界の変容とPLO」季刊パレスチナ、第2巻。

1979年8月（共訳）クラウル・クノール『国際関係におけるパワーと経済』時潮社。

1979年9月「中東の国境問題」政経研究、第16巻第1号。

1979年11月（共著）『中東と国際関係』シリーズ国際関係第4巻、晃洋書房。

1979年12月「地域主義と国家及び国際社会の変容」、『日本大学部法学部創立90年記念論文集』日本大学法学部。

1980年1月「アフリカの国境問題」上・下、政経研究、第17巻第1号、第3号。

1980年3月「中東の国際関係——分析の枠組とその再検討のための1つの試み」アジア経済、第21巻第3号。

1980年5月（共著）『ソ連の対中東・アフリカ政策の分析と展望』外務省調査企画部。

1980年11月（共著）『アフリカと国際関係』シリーズ国際関係第3巻、晃洋書房。

1981年1月（共著）『体系民主社会主義6国際関係』文藝春秋。

1981年3月「変化する相互依存世界の実像——貿易から眺めた国際構造の政治的解釈」アジア経済、第22巻第3号。

1982年2月（共訳）ハッサン・ビン・タラール『エルサレムの研究』毎日新聞社。

1982年2月「中東とソ連」法学紀要、第23巻。

1982年4月（共著）『国際政治・国際法の基本知識』北樹出版。

1982年9月『民族独立論——アジア・アフリカにおける独立の経過と意味』群出版。

1982年8月（共著）『国際関係における地域主義——政治の論理・経済の論理』有信堂。

1982年11月『現代世界における中東・アフリカ——その国際関係とソ連の関与およびパレスチナ問題』晃洋書房。

1983年5月「西岸及びガザの政治変動とパレスチナ解放運動」国際政治73『中東——1970年代の政治変動』。

1983年9月「ガルフ評議会の成立と活動——背景・構造・展望」東亜、第195号。

1984年6月「焦点に立つ南アフリカと近隣諸国」国防、第286号。

1984年7月「ペルシャ湾政治の構造」東亞、第205号。

1985年1月『パレスチナをめぐる国際政治』南窓社。

1985年2月（共著）『国連投票行動の計量分析』国際地域資料センター。

1985年2月「エルサレムの国際化」アラブ・トピックス、第12巻第2号、駐日アラブ連盟代表部。

1985年4月（共著）『現代国際社会の法と政治』北樹出版。

1985年4月「インド洋政治とインド亜大陸の地域協力」国防、第386号。

1985年4月「南太平洋の地域協力と非核地帯構想」東亜、第214号。

1985年6月『国際関係論の再構成』南窓社（浦野起央著作集I）。1987年9月（韓国語）李慶熹訳『国際関係論の再構成』ソウル、民族文化社。

1985年10月（共訳）ジョン・スタック編『エスニシティの国際政治学』時潮社。

1986年3月「中東和平と水利問題」日本中東学会年報、第1号。

1986年10月『アパルトヘイト――歴史的文脈から』平和研究、第11号。

1986年12月（共訳）ガブリエル・アーモンド、ブリングハム・パーウェル『比較政治学』時潮社。

1987年1月–3月『現代における革命と自決』上・下、パピルス出版――上巻には、エチオピア革命、マダガスカル革命、リビア革命／カザフィの「第三の普遍理論」、イラン革命、アフガニスタン革命、下巻には、ナミビアの国際統治と自決、キプロスの自決、西サハラの自決、チャドの統一と自決、他を収める。

1987年3月–1989年10月『国際社会の変容と国連投票行動1946～1985年』I・II・III、国際地域資料センター。1891年10月『国連総会投票行動の分析　1986～1990年』国際地域資料センター。1992年5月『1991年国連総会投票行動の分析』国際地域資料センター。

1988年2月ハッサン・ビン・タラール『パレスチナの自決』刀水書房。

1988年4月（共訳）ダブ・ローネン『自決とは何か――ナショナリズムからエスニック紛争へ』刀水書房。

1988年9月（韓国語）李慶熹訳「多極化世界の内部構造」ソウル、蘇聯東歐論叢、第1輯。

1988年11月「エスニック革命と国際関係の現在性」比較文明、第4号。

1989年4月『第三世界の連合政治』南窓社（浦野起央著作集II）。

1989年10月「エスニック紛争とトランスナショナル政治」、『日本大学法学部百周年記念論文集』第2巻、日本大学法学部。

1989年10月 "Transformation of Arab State Formation Framework and International Relation in Middle East," *The Korean Journal of International Studies,* Vol. 20 No. 3, Seoul, Fall 1989.

1989年11月（共著）『朝鮮統一の構図と北東アジア』勁草書房。

1989年11月「姉妹都市と国際交流」比較文明、第5号。

1989年12月（共編）国際連合大学編『紛争と平和の文脈1地域紛争と平和』国際書院、『紛争と平和の文脈2地域の平和と安全保障の構図』国際書院、『紛争と平和の文脈3国際危機と地域紛争の焦点』国際書院。

1990年1月「エスニックの自決と国際社会」月刊自治研、第364号。

1990年2月「国連投票行動にみる外交のパタンと日本外交の態様」国際関係研究・国際関係編、第10巻第3号。

1990年4月（共訳）国際連合編『アラブの未来』刀水書房。

1990年6月「戦後国際社会の構造変容に関する枠組の分析」、鵜沢義行博士古稀記念

論文集『政治学をめぐる諸問題』日本大学法学部。

1990年9月「アフリカの飢餓と紛争」、『国際年報1983-1984』第23巻、日本国際問題研究所。

1990年10月「国連同時加盟に隠された北の計算」知識、第106号。

1991年2月（共訳）ジョージ・モデルスキー『世界システムの動態』晃洋書房。

1991年2月「現代における自決と革命の分析視角、座標、及び政治社会システム解決モデル」行動科学研究、第33号。

1991年2月「アジア・太平洋地域の台頭とその強力の展望及び検証」国際関係研究・国際関係編、第11巻第3号。

1991年12月－1993年1月ハッサン・ビン・タラール「平和の探求——東アラブ中心部の政治」(1) (2) (3) (4)、政経研究、第28巻第3号、第4号、第29巻第1号、第2号。

1992年3月『現代国際関係の視点』南窓社（浦野起央著作集III）。

1992年3月『国際政治における小国』南窓社（浦野起央著作集IV）——小国論、カンボジア、ビルマ、及びネパールの分析、並びにパンシフック・ウエイと南太平洋フォーラム、ガルフ協力評議会をとりあげる。

1992年3月「朝鮮半島の統一をめぐるシナリオと認知構造」法学紀要、第33巻。

1992年4月『アフリカの国際関係』南窓社（浦野起央著作集V）。

1992年6月－7月「シハヌークとカンボジア紛争」(1) (2)、国防、第472号、第473号。8月－9月「続・シハヌークとカンボジア紛争」(1) (2) 国防、第474号、第475号。11月「新しいカンボジアの建設に向けて——続・シハヌークとカンボジア紛争」国防、第477号。

1992年12月「パキスタン運動の展開と国家形成のジレンマ——土着イデオロギーと国家形成の視点から」東洋研究、第105号。

1993年3月（共訳）陳峯君「東アジアの構造的変化と発展趨勢」法学紀要、第34巻。

1993年6月（中国語）劉甦朝訳「対東北亜地区視察」国際政治研究、第48期（1993年）第2期、北京、北京大学国際政治系。

1993年10月『南アジア・中東の国際関係』南窓社（浦野起央著作集VI）。

1993年12月林代昭「中韓経済合作的発展及びその展望」政経研究、第31巻第2号。

1995年1月『現代紛争論』南窓社（浦野起央著作集VII）。

1995年5月（中国語）劉甦朝訳「北亜脈網与国際関係」国際政治研究、1995年第1期、北京、北京大学国際政治系。

1995年11月（共訳）マイケル・ワトソン編『マイノリティ・ナショナリズムの現在』刀水書房。

1996年4月「レギュラシオン学派の国際政治経済分析」政経研究、第33巻第1号。

1996年10月（共訳）張圭法・余起棻編『第二次大戦後　戦争全史』刀水書房。

1997年5月『国際関係理論史』勁草書房。2000年10月（中国語）劉甦朝訳『国際関係理論導論』北京、中国社会科学出版社。

1997年5月（中国語）劉甦朝訳「国際連合与北亜合作」国際政治研究、1997年第1期、北京、北京大学国際政治系。

1997年9月『南海諸島国際紛争史』刀水書房。2004年6月（中国語）楊翠柏等訳『南海諸島国際紛争史』内部資料、成都、四川大学南海法律問題研究中心。2017年1月（中国語）楊翠柏等訳『南海諸島国際紛争史』南京、南京大学出版社。

1997年10月『国際協調・レジーム・援助』南窓社（浦野起央著作集VIII）。

1997年10月『アジアの国際関係』南窓社（浦野起央著作集Ⅸ）。

1998年1月「日本の安全保障と『極東有事』」政経研究、第34巻第3号。

1998年2月「世界システムと国際関係の地政的要因」政経研究、第34巻第4号。

1998年4月（共訳）Ｇ・Ｋ・ヘライナー『南北問題の政治経済学　グローバル経済と発展途上国』学文社。

1998年10月『国際新秩序構想資料集』北樹出版。

1999年7月「日本と中国の主役交代——世界システム分析からの展望」政経研究、第36巻第2号。

1999年10月（中国語）張植栄訳「日美安保同盟与日中関係」国際論壇、1999年第5期、北京、北京外国語大学国際問題研究所。

1999年11月（共著）『日本の戦後賠償——アジア経済協力の出発』勁草書房。

2000年3月"Northeast Asia and the World System in the Twenty-first Century: A Prospect of the World System Approach"、法学紀要、第41巻。

2000年4月（共著）『海のアジア5越境するネットワーク』岩波書店。

2000年6月『20世紀世界紛争事典』三省堂。

2000年9月「日中アジア安全保障政策と日中関係」政経研究、第37巻第2号。

2000年9月「中国のAPEC政策と東アジア国際関係への影響」国際関係研究・国際関係論、第21巻第2号。

2000年10月『新世紀アジアの選択——日・韓・中とユーラシア』南窓社（浦野起央著作集Ⅹ）。2003年8月（中国語）梁雲祥・梁星訳『21世紀亜洲的選択』北京、中国社会出版社。

2000年10月（共著）『全球化与中国・日本』北京、新華出版社。

2000年12月「国際市民社会と人間の安全保障」政経研究、第37巻第3号。

2001年3月（共訳）楊公素・張植栄「20世紀のチベット問題」法学紀要、第42巻。

2001年7月－9月「尖閣諸島に関する資料と分析」(1)・(2)、政経研究、第38巻第1号、第2号。

2001年9月（共著）『釣魚臺（尖閣諸島）問題　研究資料匯編』香港、励志出版社／刀水書房。

2001年11月『世界テロ事典』三和書籍。

2002年2月アラン・ラブルース、ミッシェル・クトゥジス『麻薬と紛争——麻薬の戦略地政学』三和書籍。

2002年3月「国際テロの現在性と反テロ体制」政経研究、第38巻第4号。

2002年3月『日・中・韓の歴史認識』南窓社（浦野起央著作集ⅩⅠ）。

2002年12月『尖閣諸島・琉球・中国——日中関係史　分析・資料・文献』三和書籍、2005年5月増補版。

2003年2月『人間的国際社会論』勁草書房。

2003年3月「国連投票行動から見た国際社会の解析」法学紀要、第44巻。

2003年3月『安全保障の新秩序——国家安全保障再考、テロ・環境・人間の安全保障』南窓社（浦野起央著作集ⅩⅡ）。

2004年1月（共著）『中日相互認識論集』香港、香港社会科学出版社。

2004年3月『南シナ海をめぐる安全保障と問題点』シップ・アンド・オーシャン財団。

2004年4月『国際関係のカオス状態とパラダイム』勁草書房。

2005年7月（中国語）「日本歴史認識問題的几个层次分析」北京、太平洋学報、2005

年第7期。2006年2月「日本の歴史教科書と歴史認識、その政治社会力学」政経研究、第42巻第4号。

2005年8月『冷戦・国際連合・市民社会——国連60年の成果と展望』三和書籍。

2006年6月『チベット・中国・ダライラマ——チベット国際関係史』三和書籍。

2006年10月『地政学と国際戦略——新しい安全保障の枠組みに向けて』三和書籍。

2006年12月 - 2007年5月「日本における地域研究の濫觴」(1)(2)(3)、政経研究、第43巻第3号、第4号、第44巻第1号。

2008年2月「IPRと地域研究」政経研究、第44巻第3号。

2008年3月 - 9月「地域研究250年」(1)(2)(3)、政経研究、第44巻第4号、第45巻第1号、第2号。

2008年6月『ユーラシアの大戦略——3つの大陸横断鉄道とユーラシア・ドクトリン』時潮社。

2008年12月「近代日本の海外知識と国際認識の確立」(1)(2)、政経研究、第45巻第3号、第4号。

2009年12月 - 2010年6月「日本の対外認識と地域研究の体系化」(1)(2)(3)、政経研究、第46巻第3号、第4号、第47巻第1号。

2012年6月 - 9月「南シナ海の安全保障と戦略環境」(1)」(2)、政経研究、第49巻第1号、第2号。

2013年7月『日本の国境〔分析・資料・文献〕』三和書籍。

2014年8月『日本の領土問題』三和書籍。

2015年6月『南シナ海の領土問題〔分析・資料・文献〕』三和書籍。

2016年8月『朝鮮の領土〔分析・資料・文献〕』三和書籍。

2018年3月「アフリカにおける国境問題とアフリカ連合の境界計画」経済研究、第54巻第4号。

近刊「国境の現在性——その地政学的認識、グローバル転換、及び連繋的利益」。

近刊『アフリカ国境資料集成』三和書籍——資料549点を収める。

近刊『中東国境資料集成』——資料373点を収める。

近刊『アジア国境資料集成』——資料722点を収める。

索引

あ

悪魔の詩事件 437
アジア的生産様式論争 180-186, 288, 403-
　　　 405, 411, 416
アジアの世紀 441
アフリカ社会論 258
アヘン戦争 39, 40
アラブ社会論 258
アラブ体制 342
アラブのジレンマ 249
安保論争 422

い

イスラエル神話 351, 443
イスラム学 346, 347
イスラム現象 343
イスラム主義 346
イスラム世界論 347
イスラム認識 345
一国両制 321, 434, 447
異文化視 299
異文化間交流 289
移民論争 435

う

恨みの発想 240

え

エクメーネ 374
越境の相関 374
援助論争 424, 433

お

王道 51, 179
王道国家論 162
オリエンタリズム 259, 260, 295, 431, 447
オレンジ計画 335, 396

か

カースト 274
外国 72
開國進取 124
海上権力 391
外文明 287
華僑批判 398
家産国家支配 53
カナート 370
カレーズ 370
韓国資本主義論争 238-239, 435
韓国社会論争 436
環太平洋文明 336
官方歴史学 283-284
官僚資本主義 414, 426, 442

き

金日成神話論争 285-286, 429
9段主権線 331
協同主義 203
協同主義世界論 202

協同体有機的国家論 179

共同体論争 185

京都学派 129, 164, 175, 176, 192, 201-203,
　　　　288, 296, 298, 397, 429

近代化論争 138, 230-234, 418, 421

近代の超克論争 129, 201, 202, 412, 429

近東 341

く

クレオール性 262, 372, 443

け

経済援助論争 434

劇場国家論 434

言語帝国主義 445

こ

黄禍論 156, 392, 395

公共論争 447

公論政治 56

構造改革論争 421

小型家産制国家 287

国際日本学 299-300

国体論争 415

国富増殖策 41

國防文学論戦 408

国民外交 119, 316

国民形成 233

国民主義 117, 119, 122

国民論派 5, 120, 121

国民象徴論争 415

国民文化論争 417

国家主権論争 396

国利民福 121

国力の樹立 4

小島構想 336

誤報朝日新聞事件 279, 433

さ

サバルタン 282, 434

三峡ダム建設論争 419

し

ジェンダー論争 434, 438

四行論略 25, 26

思想論争 235, 417, 419, 424

ジハード論 344, 372

シベリア横断 146, 391

シベリア鉄道 7, 146, 313, 395

資本主義論争 421

資本主義・社会主義・共産主義論争 401

シルクロード論争 431

社会主義市場経済論争 442

社会進化論 105, 128

社会分化発展・機能論 175, 207, 411

上海歴史教科書事件 450

遮断地帯 340, 341

周辺への逆転思考 260

従軍慰安婦論争 279-280, 303

儒教文化圏 290

主権 70, 114, 123

主権線 4-6

主権論争 83

主権・人権論争 387

種の論理 201, 207

攘夷開国論 46

象徴天皇論争 414

小農論争 432
小盆地宇宙世界 437
照葉樹林文化論 296, 431
昭和史論争 228-230, 418
植民地・従属国論争 238, 417
新京都学派 296, 436
真実委員会 353-354, 359
人種概念の普遍化 261, 446
新植民地主義 141, 421
深層国家像 296
深層文化論 296
神代史抹殺論批判 410
新秩序 130
眞理基準論争 319, 431
人類学の植民地主義告発 246, 257, 428

す

水利 177, 342, 370-372
スノーデン事件 453
スラブ・ユーラシア学 319-320, 450

せ

政治的生態史観 287, 288, 434
精神の非植民地化 262, 436
生態史観論争 288, 297, 420
世界史の哲学 201-203, 296, 412
世界単位 365, 441
ゼロッテ主義 137
戦略地域空間 312

た

大一統システム 271-272, 434
第三世界 140, 246, 258, 420

第三地域 273
大政奉還 53
第4辺境空間 351
大陸政策論争 178, 406
台湾管轄権論争 392
脱亜論 3, 389
多文化主義 261, 372
多元的文明史観 288

ち

地域研究 138, 140, 155-156, 158, 244, 259,
    286, 289, 294, 299, 311, 361-362, 373
地域設定 372
地域単位論争 364
地下水路 370
治水 183, 370
地政学 204, 312, 351, 395, 412
中域圏 320
中央アジア探検 151
中華システム 271
中華思想 51, 57, 291
中華文明 137, 288
中国からの脱走 420, 450
中國思想論争 235, 419
中国村落共同体論争 414
中国統一化論争 403, 408
中国認識論争 402
中国歴史解釈論争 448
中体西用論 57
中東 341
中東体制 342
チュチェ思想 240, 255
朝鮮資本主義論争 236-238, 406
地理学の知識の向上と普及を目指す協会
    143

て

『帝國の慰安婦』発禁事件 453
帝国主義批判 388
鉄道帝国主義 160, 401, 439
天道 76
伝統的価値意識 270
天皇制論争 415, 430

と

東亜同文会 158
東西文化論争 178, 399, 401
東西文明調和論 127
同祖論 166
東南アジア 330
東南アジア学 245, 287
東洋学 156
ドーナツ・フォーミュラー構想 331, 441
都市化 367
凸型文化論 296
ドライスデール構想 336

な

内治干渉 123, 124
内文明 287
南京大虐殺論争 280, 303-306, 443
南進論 354, 399, 408

に

日韓歴史論争 441
日本海学 313
日本外交論争 421
日本学 297-299, 430

日本革命論争 415
日本資本主義論争 401, 405
日本主義 120, 203
日本主義論争 393, 401

の

農本主義 179
ノマド的自制 270

は

ハートランド 400
「場所」の論理 175

ひ

非核地帯 354, 359-360
東アジア共同体論争 449
東アジア圏 312, 324, 433
非資本主義の道 421
「氷点」事件 284, 449

ふ

風土 288, 307, 311, 374
風土史観 289
複合的地域性 295
フォガラ 370
文化多元主義 311
文化類型学 175, 201, 296
文明化 3, 5, 48, 57, 83, 105, 117, 127, 129
文明の対話 443

へ

平和共存論争 419

平和地帯 418
ヘロデ主義 137
ベンガル圏 340

ほ

貿易立国 42
北東アジア学 313
保護国論争 82, 395-396
ポストコロニアリズム 261-262, 443
北方開拓論 36
盆地世界 444

ま

マックワールド 372
満州史論争 404
満文老檔 164, 396

み

3つの代表 445-446
3つの世界論 429
未開の神話 246
民衆史 439
民衆連帯論 260
民主化の波 439
民族の逃走 321, 450
民族民主国家 421
民本主義 51, 53

む

ムハンマドの風刺画事件 448

も

門戸解放 394

ゆ

幽囚録 44
ユダヤ論争 401, 409, 429
ユーラシア 312-313, 319-320, 400, 409

よ

洋学派 5

り

利益線 4-8
陸上権力 395
立憲主義 105

れ

歴史解釈論争 282
歴史教科書裁判 279
歴史教科書論争 284, 424, 433, 449, 450
歴史認識論争 279, 280-281, 430, 441
列島線 335

ろ

盧山事件 421

【著者】

浦野　起央（うらの　たつお）
1955年、日本大学法学部卒業。政治学博士。
現在、日本大学名誉教授、北京大学客座教授(客員名誉教授)。

日本の国際認識
【地域研究250年　認識・論争・成果年譜】

2018 年　6 月　3 日　　第 1 版第 1 刷発行

著　者	浦　野　起　央
	©2018 Tatsuo Urano
発行者	高　橋　考
発行所	三　和　書　籍

〒 112-0013　東京都文京区音羽 2 - 2 - 2
TEL 03-5395-4630　FAX 03-5395-4632
info@sanwa-co.com
http://www.sanwa-co.com/
印刷／製本　モリモト印刷株式会社

乱丁、落丁本はお取り替えいたします。価格はカバーに表示してあります。　　ISBN978-4-86251-315-1　C3031

三和書籍の好評図書

Sanwa co.,Ltd.

朝鮮の領土 【分析・資料・文献】
浦野起央 著
A5判 上製 418頁 定価：10,000円＋税

●本書は、朝鮮の領土、国境、領海、海洋主権を分析した関係資料を収めている。朝鮮の領土問題は単なる領土の画定・帰属の域を超え、民族の理解をふまえた十分な理解が必要である。著者自身が、韓国・中国・北朝鮮と訪問し、その土地の生活を見聞きしてきた。本書は、朝鮮の領土関係の資料集成と分析を行ったものであるが、領土問題ばかりではなく、広く朝鮮を理解する上で役立つ一冊である。

増補版【分析・資料・文献】尖閣諸島・琉球・中国
日中国際関係史
浦野起央 著
A5判 上製 290頁 定価：10,000円＋税

●日本、中国、台湾が互いに領有権を争う尖閣諸島問題……。それぞれに立場を異にした多くの論客によって、これまでに実に様々な言説がなされてきたにも関わらず、未だに解決の糸口さえ見えないこの問題について、特定のイデオロギーに与することなく、極めて客観的かつ学究的な視点から分析を試みている。

日本の国境 【分析・資料・文献】
浦野起央 著
A5判 上製 543頁 定価：10,000円＋税

●ロシアとの北方領土問題、中国・台湾との尖閣諸島紛争、韓国との尖閣諸島紛争と、日本は、周辺諸国との間にいくつもの領土問題を抱えてきた。本書は、これら領土・領海・領空に関する紛争とその外交交渉の経緯を、日本と相手国そして第三国の各時代の文献や法律条文・外交文書・声明文といった客観的資料を、豊富に掲載して分析するとともに、国境はどのように認識され、成立してきたのか冷静な考察を加える。

南シナ海の領土問題 【分析・資料・文献】
浦野起央 著
A5判 並製 388頁 定価：8,800円＋税

●南シナ海をめぐる各国の争奪・支配はどうなっているのか？　南シナ海に対して中国はどのように意図し、どうしようとしているのか？　南シナ海争奪の焦点は石油だけなのか、シーレーンの海域はどうなっているか？　入手困難なものを含め、豊富な資料・文献にもとづき南シナ海領有紛争の経緯と現状を分析する。

ビジュアル版　地図と年表で見る日本の領土問題
浦野起央 著
B5判 並製 112頁 定価：1,400円＋税

●尖閣諸島問題、竹島問題、北方領土問題を中心に、日本の領土・領海・領空に関する気になるポイントをビジュアルにわかりやすく整理して紹介した。また、日本の防衛体制や特異な国境認識、そして、琉球諸島、沖縄トラフまでも狙う中国の動向といったことまで網羅したおすすめの1冊。